海权论

海权对法国大革命和第一帝国的影响

（1793—1812）

[美] 阿尔弗雷德·塞耶·马汉 著

冬初阳 译

时代文艺出版社

图书在版编目（CIP）数据

海权论：海权对法国大革命和第一帝国的影响 / (美) 阿尔弗雷德·塞耶·马汉 著；冬初阳 译.—长春：时代文艺出版社，2019.3

ISBN 978-7-5387-5816-0

Ⅰ.①海… Ⅱ.①阿… ②冬… Ⅲ.①制海权－研究 Ⅳ.①E815

中国版本图书馆CIP数据核字（2018）第108158号

出 品 人　陈　琛
产品总监　郭力家
责任编辑　方　伟
装帧设计　孙　利
排版制作　李　楠

海权论：海权对法国大革命和第一帝国的影响

[美] 阿尔弗雷德·塞耶·马汉 著　冬初阳 译

出版发行 / 时代文艺出版社
地址 / 长春市泰来街1825号　时代文艺出版社　邮编 / 130011
总编办 / 0431-86012927　发行部 / 0431-86012957　北京开发部 / 010-63108163
官方微博 / weibo.com / tlapress　天猫旗舰店 / sdwycbsgf.tmall.com
印刷 / 三河市万龙印装有限公司
开本 / 710mm × 1000mm　1 / 16　字数 / 577千字　印张 / 42
版次 / 2019年3月第1版　印次 / 2019年3月第1次印刷　定价 / 88.00元

图书如有印装错误　请寄回印厂调换

The Influence of Sea Power upon the French Revolution and Empire 1793—1812

本书根据1894年美国波士顿Little Brown and Company出版的《海权对1793—1812年法国大革命和帝国的影响》英语版第四版译出。

前言

本书与前作《海权对历史的影响（1660—1783）》一样，完全是笔者在美国海军学院（the United States Naval War College）讲授海军史和海军战术课程的相关内容。

当我首次要求承担授课任务时，随之而来的问题是，在这个功利主义盛行的年代，应当如何在讲授海军史课题时，不让人们轻易用现成的谴责论调诟病，即对器械条件已经改变的现代化海战来说，这一课程只有考古意义，没有实用价值。“对历史，你将没什么可多说的”，这种建议对讲授历史课的高级海军军官来说，颇令人泄气。

在思考这个问题时，笔者对海军史还只是一知半解，想到的是海军和海权这个形成各种历史结果、塑造各国和世界命运的要素所发挥的作用，只得到很少的或根本没有得到特别的关注。若是如此，通过按照年代对一系列事件的过程进行分析，直接揭示海权对历史的影响，至少可以让听众感受到海权所意味的崇高使命感，可以指明海军承载的政治意义，有助于让海军和这个国家形成一种更为明确的印象，即有必要组建一支足以承担重大任务的舰队，以免万一出现笔者斗胆称为“政治家指挥海军武装”的情况时，发现我们竟没有准备好，根本没有足够的海军武装力量可供政治家指挥。

在坦言笔者最原始的，至少在一段时间以内几乎唯一的动机时，也必须实事求是地承认，在开始阶段，我对海军史的研究并没有上升到科学和理性认识的高度。为了满足这项新任务的要求，在整理各种公认的陆战权威提供的教材和各种事件的记录后，我很快就认识到这些权威在他们声称的自身专业领域内的普遍适用原则，同样能在《海军编年史》中找到令人信服的充足例证——尽管海上战争技能的发展一直比陆战慢，而且现在的进步较小。海军研究相对落后的结果，部分是因为海战特有的不确定性，部分是由于海军界尚未完全摆脱认为研究昔日的海军史和历史经验“不切实际”的蔑视观念。

因此，在本书的写作过程中，和前作一样，在不放弃写作初衷的前提下，我将内容扩展到分析海军战役中的战略指导行为，以及指挥官能表现其清晰战术意图的不同海战（这类海战实在太少）的战术特征的两方面。我的英国同行和本国同行一样，都对本书给予热切欢迎，这对我而言是莫大的欣慰，也完全出乎意料。然而最重要的意义不在于个人，从某种程度上来说，这种意外的满足实际上证明，海军军官系统在机械器材和研发竞争中，注意力一直偏离了对战争指导的系统研究，而这才是他们的本行和主要关注点。如果本书得到的都是应有的赞誉的话，是由于这样一个事实：即作者将注意力集中到海军专业最重要的部分，这是其他海军军官都能做到的而实际很少有人去做的一件事。

笔者能完成这部著作，完全归功于海军学院，而学院的创建就是为了促进此类研究。如果我现在从事的事业会取得进一步的成就，希望这一呼吁会有助于保证海军学院的长期不确定拨款能得到保障，荣誉应归于学院及它的奠基人史蒂芬·B.卢斯海军少将。作者诚挚鸣谢卢斯将军将作者指引到这条他本人并未寻觅到的道路上来。

本书涉及的年代截止到1812年，即拿破仑入侵俄国的那一年。这次入侵摧毁了拿破仑帝国，或至少显示出帝国灭亡的征兆，同时也是英美之间爆发战争的一年（即1812年英美战争）。后者是一个关系到特定国家利益的课题，作者希望在不久的将来能进行专题研究。

阿尔弗雷德·塞耶·马汉

1892年10月

纲要

第一章　序：1783—1793年欧洲大事概要

1793年的重要性——1778年战争的主要特征和结果——各交战国在停战时的情况——小皮特继任为英国首相——英国长期维持霸权得到的利益——西欧向往和平的愿望——变乱的原因——约瑟夫二世继承奥地利皇位——1778年战争期间奥属尼德兰的贸易扩张——斯海尔德河的通航问题——涉及的广泛利益问题——1780—1790年东方的问题——1770—1785年英俄关系的变化——法国和英国在黎凡特和波罗的海的利益——安特卫普作为海军基地的重要性——欧洲各国在荷兰和（奥属）尼德兰的利益——1780—1790年的俄法关系——法国影响荷兰政局的优势——约瑟夫二世搁置斯海尔德河问题——1785年法荷盟约——1787年普鲁士武装干涉荷兰——1787年亲英派在荷兰重新得势——1787年2月，法国名人会议——1787年8月，土耳其对俄宣战——1788年2月，奥地利对土耳其宣战——英国和荷兰发表严守中立宣言——中立宣言对俄罗斯海事的影响——1788年6月，瑞典进攻俄属芬兰——1788年，英国、普鲁士和荷兰的防御性同盟——丹麦进攻瑞典——英国和普鲁士插手波罗的海事务——英普干涉的重要意义——当代东方问题的肇因——1791年，英国政要对俄国的不同看法——国内问题使法国的对外影响力陷于瘫痪——东南欧的战争进程——英国和普鲁士再度干涉波罗的海事务——1789年法国三级会议——1790年9月，奥土两国停战——1790年圣诞节，苏沃洛夫强攻夺取伊斯梅尔——1791年8月，俄土《加拉茨和约》——1791年，东欧基本实现和平——1789—1791年，法国大革命的进展——1791年法国国王出逃——1791年8月，《皮尔尼兹宣言》——《皮尔尼兹宣言》与《加拉茨和约》发布日期的惊人巧合——1792年4月，法国对奥宣战——1792年6月至9月，巴黎的混乱状态——1792年8月，法国国王被废黜——1792年9月20日，瓦尔密战役——1792年9月22日，法国国民公会——法国废除君主制——1792年11月6日，热马普战役——法国占领奥属尼德兰，开放斯海尔德河——1792年11月19日，《博爱法令》——1792年12月15日，法国宣布用武力向整个欧洲推广共和体制——英法之间的紧张关系——1793年1月21日，路易十六被处决——英国宫廷驳回法国公使的要求——1793年2月1日，法国对英荷宣战

第二章　1793年各国海军，特别是法国海军的状况

1789年以后法国海军衰退的原因——法国行政官员对海事情况的无知——来自法国海军这段经历教训的价值——各种因素对各类军事行动效率的影响——这一时期海战唯一的武器——舰炮问题——一艘船就是一个移动炮台——舰艇应由一个有机的团队操纵，团队成员都互相依赖——这样一个团队需要进行特殊训练——法国立法机关对这些事实的盲目无知——法国海军抗命不遵现象的发展和增加——1789年的土伦哗变——对德阿尔贝·德·里奥斯海军准将的暴行——软弱的法国制宪议会——西班牙和英国之间的努特卡海峡纠纷——法国准备支持西班牙——德·里奥斯奉命指挥布雷斯特舰队——布雷斯特舰队哗变——德·里奥斯离开海军——德·里奥斯的海军生涯和卓著的专业声誉——法国海军的混乱状态——对法属殖民地的灾难性影响——法国海军军官出国流亡——1791年，制宪议会对海军的改组——1786年，君主制政府原先的措施——1791年4月，议会的改组法令——该法令的主要精神——第二届（立法）议会降低了海军军官的素质要

求——“恐怖统治”中的海军军官——第三届议会（国民公会）的后续法令——一连串措施的后果——议会行动与士兵的接触——在权利平等基础上的明显争议——这一时期情况的恶化——这些措施在战斗中表现出的直接后果——议会管理松弛对海军军纪的间接影响——1793年布雷斯特舰队哗变——1792年地中海舰队骚乱——海军物资的糟糕状况——军官和水兵的不幸——海军补给和装备的短缺——这些不利情况对海军战斗力的影响——海军乏力对整个战争结果的影响——英国缘于海权的耐力和持久性——1793年英国海军的状况——拥有连续性传统的训练有素的英国海军军官群——英国迫切需要水兵的尴尬处境——舰员的状态和健康——英国海军的历次哗变及其性质——英国海军物资的特点——英法海军的实力对比——西班牙海军的数量和状况——西班牙海军军官和水兵的无力状态——荷兰、那不勒斯和葡萄牙的海军——土耳其和波罗的海各国的海军

第三章　1793年整体政治、战略态势及事件

1793年3月7日，法国对西班牙宣战——反法各国政府的形势和特征——奥地利和普鲁士的相互嫉妒——德意志小邦的态度——西班牙的陆海军状况——英国的政策——俄国的态度——波兰的第二次被瓜分——瑞典和丹麦的动向——荷兰的内忧外患——荷属殖民地——英葡关系——意大利诸邦的态度——土耳其帝国的疆界和混乱状态——地中海诸岛的重要战略意义——地中海诸岛的政治分布——马耳他和马翁港的价值——法国大革命初期的科西嘉——法国的内部骚乱——比利时形势的逆转和杜穆里埃叛变——公安委员会重组——里昂起兵反叛国民公会——吉伦特派垮台——吉伦特派的支持者在全法国掀起叛乱——国民公会军围困里昂——土伦叛投英国和西班牙舰队——法国在东部和东北边境形势逆转——法国陷入绝境——反法同盟的错误——国民公会及代表们的活力——对军队的影响——海军重蹈覆辙——失败的原因——1793年英国海军的无准备状态——舰队操作的困难——英国面

前的陆海军问题——敌国国内叛乱的军事价值——迫使法国海军离港的措施——封锁法国港口的困难——英国的海战主张——豪勋爵的军事特征——豪对海军政策的观点——使用英国舰队的适当战略——欠缺活力对一支海军部队的影响——1793年底，法军的各种成果——旺代叛乱的惨败——里昂陷城——1793年12月19日，盟军放弃土伦——土伦对反法同盟的不利之处——1793年海战的结局

第四章　1793—1810年间的西印度群岛

西印度群岛在当时的重要性——18世纪末，西印度群岛的价值——控制一个海事区域决定于海军——英国在加勒比海的利益——海地的情况——海地与贸易航线的关系——英国在海地的错误政策——小安地列斯群岛的军事和贸易价值——1793年海地和小安地列斯群岛的政治归属——英国在该地区的海军薄弱——1794年杰维斯和格雷的远征——攻占法属西印度群岛——法军收复瓜德罗普——英国领地和贸易的灾难性结局——1796年克里斯蒂安和阿波克隆比的远征——两人远征的胜利——1794年英国军事政策批判——西班牙和荷兰与法国结盟对英国的伤害——英国占领特立尼达——随后在西印度群岛发生的事件

第五章　1794年5月的海军战役，6月1日海战

1793年和1794年法国的后续事件——从美国得到的食品供给订单——派出战舰护送船队去法国——法国出动尼耶里和维拉分舰队，与美国护航船队会合——英国政府决定阻截护航船队——豪勋爵率海峡舰队出航——5月28日，豪与维拉·儒瓦尤斯指挥的法国舰队遭遇——5月29日的机动——5月29日的局部战斗——豪勋爵破坏法军战列线——维拉失去有利的风向——对两天战斗结果的总结——豪的光辉战术——没有掌握蒙塔古分舰队的战略失误——5月30日和31日的事件——6月1日备战——豪攻势的特点——海战开

始——豪的旗舰再次突破法军战列线——首次进攻基本成功——“复仇者”号和“不伦瑞克”号的对决——“复仇者”号沉没——对决的结果——维拉进行机动，营救他失去行动能力的舰船——豪进行保卫战利品的机动——英军胜利的不完全结果——豪勋爵身体的虚弱——这次海战的战术分析——由此推导的推论——法军舰长们的指挥——对两位舰队司令战略指挥的分析——豪的战术成就被战略失误抵消——战役的结局——护航船队安全到达布雷斯特

第六章　1794年的大西洋和欧洲大陆

英国海峡舰队无所作为——74门舰炮的“亚历山大”号战列舰被捕获——法国布雷斯特舰队灾难性的冬季巡航——豪离开海上指挥岗位——布里德波特继任海峡舰队司令——英国海军部的人事变动——体制几乎未变——由于错误处置导致的危险——法国的恐怖统治——1794年7月27日，罗伯斯庇尔垮台——法军在东北边境的胜利——奥军和英荷盟军分头撤退——法军征服荷兰——巴达维亚共和国的建立——这一事件对反法同盟的影响——英国与荷兰的战争——荷属殖民地陷落——法军在莱茵河和比利牛斯山的胜利——普鲁士、荷兰与西班牙同法国议和——英国与奥地利和俄国的条约

第七章　1795年的大西洋和欧洲大陆

1795年法国的反动事件——反动措施——反革命骚乱——1795年宪法——国民公会解散——6艘法国战列舰从布雷斯特调往土伦——维拉·儒瓦尤斯和康华利之间的战斗——布里德波特在格鲁瓦岛外海的战斗——法国采取贸易破袭战政策，从大洋撤回他们的舰队——对这一决策的批判——从拿破仑的海军政策推导出的军事结论——1795年法国萎靡不振的军事行动——德意志形势的严峻逆转——在德意志进展缓慢的法国陆军——地中海形势的

转变——1795年结局的总结

第八章　地中海与意大利：从1793年土伦撤退到1796年英国海军撤出地中海，1797年2月圣文森特角海战，奥地利被迫求和

需要取得一个作战基地——英国在地中海的政策和目的——直布罗陀不足以达到这些目的——科西嘉充当基地的种种便利——法国人从科西嘉撤出——科西嘉统治权被给予英王——保利和科西嘉总督的紧张关系——1795年3月，法国土伦舰队进入科西嘉海域——3月14日，英国地中海舰队与法国土伦舰队的战斗——无精打采的霍瑟姆司令官——双方舰队的损失——土伦法军得到布雷斯特派出的一个分舰队增援——土伦骚乱——耶尔群岛外海两国舰队擦肩而过——1795年意大利的军事斗争——抑制热那亚里维埃拉沿岸贸易的困难——奥军德文斯将军的迟缓行动——奥军在洛阿诺战役的决定性失利——奥军越过亚平宁山脉撤退——对英国海军管理的批判——纳尔逊的重要活动——法国的贸易破袭战——杰维斯将军出任英国地中海舰队司令，拿破仑出任法国意大利军团司令——杰维斯的专业性——霍瑟姆消极行动的灾难性后果——维持拿破仑交通线的法国各分舰队——1796年拿破仑的意大利战役——撒丁王国被迫媾和——奥军的连续败北——拿破仑占领阿迪杰河战线，封锁曼图亚——战役的政治后果——那不勒斯放弃反法同盟，法军占领利沃诺——意大利战事对英国舰队的连带影响——拿破仑对科西嘉的构思——英军占领厄尔巴岛——西班牙和法国缔结攻守同盟——曼海军少将的指挥——英国地中海舰队的危险处境——撤出科西嘉的命令——法国和西班牙舰队会合——杰维斯率他的舰队撤往直布罗陀——就此撤出地中海的政策——那不勒斯对拿破仑计划的影响——杰维斯舰队遭遇的一连串灾难——1797年1月，杰维斯的舰队在里斯本进行大修——纳尔逊远征接应厄尔巴岛撤退——引发圣文森特角海战的事件——圣文森特角海战——纳尔逊的绝妙行动——约翰·杰维斯爵士的荣耀——海战的结局——约翰·杰维斯爵士受封圣文森特伯爵——当时英国公众的沮丧情绪——海战的消息对英国公众情绪的影响——圣文森特伯爵对加的斯采取严密封锁——英国海军军纪的危险状态——拿破仑在意大利的阵地——曼图亚投降——拿破仑率军通过克恩顿进入奥地利——1797年4月，莱奥本的议和草约——公开和隐秘的条款——奥地利的单独媾和，英国对此的态度——英国因海权获得的优势——注：1797年，圣文森特伯爵的舰队发生的一系列哗变

第九章　1797至1798年的地中海：拿破仑远征埃及，英国舰队重返地中海和尼罗河战役，英国重夺地中海制海权和第二次反法同盟建立

1796年，英法和谈——英国特使被勒令离开法国——美国和法国之间的争端——俄国沙皇叶卡捷琳娜二世逝世和保罗一世继位——1797年法国大选的反动结果——1797年9月3日政变（果月政变）——反动分子被逐出法国——1797年英国重启谈判——英国特使再度被遣返——拿破仑的东方计划——对威尼斯的阴谋——纳尔逊远征特内里费——纳尔逊败阵，失去右臂，返回英国——法奥《坎波福尔米奥条约》——媾和的情况——威尼斯共和国不复存在，法国获得爱奥尼亚群岛——拿破仑离开意大利返回巴黎——拿破仑率军准备入侵英国——入侵英国的困难——决定远征埃及替代入侵英国——1797年英国舰队撤出地中海——1798年4月，纳尔逊在加的斯外海重归舰队——纳尔逊派出3艘舰船监视土伦港的备战——1798年5月19日，拿破仑启航远征埃及——纳尔逊得到10艘增援战列舰——拿破仑占领马耳他，再度向亚历山大城启航——纳尔逊为敌人的诡计所惑——纳尔逊向亚历山大城追击，没能找到法军——纳尔逊失误的原因——纳尔逊回师向西——拿破仑在亚历山大城外海抛锚，立即让陆军部队登陆——纳尔逊在锡拉丘兹抛锚，随后再度向亚历山大城启航——发现在阿布基尔湾锚泊的法国舰队——法国舰队司令布吕埃斯的迟疑和懈怠——拿破仑计划的疏忽——阿布基尔湾一览——布吕埃斯对进攻防备不足——与胡德处于类似情况时的比较——

尼罗河之战——在法军纵队先头集中兵力攻击——“克洛登”号搁浅——英军预备队抵达，向法舰队中央集中突击——法军旗舰爆炸——仅有两艘法国战列舰逃脱——关于纳尔逊在这次战役应得荣誉的讨论——拿破仑在埃及的胜利——尼罗河之战对法国陆军的影响——尼罗河之战对各外国势力的影响——法国侵略行动对欧洲大陆的影响——法国干涉瑞士和罗马——那不勒斯和奥地利的不满——俄国沙皇保罗一世的敌意——俄奥同盟——尼罗河捷报的影响——尼罗河捷报在印度的影响——纳尔逊奉命前往那不勒斯——英军封锁马耳他——英国地中海舰队的部署——俄土联军进攻爱奥尼亚群岛——英军占领梅诺卡岛——1798年海战的结局

第十章　1799年至1801年的地中海：拿破仑的叙利亚远征和阿科围城，布吕克斯将军指挥布雷斯特舰队入侵，拿破仑返回法国，法国丢失马耳他和埃及

拿破仑从远征埃及获得的希望——衰弱的埃及各方势力——占领上埃及——叙利亚帕夏对埃及的进攻——埃及法军的孤立——孤立带给拿破仑的困扰——拿破仑听闻土耳其准备攻击他——决意入侵叙利亚——法军占领埃尔阿里希，向阿科进军——希德尼·史密斯爵士率领的英国分舰队在阿科外海的情况——史密斯在黎凡特的海战和外交使命——纳尔逊和圣文森特的烦恼——史密斯在亚历山大城外海的指挥——阿科的重要性——史密斯从亚历山大城抵达阿科——（史密斯）捕获一支护航船队，拿破仑开始围城——阿科围城——从罗德岛赶来的土耳其援兵到达——法军的最后进攻——法军解围，退往埃及——希德尼·史密斯爵士在阿科的活跃表现——布吕克斯将军指挥的法国舰队的25艘战列舰从布雷斯特港逃离——布里德波特勋爵的指挥——英国震惊不安——布吕克斯在加的斯外海出现，进入地中海——英国海军各分遣队的不利形势——圣文森特伯爵的忧虑——圣文森特采取的措施——纳尔逊的行动——圣文森特显示出的积极性和准确判断——西班牙舰

队离开加的斯，抵达卡塔赫纳——圣文森特病倒，将指挥权交给基思——布吕克斯摆脱基思的追击，和西班牙舰队在卡塔赫纳会合——法西联合舰队越过海峡，抵达布雷斯特——基思向布雷斯特追击，随后前往托贝港——关于法国舰队此次巡航目的的讨论——英国各海军将领在同一时期的指挥——土耳其陆军在阿布基尔湾登陆，进攻法军——土军被拿破仑歼灭——拿破仑离开埃及返回法国——关于埃及远征的讨论——英国海军完全控制地中海——马耳他投降——埃及被孤立——在埃尔阿里希进行的关于法军撤出埃及的谈判——英国政府由于该谈判未经授权，拒绝批准——阿波克隆比的远征，法军最终失去埃及——克莱贝尔将军遇刺

第十一章　1796年至1801年的大西洋，封锁布雷斯特港，法国远征爱尔兰

法国决定依靠贸易破袭战——法国的决定对海上战争和制海权的影响——法国和英国海军的最终处境——封锁布雷斯特徒劳无功——英国所面对的海事问题的情况——采取的适当措施——一个防御体系各部分的相互关系——应当从两方面考虑布雷斯特的军事价值——布雷斯特港和周边一览——风向的重要战略意义——英国舰队能用于布雷斯特监视行动的锚地——封锁布雷斯特的理论依据——英军基地对照这个理论的合理性——圣文森特，豪和布里德波特的政策——1796年引发爱尔兰远征的诱因——法军对远征的准备——奥什被任命为爱尔兰远征军司令——维拉·儒瓦尤斯被任命为舰队司令——儒瓦尤斯厌恶这次远征——儒瓦尤斯被摩拉德·德·加拉取代——当时法国海军缺乏效率——远征军出发——出发当晚，远征船队便已分散——船队大部的重新会合——两位总司令官和主力失散——远征军抵达爱尔兰海岸——班特里湾的不幸事故——船队返回法国——“人权”号失事——装载奥什和摩拉德军舰的不幸——英国的部署应对入侵不利——对这些部署的分析——英国的失误使法军免遭损失——1800年，圣文森特接任海

峡舰队司令——他对整体行动的战略规划——他对维持法国港口监视的战术部署——海军部对海峡舰队总司令的依赖——圣文森特对被迫采取的封锁措施制定的规则——他采用的体制产生的决定性影响——布雷斯特在这种监视下的无力化——拿破仑因此采用安特卫普为主要港口——从泰瑟尔岛入侵爱尔兰的方案——坎珀当（荷兰境内）海战——奥什之死——1798年的爱尔兰远征——中止对爱尔兰的图谋

第十二章　1798年至1800年欧洲大陆局势：督政府执政的法国陷入混乱，第二次反法同盟的灾难性战争，执政府的建立，1800年拿破仑征服奥地利，对抗英国的武装中立同盟，法国与奥地利的《吕内维尔和约》

那不勒斯与法国敌对——那不勒斯人的惨败——法军进入那不勒斯——法国吞并皮埃蒙特——第二次反法同盟战争开始——法军在德意志和意大利的形势逆转——马塞纳在瑞士失利——法军在意大利的接连惨败——法军撤出南意大利——苏沃洛夫赢得特雷比亚战役——法军在北意大利的失利——法军在诺维战役被苏沃洛夫击败——反法同盟计划改变——马塞纳在苏黎世战役中击败同盟军——苏沃洛夫进入苏黎世的灾难行军——英俄联军远征荷兰失利——拿破仑一度在意大利占领的地区和爱奥尼亚群岛丢失——法国国内的骚乱——拿破仑回国和雾月18日政变——拿破仑恢复国内秩序的措施——他与英国接触，向奥地利求和——两国政府拒绝的理由——英国的兴旺——俄国退出反法同盟——1800年的法国和奥地利军队——拿破仑的战役计划——在意大利开战——马塞纳死守热那亚——莫罗进军德意志境内——拿破仑越过圣伯纳德山口——马伦哥战役及战役后的停火协议——在德意志停火——外交谈判——拿破仑的殖民和海洋问题——沙皇保罗一世对英国的敌意——英国和丹麦关于中立权利的争论——各国分歧对拿破仑计划的影响——俄国和普鲁士的政策——拿破仑组织反英同盟的举措——产生问题的因素——普鲁士的犹豫——拿破仑对俄国的提议——沙皇保罗一世对英国的敌对行动——保罗一世对马耳他的要求——为在海洋休战进行谈判——这些意图落空——普鲁士对抗英国的行动——1800年《武装中立同盟》——同盟的主张——奥地利和法国之间恢复敌对——奥军在霍亨林登战役的失利——《吕内维尔和约》——和约条款

第十三章　1801年的各大事件：英国远征波罗的海；哥本哈根战役；拿破仑对抗英国制海权的徒劳尝试；拿破仑的大陆政策，1801年10月，与英国的和平预案；海权对大革命进程至今的影响

1801年，英国在欧洲的孤立处境——远征波罗的海的计划——给总司令海德·帕克爵士的命令——纳尔逊出任副司令——舰队启航——纳尔逊的作战计划——军事形势，战略及战术——纳尔逊军事天才的特征——丹麦与北方国家同盟的关系——海德·帕克爵士的不完善措施——纳尔逊对付哥本哈根的行动——哥本哈根战役——战役的结果——纳尔逊与丹麦政府的谈判——英国和丹麦决定停战——沙皇保罗一世遇刺——纳尔逊在波罗的海的出色指挥——英国对波罗的海国家商船实施禁运——结果催生普鲁士的报复行动——北方联盟固有的软弱性——新沙皇的调停行动——海德·帕克爵士被免去司令职务——纳尔逊率舰队前往列威利——他的行动受到沙皇责难——英国与俄国间的协定——《武装中立同盟》的瓦解——同盟自然会维持的主张——拿破仑在意大利和西班牙半岛的行动——他为马耳他和埃及解围的海上计划失败——他企图在加的斯收集一支海军部队——阿尔赫西拉斯海战及其结果——这些事件的战略意义——西班牙向法国割让路易斯安那——拿破仑企图占领葡萄牙受挫——1801年夏天，拿破仑的外交困境——俄罗斯和普鲁士对他态度冷淡——英国海权的成功影响——英国和法国准备议和——1801年10月，议和预案条款在伦敦拟定——中止敌对行动——英国反对派对预案条款的批评——海权对法国大革命进程的影响——小皮特的意见

第十四章　1801年10月—1803年5月从《亚眠和约》预案签署到破裂为止的大事概要

1801年局势的不稳定特征——土耳其和葡萄牙与法国秘密订立和约——土葡秘密与法国讲和以及西班牙割让路易斯安那在英国产生的影响——拿破仑向海地派出远征军——最终和约谈判的延迟——拿破仑接受山南共和国的管辖权——此举在英国产生的反响——1802年3月25日，《亚眠和约》正式签署——关于马耳他的条款——拿破仑密约体系影响微弱的原因——法国海权的湮没——拿破仑宣布成为终生第一执政——拿破仑在德意志赔偿方面的行动——对奥地利的伤害和英国的愤怒——拿破仑和英国媒体的交锋——皮埃蒙特和厄尔巴岛正式被并入法国——为军事理由从瑞士夺走瓦莱州——1802年拿破仑武装干涉瑞士——欧洲的情绪和英国的抗议——英国内阁停止归还占领的法属殖民地——拿破仑对英国抗议的愤怒——英法两国之间的紧张关系——拿破仑要求（英军）撤出埃及和马耳他——英国内阁对马耳他的态度——推迟撤出马耳他的原因——马耳他的重要性——英国内阁现在采取的立场——1803年1月，《塞巴斯蒂亚尼报告》的发表——报告对英国的影响——法军在海地的惨败——拿破仑对马耳他和东方的突出兴趣——英国内阁的强硬态度——拿破仑的进一步挑衅——英国内阁采取的措施——英国的最后通牒——1803年5月16日，英国宣战——随之而来的冲突牵连广泛——英国国内群情一致——小皮特对这场争斗性质的预言

第十五章　1803年5月—1804年12月，从特拉法加战役到西班牙宣战：入侵英国的准备；大船队；拿破仑的陆海军联合行动，英国的海军战略；拿破仑目标实质上的一致性；西班牙战争的诱因

英法两国备战——路易斯安那割让给美国——英国海权对这些措施的影响——英国和法国社会制度对资源的影响——强行发动战争使英国进退自如——提前爆发的战争给拿破仑带来的麻烦——英国海权的压力使法国衰

竭——拿破仑决定入侵英国——拿破仑占领汉诺威和意大利南部——这些举措的目的——占领汉诺威对普鲁士的冒犯和伤害——法国陆军进驻荷兰，汉诺威和那不勒斯——拿破仑入侵英国的计划——为达到这一目的的海军联合行动——组建大舰队——入侵英国应注意的要点——实行计划的困难性——确定拿破仑的意图——这一历史转折期的有趣特征——英国各封锁分舰队的战略作用——不列颠海峡的战略部署——英国海军军官们感觉安全——圣文森特反对使用小炮艇——英国海防——圣文森特管理下海军物资条件的退化——物资退化对海峡和地中海舰队舰船的影响——困难对纳尔逊造成的影响——拿破仑的海军联合行动令纳尔逊产生困惑——拿破仑最初计划的细节——圣文森特出色的整体战略部署——纳尔逊无法确定法国舰队的所有目标和计划——纳尔逊确定自己的方针——纳尔逊舰船状态造成的困难——拿破仑推迟对决——土伦舰队司令官之死——维尔纳夫奉命继任——拿破仑海军联合行动的细节变化——这项新联合行动的意义——英国和西班牙开战——导致英西战争爆发的原因——英国扣押西班牙运宝船

第十六章　特拉法加战役——1805年1月至10月始末：拿破仑计划的再度修正；海军行动的记录；拿破仑海军联合行动的最终失败；法奥战争，奥斯特里茨战役；特拉法加海战；海上战役的结局这一重要变化对拿破仑政策的重大影响

拿破仑控制法国和西班牙舰队——他对海战的困难并不熟悉——给罗什福尔和土伦舰队司令的指示——罗什福尔分舰队出海——土伦舰队的拖延和最终出动——纳尔逊的舰队运动——纳尔逊将他的舰队带往亚历山大城——土伦舰队被风暴所阻，维尔纳夫返回土伦港——拿破仑的计划由于这次拖延再度更改——1805年3月，英国舰队和法西联合舰队的位置——拿破仑向各舰队司令下达新指示——纳尔逊返回土伦以及他的后续行动——维尔纳夫第二次出航——西班牙分舰队在加的斯与维尔纳夫会合，随后到达马提尼克

岛——纳尔逊无法确定目标，遇上了迎头强风——纳尔逊到达直布罗陀，随后跟踪维尔纳夫来到西印度群岛——拿破仑前往意大利——他对海军的估计和测算——纳尔逊出色的战略和远见——拿破仑的误算——英国海军部的措施——纳尔逊在西印度群岛——双方舰队的错位行动——维尔纳夫返回欧洲——纳尔逊洞悉维尔纳夫的意图，启程追击——拿破仑给维尔纳夫的指示到达费罗尔——拿破仑使英国海军分心的努力——英国海军对拿破仑布置的假象不为所动——纳尔逊派出的一艘侦察船在海上发现维尔纳夫舰队——消息传到伦敦——海军部充满活力和能力的措施——维尔纳夫在腓尼斯特雷角外海被考尔德阻击——纳尔逊到达直布罗陀——英国人的迅速行动误导了拿破仑——拿破仑来到布洛涅等候维尔纳夫——考尔德和维尔纳夫的战斗——英国舰队司令考尔德的错误——维尔纳夫进入维戈，后来到达拉科鲁尼亚——考尔德和康华利在布雷斯特外海会合——纳尔逊从直布罗陀前来与康华利会合——现在英国人掌握了有利的战略态势——康华利分散舰队，毁掉了有利态势——欧洲大陆的冲突迫在眉睫——第三次反法同盟组成——拿破仑给维尔纳夫的急令——拿破仑对自身行动的决策——维尔纳夫从拉科鲁尼亚出发前往布雷斯特——维尔纳夫放弃原计划进入加的斯——法西联合舰队在加的斯遭到柯林伍德封锁——1805年拿破仑在德意志的战役——奥斯特里茨战役和《普雷斯堡和约》（《布拉迪斯拉发和约》）——大船队的命运——拿破仑入侵计划时机的讨论——尝试入侵的必要性——拿破仑给加的斯的维尔纳夫的命令——纳尔逊接过加的斯外海的指挥权——法西联合舰队出海——纳尔逊在特拉法加战术的讨论——特拉法加海战——纳尔逊之死——海战之后的大海难——海战的直接后果——加的斯的法国舰船覆灭——特拉法加海战的重要后续影响——从此以后，贸易破袭战成为拿破仑仅有的海战手段

第十七章 法国大革命和第一帝国直到《柏林敕令》时期，对贸易实施的战争

对贸易军事行动的特点——法国和英国的措施——拿破仑的行动和英国内阁行动的对比——法兰西共和国和第一帝国手段的连续性——英国保护贸易的双重体系——水手是一国军事力量的一部分——英国的《护航法案》——法国依赖贸易破袭战的结果——法国巡航舰船的积极行动——英国贸易的数量及分布——法国海峡私掠船的特点——许多英国巡航舰船的无差别效率——法国在大西洋的私掠战——法国在西印度群岛的私掠战——私掠战在远离欧洲地区的实用性——英国东印度船队的规模和力量——法国私掠船在印度海域的后续特征——英国在印度贸易的高效保护——护航体制的便利——英国制海权对法国贸易的破坏——英国夺取的数量——法国国旗从海上被清除——除了沿海贸易，法国贸易几乎消失——英国被缴获船舶的数量和价值讨论——英国损失的抵消——英国更显繁荣——中立国航运对英国贸易的支持——法国政府由此得出的结论——美国以中立运输者身份出现起到的作用——美国商船航运的快速增长——其他中立运输者——1793年俄国的态度——英国对中立国的严格限制——《1756年准则》——1793年在西印度群岛海域捕获的美国船只——1794年，杰伊去英国的使命——杰伊获得的和约条款——法国政府的愤慨——《杰伊协定》对美英关系的影响——英国贸易战政策的逐渐成形——法国政府对中立国的摇摆举动——法国与美国断交——1796年后法国对中立国的侵犯——1793年对美国船舶的禁运——法美之间日益升温的冲突——拿破仑对法国外交政策的继承——早期遏制英国贸易的企图——英国抑制中立国贸易的决定——1798年1月18日法令——1799年1月法国元老院（上议院）的争议——美国因为1月18日法令采取的措施——1798年与法国的准战争——1799年法国的失败——1800年法国的成功——1800年卷入武装中立产生的问题——小皮特和福克斯对争议问题的看法——1801年，英国与波罗的海中立国的协定——俄国对《1756年准

则》的让步——1793年至1801年，由于英法战争，交战国利益在中立国贸易中的冲突引发的教训——1801年至1803年，由于短暂的《亚眠和约》产生的深层次教训——1803年5月，重新开战——1803年至1805年，拿破仑对抗英国贸易的措施——中立贸易国对英国贸易的威胁和伤害——美国与英国敌国殖民地贸易的规模——1804年，小皮特重新掌权后的贸易措施——美国与交战各国和他们的殖民地进行贸易的方式——1804年，英国法院对美国船只的谴责——1806年，小皮特之死，福克斯成为外交大臣——1806年枢密令代替《1756年准则》——封锁法国沿海的特点和因此产生的影响——新措施的目的和它们的成果——1806年9月，福克斯之死——法国和普鲁士的战争——拿破仑进入柏林，发布《柏林敕令》——敕令的目的

第十八章　1806年至1812年贸易战争：1806年和1807年的《柏林敕令》和《米兰敕令》，1807至1809年英国枢密令；两个交战国的措施和政策分析；当时引发的事件概要

《柏林敕令》的目的和借口——敕令的条款——1806年至1807年，拿破仑对俄国的冬季战役——敕令仍不起作用——1807年6月至7月，弗里德兰战役和《提尔西特条约》——1807年1月，英国议会通过报复性枢密令——枢密令的条款和目的——对美国贸易的影响——拿破仑的计划对丹麦和葡萄牙的影响——英国内阁的迅速行动——葡萄牙官廷撤往巴西——欧洲大陆全面驱逐英国货——拿破仑对美国的态度——拿破仑面对的问题的性质——英国对中立国贸易的戒备——拿破仑关于《柏林敕令》范围的重要决策——决策对英国的影响——1807年美国《禁运法案》——1809年美国继而执行的《不往来法案》——1807年11月英国枢密令——这些法令的目的——法令要求的总结——法令对中立国的影响——对欧洲大陆国家的影响——针对英国和法国政策的主要措施——拿破仑的《米兰敕令》——两个政策的持续时间——拿破仑夺取西班牙——《巴约讷敕令》和《朗布依埃敕令》——西班牙人起

义和法军的惨败——维米耶罗战役，法军撤出葡萄牙——爱尔福特会议与俄瑞战争——英国海军在波罗的海——拿破仑和沙皇致英国国王的信——拿破仑在西班牙半岛——约翰·摩尔爵士的牵制行动——1809年的开局——奥地利备战——1809年贸易战——荷兰人对拿破仑敕令的规避——拿破仑的进一步措施——欧洲大陆国家对敕令的消极抵制——英国占领黑尔格兰岛——波罗的海的情况——1806年至1809年英国贸易的基本情况——《许可证制度》——“中立国”的初衷——对英国巡航舰船行动的影响——许可证制度的运作——1809年4月英国枢密令——奥地利与法国的战争——韦尔斯利（威灵顿）在半岛的行动——艾斯林和瓦格拉姆战役——瑞典被迫加入大陆封锁政策——拿破仑极力试图加强大陆封锁政策——（伊比利亚）半岛的情况——法军占领北德意志——荷兰被并入帝国——拿破仑对普鲁士和瑞典的要求——广泛缴获英国船只和货物——1810年8月5日拿破仑的《海关敕令》——敕令的普遍应用——拿破仑的财政措施和许可证制度——1810年10月19日，关于焚毁英国工业品的敕令——俄国的不安——拿破仑吞并奥尔登堡和汉萨诸镇——英国的贸易困境——法国的困境和苦难——拿破仑的应急财政措施——法国和英国的信用——法国和英国的国内形势——法国的大征兵——两国都竭尽全力——法俄之间的各种难题——索玛莱兹将军在波罗的海——瑞典，俄国和英国之间的互相谅解——西班牙半岛的事态——罗德里戈城和巴达霍斯陷落——法国的不满和痛苦——俄国与瑞典和土耳其缔约——拿破仑入侵俄国——英国议会撤销枢密令——美国对英国宣战——对英国和法国措施的分析

第十九章　总结：英国在法国大革命和拿破仑战争期间的海权和政策的作用

1792年英国对战争缺乏准备——法国领导人的精神和努力——1792年11月19日国民议会法令——法令的意义——吞并比利时，开放斯海尔德河——

英国在荷兰的利益——英国备战——小皮特方针的一致性——1792年12月15日的国民议会法令——法国大革命的侵略精神——欧洲政治家对法国实力的误解——英国的保守态度——两国势力无可避免的冲突——海权的双重特性——英国海权的起源和特征——法国，荷兰和西班牙航海业的覆没——中立国海运的机遇——英国对中立国海运的限制——欧洲大陆价格的上涨——英国成为供养欧洲大陆的供给站——对英国繁荣的直接和间接影响——英国的实力依赖海权——英国内阁对海权的运用——“安全”是进行战争的公开目的——因此战争表面上采取守势——英国对荷兰的条约义务——英国和全面战争的关系——海权提供的两种资源——大规模陆战对英国并不明智——七年战争的特点——皮特父子的对比——小皮特的战争政策不仅是一个军事问题——小皮特对英国海军的基本指导——小皮特攻打殖民地的正当理由——小皮特取得的空前海军大发展和贸易繁荣——这些结果的重要性——小皮特的措施使法国筋疲力尽——拿破仑对海权作用的看法——摧毁英国贸易的措施对法国的毁灭性影响——拿破仑受迫于小皮特的步步紧逼——共和国时代和拿破仑时代精神上的一致性——法国被迫投入英国选择的战场——大陆封锁体系对欧洲的紧张影响——西班牙和俄国对大陆封锁体系的背叛——这些变动的影响——拿破仑分散他的兵力——皮特的战争政策基本正确——关于1793年战役的批评——法国大革命战争的特殊性——政治家对军事建议的依赖——小皮特的特殊功勋——小皮特之死——小皮特的继任者追随他的政策——一个大国的行动只能迫使法国筋疲力尽——1796年和1799年拿破仑重振法国——拿破仑用新的前进方向将法国团结起来——拿破仑是大革命的化身——拿破仑集大权于一身——他的政治生涯取决于法国实力的维持——英国消耗法国的耐力——英国在拿破仑战争时期的作用——小皮特预见的正确性——最终结局仅仅因为拿破仑的天才迟到

目 录

第一章

序：1783—1793年欧洲大事概要

1783年9月3日的《凡尔赛和约》缔结后的十年，正处于美国独立战争和法国大革命战争两次大战之间，光阴看似已经停滞。然而早在1793年之前很久，那些耳听八方的人确实已经听见下一场大纷争低沉嘈杂的预言。标志政治革命开始的事件和暴力行径发生得更早，法国与奥地利、普鲁士的战争甚至在1792年就已上演；但1793年这个年份由于其独特地位变得尤为不同凡响。这一年发生了一系列标志性事件：法国国王和王后被处决，恐怖统治开始，法国和海洋强国英国爆发了敌对冲突，海洋强国顽强、坚韧的意志和强大的财富，对战争的结果产生了决定性的影响。英国坚持不懈地用黄金资助欧洲大陆的贫弱国家，让它们能对付共同的敌人。即使在那些盟友离开时，英国仍然顽强地独自坚持进行战斗，用它的舰队、贸易和金钱，反抗法兰西共和国以及它那攻无不克的陆军、破败的海军和破产的国库。因此，英国起来挑战法国的1793年可以视为滑铁卢后大对决的开端。

对美国公民来说，以《凡尔赛和约》总结和告终的战争，无论在利益还是重要性方面，都是超过所有事件的历史性里程碑。美国人会对独立战争中许多人的苦难给予同情，会为少数人的永恒业绩感到自豪，会永远铭记这些人的名字和这个国家艰苦的诞生历程。但对一个西欧人来说，很可能会在较小程度上体会这种感受——他们对这场在遥远大陆发生的赋予一个新国家生命的小规模战争，不会像美国人那样感同身受。美国的独立确实是这场战争的一个伟大结果；在战争过程中，对欧洲人来说，欧洲、印度和海洋上演的战争场景要比在美国发生的冲突更为显眼，离他们自己的国家更近。在戏剧化却没有发挥任何作用超过三年的直布罗陀围城战中，充满令人兴奋的利益，大起大落的希望和恐惧，对胜利的渴望和品尝失败的苦涩。英国从海岸发现法国和西班牙在英吉利海峡集结了66艘战列舰——一支自西班牙无敌舰队以来对它威胁最大的舰队。面对这支庞大舰队，英军数量处于劣势的英国舰队只得从一开始就逃回母港寻求庇护。罗德尼[①]和叙弗朗[②]指挥了多场海上战役，并且赢得了胜利，使那个时代的人心潮澎湃，他们的事迹至今在各自国家的海军传奇中都占据突出地位。从某种角度来说，这场战争最引人注目的是，英法双方的海军实力都得到了发展。自从德·赖特[③]和图尔维尔[④]时代以来，在海洋上还从未见过实力如此接近的海战。自1783年《凡尔赛和约》

---

① 罗德尼（George Brydges Rodney，1718—1792）：乔治·布里吉斯·罗德尼，英国海军军官，初代罗德尼男爵。14岁出海，1747年始首度名见史册。1749年成为纽芬兰总督，晋升海军准将。七年战争期间，参加过对罗什福尔和勒阿弗尔等法国港口的突袭作战以及印度的路易斯堡围城战。1759年晋升海军少将，1761年当选英国议会议员，1762年因攻克马提尼克岛声誉鹊起。1760至70年代，因私人财务状况恶化，债台高筑，于1774年被迫离开英国。1778年战争爆发后，罗德尼回到英国海军服役，晋升海军上将，在战争期间活跃于西印度群岛和直布罗陀海峡。1782年圣茨岛海战的胜利使他到达人生的巅峰，为此还获得了每年2000英镑的年金。包括本书作者在内的一些历史学家认为他在那一战中的表现得到了过高的评价。战争结束后卸甲归田，直至1792年在伦敦逝世。——译者注

② 叙弗朗（comte Pierre André de Suffren de Saint Tropez，1729—1788）：皮埃尔·安德烈·德·叙弗朗·德·圣托洛佩斯伯爵，通称叙弗朗，18世纪法国最杰出的海军指挥官。早年参加过七年战争，真正大放异彩则是在美国独立战争期间，率领劣势舰队在印度洋海域和英国海军中将休斯的连番较量。尽管叙弗朗的战术技能谈不上高超，魄力和大局观使他得到了极高评价，获得英法海军界的广泛赞誉，国王路易十六因此授予他终身海军中将军衔。——译者注

③ 德·赖特（Michiel Adriaenszoon de Ruyter，1607—1676）：米歇尔·阿德里杨森·德·赖特，荷兰历史上最著名和最杰出的海军将领，也是公认的17世纪欧洲最杰出的海军将领之一，深受荷兰海军的广大官兵爱戴，被他们称为“爷爷”。和17世纪的大多数海军将领一样，德·赖特很早就有出海经历，相传最初出海时年仅11岁，最早的从军生涯却是从陆军开始。1637年，德·赖特正式成为一名海军军官，在将近40年的海军生涯当中，先后与西班牙、英国和法国海军作战，经历过无数大战的考验，赢得了对手的普遍尊敬。——译者注

④ 图尔维尔（Anne Hilarion de Costentin, comte de Tourville，1642—1701）：安·伊拉永·德·康斯坦丁，德·图尔维尔伯爵，路易十四时代最重要的海军将领，科贝尔复兴海军的重要助手。17岁便在马耳他首次参加海战，25岁正式参加法国王家海军。在法荷战争和奥格斯堡同盟战争期间，出任海军要职，1690年的比奇角海战是他个人最成功的一次战役，1693年获得法国陆军元帅军衔。——译者注

以来，也再没有出现这样一场势均力敌的海战。

这场战争让三个海洋国家疲惫不堪，美国也是一样；后者尽管还会面临许多困难，却充满朝气，也没有糟糕的政治传统束缚。这些昔日的殖民地居民，运用上帝送到他们手里的无尽资源，全面投入自我恢复和让国家重新富强的行动中去。法国和西班牙的情况则截然不同，而在英国，尽管不像它的对手那样萌生了腐朽的衰退因子，却因为殖民地造反、自身的损失和屈辱感变得忧心忡忡。这种情绪一时遮蔽了它的眼睛，荣誉和财富实际上仍在它控制的范围之内。在欧洲各国之间，殖民野心仍然高涨，英国却已失去它最重要实力最强的殖民地。不只是国王和贵族，连广大人民都一心想要保住北美殖民地。人们曾预测，如果这样一大片领地分裂出去，英帝国将会灭亡；现在他们已经失去了它，只因他们在一片他们认为属于自己的领地——大海上，经过一番苦斗，被他们的宿敌制服。英国的海上力量不足以完成交付给它的使命，所以美国独立了。一个不够坚强的民族可能就此失去希望。

如果认为法国和西班牙的胜利与他们对手的损失相当的话，这种看法既没有正确衡量他们的收获，也无法衡量三者在战争以后的地位。美国独立对法国和西班牙都没有好处。后者确实赢回佛罗里达半岛和佛罗里达群岛，还有梅诺卡岛，但是它在直布罗陀要塞城下完败，甚至都没能对牙买加发动一次进攻。如纳尔逊后来所言，只要英国想要梅诺卡岛，那它就会属于英国。梅诺卡岛不属于哪个国家，只属于能够控制海洋的国家；所以1798年英国舰队再次进入地中海时，就能将它夺回。法国所获甚至比西班牙更少，它恢复了在印度的贸易站；这些地方甚至比梅诺卡岛更加难堪一击，除非能保持交通线畅通，同时得到宗主国海上力量的支持。在西印度群岛，法国归还英国的领地比英国给它的更多。一位法国历史学家说道："法国完成了它那因缘巧合的职责（帮助美国独立）。它的精神利益，即荣誉感和理念方面的利益得到了满足，可是法国政府没能维护它的物质权益；它获得的唯一实际利益是让英国失去扼制土伦港的梅诺卡岛，当它在英国人手里时，对我们比直布罗陀危险得多。”[1]

不幸的是，当时法国在理念、精神和政治以及声望方面要比实际权力方面富有得多。国库日益空虚迫使它不得不停手，屈从对手完全超出实力可以主张的议和条件。法国海军在战争的后五年间获得了荣耀；尽管这些荣耀没有法国作家宣称的那么多，但也已经相当杰出，长期海战必然会增加海军军官的阅历，效率也会相应提高。法国希望与西班牙的同盟能维持更久一些，从而能获得持久的结果，恢复过往的名声，但财政窘境最终让希望落空。

当时的西班牙，就像几个世纪以来一样，收入仍然几乎完全依赖它从美洲回国的运宝船。当海权无可争议地落入一个敌人之手时，收入来源就变得更不确定具，且一直都会受到战争威胁。因此西班牙的政策，无论是战是和，都和法国的政策绑在一起，如果没有法国海军，西班牙的航运就只能依靠英国人大发慈悲；尽管西班牙出于民族自豪感，坚持对直布罗陀的主张，还是被迫放弃。

孤军作战的英国，在扣除全部损失以后，仍然拥有坚强的实力基础。美洲的冲突本身让英国付出将近1亿英镑的代价，在战争期间，英国还增加了超过这个数额的债务。两年后，英国的国债已经停止增长，不久国家就实现了收大于支。1783年底，年仅24岁的小威廉·皮特[2]成为英国首相。小皮特的天赋和志向非常适合和平时期的重建工作，在格莱斯顿先生看来，他是英国历史上最优秀的财政大臣[3]，他倾身将自己的巨大能量投入到促进英国贸易和财富增长的工作中去。尽管在当时还存在许多偏见，会面临多种反对势力，皮特依然施展坚定灵巧的手腕，清除根据错误政策制定的、阻碍英帝

---

① 马丁：《法国史》第十九卷，第370页。——作者注

② 小威廉·皮特（William Pitt the Younger，1759—1806）：英国18世纪晚期和19世纪初期的政治家，前首相老威廉·皮特的次子。小皮特最初出任首相并非出于民意，而是由于当时对英国国政保持重要影响的英王乔治三世的力荐。人们最初认为他只不过是一个过渡性人物。他在任期间历经重重考验，成为英国历史上名列前茅的一代名相。小皮特是一位务实的政治家和理财大家，本书作者对他的评价颇高。——译者注

③ 《回顾19世纪》，1887年6月版，第922页。——作者注

国贸易发展的束缚。通过促进与其他国家的商品交易，简化税款与关税的征收手段，很快使人民的财富和国家收入得到提高。尽管和后来年份的巨大数目相比量很小，英国的进出口在1784年到1792年间，还是增长了超过50%。即使不久前失去原北美殖民地，贸易增长率和战前贸易相比，还是保持了良好势头；他和父亲的老对手、英国的宿敌法国，在1786年订立了在当时非常自由的贸易协定，据说这项协定比起两国之前或之后的任何协定都要有利。“自从皮特先生接任首席财政大臣三年多以来，”皮特杰出的竞争对手福克斯[①]由衷赞赏道，“大规模的贸易和财政改革已经生效……国家克服重重困难，蒸蒸日上，开始迅速积累财富，重振精神，恢复国力。”[②]

这就是英国人的国内状况；不过要充分领会英国所处的这种蒸蒸日上的国势，在为仍然无法预见的大规模冲突进行准备工作时的有利处境，就必须记住所有事物都在围绕中央工作、政治实权都掌握在小皮特手中这两点。小皮特得到了英国国王的感情（在当时的英国是一种真实的力量）和人民的信任。这是因为他是老皮特的儿子、他本人明智的行事风格，还有他使英国财富增长令英国人满意；而他唯一的竞争对手私人形象不佳——所有的一切集中到一起，使国家政治领导权在重大紧要关头全部集于一人之身，这样的团结是整个国家众志成城的基础。至于伟大的和平时代的首相是否足以在战时作出最明智的决策，这一点一直受到质疑。当然并不是他自己选择了这个职位；这对英国来说，在紧要时刻，能够将国家完全交付给这样一个领袖独力承担，是一件巨大的幸事。他就任时，在议会下院只有一百个席位的少数派支持者，两个多月中时常在投票时失利，随后他终于解散议会，重新举行全

① 福克斯（Charles James Fox，1749—1806）：查尔斯·詹姆斯·福克斯，英国自由派政治家，美国独立运动和法国大革命的支持者，小皮特的毕生政敌和惺惺相惜的竞争对手。福克斯的私生活即使在那个贵族生活普遍糜烂的时代也时常为人诟病，对他的政治生涯产生了不小的负面影响。本书作者出于军事战略方面的考虑，对福克斯非议颇多。值得一提的是，福克斯在其人生的最后阶段促成英国议会通过废除奴隶贸易的法案，尽管他没能活着看到法案通过的那一天。——译者注

② 约翰·拉塞尔勋爵：《福克斯传》第二卷，第137页。——作者注

国大选。大选结果使小皮特的党派成为在下院超过一百个席位的多数派——这次大选预示着他在法国大革命早期及关键时期会得到民选代表坚定不移的支持。大革命时期，英国的看法虽仍易变动，但正在逐渐成形和固化，形成了体现民族性格的坚定信念与决心。

众所周知，法国与英国的情况截然不同。法国的财政困境不可救药，政治和社会状况更是令人绝望，大臣更替频繁，每个人都在诸般乱相中陷得更深，国王性格软弱，各派意见冲突激烈，各等级之间缺乏同情和谅解。凡此种种导致了1787年2月名人会议（the assembling of the Notables）的举行，进而促成了1789年5月4日三级会议（meeting of the States General）的召开，这次会议成为法国旧时代终结的开始。当时的法国财源匮乏，领导乏力。

当时受到上述各种条件限制和约束的西欧各国，还是希望和平能够延续。然而欧洲其他地区已经出现不安的迹象，通过欧洲各国之间的各种密切关系传导，令政治氛围出现波动。奥属尼德兰和荷兰、波兰和土耳其、黑海和波罗的海成为外交阴谋倾轧和冲突的舞台，尽管这些倾轧和冲突没有导致西方大国进入实际战争状态，但已引起了他们的焦虑，采取了必要的行动。

1780年，奥地利女皇和匈牙利女王玛丽亚·特蕾莎（Maria Theresa）逝世。其子约瑟夫二世皇帝①盛年继位，满脑子都是对领地内的状况进行改革的计划。1781年，在和英国的战争中，荷兰的软弱无力尽显无遗，就在其他国家无暇插手时，约瑟夫二世要求和接受在奥属尼德兰境内名为“屏障城镇”的降伏。这些城镇当初是按照约束法国扩张野心的《乌德勒支和约》规定设立的，从1713年以来一直由荷兰派兵驻守。在海上发生大规模战争的同一时期，由于美国独立战争已波及欧洲各海域，遂迫使各个拥有海岸的中立

---

① 约瑟夫二世皇帝（the Emperor Joseph II，1741—1790）：约瑟夫二世是特蕾莎女皇的长子，早在1765年已经取得神圣罗马帝国皇帝头衔，女皇死后成为哈勃斯堡家族领地的统治者。他在位期间在国内推行包括废除农奴制、法制改革在内的一系列改革措施，并且进一步弱化帝国境内各天主教主教的世俗权力，阻止教皇干预帝国事务。——译者注

国加入争夺转口贸易的竞争。荷兰曾一度和北方国家分享转口贸易利益，但在英国强迫它卷入战争后，原先从荷兰及其境内的大河流入德意志腹地的贸易，在天然通道被堵塞后，转入奥属尼德兰的奥斯坦德（Ostend）港寻求新通道。奥斯坦德的发展机会，就像美国内战期间的拿骚①一样，是迫于形势和反常的，即不是由于天然优势，而是因为非常态的条件，刺激了约瑟夫二世强烈的获得海上力量的意愿，这是他的领土的其他部分不可能给予的。

这一时期，比利时的贸易活动由于英国转口贸易的消失而迅速发展。这就像路易十四（Louis XIV）时代，国王封存他的战列舰之前发生的情景。同样在美国独立战争期间，同盟国的巡航舰船和私掠船，得到盟国联合大舰队牵制英国海军的支持，大肆骚扰英国航运。在老皮特的时代，可以说贸易因战争而活跃和繁荣；当时法国大舰队退出海洋，英国武装军舰在护卫贸易和压制敌人的巡航舰船。1778年和1783年之间，英国在各处海洋全面投入战争，对抗联合舰队，尽其所能保护它的殖民地。“这种不幸的情况使英国商人在贸易运输工具方面陷入困境，饱尝苦难，这是他们在以往任何战争中没有的经历。外国船舶被用于运输英国货物，英国人首次去保护悬挂外国国旗的船只。”②作者忘了让·巴尔、迪盖·特鲁安和福尔班的时代，我们应当牢记这一点，类似的条件会导致类似的结果。

因此，当美国正在为生存而战，英国、法国和西班牙正在世界各地开战的同时，奥属尼德兰的商船正在各处海域张挂一个内陆帝国的国旗航行，奥斯坦德港变得日益兴旺；既然这个小港口和狭窄的航道都因战争兴旺，那么奥地利皇帝应该如何看待安特卫普那样的大城市和它身旁的大河，以及这座城市在签订《威斯特伐利亚条约》封港之前傲人的贸易记录呢？他的内心立即产生了强烈的不满，这位君主的不幸在于，他接手的问题超过了本人的能

---

① 拿骚（Nassau）：巴哈马群岛首府。——译者注

② 《年鉴》第二十七卷，第10页。——作者注

力和他继承的遗产能够完成的限度。他的注意力暂时被东南欧转移，奥地利和俄国当时正在那里联手开展反对土耳其的外交活动，安特卫普问题就此搁置。在安特卫普港恢复之前，《凡尔赛和约》的缔结，使英国、法国和荷兰所有这些都与比利时息息相关的国家，能够腾出手来（尽管谁都不愿）进入一场新的争夺。在安排好和土耳其的相关事务之后，奥皇在1784年再度提出他对安特卫普的要求，声称在经过政治谈判后，对某几件事情很不满，最主要的问题是任何协定“都应将斯海尔德河从安特卫普一直到海洋的完整的自由通航权列为必要条件”。

在这个案例中，被用来支持或反对一个国家使用流经本国领土、从本国海岸入海的一条河流的天然主张的贸易方面、政治方面，或是基于条约的各种论据，都不在这里讨论。重要的是分析那些至关重要而影响深远的利益，关注这一争端对以上各国乃至欧洲整体外交的影响，去寻觅它与海权的密切关联。海权对这一时期历史进程的影响才是我们致力研究的重心。尽管临时性事件会改变表面现象，甚至有时乍看上去全然相反，就像自然气流被逆风拦堵一样，但是那些取决于长期原因的潜在趋势，在法国大革命的风暴时期也一样存在。当暂时的逆向因素被清除时，它们时刻准备恢复以往的流向，对长期趋势的领悟有助于解释各种明显的矛盾，这些矛盾是由于暂时的必要性和持久利益之间的冲突产生的。

斯海尔德河、默兹河、莱茵河和泰晤士河这几条河流在多佛海峡附近注入北海的地方，形成了一个大型世界贸易中心，这里有两条通过欧洲水域的主要航线——途经不同的、不相干的、可能相互敌对的各个国家的沿海地区。这两条航线一条到波罗的海为止；另一条经法国和西班牙半岛沿海，经北非穆斯林柏伯利海盗国家海岸，到达黎凡特或土耳其沿海为止。庞大的俄罗斯帝国，仅仅在1713年《乌德勒支条约》以后才进入欧洲政治领域，自那以来，它的政治中心不仅在欧洲大陆一路前移，两翼也在向前推进。一翼向北到达波罗的海，将这片海洋置于它的阴影之下，另一翼通过对土耳其的持续压迫和蚕食，已经到达黑海。俄国势力的发展还得益于法国和英国一成不变的做法。长期的敌意和殖民野心，使这两个国家将自己的目光一直盯在彼此身上和大西洋彼岸。《凡尔赛和约》迫使交战双方暂停敌对，给予它们时间去审视那些因为1739年到1783年之间的连绵战争被忽略的、贸易和殖民地以外的其他利益。于是两国幡然醒悟，发现俄罗斯在过去半个世纪，不仅靠蚕食波兰的部分地区和取得瑞典在波罗的海的几个省份，将国境线前移，而且对黑海的影响力也在增强，随着它对土耳其帝国的持续压迫，蚕食土耳其的少部分领土，还建立起能干涉土耳其事务的桥头堡，使它未来在东方海域实际上可能处于优势地位。

西半球的问题，可能这样称呼比较准确，已经因一个新国家的诞生解决，这个国家注定会在西半球强大起来和占据优势；东方的问题现在则很明显，俄国的势力已经很快要突破地平线。它能通过类似的方式解决吗？一个大国已经逼近战略要地，将赢得一个格外有利的位置来主导东方海域，就像美国必然会在西半球做的那样吗？对此必须谨记的是，尽管黎凡特当时只是一条欧洲贸易航线的终点站，过往的历史和人们对未来的可能性的正确理解，都会指出它是最大规模的贸易中心之一，因此涉及世界上广泛的人类利益，并且具有重大政治影响。当时的黎凡特和埃及涉及的利益直到现在依然存在，我们在巴拿马地峡和加勒比海也发觉了同样的利益，因此难以想象会有什么情况比让一个野心勃勃的国家占领如此靠近世界东方贸易干线的黑海和它那地势险要的出口会对海权构成更大威胁的了。1783年，由于奥地利和俄国统治者紧密联盟，形势更为危险；头脑冷静，经验丰富的沙皇叶卡捷琳娜二世，通过对她那较弱盟友的影响，正在引导两个帝国的资源进入为俄国谋取最大利益的途径。

俄罗斯壮大的趋势以及标志着这一进程的历史事件，英国当然早已了解得非常清楚；可是了解事实与认识到这些事实的全部含义之间是有区别的。环境会改变具体事务，当人们强烈关注某一方面时，不会再留意其他地方发生了什么。因此，我们发现1785年英国对俄国的态度与十五年前女沙皇与土耳其发生战争时完全不同。1770年，英国海军军官为俄国指挥舰队和舰船，一位英国海军将官离开本国在俄国海军部供职，会保留他原先的军衔。女沙皇曾派出一支20艘战列舰的舰队从波罗的海开赴黎凡特海域，俄国舰队在斯皮特海德停泊和改装；俄国陆军士兵则在岸上安营休整，英国海军陆战队士官对他们进行操练；一艘80门舰炮的俄国战舰升起了一面英籍俄国舰队司令的将旗，这艘船在朴次茅斯停靠和改装，以提高航行素质。俄国舰队就此增强了自己在地中海航行的实力，更加适合航行；后来，由于舰员糟糕的航海技术，舰船遭到更重的损伤，不得不再次进入当时还在英国人手中的马翁港船厂，为黎凡特的行动再度整修。[①]经过接下去两年的艰苦磨炼，俄国海军摧毁了一座小亚细亚港口内的土耳其舰队的15艘战列舰，当时几位英国海军上尉指挥俄国纵火船，指挥掩护分舰队的也是一位英国海军准将。

在我们这个时代，由于对卡尔斯[②]和锡利斯特拉[③]、克里米亚（即克里木半岛）和霍巴特·帕夏[④]、塞浦路斯和贝西卡湾[⑤]的记忆，这些事情听起来就像是天方夜谭。更无法想象的是，早期的地中海列强对俄国的逼近满怀敌意和不信任，对俄国使用它们的港口进行了严格限制。土耳其当时尽管对

---

① 1769年《年鉴》，第2—4页；1770年《年鉴》，第27—41页及67、71、75页。——作者注

② 卡尔斯（Kars）：土耳其东北卡尔斯省首府。——译者注

③ 锡利斯特拉（Silistria）：保加利亚东北锡利斯特拉州首府，靠近罗马尼亚边境的港口城市。——译者注

④ 霍巴特·帕夏（Augustus Charles Hobart-Hampden，1822—1886）：奥古斯特斯·查尔斯·霍巴特·汉普顿，英国海军上校和奥斯曼土耳其帝国的海军将领，第6代白金汉郡伯爵的第3子，1835年加入英国皇家海军，曾在巴西沿海从事奴隶贸易。1862年以海军上校军衔从皇家海军退役。美国南北战争期间从事突破北军封锁的走私活动。1867年，霍巴特加入奥斯曼土耳其海军，很快成为土耳其舰队司令，两年后即获得土耳其苏丹授予“帕夏”称号。1877年至1878年俄土战争期间，霍巴特率领土耳其分舰队完全控制了黑海海域，封锁了沙俄南部港口和第聂伯河河口，使俄国舰队陷于瘫痪。1881年，霍巴特获得奥斯曼土耳其元帅称号。霍巴特富于传奇色彩的一生，特别是他在土耳其海军的服役经历，使他成为19世纪颇为著名的海军英雄。——译者注

⑤ 贝西卡湾（Besika Bay）：位于爱琴海东岸土耳其小亚细亚特洛伊附近的港湾。——译者注

英国友好，却对法国更加友善；与土耳其人结盟，使法国在对奥地利的战争中能利用他们转移奥地利人的注意力，而奥地利是英国的天然盟友；按照土耳其的各种贸易条约，法国是受益国，在东方海域进行的海战会对法土贸易造成伤害。贸易争端甚至可能在法国和俄国之间制造冲突，这在老对手法国正逐步发展海军实力、意图为过往失败复仇时，至少对英国无害；就像现在人们认为英国正在等候和德国一决雌雄的日子一样。波罗的海的贸易价值巨大，此外和俄国的友谊也是必要的。总之，在1770年，尽管法国向女沙皇献媚，俄国从整体上看还是英国友邦中的友邦，也是它敌人的对手，尤其是传统宿敌，或者按照大多数英国人所说的“天敌”——法国的对手。俄国同时在对付瑞典、波兰和土耳其，这些正是法国精英政治家试图拉拢的目标。

1785年，发生了一项重大变化。1770年的战争使俄国在黑海扎下了根基，1774年的《凯纳德吉条约》（treaty of Kainardji）承认俄国能在地中海进行自由贸易，这项特权在民族精神还比较狭隘的年代，被其他贸易国视为自己的一种损失。俄国快速帆船已经进入达达尼尔海峡，取道进入黑海；尽管土耳其对俄国这种举动的后果感到恐惧，在君士坦丁堡让他们停船，此举依然不能等闲视之。随后又发生了一件大事，同样在1774年，波兰被瓜分，此举被其他各国普遍谴责为不义，危及各国势力平衡。如果说英国尽管对此焦躁不安，仍可通过将法国盟友削弱，当作对法国的损害得到些许补偿，庆幸它的岛国位置会使欧洲大陆均势暂时维持平衡的话，那么1780年武装中立同盟事件，已经在警告它密切关注俄国势力的增强会造成的伤害。这种不友好的打击，是一个英国几乎视为天然盟友的国家采取的。英国在十年前对这个国家给予过莫大帮助，它却在趁火打劫，向英国重视的海权下手，意味着它可能彻底与英国疏远。这擦亮了英国政要的眼睛，开始面对俄国这个新的危险对手，感觉到俄国对波罗的海的影响，以及正在靠近地中海的位置对英国的威胁。

发生这样的状况，法国牵涉其中的利益并不比英国少，感受当然也同样强烈。自从亨利四世和科贝尔时代，甚至更早以前，法国就将黎凡特视为自己的特有领地，一个忠实盟友的家园和一个几乎被它垄断的利润丰厚的贸易场所。尽管法国人在印度受到重挫，他们仍然没有失去压倒和取代英国人、占有那片富饶土地的愿望，因此他们很清楚黎凡特和埃及对确保这一宏伟蓝图的重要性。因此我们在即将要研究的伟大海上战争中，在发现拿破仑——这位战功赫赫的时代风云人物——沉醉在他著名的意大利战役带来的各种荣耀和炫目的狂热中，计划征服埃及和东方时，不必吃惊。对纳尔逊——这位那个时代英国海权的标志性人物，在黎凡特和波罗的海的两次最辉煌的海战中的战斗英姿也无须惊讶。当我们看到交战双方的政治家和陆海军将领，会将马耳他、科孚[①]、塔兰托[②]、布林迪西[③]以及西西里和埃及，视为与过去岁月中的直布罗陀和马翁港一样重要的战略要地，他们的意见左右着交战国的军事行动时，也不会措手不及。马耳他等地过去就在西欧强国的行动范围之外，日益凸显的东方问题将它们推上了前台。

黎凡特问题并不是唯一严重影响各对立国家的亟待解决的问题，波罗的海的贸易利益，就像多条大河以及大河流域那片广大地区的产品一样，通过波罗的海的出口，流向世界远方。这使得波罗的海的控制权，同样成为即将来临的纷争中主要冲突双方共同的重要目标。英国人试图将敌人赶出海洋，法国人希望将敌人逐出陆地。除了波罗的海的贸易重要性之外，这片海域的隐性特征，即接近这片海域的困难性——这一点因严峻的气候条件更为恶化，以及俄国对瑞典和丹麦的巨大实力优势，使1780年的武装联合有可能出现，实际上，1800年这种武装联合确实重新出现，对英国的海上霸权构成了严重威胁。这样的联合是英国防范的重点，是敌人最希望达到的效果。一旦

---

① 科孚（Corfu）：希腊语发音为克基拉岛，位于今希腊西北爱奥尼亚海，是爱奥尼亚群岛中的第二大岛。——译者注

② 塔兰托（Taranto）：意大利东南部濒临爱奥尼亚海的重要港口，当时位于那不勒斯王国境内。——译者注

③ 布林迪西（Brindisi）：同为意大利东南重要海港。——译者注

联合真的形成，将会成为一个聚集所有其他不满势力的核心。要知道，许多国家对海上霸主英国强行将它自己的权利，置于中立国商船之上的苛刻和专横行径都大为不满。

由于英国靠近波罗的海，它不必在通往波罗的海的航线上为维修或掩护商船建立海军基地。荷兰和比利时的港口和资源紧贴着这条航线的侧翼，这两个国家沿海极为险恶的浅滩地形和复杂的航道都成为大自然提供的天然屏障，一旦这些条件都被一个强大的敌对势力控制，没有相应海军基地的英国将十分不便。一百年前，让·巴尔和他的私掠船同伴们已经证明，即使敦刻尔克这种三流港口也会对英国商船形成危险。敦刻尔克可以派出私掠船分舰队，安特卫普可以派出战列舰舰队。因此，俄国势力的抬头以及它在波罗的海的优势地位，使低地国家政治局势下的利害关系更为重要。英国从前几代至今都觉得它与低地国家的贸易关系以及通过低地国家与德意志的贸易关系十分重要。迄今为止，如果不算法国直接占领它们的大片领土的话，这种利益面对的主要危险是法国控制低地国家政局的野心。英国不得不担心安特卫普会变为一个庞大的海军基地，从这里能够自由地进入大海，安特卫普和联合省的资源，会被一个坚强能干的敌人控制，而这一担忧在拿破仑掌权后得以实现。

因此，英国在1781年会明白无误地担心约瑟夫二世对荷兰的侵略态度以及“屏障城镇”落入他手中这一事实。由于荷兰军事实力的下降，这些设防城镇实际上已经不能再为荷兰提供多少保护，结果导致它完全暴露给法国。奥地利保卫各省份[1]和荷兰的能力逊色于法国的攻击力，这是由于两者到这一地区的相对距离有差别，奥军从奥地利本土出动时，侧翼会受到来自法国边境的威胁。1784年，在斯海尔德河问题升级时，英国再度焦虑起来，与其说是因为奥地利的声明，不如说更在意法国的动向。当时英国很少担心奥地

① 指奥属尼德兰。——译者注

利会成为一个强大的海上国家，在它拥有尼德兰四分之三个世纪后也没有达到这一成就；但是会有充分的理由担心奥地利的这些举动，可能会导致竞争对手法国的海上力量和影响力提升，这甚至可能会让法国直接占领低地国家。所有这些事情后来都发生了，尽管并不是在垂死的君主专制政体之下。

我们可以认为，明智的俄国女沙皇叶卡捷琳娜二世在热情支持奥皇争取斯海尔德河的自由通航权时，丝毫没有预见到即将来临的法国大动乱会动摇她和其他欧洲统治者的计划，也没有认识到她的国家和西欧列强之间的真正关系。要让英国和法国在东方问题上采取一致行动，在当时不可能，现在可能性同样很小。当时英法两国要放弃过去的成见，或者说与宿敌联合简直闻所未闻。如果奥地利的努力成功，俄国就能在一个原本对其主张天然反感的地区，获得一个友好港口。如果奥地利不成功，就像随后事情发生的那样，结果可能就会变成法国在奥属尼德兰和联合省的影响会蔓延；法国将在那里取得的权益意味着获得海权，这代表英国的海权将蒙受相应比例的损失。俄国女皇仍能将希望寄托在英法的相互对抗上，英国海军和他们以往在战争中采取的作战方式，对俄国来说，比法国陆军构成更为严重的威胁。无论理由如何，毫无疑问在那个时候，俄国的政策趋向会更接近法国。在东方，法国的大臣们在俄国和土耳其苏丹之间调停两国因为《凯纳德吉条约》不断发生的争议。俄国还与法国缔结了一份条款最为有利的贸易条约，对英俄贸易条约则任其失效，其后多年都拒绝重新缔约。

这些就是众所周知的，在奥皇提出斯海尔德河开放要求之后的八年间，各国的野心和沉甸甸的渴望。这一切奠定和引导着欧洲政局的主要走向，并且持续到法国大革命战争期间。到1793年战争爆发为止，那些围绕这些主线组合的独立事件，以下只能简单说个大概。

尽管路易十六和奥皇之间有着亲密的家族关系，法国政府依然冷眼旁观后者对斯海尔德河的行动。联合省长期存在亲英派和亲法派的斗争，那时才明显出现后者占优的局面，由此也能看出法国的势力占据了上风。奥地利似乎决心诉诸战争，法国国王首先提出斡旋，在调停无效后，告诉奥皇他会使用武力干预，于是法军就在比利时边境集结。荷兰联合省执政的姐夫、普鲁士国王将和法国一起行动。另一方面，俄国重申它对奥地利的支持。俄国的敌人瑞典，开始调集船舶服役和招募士兵；同时据一份来自君士坦丁堡的报告披露，一旦开战，土耳其苏丹同样打算利用这个良机收复他最近丢失的东西。斯海尔德河之争使各方的矛盾有激化之势，在麻烦的始发地区发生了一起突发事件，在这样的情况下，可能会引发一场全面战争。一艘奥地利双桅帆船奉命从安特卫普启航出海，试探荷兰的态度。在经过两国边界时，这艘船遭到荷兰武装舰船炮击和扣押。这起事件发生于1784年10月8日。

战争最终没有来临，约瑟夫皇帝易变的注意力再度被迫在眉睫的事情转移。他向巴伐利亚选帝侯提出用奥属尼德兰换取他的选侯国。这种交易，将使奥地利的领地能够集中起来，大大增加它在神圣罗马帝国的份量，遭到以腓特烈大王为首的几乎所有德意志诸侯反对。这项交易最后因其他德意志诸侯反对落空，在法国主持下，荷兰和奥地利达成了和平协定，皇帝促成斯海尔德河通航方案的兴趣也被放缓。这个协定要求双方都作出让步，同时未触及实质性问题。直到法国大革命的风暴席卷这座城市和斯海尔德河，法兰西共和国的武装占领这里之前，问题一直都没有解决。妥协方案达成不久，法国和联合省紧接着签订了最紧密的亲善同盟条约，规定一旦发生战争，双方将互相提供支援，包括提供武装舰船或人员，同时承诺在处理与其他国家的关系时，双方将展开最为亲密的合作。这项在1785年圣诞节达成的协议，尽可能地在荷兰议会建立和巩固了法国的优势。

这份条约在英国引发了广泛关注和认真反思，法国愈演愈烈的财政困境和内部骚乱快速抵消了它的对外努力成果。随后几年，以各国之间的诸多合纵连横为标志。1786年，腓特烈大王之死是欧洲政坛的一起重要事件。当亲法派对荷兰执政的妻子、普鲁士新国王的妹妹不敬，引发普鲁士王国的军队进行武装干涉时，荷兰国内对立的两派势力已经处于内战边缘。1787年10

月，普军占领阿姆斯特丹，恢复了荷兰执政一度被剥夺的权力。甚至连法国都强烈谴责那些逮捕普鲁士长公主之人的行为，建议充分满足执政夫妇的要求；尽管如此，当荷兰亲法派呼吁对抗普鲁士干涉时，法国准备予以支持，并将这个意图通报英国。英国再次肯定自己对事态的影响力，向法国重申它不能再充当一个默不作声的旁观者，发出了增派英国陆海军的直接命令，和德意志的黑森（Hesse）约定，可根据要求提供黑森1.2万陆军部队的补给。普鲁士人的干预很快成功，使潜在冲突没有发生，眼看着荷兰亲英派重新得势，英国心满意足，法国深感屈辱。

1787年2月，路易十六在凡尔赛宫重开自1626年起就再没有召开过的名人会议。这一年最引人瞩目的事件是土耳其对俄国宣战，土耳其人决定不能等到他们的敌人万事俱备，就立即开始进入这场无可避免的冲突。土耳其人的宣战书在8月24日公布，俄国人于9月13日宣布应战。

1788年2月10日，奥皇以俄国盟友的身份对土耳其宣战，奥军随即在贝尔格莱德周围和多瑙河展开行动。俄国则进一步在黑海沿岸扩展势力，包围了第聂伯河河口右岸的奥恰基夫①——河口左岸的金伯恩（Kinburn）根据《凯纳德吉条约》已经割让给他们了。女沙皇还决心在1770年之后再次从波罗的海派船队重返地中海。考虑到远征地中海作战的距离与不便，加上俄国在地中海根本没有任何海军基地，再联系到俄国与地中海之间距离不过咫尺之遥时，就可以非常强烈地感觉到俄国对贸易和海权的迫切心情。从彼得大帝时代开始，俄国就已经感受到贸易和海权的重要性，对此产生了强烈的渴望。难以理解俄国在获得一个不用依赖于其他国家施舍、属于自己的地中海出海口之前，居然能够安静下来。

尽管叶卡捷琳娜二世已经由于诸多原因令英国不满，她还是着手安排

① 奥恰基夫（Oczakow）：今作“Ochakiv”，和金伯恩都位于今乌克兰境内的黑海北岸。——译者注

远征地中海事宜，似乎确信能像以前一样获得英国的善意与帮助。领航船只在英国水域和俄国舰队相遇，将他们带入英国船厂。根据女沙皇的订单，英国商人包租18艘大船为俄国舰队承运火炮和军需品，但女沙皇所有的这些举措都遭到小皮特内阁暗中阻挠。小皮特内阁禁止本国海员为任何外国船只服务，根据英国在俄土战争中严守中立的原则，使那些承包商放弃了俄国的订单。叶卡捷琳娜二世随后转向荷兰求援，荷兰同样以严守中立为由拒绝了她的请求。两个海洋国家的一致行动，迫使俄国放弃了路途遥远的地中海远征，证明了它主张通过奥皇的要求使斯海尔德河能够通航的利益所在。这个时候，在美国独立战争中以胆略超群著称的美国海军军官保罗·琼斯[①]加入俄国海军，并取得高位。当时有不少英国籍海军军官已经在俄国舰队服役，英国也克制着没将他们召回。俄国对琼斯的任命触怒了英国军官，他们立即集体提出辞职。俄国海军不可能失去这么多有能力的海军军官，于是将琼斯从波罗的海调往黑海。

不久第四个国家也加入这场冲突之中。1788年6月21日，瑞典派兵进入俄属芬兰，当月30日，俄国即对瑞典宣战。这证明俄罗斯海军没能离开波罗的海是一件幸事。俄国和瑞典的地面战斗主要局限于芬兰湾北岸，在海湾内的水域也发生了几次激烈的海战。在这些战斗中，双方不仅出动了常规型号的战列舰，使用了炮艇和桨帆战船组成的大舰队，而且造成了海战中并不常见的人员损失。

战争全面展开，整个东方的战事如火如荼。英国和普鲁士缔结了防御盟约，荷兰在执政与亲英派重新掌权后也加入进来。条约规定，一旦任一缔约国需要，各国都应提供一定数量的陆军部队和海军舰船。这个同盟很快就

① 保罗·琼斯（John Paul Jones，1747—1792）：约翰·保罗·琼斯，生于苏格兰的美国海军军官，美国最早的成名海军英雄，参与美国独立战争，此后又先后在法国和俄国海军服役。——译者注

得到机会帮助一个交战国。瑞典的宿敌丹麦与俄国结盟，图谋伺机从挪威[①]入侵瑞典。1788年9月24日，丹麦的1.2万陆军越过边境，直取哥德堡。就在城池行将陷落的关头，瑞典国王出人意料地亲自临阵，防止了城池陷落。但是如果没有英国和普鲁士出面干预的话，瑞典的兵力不足以挽救这座城池。英国驻哥本哈根公使匆匆进入哥德堡，诱使瑞典国王接受英普两国政府的调解，同时通知丹麦军司令官，如果他们对瑞典的侵略不停止的话，丹麦将会遭到英普两国大军进攻。英国公使不容置辩的口气打消了丹麦本就站不住脚的借口。本来根据和俄国的现行条约，丹麦陆军只需要在与俄军的联合行动中为俄军助战即可，因此实际作战的是俄国军队。丹麦别无选择，只得撤兵。他们立即在停战协定上签字，一个月后，丹麦撤军。

这次事件清楚地表明这个由两大西方强国组成的同盟的实质意义，荷兰只是锦上添花而已。这个同盟表面向瑞典示好的同时，实际上在与俄国为敌，有利于为土耳其苏丹分忧。英国和普鲁士对俄国在波罗的海、黑海和欧洲大陆日益增长的势力和影响十分忌惮，为了遏制这一进程，它们采取了当时法国人娴熟运用的一项政策，即运用远在欧洲事态现状之前就长期存在的传统和纽带劝诱。当时的瑞典和后来的土耳其，都是法国的传统盟友，现在在天平朝向英国的一端，它们已经得到英国在丹麦入侵瑞典时的表态支持——如果需要的话还会用武力付诸行动。瑞典和土耳其这样做，不是因为法国已经不再可怕，而是因为俄国变得更加令人生畏。再次回到正面临的东方问题，从战场中心到西欧的遥远距离来看，从利益的性质和涉及的战略角度来看，主要以英国的海上实力和殖民扩张为代表的海权，将再次发挥主导和决定性作用。这是海权在东方发挥作用的黎明期，日正当空的19世纪尚未

① 当时挪威臣属丹麦。——译者注

到来。那时，纳尔逊和拿破仑，穆罕默德·阿里[1]和易卜拉欣·帕夏[2]、马哈茂德苏丹[3]、尼古拉沙皇[4]，还有1840年的纳皮尔[5]、斯托普福德[6]和拉朗德[7]、卡尔斯，锡利斯特拉和克里米亚的英雄们以及1877年俄土战争的英雄们，都将在这个舞台亮相。

在1783年《凡尔赛和约》缔结后的这些年里，出现了一个新问题，对此尚未形成定论。引用一位那个时代的学者的话来说就是“英国已经有足够的余力反思，也有充足的理由摒弃一个盲目荒谬的政策，在这一政策影响下，英国与一个反复无常的国家结盟，这个国家会在地中海和群岛海[8]建立

---

① 穆罕默德·阿里（Muhammad Ali，1769—1849）：奥斯曼帝国在埃及的帕夏，一般被视为现代埃及的奠基人。他祖籍阿尔巴尼亚，出生在今希腊境内，在拿破仑入侵埃及失败后，1805年成立了新政权，为巩固政权对马木鲁克势力实施了血腥屠杀。执政期间，他按照西方军制改组军队，后来又耗费巨资建立了一支海军。——译者注

② 易卜拉欣·帕夏（Ibrahim Pasha，1789—1848）：穆罕默德·阿里的长子，19世纪20年代曾奉令应土耳其苏丹之命，率埃及海军镇压希腊革命，在西方国家联合干涉下最终宣告失败。19世纪30年代指挥埃及军队征服叙利亚。——译者注

③ 马哈茂德苏丹（Mahmud II，1789—1839）：马哈茂德二世，1808年至1839年间的奥斯曼土耳其帝国的第30任苏丹，为应对北方强敌俄国的威胁，在位时期实施了大规模法制和军事改革，建设现代化海军，被奉为奥斯曼帝国的改革之祖。他的改革未能阻止帝国的最终瓦解。1827年，奥斯曼海军在纳瓦力诺海战中败于英法俄三国联合舰队。1839年临终之前开始推动进一步的现代化改革。——译者注

④ 尼古拉沙皇（Nicholas I，1796—1855）：沙皇尼古拉一世，亚历山大一世的三弟，1825年登基为沙皇。在位期间加强沙皇专制统治，强化俄罗斯民族主义思想，在不与贵族利益冲突的范围内改革农奴制，晚年为争夺克里米亚与奥斯曼土耳其、法国和英国等国爆发克里米亚战争。——译者注

⑤ 纳皮尔（Sir Charles John Napier，1786—1860）：查尔斯·约翰·纳皮尔爵士，英国皇家海军的苏格兰军官，在皇家海军服役长达60年，历经拿破仑战争、叙利亚战争和克里米亚战争三场大战。——译者注

⑥ 斯托普福德（Sir Robert Stopford，1768—1847）：罗伯特·斯托普福德爵士，英国皇家海军著名军官，历经法国大革命战争到叙利亚战争期间的多场大战。他12岁加入皇家海军，22岁即出任罗斯托夫号战列舰代理舰长。在本书所涉及的历史时期，先后在豪勋爵和纳尔逊麾下效力。叙利亚战争期间，年逾七旬的斯托普福德率英国地中海舰队参战，与埃及海军对决。——译者注

⑦ 拉朗德（Julien Pierre Anne Lalande，1787—1844）：朱利安·皮埃尔·安·拉朗德，法国海军军官和政治家，叙利亚战争期间的法国黎凡特分舰队司令。——译者注

⑧ 群岛海（Archipelago Sea）：原著简写为Archipelago，属于波罗的海的一部分，位于波的尼亚湾和芬兰湾之间，今属芬兰。海中的岛屿非常小，集中在一个细小海区，数量多得惊人，故此得名。——译者注

一个新的海上帝国，这个来自波的尼亚湾[①]的友邦从不让人放心。”[②]这些反思并非徒劳，可以从小皮特内阁的一贯态度看出来；另一方面，当1791年提议加强现役海军实力，以使同盟国在对交战双方实施调停时，“增加交涉的分量”[③]。换言之，通过武力支持土耳其时，辉格党领袖福克斯却说：“对我来说，和俄国结盟看上去是我们能够建立的最自然和最有利的同盟关系。”[④]当时因其政治智慧拥有无出其右的公正声誉的伯克[⑤]认为：“将土耳其帝国看作欧洲势力均衡的一部分是一个全新的看法，由此产生的结盟原则和引申出来的声明也都是全新的。从贸易意义上来说，俄国是我们的天然的最有用的盟友。”这些杰出的反对党成员代表了许多内阁支持者的感受，在随后的投票中，赞成票仅以93票的多数通过。反对党受到鼓舞，随即提出一系列议案，要旨可以用 “英国的利益不可能由于俄国军事力量在黑海边界的发展受到影响”这一句话概括。在这一议案的投票中，首相的多数票再次下降到80票，尽管内阁坚持声称“女沙皇通过占据奥恰基夫，将不仅有利于俄国夺取君士坦丁堡，连整个下埃及和亚历山大城都会落入他们手中，使他们在地中海取得优势，进而让他们成为我国海权和贸易的强大竞争对手”。在充分考虑党派意识的局限后，显然英国的感觉只能经过缓慢的转变过程，才能进入从此一路飞奔的通道。

法国在内患的压力下，无法参与东方老盟友的事务，于是在越来越多的

---

① 波的尼亚湾（Bothnia Gulf）：原著写作Bothnic，是波罗的海位于瑞典和芬兰之间的海湾，有近半年的封冻期。——译者注

② 1788年《年鉴》，第59页。——作者注

③ 1781年3月29日的英王咨文。——作者注

④ 《福克斯演讲录》第四卷，1815年伦敦版，第178页。——作者注

⑤ 伯克（Edmund Burke，1729—1797）：埃德蒙·伯克，爱尔兰籍政治家、作家、政论家和哲学家。伯克移居英国后，多年出任英国下院议员，成为辉格党著名人物。政治期刊《年鉴》的创始人，本书作者多次引用这一期刊的相关资料。伯克是英王乔治三世和英国内阁的反对派，支持北美殖民地的立场，直至美国独立战争依然。他一度与福克斯过从甚密，在法国大革命爆发后，他对此持反思和批判态度，最终导致与福克斯决裂。如今西方普遍将伯克视为保守主义的奠基人。——译者注

外部活动中收缩。1788年8月8日，国王定于1789年5月1日召开三级会议；11月召开的第二次名人会议已经在考虑制定宪法和相关程序问题，其中涉及第三等级代表权问题以及按等级投票的问题。会议进行一个月后，暂时休会；法国宫廷反对会议多数派的决定，1788年12月27日宣布，第三等级的代表数量上应与其他两个等级相同。对于投票究竟是以个人名义还是按照等级进行则没能形成决议。

1788年12月17日，俄军占领奥恰基夫，此后的一年里，东方的战火在波罗的海和东南欧熊熊燃烧。土耳其在各地的处境都严重恶化。10月8日，奥军占领贝尔格莱德，随后又占据布加勒斯特，推进到奥尔绍瓦①一线。俄军则攻克加拉茨②，宾杰里③和其他一些地方。除了丧失领土外，土军在数次激战中都告失利。执政苏丹的病故对土耳其的战局影响极大。

瑞典战争本身的结果并不重要，但是有利于分散俄国对土耳其的压力。为了让瑞典继续打下去，君士坦丁堡向斯德哥尔摩进行财政援助。1789年，英国和普鲁士因战局被迫再度威胁丹麦，阻止他们协助俄国。英国公使作为两国代言人，表达了维持北方势力均衡的坚定决心。随后俄奥为一方，法国和西班牙为另一方，结成防御性同盟。两个波旁王国承诺它们会在东方的战争中严守中立，如果俄国和奥地利遭到任何其他国家进攻，它们将出手相助——奥地利将得到6万陆军援兵，俄国将得到16艘战列舰和12艘快速帆船的海上援军。后一条规定清楚显示了俄军所害怕受到何种进攻以及它的野心所在。

这一年，即1789年5月4日，法国三级会议在凡尔赛召开，大革命随后迅速展开。7月14日，巴士底狱被占领。10月，王室被暴民强行从凡尔赛迁往巴黎。大革命的早期事件将在下文关于它的章节之中，谈及它引发的战争时再叙。在此，有足够的理由认为，法国的声音就此在本国疆界之外暂歇。

---

① 奥尔绍瓦（Orsova）：今罗马尼亚西南部多瑙河畔城镇。——译者注

② 加拉茨（Galatz）：今罗马尼亚东部多瑙河畔城市。——译者注

③ 宾杰里（Bender）：今摩尔多瓦东部德涅斯特河右岸城市。——译者注

1790年，东方的战争实际上已趋于结束。1月31日，普鲁士与奥斯曼宫廷缔结非常紧密的盟约——普鲁士国王亲自约定会在一个确定的时间同时对俄国和奥地利宣战。2月，奥皇去世，他期望议和的弟弟利奥波德[①]继位。不久，奥地利、普鲁士、英国和联合省公使举行会晤，由于普鲁士对奥地利采取明显的敌视态度，后两国出面充当调停人。7月27日，条约签署，利奥波德皇帝宣布放弃与俄国的同盟。9月20日，他同意与土耳其停战。经过长期谈判，奥地利与土耳其在1791年8月4日明确实现和平。

俄国与土耳其的冲突在1790年夏季陷入低潮。10月，军事行动重新开始，并且持续了一个季度，结果俄国比土耳其更加能经受战争的考验。这场战役和整场战争的最终一击是苏沃洛夫[②]攻占伊斯梅尔（Ismail）。这是一次令人生畏、极其惨烈的战役，即使对于我们的这个主题来说，简短讲述一番也具有借鉴意义。

伊斯梅尔城镇地处多瑙河下游要冲，被三重外墙环绕，每道护墙前都配有壕沟，驻军1.3万人。除了驻军之外，尚有3万居民。12月，由于时至冬季，苏沃洛夫决定不采取最正统的围城战，而是采用不计伤亡代价的进攻拿下这座城池。于是为了给攻城提供炮火准备和掩护，火炮被以最快的速度部署在所有可能布置炮兵阵地的位置。圣诞节早晨5点，城外火炮齐鸣，经过2个小时的猛烈炮击后，俄军以8列纵队向伊斯梅尔城前进。经过3个小时的激战，俄军被迫暂时撤退。苏沃洛夫临危不惧的气概提振了士气，他亲临前线，将一面俄国国旗插在敌军的工事上，询问他的部队，能否让这面国旗留在身后。在他和那些同样无畏的军官精神感召下，部队重新集结，再度发起

---

① 利奥波德（Leopold II，1747—1792）：神圣罗马帝国皇帝、奥地利大公利奥波德二世，1790—1792年间在位，以顽固反对法国大革命著称，武力干涉大革命的首倡者。——译者注

② 苏沃洛夫（Alexander Vasilyevich Suvorov，1729—1800）：亚历山大·瓦西里耶维奇·苏沃洛夫，沙俄时代的名将，先后参加过七年战争，对波兰巴尔同盟的战争，第五、第六次俄土战争和法国大革命战争。在完成人生最后一场艰苦的撤退战后，苏沃洛夫成为沙俄历史上的第四位大元帅。——译者注

冲锋。这场经常发展到徒手肉搏的血战，一直持续到午夜。经过18个小时的战斗，俄军终于攻破土军的第三道防线，土军的抵抗也停止了，流血杀戮仍持续了一整晚。据统计，1790年圣诞节，共有3万土耳其人（包括妇女和儿童）以及大约2万俄军在这场血战中丧生。军事行动在接下来的春季仍在继续，俄罗斯和土耳其1791年8月11日在加拉茨签订了议和草案。

俄土议和达成宣告席卷东方的战争结束，俄国和瑞典早在一年前的1790年8月11日就已经议和。瑞典国王选择了进攻的良机，此时英国的公众舆论趋于一致，即英国通过手中的这个强有力杠杆，在北方实施牵制行动，能阻止俄国继续进犯土耳其。俄国和瑞典舰队实力非常均衡，英国只需投入一个小分舰队就能使实力天平倾斜，控制住波罗的海，使瑞典从芬兰到本土的海上交通线畅通无阻。迄今为止，英国就像我们已经看到的那样，并非万众一心，小皮特内阁的多数派地位正在逐步被削弱，首相本人也可能知道投票赞成他的人当中，有很多人并非全力支持他。普鲁士在确定同意和英国结盟，在北方支持瑞典对抗俄国的政策之后，也没有像它应当做的那样支持瑞典，尽管它对自己没有料到的俄瑞议和气愤不满。普鲁士的优柔寡断限制了同盟国干涉瑞典和丹麦事务的行动，也使得北方可以预期出现的合理结果未能到来，对东欧的影响则更大；这并没有降低盟国态度对欧洲政局影响的重要性，也没能掩盖英国政坛发生的革命性变化，这种变化是我们现在正探讨的十年的标志。

前文内容表现出的这一暂时趋势，因为法国大革命突然中止。法国已经煽动起长时间的动乱，在经过看似平静的迷惑性暂停期之后，几乎就在东方的战争偃旗息鼓时重新爆发。现在就来将东方和西方发生的那些重大事件发生的日期汇总分析一下。

1789年10月6日，法国国王与王室并非出自本意，被胁迫着从凡尔赛宫来到巴黎。法国经过这次公众情绪的爆发后，相对平静地度过了1789年的最后一个月和1790年。在此期间，东方的波罗的海和多瑙河流域展开了最为重要的几次战役，包括伊斯梅尔血战。就在同一时期，路易十六经历了诸多痛苦的变故，无论是否有意为之，都难免令他对自己的处境倍感屈辱。1791年6月，国王和家人一同逃离巴黎，去投奔驻扎在法国东部的布耶侯爵[①]的军队，国王认为布耶侯爵完全值得信赖。就在到达目的地之前，国王被人认了出来，于是被押回巴黎囚禁。迎接王室时，明显能看出民众在这短短几年对法国王室的看法发生了明显变化，他们这次不成功的逃亡加剧了这种改变。人们鸦雀无声地迎接王室，在他们一行前方一段距离是一位骑马军官，命令围观者不许脱帽。尽管制宪议会感受到了这种对国王的不信任，还是在制定宪法，这份宪法仍承认国王的地位，1791年9月14日被国王正式接受。这一年夏天，俄国和土耳其达成议和，奥皇和普鲁士国王在皮尔尼兹举行会晤，随后发表联合声明。法国国王通过这份声明发现，自己的处境已经成为欧洲所有统治者普遍关注的对象。在声明中“他们希望这种普遍关注能促使这些统治者与两位发表联合声明的君主一起，采取与武力相关的最有效的手段，让法国国王获得彻底解放，巩固君主制政府的基础，这对各国君主的权利和法兰西民族的福祉来说才是最适合的。”这两位君主最后声明，他们已准备好为了达到提议的共同目标联手采取必要的联合军事行动，而且会随时采取行动。与此同时，他们向部队下令，准备好进入战时状态。

1791年8月27日，皮尔尼兹宣言发表，巧合的是不久之前的8月11日，俄国和土耳其刚刚签署了《加拉茨和约》，个中缘由颇令人玩味。一个正式开通了关乎欧洲各国利益和行动的新渠道，另一个同时意味着旧渠道被关闭。这份宣言和新奥皇一段时期以来努力的方向完全一致。各国对宣言的反应有

---

① 布耶侯爵（François Claude Amour, marquis de Bouillé，1739—1800）：弗朗索瓦·克劳德·阿穆尔，布耶侯爵，法国陆军将军。他在七年战争中成名，1768年被任命为瓜德罗普总督。美国独立战争期间，他指挥法军占据了西印度群岛的不少英属殖民地。在法国大革命期间，他是最著名的保王党之一。旺代叛乱失败以后，布耶流亡英国，在那里继续为英国对法国大革命的军事行动出谋划策。1797年，他出版了自己的回忆录，大获成功，后于1800年11月14日在伦敦病逝。——译者注

些犹豫。俄国和瑞典都同意出兵，西班牙表示可以提供财政支持，小皮特主政的英国拒绝干涉别国内政。

法国的首届国民议会被简称为制宪议会，在颁布宪法之后解散；第二天，1791年10月1日，第二届议会——通称为立法议会粉墨登场。《皮尔尼兹宣言》强烈刺激了法国人民的情绪，还弄巧成拙地加深了他们对国王的不信任感，这种变化也从议会反映了出来。奥地利和法国外交大臣通过两国驻外使节互相强烈抗议，发生了激烈争论；最根本的问题在于法国新生的共和政体和老派的奥地利帝国完全无法达成共识。一方在看待另一方行动时满怀猜忌狐疑，1792年4月20日，法国终于对奥地利宣战。首次无关痛痒的遭遇战对法国不利；而更严重的危险仍然来自国内，国王和议会对前者使用宪法赋予他的否决权问题发生了冲突，愈演愈烈的冲突传遍大街小巷。6月20日，一个巴黎民众的代表团来到议会，请求议会允许市民在外面游行，以示支持。这种非同寻常的要求得到了许可，于是一个巨大的游行人群开始前进。游行队伍包括各种不同年龄的人，用各种武器进行了武装，其中最醒目的是一支插着一颗公牛心脏的长矛，上面写着“贵族之心”字样。游行队伍从议会一路来到卢浮宫，后来又强行闯入杜伊勒里宫大门，出现在国王面前。不快的路易十六以平静的勇气承受着这一切，此刻，也许就是这一份从容救了他的命；他还是顺从地戴上象征性的红帽子，从一个醉鬼手中接过酒瓶，为这个国家干杯。

如此低声下气也仅为一位国王稍许延命而已，他最终的屈辱近在咫尺。法国宣战以后，普鲁士没有长期拖延，很快与奥皇并肩作战。7月26日，在杜伊勒里宫不可思议的场面发生一个月后，普鲁士以此提出它使用武力的理由。与此同时，普奥联军总司令不伦瑞克公爵[1]发表了一则声明，措辞

---

① 不伦瑞克公爵（Karl Wilhelm Ferdinand，Duke of Brunswick，1735—1806）：卡尔·威廉·费迪南，普鲁士陆军元帅，在七年战争中声名鹊起，是18世纪中后期欧洲著名的军事家。——译者注

十分激烈，使得法兰西这个狂乱易冲动民族的愤怒情绪达到了顶点。8月10日，巴黎民众再度冲击杜伊勒里宫，国王和王室一起逃到立法议会大厅寻求庇护，王宫的瑞士卫兵被杀，宫殿被捣毁。议会随即宣布国王退位；8月13日，王室成员全部搬迁到一座教堂，那里是他们中的几个人在这世界上最后的家园。

9月2日发生的大规模杀戮事件被称为“9月大屠杀”（September Massacres）。当天的这种行为，使英国对大革命的态度发生急剧变化。9月20日的瓦尔密战役，在某些人看来决定了法国大革命的命运，法军在战斗中赢得了胜利。这场战役最重要的意义在于导致普奥盟军撤退，一时令保王党的希望破灭。瓦尔密大捷两天后，第三届议会——给人留下可怕记忆的国民公会召开。国民公会采取的第一项行动是颁布法令，宣布在法国废除君主制；国家的权力越来越多地集中到巴黎的激进派手中，他们通过俱乐部来表达自己的意愿，其中以“雅各宾派”俱乐部最为人熟知。野蛮和狂热的极端共和主义者以及平民中最残忍的激进派分子发出了从未有过的响亮声音。11月19日，国民公会通过的一项法令宣称：“以法兰西民族的名义，他们将给予所有希望恢复自由的人博爱和帮助；他们通过行政权力向将领下达必要的命令，给予这些人民帮助，保卫那些在自由的事业当中已经遭受苦难，或者可能遭遇苦难的公民。”法国的外交官们否认这项法令有在任何友好国家刺激叛乱和鼓动暴动的意图；尽管如此，这种意图还是能从字里行间推断出来，当有人提出应解释这些字句并没有那种意味的动议时，国民公会却拒绝考虑。英国议会最热切支持法国大革命的福克斯先生说，这项法令是对英国人民的侮辱。

同时，在瓦尔密战役之后，11月6日又进行了热马普（Jemappes）战役。14日，法军进入布鲁塞尔，随后迅速占领奥属尼德兰。11月16日，法国随即通过一项法案，宣布依据当地的天然权利，开放斯海尔德河；精力充沛的年轻共和国一下就劈开了奥皇约瑟夫二世软弱的双手无法解开的结。决定性的行动接踵而至，一个法国分舰队从海上进入斯海尔德河，尽管遭到荷兰官员抗议，仍强行溯河而上，参加安特卫普围城战。这是对英国海权最新的冒犯。12月15日，法国又通过一项法令，将法国的体制推广到法军占领的所有国家，进一步激怒了英国。这项法令使用的字句横扫一切，对那些对大革命似火激情无动于衷的人来说，看起来这项法令是会摧毁所有现存社会秩序的威胁。1792年的最后一天，英国内阁宣布："如果法国意图使自己直接或间接成为低地国家的统治者，或以欧洲权利和自由的总仲裁人自居的话，本政府绝不会坐视不理。"①

大革命因此证明了某些人对他的畏惧和谴责，那些人预言它并不局限于推翻国内统治秩序，还会将它的信仰和原则强加给别国，大革命的领导人当时正忙于处决国王。1792年12月11日，国民公会进行了传讯，路易十六26日即接受审判，1793年1月16日就被判死刑，21日即被执行。这种行为成为法英关系的决定性因素，两国关系从不确定和无法令人满意的状态，经过1792年11月法国《博爱法令》颁布以来的一系列事件，越发趋于紧张。时间先倒推至1792年8月10日，当路易十六被废黜时，英国政府即召回驻法大使，并没有派出替代人员。英国政府同时一直坚持将法国驻伦敦公使视为一个模糊角色，只有在他得到实际上已经不再统治的国王的委任才会承认他的地位——也就是说他必须得到一个事实上不存在的王国政府承认。对于受到质疑的邵维林先生（M. Chauvelin）的实际身份，人们提出了任命形式方面的质疑，尽管这种质疑是非官方的，有些无礼。他的任职情况也因本国政府未能送来新的国书还无法乐观。他发出的信件被英国外交大臣格伦维尔②勋爵

---

① 1793年《年鉴》政府公文，第118页。——作者注

② 格伦维尔（William Wyndham Grenville，1st Baron Grenville，1759—1834）：威廉·温德汉姆·格伦维尔，初代格伦维尔男爵，英国政治家。他是小皮特的表弟和政治盟友，历任小皮特内阁内政大臣、外交大臣。小皮特在1801年首次下野后，两人之间发生了分歧，后来小皮特东山再起时，他也没有进入第二届小皮特内阁。1806年初，小皮特逝世后，格伦维尔受命组阁，在一年多的任期内，基本上继承了前任的政策，其主要功绩在于主持废除奴隶法令。——译者注

退回，理由是他声称代表的法兰西共和国没有得到承认；如果英国政府接受这份文件，也只能是非正式的。

双方以令人不能满意的方式交换了互通信件，信中充满了相互指责，法国咄咄逼人，英国沉着应对，唇枪舌剑，争议不断。双方的出发点完全不同，一方面双方天然权利的基础不同，另一方面两者所建立的制度也不同，当然无法达成任何共识。诸如斯海尔德河通航问题，《博爱法令》问题以及法国在法军占领区推广法国制度等一系列问题，双方都你来我往，互不相让。1793年1月4日，英国议会通过的《移民法案》使法国怒火难抑。这项法案对试图移居英国境内，或已经入境，试图变更住所的外国人的行动进行了十分麻烦的限制。法国公使邵维林先生坚信这项法案就是特别针对法国人的。这一法案来自英国人与日俱增的忧虑与感情变化，议会反对党的分裂加剧了这一变化。就在1793年1月，反对党的许多成员在他们伟大的同僚埃德蒙·伯克带领下，捐弃党派成见，加入到支持小皮特首相的行列。小皮特似乎已经开始确信战争将无可避免；当时面临的问题不再是一个国家是否有权改变它的制度，而是在一种瘟疫越过边界和侵染其他民族健康的肌体之前，是否应当将它扑灭。

当路易十六被判死刑的消息传到伦敦时，事情已经发展到了这种程度。这时邵维林先生刚刚收到和提交共和国政府的国书。1月20日，英国外交大臣告诉他，在目前的情况下，英国国王认为不适合接受国书，最后还补充了一些令人不快的说词："以最虔诚基督徒国王的公使身份，您可以享受我国法律所承认的，赋予各国公使的所有豁免权；以私人身份的话，您不能享有这些权利，只能回到英国境内限定的一般外国人的行列中去。"1月24日，路易十六被处决的消息公布后，格伦维尔勋爵在写给邵维林的信中说道："在发生这样一起事件后，英国国王已经不能再允许你继续滞留在这里了。陛下认为应当敕令你在8天时间之内离开这个王国，我在这里向你转达陛下给你的敕令复件。”[1]

1793年2月1日，法兰西共和国对英国和荷兰宣战。法国已经和奥地利，普鲁士以及撒丁王国开战；同时俄国和瑞典也公然表示对法国不满，西班牙也几乎公开与法国敌对。

① 本段的两段引文分别出自1793年《年鉴》政府公文第127、128页。——作者注

第二章

1793年各国海军，特别是法国海军的状况

在接下去叙述直接的军事行动，或者讨论海军因素对军事和政治事件的影响力之前，应当研究一下各交战国的相对地位、实力和资源，尤其是要对海上力量进行分析，根据已知情况预先估量战争的各种可能，分析和指出何为海上战争中发生转折的原因，让过去的经验能使我们在未来获益。

首先，我们必须认识到要以上述分析方法解决的问题绝对不像大多数战争中那么简单。这里面临的不仅是一个关于国家疆域、人口和地理位置的问题；不仅是海员数量、船舶吨位、武装舰队实力的问题；也不仅是财富的主要获取方式，下属殖民地的活力，在世界不同地方拥有的优质领地和位置优越海上基地的问题。甚至首先不是政府政策和性质的问题，尽管从历届法国政府的行为当中确实可以发现使法国海上力量遭遇灭顶之灾的主要原因。这是因为政府如此切实和彻底地反映了法国社会的动荡，无力去制止粗暴野蛮的思维习惯，也就无法去满足当时海军的各种需要。法国的海军和水兵都遭到整个国家所面临的思想和情感激流的冲击；政府只是随着公众情绪的起伏随波逐流，过于软弱，对海军的各种需求又非常无知，以至于无法把握原则，也就不能纠正那些对海军健康发展造成致命威胁的缺陷。

仔细研究法国大革命动乱时期对海军的影响特别有益，因为政治机构对这一相对较短，但仍然极为重要的时期形成的结果所发挥的作用与其他领域能发现的那些作用大相径庭。无论这次群众起义引发了怎样的错误、暴力和

过激行动，都是力量，而不是软弱引起的症状，是一场代表着压倒性力量，带有其所有缺陷运动可悲并发症。

导致那个时代的许多政治家形成各种错误前瞻的是，他们未能认识到长期压抑的民众情绪在大革命中爆发时产生的力量；他们通过诸如财政金融、军队状况和知名领袖的素质等现象来判断这场运动的力量和影响的范围。这些现象通常可以准确检验出一个国家的承受力，却完全误导了那些只看到此类现象，却没有考虑整个国家发生大动乱产生的将之带入深渊的强大冲击力的人。那么当时究竟是什么导致对海军造成的后果如此不同？为什么海军的极度虚弱并不是主要表现在数量上，而是在质量上呢？为什么在距离路易十六时期海军的繁荣时代这么短的时间里就落到这步田地呢？为什么缔造了法国陆军辉煌的拿破仑造成了同样的痛苦，使海军那么虚弱，为什么海军不仅在共和国的混乱时期，而且在帝国的强有力组织下也存在这种情况呢？

直接原因是，海军是一个具有特殊性质的军种，涉及特殊情况，需要特殊才能，因此要明智地满足这个军种的各种要求，就要求具备专业知识，可是对这样一个军种应用的却是对其需求完全不了解的理论，那些人甚至都不相信海军存在特殊需求。他们完全没有海上生活的经验，或任何其他海上生活状况的相关知识，这些人无法了解建设海军的过程中会遇到的障碍，也就不能对症下药去解决问题。不仅在共和国早期的糟糕时期就是这种情况，而且完全可以为此责难伟大的拿破仑，他对于决定海军战斗力的各项因素缺乏认识，看上去他甚至对这些因素的了解都没能到达使他能够明白法国海军为何会失败的程度。“不畏艰难，”曾对法国海军组织拥有巨大影响力的革命委员让·邦·圣安德烈[①]说，“不畏艰难，只要经过计算和思考，在熟练的战术机动当中，也许我们的水兵认为尝试法国人屡试不爽的登船作战更为恰

---

① 让·邦·圣安德烈（Jean Bon Saint-André，1749—1813）：法国大革命时代的政治家，山岳党人，投票支持处决路易十六，后来成为公安委员会成员。拿破仑战争时期曾被奥斯曼帝国俘获，后来在莱茵河西岸的法国占领区供职，1813年病逝于美因茨。——译者注

当有效，从而能以新的英勇事迹震惊欧洲。”[①]“勇气和胆量，”舍瓦利耶海军上校说，“在他（圣安德烈）眼中成了我们（法国海军）的军官唯一需要的素质。”拿破仑说：“当法国拥有两到三个慷慨赴死的海军将领时，英国人将无足轻重。”[②]不幸的海军将领维尔纳夫[③]在感觉到皇帝对海军的严重不满后，做出了可怜卑微的反讽评价：“既然陛下认为除了大胆和决心之外，完成海军军官的使命不需要其他东西，那我也没什么可追求的了。”[④]

应当从各方面细节去追溯一个出色的军种被搞垮的经过，及因此导致的后果。尽管这种过程开始发生时的环境无疑是特殊的，最基本的教训依然有益。无视经验的教导，切断过去的所有传统，革命而不是改革，鲁莽地踏上全新的、无人尝试过的道路，对将会遇到的困难无视无知——这种倾向、这种思想的教训在任何时代都存在，有时会占据统治地位。当然，它们在今天也依然拥有不寻常的力量，从海军兵器发展变化的角度来看，这也不足为奇。如果恺撒和汉尼拔时代的战役在热兵器时代依然有必要研究，那么断言风帆时代对当今蒸汽舰船时代不能提供经验教训的说法实在轻率。这里要考虑纪律和组织的问题；手段需要适应目的的问题；对赋予一个军事组织上的种种可能性和限制条件有所认识的问题，赋予这些可能性和限制条件的是情况的性质、运作的条件，促使其运动的作用力以及是否具备发挥其实力和弥补其缺陷的能力。

的确，只有通过对任何形式的军事活动，无论整体行动计划——例如

---

① 舍瓦利耶：《法兰西共和国海洋史》，第49页。——作者注

② 《拿破仑语录》，1805年8月29日。——作者注

③ 维尔纳夫（Pierre-Charles-Jean-Baptiste-Silvestre de Villeneuve，1763—1806）皮埃尔·夏尔·让·巴蒂斯特·西尔维斯特里·德·维尔纳夫，法国海军军官。1796年在先后参加了数场海战后，晋升为海军少将，在尼罗河战役中指挥法国舰队后卫，座舰“威廉·泰尔”号侥幸逃过一劫。1804年晋升海军中将，他最知名的经历就是在1805年特拉法加海战中在纳尔逊手中惨败被俘。1805年底获释后不久，即在次年4月22日被人发现在雷恩的一家旅馆身中7刀毙命，一般认为他是自裁，也有人认为是被拿破仑下令暗杀。——译者注

④ 特鲁德《海战》第三卷，第370页。——作者注

为贸易破袭战指定的计划，还是某种武器的使用——例如金属撞角的局限性和可行性都考虑之后，才能得出正确结论，知道使用这种武器需要什么样的人，这样的人应当具备天赋的能力、后天习得的技能，具有勤于思考和行动的习惯。金属撞角使用的可行性在于一次撞击所造成的持续后果，局限性在于装备撞角的船只由于缺乏灵活性、速度或操舵技能带来的困难，在于对手可以凭借操作自身舰船的能力和自己的舰载武器进行反击。如果仔细考虑过这些限制条件，那么就能够毫不迟疑地回答这个问题：随机选择一个只有一般海上航行经验，却没有经历过这种遭遇战的人去冒险，如果是与另一个至少对这一特殊目的有所了解，同时进行过一些专门训练的人作战，能有多大胜算。

法国大革命时期唯一的海战武器是舰炮；如果必要，通常冷兵器和接舷战只有在一次海战到达最后阶段时才会使用。提到舰炮，决不能与炮架分离；这种说法不能只从狭义的技术角度理解，也就是说需要采取正确的做法，将整条战舰的一侧舰炮对准敌人，在舰员巧妙的操作下，使战舰所处的位置对敌舰产生的威胁最大，同时使自己面临的危险最小。这是指挥官的职责；一旦遇到这种情况，炮手的能力也会发挥作用，他们要排除海水涌动、敌人的迅速移动、敌人在狭窄港口等因素形成的种种阻碍，快速准确地操作舰炮。这种情况下，军事水兵的技能与训练有素的炮手的技能，舰炮与舰船、炮弹和炮架，各种因素相辅相成。军舰和舰炮一同形成了一种武器——一座需要各方面都快速灵敏地操作，而且要得到正确指挥的移动炮台。整艘战舰要像一个灵活的有机整体那样运作，各部分都依赖指挥官的指示合为一体，因此依共同的脉动行事，分享共同的传统，拥有共同的生命。这个生命像所有其他生命体一样，在经历萌发和成长阶段之后才能成熟。

如果谁说这些事情很容易做到，简直就是在说蠢话，因为那不是事实。这些事情对专业人员来是轻而易举，对外行人来说一点都不容易，但是既缺乏实践经验也没有任何概念的人容易忽视这些困难。轻视灵活机动能力的并不限于让·邦·圣安德烈一人，尽管他本人承认这种观点时异乎寻常的坦诚。困难其实依然存在，实际操作战舰的舰长不能没有炮手，炮手也不能缺少舰长，两者都必须经过专门训练。无法期待一个刚从商船转到军舰服役，只知道要避开企图摧毁他的敌舰的人，在对手发动进攻时，能够具备立即在敌舰周围进行灵活机动的能力。同样也不能指望他立刻完成转变，从一个只带领舰员进行过短距离巡航的人，能够一举准备好指挥一个人员众多的团体，让这个团体同心同德、行动一致地向同一个目标努力。对他本人来说，要共同执行一项严格的纪律还是非常陌生的任务。对于那些不常服兵役的人来说，这种束缚简直难以忍受。海军军官的效率取决于他能够妥善地做到这些事情，因为这些事情已经成为他本人的生活习惯，变成他的第二本能。

上述说法对单舰战斗来说千真万确，当问题涉及可能装备大量舰炮的25到30艘性能参差不齐的重型战舰时又不一样了。这些战舰不得不在漆黑的夜晚，在糟糕的天气中，尤其是面对敌人时，在某些特定阵位一艘挨一艘彼此靠近；当这些战舰被召集到一起共同或陆续行动，集中攻击敌舰队，通过出色的联合和恰当的行进机动挫败敌人的进攻，需要弥补因为帆桅的损失带来的不便以及因此造成的动力损失，预防风向突变和大海的多变导致的混乱——处于诸如此类的情况下还要妥善应对。即使一个对相关知识一无所知的人都会意识到，只有一群天赋异禀又经过特殊训练的人才能符合要求。实际上即使在世界上所有海军中组织最完善的舰队当中，也几乎不可能找到这样一群人。

法国国民公会对此视而不见，并不是因为没有人告诫他们。事实上法国人当时的认识，就和他们的道德观念及信仰一样处于混乱状态。在海军就像在社会上一样，道德观念首当其冲。抗命不遵和兵变，肆意凌辱和谋杀，先于那些草率措施发生，那些措施最终破坏了君主制时代遗留给法兰西共和国的优秀人才。这种目无法纪的现象紧随攻占巴士底狱和胁迫王室迁离凡尔赛宫之后；也就是说，在人民感觉到执政机关无能为力后很快就出现了。异乎寻常，却与当时情势相符的是，最初的受害者是法国海军最杰出的将领。

1789年下半年，勒阿弗尔、瑟堡、布雷斯特、罗什福尔等所有海港城镇都发生了骚乱。各市镇当局都干预海军造船厂和舰队事务，不务正业或遭受处罚的水兵和士兵们心怀不满，闯进市政厅大肆抱怨他们的军官。后者从巴黎得不到任何支持，只得一味向闹事的水兵和士兵妥协让步，事态自然进一步恶化。

土伦的状况在各海军军港当中最为糟糕。驻土伦的舰队总司令官是德阿尔贝·德·里奥斯①海军准将，和所有法国海军军官一样，是一位贵族。当时他被认为是整个法国舰队能力最突出的军官，即使在土伦也因其高尚的个人操守和慷慨仁厚的生活态度广受拥戴。在早期的骚乱当中，他凭借机智的战术，做出一定让步，加上他的个人名誉，在一定程度上成功控制住了事态，后来他还是不得不把舰队里的两名煽动兵变的下级军官从船上轰到岸上。这两人立即赶到市政厅，在那里公然领取武装，随后先前盛行的谣言再度开始流传，说是土伦城下挖掘了地道，会在一到两天之内遭到进攻。激愤的情绪蔓延开来，第二天，一群人聚集在军火库周围，要求和德·里奥斯对话。他带着一些军官离开了军火库。受逼近的人群所迫，他只得从大门口出逃。随后德·里奥斯向自己的家，也就是他的官邸走去，一路上民众推搡他，侮辱他，甚至直接对他挥拳相向。他到家后，土伦市长和另一名市政官员来到他面前，请求他原谅那两名带头肇事的下级军官。他长时间都表示拒绝，最终还是屈从。尽管他辩解说，他迫于民众压力采取这种软弱的行动是

---

① 德阿尔贝·德·里奥斯（François Hector d’Albert, comte de Rions，1729—1802）：弗朗索瓦·赫克托·德阿尔贝·德·里奥斯伯爵，法国海军军官，1743年加入法国海军。美国独立战争期间，里奥斯曾在法国最出色的海军将领叙弗朗麾下效力，得到高度评价。在1781年和1782年间的圣基茨岛海战中担任“冥王星”号战列舰舰长，表现相当不错，尽管最后总司令官德·格拉斯被俘，法军在海战中失利，里奥斯仍是此次战役当中唯一受到英法海军界一致好评的舰长。——译者注

为了重建秩序，换句话说，想通过这种手段安抚暴民，试图让他们平静下来，事实上只会激励他们变本加厉地制造新的骚乱，犯下对海军军纪和这个国家无法弥补的错误。

这么做根本不能平息骚乱。一名军官在走向门口时遭到辱骂和攻击，另一名军官在俯身走出屋子的门廊时，被一名暴徒一刀在脑袋上砍出一道口子，然后窗户被砸破了，国民自卫军（或者可以按照我们的理解称为城市民兵）终于到场，并没有参与进来。一名离开屋子的军官遭到攻击，被人投掷石块，用枪托殴打，如果不是德·里奥斯和其他30人合力突围，将他抢救回去，他当场就会没命。

国民自卫军随即包围了屋子，禁止人群出入，不久后，他们要求一名军官投降，指控他曾命令一些海军炮手向暴动的民众开火。德·里奥斯对此做了解释，否认指控。国民自卫军的回复是他是个骗子，军官们都是想要杀害民众的贵族。德·里奥斯准将拒绝交出自己的部下，国民自卫军随即准备攻击他们。面对危难，所有人都拔出了佩剑，那名被诬陷的军官本人为了解救自己的同僚，快步走了出去，将自己交给敌人。

与此同时，在场的市政官员没能有效制止事态恶化，这再平常不过。他们的一部分武装力量——国民自卫军还成了骚乱的急先锋。片刻过后，骚乱分子又要求德·里奥斯交出另一名军官。他再度拒绝，命令这名军官不许像前一位那样主动就擒。他踏前一步说道："如果你们要另一个牺牲品，我就在这里。假如你们想要我部下的一名军官，除非先过我这关！"他的男子气概此时只会刺激民众的情绪。他们闯了进来，德·里奥斯的佩剑被夺走，人也被拖出屋子，任一众暴民嘲笑讥讽。国民自卫军分成了两派，一派主张杀害他，另一派主张保全他。这个勇敢的老海军，叙弗朗和德·格拉斯昔日的战友，被人用刺刀戳刺，枪杆殴打，甚至很不光彩地被人踢踏，让人拖出去游街示众，看客都吼叫着："绞死他！砍下他的脑袋！"最后他被投入普通监狱。事情恶劣到了这种程度，更糟的还在后头。任何时代和任何地方都可能受到暴乱之苦，德·里奥斯的遭遇却没能从国家机关得到一个明确的说法。国民议会下令进行调查，六周之后他们发表了这样的声明：“国民议会对德阿尔贝·德·里奥斯先生，卷入事件的其他海军军官，市政官员和国民警卫队的动机持肯定观点，宣布在这一起事件中没有理由责怪任何人。”[①]德·里奥斯在提起他的这段遭遇时庄严而令人同情：“那些志愿者[②]的行为已经违背了所有国民议会颁布的有关人权和公民权的法令。如果你们愿意的话，在这里不妨先不把我们视为军官，也不要把我本人看作一个令人尊敬的部队首脑；只要将我们仅视作安静、行为端正的公民，任何诚实的人都不可能对我们遭受的不公正的非人待遇无动于衷。”[③]他的这番话根本无人理会。

土伦事件是海军下级官兵哗变和现役海军军官团解体的信号，类似事件经常在各地发生。德·里奥斯的继任者也被暴民强行送入监狱待了几天。他的副司令官稍后被送上绞架，只是由于意外才获释。在布雷斯特，一位曾奉命指挥一艘军舰在外国海军服役的上校，因为是贵族遭到3000人参与的暴动围攻，只是被投入监狱才得以保全，监狱里还有其他19人因类似原因被拘禁。国王和内阁下令释放这些人，并且法办暴动者，却根本无用。舍瓦利耶说：“显而易见，海军军官们已经无法再依靠地方当局支持，也不能再指望法国政府，他们不再受法律保护了。”[④]另一位法国海军史学家说：“从此以后，如果某些海军军官出于足够的乐观精神和爱国情操继续留守自己的岗位，随后就会因为他们的出身，没有进行任何深入调查，直接被送进监狱，乃至送上绞架。”[⑤]

---

① 《箴言报》，1790年1月19日，第82页。——作者注

② 指参与迫害他的暴动者，德·里奥斯事后能这样称呼那些伤害他的人需要非同一般的冷静和克制。——译者注

③ 舍瓦利耶：《法兰西共和国海洋史》，第11页。——作者注

④ 舍瓦利耶：《法兰西共和国海洋史》，第12页。——作者注

⑤ 盖朗：《法国海洋史》第一版第三卷，第156页。——作者注

法国各舰队的抗命现象很快就发展到了无法无天的地步。1790年春，西班牙和英国之间发生了摩擦，起因是英国国民宣布在美洲西北部的努特卡海峡①建立贸易站。这些贸易站和停泊在里面的船只当时都被西班牙巡航舰船掳获。事件的消息传到欧洲，英西两国都主张自己的权利，开始武装舰队。西班牙以当时两国仍存在的波旁王室的纽带②，向法国求助。国王向议会发送了咨文，议会投票决定为此武装45艘战列舰。德阿尔贝·德·里奥斯奉命指挥布雷斯特舰队，他在那里受到市政当局冷遇。当时不少水兵对一些新规定心怀不满。德·里奥斯发觉形势的危险性，建议议会对规章进行一些修改，议会拒绝实行，同时也没有采取任何有力措施保障秩序。1790年9月15日，就在议会批准它的第一项法令时，布雷斯特港的一名水兵从“豹”号（Leopard）军舰去另一艘军舰“爱国者”号（Patriote）煽动兵变，侮辱舰上的一位主要军官。这个水兵当时是在醉酒闹事，事情被通报给舰队司令，他下令将这个醉鬼送到旗舰。这样处置尽管已经非常温和，却在“爱国者”号的水兵当中激起极大愤慨。德·里奥斯风闻哗变正在酝酿，于是将那个积极煽动水兵的士官、“爱国者”号的舵手召来见他。他平静地向这个舵手解释带头闹事的那个人甚至还没有被处罚，傲慢无礼的舵手被送了回去。他一回去就说：“法律由最强者来制定；我是最强者，被带到旗舰的那个人不会受处罚。”

第二天上午，舰队司令来到“爱国者”号，集合所有舰员，告诉他们带头闹事的那个人并未受处罚，但是舵手行为恶劣，必须被关押起来。众人原先还能保持安静，一听到这个消息，立即炸开了锅，号叫着：“他不能走！”德·里奥斯试图恢复秩序无果后，乘上他来时的小船上岸，然后和军

---

① 努特卡海峡（Nootka Sound）：努特卡海峡位于今加拿大温哥华岛西海岸和努特卡岛东海岸之间。18世纪70年代，西班牙和英国军舰先后来到这里探险，两国在1789年为了争夺这块殖民地，逐步产生矛盾，史称“努特卡危机”。经过多次妥协和摩擦，英国在18世纪末逐渐占据了上风。——译者注

② 当时两国国王皆为波旁家族成员，详情参见本书第一卷。——译者注

火库司令官会谈。当他的小船驶离“爱国者”号时，战舰上的一些水兵向舵手号叫：“把船弄翻！”

与此同时，布雷斯特城里也发生了反对人在造船厂的副司令官的暴动，原因是他说如果派他去对付圣多明各[①]的叛乱分子，他会即刻让他们恢复秩序。这位副司令官姓马里尼[②]，出身法国声名显赫的海军世家，当时正好不在家才捡回一条命，就在他家门前，已经竖起了绞架。这一连串的暴行终于让国民议会有所触动，而他们采取的积极措施最多不过请求国王下令依法处理，并且把这次叛乱的焦点人物——“豹”号的舰员都遣返回家。德阿尔贝·德·里奥斯眼看他已经无法让部下服从命令，于是自行请求解职，得到了批准。10月15日，这位杰出的军官最终离开了海军，也远离了自己的国家。他曾在格林纳达，在约克镇，与罗德尼对决，当时伟大的叙弗朗正为他在印度战场承担的责任不堪重负，于是开始物色一位合适的继任者。叙弗朗当时写给海军大臣的信中说道：“如果我死了，或者我的健康状况恶化使司令官一职出现空缺，谁能够接替我呢？……我知道只有一个人拥有这个职务所要求的全部素质，他非常勇敢，成就非凡，热情洋溢，正直无私，是个好水兵。他就是德阿尔贝·德·里奥斯，尽管他远在美洲，派一条快速帆船去接他即可。如果我手下有他，情况会好得多，他会帮助我；一旦我真的死了，你大可放心，舰队不会受到任何损失。如果你能在当初我向你提出请求的时候就把他给我，我们现在已经是印度的主人了。”[③]

令人刻骨铭心的是，法国海军最杰出的代表人物德·里奥斯的下场正是后来法国海军无论在岸上和海上，北方和南方，地中海和大西洋，即将迎来耻辱的预兆。这起事件尽管引人注目，却只是变成各地骚乱的样板。在西

---

① 法属圣多明各即今加勒比海的海地。——译者注

② 马里尼（Charles-René-Louis，vicomte de Bernard de Marigny，1740—1816）：夏尔·勒内·路易，伯纳德·德·马里尼子爵，参加过美国独立战争，法国大革命时期受到冲击，一直忠于波旁王室。1814年，路易十八复辟后，被授予海军中将军衔。——译者注

③ 特鲁德：《法国海上战斗》第二卷，第201页。——作者注

印度群岛的法属殖民地，突然从宗主国传来的革命迅速在殖民地的气候和殖民者的散漫作风下升温发酵，酝酿出特有的热情和暴力。接连的骚乱终于引发内战，战争双方即使要付出煽动兵变的代价，也试图得到海军的支持。此时，骚乱最先在“豹”号发生，这艘军舰后来成为布雷斯特骚乱的中心。1790年7月，舰员哗变，剥夺了舰长的指挥权，愿意接替职务的军官只找到一个人。法兰西岛（今毛里求斯）海军基地司令麦克纳马拉（McNamara）海军上校一度死里逃生，在得到保障安全的承诺后被引诱上岸，然后在街上被殖民军的官兵亲手杀害。当时印度半岛的英军正在和蒂普·塞波①开战，因此正在沿海地区搜捕中立国船只。一位法国分舰队司令派出一艘快速帆船为两艘商船护航，结果与意图搜捕他们的英国军舰发生冲突，法国船在付出12死56伤的代价后，被迫降旗投降。最令人瞠目结舌的是，当分舰队司令官宣布对英军的下一次类似挑衅不仅要抵制，而且要以牙还牙时，有两艘军舰的舰员告诉他，除非遭到攻击，他们不会进行战斗。这位司令官由此发觉他无法再捍卫法国国旗的荣誉，必须放弃这个职位。

法国的海外形势继续恶化。圣多明各是法国规模最大、物产最丰富的殖民地，军舰到达时，港内上流派别的成员立即来到船上。那些人对水兵们大肆奉承引诱，给予金钱贿赂和美酒款待，轻松说服他们哗变。到处都有这样的情况，一名官员拥有圆滑和易受人欢迎的天赋，也许还需要一个擅长花言巧语进行劝诱哄骗的专家，法国人正好具备这种才能，后来的拿破仑皇帝在这方面更是伟大的大师级人物——诱导而不是命令海军士兵为某一特定目标履行他们的职责。通常悲剧总会有滑稽的一面。有3艘军舰，其中一艘是战列舰，在圣多明各锚泊。水兵们像他们通常干的那样发起兵变；此外，两名

---

① 蒂普·塞波（Tippoo Saib，1750—1799）：迈索尔苏丹，被称为“迈索尔之虎”，1782年继承亡夫海德·阿里的迈索尔统治地位，在父亲的基础上继续扩大迈索尔王国的势力。蒂普是虔诚的穆斯林，但对其他宗教的态度相当宽容。蒂普在和马拉塔帝国以及英国人的战争中都没能取得成功，最终在第四次英迈战争中战败身死。——译者注

舰长和一些军官在岸上被捕，并且在遭到死亡威胁后后，由当地议会剥夺了他们的指挥权。第二天，战列舰上的舰员上岸抗议，声称剥夺指挥权的行为“无效，只有我们（舰员）才有权认定和判断我们的军官的动机”。[①]在美国海岸停留的一位舰队司令得到法国代办的命令，指挥2艘战列舰和2艘快速帆船组成的船队，去占领纽芬兰附近的圣皮埃尔和密克隆群岛（islands of St. Pierre and Miquelon）。出航才几天，舰员们就称这些命令全是废话，迫使军官们前往法国。[②]没有哪一位舰长知道他能在自己名义上的职位待多久，或者部下还能服从多久。“这真不是那么容易，”一位法国历史学家在谈到那一时期维护自己权威地位最为成功的一位军官时说，“格里莫阿[③]能让他的旗舰离开太子港（Port-au-Prince）真不那么容易。他不得不努力获得每一名舰员的合作，不断告诉他们，只有他们自己的意愿才是唯一应当服从的命令。15个月之内，格里莫阿几乎没有睡过一晚好觉，一直身体力行，一直留在甲板上，原因只有一个，以此诱导其他人，引发他们的忠心，博得他们的好感，为了一份爱国情怀能够团结一致。他能在那样一个时期在船上维持‘准军纪’是一个真正的奇迹。”[④]后来，这样一个人都死在断头台上。没有什么比这种无论在海上和岸上都削弱军事权威的行为能对法属殖民地造成更大灾难的了，殖民地居民对此要负主要责任。党派争端最初仅限于占总人口极少数的白人，后来扩大到混血人种和黑人当中，随后所有殖民岛屿都因此出现破坏的景象，在圣多明各发生了最可怕的不幸事件和过激行为，白人最终在岛上再也没有立足之地。

早在1790年和1791年，法国舰队就处于这样的无政府状态，相应的法

① 盖朗：《法国海洋史》第一版第三卷，第195页。——作者注

② 特鲁德：《海战》第二卷，第320页。——作者注

③ 格里莫阿（Nicolas Henri, comte de Grimouard，1743—1794）：尼古拉斯·亨利·德·格里莫阿伯爵，法国海军军官，以在美国独立战争期间的奋勇战斗闻名，受封为伯爵。1794年，他在罗什福尔被推上断头台。——译者注

④ 盖朗：《法国海洋史》第一版第三卷，第213页。——作者注

国的整个社会秩序也明白无误地偏离了轨道。在军队当中，尤其是在海军当中，按照建制，下级服从上级犹如呼吸对于生命那样重要，当时这种服从性的消失预示着，也只能预示着毁灭和恐怖时期等待着整个法国。行政和立法机关的软弱无能使他们无法强制舰队里的官兵服从命令，这种软弱将全体法国人民一起赶向混乱的深渊。整个国家体制动荡不安时，组织最严密和最脆弱的部分最先摔成了碎片。在了解上述内容后，对越来越多的海军军官拒绝为国效力甚至远走异国也不会大惊小怪了，如果片面理解他们这么做纯粹是为了对抗新秩序，或者从另一个角度片面认为他们是因为遭受第一议会或者说制宪议会的迫害而这么做，都是不正确的，而两种错误说法都出现过。实际上在攻占巴士底狱后不久，王公贵族已经开始出境，但大多数军官仍在履行他们的职责。布雷斯特骚乱发生在14个月后，也没有人抱怨军官短缺。

布雷斯特事件发生后，海军军官离职现象才开始迅速增长。德·里奥斯的继任者在他的职位上只坚持了一个星期就放弃了。随后接任的是一位杰出的海军军官德·布干维尔[①]。在思维暂时回复清醒的政府部门和城镇当局的帮助下，这位将军一度以强有力的措施重塑军纪，兵变很快再次出现，根据他后来的怨言可知，毫无疑问，如果不是英西纠纷结束，整个舰队解除武装，他已经请求辞职了。接下来的1791年3月，米拉波[②]死了，保王党和温和派对他的天才寄予的厚望也被一并埋葬。4月，议会通过法令重组海军，相关条款是军官们不可能接受的；尽管全面解读后，不能认为法令忽视了正

---

① 德·布干维尔（Louis-Antoine, Comte de Bougainville，1729—1811）：路易-安托瓦内·德·布干维尔伯爵，法国海军军官和探险家，七年战争时期在北美作战。后来以人类历史上首次抵达马尔维纳斯群岛和在太平洋的探险活动闻名。美国独立战争期间，他参加了切萨皮克湾海战和圣茨岛海战。1787年，他成为法国科学院院士，四年后晋升海军中将。1794年，布干维尔侥幸逃过恐怖统治的腥风血雨后，赋闲回到诺曼底的家中。1808年，拿破仑册封他为伯爵。他的一个儿子后来也成为法国海军少将。——译者注

② 米拉波（Honoré Gabriel Riqueti, comte de Mirabeau，1749—1791）：奥诺雷·加布里尔·里克蒂·米拉波伯爵，法国革命家、作家。米拉波是大革命初期著名的政治家和演说家，在国民议会是温和派的代表人物，主张君主立宪制。——译者注

在海军服役的这些人的正当要求。6月发生了国王出逃未遂事件。7月1日关于海军军官的一份报告发现，超过四分之三的旧海军军官都不在了①。造成这种结果部分是因为保王党人感情和成见的震撼；部分也许是因为厌恶新体制：不过那些熟悉海军军官感情的人，会归咎于海军军纪的彻底颠覆，这对海军军官的职业自豪感和个人尊严是毁灭性的打击，制宪议会的软弱无能和对军事的无知对此应当负主要责任。

现在该考察议会按照当时流行的观点提出的重建海军计划了。

在美国独立战争期间，人们发现海军军官数量相对于整个军种的需求来说太少了，侦察瞭望和炮术部门的海军上尉和下级军官数量短缺。为了在将来弥补整个问题，海军进行了系统化改造。根据1786年1月1日的法国王家敕令，海军进行了重组，并且开启两个来源补充海军军官。第一个完全是贵族，构成这一来源的青年，只有先拿出令人满意的证据证明其贵族出身，才能被海军录用为“海军军官候补生”。这些人接受特别针对海军的实用严格的训练，经过教育以后，有理由相信他们会成为一支有战斗力的群体。王家海军的第二个军官来源被称为“志愿者”，范围虽比贵族大，仍受到限制。出现在名单上的只能是贵族子弟或在船上或造船厂服役的海军中尉、批发商、私人船东和船长，以及过着“高贵”生活之人的儿子。这些人虽然也被要求通过一定考核后录取，且已经历过一段时期的海上勤务生涯，但最多只能获得海军中尉级军衔，除了极个别表现杰出的人之外，无法得到进一步晋升。②

这就是1791年国民议会将要重整的海军体制。除了下级军衔之外，海军职务仅由一个并没有特殊贡献的阶层独享，其他所有阶层全被排除在外，这种不公平现象毫无疑问理当被废除。仍有待解决的问题是，这种特权将来

---

① 盖朗：《法国海洋史》第一版第三卷，第153页。——作者注

② 舍瓦利耶：《法兰西共和国海洋史》，第20—23页。——作者注

是否仍应限定由一个特定阶层享受，这个人群应当将自己的全部人生和精力全部奉献给海军职业——即是否承认海军是一个特殊行业，像其他行业一样需要经过特殊训练——或者说是否在海军服役和在商船运输业服务几乎没有差异，使人们从其中一种职业转入另一种职业时不会受到影响。这两种意见都拥有支持者，后者在第一届议会当中也更为盛行，那些希望能够使海军成为一个纯军事部门的人，唯一成功做到的就是稍微修改委员会提交的原始方案。

海军新体制随后在1790年4月22日和28日相继通过的法令基础上建立起来。[①]和旧体制一样，法令仍然为海军军官提供两种人员来源：一个由年轻经过特殊训练的人组成，另一个是从商船转入海军的人群。前者最初是“军官候补生”（Aspirants），其中300人曾在军舰上受薪服役。他们当时不是军官，只是年纪在15到20岁之间，在船上学习相关知识和技能的人。最低一级的军官为海军少尉，分为受薪和不受薪两种[②]，前者才真正在海军服役。后者实际上在商船服务，也可以在海军舰队服役，在国家军舰上服役的期限内，与其他海军少尉一样，根据搭乘本国舰船出海的时间长短来决定军衔。要获得受薪阶层待遇，或者说要成为海军少尉，年龄要在18岁到30岁之间，通过资格考试，证明已在海上服役4年，那时就不做区分，已经成为军官候补生或已经在海军服役的人并不会更受青睐。要通过海军少尉考试，希望加入海军，还需要经过更严格、通过率更低的考试，同时另一方面，回到商船队的人，必须多工作两年，也就是说一共要有6年海上服役经验，而且其中1年在军舰服役。所有海军少尉只有年满24岁才能指挥船只从事对外贸易以及

① 4月22日的法令见于4月23日的通告。4月28日的法令没有见诸通告，在1791年4月的《议会法案卷宗集》当中能够查到。——作者注

② 法语名词“entretenu”姑且翻译为受薪，其实很难准确表达它的意思。在法国科学院的字典中，这个名词的解释是一名军官不是必须正在执行任务，就可以继续得到相应待遇。从字面意义上来解释，“non entretenu”即非受薪军官是非正式军官。这两个名词的含义是恒定不变的。根据4月28日法令“非受薪”少尉除非在执行军事任务，否则既没有报酬也没有军事权威；同样除非在服役的时候，他们也不能穿海军制服。——作者注

国内和沿海贸易。到了40岁，海军军官就要在海军和商船两者之间做出明确的选择。到了这一时期，海军少尉就能晋升为中尉和上尉，似乎没有什么诱因使人决定从事这种海上工作而不做其他选择，但有一点例外：六分之五的中尉或上尉空缺都会授予那些在军舰上服役时间最长的少尉们。在40岁的成熟年纪要成为海军中尉或上尉，必须至少有两年海上军事服役经验。此后，这名军官就专门为海军服役了。

新海军法案的基本精神和指向主要归结为对海军中尉和上尉人选的要求。在迎来40岁之前，即一个人的性格形成期，在海军和商船两种行业的表现取决于个人的选择、兴趣，或一时的心血来潮。与年轻人的或者不甘寂寞的稍纵即逝的爱好相比，献身海军的吸引力实在不够。如果海军真像之前所宣称的那样专业的话，那么这项改组计划无疑存在重大缺陷。这意味着贸易繁荣时期会从海军夺走正处最佳年龄段的最优秀人才。

对制宪议会而言，尽管它把未来海军建立在理智与经验都不足的基础上，但它并没有像某些时候人们所说的那样，拒不接受或赶走仍留在法国的有能力的军官；确切地说，没有直接立法这样做。虽然4月22日法令废除了现有的海军组织机构，但也规定新的组织体制，应当从旧海军选拔当时能挑选的军官，下不为例；要设法尽可能用这些人填补中尉以上的各级海军军官人选。那些没有入选的人至少可以领到现有的三分之二薪水退役；如果他们在自己的岗位上服役超过十年，则可以得到更高一级的退休待遇。无论这些军官怎样不喜欢新体制，他们个人几乎没有损失，除非他们自己不做选择。议会的失败在于，根本没有认识到这一无法弥补的损失会使国家受到威胁——忽视一群已经适合，也是唯一适合从事非常棘手的海军任务的人独具的价值——忽视支持和保护他们，这对已经制定出现行法律的议会来说，结果是致命的。

第二议会（或被称为立法议会）在执政年度对上届议会建立的海军体制没有做出根本改变。对海军军官需求的增加，不可避免地导致对不同级别军官的实际要求降低，为此立法议会通过了几项法令。国民公会在同一方向走得更远。1793年1月13日，就在同英国的战争爆发前，它通过一项法令，任何任期已满1个月的海军上校，都可以晋升为少将。商船船长只要曾指挥过私掠船或海外贸易船五年以上，可以立即成为海军上校舰长。海军上尉只需5年海上勤务经验，无论是在海军或者商船都可以。法令一个接着一个，都是朝着同一个方向，到7月28日为止，在海军部长桌案上堆积如山，直到另有命令下达——可以无视任何现行法律，从任何级别挑选人员填补高级和其他各级海军军官的职位。采取这些措施绝大部分可能是出于迫在眉睫的理由。[①]

“恐怖统治”（又称雅各宾专政）时代的来临，大难落到了那些没有出逃的海军军官头上，也落到了其他人身上。前文提到过的在西印度群岛表现出色的格里莫阿；曾在韦桑岛海战期间指挥前锋分队的菲利普·奥尔良[②]将军；在国王被处决前，一直站在大革命前沿的克桑[③]海军中将；尽管缺乏相应能力，凭借卓著的勇气在美国独立战争期间指挥过法国舰队的德埃斯坦[④]将军等人，都被送上断头台。这些人杰出的同僚大多在这段不幸时光之前就

① 特鲁德：《海战》第二卷，第260页。——作者注

② 菲利普·奥尔良（Louis Philippe Joseph d'Orléans，1747—1793）：路易·菲利普·约瑟夫·奥尔良，虽是波旁家的支系，在大革命时期却支持革命，成为雅各宾派成员，即便如此也没能逃过一死。——译者注

③ 克桑（Armand-Guy-Simon de Coetnempren，comte de Kersaint，1742—1793）：阿芒-盖伊-西蒙·德·库埃恩派，德·克桑伯爵，参加过美国独立战争，支持法国大革命，在1793年元旦晋升海军中将，同年12月4日便被处决。——译者注

④ 德埃斯坦（Jean Baptiste Charles Henri Hector，comte d'Estaing，1729—1794）：让·巴蒂斯特·夏尔·亨利·赫克托，德埃斯坦伯爵，先后在法国陆军和海军服役，因在美国独立战争期间指挥海军舰队闻名，普遍认为他是一名勇敢的军人，更像一个陆军将领，而非海军舰队司令官。——译者注

已经去世——德·奥维利埃[①]、德格拉斯、戴吉尚、拉图什·特维耶[②]、叙弗朗、拉莫特·皮凯[③]等人在公安委员会上台之前[④]就已去世。

除了司法谋杀和其他谋杀外，海军从一项更具灾难性的新法律中感受到怀疑一切的压力。根据1793年10月7日颁布的法令，海军部长要向议会海军委员会提交一份所有能力或爱国心——即对新秩序的忠诚受到怀疑的海军军官和军官候补生名单。此外，所有军官和候补生的名单都在不同地点张贴，并且鼓励所有人揭发那些他们认为缺乏才能或忠心可疑的人。这些控告会由市镇委员会和及该地区所有水手组成的一个专门机构裁决。这个机构的决议会经多数票裁决，再转交海军部长。海军部长被迫遣散那些遭到指控，然后被裁决的军官。[⑤]

海军就以这种方式进行整肃，腾出的空缺以类似原则填补。海军军官、商船船长和其他各部门的水手，以及取得海军少尉资格的人举行会议，对每个不同的空缺职务提出三个候选人。在大批海军军官空缺的时候，这样的提名制可能对减少海军部长的负担相当有用；这样组成委员会的人数过多，太大众化，几乎不适合进行正式讨论，太过缺乏特定的专业技术知识，无法做出正确的判断。在这里能找出共和国早期所有名目下的不同委员会的相同本质缺陷：对海军事务一无所知，因此低估海军专业的高标准和特殊要求，他

---

① 德·奥维利埃（Louis Guillouet, comte d'Orvilliers, 1708—1792）：路易·吉维·德·奥维利埃伯爵，法国海军将领。童年时代在法属圭亚那殖民地度过，15岁时加入殖民地陆军。1728年转入海军服役。1756年晋升海军上校，随拉加利索尼埃一起进攻梅诺卡岛。1764年晋升海军中将。美国独立战争爆发后，先后指挥过韦桑岛海战以及对英国朴次茅斯和普利茅斯港的突击行动，都未取得战果，很快便辞去军职。——译者注

② 拉图什·特维耶（Charles-Auguste Levassor de La Touche, comte de Tréville, 1712—1788）：夏尔-奥古斯特·勒法索·德·拉图什·德·特维耶伯爵，法国海军军官，参加过七年战争和美国独立战争。他的侄子也是一名法国海军将领。——译者注

③ Toussaint-Guillaume Picquet, comte de la Motte, 1720—1791）：杜桑-纪尧姆·皮凯，德·拉莫特伯爵，为法国海军服役52年之久的宿将，以1781年2月从英军名将罗德尼手中俘获26艘英国商船的一战最为著名。——译者注

④ 原文写作“在三级会议召开之前”，本节提及的多位海军将领实际上死于三级会议召开之后的大革命时期。——译者注

⑤ 特鲁德：《海战》第二卷，第261、262页。——作者注

们愿意将海军利益和海军军官的选择交给那些不能胜任的人。

维拉·儒瓦尤斯[①]将军在一封信中描绘了这样做产生的后果。他曾是一名旧海军军官，在进入旧海军之前曾在辅助海军的纵火船上当过船长，因此，他能够尽可能站在两种极端观点的中立立场来看待问题。当年在东印度，他以下级军官的身份得到过叙弗朗的称赞，如今他以舰队司令的身份忠实地指挥共和国的舰队。他在信中写道："社会各界都被号召起来指认同时拥有航海技能和爱国心的人。各界都认为，如果一个人爱国的话，那他拥有长时间在海上的经历，就足以成为一名水兵。他们没有考虑过单靠爱国情操是不能操作一条船的。海军军衔因此被授予那些除了长期出海、别无所长的人，人们忘了这样一个人在船上只会成为包袱。必须坦白地说，社会大众投票选出的人通常不是技艺高超的爱国者，获得选票的往往是那些最具欺骗性和最虚伪的人，这种人能利用自己的厚颜无耻和花言巧语让投票的大多数人信任他。"[②]他在另一封信中说道："您无疑了解大革命开始阶段，各贸易港隐藏着那些优秀水手；另一方面，走到前台的那些人根本无力在贸易船上胜任，因为他们除了爱国的华丽辞藻之外再没有其他才能，他们用花言巧语蛊惑了他们所在的公众群体，最先得到任命。那些经验丰富、本可通过自己的才华和技能为共和国利益服务的船长们坚决拒绝出海。他们出于自爱的矜持，宁可在国民自卫军（岸上）服役，也不愿出海。如果出海的话，会被迫听命于那些会派他们去干侦察警戒工作的船长，这会遭致他们的拒绝，因此，共和国的船舶便频繁发生事故。由于在当今（1795年）秩序下，对公正和人才的重视已经提上日程，所有法国人都相信爱国情操无疑是政府官员最

① 维拉·儒瓦尤斯（Louis Thomas Villaret de Joyeuse，1750—1812）：路易·托马斯·维拉·儒瓦尤斯，法国海军军官，1794年晋升为海军少将，6月1日海战中指挥法国舰队，后成为五百人院议员。1801年拿破仑让他恢复海军现役。1802年前主持马提尼克岛法国殖民当局军政。1809年2月24日，在英国围困一个多月后，维拉率部投降。回到法国后，维拉受到调查，在冷遇中度过2年。拿破仑入侵俄国前期，任命他为威尼斯总督，到任不久便因病去世。——译者注

② 特鲁德：《海战》第二卷，第397页。——作者注

需要具备的品质之一，但就像一度所宣称的那样，这并不是指挥陆军和海军舰队唯一要求的品质，您是完全正确的。”[①]

对摧毁法国海军军官组织的不同原因已经说得够多了。其中某些原因性质特殊，不可能再次发生；很明显的是，这种程度通过政府内盛行的对专业训练性质和价值的错误观念而变本加厉，同样错误的观念成为填补海军军官空缺和为未来的法国海军军官团提供一个新基础的出发点。这些错误观念造成的后果将会在后面的叙述当中看到，1794年6月1日，这场战争中的首次大规模海战发生时，从法国舰队的将官和上校们早先的军衔（取自一位法国海军史学家的著作）已经能够看出这些变化达到的完整效果了。1794年参加这场海战的3名将官和26名上校在1791年时的地位如下：舰队总司令维拉·儒瓦尤斯是一名上尉；另两名分舰队司令一个是上尉，另一个是中尉；26名上校舰长当中，3个是上尉，11个是中尉，9个原先是商船船长或舰员，1个是海军水兵，1个是水手长，1个没有说明。[②]

历届议会对舰队士兵的安排就像对军官一样前所未有的不合理。在三级会议召开前20年，海军将训练有素的海军炮手共1万多人编组为9队，就像所有兵种那样交给海军军官指挥。这样一支训练有素、富于团队精神的炮手队伍在战斗当中的作用再高估也不过分。1792年，这支部队被一支海军炮兵部队取代，改由炮兵军官指挥。这样做是否与海军军官存在密切关系没有说明；从这种变化必然会产生对军纪有害的相互倾轧来看，对海军军官的精神同样会造成伤害。1794年，这些海军炮兵，还有海军陆战步兵，由于让·邦·圣安德烈的动议被取缔。此人与当时法国海军的关系众所周知，在他看来，任何一群人独享在海上作战的权利，都有贵族统治之嫌，这种看法得到了国民公会投票支持。“我国社会制度的根本基础就是平等，”他说，

① 特鲁德：《海战》第二卷，第396页。——作者注

② 盖朗：《法国海洋史》第三卷，1848年版，第411页注解部分。——作者注

“政府所有部门，包括军事和民政部门都要建立在这个基石上。海军存在弊端，根据公安委员会的要求，由我下令予以革除。在海军部队有一股名为‘海军团队’的势力，难道这些人就拥有从海上保卫共和国的特权了吗？我们不都有责任为自由而战吗？为什么不能让兰道（Landau）和土伦之战的胜利者加入我们的舰队，向小皮特展现他们的勇气，乃至让英王乔治的旗帜落下呢？不能剥夺他们的这种权利；如果不是他们在其他地方以武力为国效力的话，他们自己会要求得到这种权利。既然他们现在还无法享有这种权利，我们至少应该给他们能够行使这种权利的希望。”①

“于是，”一位法国学者说道，“海军炮手，一名被严格和专业训练在海上使用炮火的士兵，被视为‘贵族’的一员。”②毫无疑问，在恐怖统治时期，国民公会肯定会为这种改革投票。“记住一点，”凯尔盖朗③将军，“你们需要在海上训练海军炮手。岸上炮手站在一个固定平台向固定目标开火；海军炮手在海上的情况相反，是在一个移动的平台上，一直在颠簸中开火。过去的战斗经验应当提醒我们，我们的海军炮手不如敌人的炮手。”④这些常识性的发言，在充满跳跃式思维和激动人心的想象力的时代里，没人能够听得进去。“究竟是怎么了？”拉格拉维耶⑤在书中问道，“这种慎重的看法对那些共和派政治家产生不了任何影响，古希腊和罗马人的遥远记忆

---

① 舍瓦利耶：《法兰西共和国海洋史》，第126页。——作者注

② 舍瓦利耶：《法兰西共和国海洋史》，第126页。——作者注

③ 凯尔盖朗（Yves-Joseph de Kerguelen-Trémarec，1734—1797）：伊夫-约瑟夫·德·凯尔盖朗-特雷马克，法国海军军官和探险家，七年战争时期从事私掠活动，建树不多。他最著名的海上探险活动是在南印度洋发现后来以他的名字命名的凯尔盖朗群岛。由于他在给国王路易十五的报告中夸大了这片荒岛的价值，进行了第二次毫无意义的探险，在归国后被送进监狱。大革命时期，他被视为专制统治的受害者，得以恢复公职。后随军参加格鲁瓦海战，1797年在布雷斯特港少将司令官任上死去。——译者注

④ 瑞里安·德·拉格拉维耶：《海战》第一版第一卷，第138页。——作者注

⑤ 拉格拉维耶（Jean Pierre Edmond Jurien de La Gravière，1812—1892）：让·皮埃尔·埃德蒙·瑞里安·德·拉格拉维耶，法国海军将领，海军史学家，作家。其父皮埃尔·罗克·瑞里安·德·拉格拉维耶（Pierre Roch Jurien de La Gravière，1772—1849）是历经法国大革命到七月王朝多个历史时期的法国海军军官。——译者注

反而比我们祖先的光荣传统更容易触动他们吗？那些日子里天马行空的‘革新者’在认真考虑恢复桨的重要性，还想像罗马人对迦太基桨帆战船所做的那样，把飞桥搭到英国战列舰的甲板上去。纯粹的幻想家将他们的任务简洁地用这些语句概括，留存在海军档案中：‘诸位立法者，这是一名坦率爱国者的真情流露，引导他的只有自然天性和一个法国人的真心。’”①

这种立法的影响很快就在海上战斗中得到体现。英国74门炮的战列舰“亚历山大”号与同级别的3艘法国战列舰进行了战斗，结果3艘法舰的平均损伤和敌舰相等。1795年6月，12艘法国战列舰和5艘英舰遭遇，法国舰队的管理和运作漏洞百出，5艘法舰曾对3艘敌舰进行过几个小时的炮击，只造成13名英军负伤，没能使任何敌舰瘫痪到被俘的地步。几天后，同一支法国舰队遇上了一支实力稍强的英国舰队；由于天气晴朗和其他因素，8艘英舰和12艘法舰只进行了局部战斗。英军的全部损失为伤亡144人；法军的3艘军舰被直接命中，损失670人，其他9艘局部参与战斗，一共伤亡222人。1796年12月，英国快速帆船“歌舞女神”号（Terpsichore）和同级的法舰“维斯塔”号（Vestale）遭遇，维斯塔号在遭受2小时的猛烈炮击之后投降了，法英双方的伤亡为68对22。对此一位法国作家仅简单讲述了火炮对决结果，没有提到任何舰艇机动。这些例子都不是刻意挑选出来的，而是为说明普遍存在的现实，在那个时代人所共知，法国海军的炮术极端糟糕。霍华德·道格拉斯爵士②说：“拿这场战争与美国独立战争相比，可以看出英军舰船在美国独立战争中与法军同等规模舰队战斗时，遭受的损失相对大得多。在拿破仑时代，法军战列舰的舰炮火力全开，杀伤力也不及两门打得很准的大炮。”

---

① 瑞里安·德·拉格拉维耶：《海战》第一版第一卷，第139页。——作者注

② 霍华德·道格拉斯爵士（Sir Howard Douglas, 3rd Baronet，1776—1861）：第三代准男爵霍华德·道格拉斯爵士，英国陆军军官和殖民地行政官，海军将军查尔斯·道格拉斯爵士的小儿子，由于家学渊源对海军战术也颇有涉猎。——译者注

法国议会不仅仅在通过立法破坏海军人员的战斗力，无视军纪和由此产生的恶劣结果之前已经提过。这种恶劣影响很多年之内都持续存在，水兵们越来越多地发现在旧上司们纷纷出国避难后，由于接任的军官实力不足，革命过度产生的反抗情绪，军纪荡然的现象无疑越演越烈。一旦水兵们脱离了军纪约束，就不可避免地自暴自弃；海军人员要待在一艘秩序混乱的船上是难以忍受的，即使是曾在正规海军待过的最低级别的水兵都不能忍受，维拉·儒瓦尤斯所写的商人出身的军官无疑更是如此，在当时的混乱状态下，他们都退出了海军现役。“海军的整体风气完全被毁了。”1793年3月22日，就在法国对英国宣战后一个月，摩拉德·德·加拉将军[①]就这样写道，“如果不改变，我们除了失败不能寄望任何东西，哪怕我们兵力占优。这都要归功于他们狂热的吹嘘（来自那些吹牛大王和国民公会议员）。他们只会一直重复‘爱国’‘爱国情操’。当他们得到满足时会高呼‘祖国万岁！’‘共和国万岁！’。他们根本没有把事情办好和履行好自己职责的主意。”政府因为害怕水兵们产生不良情绪，认为最好对此不加干涉。摩拉德·德·加拉的旗舰在一场风暴中失去了主前帆，后来尝试重新挂帆失败。这位舰队司令在给海军部长的信中写道：“如果我当时拥有以前曾拥有的舰员，我就会采取措施重新成功挂上主前帆；尽管我发出了威胁和警告，在甲板上也找不到30名工作的水兵。陆军炮兵和大部分海军陆战部队表现得更好，做到了我交代他们的事情；至于水兵们，就连士官都没能露面。”[②]

5月，战争已经开始了，就在布雷斯特分舰队接到命令出海时，发生了兵变。海军当局为了平息事态，让部下服从，被迫向市政府以及“自由平等

---

① 摩拉德·德·加拉将军（Justin-Bonaventure Morard de Galles，1741—1809）：贾斯汀·文德维什·摩拉德·德·加拉，法国海军军官。出身贵族家庭，其父兄都是陆军军官。他参加过美国独立战争，曾在叙弗朗部下效力，以在塞内加尔沿海面对优势敌舰围攻时，接替舰长指挥的出色表现在法国海军知名。1790年，加拉因身体原因一度退役。新政府重建海军后，起用其为少将分舰队司令，1793年晋升为海军中将。1796年，他指挥爱尔兰远征未果。1808年，被拿破仑封为伯爵后不久去世。——译者注

② 舍瓦利耶：《法兰西共和国海洋史》，第51、52页。——作者注

之友协会”求助。6月，加拉再次写道：“我已经在很多分舰队航行过，从没有哪一年能像这个月在这个分舰队那样，见过这么多冲突。”直到快8月底时，他终于能出海了，当时舰队在布雷斯特东南75海里的基伯龙湾锚泊。已沦为公安委员会喉舌的海军部，命令舰队在下一步命令到达之前，留守那片海域。9月13日，消息传到舰队，土伦发生叛乱，迎接英国舰队进驻。不同舰船的代表以两名军官候补生为首，到旗舰面见舰队司令。两名军官候补生无视他的命令，以极其傲慢的方式提出他应当率舰队回布雷斯特，他坚决拒绝了。一个军官候补生胆敢如此主张，令舰队司令官大发雷霆，他说：“我怒斥他们为懦夫、叛徒、大革命的敌人。他们说他们会采取行动，我回答说（那一刻我相信）一旦他们没有我的命令就采取任何行动，将会有20条忠诚的战舰向他们开火。”舰队司令还是错估了舰员们的态度，第二天上午，7艘战舰将中桅帆升至帆顶，准备启航。司令官只得亲自登上这些战舰，试图劝他们回心转意，服从命令，却只是徒劳。为了以军纪的形式掩盖他的失败——如果这还能被称为“军纪”的话，他同意各舰分别派一名军官和一名水兵召开军事会议，讨论是否返回布雷斯特的问题。军事会议决定派代表去见国民公会代表，再到海军部确定任务，同时等待政府的进一步命令。这样的形式无法掩盖这个事实，即权力已经从国家任命的总司令官手中转移到一个代表武装暴徒的军事会议手中。①

舰队的代表找到国民公会的议员，一位议员随后来到了舰队。议员根据与舰队司令的商谈得知，21艘战舰中有12艘加入了公然哗变，剩下9艘当中有4艘态度摇摆。因为舰队需要维修，议员命令他们返回布雷斯特。于是暴徒们达到了目的，政府的精神已经改变了。6月，极端革命派在法国占据了上风，再也不允许这种无政府状态继续下去了。山岳党人②统治的国民公

① 舍瓦利耶：《法兰西共和国海洋史》，第97—101页。——作者注

② 法国大革命时期国民公会的激进派别，以雅各宾派为核心，由巴黎和其他城市选出的代表组成。1793年吉伦特派被推翻后，山岳党人掌握了政权。——译者注

会对舰队的行动表达了极大不满；他们的怒气落到了舰队将领和舰长们的头上，许多人被革职，有些人还被处决，颁布的法令证明下级军官的行为也不会再继续被容忍了，政府变得强硬起来。

在很大程度上，摩拉德·德·加拉的巡航是一个例子，反映了从德·里奥斯被兵变逼得退出海军后，法国海军的无政府状态三年来已经发展到何种程度，这并不意味着它是一个孤立事件。在地中海沿岸的大军港土伦，事情也一样糟糕。舍瓦利耶说：“新军官不会得到比旧军官更多的服从，水兵们变本加厉。他们现在只知道一件事，起来反抗权威，职责和荣誉对他们来说已经成了空话。”再讲更多事例和细节就令人厌烦了。这样一群人离开了本国，对盟友来说，是比敌人更可怕的恐怖分子。一个明显持友好态度的学者，在提到1792年12月31日，法国地中海舰队在科西嘉岛的阿雅克肖锚泊时说：“舰队和部队的态度很好；只是必须说他们没有严明的军纪。一天，他们差点吊死一个人，第二天却承认此人根本没有犯下煽动者指控他的罪名。水兵们并非没有接受这个教训，他们意识到这些执行绞刑为业的人引导他们犯下了错误，就痛斥了其中一人。”①严重的骚乱还是以相同的方式发生了，2名科西嘉国民自卫军被一群舰队的水兵和士兵中的暴徒吊死。当一位批评者要这样小心翼翼地以明褒暗贬的方式讲述水兵作风时，可见那个时代的风气是何等异乎寻常。

在海军军官和水兵的士气和军事效率都十分低落的同时，战舰和人员的物资状态也极端恶劣。无能和混乱对各方面都产生了直接影响，口粮、服装、木材、索具和帆都发生短缺。德·加拉的舰队尽管刚刚启航没多久，大部分船只都需要修理。舰员们只有破烂的服装，很多人还生了病。尽管坏血病肆虐，他们在几乎可以看到自家海岸时也只能食用盐渍食品。据我们所知，土伦分舰队的所有舰员在后来的1795年几乎都开了小差。“粗劣的食

① 《舍瓦利耶》，第42页。——作者注

物，衣衫褴褛，由于一直缺乏成功经验而士气不振，他们只有一个想法，就是逃离海军。9月，土伦舰队需要补充1万人填补空缺。”①为了寻找水手，整个国家都被翻了一遍，法国只得强征水兵，法国水兵就像英国水兵躲避强征那样逃避兵役。

1795年，在英国人所说的“洛里昂海战”，即法国人所称的“格鲁瓦海战”后，法国舰队在洛里昂龟缩两个月不出。由于补给大量短缺，就让舰员们放假。当战舰再度准备出海时，“想让水兵们回来可不是件容易的事，必需用法令重召他们为国效力。即便如此，也仅有极少数人回来，于是只能决定一艘一艘，或者至多一个分队一个分队地派出港内的战舰。当到达布雷斯特后，会从陆路将舰员送往洛里昂，再把其他战舰开出港。用这个办法，整个舰队分为三个分队，在不同日期启航。”②1796年远征爱尔兰时，不能正常操作战舰的部分原因，被归结于舰员因为没有足够的军衣被严寒冻僵了，军饷也经常拖欠。水兵们无论有怎样的爱国情操，也不可能适应海军这样不适和艰辛的工作环境，许诺、威胁和命令都无济于事，这种情况持续了好几年。1798，年身在土伦的海军地方专员，在提到拿破仑远征埃及的准备工作时写道：“补给困难重重，这只是让我头疼的次要问题，要让水兵全力专心服役才是头等大事。我给海军征兵官们下达了最迫切的命令，并邀请了市政官员、督政府委员、陆军指挥官重复下达这些命令。为了保证这项基础工作能成功，我用筹集到的资金支付每一名水兵的旅费，还提前预付一个月军饷。可西部大多数港口的水兵早已养成了抗命不遵的恶习，他们宣称厌恶在海军服役，使海军征兵官们的努力几乎落空。我从土伦港派出一名坚强有活力的特派员去辅助他们的工作，在使用所有合法手段以后，部分西部水兵终于回到这个港口。在那里仍有许多逃兵正受到持续不断地追捕。”③

---

① 舍瓦利耶：《法兰西共和国海洋史》，第219页。——作者注

② 特鲁德：《海战》第二卷，第423页。——作者注

③ 瑞里安·德·拉格拉维耶：《海战》第四版附录。——作者注

造成这种麻烦的主要原因是，海军艰苦的工作条件和时有时无的军饷，以及因此对水兵家庭造成的影响。到1801年，冈托姆[①]将军提供了一幅他麾下军官和水兵状态的生动画卷："我再次提醒你们注意水兵们所面临的可怕状态，15个月领不到军饷，衣不蔽体，食不果腹，士气低落；总之，状态已经跌落到谷底，达到令人感到丢脸的最可悲的地步。让他们在这种状态下，进行一次无疑十分困难的漫长冬季巡航是无法想象的。"[②]在这种情况下，他还是带队在隆冬从布雷斯特前往土伦。同时将军说军官们既领不到自己的军饷也得不到津贴，在这种情况下生活，看在自己眼里都觉得丢人，使他们失去了舰员的尊重。同一时期，一位被英国快速帆船俘获的单桅纵帆船指挥官，在军事法庭的辩护词里如此说道："四分之三的舰员在离开赛普特海角（Cape Sepet）到抵达马翁港期间晕船。除此以外，在进入快速帆船视线时，我的舰员满心畏惧和恐慌，几乎所有人都以为遇上了一艘战列舰。再其次，他们已经被海水浸透24小时，却没有衣服可以换，因为我为整条船上的官兵只能准备10套备用军服。"[③]舰员的素质、生活条件以及为何优秀的水兵都会离开海军的原因，通过这些证词已经能看得很清楚了。即使在特拉法加海战的那一年，床上用品和服装都无法定期供应给舰员。[④]

当海军人员都被如此忽视时，无生命的战舰的需要得不到满足就不足为奇了。战争的早期阶段，还不好说频繁的事故究竟是因为操作水平低劣还是

① 冈托姆（Honoré Joseph Antoine Ganteaume，1755—1818）：奥诺雷·约瑟夫·安托瓦内·冈托姆，法国海军军官。美国独立战争期间在德埃斯坦和叙弗朗麾下服役。大革命时期参加过法国海军的历次重要军事行动。1804年12月晋升海军中将，受封帝国伯爵，指挥布雷斯特舰队。1815年，路易十八第二次复辟后，他被封为法国贵族。——译者注

② 舍瓦利耶：《执政府时代的法国海洋史》，第47页。——作者注

③ 舍瓦利耶：《执政府时代的法国海洋史》，第49页。——作者注

④ 特鲁德：《海战》第三卷，第337页。——作者注

装备糟糕。1793年，范·斯塔贝尔[1]将军指挥的6艘战列舰能从豪勋爵的舰队手中逃脱，原因就在于出色的航海质量和更易变换角度的桅杆。[2]第二年，负责大洋舰队事务的国民公会委员让·邦·圣-安德烈，试图说明过去这一时期在好天气发生的许多事故，是因为前朝蓄意破坏法国海军的阴谋。他写道："这种玩忽职守和其他更多的类似行为，同属一个体制，就是要通过对海军各部分的疏忽大意和玩忽职守来毁掉海军。"[3]众所周知，路易十六对海军的物资供应和发展是给予特别关注的；除了他实际上已经失去统治权的五年混乱状态的因素外，不必去探究更深层次的原因来，解释这些易损物资的损耗。从这时起，人们的抱怨倍增，海事用品极度匮乏的种种迹象也明白无误地暴露出来。1794年12月，公安委员会执意让舰队在比斯开湾进行仲冬巡航的悲惨状况应当归罪于此，而不是布雷斯特船厂官员的疏忽，舰队蒙受的灾难我们会在别处说明。[4]

1796年远征爱尔兰的备战工作也同样糟糕；事实上，由于英军的海上优势妨碍了贸易，这种窘境几乎已经不能再糟了。桅杆折断，索具只剩一部分，船帆也破裂，有些战舰已经没有了备用风帆。这次远征也是在12月仲冬航行的。1798年，拿破仑在土伦为远征埃及进行准备工作时，遇到了极大困难，但海军征兵官表现出了极大的热情和活力，对自己承担的责任无所畏惧；舰队在几乎没有备用桅杆和索具情况下驶向未知的目的地，13艘战舰中的3艘其实根本不适合航海，其中2艘前一年已经宣布报废，另1艘也不敢安装标准舰炮。1801年1月，冈托姆司令官指挥的7艘战列舰组成的分舰队，担负了将5000名援兵从布雷斯特运往埃及的重任。进入地中海后，

---

① 范·斯塔贝尔（Pierre Jean Van Stabel，1744—1797）：皮埃尔·让·范·斯塔贝尔，法国海军军官。14岁加入法国海军，1793年2月，第一次反法同盟战争爆发时晋升为海军上校。同年11月，晋升为海军少将，指挥一支6艘战列舰的分舰队，在遭遇豪勋爵压倒多数的大舰队时成功逃脱。1797年，因胸部疾病恶化在敦刻尔克病逝。——译者注

② 拉格拉维耶：《海战》，第51页。——作者注

③ 舍瓦利耶：《法兰西共和国海洋史》，第132页。——作者注

④ 见本书第六章。——作者注

无论对错，司令官锐气尽失，前往土伦，在出海26天后，到达那里锚泊。以下是他对舰队在这次短途巡航事中和事后情况的报告：“‘密不可分’号（Indivisible）失去两根中桅，已经没有备用桅杆，主桅的桅顶纵桁已经开裂，不能用来支撑新的中桅；‘德塞’号（Desaix）的舰艏斜桁已经断裂；‘宪法’号（Constitution）、‘让-巴尔’（Jean-Bart）号和‘密不可分’号情况相似，其他中桅折断后，已经没有一根备用主中桅；‘可畏’号（Formidable）和‘不屈’号在我们出发的当晚，就因为激流抛锚，他们不得不砍断锚链，这几艘战舰的两舷在水线位置都破了大洞，在海上无法维修。最后，所有的船只无一例外，在离开布雷斯特时，连一卷备用缆绳都没有，船只缺少绳索到了令人不安的地步，索具全都坏了，使战舰的航速和安全性时时刻刻都面临风险。”[①]不用再引用更多此类事例了，缺乏航海技能和恶劣的装备条件都是造成这种结果的原因。

以上对法国海军在18世纪最后十年的整体情况已经说得够充分了，讲述造成这种情况的时间和篇幅都没有白费，因为帝国时期还在不断发生的这些情况，成为彻底瓦解法国海军的主要原因，这一点就像以特拉法加海战告终的法国和西班牙海上力量的毁灭，是造成滑铁卢最终败局的一个主要因素一样确定无疑。我们将会看到英国加入这场和欧洲许多国家联合反对法国的战争。盟国一个接一个离开，直到英国这个只有法国五分之二人口，还要带上一个对它不满的爱尔兰的海岛王国，独自面对法国大革命的洪流冲击。英国一次又一次组织反法同盟，同盟经常被法国陆军的胜利之剑斩成碎片。英国仍然独自屹立，处于守势，直到在特拉法加海战歼灭法西联合舰队，由于敌人蒙受了巨大的物质损失和毁灭性的精神打击，英国海军获得的优势，使得它在西班牙反法起义爆发后，能够在伊比利亚半岛采取攻势——这是一次绝对基于其制海权的攻势。英军在葡萄牙和西班牙的出现使得“西班牙脓疮”

① 舍瓦利耶：《法兰西共和国海洋史》，第43页。——作者注

溃烂，耗尽了拿破仑帝国的实力。和以往一样，法国在和德意志争斗时，背后再次受到西班牙打击。

这里仍需要概括地讨论一下成为这场大战一部分的其他国家的海军状况；然后会在这场海上战争开始时，从深度和广度两方面，讨论一下战略形势。

英国海军离完善还相去甚远，也没有法国在科贝尔父子时代一直都拥有的管理法规能够依赖。在英国海军部和船厂，国内和海外，即使没有欺诈，也到处是混乱和浪费现象。就像通常在代议制政府会发生的那样，军事机构在十年和平时期非常低迷。尽管缺乏系统管理，代理人或疏忽或不诚实，海军本身花费超支，却仍然保持了活力。海军拥有实际的力量，也拥有更多处于预备状态的力量，这种力量存在于人民拥有的航海精神和追求当中——因为一种持续的传统，根源可以追溯到过去的一个伟大时代，最重要的是，力量存在于一群军官身上。这些军官参加过上一场战争，甚至更早一些的战争。他们正年富力强，可以充当各级指挥官，将渗透到他们骨子里的专业习惯和精神，快速传达给新一代。对海军史耳熟能详的研究者从1793年英国海军将领和上校的名单上，立即就能认出那些曾在凯佩尔、罗德尼和豪麾下战斗的命字，这些人还会与胡德、杰维斯、纳尔逊和柯林伍德一起去赢得荣誉。

毫无疑问，在这个军官集体之外，还有大量训练有素的水兵，他们在和平年代编制人数减少的情况下，依然被挑选出来留在海军；这些人组成的核心，可以迅速召集和组织所有适合海军实战的航海人口。英国的实力建立在他庞大的商船海员队伍上，当战争开始时期要组成一个舰队时，为数众多的海员尚在远航，这经常会造成一种尴尬的局面。在海军服役一般也不受水手们欢迎，在适应之前，军纪的严格管制实在难以忍受，这一点对他们的长官也一样。因此，由于缺乏类似法国的海员登记制度，英国采取了强迫征兵制。这虽然是一种经过法律授权的制度，但是对一个热爱法律和自由的民族来说，这种制度在执行过程中被不法行为和暴力玷污了。尽管如此，算上被强征服役和自由参军的人员，海军这样一个整体在一场大规模战争中总是会面临人员短缺现象，因此英国海军接受和欢迎各国人员，同时还接纳了许多非常糟糕的本土人员。柯林伍德写道：“注意，我们现在拥有的是这样一支舰队，战舰舰员很大比例都是各种类型的恶棍，什么样的罪行都敢犯。当这些人占多数时，我们怎会不为身处群魔乱舞之地，以及受到这一大群闯祸精的影响产生的恶行害怕呢？”[①]

在船上服役的水兵还有很多事情需要考虑。自从查理二世时代以来，尽管生活必需品的价格已经上涨30%，军饷却再也没有涨过。海军人员的紧张状态，加上怕他们开小差，军舰上的约束十分严格，即使在母港，舰员们都长时间无法见到家人。由于军纪都取决于舰长的性格因素，几乎不受法律规定和限制，各舰的军纪差异极大；某些军舰由于过分宽容混乱无序，另一些军舰惩处违纪的刑罚却严厉专横。但是，无论纪律要求严格还是宽松，日益增长的大批海军军官都将舰员们的身体健康和福祉当作他们的首要职责和利益。杰维斯、纳尔逊、柯林伍德和同时代人所在的舰队从事最艰苦、持续时间最长的任务期间，那种简陋和隔离的条件一般来说对身体健康是不利的，比这些舰队的卫生条件更好的程度可能从来没能达到过，这与当时的科学水平极不相称。纳尔逊在一次巡航中，整整两年都没有离开自己的旗舰，甚至都没有去过另一艘军舰，他经常会以骄傲甚至得意的语调谈起舰员们的健康状况。在去西印度群岛追击维尔纳夫舰队以后，他写道：“我们自从离开地中海以后，没有因为疾病损失任何军官和水兵。”这段时间长达10周，他率领的战舰上的人员数量将近7000人。他追击的法国和西班牙舰队正饱受疾病折磨，“他们在马提尼克岛让1000名病号登陆，在当地停留期间埋葬了同样

① 《柯林伍德函件》，第48页。——作者注

数量的尸体。”[①]柯林伍德则写道，“我在15个月之间一直没有锚泊过，在这一年的第一天里船上没有病号名单——哪怕一个病号都没有。”[②]在一年以后他又写道：“尽管在这次所有的海上作业期间，没有吃到新鲜牛肉和哪怕一棵蔬菜，我的船上还是没出现一个病号。把这个告诉医生。”“他的旗舰通常有800人，有一次一年半都没有进过港口，在这个时间段内，病号名单里从没超过6人，一般只有4人。”[③]这样的结果无可置疑地证明舰员们吃得饱，穿得暖，得到了悉心照顾。

英国战舰的舰员品行不一，在战争早期又遭遇了真实严重的苦难，可以预料到会发生哗变。英军水兵的哗变从程度上来说，即使不会超过法国海军，也可以与之匹敌。哗变人员也受到一批聪明人指导，他们接受过比普通水兵更高等的教育，由于酗酒、犯罪或只是因为一无是处被送到船上。这些特征使英国水兵的兵变比起法国水兵来更具合理精神，最显著的区别就是更尊重法律；这证明英国人对法律、职责和纪律的尊重何等深入，海军水兵也受到了影响。当他们服从命令时，抱怨无人理会，在以哗变的方式引起人们对他们的注意时，人们就会承认他们的抱怨是合理的。在要求得到许可之前，他们会拒绝出海，但仍会维持形式上的军纪，除非“敌军舰队要出海”，他们才会暂停哗变。[④]尊重军官也是水兵必须遵守的命令，虽然有一些严厉和惹人讨厌的军官被送上了岸。有一个非常突出的例子能够说明英军这种服从命令的军事精神，有一位海军上尉射杀了几名哗变士兵中的一人，落到了其他人手中，他们准备绞死他，他的脖子套上了绳索，绳索的另一端已经系到桁端；而这时舰队司令说他为这件事负责，因为他吩咐这名军官按照从海军部得到的命令行事，于是水手们住手，要求看到这些命令，当他们

① 《纳尔逊急件》第六卷，第480页。——作者注

② 《柯林伍德函件》，第265、266页。——作者注

③ 《柯林伍德函件》，第265、266页。——作者注

④ 布兰顿：《海军史》第一卷，1823年版，第415页。——作者注

得到满意的结果后，就不再为难那位上尉。

海军史学家布兰顿上校曾是一艘军舰的侦察官，这艘船很多时间都会落到哗变水兵手中。他说："总的来说，水兵在哗变时还是本着一定的人道主义精神，这不仅缘于他们自己，也缘于我们的民族性格。他们确实曾在诺尔[①]的一艘军舰上将柏油和羽毛涂在一名外科军医身上，这个人整整五周都在自己的舱里喝得烂醉，疏于照顾患者，因此才导致这种培根勋爵所说的'野蛮的正义'行为。'阿伽门农'（Agamemnon）号的舰员代表们尊重除了上校舰长外的所有军官；从第一天开始，他们都没有侮辱过他，只是对他熟视无睹；他们请求上尉们允许他们惩罚一名水兵，这个人因为粗心或者故意，拿了属于军官公共生活室的一盘肉留给自己，他们诚实谦恭地做出了补偿。"[②]不过，虽然哗变是在被人激怒的情况下开始的，在初始阶段有序进行，但是一旦容许抗命不遵现象长期存在就会导致致命后果，就像感觉到自己实力的脱缰野马表现的那样。早期哗变运动中标志性的自我控制和合理要求会逐渐丧失；后期的哗变严重危及英国，叛乱精神在那些缓解它们的因素消除以后依然存在。

要满足如此庞大又广泛分散的一支海军的需求时，即使最好的行政管理和经济状况，也会存在不少缺陷；紧急的军情往往不允许战舰被临阵召回，将战舰的状态恢复到完全符合艰苦巡航的要求。通过谨慎维护和远见，舰队的装备可以保持在数量充足和随时可用的状态。1783年，英国采取了一项军备计划，"每艘能出海的船只的一大部分帆具和补给品分别储存起来，同时现存弹药和耐用军需品也分散在几个造船厂存储"。[③]经过1790年对西班牙和1791年对俄罗斯的两次局部军备，备战工作得到了检验和改善；所以在

① 诺尔（Nore）：英国泰晤士河口的一处沙堤，可以泊船。——译者注

② 布兰顿：《海军史》第一卷，第455页。——作者注

③ 詹姆斯：《海军史》第一卷，1878年版，第53页。早在一个世纪以前，法国的科贝尔就采取过这种制度，见《海军与殖民地军队的核查》1887年9月刊，第567页。——作者注

1793年接到武装命令时，几个星期后，现役战列舰便由26艘增加到54艘，各式战舰的总数从136艘增加到超过200艘，同样的谨慎处置和未雨绸缪延续到了战争时期。阻碍法国像自己那样从波罗的海地区获得海事用品成为英国要达成的一个重要目的，有理由害怕扣押这些满载货物前往法国的船只会像以前一样，造成与北方国家之间的麻烦。“1796年，手中尚有的海事用品数量已经少到无法指望能维持到战争结束的地步；政府预见到短缺必将发生，为海军装备提供了充足的补给物资；船用木材从亚德里亚海进口，桅杆和大麻从北美引进，从波罗的海地区输入了大量进口物资。每一年有4500艘英国舰船通过厄勒海峡（Sound），主要运输海事用品、玉米、牛油、兽皮和铁。与此同时，造船厂和战舰都执行最严格的节约制度。”①

当时英国军舰巡航时的经济状态捉襟见肘，只有靠极力保养、物尽其用、老旧材料翻新使用才能维持。在这种条件下，舰长和军官们的娴熟技艺成为军舰效率的一大重要组成部分。柯林伍德写道：“一些有先见之明的人会预见到我们将最先面临的困难，像变魔术一样支持和帮助他们的军舰；另一些缺乏远见的人会耗尽一座船厂的物资还缺这少那。”他对一名军官的评价是：“没有一艘补给船相随，他决不能出航。”纳尔逊在评价特鲁布里吉②时写道：“他的智谋就和他的‘卡洛登’号老爷战列舰的毛病一样多。”当时的一位海军上尉颇为感慨地提到在敌国海岸外海的黑夜和恶劣天气执行任务时的焦虑：“很担心这个转帆索或那个系帆索。”舰船的安全就依赖这些部件，纳尔逊的书信当中也经常会提到补给品缺少的情况。

英法两国海军在这些方面的情况如上所述，两者实力的纯数量对比由

---

① 布兰顿：《海军史》第二卷，第105页。——作者注

② （Sir Thomas Troubridge,1st Baronet，1758—1807）：初代准男爵托马斯·特鲁布里吉爵士，英国海军军官和政治家。1773年加入皇家海军，早年与纳尔逊在东印度海域的一艘快速帆船“海马”号一同服役。法国大革命和拿破仑战争时期，先后追随杰维斯和纳尔逊参加了圣文森特角和尼罗河战役，1799年受封准男爵。1801—1804年间在英国海军部供职，离任时晋升为海军少将。此后负责英国在印度东半部的海军基地。1807年在转赴好望角上任时，旗舰“布伦海姆”号在马达加斯加外海发生事故，他与全体舰员一同遇难。——译者注

英国海军史学家詹姆斯给出，他的数据是对方方面面认真研究的结果，因此非常准确。经过必要扣除后，在宣战时，英国拥有115艘战列舰，法国有76艘；两国战列舰舰载火炮数量分别为8718和6002。詹姆斯认为，考虑到法舰炮弹规格更重的问题，侧舷舰炮炮弹规格的总重量之比无疑是最合适的比较标准，两国海军战列舰舰载炮弹规格总重为88957磅对73957磅，英国占约六分之一的优势。[①]法国海军将领拉格拉维耶明确认同这些分析，与其他法国人关于君主制垮台时法国海军实力的数据也没有实质性差异。[②]

西班牙海军当时拥有76艘战列舰，其中56艘状态良好。[③]虽然欠缺详细数据，但可以准确地从海军档案记录中的许多分散数据当中推论，西班牙海军的相应实力远低于可观的舰船数量。海军军官整体上既无经验又无知；造船厂的管理由于王国的衰落，和其他部门一样无力；舰员中几乎没有优秀水兵，绝大多数不是被从街道里清除的痞子，就是从监狱里清除出来的恶棍。拉格拉维耶说："这个时候的西班牙人不再是实质意义上的敌人。在圣文森特海战中，每艘西班牙战列舰最多有60到80个真正的水兵，其余舰员全部都是新出海的人员，这些人几个月前要么在乡间游荡，要么就在坐牢，英国历史学家甚至承认，当命令他们上桅顶或者帆索作业的时候，他们会双膝跪倒，哭喊着宁可直接被枪毙也不想在进行这样危险的作业时死掉。"[④]

1793年，纳尔逊在访问加的斯后写道："西班牙人也许能造出好船来，但是他们无法制造人。他们在加的斯有4艘一级现役战舰，都是很棒的船，人员水平却糟透了。我相信如果我们的6艘驳船上经过精挑细选的舰员们能登上其中一艘船，就能将它俘获。……如果我们将在巴塞罗那外海汇合的21艘西班牙战列舰的操作水平不比加的斯的那些船强的话，就不能对他们抱多

---

① 詹姆斯：《海军史》第一卷，第57、58页。——作者注
② 《海战》第一版第一卷，第49页。——作者注
③ 詹姆斯：《海军史》第一卷，第55页。——作者注
④ 《海战》第一卷，第164页注解。——作者注

大期望，尽管就战舰来说，我没有看到过比这更好的战列舰了。”[①]几个星期之后，他遇到了那21艘战列舰，“西班牙人在机动几个小时后，都没能组成任何可以称为战列线的队形。西班牙舰队司令派出2艘快速帆船告知胡德勋爵，由于他的舰队有1900人患病，他得前往卡塔赫纳。快速帆船的船长说：‘他们在海上漂了60天后，也难怪会生病了。’这种言论在我们看来简直荒谬，因为我们在同样的条件下在海上待了远比这要长的时间，我们还觉得这是能保持健康的原因呢。这让我了解到他们航海能力的限度；希望他们长期保持现状。”[②]1795年，当西班牙与法国议和时，他写道：“我知道法国人自从提出议和后，希望从西班牙得到14艘装备物资齐全的战列舰。我认为肯定不会配备舰员，因为这是再次失去这些舰船最容易的方式。……我认为西班牙舰队配备的人员差劲，指挥更糟糕；除此以外，他们还非常迟钝。……由于西班牙谋求议和这件事可能意味着——很可能会和那个国家开战；如果真是这样，他们的舰队（要是没有比在成为我们盟友时更好的话）会很快就被解决。”[③]

雅利尔·布兰顿（Jahleel Brenton）海军上校是当时一位杰出的英国海军军官，在开战之前，曾在加的斯执行任务，请求并获准乘坐一艘西班牙战列舰“圣埃尔默”号返回英国，真实目的是借机观察他们的工作体制。他说：“这艘船是西班牙海军精心挑选出来派往英国的，最为训练有素的战舰，由洛伦佐·戈耶切亚（Lorenzo Goycochea）指挥，他是在1782年直布罗陀围城期间，指挥一艘被摧毁的大型炮台舰的勇敢水兵。我在这次旅程中，得到了一个对西班牙海上管理做出正确评价的机会。当这艘船收缩两根帆索收中桅帆时，都没有必要开饭；舰长告诉我没有一位军官能够坐在餐桌旁，所有人都在晕船，他下令在自己的舱室里为我准备了晚餐。在西班牙海

---

① 《纳尔逊急件》第一卷，第309—311页。——作者注

② 《纳尔逊急件》第一卷，第312页。——作者注

③ 《纳尔逊急件》第一卷，第70、77、241页。——作者注

军，舰长和军官们一起在军官公共生活室一起吃饭是惯例。随后，每当天气不好，令他们无法一起用餐时，我们就一起共享一顿舒适的餐点。由于这艘船安全抵达目的地非常重要（船上装载着努特卡湾事件的赔款），在船上有一位英国领航员，引导这艘船能够安全到达英国海岸。在我们到达法茅斯之前，这艘所有帆和顶帆都升高张满的船，由于一阵强劲的东北风暴停止前进，那位英国领航员敲打我的舱门，吵醒了我，只听他说道：‘布兰顿先生！布兰顿先生！快起床，长官，西班牙人这艘船失控了！’当我走上甲板时，发现确实如此。这艘船以12节的航速失控了，用一位船长的比喻来说，这条船确实‘都乱了套，就像一辆法国驿递马车’那样滑稽；人们花了几个小时才将一切恢复正常。”①

1805年，拿破仑命令维尔纳夫司令官将2艘西班牙战舰的战斗力算作1艘法舰，后者和英舰的战斗力还无法相提并论。需要补充的是，拿破仑唯一对西班牙舰员给予好评的是，他们在和英国考尔德②分舰队对决时，像狮子那样勇猛战斗。

英国在战争中的第一个盟国和后来的敌国荷兰，拥有49艘战列舰，由于本国海域多浅滩的限制，绝大多数吨位较轻，这意味着许多战舰都无法在英国战列线中找到位置，快速帆船同样实力不济。此外，这些舰船状况糟糕，因此，无论荷兰海军站在任何一方，都无足轻重。③

葡萄牙和那不勒斯各有6艘和4艘战列舰，在战争早年就向英国地中海舰

---

① 《雅利尔·布兰顿爵士传》。——作者注

② （Sir Robert Calder, 1st Baronet，1745—1818）：初代准男爵罗伯特·考尔德爵士，英国海军军官。1759年进入英国皇家海军，先后参加过七年战争，美国独立战争，法国大革命和拿破仑战争。1796年晋升为约翰·杰维斯舰队的第一上校，在圣文森特海角海战胜利后回国报捷。1799年晋升为海军少将，1804年晋升中将，他在担任分舰队司令官独当一面时的表现并不能令人满意，腓尼斯特雷海角海战的表现几乎受到一致批评，为此回国接受军法审判，错过了特拉法加大海战。——译者注

③ 詹姆斯：《海军史》第一卷，1878年版，第54页。——作者注

队请求有力支援[1]；当拿破仑率领法军进入伊比利亚和亚平宁两个半岛展开行动后，使这两个国家在18世纪末以前保持中立。

波罗的海国家和土耳其海军在这场战争中没有出场机会，也就无须对其实力状况进行专门介绍了。

---

① 詹姆斯：《海军史》第一卷，1878年版，第54页。——作者注

第三章

1793年的整体政治、战略态势及事件

法国国民公会在对英国宣战后，在1793年3月7日，同样对西班牙正式宣战。因此，除了瑞士的山地边境外，敌人已经从陆海四周形成了完整的法兰西共和国包围圈。

在全面战争开始时，有必要综述一下政治和军事形势，讨论一下战略形势，以便更好地理解历史发展进程，批判性地审视参战各国采取的行动，无论各国是单独参与，还是像反法同盟那样作为一个整体参与。

法国的敌人是多个有组织政府，体制的实力和效率结构参差不齐，除了英国之外，都是正变得腐朽、趋向消亡的的秩序的一部分。它们属于始终都阻碍法国大革命和拿破仑战争的一种过时的传统式政府、社会秩序和军事管理体制，与引领法国走上风口浪尖的18世纪的激进哲学原理的表现形式存在严重对立。虽然各国统治者一致痛恨一种他们害怕会扩散的运动，但是他们在其他方面并不协调。欧洲大陆实力最强的两大国奥地利和普鲁士，在不远的过去都交替站在法国一边，成为它的盟友；这两个国家反过来彼此都长期公然怀有敌意，依然是为了在德意志取得优势相互嫉妒的竞争对手。它们结为正式盟友，投入到当下的战争中去，无法从互不信任和各自的军事传统中解脱束缚，采取一致行动，或者利用法国正在陷入的混乱状态，此时，法国议会的专制统治还尚未抬头。由于缺乏超越各自野心的统一动机，不是出于军事上的利害考虑，它们在不同的战线上各自为战。德意志的各个小邦国像

在过去的欧洲历史时期那样，都为了在乱世寻求自身安全和利益，跟随普奥两大势力。其中的几个邦与法国这个强邻结盟，依靠它对抗傲慢自负的强大的德意志君主。它们不可能赞同法国议会进行的社会变革，当一个稳定的政府继承了大革命的阵痛，旧的政治倾向又断言它会对抗现有的社会成见时，这些较弱小的势力自然再度被法国控制。

如果西班牙当时有良好的政府，其军事地理位置将使它在欧洲各国中举足轻重，在这样一场危机中尤其如此。地形紧凑对称，拥有漫长的海岸线且不乏良港，它的地理形态和远离大陆其他部分的位置两方面结合起来表明，它真正的实力体现在一支强大的海军之中，这也是它庞大殖民体系的迫切需要。它的海上优势确实由于葡萄牙分割了它的部分锯齿状领土和海岸线以及直布罗陀的丢失被削弱。正处在费罗尔和加的斯两个军港之间的里斯本在敌人手中，就和加的斯与卡塔赫纳之间的直布罗陀港一样。在它的领地范围，本土的半岛地形以及唯一的大陆边境比利牛斯山脉的险要地势，使它得到了很大补偿。它的位置非常利于防守；每当时局使法国成为欧洲各国关切的中心，就像1793年那样时，这个非凡国家的天赋将不断使西班牙的对外行动变得更加有趣。凭借西班牙的天然地理优势，它在法国大革命开始时的军事形势可以定义为：控制住地中海，在陆地上威胁着法国的侧翼和后方。直布罗陀可以暂时忽略不计，西班牙的行动将决定英国海军能否进入地中海，是否让北非柏伯利国家和西西里的小麦到达法国南部的饥民手中，是否让法国舰队离开土伦，是否让法国陆军对身后当时正因叛乱动荡不安的国家感到安心，去对付德意志人和皮埃蒙特[①]人。意大利的政治格局类似德意志，分裂成许多小邦国，不像德意志那样拥有强有力的核心势力，可以让小邦聚集在周围，这使得西班牙实际上得到了控制地中海的机会，但这些优势统统被糟

① 皮埃蒙特（Piedmont）：今意大利西北部与法国东南部接壤的一个大区，当时的疆界与今天有所区别，位置大致相同。——译者注

糕的政府和低效的军事机构给糟蹋了。西班牙海军是欧洲的笑料，而它的财政依赖殖民地，也就是说依赖制海权，却没能控制海洋；同时，由于困难的财政和糟糕的军事管理，即便它的陆军最初能由值得信赖的领导指挥，对法国无组织的陆军也没能造成多大冲击，随即一项屈辱的议和很快结束了一场可耻的战争。

当英国决定加入这场战争时，它的做法是比较明确的，其军事力量的特征和过去一个多世纪的历史都对此有所指导。从查理二世时代以来，它与奥地利、普鲁士和荷兰，时为友，时为敌；在它频繁进行的战争当中，西班牙时而中立，时而为敌，无论怎样都不是个多么强大的因素；在所有情况下，法国一直是它的敌人，有时隐秘，但通常都是公开的。出于传统的敌意，英国政府和民族都目不转睛地盯着法国这个最大的威胁，无论其盟友中较为强大的国家如何猜忌，都不会改变这种一致的态度。对英国宣称为自家领地的广阔海域来说，仅西班牙就可能成为一个不受欢迎的竞争对手，同时也是一个有力的支持者。西班牙的战列舰数量众多；英国海军部很快就发现，西班牙海军官兵的素质差劲，不可能对英国的海洋优势造成严重威胁，尽管有时这种情况也会令人尴尬，尤其在成为不牢靠的盟友，而不是公然的敌人时更是如此。尽管如此，战争开始阶段，两国海军的联合行动成功获得了地中海制海权以及通向法国南部的海上通道。

俄国尽管公开宣称反对法国大革命，在早期的军事行动中却没有积极参与，只是在1793年3月25日和英国签署协定，禁止法国与波罗的海国家进行粮食和海事用品贸易，以此迫使法国求和。当时俄国正忙于对付波兰，不久以后，1793年4月9日，一道沙皇敕令颁布，将波兰王国的多个部分并入沙俄帝国。这道敕令紧随着普鲁士3月25日第二次割占波兰部分领土的敕令——这是俄普两强过去两年一系列侵略行动产生的结果，同时也是1795年对波兰最后一次瓜分中的步骤。

与绝大多数战争不同的是，这场大动乱几乎没有为中立留下余地，较小的欧洲国家只能尽量调整好自己的方针。瑞典和丹麦力图置身动乱之外，同时借中立国旗帜在海上战争中维护贸易利益。他们与早先的冲突发生地区距离遥远，瑞典的半岛地理位置，使他们能够长期避免实际冲突；俄国和英国同时施压，英国传统上不愿承认中立宣言，必然使实力较弱的波罗的海国家的主张缺乏必要的说服力。荷兰和旧时代一样，分为亲法和亲英两派；以奥伦治家族为首的亲英派在1793年掌权，按英荷两国1788年签署的防御盟约指导国家政策。联合省最终的政策取决于战争的命运。是法国还是它的敌人会取胜，会支持胜利的一派继续掌权或重获权力。一个距离革命大火这么近的开放的大陆国家，是不可能保持中立的；除了法国国民公会的态度以及它在11月19日和12月15日通过的法令所造成的直接威胁外，拥有广大殖民体系的荷兰，更担心英国无敌的海军带来的威胁，而不是1793年要面对欧洲军事列强的法国陆军。当时联合省占据的除了远东的爪哇岛和其他殖民地外，还有西印度群岛和南美的多个殖民地，英国只得到最后两个——锡兰岛和好望角，随着时间的推移，当1795年荷兰成为法国附庸后，其他所有殖民地都曾被英国征服，在其手中保留过。

葡萄牙保持了它和英国的传统同盟，在西班牙脱离反法同盟倒向法国，迫使英国海军离开地中海时，成为了最重要的战略要地。英葡两国之间的正式关系曾在短时间内因拿破仑的天才和实力中断；1808年西班牙起义期间，不曾间断的旧日情结使局面重新改变，葡萄牙成为英国陆军的基地，就像早先它成为英国舰队的安全港湾一样。

在意大利北部，皮埃蒙特的疆域及其接近附属奥地利的米兰和曼图亚两个公国的地理位置，使它可以成为一个有力的中心抵抗共同的敌人——法兰西共和国，各意大利较小邦国都聚集在它们周围，能够感到安全；可是两个公国政府的迟钝和猜忌阻止意大利各邦采取有力的联合行动，这是唯一能成功对抗法国议会施加的紧迫威胁的手段。在意大利半岛中部，教皇必然会用自己的巨大精神影响力以及能行使的相应世俗权力来反对大革命。半岛南部定都那不勒斯的两西西里波旁王国，主要控制在王后手里，这位王后正是玛丽·安托瓦内特（Marie Antoinette，即路易十六的王后）的姐妹。这个王国的军事力量和西班牙类似，被惨不忍睹的管理搞得乌烟瘴气，由于它远离实际战场的地理位置，作用被进一步抵消。这个王国的倾向是毋庸置疑的，但像所有软弱和腐败的政府那样，两西西里王国在压力下行动迟缓，含糊其辞，压力一旦转移，又虚浮莽撞；它当时还有能够成为盟国的一个有利因素，那就是充当英国舰队在地中海的一个可用基地。

东地中海的土耳其帝国当时已不像一开始那样，被认为是威胁整个欧洲现行体制的关键因素；它当时的领土范围还是比现在更广。在萨瓦河（Sava原文写作“Save”）和多瑙河以北，土耳其仍占据瓦拉几亚（Wallachia今罗马尼亚东南部）和摩尔达维亚至德涅斯特河（Dniester）两岸地区，在河南面，则占据着如今的希腊王国。爱琴海的各群岛，连同克里特岛和塞浦路斯在内，也都属于土耳其。叙利亚和埃及同样承认土耳其宫廷的统治，两者仅仅是名义上从属而已，前者由加扎尔·帕夏[①]，后者由马木鲁克人[②]统治，实际上是独立国家。在法国大革命爆发时，土耳其已经沦入濒临解体和无能为力的最低谷，它的统治者们敏锐地察觉到自身的处境和来自俄国的威胁，力求避免被扯进西欧纷繁复杂的乱局，它的大敌俄国同样也置身事外。直到拿破仑进攻埃及之前，土耳其人都成功摆脱其中，正是拿破仑后来入侵埃及，迫使他们出于自身安全与法国对抗，引发了英国和欧洲列强对东方的共同兴趣。

对地理学意义上的所有西地中海国家来说，西地中海诸岛在海上战争中非常重要，其内在价值还不仅限于此。在如此狭窄的水域当中，这些岛屿由

---

① 加扎尔·帕夏（Djezzar Pasha，?—1804）：又写作“Jezzar Pasha”，从1775年开始，以奥斯曼帝国帕夏的名义，成为叙利亚的实际统治者，直到去世为止。——译者注

② 马木鲁克人（Mamelukes）：最初是阿拉伯帝国哈里发的奴隶兵，随着阿拉伯帝国的衰弱，后来组成了自己的军事政治集团，在中东曾建立过多个政权。当时统治埃及的马木鲁克集团起自1771年反对土耳其苏丹统治的阿里·贝伊（1728—1773）。——译者注

于靠近大陆的某些地区或者穿过海洋的某些海上通道，而获得了附加的战略意义。由此产生的影响自然会落入通过控制这些水域控制岛屿交通线的国家之手，这种说法虽然总的来说是对的，却也会受到具体条件限制。这些狭窄的水道，或者用军事术语来说，这些从陆地到陆地的短距离交通线，使逃脱变得相对容易。即使实力再强大的海军，也不能保证阻止只需要一夜航行的交通往来，这种航行因为所需时间很短，可以乘坐许多小船进行，不需要集中在少数几艘大船上；在风帆时代，这一点倍加正确，当较大船只因为无风不能航行时，小船却能用船桨划行。因此1796年，当连战连捷的拿破仑在利沃诺（Leghorn今作“Livorno”）驻扎法国陆军时，英国人发现不可能阻止法军游击队进入科西嘉。后来，尽管遇到许多麻烦，拿破仑皇帝仍然继续从南意大利将援兵和补给运送给科孚（Cofu）岛的驻军，他影响深远的天才，希望在遥远的将来，把这里变为一个东方进一步扩张势力的基地。不过这些事例仅仅属于例外，是受到其他条件限制的小规模例外；诸如科孚岛驻军人数较少，法国人发现科西嘉人比较友好。随着交通线的延长，海权的影响就显现出来了。法国人发现要救援马耳他，甚至只是摆脱封锁那里的大型船只都不可能；后来任凭拿破仑如何努力，拥有如何不受控制的权力，他对主要由他个人负责的占领区的成功拥有如何强烈的个人意愿，埃及的法国陆军还是孤立无援，最终被迫投降。所以分割意大利和西西里的狭隘水道抵挡了法国陆军，这不是因为不可能派遣很多支队度过这道海峡，而是因为要通过这样不可靠的交通线，在敌国支援这些部队，面临的风险要大于可能取得的利益。

1793年西地中海诸岛的政治分布如下：最东面的爱奥尼亚群岛，从亚德里亚海入口向南沿希腊海岸延伸，包括科孚岛到塞利哥岛①都属于威尼斯。1797年，当这个古老的共和国由于拿破仑的政策沦陷时，这个群岛被割让给

---

① 科孚岛到塞利哥岛（Cerigo）：根据希腊语音译应译为基西拉岛。——译者注

法国，随后开始不断易主，直到1863年与希腊合并为止。西西里岛是两西西里王国的组成部分，这个岛屿成了王国君主躲避法国武装的庇护所，它的富饶土地和可用的多个港口，在拿破仑时代成为英国的资源。马耳他仍在圣约翰骑士团手中，由于马耳他的地理位置和内在实力，它成了一个极其重要的军事重地，通过法国之手转入最强大的海权国家之手，都是由于拿破仑的缘故。与其说埃及属于地中海，毋宁说它处于大洋之间，因此马耳他或许处于地中海最重要的战略位置；由于各种资源稀缺，其功用是通过它辅助的舰队实力衡量的。马耳他在法国手中的命运，马翁港在英国手中的历史，乃至直布罗陀成功和辉煌的抵抗，都提出了警告，舰队对马耳他的依赖性要小于马耳他对舰队的依赖性。

撒丁岛属于以它的名字命名的王国，这个王国还包括皮埃蒙特和法国交界的一部分地区，都灵是这个王国的首都。在这一动荡时期，王室从本土迁到岛上，在这个落后的大岛上发现了一个鲜为人知的避难所。法国无法触及这个岛，英国除了它位置极佳的港口之外不需要其他东西。在这个岛极北端的马达莱纳湾（Maddalena Bay），纳尔逊发现了一个战略位置极佳的锚地，不仅可以用于监视土伦舰队，还有两个在刮任何风时都能够使用的进出口，这是建立海军基地最需要的条件。巴利阿里群岛（Balearic islands）在西班牙手中，群岛其他岛屿在海上的重要性都及不上梅诺卡岛，岛上的马翁港（Port Mahon）是地中海极佳的良港。尽管程度不同，和马耳他一样，马翁港的命运根本上依赖于海洋。1798年，英国占领了梅诺卡岛，在签署《亚眠和约》时归还。后来，在1804年至1808年和西班牙的战争中，他们似乎没有再觊觎过它。根据纳尔逊明确合理的判断，马达莱纳湾尽管锚泊条件不如马翁港合适和方便，却更适合展开迅速的军事行动，后者是他最看重的条件。

大岛屿中还值得一提的只有科西嘉岛了，这是法国1769年才从热那亚手中获得的新领地。法国的占领在一定程度上违背了科西嘉的民意，他们宁愿独立。他们还没有被法国人同化，其中还存在一个传统的亲英派。亲英派的倾向或者其他民族倾向取决于最终的政治关系；如果英国海军控制了周围海域，如前所述，还不能认为这个岛完全和外界隔离，迫使它不太情愿地从属。另一方面，法国在面临众多敌舰时，不能投入较大规模的地面部队。法国如果在岛上升起自己的旗帜，还需要依赖科西嘉本地人的支持。1793年，科西嘉发生的头等大事是前独立运动领导人保利[①]引发的，他曾在英国流亡多年，几年前刚被国民议会召回；后来的暴力行为动摇了他对法国的忠心，国民公会驻科西嘉的代表遭到他和人民的厌恶。1793年4月，由于土伦共和党人的指责，保利受到国民公会法庭传唤。革命法庭当时已经组建，恐怖统治开始；保利没有应召，而是召集了科西嘉各城市和团体的代表。这些人在5月集会，支持他进行反抗；起义很快遍及全岛，国民公会的代表们和他们的支持者都被封锁在一些沿海城镇里。

1793年春，法国大革命正处于这种令人生畏的环境之中。科西嘉人反对议会的起义只是隐约反映了这个主体自身狂躁不安的强烈情感，这种情感迅速将整个法国分割为不同的敌对阵营。国王被处决后的4个月间，吉伦特派和雅各宾派之间发生长期冲突；革命的狂热要求以一种比公众议会中的党派竞争更激烈也更集中的方式表现出来。吉伦特派更具高尚情操，不善积极行动，在首都和立法机构节节败退，在外省仍有不少人支持他们。怨言和恨意通过行动以暴力形式表达出来。3月9日，革命法庭宣布成立，成为实施恐怖手段的重要工具，一旦这个法庭做出裁决将不能再上诉。同月13日，旺代（La Vendée）省为法国王家起事，展开了漫长血腥的斗争。18日，仅仅4周之前就已经入侵荷兰的北方军团，在内尔文登（Neerwinden）惨败。指挥这个军团的将军，瓦尔密和热马普战役的胜利者，在过去的战争中最成功的军

---

① 保利（Filippo Antonio Pasquale di Paoli，1725—1807）：菲利波·安东尼奥·帕斯夸莱·迪·保利，科西嘉政治家和爱国者，多次从事反法独立运动，起草了科西嘉宪法。1795年最后一次离开科西嘉，终老英国。——译者注

事领袖杜穆里埃[1]被迫率部向法国撤退。30日，他撤出了最后一场战役中夺取的奥属尼德兰，他的军团就在边境以内建立阵地，敌军正在逼近。4月1日，长期以来对国民公会所作所为强烈不满的杜穆里埃逮捕了派到他司令部的陆军部长和4名议员。第二天，他就将这些人送给奥地利人。4日，他发现军团的盲目忠诚无法长久依靠，于是索性彻底叛逃投敌。

当时混乱、叛变和恐慌从首都到边境，在整个法国蔓延，看上去会在普遍的无政府状态中达到顶点，于是一项注定能够恢复秩序和纪律的措施被断然采用，虽然会为此付出非常沉重的代价。4月6日，公安委员会进行改组。原先公开举行会议的25名成员现在被减少到9名，成为一个管理能力更强的秘密委员会。公安委员会被授予超过各部部长的权力，并有权采取一切必要措施进行全面防御，共和国由此获得了一个以前所缺乏的专制高效的行政权力机关。国民公会创造的这个产物，注定在不久的将来成为它的主人，它被一位法国历史学家恰当地称为“九头专政”。

新权力机关还需要时间证明其存在，党派冲突已经愈演愈烈。4月15日，里昂市要求允许他们对雅各宾派代表指派的市政领导人进行调查。请求遭到拒绝，从而成为内战开始的标志。5月26日，里昂市的“各地区”发动起义反对市长。与此同时，巴黎和国民公会的局面也变得愈加混乱，31日，首都各地也爆发了起义，对象却是吉伦特派。两天后，各街道和各立法机关办公点都发生冲突，国民公会下令在议会大厅逮捕了32名吉伦特派成员。1793年6月2日，吉伦特派垮台，其结果使支持他们的党羽在整个法国发动叛乱。马赛（Marseille）、土伦、波尔多（Bordeaux，吉伦特省首府）和里昂都宣布反对国民公会，诺曼底和布列塔尼（Brittany）也都出现相同的运动。在西部省份，共和主义者的反抗由于邻近的旺代省保王党人叛乱受挫。

---

① （Charles-François du Périer Dumouriez，1739—1823）：夏尔-弗朗索瓦·杜·皮埃尔·杜穆里埃，法国将军，大革命早期的军事领袖之一。1793年4月，杜穆里埃投敌，开始在各国辗转流亡。1804年成为英国陆军部顾问，为英国对付拿破仑出谋划策。——译者注

他们被迫反省，认识到武装反对议会，即便是由于6月2日的各种事件，实质上却是和保王党人组成了联盟。在波尔多，运动延长了几周，没有发展成激烈的行动。波尔多人用语言和文字，而不是武装，来反抗国民公会，吉伦特派的代表被迫从吉伦特省退出。

东部和南部的局势要严峻得多。5月29日，随着里昂各地区的起义，引发了巷战，获胜的派别在6月2日事件之后，拒绝承认国民公会。议会试图与这个城市谋求和解，它的提议遭到拒绝，里昂组织了地方陆军，对雅各宾派的领导成员进行正式审理和处决，同时也停止向阿尔卑斯军团提供补给。7月12日，国民公会通过法令，对这一地区进行武力镇压。议会的部队在当月下旬出现在里昂市外，里昂人的抵抗组织完善，十分坚决，围城进展缓慢，与此同时，南部各省普遍都拒绝承认中央政府的权威。马赛和土伦这两座海港城市与指挥英国舰队的胡德勋爵互通书信，1793年8月中旬，胡德勋爵率领的英国舰队抵达普罗旺斯外海。由于措施不得力让国民公会得手，就在马赛的叛乱达到高潮之前，法军占领了这座城市；在长期遭受雅各宾派市政当局暴虐统治的土伦，局势却在向另一个极端方向发展。由于对巴黎的做法和土伦当权派所作所为的厌恶发起的一场运动，使发起人在不知不觉间走得比计划更远；直到到达这种地步——面对首都的野蛮精神，要退让就会变得危险。土伦长期与法国王家海军关系密切，又是王国的主要军港之一，很大一大部分人中间有着忠君情怀。只要法国还能维持一个政府的模样，他们也会顺应事态发展，现在国内秩序土崩瓦解，似乎可以让他们选择自己的道路了。

在这种情况下，国民公会颁布法令，宣布这座城市不受法律保护，使土伦保王党人能按照他们的意愿去引导运动方向。主要的海军军官似乎没有甘愿配合去向英国舰队司令示好；可是多年以来，他们已经看到过自己的权力被国家立法机关的行动肆意破坏，于是开始习惯于在被民众控制时屈服。国民公会军队接近的消息，加上马赛遭受恐怖统治的受害者涌入土伦，促使这座城市接受英国武力保护。土伦市民宣称，该市根据1789年制宪会议的宪法，建立君主制政府，宣布路易十七为法国国王，命令驻该港的法国舰队解除武装，并且将军舰停泊在进入海港的英国舰队司令控制范围以内。胡德勋爵承诺，在议和达成以后，土伦要塞和舰船将完璧归赵，交还法国。27日，英国和西班牙舰队在土伦外港锚泊，这座城市升起了波旁王室的白色旗帜。当时在港内交付给英国舰队司令的有30艘装备74门以上舰炮的战列舰，大约占当时法国海军战列舰数量的三分之一略多。这些战列舰当中，17艘在外港，随时准备出海。除此之外，还有20多艘快速帆船和更小的船舶。

当法国的主要海军军港之一，同时也是它在地中海唯一的大军港土伦港移交到敌人手中时，东部边境的灾难接踵而至。7月12日，法比边境的要塞城镇“孔德”（Condé）镇陷落。随后，同一地区的一级要塞瓦朗谢讷（Valenciennes）在进行6周堑壕战后，于当月28日投降。这两处要地落入奥地利、英国和荷兰盟军手中，之后，联军继续前进，法军只得撤退。前不久，就在7月22日，莱茵河至关重要的重镇美因茨（Mayence，今写作“Mainz”）落入普鲁士人手中，这里同样是敌人进入孚日山脉（Vosges mountains）和前往上莱茵地区的要隘，法军就在普军面前节节败退。同时里昂这座内陆大城市在坚持对抗中央政府，他们意志坚定，还没有陷入急需增援的绝境。对抵抗中的里昂以及几乎不堪重负的南方各大区来说，英军能否守住土伦非常重要，极具现实意义。土伦是一个能从外界获取支持的起义据点，拥有不可估量的作用；在叛乱军被镇压，城市被敌人陆军包围，自我封闭时，土伦城开始成为鸡肋，由于漫长的各条防线所需要的人手不堪重负。如果旺代能够依靠一座土伦港的话，共和国的镇压任务几乎会面临绝望。

法国正值多事之秋，撒丁人在阿尔卑斯山边界行动，西班牙人从东比利牛斯山进入法国。法国四面皆敌，到处都是纪律严明的敌军，它能用来抵抗的仅有刚刚征募来的未经训练的新兵。法国在一个通过恐怖统治来消除内讧的立法机关的严酷无情中才能得到安全，在其中央位置——一个自然将众多动乱中心彼此分割的位置寻求安全，也从盟军的军事政策中寻求安全——盟军兵力分散的情况不减反增，这在一定程度上是不可避免的。西班牙人无法和撒丁人联合行动，土伦不能帮助里昂，旺代远离其他各地，孤立无援；在东方，奥军，普军和英军还可以集中兵力攻打挡在他们和巴黎之间的法军，当时的法军很可能无力抵挡这种攻势。盟军没有这样做，8月初，奥军和英军在东北边境决定停止前进，分头行动；奥军陈兵勒凯努瓦（Le Quesnoy），英军着手围攻敦刻尔克港。在莱茵区，奥地利和普鲁士相互猜忌，部队调遣缓慢，使双方一样无法相互支援，行动拖拉。

盟军就此失去机会，法军赢得了时间，公安委员会和国民公会派往各军团司令部的代表充分利用了这一时机。法国人在很大程度上就像抛开怜悯那样抛开了恐惧，他们的政府已经被鲜血玷污，这却能有效地完成法兰西的救赎。上至内阁部长到战场的将军，下至被迫离家应征的士兵，每个人都感到自己的生命依赖服从和行动。在国家生死存亡之际，热切急迫的法国人要在紧张的压力下工作，这往往会伴随着一种由于盲目无知产生的爱国热情，会造成许多错误和不公；他们得到了想要的结果，将国民公会无法抑制的能量，传递给所支配的每一群人。无论是好是歹，人们都只有一个心愿，体现在1793年的法国军人身上，就是他们忍饥挨饿和流血牺牲都是为了这个国家能生存下去。法国需要时间，盟国给了他们时间，法国的每一支部队在这种精神鼓舞下，在公安委员会娴熟的鼓动激励下，很快就组成了一个强有力的有机整体，无论士气和人数都远在他们面对的同盟国正规军之上。

能感觉到热情或恐惧的有意识的生命，都会被统治者的意志感染；国民公会的火热激情没法传达给停留在共和国各个港口里的军舰，那些技艺生疏的新军官也无法使它们屈服，它们的老主人却曾经从容地指挥那些漂亮微妙的不稳定的战舰。严酷的法令想求得海战的胜利根本是“天方夜谭”[①]，这些法律与时代的激情一致，却只能呼吁那些能力无法与自己的勇气和召唤他们的使命匹配的人。军官缺乏经验，再加上舰员目无军纪，导致了更大困难，在政府管理瘫痪的4年间，目无法纪发展到了灾难的程度。随着雅各宾派胜利掌权，权力终于集中起来，尽管令人恐惧，好歹有效。1793年9月，布雷斯特舰队在基伯龙湾发生兵变，水兵们再度压倒了他们的军官，甚至同时压倒国民公会代表，这是最后一次公然爆发的兵变。其他当权派的软弱无力成了过去式，现在权力在山岳党人之手；山岳党人的地位至高无上，他们的命令不容置疑，很快就被遵从。然而，长年的目无军纪和放任自流，削弱了舰员们的组织纪律和训练水平，新军官并不是能够恢复状态的人。因此国民公会及其代表缺乏可以利用的适当手段，去引导舰队的行动方向和赋予舰队活力。军舰、舰炮和人员都在那里，还可以去操纵这个操作那个，但在这些因素和政府之间还需要一个胜任的正规军官团，却已经不复存在。听任军纪堕落的管理无力，也必然使陆地上海军军火库的物资匮乏随处可见。上述这些情况引发的无能为力，使得1793年法国海军的重要行动都无果而终。

英国在战争的头一年并没有做好采取有力行动的准备。1792年，英国本土现役战列舰仅为12艘，只有1.6万名水兵能够为舰队服役。12月20日，宣战仅6周以后，英国议会将可用水兵人数提升到2.5万人，比美国独立战争最后一年服役人数的四分之一略多。当时在地中海和殖民地没有一艘可以称得上战列舰的战舰。幸运的是，1793年初，以巡航舰船名义登记在册的舰船中，有113艘具备战列舰的实力；得益于1790年和1791年的两次战争预警，这些船当中有80到90艘状态良好；富有远见的行政机关已经在英国各船厂码

---

① 例如，规定任何船长向一支少于自己两倍的敌舰队投降，他本人就会被判死刑；如若一艘战列舰舰长，面对任何数量的敌舰都不准投降，除非这艘船确实在沉没，才不会被处死。如果这名舰长在舰队行动中使战列线被打破的话，等待他的将是同样的命运。即使这样严酷的法令也无济于事。见舍瓦利耶著《法兰西共和国海军史》第128页及盖朗《法国海洋史》第三卷第395页。——作者注

头准备好必要的装备，这些物资在法国船厂码头已经消失。人手方面的困难比装备更多；1793年底，英国实际服役的战列舰已有85艘，其中20到25艘战列舰被编入海峡舰队，由豪勋爵指挥，在海峡和腓尼斯特雷海角之间巡航；同等数量的战列舰被编入地中海舰队，由胡德勋爵指挥；10到12艘战列舰被派往西印度群岛。25艘预备战列舰留在英吉利海峡沿岸的朴次茅斯和普利茅斯港，随时准备出海，承担护航任务，补充各巡航舰队船只损伤造成的空缺，在出现特殊需要时，会加强巡航舰队的兵力。

舰队的动员尽管一开始就非常有活力，但难免行动迟缓，英国真应该感谢长年内乱和行政机关不力对敌人海军造成的巨大破坏，在关键时刻，还在土伦把舰队的一大部分拱手相送。大英帝国疆域广阔分散，拥有多个暴露孤立的据点，人口数量较小，陆军人数也微不足道，和法国的战争会让它——必然在一开始处于守势，除非它能立即牢牢控制住敌人交通线的一些最重要的通道，从而迫使敌人在那里和它战斗。它还无力承担在法国本土进行登陆进攻作战的行动。英国能派遣的地面部队不足以抵挡与之对抗的大量法军，更不用说对敌人造成伤害了；也不能指望这样一支陆军成为法国叛乱军能够聚集在其周围的核心部队，在最近的美国独立战争痛苦地受骗后，英国人不该再被这种希望哄骗。那时英国有什么希望不是建立在法国人对旧时代的忠诚和对新秩序的不满之上呢！尽管这种不满无疑是存在的——现在法国人自己就为此展开对决——派往法国的英国远征军并没有带来决定性的变化，也没有激发叛军抵抗的热情。当法国当地人中间出现这样一支英军时，会先在怀疑中期望英军能完成所有的任务，随后往往会猜忌英军，行动消极。其实不妨给予叛乱者在实际战争中明显最需要的所有援助，使每一个动乱中心保持活跃来形成一种牵制，只要有可能，就像在土伦那样获取一个要塞港口，通过该港能获取送往反叛所在国的补给物资；要做到这一点把握并不大，因为这完全建立在法国人对同胞的仇恨压倒对外国人的厌恶这个基础之上。在一场内战中，派遣一支无法依靠自身数量在独立作战中取得成功，要依赖当地居民支持的陆军部队并非良策。上述这种支持一直都使这类远征部队在前方战斗时，还需要兼顾保护他们的交通线，这是一个在所有这类军事行动中普遍存在的问题；这只是用另一种方式来说，这样的远征要想取得成功，就必须能够进行适合到达预期目的的独立作战。1793年在法国许多地方发生的武装起义和叛乱，是有用的牵制行动；牵制行动在一场战争戏剧当中扮演的只是次要角色。牵制或是一种欺骗，要想成功与其说依靠自身优势，不如说要依靠对手的无能；或者是军队间接使用的一种手段，这些军队由于其性质或位置，不能直接对正在实施的计划主要部分采取直接行动。用可能用于中央战场的多支陆军部队去扩大法国反对派的这种牵制行动是错误的，这样被牵制的部队越多，错误就越严重。[①]

因此，英国无法发动这种进攻。使用小规模部队发动进攻是不明智的，但是英国没有大规模部队可派。为了给法国造成直接打击，必须迫使法国离开自己的港口出战，要做到这一点，只有通过威胁那些对法国至关重要的外部利益，但法国却没有这种利益。它的商船在平时仅承载贸易量的三分之一出头，战争开始时就已匆忙退回本国港口。它在西印度群岛的殖民地过去确实很有价值，海地的殖民地尤其珍贵，但过去4年的无政府状态已经摧毁了海地旧日的繁荣。仅剩的手段就是打击法国通过中立国与外部世界的交通线，能够做到这一点的话，也能最大地保障英帝国的各处疆土——即通过占领法国海岸外海的阵位，尽可能将战线推至能造成威胁的、各国法律也允许的海域。如果可能的话，为了阻止法国通过中立国船只进行的贸易，对法国海岸实施类似美国内战时期，北方联邦对南部邦联实施的封锁，可能是最适

① 半岛战争拥有许多亮点，取得了最终胜利，和这里批评的小规模远征有些类似，可能有人会觉得用这个例子可以反驳本段的论述。这些类似特点在一些重要的决定性问题上是不同的。在里斯本登陆作战的基地在英国长期盟友的领土之内；将要进入的是一个反抗外国统治的烽火遍地的国家；最重要的一点是，里斯本的地理位置和它与法国的距离，使得1810年法军大举进犯西班牙时，只有一条漫长且极其困难的交通线，英国人拥有的是畅通的海洋交通线。1793年的土伦和1809年的里斯本相比，不仅距离英国更远，而且在法国境内。对半岛战争的评论，参见本章末尾的注解部分。——作者注

合采取的措施，而当时和美国内战时的条件却又大不相同。美国南部诸州沿海的天气温和得多；在法国海岸最猛烈的风暴会沿着海岸劲吹，比斯开湾沿岸的风暴会直接吹到岸上；美国南方沿海几乎到处都是良好的——有时甚至是可提供掩蔽的泊地，这些在法国沿海几乎都没有。最后，蒸汽动力尽管会对处于内线和外线的交战双方都有帮助，但对外线一方的帮助却更大，因为可以在一定程度上不用靠岸，在海上维持一段较长时间，而帆船则根本不可能；对蒸汽轮船来说，飓风来临之前，不必驶至离岸一定距离的位置，在风暴持续期间也不会无助地漂泊。

因此，尽管各法院都裁定，当进行封锁的舰队被天气因素赶走时，技术角度上的封锁仍然没有被解除，对整个法国沿海的封锁似乎仍不在英国内阁考虑之列。对法国贸易采取的攻击性措施因而限于收缴在海船上找到的属于法国的财产，即便这些财产得到中立国国旗保护；对于所有试图运往法国的违禁品，无论属于任何国家，一律没收。美国和英国都认为这两条在交战国的权利范围之内，英国当时尽力去扩大违禁品的范围，以增加对法国施加的压力。英国宣布海事用品属于禁运之列——这一立场在当时尤为合理，因为当时法国商船无法出海，海事用品却是海军必需的——进一步来说，粮食也是这样。尽管这种论调遭到中立国激烈抨击，但强大的英国海军足以压制所有抗议，1794年，法国布雷斯特舰队确实由于缺粮被迫出港，直接导致这场战争的第一场大规模海战。

英国海峡舰队负责保卫通往英吉利海峡的通道——英国贸易的中心，同时它还负责监视法国在大西洋最大的军港布雷斯特，7月14日才出海，当时这个舰队仅有15艘战列舰，这不能被视为一个满意的结果，也说明英国尚未做好充分的战备工作。6周之前，一个相同规模的法国舰队已从布雷斯特出航，7月4日，他们在旺代外海的基伯龙湾占据了一个阵位，阻截送往该省叛乱分子的援助。英国将海峡舰队的指挥权授予豪勋爵，他是一位在过去的战争中以积极行动和富于冒险精神著称，得到很高评价的海军军官，当时已经68岁高龄。但年龄不会影响到他的勇气，他像磐石一样坚定冷峻，也不会影响到他的精神，但时间会使得他过分和顽固地追求某种形式上的严格精确性，这成为他的标志。在他眼中，标准化的严格机动会从手段变为目的。这种素质加上熟知海军战术，使他尤其胜任一项艰苦不讨好的任务，即让舰队中分散且不习惯联合行动的各单位编组成一个训练有素的有机整体。

豪勋爵在指挥当中还带来一种强烈倾向，这种倾向与我们刚刚提到的处事有条不紊的倾向紧密相关，即要经济地使用舰队，使之谨慎地少出海，即使出海也主要是为了进行操练和演习。在他眼中，舰队保持良好状态比取得最好的战略位置更加重要，他坚决抵制在敌人必将出航的港口前进行持续巡航的政策，断言当法国舰队锚泊在港内不动时，英国舰队会在严冬天气中受到严重伤害，这会使英国海军的实力不断下降。这种论点看似合理且基于无可置疑的事实，但不能证明截击敌人时选择一个阵位会明显不利。战争不断要求在困境中做出抉择，当物资问题和正确的战略部署发生冲突时，物资问题必须让位。英国舰队最适合的阵位已经被过去的经验证明，就在敌人的军港前，或者如果条件允许，能够找到可以在敌人必经航道旁边的港口。海峡舰队却没有符合这些要求的港口；当豪将舰队留在斯皮特海德（Spithead）时，在这个远离法舰出发点的后方港口，难免就会尴尬地发现，在法舰出动后，他还一无所知，等到发现时已经太晚，来不及拦截，想要跟踪也无法确定方向。对此，英国政府唯一能够采取的解决办法是保留一个预备舰队，规模大到足够保持必要数量的舰船在适当的阵位巡航。此外，通过这样的不断实践获得了经验，对人员素质提高的贡献远超舰队因此受到的损害。从历史上看，“优秀的人员配备不好的战舰”要胜过“糟糕的人员配备良好的战舰”，法国大革命一而再，再而三地将这个教训教授给世人，在我们这个时代，因为醉心于物质条件改善过程中出现的最新事物，在很大程度上已经忘了这个教训。

1796年法军远征爱尔兰事件当中，英国舰队停泊在英吉利海峡港口的尴尬再度突显，甚至是极其突出的体现。有人说，如果那个时代有蒸汽动力的话，这支远征军将会成功登陆；更加公正地来说，如果英国舰队在最适合的战略位置巡航的话，这次远征不会这样接近成功。[①]那是一种确实难以准确定义，却真实存在的现象，即习惯待在港口里的舰队的士气，要比习惯在海上漂泊的舰队容易恶化；一方习惯处于安逸状态，另一方习惯保持警惕，这就是两种不同状态舰队的写照。伟大的指挥官圣文森特勋爵敏锐地意识到了这个问题，于是根据他正确的战略眼光，决定实施紧密监视敌军各港口的策略。1796年12月，他在里斯本写的信中说道："除了整顿状态必需的时间外，我不会在这里多留一刻，如您所知，留在塔霍河[②]里碌碌无为会让我们都变成一群胆小鬼。"[③]毫无疑问，这种让舰队留在母港锚泊的做法，使得法国巡航舰船在1793年和1794年的大多数时间里毫发无损地在通往海峡的航道里驰骋。

豪勋爵的策略和法国海军当时的瘫痪状态，使1793年大西洋激动人心的海上事件几乎绝迹。法国内陆和边境，正处于许多灾难和血腥暴力之中，激进派革命政府提振力量的措施使得法国坚定地迎难而上，去对抗包围它的无与伦比的困难。8月，英军和奥军基于错误的判断分兵后，奥军成功地拿下勒凯努瓦，这座城市9月11日投降，奥地利人的成功就到此结束。最近新当

---

① 关于1796年爱尔兰远征期间英国海军部署的战略讨论，参见本书第十一章。——作者注

② 塔霍河（Tagus）：又称塔古斯河，伊比利亚半岛的大河之一，发源于西班牙阿尔瓦拉辛附近的山脉，东西流向，最终在葡萄牙里斯本注入大西洋。——译者注

③ 布兰顿：《圣文森特勋爵传》第一卷，第295页。——作者注

选公安委员会成员的卡诺[①]专门负责军事指挥，他在敦刻尔克城外对英军组织了一次压倒性的进攻，9月9日使该城解围；随后，他再度对正在围攻莫伯日（Maubeuge）的奥军发动一次类似的集中打击。他在10月16日的瓦蒂尼（Wattignies）战役中击败奥军，迫使他们撤出这一地区。11月初，盟军和法军在法国东北部迎来了冬季，法军抵抗入侵的声势日益有效壮大。在东部边境，经过长期战斗，到年底法军获得了实质性的胜利。盟军中的普鲁士军队冬季从所有前方阵地撤退到美因茨；奥军则退回莱茵河东岸。同盟的各国都指责其他国家要为战役的结果负责，普军总司令，久经战阵的不伦瑞克公爵提交了辞呈，并且预言盟军会遭遇持续的惨败。与此同时，普鲁士国王开始推出他那明显的摇摆不定和寡廉鲜耻的政策，这使他的国家在今后12年间成了欧洲的笑柄，他的背信弃义行径显然在背叛他曾经如此极力促成的反法同盟。在西班牙边境，战争前景对法国不利，法国因为需要集中所有可能的兵力围攻土伦，收复土伦港是恢复国家荣誉以及维护共和国在地中海海上利益的迫切需要。

尽管如此，1793年，法国已经在恢复国内顺从和维护中央政府权威两方面取得了实质性的成果。由于共和国领导人的失误以及缺乏统一指挥，旺代人的抵抗持续了很长时间，在重组后的公安委员会进行了更多集中打击后，他们的抵抗开始瓦解。10月16日的绍莱（Cholet）战役后，叛军被击溃，陷入绝望，只得离开自己的家乡，跨过卢瓦尔河，随后进入布列塔尼。他们缓缓转移到布列塔尼大区，且战且走，11月12日到达英吉利海峡沿岸的格兰佛

① 卡诺（Lazare Nicolas Marguerite, Comte Carnot，1753—1823）：拉扎尔·尼古拉斯·玛格莱特·卡诺伯爵，法国数学家，政治家。法国大革命爆发后，卡诺开始他的政治生涯，先后当选为立法议会和国民公会议员，1793年8月被选入公安委员会，专门负责军事，为法军的组织管理做出了杰出贡献。雅各宾派倒台后，卡诺在1795年成为督政府五督政之一，在发生果月政变后离职。拿破仑掌权后，于1800年任命卡诺出任陆军部长，任期不过半年。卡诺是坚定的共和主义者，拿破仑加冕称帝后，便淡出公职。拿破仑为了表彰他的功勋，仍将他封为帝国伯爵。拿破仑入侵俄国惨败后，卡诺受命于危难之际，主持安特卫普的防御。拿破仑“百日政权”时期，曾出任内政大臣。路易十八第二次复辟后，他为了躲避国内的白色恐怖，流亡国外，1823年客死普鲁士的马格德堡。——译者注

（Granville），希望在那里打通与英国的交通线。他们向这个城镇发动的进攻失败，原先希望的船只也没有到，于是开始退回旺代。作为一个整体，他们没能再越过卢瓦尔河，12月22日，在河北岸的萨沃奈（Savenay）经过一场激战之后，彻底溃散。下一年，内战的余火继续在旺代和卢瓦尔河以北燃烧，但已不再是一场聚集大量武装战斗人员进行的全面叛乱，不再令国家畏惧，对支持武装叛乱的省份已经造成打击。

10月9日，东部重要的反抗据点里昂陷落。尽管南部和东部的情况仍不能令人满意，政府的代表们已经能够不受阻挡地在叛乱城市周围集中足够的人力，首先切断叛乱城市与周边地区的交通线，最终建立工事控制住这个地方。叛乱的一个主要中心城市就这样乖乖投降，反映了对盟军的无望以及通过土伦给予任何支援的不满情绪；里昂投降又向盟军显示不值得付出代价去维持土伦港，同时意味着大批法军会腾出手来，加入对土伦的包围。到11月末，超过2.5万名共和国部队集结在土伦地区周围，12月16日，坐落在海岬上的控制舰队锚地的几个堡垒被法军攻占。盟军军事会议决定不能继续将军舰留在这里，土伦驻军在通往海上的交通线被切断后，势必无法据守。于是盟军最终确定撤离土伦，19日，英国和西班牙舰队就离开了。启航以前，盟国舰队试图摧毁码头和所有不能带走的法国军舰；由于那几个控制锚地的堡垒阵地已经陷落，威胁实在太大，必须火速离开，不容迟疑，在非常有限的时间要完成的事情如此之多，所以预定的破坏效果不理想。仍留在土伦的27艘法国战列舰中，9艘被焚毁，3艘和盟国舰队一起撤走。剩下15艘战列舰后来组成了一支强大力量的核心，其中大部分都出现在1798年拿破仑远征埃及的舰队当中，最终在那里被纳尔逊消灭。①

在土伦向盟军投降，引起了过高的期望值，之后又很快失落，在英国

---

① 在盟国舰队占据土伦港时，原有30艘法国战列舰，其中3到4艘被拆下舰炮，装载盟军不便照看的法国战俘，被送往罗什福尔。——作者注

引起了颇多怨言。保住土伦即使是必要的，也会对英国有益，还是办不到的。在敌人领土包围下要保住一个海港，还不得不去占领控制海港的一大片高地，需要耗费的大量人力和财力与产生的结果都不成比例。土伦的交通线只能从海上维持，最终取决于英国海军的实力能最大限度地确保这些交通线的能力，以及对这个海军阵位的最大兴趣；这里距离英国实在太过遥远了。土伦当地人对盟军的不满和对盟军缺乏信赖感都削弱了土伦对联军的作用，这已经从支援里昂的失败以及法国南部各省区对前来镇压他们的小股议会军望风归顺表现出来。此外，1793年，法国正处于饥荒，如果有一支足够庞大的盟军能够从土伦推进，补给就必然完全依赖海港积累起来的巨量食品。粮食面临如此严重的短缺，以至于法军都一度考虑放弃包围土伦。总之，对英国来说，土伦距离太远造成了许多不利，它比直布罗陀更远，却没有后者有利的战略地位，也不像后者那样易守难攻；如果英国人真占据了土伦，可能会导致地中海国家之间的猜忌，为本已在互相疑忌的反法同盟造成更多不睦。

胡德从土伦撤到耶尔湾（Hyères Bay）——一个土伦以东几海里的避风锚地，一直逗留到年底。豪勋爵率领海峡舰队在12月中旬进入港口，一直待到第二年5月。海洋史上的1793年就此结束。

注解：

半岛战争在开始阶段就是合理的，不是因为胜算大，而是因为那是一个取得伟大战果的“战斗”机会；就像在土伦没能把握的机会那样。研究那场战争的著名历史学家宣布英国完成了拯救的任务；在充分考虑其民族成见后，这位史学家肯定不是一视同仁的，因为除了英军所到之处的整体失败可以用来确定一个事实，即只是因为西班牙本身的混乱状态使半岛战争的胜利具备了可能性。伊比利亚半岛西部的战争进程中，英国在那里确凿无疑地显示了一个拥有相对较小的陆军和大规模海军的国家，在进行军事行动时所面临的限制。1809年4月登陆以后，尽管韦尔斯利[1]天赋超群，取得了辉煌的成就，尽管半岛的形势混乱不堪，尽管法军交通线仍然漫长和困难，1811年3月，英军仍然只能龟缩在托雷斯韦德拉什防线（the lines of Torres Vedras）以内；那时，韦尔斯利也只能在里斯本坚守，无力带领这个国家抵抗法军。从表面来看，军事形势和刚开始时几乎一样。坚守里斯本的原因与1809年时相同；考虑到政治和经济因素以及英军指挥官韦尔斯利出于极端慎重和深谋远虑，已经在里斯本周围建立了坚不可摧的阵地，1811年的胜算显然变得更大了。但是法军的撤退和最终的灾难是由于他们的冒险造成的军事困难，威灵顿对形势的正确理解和仔细改进以及拿破仑无法控制的政治联盟，而不是由于英国在葡萄牙的陆军的实力，尽管这支陆军的素质和领导都相当出色，数量还是太少。归根结底，皇帝针对英国海权的大陆封锁体系，给了英国陆军在半岛独自以较弱的兵力采取有利攻势的机会。这么说并不是为了降低，而是为了提高对伟大的英国将军威灵顿的评价，这证明他拥有预见进攻机会的天才，尽管机会非常遥远，但是一定会来临，他的勇气使他能坚持到机会来临的时刻。

注意到英国最终取得成功的入侵半岛作战和拿破仑功败垂成的入侵英国计划之间，在军事上本质的相似之处是有教益的。前一例中，英国在海洋上拥有最强的海军和一支较小的陆军；后一例中，法国拥有一支无敌的陆军和一支由于质量低劣不堪大用的海军。共同点在于，任一例面临的风险都远大于成功的机会，任一例计划本质上都是劣势一方采取的进攻，都依赖有利

---

① 韦尔斯利（Arthur Wellesley, 1st Duke of Wellington，1769—1852）：亚瑟·韦尔斯利，初代威灵顿公爵，英国军事家、政治家。1787年加入英国陆军，1793年在弗兰德斯初次参加对法战争。1797年，韦尔斯利前往印度，先后参加第四次英迈战争和第二次英马战争，立下军功。1805年归国后，曾参加过几次陆军的军事行动。1808年，他率部参加伊比利亚半岛战争，真正令他声名鹊起，6年间他击败了多位法军元帅，获得陆军元帅军衔。1814年，在拿破仑第一次退位后，他凯旋而归，正式受封为威灵顿公爵。1815年，拿破仑建立的“百日政权”在著名的滑铁卢战役中，败给威灵顿指挥的联军。1827年，威灵顿就任英国陆军总司令，后来又两次出任王国首相。1852年逝世之后，英国为其举行国葬。在他死后，威灵顿公爵爵位一直传承至今。——译者注

机会的出现，这种机会都是进攻方寻求，而防御方要阻止的。在两个例子当中，接近相等的漫长等待是一个偶然的巧合；毫不放松警惕和长期准备的态度，巧妙地选择阵地和阵位，都是希望摆脱单纯防御态势，通过给予沉重一击，使战争天平向自己倾斜的劣势一方的鲜明特征。拿破仑没能得到机会，是因为英国海军领导者的视线从未离开他的舰队，这正是他的宏大联合入侵计划的关键支点。威灵顿得到了机会，是因为拿破仑皇帝将注意力从半岛转移了，半岛的困境令他身心疲惫，以不适当的手段和分散的指挥权去对付一支保持警惕的敌军。

第四章

1793—1810年间的西印度群岛

英国内阁在这场战争中关注的主要目标包括如何控制东印度和西印度群岛，尤其是后者，因为那是英国贸易重要的商品来源和销售市场。今天，西印度群岛和加勒比海所有地理位置的价值主要是军事或海事上的；与贸易相比，它们更大的作用在于充当经过这一地区的贸易航线的加煤港口或要塞阵地。尤其需要补充说明的是，当一条连通大西洋和太平洋的运河开通后，它们现有地理特征的重要性将大大增加。在法国大革命时期，西印度群岛具有巨大的贸易价值，英国进出口贸易总额的约四分之一都要通过它们完成。尽管其他国家拥有西印度群岛最大和最富庶的岛屿，或拥有出产品质最佳的砂糖和咖啡的岛屿，利润丰厚的贸易却都已经被英国聚集到自己手中。英国人的贸易才能，英国工业产品的上乘质量，他们分布广泛的商船货运和巧妙的贸易规则，共同引导外国殖民地出于利益诉求与英国人开展贸易，即使违背本国法律也在所不惜；在很大程度上，英国的自由港垄断了西印度群岛的贸易以及相邻的中南美洲，也就是通常所说的拉丁美洲沿海的贸易。

在战争中，一个海区的制海权取决于海军优势。当对立双方的海军几乎实力相当时，制海权唯有通过公开的海战夺取，在一方将另一方海军削弱到绝对劣势状态时，才能确保取得制海权。如果一片海区狭小紧凑，例如直接通往英吉利海峡的航道，在海峡的限制范围内，单凭优势舰队就能依靠这种限制条件控制制海权和保障国家贸易的安全。如果一片海区范围广大，核心地带之间的距离遥远，核心本身又虚弱的话，那么要掌握这片广大海域的制海权，就会感觉像在一片地广人稀的陆地维持秩序一样困难，正如最近美国西部领土的情况那样。在这样的条件下，来往旅客的安全取决于政府怎样端掉那些亡命之徒的匪巢，还有如何在合适的地点组织军事力量，通过积极行动来确保四面八方的适度安全。

在法国大革命战争期间，尽管不是立刻，但很快就非常明显的是，英国海军在任何方面都对敌人占有压倒性优势，这种优势不可能无处不在。加勒比海给经过许可或者未获许可的掠夺者提供了特别有利的条件；考虑到它的贸易价值，应尽可能保持对这样一个成果丰富的收入来源的垄断。敌方巡航舰船通过捕获商船造成直接损失，除此之外，还通过它们的劫掠造成的贸易摩擦和拖延给贸易活动带来的不安情绪造成了大量间接损失。英国内阁的理想目标是让敌人的巡航舰船彻底在加勒比海绝迹，如若这一点不可能做到，那么夺取他们所有的友好泊地，让他们失去维修和处理战利品的场所，也就是说占领所有法属岛屿的办法还是很有可能办到的。这将结束许多非常小的船只劫掠，这些船只能在海上维持几天，完全依赖附近的基地；会在很大程度上削弱那些依靠这些基地提供补给和庇护的较大船只的活动。受此影响，当时美国成了法国巡航舰船掠获战利品的友好庇护人。

法属西印度群岛在过去4年间生动反映了宗主国的运动和激情，但只有海地发生暴动，延伸到社会的各个阶层，直到一场奴隶起义最终推翻宗主国统治为止。混乱的积聚往往会导致无政府主义，这种无政府状态就在法属海地盛行，这在一定程度上简化了英国面临的问题。法属海地是当时加勒比海西部仅有的可供法国巡航舰船使用的基地，这里面积太大，以至于不得不承认在热带气候条件下，要征服这个地方应当采取这种办法——如果可能的话，在排除严重抵抗的情况下，占领众多控制主要贸易航道的港口。这种占领实现的话，将会使敌人无法使用这些港口充当他们劫掠英国贸易的避难所，还可以使它们成为英国巡航舰船的中心据点。不幸的是，英国政府被那些看到他们正处在灭亡威胁下的海地法国种植园主误导，认为有望轻易占据该岛，或者说直接接管宗主权。根据这一想法，海地的几个地方被英国占据，在这个岛当时的混乱状态下，每个地方的移交或占据都显得非常容易，大部分海港都能得到；由于行动的目的是征服，不是海事控制，选择的目标并不是出于海事考虑，而是基于政治和军事决策。英国人期待的当地人民的支持被证明没有结果，这也符合前一章提到的基本规则；由于天气炎热，过度劳累，黄热病在部队中的蔓延也消耗了战斗力。

如果英国当局能简单地从海上利益的角度看待问题，就足以认识到牙买加岛是英国在西加勒比海利益的中心；开往外国的船舶会从东面进入加勒比海，或者经向风群岛，乘着贸易风沿海地南边走，那里有莱凯（Aux Cayes）和雅克梅勒（Jacmel）两个港口，都适合充当私掠船基地；同本国进行的贸易，要通过海地和古巴岛之间的向风海峡，侧翼有海地的两个港口，南面是蒂博龙港（Tiburon），北面是摩尔·圣尼古拉斯（Mole St. Nicolas）港。因此，这四座港口对英国贸易来说特别危险，考虑到重要的地理位置，如果英国人能占据这几座港口，就会对他们的贸易特别有利。要在这种地形条件下占据一个位于敌境的海港确实非常危险，除非能部署足够多的兵力，例如在摩尔·圣尼古拉斯，这个地方的防御工事都处在周围高地的控制之下。1793年到1798年间，英国人还是将这个港口掌握在自己手中，可以相信在这些港口加强守备兵力会很好地为他们的利益服务。[①]这样至少法国巡航舰船就会失去这些港口。不过根据征服的想法，完全不敷使用的兵力

① 作者强烈意识到，这种分兵驻守几个分散港口的策略，看来与集中兵力的可靠军事原则并不一致，就像他本人在其他地方说的那样，要以合理的部署来保持对一个海区的军事控制。因此很好地解释了只有当敌对双方的海军势均力敌地进行一场真正的较量时，这些原则和部署才会适用。这种情况没有在法国大革命期间发生。英国在西印度群岛拥有无可争议的海上霸权，它面临的问题不是要去击败敌军舰队，而是要保障自己的贸易航线。为了这个目的有必要分散而不是集中舰队的船只，应当为它们在航道沿线提供适当的庇护和补给中心。情况类似于一座城市的警力部署。在普通的平静时期，警力应当分散对付个别犯罪现象；只有当一伙暴徒聚众威胁到和平时，他们才应该大规模集中行动。——作者注

会被集中到戈纳伊夫湾（bight of Gonaives）的底部，海地岛南岸还留在敌人手中。我们不想给出这些小规模军事行动的细节，也不想更详细地讲述岛上的民变与军事行动之间的关系，只需要知道，这一系列事件的最终结局是让海地政府落入一个纯种黑人杜桑·卢维图尔[①]手中。杜桑在1802年《亚眠和约》缔结之前，一直掌握着海地政府；英国人和他在1798年缔结了一份条约，根据条约他们最终放弃该岛。尽管征服海地的计划失败，英国人仍然通过帮助杜桑这位最有能力的黑人领导人上台，使该国对英国贸易开放，导致法国人失去这个大岛。杜桑依然声称忠于宗主国，但是他俨然已经成为一个独立国家的领导人。根据条约，英国人承认该岛为一片中立领土，杜桑允许英国船只和中立国船只与海地进行贸易。[②]由于私掠船严重妨碍贸易，杜桑禁止私掠船从海地的港口出航。[③]尽管没能达到昔日的程度，海地在他坚强明智的施政下，仍在很大程度上恢复了繁荣。

小安地列斯群岛从波多黎各向南延伸到特立尼达，组成了加勒比海的东部边界，这些岛屿面积很小，比海地和古巴更依赖制海权。虽然整个安地列斯群岛的贸易价值远远低于一个法属海地岛，但是它们拥有一项明显的军事优势，从这个角度来看，对整个西印度群岛比海地更重要。小安地列斯群岛处于对整个加勒比海都有影响的贸易风的上风位置，贸易风一直不停地从东向西吹；因此就时间这一军事联合行动中最重要的因素来说，他们距离西加勒比海的各大岛要比海地近得多。同样，贸易风使小安地列斯群岛诸岛正好位于从欧洲通往加勒比海所有岛屿的通道上，便于拦截输入各岛的补给和工

---

① 杜桑·卢维图尔（François-Dominique Toussaint Louverture，1743—1803）：弗朗索瓦-多米尼克·杜桑·卢维图尔，海地历史上最伟大的人物，海地革命和独立运动领袖。他粗通法语，阅读过当时流行的法国哲学和欧洲古典军事著作。1791年起，他投身海地奴隶起义运动。10年后，他赶走了所有殖民者，统一海地，建立革命政权，颁布海地第一部宪法，本人被推荐为终身总统。1802年，拿破仑派出的远征军入侵海地，他被迫于5月求和，结果在会谈时被法军扣留，押解回法国，1803年病死于狱中。——译者注

② 麦克弗森：《贸易年鉴》第四卷，第454页。——作者注

③ 阿多因：《海地史研究》。——作者注

业必需品，加勒比海各殖民岛屿的许多此类物资都依赖从各宗主国输入。

到此时为止，小安地列斯群岛中最大的特立尼达岛在1793年属于英国当时的盟友西班牙。特立尼达和南美大陆距离很近，使它成为一个拥有明显贸易优势的集散中心，而不思进取的西班牙人很少利用这一点；由于这里的贸易风是从东北方吹来的，所以并不适合建立海军基地。面积依次处于第二和第三——整个群岛中土地最肥沃的瓜德罗普岛和马提尼克岛是法属岛屿。由于地处岛链中央，除了外围的英属巴巴多斯岛，它们不处于任何岛屿的下风位置，最适合实施军事控制，这个位置的战略价值由于马提尼克岛的主港罗亚尔堡（今法兰西堡）的防御力量如虎添翼。当时和现在一样，罗亚尔堡是东加勒比海最有力的海军阵地。除了这两个岛外，法国当时还占据着紧挨马提尼克岛南面的圣卢西亚岛，还有多巴哥岛。这些岛屿在军事上非常重要，贸易价值虽然不大，却非常独特，加上在过去的战争中，私掠船依靠这些岛屿为基地，让英国贸易受过严重损害，使英国人觉得削弱这些岛屿是可行的；小安地列斯群岛的大部分其他岛屿和加勒比海的贸易一样属于英国。在派船去地中海和扩充海峡舰队之前，英国海军在战争中的第一次行动是出动一个7艘战列舰的分舰队前往西印度群岛。当时英国在西印度群岛除了一些小型巡航舰船之外，只有2艘50门舰炮的军舰，一艘在牙买加，另一艘在向风群岛，两地相隔1000海里。没有比这个地区极度缺乏海军力量更能充分地证明英国对战争毫无准备的事实了，当时法国在所属殖民地一直拥有3到4艘战列舰。加德纳[①]将军指挥的这个英国分舰队，于1793年3月24日启航；英国人非常期望马提尼克岛和瓜德罗普岛在了解路易十六被废黜之后，仍然能高举法国旧王室的旗帜，将它们自己置于英国保护之下，但这个希望落空了，这两个岛已决定继续向共和国效忠，加德纳在留下分舰队一部后，于当年秋

① 加德纳（Alan Gardner, 1st Baron Gardner，1742—1809）：阿兰·加德纳，英国海军军官。他是18世纪英国最勇猛的快速帆船船长和一位受人尊敬的资深海军将领。——译者注

天返回英国。

英国随即决定武力解决法属西印度群岛，同年11月26日，约翰·杰维斯[①]爵士，即后来的圣文森特伯爵，率领一支装载7000陆军部队的小规模战列舰队，去执行这项任务。1794年1月，远征军抵达巴巴多斯，2月5日，出现在马提尼克外海，随后经过一系列成功的作战，该岛于3月22日投降。一个英军支队紧接着被派去进攻圣卢西亚，该岛在4月4日被攻陷。同月10日，英国海陆联军在瓜德罗普外海锚泊，20日，该岛以及其倚仗的外围阵地玛丽-加朗特岛（Marie-Galante）、拉代西拉德岛（Desirade）和圣茨岛（Saints）全部降伏。1793年4月，多巴哥岛轻微抵抗后被占领，当时除了部分还属于法国的小岛圣马丁岛（St. Martin）外，英军已经占领整个法属向风群岛。一个人数可观的陆军分遣支队随即被派往摩尔·圣尼古拉斯协助接管海地的任务，而这削弱了向风群岛的兵力，导致了灾难性的后果，向风群岛和英国贸易将会在整场战争中品尝这个苦果。6月3日，当英军指挥官留下一支留守部队，率主力离开瓜德罗普岛后，沿岸外海出现了一支由2艘快速帆船和一些运输舰组成的分舰队，这个分舰队4月在得知西印度群岛殖民地失守之前，就已经离开法国。法军未遇抵抗就顺利登陆，随后建立了坚固的阵地，在杰维斯和格雷[②]出现以前，就占据了半个岛屿。战斗在接下去的6个月内一波三折，扑朔迷离，英军不断丧失阵地，很多人染上了黄热病。这种可怕的疾病同样让新到的法军深受其苦，他们在岛上发现了将近6000名当地的克里奥尔人[③]，这些人一大半都忠于法兰西共和国；他们的敌人原先总兵力

---

① 约翰·杰维斯（John Jervis, Earl of St Vincent，1735—1823）：约翰·杰维斯，英国海军军官，在七年战争开始的英国海军历次重大军事行动中都非常活跃，以1797年圣文森特海战大捷最为知名，后因此役的功勋受封圣文森特伯爵。1801—1804年出任第一海军大臣，1814年获英国海军元帅衔。——译者注

② 格雷（Charles Grey, 1st Earl Grey，1729—1807）：查尔斯·格雷，初代格雷伯爵，英国陆军军官。先后参加过七年战争，美国独立战争和法国大革命战争。1794年由杰维斯的舰队护送，率军攻打法属西印度群岛。——译者注

③ 克里奥尔人（creole）：指居住在西印度群岛的欧洲人和非洲人的混血儿及其后裔。——译者注

虽有7000人，扣除战斗及疾病损失因素，还不得不在各个占领的岛屿分派兵力驻守，又派了一个支队前往海地。单这些因素就足以解释法军为何能收复瓜德罗普岛了；同一时期最大的功劳属于法国军官和官员，尤其是随军远征的国民公会特派员维克托·雨果（Victor Hugues）。雨果在罗什福尔出任公审员，在巴黎出任这个职务的是臭名昭著的富基埃·唐维勒[①]。在雨果身上似乎同时体现出恐怖统治时期人们身上最好和最坏的品质，命运让他及时逃离了法国本土是非的漩涡。他在送交给议会的报告中夸口说在瓜德罗普处死1200名保王党分子。法军军事报告当中对这种恐怖政策的记录无疑带有明显可辨的夸大成分，即使没有经过修饰，做到这种程度也够令人震惊了。雨果的暴行毋庸置疑，但他同时带来了活力、大胆和不择手段取得成功的决心，使法国陆军在各地都取得了胜利。1794年12月10日，英军被迫从他们在瓜德罗普的最后一个港口撤离。

在收到雨果胜利的消息后，法国当局赶紧加派援兵。1795年1月6日，一批战舰和运输舰抵达瓜德罗普，大约1500到2500名陆军部队先后登陆。雨果同时组织了一支可靠的地方武装，这一下他可用的陆海军兵力大增。6月19日，法军收复圣卢西亚，在多米尼加、圣文森特和格林纳达的黑人、土著人和法国旧居民之间煽动和支持叛乱，使英国人蒙受了巨大灾难。法国船舶和私掠船再度获得了一个行动的安全基地，聚集在各个海域，对英国贸易造成了很大伤害。这一切的灾难持续了一整年，起因是在雨果在瓜德罗普获得根据地之前，英军没有足够的兵力将他赶下海；英国政府现在不得不派遣一支更庞大的兵力去修复这个大漏洞，原本在一个适当的时候，只需要一支小规模部队就完全可以防止出现这个漏洞。

---

① 富基埃·唐维勒（Antoine Quentin Fouquier de Tinville，1746—1795）：安东尼·昆汀·富基埃·唐维勒，律师。1793年3月10日，革命法庭成立后，出任公审员的唐维勒权倾一时，和罗伯斯庇尔一样以冷酷无情闻名，根据政治需要处死很多雅各宾派的政敌。热月政变期间，他虽然参与其事，仍受到株连，断送其政治生涯，并且在次年受审。尽管他声称自己只是奉公安委员会之命行事，还是在1795年5月7日被推上断头台。——译者注

1794年比利时和荷兰战役的灾难性结局导致使法军占据了荷兰，奥伦治家族的统治被推翻，荷兰在共和政府领导下，与法国结盟。在英军撤出欧洲大陆的同时，荷兰殖民地也成为英国人进攻的目标。在近期的军事行动中声名鹊起的拉尔夫·阿波克隆比爵士[①]被任命为东加勒比海陆军司令，率领1.6万名陆军部队，由克里斯蒂安司令官[②]指挥的8艘战列舰护航远征。他们9月就奉命准备出海，要在寒冷和干燥的冬季在东加勒比海进行一场战役，由于大军调动，尤其是帆船大规模调动常见的困难，时间推迟到11月15日才出发。两天后，英吉利海峡被一股狂乱的飓风席卷，造成众多船舶损失和人员伤亡，迫使几乎所有幸存船只返回朴次茅斯港，只有一艘运输舰单独抵达巴巴多斯的目的地。12月3日，远征军再度出发，遇上了几乎和上次相同的厄运。在与大海搏斗七周后，克里斯蒂安和阿波克隆比与舰队一部分回到英国，余部找到前往巴巴多斯的航路，有些船只被雨果的巡航舰船俘获。后来阿波克隆比乘坐一艘快速帆船，在1796年3月17日到达巴巴多斯岛；随后克里斯蒂安司令官和运输舰队4月21日也到达目的地。圣卢西亚立即遭到英军进攻，5月25日，驻岛法军投降；6月11日，圣文森特岛投降。几天后，与其说被敌人占领，还不如说被叛乱分子占领的格林纳达同样归顺英军。在克里斯蒂安司令官到达之前，阿波克隆比已经派出一个1200人的支队进攻荷兰在南美大陆的殖民地德梅拉拉（Demcrara）、埃塞奎博（Essequibo）和伯比斯[③]。4月到5月间，这些荷属殖民地都不战而降，随后向英国开放贸易。

---

① 拉尔夫·阿波克隆比爵士（Sir Ralph Abercromby，1734—1801）：他的姓氏有时也写作Abercrombie，英国陆军军官。他参加过七年战争，美国独立战争时期因转入预备役，且同情北美殖民地的独立要求，并未参战。法国大革命爆发后，他在荷兰战场表现突出，获得爵士头衔。1795年，他奉命接替格雷，率军攻下多个敌国殖民地。1799年奉命随军再征荷兰无果。1801年，率英国远征军征讨埃及法军，在战斗中受致命伤，于3月28日身亡。——译者注

② 克里斯蒂安司令官（Sir Hugh Cloberry Christian，1747—1798）：休·克罗贝利·克里斯蒂安爵士，英国海军军官。他参加过美国独立战争，曾在罗德尼麾下效力。1795年6月1日晋升海军少将，不久率部护送阿波克隆比远征军前往西印度群岛。1797年出任英国好望角海军基地副司令。次年晋升基地司令官，在同年11月23日即身故。——译者注

③ 伯比斯（Berbice）：这三个荷兰殖民地均在今圭亚那境内。——译者注

至此，英国已经重新平定了除瓜德罗普以外的所有东加勒比海岛屿。雨果在瓜德罗普建立了坚固的防御体系，法国本土早前也派兵上岛增援，要想有效征服这个岛屿，英军还需要多费一番周折。时间到了令人头疼的雨季，在此期间飓风盛行，所有这些因素决定了夺取瓜德罗普的行动需要推迟到气候较好的月份——部队之中接连发生的黄热病而引发的高死亡率证明这个决定是合理的，不管对这种疾病的担忧和停战是否足以使官兵们能够免疫。到了对瓜德罗普的作战可以开始的时候，西班牙对英国宣战了；由于占领西班牙更大也更有价值的岛屿前景更为乐观，分散了英国对瓜德罗普的注意力。到1810年为止，瓜德罗普岛在这一场和接下来的一场战争中，一直都使英国贸易如芒在背。法国收复瓜德罗普和后来导致的恶果，是对如同派一个孩子去干一件成年人工作的愚行的警告；这种误算看来是在部队依靠自身力量不足以胜任他们所面临的任务时，在依靠地方支持时犯下的致命错误。为了使许多事情同时进行，英国政府轻信了保王党人的各种保证。保王党人保证这个最易兴奋和多变的民族会做出对英国人有利的政治安排，而且可以为英军募集援兵。于是英国高度重复了在美国独立战争期间入侵南部殖民地的鲁莽行为；错误的根源在于训练有素的兵力不足，无力独立完成任务，要靠散兵游勇补充。

不可否认，在不用占用主要兵力的情况下，有些时候可以采取牵制行动。1796年12月，法国入侵爱尔兰很可能也是基于这样的理由，尽管这次行动规模较大，但基本上与杰维斯和格雷远征西印度群岛的情形类似。入侵爱尔兰同样要依靠对一支兵力不足的部队有利的当地的暴动，同样要依靠一群没有军事经验且处于无组织状态的群众的支持；不过法军进行这次远征正处在其他地方的形势都越发对法国有利的时期，而且无论对这次行动可能的最终结果怀有何种希望，实质上都是在进行一次牵制行动。牵制行动的既定目标不是使法国直接得益，而是要通过增加英国的麻烦，使法国间接受益。一个在海上完全处于劣势的国家不能指望对一个外国人居住的大岛实施长期军事控制；法国可能希望爱尔兰起义以及反法同盟在大陆的惨败，迫使敌人签署城下之盟。相反，征服小安地列斯群岛不是适当的牵制行动，那里对英国的利益来说，是一个具有真正重要意义的目标。由于这些岛屿较小，以更大规模的海军力量夺取和驻守它们是可行的；可以减少海军的负担，将有利于保卫牙买加和它的贸易，以及对西加勒比海的实现全面控制。海地太大，人口太多，要征服那里太困难了，但是如果英国在瓜德罗普岛留下的驻军兵力更强大的话，也能够应对海地将会出现的问题。

西班牙和荷兰同法国结盟后，由于这两国的殖民地港口对法国私掠船开放，给英国增添了许多麻烦。古巴和海地的漫长海岸充斥着法国私掠船。据1807年的估算，大约有200到300艘私掠船依靠这两个岛活动，规模已经远远超过两个岛的面积能容纳的程度。[①]这个数字证明了英国贸易在加勒比海广阔的范围和价值，私掠船并没有将他们的劫掠范围限定在敌国船只上，对中立国船只一样进行非法掠夺。同一份官方文件也说明了法国和西班牙的加勒比海贸易几乎绝迹，以至于英国只需要从牙买加派出2到3艘私掠船劫掠而已。

1796年秋，阿波克隆比将军回欧洲度过了一段较短的时间。当他返回时，就带领着一支强大的陆海远征军攻打特立尼达岛，在这个面积不小、位置非常重要的岛屿没有遇到预期中的抵抗。1797年2月18日，英军攻打该岛的第二天，岛上的西班牙驻军在损失4艘战列舰后投降。随后，阿波克隆比在4月移师攻打波多黎各；经过侦察发现，波多黎各的防卫太强，在损失200人后，英国陆军部队不得不重新回到船上，首次战争中的西印度群岛殖民地远征就此结束。1799年和1800年，荷兰殖民地苏里南（Surinam）和库拉索[②]

---

① 1808年伦敦的《牙买加报告》，第51、52页。——作者注

② 库拉索（Curaçao）：原文写作Curacoa，荷兰过去确实有名为Curacoa的殖民地，位于大洋洲，与本章节内容完全无关，疑为库拉索的别称或纯属作者笔误。这里出现的库拉索应为加勒比海南部靠近委内瑞拉海岸的岛屿。——译者注

的统治权平稳地转入英国；1801年，当瑞典和丹麦开始加入英国的敌对阵营时，它们的西印度群岛殖民地也在无抵抗的情况下被放弃，当然也就没有发生进一步的战斗。

注解：由于作者没有计划讲述特拉法加海战以后的海军史细节，还是在这里简要概述一下西印度群岛后来发生的事件。1801年《亚眠和约》缔结后，除了西属特立尼达岛之外，英国归还了其在西印度群岛的所有占领区。1803年战争再度爆发后，多巴哥、圣卢西亚、德梅拉拉、埃塞奎博和伯比斯立即被英军毫不费力地占领，1804年苏里南也落入英国人之手。随后加勒比海的平静维持到1807年，这一年库拉索和丹麦属岛屿都失陷了，1809年马提尼克岛沦陷，随后1810年瓜德罗普岛失守。1808年，西班牙再度成为英国的盟友时，后者在加勒比海已经没有公开的敌人，但不法之徒长期为患，使大批海盗在古巴成群出没，软弱的西班牙政府无法控制住这些人。

第五章

1794年5月的海军战役，6月1日海战

由于同盟国陆军在法国所有边境的压力，再加上英国的海上霸权，使1793年法国主要依靠本国的资源维持；国内四分五裂的局面和糟糕收成导致粮食短缺，使法国面临饥荒威胁，这一切影响到了军队和人民，以至于骚动和叛乱不可避免地增加。

法国政府因此漂洋过海注意到了美国，法国在美国的代表接到指示，收集一批粮食用海船运回法国。法国人的目的是用一支大船队装载这些粮食，以一支军舰组成的舰队护航；当运输船队靠近欧洲海岸时，将会得到一支从布雷斯特和罗什福尔前来的大舰队掩护，这支舰队的任务是吸引英国海军的注意力，如果有必要的话，全力与英国海军争夺制海权。过去的教训仍未纠正共和国政府的乐观自信，这种自信是建立在舰员们的漂亮话上，没有让他们看清在经过训练的军官们离开后，随着舰队人员放纵不法现象的蔓延，法国海军已不再是那一支在美国独立战争期间，面对英国取得胜利的劲旅了。那些极大程度地破坏海军效率的非常措施，在兴奋和无知的时代，居然被视为胜算的保证。

1793年12月，2艘战列舰和3艘较小船只组成的护航分舰队从布雷斯特出发，前往美国，这支分舰队由一位积极明智的军官范·斯塔贝尔海军少将指挥。2月12日，他们在切萨皮克湾锚泊，4月11日，再次启航返回法国。这

支分舰队负责护送的商船为130艘[①]，其中许多船只满载着法属西印度群岛的产品。它们害怕英国巡航舰船，没有冒险在缺少军舰保护时就直接前往法国本土，而是先聚集在汉普顿锚地[②]等待启航的时机。英国政府显然很清楚法国人的计划，却没有在出发港拦截这支护航船队。一次大规模远航，无论是否出于纯军事目的，在出发点通常才能进行最有效的监视；在这种情况下尤甚，因为如果护航船队已经躲过封锁的分舰队，数量较少，配置相似的封锁分舰队也能轻易超越行装笨重的护航船队，再次在它们将要抵达的港口外海等候。大规模商船队成功从众多敌舰手中逃脱，在法国海岸外海出现，是贸易破袭战不确定性的一个鲜明例证。当敌人对商船队确切目的地不能肯定时，这样一支大规模船队就获得了安全抵达目的地的机会。

法国驻美国公使勒内[③]曾写信回国，提出他会尽快派两艘小军舰护送部分商船先行。按照这个主意，这些船可能在范·斯塔贝尔到达前就已出发，一支5艘战列舰和一些轻型军舰组成的分舰队又被派来护送它们到达法国。于是4月10日，尼耶里[④]海军少将指挥的这个分舰队从布雷斯特扬帆启航。[⑤]一个小分舰队在他们之前已经出发，任务是和船队接头，并告诉船队负责人，尼耶里会在贝尔岛（Belle-Isle）以西300海里海面等候。

后续消息根据对勒内第一份急件预料的情况进行了修正，随着夏季来

---

① 特鲁德：《海战》第二卷，第326页。——作者注

② 汉普顿锚地（Hampton Roads）：美国弗吉尼亚州东南弗吉尼亚海滩—纽波特纽斯—诺福克—切萨皮克等环水区域的合称。——译者注

③ 勒内（Edmond-Charles Genêt，1763—1834）：埃德蒙-夏尔·勒内，法国大革命初期的驻美公使。1793年，他召集美国志愿者对英国商船和佛罗里达的英国盟国西班牙动武，遭到美国政府严厉斥责。1794年，雅各宾党人掌权后召他回国，他唯恐会被推上断头台，转而寻求美国庇护，得以善终。——译者注

④ 尼耶里（Joseph-Marie Nielly，1751—1833）：约瑟夫-马雷·尼耶里，法国海军军官。7岁便出海，8岁曾在著名的基伯龙湾海战中负伤。1778年正式成为法国海军军官，其后参加了美国独立战争。法国大革命爆发后，他指挥两艘快速帆船在大西洋海域巡航。1793年11月，他被国民公会晋升为海军少将。在1794年的一系列海战中，尼耶里屡次小有斩获。1803年，因与时任海军部长德尼·德凯斯关系恶劣，他辞去军职，并于1814年正式退役。1833年逝世时，被授予七月王朝荣誉海军中将衔。——译者注

⑤ 特鲁德：《海战》第二卷，第327页。詹姆斯则称出发日期为5月6日。——作者注

临，使英国舰队保持他们在比斯开湾的阵位变得更加容易，进而使得必经此地的护航船队面临的危险大增，于是法国政府决定让布雷斯特港内所有可用的军舰倾巢而出。5月16日，维拉·儒瓦尤斯海军少将指挥的大舰队扬帆启航。这支舰队由25艘战列舰组成，其中一艘拥有120门舰炮，另有三艘拥有110门舰炮。一位与陆军战场的国民公会代表登上了这支舰队的旗舰“山岳”号（La Montagne）。这艘宏伟的军舰在君主制时代名叫“勃艮第”号（États de Bourgogne），现在改成与主导国民公会的可怕政党一样的名字。这些事情仍发生在恐怖统治时期，当舰队从布雷斯特出发时，罗伯斯庇尔还会再活两个月。儒瓦尤斯司令官收到的命令是与尼耶里向相同位置巡航，并与其汇合，且在出现任何危险时保护船队，除非为了实现最终目的，否则不会进行战斗，与这个最终目的相比，其他所有目的都处于次要地位。等待的时间都被用来进行舰队演习，从演习情况看，议会代表和司令官都有太多理由担心各舰舰长技艺不精。

法国政府对护航运输船队的担忧，还有这个船队遭到的损失必定会使他们陷入的尴尬境地，成为英国当局竭尽全力试图拦截它的直接原因。海峡舰队奉命从各港口出动，负责拦截法国运输船队。这是海峡舰队自从去年12月的巡航以来首次重返大海。这次出动之前，舰队一直处于锚泊状态，为下一年的工作进行修理和改装。如前所述（见本书第三章），海峡舰队的指挥官是豪勋爵，他反对在冬天让重型军舰留在海上。按照他的作战体系，舰队应当在海峡沿岸的一些便利地点锚泊，依靠在法国港口前活动的快速帆船提供敌人行动的情报。如果1794年从美国出发的护航运输船队按计划行动的话，应该可以在英国舰队离开锚地之前就抵达本国港口。

5月2日，海峡舰队的34艘战列舰以及15艘快速帆船和较小的军舰，驶离斯皮特海德。海峡舰队同时还要负责为分头前往纽芬兰、东印度和西印度群岛的148艘商船护航。两天后，海峡舰队到达英格兰西南端附近的利扎德海角，这里正好位于法国韦桑岛以北100海里，豪分出8艘战列舰护送商船队去西班牙西北沿海腓尼斯特雷海角等纬线海域。在执行这项任务以后，蒙塔古[①]司令官再率领6艘战列舰在奥特加尔海角（Cape Ortegal）和贝尔岛等纬线之间的海域巡航，准备截击从美国来的法国运输船队。这6艘战列舰与一同行动的快速帆船巡航的海域宽度超过200海里，夜色和海雾会让法国运输船队有多次机会能在不被发现的情况下通过，这证明为截击这样一支确切目的地不明的大规模运输船队，不在已知的出发港口，而在可能到达的地点守候存在诸多不利。

豪身边留下的26艘战列舰，直接向韦桑岛航行，对布雷斯特进行侦察，随后得知仍在港内的法国舰队主力，在沿着比斯开湾内的航线巡航，就在运输船队可能通过的航道前后移动。5月19日，豪再度打探布雷斯特港，发现法国舰队已经出航。同一天傍晚，从蒙塔古来的一艘快速帆船和豪的舰队汇合，请求再度增援，因为蒙塔古少将从一艘捕获的法国船得知尼耶里分舰队就在海上，范·斯塔贝尔的兵力为4艘战列舰。因此他预计将会面对一共9艘战列舰的敌军，这对他的6艘战列舰来说会是个过重的负担。当然，快速帆船也告诉豪在什么地方能找到蒙塔古分舰队，已得知法国舰队主力出动的豪立即率部去和部下汇合；在寻找蒙塔古时，豪从过往的船只那里得知，已经发现了维拉舰队的位置和航向，根据这个消息，它们不会遇到蒙塔古分舰队，于是豪放弃和蒙塔古汇合，直接去追击敌舰队。豪根据收到的情报得知，敌舰队的数量是26艘战列舰，正好和他的舰队相等。

豪在5月28日上午找到法国舰队之前，耗费了一周时间，当时是西南风向，瞭望快速帆船发信号说，一支陌生舰队正在向上风位航行。那支陌生舰

---

① 蒙塔古（Sir George Montagu，1750—1829）：乔治·蒙塔古爵士，英国海军军官，约翰·蒙塔古将军的儿子，他的两个弟弟分别是英国海军和陆军军官。他参加过美国独立战争，1794年4月晋升海军少将，在豪勋爵麾下效力。他在6月1日海战中的指挥受到不少海军史学家批评。1795年6月，他晋升海军中将，1800年4月出任海峡舰队副司令，辅佐圣文森特伯爵。1801年1月晋升海军上将，2年后出任朴次茅斯军港总司令，此后直到和平年代，都没有得到海上勤务的机会。——译者注

队很快就被证明是维拉的舰队，当时正紧贴着风，以三列纵队向东北偏北方向航行。在这次遭遇的时候，豪正在顺风向东返回，之前已经向敌军集结点西面航行了100海里未被发现。法国舰队司令在发现英国舰队之前一直没有动作，发现敌舰队后，拉着舰队顶风而行，意图左舷戗风组成战列线，在英国舰队西面或偏南一些的方位航行。维拉舰队的舰长们缺乏经验，其中很大一部分人没有接受过海军训练，也没有在一支舰队当中指挥过军舰，使舰队行动拖延了好长时间，队形混乱。豪勋爵的舰队正好相反，很快舰队就已秩序井然，左舷戗风，以两列纵队向上风位航行，同时一支4艘74门舰炮高速舰组成的快速分舰队很好地在主力上风位列阵。这时英国舰队沿法国舰队的同方向航行，处于他们的下风位或者北面，到中午时分，两支舰队的主力之间距离为9到10海里。两军首次遭遇的位置大约在韦桑岛以西（略偏南）400海里方位。那里有一股强风，海浪中到大。

维拉很快发现自己的舰队组队缓慢，使他的很多战舰不得不迎风停航[①]，战列线渐渐向下风位移动，向英国舰队靠近。维拉舰队还有4艘战列舰与主力分离，后退了一些距离向上风位航行，其中2艘已略有损伤。为了靠近这几艘游离的战舰，同时保持风向优势，维拉决定让舰队换戗。下午1点50分，法国舰队开始连续换戗，3点15分，已经全部右舷戗风，航向为东南偏东，朝向分离的几艘战舰。同时，脱离主力独立作战的英国快速分舰队，按照进攻敌军后卫的命令，维持向上风位的压力，3点稍后，其中一艘战列舰已经位于法军后卫各舰航向正前方，能够开炮了。英军主力在3点到4点之间成功换戗，与法军保持同一航向，向东南偏东航行，法舰全都在舰炮射程之外，于是英舰张帆加速试图超过他们。

快速分舰队的战舰以勇气和正确的判断实施最为重要的行动，完成了豪

① 我们说一艘船“迎风停航”，是指船上的一些帆被转向向前航行时，同时另一些帆却在迫使它向后倒车，结果是船几乎留在同一个位置，但会随风慢慢向下风位漂移。——作者注

对敌军纵队后卫进行打击的目的。当进攻开始时，法军的一艘110门舰炮战列舰“革命”号（Révolutionnaire）处于后卫最后方，在这次战斗中首当其冲，英舰对他的打击一直到当天下午10点以后才结束（每年的这段时间，这个纬度的白天几乎能一直持续到这个时候）。过了一段时间，英国分舰队又加入主力派来的2艘战列舰，所以“革命”号不得不和总共6艘74门舰炮的战列舰作战。无须给出这一天战斗的示意图。读者只需要想象一列战舰的长纵队向东南方向航行，后卫持续遭到一支敌军优势分舰队的变幻莫测的进攻反复骚扰即可。

“革命”号进行了出色的战斗；英军集中兵力进攻这艘战舰，虽然非常明智，也能占据明显优势，但不应忘记，尽管英舰数量占优，“革命”号这艘重型战列舰毕竟是在和几艘较小的战列舰对决。这一天英舰对“革命”号的进攻从性质上来说，并非协同进攻。英舰的进攻类似陆战中精心组织的联合行动，即以几个分散的纵队准备在同一时刻向同一目标发动进攻，实际上这些纵队却一个一个依次投入战斗，被各个击破。在当时的情况下，战斗的结果某种程度上说来是比较幸运的。天黑后，除了2艘战舰外，豪召回了其他进攻的战舰，剩下2艘中的1艘为了组织豪的夜间战列线，已经被撤走了。“革命”号仍在和1艘74门舰炮的小战列舰“大胆”号（Audacious）激战；“大胆”号已没有友舰共同对敌，只得单舰对决。下午10点，“革命”号已失去舰长，此外62人阵亡，86人负伤，后桅也已折断，在第四上尉指挥下，退出了战斗，他的三位上级或已经战死，或身负重伤。在夜色掩护下，“革命”号向北航行，通过了英国舰队队尾，它剩下的桅杆很快也都倒下了。“大胆”号伤残如此严重，要花很长时间才能摆脱法军战列线，当晚已经不能回到本国舰队。次日上午，“大胆”号发现自己已经孤立，前方能看到一些敌舰，于是被迫顶风航行，长期与舰队分离。第二天，“革命”号和“大胆”号这对对手就在彼此的视野中通过，都已无力重新战斗，于是都在没有继续受伤之前返回母港。

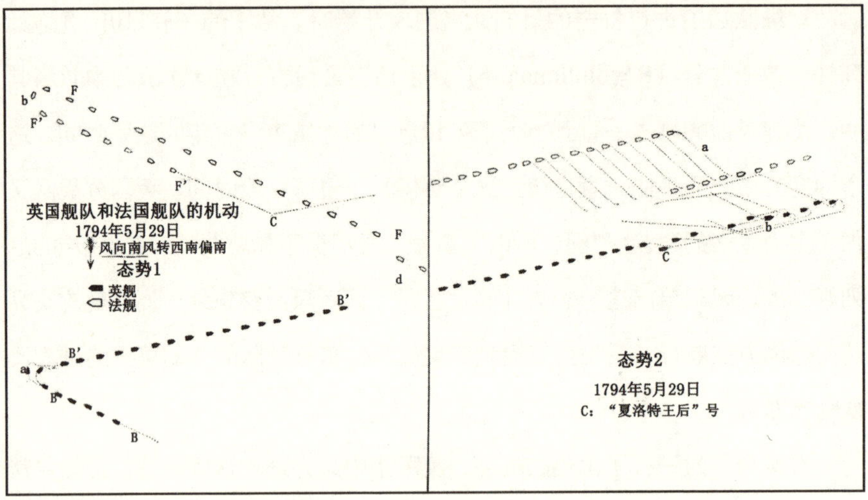

阵图1

在这个夏季的短暂夜晚，两个舰队继续沿两条平行线（见阵图1态势1之BB，FF）,保持约3海里间隔，向东南偏东方向航行，法国舰队位于英国舰队南面。英国舰队似乎已经从他们不够老到的对手那里取得了一些收获，所以一直都试图抢占上风位，获取进攻机会的豪在6点指挥他的舰队连续换戗（态势1，a位），希望前锋会在这条新航线上足够靠近敌军后卫，进行炮火对射。经过这次机动变向，英国舰队变为向西航行的一列纵队（B’B’），法国舰队仍向东南偏东方向航行。维拉发现了后卫面临的威胁，7点45分，让他的舰队变向换戗（态势1，b位），前锋各舰转向西北偏西（F’F’）与原航线平行的航向，向舰队纵队后卫方向机动；为了达到机动目标，先导舰再度逆风换戗（态势1，c位），其他法舰依次效法跟随。这两次机动使英法两支舰队再度沿同一方向，继续沿两条平行航道并列航行；法国舰队仍在上风位，他们和敌舰队的间隔距离已经大为缩短。如豪预计的那样，在英军前锋和法军后卫逆戗交错通过时，双方交火片刻（态势1，d位）。

将近10点，法军先头各舰正向英军前方驶来，于是在远距离开炮射击，法军中央主队和后卫的位置都保持在这次战斗以外（见阵图1态势2）。尽管信号一再指示英军先导舰“恺撒”号（Caesar）将帆张开，它的帆仍没张满，于是在它后方的那些战舰不得不同样收短帆航行，旗舰“夏洛特王后”号（Queen Charlotte）由于需要背转一面上桅帆来保持自己的位置，被迫落到下风位。中午，双方前锋进行了一场积极的炮战。这次局部战斗使英军的一些战舰严重受损，可能会削弱英军到达敌舰队的力量，豪对此并不满意，中午发信号命令再次换戗，试图穿过法军战列线。应当开始这次机动的“恺撒”号没有做出答复，这就需要重复下令。下午1点前一会儿，“恺撒”变戗。它和旗舰之间的战舰也一同行动；除了队列中的第二艘战舰，拥有98门舰炮的“王后”号外，其他战舰都没能到达敌军战列线，距离它很远。于是“王后”号落了单，很长一段时间都孤立无援，就沿着敌军队列的一部航行，法军中央主队和后卫正在变向去支援前锋（态势2，a位）；“王后”号由于一开始就与法军战舰距离过近，随后又受到法舰侧舷炮的连续猛烈炮击，多处受损，已无力突破法军战列线。“恺撒”号保持的位置离风太近，以至于无法完成豪司令官的意图；英军前锋的其他军舰都冲到法军战列线下风位，没有任何一艘突破。因此，英军这次机动的基本后果只是让英军队列产生混乱，没能达到豪的预期目的。豪因此决定亲身示范，指挥旗舰换戗（态势2，b位），扬帆冲向法军战列线，其他2艘战舰随旗舰一起行动，一艘在前，一艘在后。“夏洛特王后”号原先是英舰队纵队的第10艘战舰，机动后抵达法军司令官维拉旗舰后方不远的位置，然后沿着法军战列线航行（见阵图2，态势3），直到与法军后卫倒数第6艘战舰并列为止，它就在这艘战舰舰艉通过法军战列线，取得了上风位（态势3，a位）。和旗舰一起行动的两艘战舰之一从它穿过的战舰后面第2艘（b位）的间隔处穿过，另一艘从再后方——法军后卫倒数第2和第3艘战舰之间的间隔穿过。这样一来，法军最后方的2艘战舰——配备80门舰炮的“不屈”号（Indomptable，见I位），配备74门舰炮的“除暴”号（Tyrannicide，见T位），不仅远离自己的主力舰艉，且已处于下风位。于是它们被几艘英舰轻松追上，逐渐包围起来。

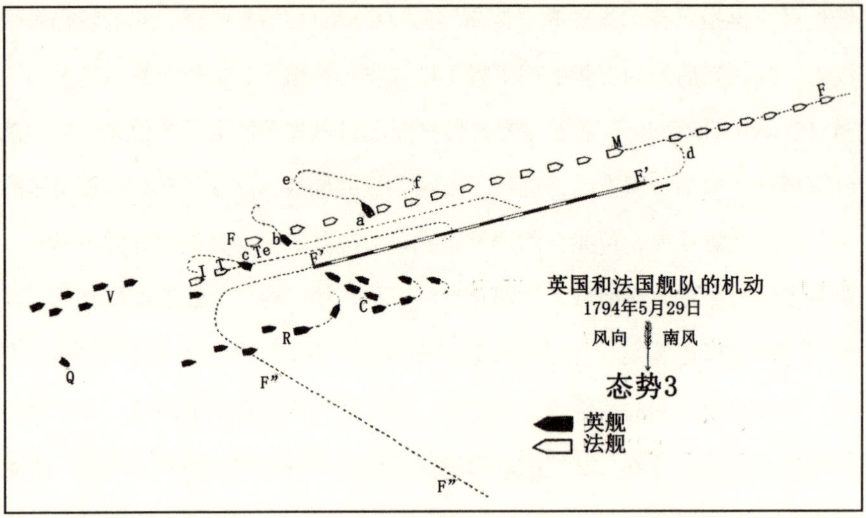

阵图2

法国舰队后卫第三次受到威胁，比前两次严重得多，维拉司令官再度发信号命令舰队舰艏转向下风位。法军前锋此时已开始与舰队其他部分离得更远，先导舰无法行动，难以补救。没有其他舰主动行动，舰队司令官被迫像豪那样亲身示范。法军旗舰“山岳”号（M位）脱离了战列线（d位），随后用信号引导周围的2艘战舰脱离主力，跟上它，不去理会通常的位置，在它身后组队（F’F’）。维拉的这次行动不仅是为了解救“不屈”号和“除暴”号，也会威胁到落到下风位，失去战斗力的英舰“王后”号（Q位）。豪在夺取上风位和换戗时（e位），已经努力到达法军后卫队旗舰，配备110门舰炮的“可怕”号（Terrible）附近，“可怕”号的舰艉后方正是“夏洛特王后”号突破战列线的位置；当“夏洛特王后” 号变向时，“可怕”号已经航行到前方，在豪的旗舰逼近之前，到达维拉纵队中央。因此，出于种种原因，特别是为了“王后”号的安全，不可避免地让英国舰队司令改变了他的航向。因此他舰艏转下风（f位），发信号集合他周围的所有战舰，再度向东航行，直取两群受到威胁的法舰——正在组成一个两列平行纵队的，位于法军旗舰上风位的战舰。

“王后”号尽管受损严重，依然向东航行，越过了两艘受威胁的法舰舰艉。这2艘法舰在前一天和英军机动分舰队以及几个小时前和英军前锋的战斗中，已经遭受了损害，这些伤害无疑已经使它们处于毫无掩护的危险阵位。74门舰炮的英舰“利维坦”号（Leviathan）从上风位，同级的“猎户星”号（Orion）从下风位攻击了这2艘法舰，后者稍后得到98门舰炮的“巴富勒尔”号（Barfleur）增援和替换。英国海军编年史没有留下其他战舰进攻这2艘法舰的专门记录，但“夏洛特王后”号后方的几艘战舰没有靠近过其他法舰，却出现了人员伤亡，那么它们可能参与了这次战斗。法国文件记载它们的2艘战舰“被包围”，维拉写到它们的抵抗时称“会使它们的舰长多德林（Dordelin）和拉梅莱（Lamesle）不朽”。它们5月29日退出战斗时，已经只剩低桅还在，2艘战舰中较重的“不屈”号损伤很重，当晚维拉司令官就认为需要派舰队的另一艘战列舰护送它去布雷斯特港，它几乎就要散架了。

目前看来，法国舰队司令靠他精心构思并且勇敢进行的机动，拯救了处于险境的战舰。英军旗舰“夏洛特王后”号和它的僚舰，在经过首次换舷后，已经接近法军后卫。由于法军后卫仍继续保持原来的航向，英国旗舰后方跟随的15艘战舰便无法全部立即跟上。实际上，由于前锋不能履行自己的所有职责，加上和后卫的距离拉远——这种通常会出现在长纵队尾部的情况可能会由于战斗加重——结果使英军的队列陷入混乱。“当战舰到达时，”豪勋爵在日记中写道，“他们的队形挤作一团，给敌人提供了一个开火的极好机会。”（态势3，C位，R位。）一位法国权威人士记道：“英军战列舰队形完全变得混乱无序。”尽管混乱，英军还是组成了一个庞大又危险的集群，这个集群的所有战舰都处于能支援的距离之内，尽管只是局部成功，但这是英舰拥有的一种无可置疑的优势，他们为胜利兴奋，法国前锋还没能及时赶到，使英军看到了胜机。维拉因此满足于能将可救出的法舰带离险境，率领它们改道向西北方航行。

有必要对这两天的局部战斗进行总结，这是讨论整个战役的一个重要部分，这个讨论会在稍后进行。5月28日上午，法国舰队的26艘战列舰[①]首次组成战列线时，位于同样有26艘战列舰的英国舰队上风位10到12海里。5月29日傍晚，在豪经过一连串机动，造成维拉处处受英军机动限制的结果后——维拉的行动纯粹是防御性的，不得不应对敌舰队的主动行动——法国舰队落到了英国舰队的下风位。豪在如此短的时间内成功迫使法军转到下风位，有充分的理由理解他为何要占据上风位——从整体来看，处于上风位拥有更多便利，尽管不是没有缺点——豪从上风位能够迫使法军决战，法国海军政策一般禁止这种决战，在这次海战中尤其禁止。除了环境的不利变化外，实力损失也对法军更加不利。在首日的战斗中，法军的“革命”号和英军的“大胆”号就被迫退出各自的舰队；“大胆”号的实力不超过“革命”号的三分之二。经过29日的战斗，拥有80门舰炮的“不屈”号退出法国舰队，维拉司令官认为需要派1艘74门舰炮的战列舰和1艘快速帆船护送它。74门舰炮的“除暴”号失去所有的上桅，因此被1艘僚舰拖走，退出了后两天的战斗和6月1日海战。如果维拉有任何逃脱豪追击的愿望，他就只能放弃这种伤残战舰，否则只会破坏这种期望。除了上述损伤之外，法军先导舰“山地（Montagnard）”号在早先的战斗中已经受了重伤，无力再保持航向。当舰队主力向东救助“不屈”号和“除暴”号时，这艘战舰仍留在西面，与同伴们分离，无力重新会合。除了这实际退出战斗的4艘战舰和1艘永久性伤残的战舰外，另一艘原属尼耶里分舰队，在29日上午加入维拉舰队，很快被分派去寻找和保护“革命”号的“大胆”号（Audacieux，与一艘英舰的中文译名相同。）也退出了战斗。另一方面，英舰也并非全无损伤；30日上午，在答复豪司令官的询问信号时，除了“恺撒”号之外，所有英舰都报告说准

---

① 5月19日，有一艘与尼耶里分舰队失散的战列舰加入维拉舰队，使他的兵力从25艘战列舰增加到26艘。——作者注

备重新开始战斗，“恺撒”号并不在受伤最重的英舰之内。尽管如此，“恺撒”号也没有离开舰队，在6月1日海战中出现在它的位置上。

虽然幸运，豪在这两天的功绩仍能从战斗结果中看出来。他在战斗中有效地用自己舰队的主力对付敌人相对较小的局部兵力，通过持续进攻，频繁打击法军舰列中最脆弱的部分，结果使这部分法舰受到集中损伤，迫使受损战舰退出了战场。同时豪的进攻方向迫使法国舰队司令或是放弃受到威胁的战舰，或是逐步放弃占据的风向优势，直到彻底失去这种优势为止。通过纯粹的战术技能，结合单舰行动的上佳表现，豪已经赢得了进行一次决战的数量优势，这让他现在有理由期望从已取得的战果中能获得有利位置。不幸的是，豪的战术成果很快就因为让蒙塔古分舰队无法赶上这一天海战的战略错误抵消了。

这一天将要结束的时候，渐渐出现大雾天气，一直持续下去，于是为了等雾散去，接下来的36小时，战斗出现了短暂的间隔。6点30分，法国舰队处于英国旗舰西北方，距离9到10海里；两个舰队都在缓缓向西面略偏北方向航行，风向为西南风。30日的大部分时间里，英军旗舰看不到本国舰队的战舰，它们和法舰一样，保持着集中状态。同一天，由于天气情况带来的巨大好运，尼耶里司令官和仍由他指挥的3艘战列舰和维拉舰队会合，同时还有1艘属于康卡尔[①]分舰队的74门炮战列舰也加入舰队行列。这4艘生力战舰切实补充了维拉舰队失去战斗力的4艘战舰和另1艘离开的战舰，再度使法军能以26艘战列舰的兵力对付豪的25艘战列舰。

大约在5月31日上午10点，大雾散了片刻，使豪能计点他的27艘战列舰和快速帆船，然后雾又弥漫了大约2个小时，最后在午后不久消散。当时英军发现法国舰队正在西北偏西方向。英军便扬帆追了上去，下午6点已经迫近到3海里以内。他们没能尽早赶到豪期望的和敌舰队并列的位置，如果进

---

① 法国西北部的沿海市镇。——译者注

行夜战的话，时间还足够允许进行一次全面进攻，司令官由于多种原因，没有这样做。因此他再度以战斗队形迎风向西航行。法国舰队已经组成了一条平行线，沿着同一方向航行。整个夜间，英法两个舰队都张满了桅杆上所有的帆。第二天上午，法舰得益于舰艇性能更好，发现他们获得了一些优势，却不足以避免或推迟上级指示他们尽可能回避的海战。于是维拉将舰队组成密集队形，收起短帆慢慢航行，这样一旦队形出错，更加便于纠正，也能让水兵们专心投入战斗。豪仍让舰队张满帆，以便能够选择领先的阵位全力击败法军。法国舰队在到达既定位置，组成战列线后，迎风停航，等候英军进攻。英国舰队也迎风停航，水兵抓紧时间先吃早餐。8点12分，英军再度发信号张满帆，随后缓缓逼近敌人（阵图3：6月1日海战，态势1）。英军的目的是沿着法军的整条战列线进攻，展开舰对舰战斗，采取这种战斗方式对三层甲板战舰依序变换位置有利，也就是说英舰将会和最重型的部分法舰对决。豪勋爵对军事操练非常严谨，据说对舰队顺风航行的队列问题纠正过不止一次了；除非某些延误发生，在舰队进入预定阵位的时间里，很难调整各舰航行的速度。战士们将面临一个漫长的炎炎夏日，这样小心慎重的处置在这种类型的进攻当中并非毫无用处；不仅因为英军希望打击能在各方位同时进行，而且舰列前方的英军舰船遭到敌舰的集中炮火射击时，英军后卫的众多舰船会因为他们要占领的位置被弥漫的硝烟遮蔽而倍感困扰。

烟雾造成的困难更值得担忧，因为就像豪用信号通知舰队的那样，他的计划不仅是从靠近的一侧攻击敌舰队，还要从敌舰间隔之间穿过，在另一侧，也就是下风侧进行攻击。这种战法赋予的优势是当通过敌军战列线时能进行纵射炮火打击①，切断了失去行动能力的敌舰退路，因为伤残的敌舰

① 纵射炮火是沿着船身从一端到另一端实施炮火打击，不是从一侧到另一侧的炮击。这样炮火不仅射程长，还能攻击敌舰更重要的部位，尤其是船舵和更重要的军官所在的舰艉。——作者注

只能退向下风位①。要实施这个方案，不仅要求敌舰之间会留出足够宽的间隔，进攻方还必须能够看到间隔所在的位置。

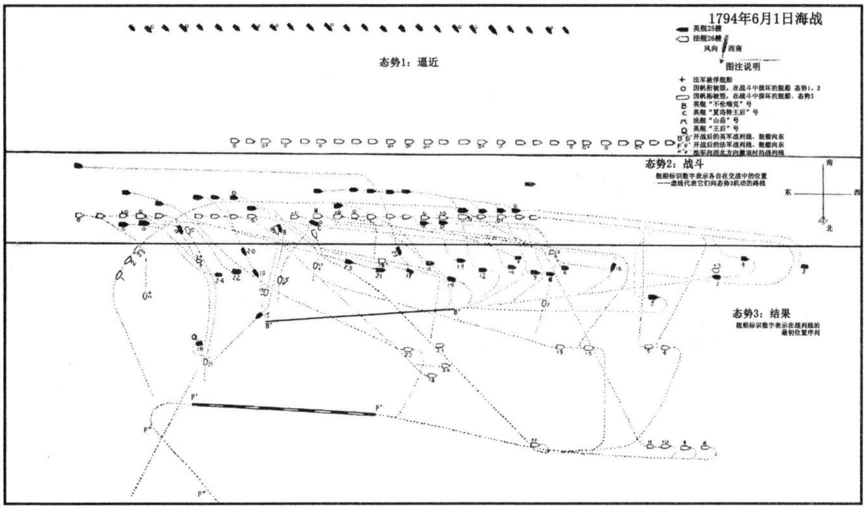

阵图3

英军战舰各自向敌军队列中相对应的敌舰驶去，航向大约为西北方；由于当时的法军战列线是东西向分布的，英舰并不是从垂直方向驶近，而是斜向驶近。8点40分，英军组成的队形非常正确，豪勋爵索性满意地合上了信号簿，仿佛他身为司令官的工作已经完成，剩下的事情就是显示出一直与他的名字联系在一起的英勇气概，做出榜样而已。豪这么做为时过早，一些舰长指挥的战舰偏离航向，迫使他再次打开信号簿，发信号命令他们进入规定位置。9点刚过，法军前锋已开始射击。因此位于英军战列线左翼的“恺

① 在下风位攻击的另一个优势是一艘战舰最重型的低舷炮，离水面很近，当一阵强风吹过时，舰身发生倾斜，背风面的炮门就经常打开。这样对阵双方中的逆风船，就能避免这种不利，获得一定比例的优势。6月1日的天气很好，不会影响低舷炮的使用，5月29日，“夏洛特王后”号在突破法军战列线后，利用处在下风位的优势用上风侧舷炮炮击时，下甲板灌满了水。这艘英军旗舰上的一位军官，科德林顿上尉（后来晋升为海军上将）被一门火炮的后坐力倒撞到下风侧的甲板上，当时全靠他的左臂抓攀，才勉强没有让头也没进水里。见《科德林顿海军上将传》。——作者注

撒”号没能压制住法军先导舰，成了被动应战，一面顶风航行，一面在距离尚有500码的位置便开始射击——以当时的火炮射程和威力，在这样的位置开炮无法取得决定性的战果。豪勋爵早就觉得那艘战舰的舰长不够好，但在旗舰“夏洛特王后”号舰长求情后，还是让他的战舰保留了战列线中最重要的位置，现在他轻拍着旗舰舰长的肩膀说道：“看哪，柯蒂斯（Curtis）。那边是你朋友的战舰，现在是谁错了？”

英国舰队的其他战舰都保持原航向。“夏洛特王后”号为到达它的阵位，不得不稍微更向西转一些。法军战列舰又向前航行了一小段距离，再加上其他一些小插曲，使这艘战舰到达的位置比预期中的靠后。因此，它的航行轨迹变得与敌舰航行轨迹更加接近平行，进入它预想中的对手——维拉将军的旗舰“山岳”后面第3艘战舰的射程之内。这艘名为“复仇者”号（Vengeur）的法舰9点30分向英军旗舰开火射击。“夏洛特王后”号在到达它的位置之前并没有被炮击削弱，张开了更多帆，更加逼近。“复仇者”号前方的“阿喀琉斯”号也向它发起进攻，“夏洛特王后”号9点52分还击。“阿喀琉斯”号遭到猛烈回击，它很快就全神贯注在豪旗舰右舷一侧的僚舰“不伦瑞克”号身上，“不伦瑞克”号正试图从它的前方突破战列线。

“夏洛特王后”号（阵图3态势2，C）继续寻找“山岳”号（M）求战。“山岳”号的舰长看穿了它从舰艉通过的企图，将帆全都逆转，希望能够退后，拉近和后舰之间的间隔。同一时刻，后方的法舰“雅各宾”号张开了帆，竭力试图靠近旗舰。于是“山岳”和“雅各宾”航向彼此相冲，有发生碰撞的危险。为避免相撞，“雅各宾”号只得向“山岳号”的右舷或者说下风侧转舵变向。这个时候，“夏洛特王后”号继续靠近目标。满舵航向，它垂直避开了“山岳”号，从它的舰艉通过。2艘战舰是如此接近，法舰的旗帜都被风刮得几乎打到英舰侧舷。“夏洛特王后”侧舷的50门舰炮依次开火，从“山岳”号的舰艉扫射至舰艏，杀伤了大量敌人。“山岳”号立即就损失了300名舰员，包括它的舰长。“雅各宾”号正在移动到“山岳”号右舷一侧，那正是“夏洛特王后”号打算占据的阵位，这种情况下所有人都认为后者只得前往2艘法舰的下风位；就在现场的一片混乱当中，指挥战舰行动的勇者目光犀利，瞥见“雅各宾”号的舵，发现它正在运动，要将战舰的航向转到下风位。为了尽快抓住机会，英国旗舰再度转舵，缓慢沉重地在它指定的位置顶风航行。在这次机动当中，就像几分钟前它的侧舷被“山岳”号的旗帜擦过那样，它的舰艏斜帆桁将将扫过“雅各宾”号。据说“山岳”号在这次死斗中没有进行任何还击。“雅各宾”号开了几炮，一发炮弹打断了“夏洛特王后”号的前中桅；然后，它远远躲开，驶向下风位，如果不这么做，像“夏洛特王后”号那样再度顶风航行，英舰就将会处于它和“山岳”号的火力夹攻之下了。

到这个时候，战斗都是沿着战列线展开的（态势2）。硝烟、舰员的兴奋和困难的战况在一定程度上破坏了英国舰队进攻时的一致性，但也有少数例外，英军各舰从前锋到后卫，几乎同时开炮。英军第一次只有6艘战舰通过敌舰队战线，其他的许多战舰都在上风位对各自的对手发动近战（态势2）。在这次和平多年之后的首次激战当中，从相对客观的角度出发，会发现不可避免的技能上的缺陷，和许多更加悲哀的缺点。详细描述每艘战舰的行动不能清晰说明问题，反而会让问题变得暧昧不明。为了对交战特定时刻的场景获得基本印象，读者可以关注参考图；这张图尽可能从海军编年史中推导出了两个舰队中战舰的相关运动方式（见态势2和态势3）。

在这场大范围的混战当中，发生了一个不容略过的非常奇异、致命和戏剧化的有趣插曲。只要海军史还在书写，就必然会记录法舰“人民复仇者”号（Vengeur du Peuple，以下简称“复仇者”号）和英舰“不伦瑞克”号之间的战斗。“不伦瑞克”号在“夏洛特王后”号右翼行动，因此它的任务是从“雅各宾”号舰艉突破法军战列线。由于后者支援“山岳”号的行动，“不伦瑞克”号的突破获得了便利；当“不伦瑞克”向“雅各宾”号移动扩大的缺口推进时，“阿喀琉斯”号扬帆上前，挡住了它的去路。突破意图受挫后，“不伦瑞克”号再度试图从“阿喀琉斯”舰艉突破战列线，“复仇者”号迎了上来，由于“不伦瑞克”号寸步不让，2艘战舰终于相撞，形成了接舷状态，在风浪中摇摆。英舰的锚链挂上了法舰的索具和凹槽。这2艘死死牵扯在一起的战舰，就这样被风一路一起吹到了下风位（态势2，B）。

由于2艘战舰纠缠在一起，使得低舷炮位无法像通常那样打开，于是“不伦瑞克”号的水兵设法强行打开了炮门。“复仇者”号已经从侧舷开炮射击，也就是说它的炮门可能已经打开了；由于舰身处于接舷状态，不能用硬木棍撞锤和普通的海绵填装弹药，法军也没有其他工具和办法。英军却特地准备好了在这种情况下使用的海绵和带有灵活手柄的撞锤，使用这些工具，他们就能够填装弹药，开炮战斗。由于上述原因，在这样的对决中，英舰在低舷甲板会继续拥有较多优势，法舰只能使用少数前甲板和后甲板的火炮，根据战舰的结构，这些火炮位于战舰的两个端点，和战斗人员之间的距离明显过大。虽然英军在下方占优，上甲板的战况却正好相反；“复仇者”号舰载火炮较重，满载着钉弹（langrage，风帆时代用于破坏敌舰船帆或索具的炮弹），舰载步枪实力占优，加上下方低舷炮无法使用，下面的水兵可以到上面来增援，击败英舰上甲板的水兵，几乎让他们的火炮沉寂。“不伦瑞克”号的舰长在战斗中三处负伤，后来由于其中的一处致命伤身亡；另外这艘战舰上的不少其他军官和水兵或死或伤。这种有利情况鼓励“复仇者”号的指挥官试图登上敌舰制服对手；当他正要实行自己的意图时，另2艘英舰及时赶到，他们只得取消行动，来到尚未交战的另一边侧舷，准备开炮。

与此同时，“不伦瑞克”号的舰员坚持不懈地进行火力打击，轮流用枪炮进行最大仰角和俯角射击，一轮射击打中“复仇者”号的甲板，使它们裂开后，再进行另一轮射击时就能伤害船底。当只剩一条前桅的“阿喀琉斯”号出现在“不伦瑞克”号左舷，也就是没有接战的侧舷附近，向它逼近时，战斗已经持续了1个小时，迫在眉睫的危险被及时成功避过。在这艘新敌舰取得一个适合的阵位之前，6门低舷甲板火炮的炮手转移到面临危险的侧舷，不消片刻，他们射出的炮弹打折了它已受损的仅存的一根桅杆。“阿喀琉斯”号在这场海战中再没有出场，几个小时以后被英军俘获。

12点45分，“不伦瑞克”号和“复仇者”号艰难地移动，使“不伦瑞克”投掷到“复仇者”号的锚链逐个受损，在经过3小时战斗之后，他们终于分开了。这场战斗的特征描述起来就是所造成的损伤主要落在舰体和舰员上，桅杆和索具基本未受损伤，和这种激战通常会造成的结果正相反。当这2艘船分开时，“不伦瑞克”号向“复仇者”的舰艉倾泻了最后几发炮弹，打伤了船舵，使已经遭受厄运的这艘船的破损更加严重。随后英国战舰的后桅折断，落入水中，战舰已经处于自家舰队的下风位，遭到逼近的法军旗舰威胁，于是它用剩下的桅杆上的帆向北航行，如果可能的话，希望能回到一座本国港口。经过这场漫长的拼死战斗，除了意料之中的舰体和桅杆的损伤，“不伦瑞克”号74门舰炮当中的23门已无法使用，600名舰员当中44人阵亡，114人负伤。[①]

“阿喀琉斯”号失去所有桅杆后不久，“不伦瑞克”号舰长的兄弟指挥英舰“拉米伊”（Ramillies）号被发现正缓缓向2艘正在缠斗的战舰驶来。它到达的时候，离这2艘战舰分离还差几分钟，在确定这2艘船之间的距离不会因为它的炮火误伤“不伦瑞克”号时，它也对“复仇者”号发动了进攻，不过不久以后，它为了捕获“阿喀琉斯”号离开了。于是，这次新的打击摧毁了“复仇者”号除后桅之外的所有桅杆，后桅也只多支持了半个小时而已。水线和水线附近遍布多个弹孔，左舷的许多舱盖也掉了，它无助地在海浪中打转，由于没有桅杆，船体已难以稳定，船身的各部分都在进水。船上

① 据说在这种屠杀和破坏的惨烈场景中发生了一件怪诞的事。“‘不伦瑞克’号船头有一个头戴花边帽的巨大的不伦瑞克公爵装饰雕像。在这场海战期间，雕像上的帽子被打飞了。舰员们派了一名代表去后甲板请求舰长哈维上校是否乐于命令他的仆人将他自己的花边三角帽给他们，来弥补雕像上失去的帽子。哈维舰长非常有幽默感，不仅听从了舰员们的要求，还让木匠把它的帽子钉在公爵像的头上，使它直到战斗结束都一直留在那里。见巴洛《豪传》。——作者注

的枪炮都被扔下了海，舰员们用抽水泵和吊桶排水，一切都无济于事，“复仇者”号确定无疑地在缓慢下沉。1点30分，沉船的危险已如此明显，以至于舰员们发出遇险信号，在一群失去战斗力或将被俘获的战斗人员之中，他们很长一段时间都没能得到英军注意。幸运的是，大约下午6点，2艘英舰和1艘独桅纵帆船来到附近，在认识到“复仇者”号遇难人员的处境后，派出了它们所有仍然无损的小艇救助。这个时候要救下所有进行过这次英勇战斗的幸存者已经太晚，但仍有近400人获救；其余人员中的绝大部分都由于身负重伤，在英军救生艇拯救他们之前，随他们的战列舰一同沉没了。“小艇几乎救走了两舷附近所有的人，这时最可怕的场景映入我们的视野。我们的那些还留在船上的法国水兵将手伸向了天空，用令人惋惜的哭喊声乞求已经无望的帮助。很快这艘船就和它装载的不幸遇难人员一起消失了。在这可怕的场景之中仍有东西在激励我们，我们无法回避这份掺杂着自己悲哀的敬仰之情。当我们离开时，我们听见一些人仍在为他们的国家祈祷；这些不幸的人最后的呼喊是：‘共和国万岁！’他们就这样喊着这些口号死去。”[①]这是一幅勇者在竭尽所有精力和勇气努力避免危险之后，仍遭遇无可避免的命运的感人画面，与法国国民公会主张和喜爱的混杂着华而不实的措辞和自杀殉国的耸人听闻的场景大相径庭，后一种说法就是“复仇者号传奇”的基础。[②]“复仇者”号失去了723名舰员当中的356人；根据幸存者的说法，其中的250人应当在三次战斗当中就已确认阵亡和负伤。

---

① 幸存者写下的“复仇者”号损伤官方记录。见特鲁德《海战》第二卷第355页。——作者注

② 巴海尔（Bertrand Barère de Vieuzac）在国民公会的演讲如下：“‘复仇者’号战列舰遭到来自四面八方的炮火射击，被如狼似虎的英国人包围，一群由伤员和垂死之人组成的舰员，与海浪和敌人的大炮奋力搏斗，这就是当时的景象。所有忙乱的战斗，对危险的恐惧，伤员痛苦的哭泣声一下子都停止了；所有人都登上或者被人搀扶着走上甲板。所有的旗帜都被悬挂起来。‘共和国万岁！’，‘自由的法国万岁！’口号传遍了每个角落；与其说这是沉船的可怕时刻，不如说是感人肺腑的生动悲壮的祭礼。他们那一刻一定想到了他们的命运吧？没有，公民们，我们的兄弟在那一刻没有更多考虑自己的命运，他们看到的只有英国人和他们的国家。他们选择被大海吞噬，不愿投降玷污祖国的荣誉。他们没有哪怕一瞬间的犹豫。他们最后的祈祷是为了自由，为了共和国。他们终于就此消失了。”——作者注

早在“复仇者”号和“不伦瑞克”号分开前，这场海战的命运已经决定，英法两国舰队的总司令官采取了最后的行动。10点刚过，英军旗舰从“山岳”号舰艉后方的间隙通过。10点10分，“山岳”号所受的伤害主要都集中在舰身上，船帆还能继续用于航行，“夏洛特王后”号在这次行动当中已经失去了前中桅和主中桅，无法再跟上“山岳”号的行动。“山岳”号前方的许多法舰已经让出了自己的位置，离开了它们的阵位；它前方和后方其他战舰的桅杆都已折断。10点30分到11点之间，烟雾已经消散，足以让维拉看见战场的情况。

桅杆折断的战舰不仅失去了动力，在向下风位漂流时也不可能像那些还有桅杆的战舰那样快，移动非常缓慢。因此，在两军战列舰已经向前移动后，桅杆折断的双方战舰都渐趋落后，处于战场的上风位。英军和法军的这些断桅战舰就这样杂乱地留在那里。海战开始时处于法国舰队旗舰前方的战舰有12艘，7艘很快就退出战斗驶向下风位。其中2艘已在另一个航向顶风航行，正处于两个舰队的舰艉方向和上风位，甚至也在那些断桅战舰的上风位。这12艘中的其余战舰中，1艘已经失去主桅和后桅，不可避免地落到下风位，还有4艘的桅杆已经全部折断，那4艘中的3艘最后落入英军手中。在“山岳”号后方的13艘战舰，6艘失去了所有的桅杆，1艘仅剩前桅还在；剩下6艘的桅杆都还处于相当一部分可用的状态，它们或早或晚，都撤退到了下风位。后卫的4艘桅杆尽失的战舰，包括“复仇者”号在内，被英军俘获。

当维拉·儒瓦尤斯将军已经认清形势时，简要说来，他指挥“山岳”号也在向下风位航行，发信号将还能行动的法舰都集中到总司令周围。于是法舰组成了一支12艘战列舰右舷戗风的纵队（阵图3，态势3，F’F’），再次向东方驶去。这支纵队由“山岳”号领队，舰队副司令的旗舰“可怕”号出任后卫。“可怕”号已经只剩下前桅，于是还得让一艘无损的74舰炮战列舰拖着它航行。维拉认为这并不明智，如果不是不可能，应当尽可能让失去桅杆的战舰留在上风位，以便于航行。因此他决定让自己的旗舰处于这些战舰的下风位，在这样的位置，旗舰可以接应和掩护那些顺风漂流的断桅军舰，舰队的快速帆船也能及时到达和将它们拖开。经过这种操作，完全失去动力的“西庇阿”号（Scipion）、“热马普”号和“穆修萨”（Mucius）号在2点到4点之前，重新回到法国舰队。“穆修萨”号实际上已经被一艘英舰击中，没有被他们俘虏。维拉又继续在它的位置迎风停航，逗留了一段时间，直到确信不会再有更多失散的舰船能够和他会合，这才向西北方向驶去（F’’F’’）。[①]

豪勋爵无法让他自己的旗舰跟上法国舰队总司令相对较快的机动。在11点，他曾发出过让各舰靠近旗舰周围的信号，试图追上法军旗舰，但是“夏洛特王后”号换戗到另一侧已经很困难了。豪随后带领组成的纵队（B’B’）向东航行，这个步骤不止是为了掩护失去桅杆的几艘英舰和获取战利品，还是为了解救正遭到维拉威胁、处境危险的“王后”号。这艘英舰5月29日在英国舰队前锋表现得非常莽撞和英勇，6月1日已经处于后卫的位置了。“王后”号攻击的对手已经快速逃往下风位；它以毫不松懈的热情进行了追击，后来发现自己在战斗结束时再次处于两条战列线之间，附近还有一艘被打得七零八落的敌舰，其实这艘敌舰就在它身旁，它自己已失去主桅，其他桅杆也摇摇欲坠。维拉纵队的8艘战列舰在经过时向它开炮，没能造成多少伤害，豪的接近使它摆脱了困境。

让一些法军断桅战列舰逃走在当时受到严厉批评，有一种意见认为豪应当在集合他那些受损较轻的舰船后，重新发动进攻。许多在现场目击的能干的军官认为，如果行动更敏捷和更有力的话，无疑就能捕获一些逃走的法舰，舰队里也有很多人公开表示不满。对于司令官如果下令重新进攻是否真能取得好效果却有更多人表示怀疑。几位缺乏决断力或勇气的舰长对此表

① 法国的记录称他一直留到下午8点，在整个这段时间都可能遭到攻击。英国人的说法相反，称整个法国舰队在6点15分已经在他们的视野中消失。这个问题没有实质意义，维拉停留了一段时间应该是可以肯定的，他即使真再多滞留一段时间也不会遭到攻击。——作者注

现得漠不关心，最出色的几位舰长自然都在那些位置良好和经过苦战的舰船上，他们的战舰当时已无法进行战斗。停止战斗的决定性现实因素还得从豪的身体状况上才能找到。他当时已经68岁高龄，尽管拥有冷静沉着的脾性，能够从容承担责任，但他毕竟在五天的战斗和追逐中经受了巨大的疲劳，从和敌人遭遇开始，他唯一可以用来休息的场所就是一把带扶手的椅子。旗舰的信号官说："当有人向他报告说法国舰队显示的每一种迹象都表明他们决心继续战斗，他来到后甲板观察时，我端详着他的脸，那是一种兴奋的神色，以他的年龄和经过的身心疲劳来说，这是我没能想到的。"那种反应对于获得全胜来说，可能到得太早了一些。同一位军官写道："6月1日的战斗全部结束之后，他回去睡觉。我们都围在他身边；事实上，我让他免于跌倒；他是如此虚弱，舰身的一次颠簸都让他几乎闪到了腰。当时他很幽默地说：'你为何拿我当个孩子一样把我扶住？'"[①]这不足为奇，在这种情况下，豪不可能做到一个更年轻的人能做的一切，他还受到参谋长罗杰·柯蒂斯爵士[②]的影响妥协。柯蒂斯是个出色而勇敢的军官，比起他的上司来，似乎给人印象更深的是他的缺点，英国舰队因此饱受劳顿。

许多年后，在这次海战中担任一艘快速帆船船长的斯托普福德将军做出了如下声明，并且同意公开发表："我在发现'马尔巴罗'号战列舰桅杆尽折，被敌舰包围后，顶着敌人的炮火将它拖了出来，这使我离'夏洛特王后号'很近，于是我上船去请示命令。豪勋爵以冷静沉着的态度接待了我，他表达了将战舰安置在适合的地方去继续战斗的愿望，这表明了他的真实意图；为了使受人尊敬的豪勋爵能够不去背负对他在胜利后没有采取后续措施的那些指控，我认为应该说出当时的情况。那时我就站在'夏洛特王后'号

① 见《科德林顿海军上将传》，科德林顿当时还是上尉。——作者注

② 罗杰·柯蒂斯爵士（Sir Roger Curtis, 1st Baronet，1746—1816）：罗杰·柯蒂斯爵士，初代准男爵，英国海军军官。他参加过美国独立战争时期的海战，在直布罗陀围城战时因在炮火下表现出来的勇气得到高度评价。他在6月1日海战中的表现受到柯林伍德等多位著名海军军官的非议。——译者注

的舰艉，离豪勋爵很近，罗杰·柯蒂斯爵士急急忙忙、明显很忧虑地走了上来，嚷嚷着：‘我向上帝发誓，我的勋爵，如果你不将舰队集合起来，他们（法国人）将会逆转局势。’我必须承认，我没有看到任何可以证明这种感叹的事情，除了有一艘法舰从‘夏洛特王后’号的后方通过，有几炮打中了它之外。司令官和R. 柯蒂斯爵士随后退到了舰艉的另一侧，然后就没有再做更多事情。”①

一位总司令官的职权不应受任何下属的建议干涉，无论他的声誉多高或者两人之间的关系有多密切；在豪受身体虚弱之苦的情况下，要采取后续行动的话，必然在很大程度上要依靠柯蒂斯，柯蒂斯应该被赋予了监督战况的责任，因此不去违背他的判断，冒一个无法否认的风险就可能是正确的。这场海战就此在两位总司令官的运动当中告终，两人都集合可用战舰，向东航行，结果3艘法舰逃脱了被俘的命运，英舰“王后”号脱险，7艘失去桅杆的敌舰被英军拦截下来。1点15分，尽管一些分散的战舰还在继续零星对射，全面交火已经停止。

这些就是1794年6月1日海战的主要情况，这场海战离任何地方的陆地都相当遥远②，因此没能得到特定战役的名称。我们无意用太多篇幅去陈述战斗中发生的无数事件。在避免多余细节的同时，我们也会对战斗进行过程中的战术进行分析，应当不会令专业读者感到无趣。豪勋爵采取的单舰对单舰的进攻方法，与英国海军司令官在过去的许多海战中使用的战法相同，他在5月28日和29日已经得知敌人的糟糕专业能力和平庸射术，这应该是他采用这一战法的唯一理由。根据这些天发生的事情推断，他可能是正确的，这一点最终被6月1日的战斗结果证明，法军战列线在每一点上都比英军弱，

---

① 巴罗：《豪勋爵传》，第256页。科德林顿上将对豪和柯蒂斯之间发生的这件事也做了相同的陈述。——作者注

② 根据“夏洛特王后号”航海日志记录，6月1日中午，韦桑岛位于战场东北429海里。——作者注

因此他能利用这一点来对付法军。在这样的条件下，可以允许进攻方舍弃集中优势兵力攻打敌军舰列的部分机会。豪如果采取集中兵力的战术，很可能会获得更好的战果，但他已经观察到法国舰队战术效率低下，使他确信在作战的时候，法军无法弥补任何可能给他们制造的不利条件；从另一方面来说，他自己的舰长们训练也不是很好，不是所有舰长都能经受考验成为可以依靠的人的。因此，如果试图采取一次集中兵力的联合作战，不是不可能导致混乱结果，反之采取舰对舰战法能够发挥航海素质和炮术的优势，他进行的逼近法军战列线的行动，尽管在执行时遇到些许困难，在构思上却非常简洁易行。经过通盘的利弊权衡，作者认为，豪采取简洁进攻方式的判断是正确的。①

研究豪在海战中行动的结果是有益的。尽管比以往的海战更具决定意义，经过细致研究后会发现这些结果其实非常类似。英国舰队一齐行动，组成了一条与法国舰队平行的战列线，中途转向（西北）使它们的前方与敌军战列线形成了斜角。这样的机动结果在任何其他战例中都没有造成决定性的结果——几乎从没有因此俘获或击沉过敌舰。这次有所不同的是，过去的战斗经验以另一种方式在重复。进攻方的侧翼，也就是在纵队航行时的前锋，在行动中整体上快速有序，后卫却拖拉混乱无序，没能圆满执行好任务。英军后卫分队3艘战列舰卓越的奋力行动使同时进行的舰队进攻的特点得到强化，这3艘战舰的行动切实防止了后卫的全面失利，也表现出除了它们的努

---

① 由于一般历史学家对海军事务不了解，使他们常常会被这次海战的记录诱导，将它描述为最辉煌的海战之一。“豪勋爵所取得的这次决定性的成功在于，他遵从了腓特烈大王在洛伊滕（Leuthen），拿破仑在奥斯特里茨，威灵顿在萨拉曼卡（Salamanca）取胜的相同原则，即：指挥一支占压倒优势的兵力进攻敌军兵力的一半，从斜线方向发动攻击，占领敌人的上风位，使敌人在下风位不可能对遭到进攻的战舰进行支援。他通过这些方法使敌舰队的半数兵力在另一半覆灭时只能被动充当观众……如果他成功地从每个点渗透进法军战列线，或者他的舰长们毫无保留地在特定的时刻特定的地点服从他的指挥，将法舰全都赶到下风位，他将会俘获20艘战列舰带回斯皮特海德。”（见埃里森《欧洲史》）在进攻敌舰队战列线一半的同时能够在同一条战列线上的每个点进行渗透显然是不可能的；这段陈述关于豪勋爵在6月1日战斗中遵循的原则与所有的事实完全相反，尽管在埃里森之前，詹姆斯已经进行了不辞劳苦的工作，他也多次提到他参考了詹姆斯的著作。他的这段陈述其实依据的是若米尼著的《法国大革命战争》，若米尼仅仅是按照一个陆军军人的角度来写作的，介绍海战事件纯属一笔带过，在他写作的时候，无疑由于可用信息不足发生了误导。——作者注

力之外，所有其他后卫战舰的缺点究竟有多大和多清楚，这在以前的海战中是前所未有的。英军纵队不同部分的损失比例是一个展现各部勇敢程度的公平方法。这种测试方法最易在比较任意2艘单舰时产生误导。从这个特有的案例中，轻而易举就能找到具体个例，哪些战舰经过巧妙布置和英勇战斗，遭到的伤害比其他舰船少，哪些操作差劲，对敌人的损害很小；当取许多战舰的平均值时，在不同方向上错误的具体原因就趋于相互平衡，基本结论如果能被其他海战的经验证实，就可以被更可信地认同。在6月1日海战中，调取英国舰队的全部伤亡数字，我们会发现，8艘前锋舰在每100位战死者中占43人，在每100位伤者中占41人；8艘后卫舰在每100位战死者中占17人，每100位负伤者中占22人，或者说比前锋占比的一半略少。这些数字也没有告诉我们全部内情，原来后卫全部损失的五分之四都由3艘舰船承担了①，余下5艘舰船一共只有8人阵亡和33人负伤；与此相反，前锋8艘战舰的个别伤亡数字尽管差异明显，各自分担的比例要均匀得多。需要进行推理，否则无法了解真相。根据以上数据几乎就能证明前锋各舰的航行秩序良好，进攻努力，尽力相互提供支援。后卫则相反，无论出于什么原因，总之没能让自己坚决地冲击敌军战列线；那例外的尽到自己职责的3艘战列舰的人员伤亡证明它们缺乏其他战舰的支援，这也能够被确凿的事实证明。

当一种结果因此在多次海战中再现时，就不能完全归咎于舰长们的失误了。6月1日海战成为这一规律的例外，不是因为未能在战斗中尽职尽责的战舰，而在于那些成功履行职责的战舰。造成通常结果的原因似乎是因为行动链上最关键的枢纽是前锋舰，随着距离的增加，这个枢纽所占的比例变得更大，不规则行动开始变得越加频繁，每次不规则行动的传播和增加，直到最后，在一条长战列线之中，会造成接二连三的混乱无序。当这种情况发生

① 尽管不一定重要，出现了一个奇妙的巧合，就是那3艘战舰的人员伤亡数字几乎相等。“王权”号损失54人，“王后”号54人，“荣耀”号为52人。——作者注

时，每一艘战舰的效率更依赖于舰长的积极性，而不是它们和战列线的联系；以往严格的命令能控制人与人之间的差别，此时此地这种差异开始显现出来。短战列线比起长战列线来，受这种因素的影响要小些。一条长战列线中应该会出现一些新枢纽，或者说在战列线后方出现了几个新的出发点。在6月1日海战中，由于总司令官以身作则，旗舰“夏洛特王后”号通过它坚定的战斗和权威性的航行，提供了这样一个新的枢纽，在它右边的那些战舰的行动要好于它左边的那些根据前锋来调整自己阵位的战舰①。按照现代舰船和武器的特征，这样的进攻可能会在一条战列线前方发生，所以海军军官应预防这种混乱和执行不力的趋势，这种趋势会在远离向导和缺少枢纽的那部分编队当中一直存在。

法军战列线为了等待豪的进攻，将自己组成了他们认为可以应对任何联合集中作战的阵势，计划实际上将抵抗的责任放到了各单舰舰长身上，而不是司令官身上。无论何时，当一艘战舰受到一艘敌舰猛攻时，舰长的任务很简单，但是非常艰巨；看上去找不到一个法军军官在这个位置上没有履行自己职责的例子。当时英军占有优势的炮术基本上打破了对手的抵抗，法军很快支撑不住，除了那些桅杆都已经被打断的，或者由于进攻方突破战列线时已经被阻断撤退线路的战舰，都向下风位驶去。法军战列线的第7艘战舰“穆修萨”号就是这样被英舰“防卫”号（Defence）的攻击逼到了下风位。它试图从下一艘英舰“马尔巴罗”号的上风位逃走，甲板被敌舰炮轰，失去了所有的桅杆。这种劣势炮术的条件，加上保持战列线紧密的固定观念，看似已经控制住了法军战舰在加入这场海战以后的各种行动。当时保持紧密战列线的职责是最重要的，也是能互相支援的必要手段，但并不是压倒

---

① 布兰顿在他的《英国海军史》中讲了一个当时在豪旗舰左边一点的一艘战舰舰长的离奇故事。这个故事能立即描绘出这种类型的军官是什么样子，做了高度概括。布兰顿说，这位舰长忙于用方位罗盘保持他的位置，结果他看不见自己的预定对手了，在烟雾中也无法找到它。——作者注

其他所有考虑的至关重要的因素，尤其在一场战斗正不可避免地必然会演变为一场混战时；法军的舰长们在舰队战中，几乎没有其他概念，只有一种最简单的形式——一艘接一艘紧跟前一艘战舰的舰艉。因此法军先导舰“议会”号尽管没有遭到猛烈进攻，也脱离了战列线，还是被遭到猛攻的“加斯帕林”号紧紧跟随。后面5艘法舰遭受了巨大压力英勇奋战。第8艘法舰在经过短暂战斗后，驶往下风位，它舰艉后方的3艘友舰也随它而去。这让我们来到第12艘法舰，或者说接近法军战列线中央的部分，从它开始到第17艘，一共有6艘法舰，其中4艘陷入了绝望的抵抗之中。2艘逃脱的战舰是旗舰“山岳”号，它的经历已经说过了，还有在它身后的“雅各宾”号也说过了。第18、19和20艘战舰似乎只受到很小的伤害，也驶往下风位去了；到底它们是独立地采取行动，抑或一艘跟着另一艘一起行动，还不能确定。剩下6艘法舰遭到敌军后卫的3艘战舰猛攻，4艘陷入了窘境，如果英军后卫分队的其他战舰能完成全部任务的话，它们都会被俘获，而不仅只是其中2艘。

虽然法国军官缺乏舰队战的经验和教训，没能够在这场海战中尽其所能，但做出不该做的事情，有着明显渎职行为看似仅有两例：第一例是先导舰的舰长似乎没有正当理由就让战舰放弃了前锋分队的岗位；第二例更严重的失误是“雅各宾”号的舰长导致的，这位军官在向法军旗舰靠拢时，正是英军旗舰“夏洛特王后”号明显试图从这2艘战舰之间通过的时候，此举是完全正确的。当面临与“山岳”号相撞的威胁时，他选择闪避可能是避免灾难的唯一方式，同样无可厚非。当“雅各宾”号因此被迫向战列线下风位转移时，它仍然保持着进攻英舰右舷的实力，英舰的另一侧舷正在与“山岳”号交战，它应该这么做。但舰长加辛（Gassin）上校没有利用这个机会，而是溜之大吉，驶向下风位。这种错误在任何情况下都是严重的，总司令官旗舰的前一艘或后一艘战舰犯下这种错误尤其应当被谴责。那两个由重型战舰占据的位置尤其重要，被选派占据这种位置的军舰承担着支援司令官和加强队列中重要位置的特殊任务。就加辛上校个人而言，可能有许多理由；但是对于这艘战舰的运作来说，从军事和战术角度考虑，当战舰在战斗中几乎无损时，无论如何都没有借口这样做。由“雅各宾”号导致的空缺被它身后那些战舰的前移依次填补，这种向前机动一直传送到战列线尾部，这也是英军后卫各舰没能到达法国舰列中对应序列对手位置的原因之一。

对这场一共仅持续了四周——从5月16日维拉从布雷斯特启航到6月11日他再度在港外锚泊为止——的短期海上战役的整体指挥和结果，需要从海军战略角度给予一些关注。为了形成公正的意见，必须考虑每一方的目的，他们控制的兵力以及他们所采取的措施。

法国人的目的是确保运输船队从美国安全抵达。为了这个目的，他们一开始派了两个分遣队出海——一支是尼耶里指挥的5艘战列舰的分舰队，另一支是维拉指挥的25艘战列舰的分舰队。这两个分舰队的集结地相同，重点在于他们的预期汇合点应当只有他们的舰队司令知道，英国人并不知道。这里应当再次提到法国政府对海军军官们的指示是：只要有可能，应尽量避免任何决战。

英国人的目的有两方面：拦截预期抵达的运输船队，并且使法国舰队投入海战。这两个目的可能造成彼此互相干扰，出于两个目的之间的利益分歧，促使海军兵力分散。在这两个目的之中，与法国舰队交战无疑更为重要，豪毫无疑问也是这样认为的，因为按照通常的英国海军政策，正是要致力于摧毁敌军在海上有组织的力量。由豪节制的战舰，包括蒙塔古分舰队在内，合计有32艘战列舰。他对法国各舰队的集结地和运输船队的确切航线一无所知，不过能够进行大致估计。

从5月4日，蒙塔古分舰队首次分头行动，到19日为止，豪推测法国舰队仍在布雷斯特。在19日，豪第二次对布雷斯特港进行了侦察，那时他发现法国舰队已经起航。同一天傍晚，蒙塔古派来的一艘快速帆船和豪会合，这艘船送来了增援请求。豪由于担心部下可能会遭遇维拉占绝对优势的舰队，第二天上午就率全部舰队去与蒙塔古会合。豪舰队当时向西南方向航行，法军舰队已经转向西南偏西方向航行了。21日，他遭遇和夺回了一些在19日曾被维拉俘获的荷兰舰船。从这些舰船的航海日志上，确定了法国舰队过去两天的航向；豪因此认为他们不会靠近已经向南航行的蒙塔古，于是决定忽略蒙塔古，专心寻找敌舰队。豪的这个决策能有力回击对他的批评，因为蒙塔古得到的命令是，如果没能成功发现护航船队，应当在20日就放弃这次巡航，在韦桑岛外海和司令官会合。如果他能严格遵守指示，现在就不应该离主舰队太远。

蒙塔古找到了在巡航海域拖延几天的理由，逗留一阵后，他重新夺回一些维拉缴获的荷兰战利品，这些荷兰船先被维拉夺走，后来又逃脱了豪在21日的再次捕捉。这时，蒙塔古才首次了解法国舰队的航向，与此同时，豪已经在进行追击。蒙塔古既没有采取任何措施和他的上司会合，也没有再去取得一个位置来执行完成巡航的总体任务，他在24日或25日转向英国本土航行，随后30日在普利茅斯锚泊。英国海军史学家詹姆斯说，蒙塔古这么做是出于服从命令的精神。如果能够把那些命令文书的内容告诉我们，这样的解释才能更有说服力，他的舰船究竟处于何种状态，才能证明他在这个关键时刻带领这样一支强大的分舰队放弃行动区域的做法是正确的呢？他的决定，无论基于何种理由，似乎都没有获得政府批准，后来的命令是让他立即和普利茅斯港内所有做好出海准备的战列舰一起尽快启航。于是在6月4日，蒙塔古率9艘战列舰启航，8日到达豪指定的韦桑岛外海集结点，这里也是海军部给他的最后指示当中提到的地点。6月3日，就在蒙塔古离开前一天，“大胆”号战列舰到达，首次带来了5月28日英法两国舰队遭遇战的消息。“大胆”号在这一战中负伤失去了战斗力。

从以上这则记录看来，豪和蒙塔古都没有对集中英国舰队给予足够的重视。豪的立即追击确实能以维拉和和尼耶里会合之前追上他的必要性来辩解；由于维拉和尼耶里都知道他们的集结地，豪却并不知道，而且维拉已经出发3天，他已经没有机会在维拉和尼耶里会合前赶上维拉。实际上，尼耶里的一艘战舰在豪找到维拉之前就已和他会合，第二艘在29日，其他战舰在30日也全部与维拉会合；由此抵消了英国舰队司令官在28日和29日通过出色战术努力取得的优势。如果蒙塔古的6艘战列舰能赶到，前两天的战斗中获取的全部优势仍然将会保持；即使只让蒙塔古分舰队简单地留作一支预备队，也很难估量他们会对海战结果产生的影响。这样考虑的话，就不会简单地在法国舰队的必经之地附近占领一个阵位，在那里联合英国舰队，而是会去搜索敌踪，这可能增加同时错失舰队和护航运输船队的风险。豪追击时的实际情况证明这是很有可能发生的。“27日上午9点，就在豪勋爵认为维拉正在巡航的纬度线以北几里格（1里格约相当于3海里）时，他率部乘着右舷的风势，向东疾驶。”①当法国舰队首次在东南偏南方位被发现时，英国舰队正乘着维持了21小时的一股适度明显的轻风向东面疾驶。虽然手中没有精确的数据，从上述资料仍可以合理地推断出，豪已经向维拉在一周前到达过的法军集结点以西航行了超过100海里。②如果同时护航运输船队已经出现，那么完全可能发生的是，维拉会立即向布雷斯特出发，英国舰队司令可能就此同时错过法国舰队和运输船队。

目前的问题是纯战略性的。可以肯定如果法国舰队没有遭到干扰，会顺利和护航运输船队会合；因此在它从布雷斯特启航后，英国人的两个目的就已合并成一个了，这就意味着英国舰队没有理由继续分为两个分队。由于哪里是护航运输船队的目的地还不清楚，布雷斯特和罗什福尔就是法国海岸线上的两个端点，运输船队肯定会到达这两个端点之间的某地。将要来的是如此庞大的一个船队，要集合在一起共同行动，必然速度缓慢。就像英国人不知道法国各分舰队的集结地一样，法国人也不知道英国人的集结点。英国舰队向西方分派出若干快速单舰，很可能会遇上法国舰队，然后及时返回主

① 詹姆斯《海军史》第一卷，1878年版，第144页。——作者注

② 特鲁德在《海战》第二卷第330页说维拉5月21日到达了他的位置。——作者注

力，报告猎物的位置。根据这项计划行动没有困难，当然也不会受到争议；更可信且在军事上更可靠的做法是，由此将英国的32艘战列舰集中到一个精心选择的阵位，进行足够的瞭望侦察，这要好过让他们四处流动来搜寻敌人的行踪。一个非常奇特且有教训的事实是，从头至尾没有一艘英国单舰出现在从美国来的护航运输船队眼前。属于其他船队的商船和军舰都曾在比斯开湾被捉到或夺回，而那些从美国来的船队就像隐身了一样找不到。

在很不幸地被英国舰队发现以后，法国舰队司令的战略目标是将他们从运输船队的集结地引开，但舰队的阵形和战术条件都使他无法通过将敌人引入海战来达到目的。当两国舰队首次遭遇时，法国舰队抢占了英国舰队南面的上风位。如果是在北面同样占据上风位，形势会令他们更为满意；因为运输船队会从西南偏西方向靠近，如果维拉退向西北方，就可以把敌人从直接威胁船队的位置上引开。事实上，即使维拉想避免开战，都不可能在不交战的情况下向北航行，因为一旦他在那个方向失利，获胜的英国舰队就会留在非常靠近运输船队的位置。因此维拉在保持风向优势的同时，转向西方航行，缓缓从运输船队将会到达的路径上移开，如果能够长期持续下去的话，将会使运输船队脱离英国舰队视线。不过，由于移动缓慢，无疑造成了29日在上风位的损失，当他发现自己位于敌人北方，随后两天即向西北方向航行，[①]结果非常成功。最近的法国当局的记录宣称[②]，5月30日，运输船队通过29日两支舰队发生局部冲突的海域。如果是这样，船队一定得到了当时弥漫的浓雾掩护，因为两支舰队还没有走得很远。

---

① 多年以后，维拉将军成为马提尼克总督。1809年，该岛被英国人占领，他以旅客的身份乘坐E. P. 布兰顿海军上校指挥的一艘船前往英国。这位军官在他写作的海军史料中称维拉告诉他罗伯斯庇尔的命令是让他率舰队出海，一旦护航运输船队落入豪的手中，他就要提头来见。因此他才长时间避战，努力将豪勋爵从船队的预计航道上引开。所以战舰被俘的损失对他来说是一件相对不那么在乎的事情，“当你们的舰队司令高兴地改装那些俘获的舰船时，我拯救了我的船队，也保住了我的脑袋。”——作者注

② 特鲁德：《海战》第二卷，第337页。舍瓦利耶：《法兰西共和国海洋史》，第144页。——作者注

不去衷心赞赏豪在5月28日和29日采取的正确积极的措施是不可能的，他不仅成功取得了上风位，同时造成了敌人的重大损失。无论基于何种判断，都会采取他在6月1日使用的战术——以作者的观点来看，这些是在那种形势下和在舰队的状态下所能采取的最佳战术——不可否认前面几天的战术构思完善，在司令官这方面，指挥大胆，充满活力。战略错误，或者说战略上的不幸，不管这种失误是否是因为蒙塔古分舰队的大意和缺席，抵消了战术优势的成果；法国的正确战略，使他们舰队的两部分处于可以互相支援的距离之内，恢复了双方舰队实力的平衡状态。因此这再次证明了军事作家们的准则，即一个战略失误要比一个战术错误更为严重，影响更为深远。

在两国舰队分开后，各自选择最佳路线返回母港。豪勋爵为了保护和改装他的战利品和失去动力的舰船，在战场留到6月3日上午，随后在13日抵达朴次茅斯。维拉·儒瓦尤斯前往布雷斯特港，6月9日上午，他在韦桑岛以南不远的海域，和蒙塔古分舰队遭遇。法国舰队当时满布受伤舰船，为快速运动的舰队提供了一个机会；英舰中的2艘行动过于缓慢，蒙塔古司令官也不敢靠近数量占有很大优势的敌舰队。维拉对英国分舰队追击了一小段距离，由于害怕让他那些已经处于瘫痪状态的舰船落到下风位，很快就停止追逐。6月11日，维拉舰队的所有舰船在布雷斯特港外的贝索姆泊地（Bertheaume roads）锚泊。10日，蒙塔古启程返回英国，这次行动在英国方面最终结束了这场战役。6月12日夜间，法国舰员们看见到达布雷斯特港的南面通道德桑海峡（Raz de Sein）亮起了很多航灯，那是法国人期待已久的护航船队。范·斯塔贝尔司令官害怕在更安全的常用入口前会遇到一支敌舰队，率船队驶向布雷斯特港口以南30海里的一个海岬彭马克（Penmarcks），然后取道德桑海峡入港。就在范·斯塔贝尔登陆的同一天，蒙塔古在普利茅斯锚泊。两天后，6月14日，运输船队和维拉分舰队余部一同进入布雷斯特港。法国舰队的巡航结束了，这次巡航非常明显是海军的一次巨大灾难，但是保证了法国的主要目的得以实现。

第六章

1794年的大西洋和欧洲大陆

当参加6月1日海战的英国舰船正在休整时，当月22日，康华利[1]司令官指挥蒙塔古分舰队启程向西进行一次巡航，这次巡航到7月8日返回港口结束。除了这次短暂的例外，英吉利海峡和比斯开湾一直到9月3日都处于不设防状态，这一天豪再度率领34艘战列舰，其中5艘是葡萄牙战舰，在经历了一次紧张巡航后，于21日返回托贝（Torbay）。舰队又在港内留到11月8日，当时74门舰炮的“加拿大”（Canada）号到达托贝，并带来一个消息，它的僚舰，同级的“亚历山大”号（Alexander）在韦桑岛以西200海里海域被一支5艘战列舰的法国分舰队俘获。“加拿大”号在冲突中由于性能较好才得以逃脱。英国舰队立即出海，不用多说也知道，没能找到那支由于他们缺席而用巡航惩罚了一下他们的法国军舰；29日，舰队再度在斯皮特海德锚泊，这个基地离东方较远，表明英军对敌人从布雷斯特出发采取干扰行动的预期很低。因此他们直到次年2月14日，一直留在港内。贸易的护卫任务都放心地交给各快速帆船分队了，快速帆船年轻富于进取心的指挥官们，捕获和驱散了与它们性能相似的许多法国舰船。

---

① 康华利（Sir William Cornwallis，1744—1819）：威廉·康华利爵士，英国皇家海军军官，陆军将军查尔斯·康华利的弟弟，先后参加七年战争、美国独立战争、英迈战争和拿破仑战争。1794年晋升为海军中将，同年离开服役6年之久的印度。1799年晋升海军上将。拿破仑战争期间担任海峡舰队司令，主要任务是防备拿破仑渡过英吉利海峡，大举入侵英国。特拉法加大捷之后，逐步淡出海军界。——译者注

法国公安委员会决心利用英国舰队司令谨慎地经济使用舰队赋予他们的机会。当时在布雷斯特和比斯开湾其他港口的战列舰有46艘之多，不是已出航就是在建；在地中海海区，由于土伦灾难的延续，仅有15艘战列舰。因此公安委员会决定派遣6艘战列舰前往地中海，维拉·儒瓦尤斯奉命率整个布雷斯特舰队的总共35艘战列舰，护送这支分舰队通过比斯开湾，随后他将对英国贸易航线进行一次为期两周的巡航。布雷斯特军港物资的贫乏状态依然在继续；由于敌舰队控制了英吉利海峡，波罗的海的海事用品要到达布雷斯特，就只能取道不列颠群岛北面航行，还要冒在大西洋会被敌军巡航舰船捕获的风险。因此在和豪勋爵的海战中损伤的战舰要维修面临着巨大困难，要装备当时没参战的舰船同样不易。接到命令后，舰队怨声载道，舰船的状况也被告知公安委员会，它们根本不适合进行一次冬季巡航。许多在海战中受伤的桅杆无法更换，索具的状态很糟，舰员也缺乏训练。预定要派出去的战舰中的几艘又破又旧；粮食缺口如此巨大，为土伦准备的船只装载了支持几个月的粮食，其他船运载的量不超过4个星期。

5个月前，罗伯斯庇尔就倒台了，恐怖统治随之结束，但公安委员会仍不接受反对意见，根据他们对海事的有限了解也没有发现任何立即收回成命的理由。1794年12月24日，舰队开始离开布雷斯特，就在离港时，一艘110门舰炮的最巨大的战列舰在出口处触礁失事。29日，余下的34艘战列舰通过港区，在港外水道锚泊，30日从那里启航。1795年1月1日夜间，刮起了猛烈的大风，随后是一阵凶猛的暴风雨。2艘80门舰炮的战舰和1艘74门舰炮的战舰沉没，舰员也很难搜救。2艘更大的110门舰炮的战舰积水达7英尺深，如果风暴再多持续24小时，也会失事。另有1艘74门舰炮的战舰迫不得已向海岸驶去，以拯救船上人员的生命。在舰队四散分离的困难情况下，有必要从土伦分队的舰船上将粮食转移到其他船上，这是一项艰巨的任务，是为了使其他舰船粮食供给不间断的必要措施。2月2日，幸存船只大部再度到达布雷斯特，有些船只在暴雨允许的情况下，不得不分散前往其他港口。土伦分队的舰船和其余船只一同返港。这次冬季巡航使共和国付出了5艘战列舰的代价，战利品为英国的1艘单桅纵帆船和70艘商船。

天气，或者毋宁说是风暴，在法军的航线上为英国而战，而英国却没有明智地采取任何行动。2月14日之前，海峡舰队都没有出海，等他们出海已经距离法军到达布雷斯特将近两周了。无论怎么说将重型战舰放到冬季的寒风中有多么不合适，似乎很明显的是，相反的体制给了敌人进行联合行动的充分自由；即使托贝的海峡舰队总司令知道敌人采取行动，也无法立即随之采取有效行动。豪自己察觉了这一点，在他1月15日发给詹姆斯·索玛莱兹[①]爵士的指示当中提到，那些逃走的法国舰队一度惊醒了他，让他考虑在布雷斯特外海进行严密监视，后来杰维斯和康华利进行了这种监视。[②]2月14日是豪这位老将最后一次亲自指挥一支舰队出海；英国政府显然不愿尝试使用新人，还是坚持让他在海岸上的司令部对舰队进行名义上的指挥。豪现在年届70，饱受多种疾病困扰。舰队司令官的职务转交给一位并没有年轻多少的布里德波特[③]勋爵，他是海军世家胡德家族的成员之一，职业生涯表现并没有其他家庭成员那样卓越。在这之前不久，普遍的不满导致海军部的人事变革。自从1788年以来，海军部一直由小皮特的哥哥查塔姆伯爵[④]主持。1794

---

① 詹姆斯·索玛莱兹（James Saumarez, 1st Baron de Saumarez，1757—1836）：詹姆斯·索玛莱兹，初代索玛莱兹男爵，英国海军军官。13岁加入皇家海军，早年在地中海和北美服役，在罗德尼麾下指挥过一艘战列舰。法国大革命时期表现活跃，在历次大海战和重大海军战略行动中经常可以见到他的身影。1814年拿破仑第一次下台后，他被晋升为海军上将。1819年和1821年，先后获得“联合王国海军少将”和“联合王国海军中将”荣誉称号。1831年晋封为男爵。——译者注

② 罗萨：《索玛莱兹传》，第146页。——作者注

③ 布里德波特（Alexander Hood, 1st Viscount Bridport，1726—1814）：亚历山大·胡德，初代布里德波特子爵，英国皇家海军军官。他是塞缪尔·胡德的弟弟，参加过七年战争，美国独立战争和法国大革命战争，才干和名声均不及其兄。——译者注

④ 查塔姆伯爵（John Pitt, 2nd Earl of Chatham，1756—1835）：约翰·皮特，第二代查塔姆伯爵，老威廉·皮特长子，英国贵族。青年时代曾在第47步兵团服役。历任英国第一海军大臣、掌玺大臣、枢密院议长等要职。拿破仑战争期间，指挥过1809年英国对荷兰瓦尔赫伦的远征战役。——译者注

年12月，他被更为积极和有效率的斯宾塞伯爵[①]取代，斯宾塞在第一海军大臣[②]的职位上一直干到1801年小皮特内阁垮台为止。

海军的新首脑，对如何谋划用英国舰队的战略部署去挫败敌人海军联合行动的体制没有任何实质性的改变。他做得更多的是在英吉利海峡和海峡以西海域保持一支6艘战列舰的小型分舰队持续巡弋，庞大的海峡舰队也更频繁地在夏季出海行动了；对封锁布雷斯特没有进行尝试，布里德波特也不是能够说服政府采取这些措施的人。后来大力采取这些措施，整体上取得成功的是圣文森特勋爵。他既是布里德波特在海峡舰队的继任者，随后又当上了第一海军大臣。在一定程度上导致这个错误政策的是1795年采取的电报制度，电报使伦敦和朴次茅斯的高地之间能快速传递信息。不幸的是，这一伟大进步使海军部坚定了将海峡舰队留在朴次茅斯的倾向。海军部明显忽视了不该忽视的一个问题，朴次茅斯处于布雷斯特以东较远的位置，西面海域海风盛行，战略位置十分不利。海军部考虑的只是要把舰队总司令放在那里，能够处于他们的掌握之中，从他们那里接受命令，看上去要比将舰队安置在一个最适合截击或快速追踪敌人的中心阵位，交给一个训练有素的称职海军军官随机应变采取行动更加安全。当法国人试图入侵爱尔兰时，这种计划已经接近酿成大祸；如果不是天气因素补救了英国舰队不在的空缺，惨剧就真的发生了。奥斯勒（Osler）在他的《艾克斯茅斯勋爵传》[③]中说：“如果布里德波特勋爵（1796年）在法茅斯等候，拥有自主定夺的权力，爱德华·佩

---

① 斯宾塞伯爵（George John Spencer, 2nd Earl Spencer，1758—1834）：乔治·约翰·斯宾塞，第二代斯宾塞伯爵，英国政治家。1794年出任小皮特内阁掌玺大臣，1794年至1801年间出任第一海军大臣。1806年至1807年间出任格伦维尔内阁内政大臣。——译者注

② 第一海军大臣（First Lord of Admiralty）：简称第一大臣，一般译为海军大臣，英国海军部首脑。1806年前，英国海军首脑并不限于文职大臣担任，海军高级将领也可出任。1806年后，海军首脑由文职专任，海军将领最高只能出任第一大臣以下的第一海务大臣1830年起称First Naval Lord ,1904年10月起改称First sea lord。马汉海权三部曲涉及的战争年代有许多出任海军最高首脑的高级将领，译者考虑到这一时期与后世海军部人事制度的不同，决定以1806年为界，将之前的海军首脑译为“第一海军大臣”，之后的译为“海军大臣”。——译者注

③ 见原书第140页，奥斯勒可能就是从艾克斯茅斯勋爵那里得知以下这个想法的。——作者注

洛爵士[1]能受命直接与他联系的话，可能早在12月21日一大早就启航了。”（佩洛从布雷斯特港外海启程，20日回到法茅斯。）“这样他就能到达班特里湾（Bantry Bay），当时很可能没有一艘法国船能从他手中逃脱。必须记住的是，法军的目的地直到最后还是不知道，海军部可能非常确定布里德波特应当从他们那里接受最后的指示，因此为了便于通信，将舰队留在斯皮特海德（朴次茅斯）。”但是为什么！在伦敦海军部的判断怎么可能会比待在沿海的一位优秀海军将领更明智呢?

1794年已经接近尾声，法国大革命已经迅速吞噬了这个国家的子民。1793年6月，吉伦特派被推翻后，恐怖统治以它无情的步伐，扫除了在它上台前那段时间温和派或仁慈派代表所做的所有努力。10月16日，王后被处决，随后那些不肯屈就的吉伦特派也在31日被处决。纠纷继而在当时胜利的雅各宾党人之间爆发和蔓延。1794年3月，埃贝尔派[2]；4月，丹敦[3]和他的朋友们也被处决。越来越多的权力落入公安委员会手中，委员会的标志性人

---

① 爱德华·佩洛爵士（Edward Pellew, 1st Viscount Exmouth，1757—1833）：爱德华·佩洛，初代艾克斯茅斯子爵，英国海军军官。参加过美国独立战争，法国大革命战争和拿破仑战争。佩洛在拿破仑战争的最后三年，即1811—1814年出任地中海舰队总司令，1814年受封艾克斯茅斯男爵。1816年因率英荷舰队解救阿尔及尔的1200名基督教奴隶的功勋，晋封子爵。其弟埃塞尔·佩洛也是一名海军军官。——译者注

② 埃贝尔派（Hébertists）：法国大革命时期以雅克·埃贝尔为首的激进派别，恐怖统治期间与罗伯斯庇尔发生分歧，密谋政变，事败，在1794年3月24日被推上断头台。——译者注

③ 丹敦（Georges Jacques Danton，1759—1794）：乔治·雅克·丹敦，法国政治家，大革命领袖之一。丹敦早年是一位律师，革命开始后加入雅各宾派，支持处决国王。雅各宾派专政开始后，他最初支持恐怖统治，在1794年初认识到恐怖政策蔓延造成的危害，开始主张宽容，与埃贝尔派发生激烈对立。埃贝尔派被处决不久，丹敦派在4月5日也被推上断头台。——译者注

物是罗伯斯庇尔和他的主要支持者圣鞠斯特①和库东②，他们统治着国民公会，让它被动地按照他们的意愿制定法令，通过国民公会统治法国。短短3个月间，罗伯斯庇尔俨然成了国家的主宰，这也将他投入他的诸多行为造成的激流之中沉浮。由于他所处的地位面临的危机，必然增加预警措施，以满足保证他权威和安全的需要；他冷酷无情的性格使他认识到没有比死亡更可靠的手段。6月10日，通过他个人的权威，排除公安委员会干预，通过了一项法令修改了革命法庭的程序，撤除已经极少的约束革命法庭失控权力的限制。在这条法令颁布前的14个月中，被革命法庭判处死刑的有1256人；在之后6个星期，直到罗伯斯庇尔本人垮台为止，有1361人被处决③。如此极端狂暴的手段往往预示着即将山穷水尽，没有一个社会能承受这样强大的压力，最为暴力和血腥的人成了最胆小的人，感到他们自己的生命处于危险之中。公安委员会和立法机构同时强烈反对独裁统治。罗伯斯庇尔权倾一时，持续高歌猛进，他的对手受到各种恐惧和复仇情绪激励，双方发生了难以预料的斗争，最终在7月27日的国民公会发展成暴力冲突。双方在几个小时内势均力敌，最终罗伯斯庇尔和他的主要支持者被宣布逮捕和进行审判。第二天，他与圣鞠斯特及库东，还有其他一些相对不太著名的人，被推上断头台。

政府的组织体制没有立即发生改变。经过重组的公安委员会名义上服从议会，继续履行行政职能；它们赋予法国军人和各军团的动力在一段时间内继续驱使他们勇往直前。在罗伯斯庇尔拥有无限权力的3个月间，群众运动

① 圣鞠斯特（Louis Antoine Léon de St. Just，1767—1794）：安托万·路易·德·圣鞠斯特，法国大革命时期的雅各宾派领袖之一，1791年出版《革命与法国宪法》一书，被视为革命派的青年理论家。恐怖统治时期因冷酷作风和俊朗外形被称为“恐怖大天使”，热月政变后，同罗伯斯庇尔一同被推上断头台。——译者注

② 库东（Georges Auguste Couthon，1755—1794）：乔治·奥古斯特·库东，法国革命家和政治家，因制宪议会时期的积极工作知名。1793年5月被选入公安委员会。1794年6月10日，库东提出了恶名昭著的牧月22日法令——别名“大恐怖法”，简化革命法庭司法程序，限制被告的辩护权，使革命法庭事实上只会将被告判处死刑。热月政变后，他被推上断头台。——译者注

③ 马丁：《1789年以后的法国史》第二卷，第240页。——作者注

的狂热度已经到达了顶点，他的名字也永远和这种狂热的群众运动联系在一起。如果将当时的法国比作一个病人，尽管身体的外部症状持续了一段时间没有消减，内部的紧张情绪已经放松了下来。问题是持续升高的体温，会从心脏传递到整个肌体，由于社会解体的威胁，为集中绝对权力铺平了道路。

法军在东北动荡不安的形势仍在继续。1794年，反法盟军已经开始向朗德勒西（Landrecy）进军，4月30日，该地向盟军投降。法国按照计划，特别是卡诺集中所有军事力量联合行动的计划，开始进行他们的战役，同时向奥地利、荷兰及英国盟军两翼进攻。法军在战线的两翼集中了大大超过对手的兵力。当儒尔当①指挥法军右翼，威胁盟军在沙勒罗瓦（Charleroi）的据点时，将盟军的兵力大量吸引到那个方向，使皮什格鲁②在左翼的任务变得更加容易。儒尔当接连五次试图突破桑伯尔河（Sambre）进攻沙勒罗瓦，前四次他都被迫再度组织突击，第五次在盟军调集足够的兵力到来之前，这个地方投降了——就在守军出城的时候，都能听见解围援军的枪声了。第二天，1794年6月26日，儒尔当在弗勒吕（Fleurus）战役中奋战取胜，奥军从尼韦尔（Nivelles）向将来的滑铁卢战场撤退。两翼的盟军节节败退；奥斯坦德和纽波特（Nieuport），这两个北海沿岸保持与英国海上交通线的港口相继陷落，布鲁塞尔也已暴露。7月10日，皮什格鲁进入布鲁塞尔，准备好与儒尔当会合。15日，盟军弃守他们在战役中的第一个也是唯一的占领地朗德勒西。同一天，法军向盟军战线中央发动进攻，英荷联军的左翼和奥军的

---

① 儒尔当（Jean-Baptiste Jourdan, 1st Comte Jourdan，1762—1833）：让-巴蒂斯特·儒尔当，初代儒尔当伯爵，法国陆军军官。路易十六时代，他入伍参加美国独立战争。大革命开始后加入国民自卫军。1793年，他已晋升为少将，接任北方军团司令，成为这一时期法国的重要将领。1796年败于奥地利卡尔大公之手后，他一度弃军从政。1798年和1799年之交，儒尔当短暂重返军队，任多瑙河军团司令。雾月政变期间，他反对拿破仑，在拿破仑上台后又为其效力，1804年受封帝国元帅衔，在拿破仑和路易十八政权更迭时期反复不定。1830年七月王朝上台后，他出任外交大臣，3年后在巴黎去世。——译者注

② 皮什格鲁（Jean-Charles Pichegru，1761—1804）：让-夏尔·皮什格鲁，法国大革命时代著名将领。他和儒尔当一起挽救法国北方边境的危局，征服比利时和荷兰。后来他在政治方面倾向保王党，1803年与王党分子密谋反对第一执政拿破仑，次年事败被捕，不久死于狱中，官方宣告其为自杀，实际上是被人扼杀窒息身亡的。——译者注

右翼在这里保持联系。英荷联军逐渐不支败退，奥军发现他们的侧翼暴露，于是也撤退了。这次盟军各部分头从不同方向败退，英荷联军向东北方向退往荷兰，奥军向东退往科布伦茨（Coblentz）。这次撤退实际上重复了非军事性大错，导致1793年的攻势战役失败。

在爱国情绪的驱使下，公安委员会命令法军继续前进，直到前一年失守的城镇都收复为止。8月11日，勒凯努瓦开城，27日和30日，瓦朗谢讷和孔德也先后开城。这3座城镇的围城部队重新加入各战场的军团，法军重拾攻势。皮什格鲁向荷兰追击英荷联军，儒尔当通过一系列侧翼进攻威胁奥军交通线，迫使奥军接连撤退，到10月5日为止，奥军已经回到莱茵河东面，法军占领了河西岸的科布伦茨和波恩。和儒尔当相比，皮什格鲁的攻势战斗较少，围困较多，但同样成功。10月中旬，他的军团已到达莱茵河；进入荷兰莱茵河道的两条支流——瓦尔河（Waal）和莱克河（Leck），敌人就盘踞在两条河流之间。一个月后，敌军已经撤到莱克河以外，法军一度被河流里的浮冰阻挡；这年冬天冷得极为罕见，在次年1月初，几条河都冻结实了。1795年1月17日，奥伦治亲王离开荷兰流亡英国，20日，皮什格鲁率军进入阿姆斯特丹。荷兰各省市纷纷宣布欢迎法军，建立了一个共和临时政府；法军对英军的追击一直坚持不懈，直到他们已经逃入德意志领土为止。4月，英军才从那里返回英国。

法军占领比利时和荷兰在任何方面都是一件与其他欧洲列强息息相关的事情。这会威胁到英国在北海的利益，原先通过与荷兰结盟，它在北海的侧翼已经稳固，现在却迫使它立即从海峡舰队抽调一个5艘战列舰的分舰队去面对已经成为敌人的荷兰各分舰队，削弱了海峡舰队。荷兰的贸易商人身居欧洲的大债权人之列，急需财源的法国由此得到巨大的赋税来源；同盟国相应失去了从他们那里能获得的资源，从此英国不得不独立承担战争的资金负担。从另一方面看，共和派代表们会像水蛭一样吸取荷兰的物资；与此同时，荷兰人的财富来源——贸易和殖民地，将面临被英国海上力量毁灭的威胁，即两国政治关系的变化使英国立即对荷兰产生了敌意。一个月之内，就在2月9日，英国政府即下令搜捕所有在海上航行的荷兰船只；英国临时规定在荷兰船上找到的中立国财产将归还原主，因为这些财物装船的时候，荷兰还是英国的盟友。为了占领世界各地富饶的荷兰殖民地，英国立即采取了有力措施。1795年结束以前，好望角，马六甲，所有印度次大陆的荷属殖民地以及锡兰最重要的要地，全部落入英国手中，锡兰全岛在1796年向英国臣服。除了这些，远东和西印度群岛的其他殖民地也被英国夺取。荷兰海军除了1796年2月有一支小规模远征军从泰瑟尔岛（Texel）溜出，准备夺回好望角之外，直到1797年都留在自家港口毫无作为。远征军无力通过完全被敌人控制的英吉利海峡，只有通过不列颠群岛北部海域，后来一路逃过追击，到达好望角附近的萨尔丹哈湾（Saldanha Bay）。听说荷兰远征军到达，英国海军基地的舰队司令率领一支占有巨大优势的部队启航追击，荷军随即投降。

1794年间，法军的旗帜插遍比利时和荷兰，胜利继续随着莱茵河和法国南方不太引人注目的作战而来。这一年底，除了卢森堡和非常重要的要塞美因茨之外，奥地利军和普鲁士军已经放弃了莱茵河西岸。卢森堡很快遭到进攻，1795年6月也开城投降。在比利牛斯山脉，西班牙人被赶出了边境，初秋在菲格雷斯（Figueras）建立了强大的稳固战壕。11月17日和20日，法军袭击了这个阵地，后来又将这个地方周围工事里的所有敌人都赶了出去，迫使他们撤往赫罗纳（Gerona）。菲格雷斯的1万守军在一周后投降，西班牙人的抵抗被彻底打垮，而战争期间在该战区发生的其他事件则并不重要。

1794年初，法军在意大利边境的战事相当成功，取得了阿尔卑斯山的几个重要山口；进展就到此为止，5月，法军从阿尔卑斯军团撤出了大量部队，掉头进入莱茵河参战。交战双方在1794年余下的时间里就在之前原有的阵地休整。

法国在1794年战役取得的军事成功造成的重要政治成果是在1795年与

普鲁士、西班牙和荷兰缔结了和平条约。与荷兰缔结的不仅是和平条约，还是一份攻守同盟条约。关于海军的主要条款是联合省应提供12艘战列舰和若干快速帆船，在北海和波罗的海巡航，应当允许法国守备队进驻弗利辛恩（Flushing）的重要海港。法荷条约在1795年4月5日签署；与普鲁士的和约在4月5日达成，和约规定，普鲁士基本放弃在莱茵河左岸的领地，根据一份后来的协定，普鲁士还保证在北德意志建立一个中立区；与西班牙的和约7月22日在巴塞尔（Basle）签署，和约规定保持西班牙在欧洲的领土完整，西属的部分海地岛并入法属海地。

另一方面，英国在同一年加强了和它尚存的盟友之间的连接纽带。5月，英国和德意志皇帝达成了协议，皇帝在即将来临的战役中应提供不少于20万的兵力，英国会支付一笔庞大的财政援助以供支持。双方随之缔结了一份防御同盟条约，两国政府都承诺不会单独缔结和约。英国和俄国也结成防御同盟，女沙皇派出12艘战列舰随英国舰队一起在北海巡航。

第七章

1795年的大西洋和欧洲大陆

1795年对法国来说是倒退倦怠的一年。自从王权垮台以来，群众动乱的浪潮聚集了强大的力量和欲望，在意志和野心驱使下，已经冲到了最前沿，在1794年7月到达顶点后迅速退潮。就像海岸边的拍岸碎浪，累积的能量有一部分会在一瞬间激烈的运动中消耗，增加的冲击力越到深处越少，然后彻底消退。向前和向后的冲动遭遇混合，造成动荡和公众情绪的乱流，纯粹的共和运动已经达到了它注定会到的最高点。它已将法国推向深处，并且让许多珍贵的宝石浮出水面，这些宝石在更为安静的条件下，是不会引人注目的。在随后出现的混乱和瘫痪中，这些宝石都会被闲置在海岸上，散落各处，等待强有力的手腕为了法国的荣耀，能够将它们汇集在一起，摆在适当的位置上。

罗伯斯庇尔之死随之而来的反冲力在几个方面出现，都在减弱政府内部活力，将这种活力从迄今为止控制对外扩张的各种手段之中剥离。他的血腥统治招致对怜悯同情的反感，伴随的还有对那些支持和被认为支持他政策的人的复仇情绪。这种放纵的复仇情绪扩散到那些被禁止返回法国的人群当中，他们都叫嚷着要复仇。这些难以调和的情绪，搅扰着议会和人民，搅扰着外省和巴黎，打碎了在吉伦特派倒台后，雅各宾派统治期间支撑政府的那种团结一致的力量。与此同时，革命政府对从头到脚的日用生活必需品设置的各种限制措施被撤销。禁止经销商对主要生活必需品定价超过某个固定价格的全面限价法（The law of the Maximum）被废除。已经贬值的纸币币值加速下跌，现在售货方可以按照希望的价格随意出售常用消费品了。政府强制在支付时按照面值接收指券[①]，随着发行量的增加遇到了困难，从而加速币值下跌。与此同时，作为对武力统治的回应，实物征用已经遭到抑制，各种供给都很难满足需求。贫困和信任缺失遍布四面八方；投机猖獗，政府放松了对恐怖手段的控制，当这种最有力的手段发展到开始令人无法忍受的程度时，政府发现自己已经束手无策。这些措施临近1794年年底前才终结。因此，恶劣影响还不会立即让军队察觉，军队的希望在于部分补给能要求他们在荷兰的新盟友提供。博伊西·德安格拉[②]1795年1月30日在国民公会进行了一次演讲，宣称法军应向欧洲示威，3年的战争并没有使法军疲于奔命，而是增强了更为雄厚的实力。这一年即将见证这种大言不惭是多么空洞，直到拿破仑以他的军事天才再度将欧洲大陆踩在法国脚下为止。

虽然这一年法国发生了许多大事，其国内历史仍可以简要概括如下。政府继续对雅各宾派统治期间遭受不幸的各阶层采取妥协政策，但最近在反雅各宾派的报复行动当中却发生了多起血腥暴行。虽然在法国北部和西部叛乱的旺代人和朱安党人接受了议会提出的赦免，但是他们在南部和东部的报复行动造成了新的恐怖。在集体屠杀和私人暗杀中，共有数千人丧生，其中许多人并不是恐怖主义者，只是激进的共和主义者。在巴黎，雅各宾派由于损失了众多领导人遭到抑制和削弱，却没有立即屈服；在巴黎这个巨大的中

① 指券（assignat）：法国议会在1789—1796年间发行的一种纸币，原先支撑其价值的是1790年政府收回的教会财产，一度曾缓解法国居高不下的国债问题，由于发行量没有得到控制，很快引发了通货膨胀，并且迅速向恶性通胀方向发展。——译者注

② 博伊西·德安格拉（François Antoine de Boissy d'Anglas，1756—1828）：弗朗索瓦·安托万·德·博伊西·德安格拉，法国大革命至第一帝国时代的政治家。他一度和几位吉伦特派人士关系密切，在恐怖时期支持罗伯斯庇尔，又是热月政变的推手之一。督政府时期他曾抨击其软弱无力，在雾月18政变之后一度流亡英国，拿破仑上台后才回到法国。拿破仑称帝后，他当选为帝国参议员。1814年，他投票赞成拿破仑下台，为自己在路易十八首次复辟的贵族院赢得一席之地。拿破仑百日政权期间，他又支持拿破仑，为此在路易十八再次复辟之后遭到排斥。德安格拉尽管以政治投机闻名，但值得一提的是，波旁王朝复辟之后，他仍在谋求新闻自由权，并且一直贯彻到底。——译者注

心地带，由于人民贫困和食品短缺，使他们的情绪有易于被煽动的趋势。4月1日和5月20日，议会各政厅两度被大批包括妇女儿童在内的群众入侵，要求供应面包和执行1793年宪法。在后一次入侵期间，一位议会成员在努力用身体掩护议长时中弹，大部分议员都逃离了议会大厅。留下的议员大多是旧山岳党人，对一些议案投票表决，以安抚人心。第二天，国民自卫军就将这些人从巴黎某些地区赶了出去，造成他们更强有力的反抗和新一轮复仇的渴望。那些5月20日留下来为议案投票的议员被弹劾，恐怖统治时期的所有委员会成员，除了卡诺和另一人之外，全都被逮捕。

随后的6月，一份新的宪法草案被提交给议会，于8月22日通过。这份宪法提议设立一个五名成员组成的督政府（Executive Directory），和一个由两院组成的立法机构；立法机构上院为元老会议，下院称为五百人院。对宪法的这一方案，国民公会追加了一条法令，即新立法机构中的三分之二成员必须来自现议会。9月，宪法和附加法令向全国公布。各外省全盘接受，巴黎拒绝了附加法令；后者的抗议在10月4日引发了巴黎各城区的暴动——一场资产阶级和反动势力对抗国民公会的运动，议会在这种局势下不得不妥协，以寻求那些同情雅各宾派的政党支持。保卫议会大厅及其成员的任务交由巴拉斯[①]负责，而巴拉斯将军事指挥权授予拿破仑将军。拿破仑娴熟的军事指挥，令各城区暴动派的进攻全面溃败。10月26日，国民公会存在三年零一个月后解散。27日，新立法机关开始运作，上议院立即选出了督政府，卡诺也在五名督政官之列。

1795年海上没有发生重大或者引人注目的事件。2月22日，这个月初和布雷斯特舰队余部一起被风浪赶回来的6艘舰船，再度启程前往土伦，这次

---

① 巴拉斯（Paul François Jean Nicolas, vicomte de Barras，1755—1829）：保罗·弗朗索瓦·让·尼古拉斯·巴拉斯子爵，法国政治家，督政府时代的主要行政领导人，贪财好色，时人对其能力评价不高，他最著名的成就就是起用了拿破仑。——译者注

由热努当[①]司令官指挥。尽管由于大西洋的强西风耽搁许久，他们还是在4月初安全抵达目的地，路上没有遇到一艘敌舰。在豪司令官得知布雷斯特舰队在经过1月的灾难性巡航返回母港后，英国海峡舰队已回到斯皮特海德。热努当到达土伦附近时，霍瑟姆司令官指挥的英国地中海舰队正在科西嘉的一处锚地驻泊。热努当分舰队的顺利抵达，使法国海军在地中海以20艘战列舰对英国的13艘战列舰。纳尔逊就此写道："我们海军部的新大臣们是怎么回事，居然会让这样一个分舰队在这里出现！这令我们所有人都大吃一惊。"[②]

在新海军部主持下，海峡舰队的小规模分队继续在比斯开湾或西面海域巡航；直到6月12日，布里德波特勋爵才率领舰队主力出海。10天后，海峡舰队的14艘战列舰在布雷斯特以南的法国沿海，与维拉舰队的12艘战列舰遭遇。这次遭遇是一连串值得叙述的事件相继发生的结果，体现了战争的局势和法国海军的衰弱。布雷斯特和洛里昂分舰队的补给，更多依靠当地的地方运输线，主要工具是小型沿岸运输船，而不是内陆公路。一支3艘战列舰的分队被派去护送从波尔多来的大批运输船。6月8日，这些舰船遇上在比斯开湾巡航的英国分队的5艘战列舰。在法国舰船逃往陆地之前，英国军舰截下8艘运输船。消息传到布雷斯特后，维拉即奉命率当时仅有的9艘已做好准备的战列舰出海，和其他3艘战舰会合。法国舰队成功会师，6月16日，12艘法舰再度和5艘英舰遭遇。英舰暂时撤退后，再度返回它们的巡航海域。法国舰队理所当然会进行追击，英国分队的2艘战列舰航行技术很糟糕，有很好的机会将它们捕获，追击也可以迫使英国分队的其他舰只回援；根据双方的实力差距，结果应当是法国舰队能捕获所有英国战舰。英国分队的康华利司

---

① 热努当（Jean François Renaudin，1750—1809）：让·弗朗索瓦·热努当，法国海军军官。在著名的6月1日海战中，他负责指挥"复仇者"号战列舰，激战之后，由于无法得到友军救助，他转向英军求救。法国一度宣布他在这一战中战死，1794年8月29日追晋海军少将军衔，9月10日他便回国向国民公会报到。次年，热努当奉命率分舰队增援土伦。后来他曾先后指挥过布雷斯特舰队第2分舰队、那不勒斯海军和土伦驻军。1801年他从海军退役，8年后在勒居阿逝世。——译者注

② 《纳尔逊急件》第二卷，第32页。——作者注

令官表现极其冷静坚定；可是在这样的实力悬殊和航速劣势下，没有任何勇气或指挥艺术能够避免灾难发生，但法国人的低下战斗力和拙劣炮术挽救了他们的敌人。经过从17日午前9点直到傍晚6点的长时间持续炮击后，一艘英舰有13人负伤，维拉放弃了这次追击。

5天后，布里德波特的舰队出现了，处于劣势的法国舰队向本国海岸航行，打算在格鲁瓦岛锚泊，伺机而动。英军乘着轻风，追击了整整一天一夜。23日破晓，最快的英舰已经追到距离最慢的法舰3海里以内，这艘英舰上午6点打响了第一炮。维拉的所有信号既不能让舰队组成战列线，也无法引导法军勇敢却缺乏训练的舰员用速度较快的舰船占据位置，支援速度较慢的战舰。杂乱无序的战斗一直持续到8点30分，以英国舰队俘获3艘法舰告终，最后1艘被俘的法舰降旗投降时，距离格鲁瓦岛已不到1海里了。布里德波特随即命令他的舰船撤离，如果继续紧追不舍，敌舰队余部必定不是被俘就是搁浅才能逃避被俘命运，这是法国作家的意见，英国评论家显然也赞成这一观点[①]。可布里德波特没有那样做，维拉得以不受干扰地进入洛里昂，尽管他不得不等到潮水来临时才能这样行动。这种英国海军早期行动中的极端谨慎作风，直到杰维斯和纳尔逊由于拿破仑在陆战中的成功，激发海军持续不断的热切精神才改变。对照杰维斯和纳尔逊在圣文森特海角、尼罗河、阿尔赫西拉斯和哥本哈根已经永载史册的事迹，再回头看这次轻易让9艘即将就擒的法舰从14艘英舰手中逃脱的战斗，会令人目瞪口呆；忘记已经深入人心的遵循传统的做法，这是只有以天才开启新的作战方式使其他热切跟从的人才能达到的境界。英国海军部对布里德波特在这一战的表现的看法，可以从他能一直在海峡舰队司令的职位上留任到1800年4月推断出来。到达洛里昂的法舰不得不在那里滞留到冬季，然后他们能三两成群地分头赶回布雷

① 舍瓦利耶：《法兰西共和国海洋史》，第216页。《科德林顿海军上将传》第一卷，第36、37页。——作者注

斯特。

格鲁瓦岛的灾难，还有一些在地中海的类似小规模不幸事件[①]，提供了充分的证据证明，法国舰队的军官和水兵都缺乏战斗力，这一点显而易见，这种情况促使法国政府放弃了争夺海上霸权的所有企图，这样也就造成了造船厂用于装备和维护的各种物资极度短缺。英吉利海峡和科西嘉岛的森林都在英国手中，海事物品的补给来源被切断了；除了供给海军的物资之外——海军并不是最受重视的国家机构，正遇到和处于指券贬值冲击的其他公共机构同样经历的困难，他们能够支付给承包商的只有指券。1795年底，1200法郎纸币最多相当于20法郎金币的价值。公安委员会决定接受海军处于劣势的事实，在各港口保持大舰队，仅充当对敌人的一种威胁，派出海的只有小分队以捕获敌人的贸易船，以及向自己的殖民地征收贡赋。

从1795年底开始，这一政策一直都被法国奉行，拿破仑皇帝在几度由于海军军官们无力胜任而功败垂成后，意识到了尽管他极其擅长陆战，对大规模海战终究无能为力时，也接受了这一政策。他的最高军事天才接受这种小规模战争体制显得很不情愿，这一事实可以成为一种明证，那就是在海上就像在岸上一样，伟大的战果只能寄希望于采取大规模行动达成。历史也已经对这一结论做出了评判：采取分舰队和分队规模的作战方式，依靠公共和私人贸易破袭舰辅助，实际上没有达成任何战果，对战争的结局定不会产生任何作用。另一方面，当拿破仑确信他无法期待他的舰队取得决定性战果时，就只有将海军当作骚扰或牵制性手段，也就必须采取适应劣势海军的相应政策。假设很多地点都处于威胁状态，通过频繁的威胁，达到使敌军优势兵力分散的效果，就可能制造让敌人的分遣队被较大规模兵力各个击破的机会——这应当成为处于弱势海军遵循的行动纲领。这种方式可能真会收效——在拿破仑的几场出色战役中，原先的劣势兵力最终成为优势——那必

① 见本书下文第八章马丁与霍瑟姆之间的战斗。——作者注

须是在海洋边界的几个精心挑选的地点上的一批兵力集中的舰船；一旦这些舰船有效逃脱，就能组成一支舰队，打击一个或多个暴露在它眼前的敌军分队，可能会给敌人造成一场大灾难。除非能造成这种兵力集中的效果，否则纯粹的分散兵力毫无意义。劣势达到一定程度就会变得无能为力；一个在战列舰方面处于劣势的国家，仅凭所有的贸易破袭舰无法幻想恢复实力平衡。

1795年，法国在陆地的军事行动和海上一样明显处于弱势。法国外交的成功归因于1794年的军事胜利。这一年初，皮什格鲁被从荷兰调往上莱茵，他留下的职务由莫罗[①]接替。他们两人的军团分别位于桑伯尔和默兹（Meuse）河，两人之间的部队仍由儒尔当指挥，集结在莱茵河左岸的杜塞尔多夫（Dusseldorf）和科布伦茨之间。当时已经提出，一旦三个军团共同行动，皮什格鲁会成为总司令官，但由于恐怖统治的强制性约束被解除。在这个不比往常的严冬，这三个北方军团出现了大量开小差的逃兵。意大利军团的情况甚至更糟；物资的可怕短缺，在一年后随着拿破仑就任司令官的著名宣言为人熟知，这又导致了各级官兵的更大损失。到了一月底，1.7万人被从意大利军团调往土伦，加入准备入侵科西嘉的行列。科西嘉远征军并没有启航；他们经历和承受的痛苦，使最能吃苦耐劳的士兵们都抛弃了他们的军旗，于是这两个满员师重新回到原军团，还不足1万人。[②]

在这种条件下，军事行动只能是缓慢的；需要拿破仑这样的军事天才来提供动力，这种动力是已经严重削弱的中央政府不能再给予的。1795年3月4日，由于公安委员会成员的法定任期已到，伟大的卡诺也被解除战争指导

---

① 莫罗（Jean Victor Marie Moreau，1763—1813）：让·维克托·马雷·莫罗，法国陆军将领。莫罗是大革命时期实力和声望仅次于拿破仑的几名将领之一，帮助拿破仑掌握法国大权。他是一位共和主义者，反对拿破仑称帝，因此被迫在1804年经西班牙流亡美国。1812年，在美国隐居数年后，莫罗得知拿破仑的征俄大军败北，终于决定返回欧洲，和他的老朋友，当时成为瑞典王储卡尔·约翰的贝纳多特取得联系，成为反法盟军的顾问，希望在击败拿破仑之后，组织一个共和政府。1813年8月27日，他在德累斯顿战役中受致命重创，6天后便离开了人世。——译者注

② 若米尼：《法国大革命战争》第八卷，第74页。——作者注

权。之前已经提到过，攻陷卢森堡是在封锁式的缓慢进展中完成的。9月，在这一季即将结束时，法军的各军团开始行动。儒尔当和皮什格鲁当时奉命从他们广阔的分散阵地，发动联合入侵作战，意图在敌国境内会师。儒尔当越过莱茵河，向南推进到美茵河（Main）一线，随即进逼美因茨，奥军望风而逃。皮什格鲁在曼海姆城外架起大炮，威胁轰城，城内不经一弹即开门投降。在这次成功以后，他没有打算乘胜追击，拖拉又缺乏协同的行动使奥地利将军克莱法伊特①将各军团集中在美茵河和曼海姆之间，分断了两路法军。要么是因为愚蠢，要么是由于受累于整个政府日益增长的无能，新的战争的指导机构没能为那些在物资贫乏的荒野地区集结的法军士兵提供所需的各种补给。克莱法伊特集中兵力对儒尔当物资短缺、处境困难的军团发动了一次有力进攻，迫使他退过莱茵河。克莱法伊特留下一个军监视和防备南面的皮什格鲁，随后亲自率部从美因茨过河，向法军从去年开始就包围的莱茵河左岸防线猛攻。法军的包围部队被从不同方向各个击破，奥军大量涌入莱茵河西岸地区，将儒尔当和皮什格鲁完全分割。

此时正是国民公会解散和督政府上台之时。卡诺成为五名督政官之一，他深知保住曼海姆的重要性，这个要地正受到最近逆转的战局威胁，很可能失守。他向儒尔当发出紧急命令，让他南下支援他的同僚，可以根据他自己的判断采取措施。但为时已晚，前政府混乱的虚弱状态和无知使军事部门无计可施，一支劣势陆军完全不足以和占据优势战略位置的奥地利大军匹敌。9月20日向法军投降的曼海姆，11月22日即由奥军夺回，奥军随即向莱茵河西岸增兵，进攻皮什格鲁，克莱法伊特继续深入攻打另一个法国军团。随着

① 克莱法伊特（François Sebastien Charles Joseph de Croix, Count of Clerfayt，1733—1798）：弗朗茨·塞巴斯蒂安·卡尔·约瑟夫·德·克鲁瓦·克莱法伊特伯爵，出生于奥属尼德兰的奥地利将领，参加过七年战争和奥土战争。法国大革命战争初期，他在不伦瑞克公爵的普奥联军负责指挥奥军，参加了历次重要战役。1795年对皮什格鲁的这次成功战役使他获得奥地利陆军元帅衔。年底他在和法军签署停战协定后返回维也纳，后来就离开现役，1798年7月在维也纳病逝。——译者注

这次成功，为他这一年辉煌的军事行动画上了句号。天气已经变得极为恶劣，使交战双方都非常虚弱；12月19日，克莱法伊特提出停战协定，儒尔当正求之不得。奥军年初还在莱茵河东岸，这时在西岸已有大量兵力，依托美因茨和曼海姆，占据了有利的前沿阵地——这两个要地让他们能在莱茵河的任何一边持续作战。

休战期持续到1796年5月30日，当法军按照停战协定条款的要求发出通知以后，再度越过莱茵河开始行动。尽管随着这次新的调动发生了大量有教益的军事事件，此时的利益核心已经从北方转移到共和国东部的意大利边境地带了。直到签署《坎波福尔米奥和约》瓦解反法同盟为止，拿破仑在意大利的胜利一直束缚着奥地利的手脚。拿破仑的耀眼生涯已经开始它的最初阶段，直到其终结为止，都是法国历史的主线，这段历史的其他事件也与之相关，遵循这条主线的话，这些事件之间的相互关系就很容易理解。因为拿破仑的历次意大利战役深刻影响了地中海的政治和海事条件，所以我们对海军历史的叙述自然转入地中海海域。在地中海，他下一步开始着手从事无与伦比的非凡事业，许多人谴责他这么做纯属异想天开，但这次冒险还是刻上了他天才性格的鲜明印记。在地中海，他首次和英国海上力量发生冲突，英国海权注定会毁掉他的光辉生涯，英国海军最伟大的水兵们，将对英国海权的力量进行最佳诠释。

经历过那些战争的著名军事史学家说道："1795年间，法国经过12个月的胜利后，很快就几乎丧失全部占领区；法国受到内部反动势力威胁，只有在逆境中将自己解救出来，去改善制度缺陷。次年，我们将发现法国会发动更大规模的战争。长期主宰法国命运的伟大将军会用胜利让这个国家登上辉煌顶峰，然后由于漠视正义和节制，再让它坠入深渊。"[1]

---

① 若米尼：《法国大革命战争》第九卷，第341页。——作者注

第八章

地中海与意大利：从1793年土伦撤退到1796年英国海军撤出地中海，1797年2月圣文森特角海战，奥地利被迫求和

1793年12月19日，在撤出土伦后，胡德勋爵率领他的舰队来到耶尔泊地——土伦以东数海里的同名群岛组成的一个锚地。他在那里度过了1794年1月的大部分时间，整备他的舰船，考虑下一步应该采取什么措施来确保英国在地中海的利益。

和一支陆军一样，对一个舰队必不可少的是，要经常留在靠近补给仓库的地方，在船上有限的补给耗尽之后，可以依靠仓库将补给装船，还可以改装和整修舰船。从军需仓库到陆军部队或舰队的路线，在军事技术上被称为交通线，应当位于最易被本方武装部队保卫的地方，不妨碍补给线之间的行动自由，以达到战争目的。换言之，这个补给仓库，或者说补给基地，应当靠近作战地区，当条件可行时，位置应当便于本方舰队直接或间接插入敌人与基地之间。在帆船时代，距离远近倍加重要，舰船的航行取决于多变的风向因素；一旦风向改变，一艘船为了回去整修不仅要花费更多时间，在返航时也会给补给造成更重的负担，相应的在战场上就只能维持一段较短的时间。

土伦暴露在大陆方面的压倒性猛攻之下，它面临的形势要求付出更多的努力去维系，但是只要有效守住土伦，它就能充当这样一个基地。现在，土伦港已经失守，英军基地一下子被移到地中海入口处的直布罗陀，那里离双方冲突地区900海里，可以充当英国舰队在岸上储存军需品的安全仓库，也

是一个可供运输舰船和伤残战舰停泊的安全锚地。

虽然占据适合充当基地的有利位置，可以决定计划中的军事行动的性质，但是从逻辑上来说，应当首先确定需要采取怎样的军事行动，对基地位置的选择取决于这些行动。和当时在其他地方一样，英国在地中海的基本政策是为了保护贸易控制海洋，并且在陆地上主要通过金钱维持大陆列强对法国的战争，在可行的时候会使用海军协同作战。为了支持陆战，它通过外交谈判努力促成各派势力在整体军事行动上的联合。如意大利境内分为多个小的独立邦国，为了促使它们能够联合行动，并且树立安全意识，在对抗法国的决定性战役中，这种安全意识就只能寄希望于在它们之间出现一股强大的力量，诸如英国舰队所显示出来的实力。无论意大利各小国的传统还是他们统治者的性格，都不能使他们平等地组成紧密的联盟；同样，如前所述，它们中间也没有任意一国足以占据主导地位，充当其他各国在周围聚集的核心势力。唯一可能的中心势力就是英国，因为它的舰队表现出了这种实力。此外，如果不能像英国所做的那样，去鼓动意大利各国采取积极、协调统一的行动，也要使它们对自己和盟友采取善意中立态度，并且阻止它们可能会因为共和派的要求以及对法国陆军的恐惧采取敌对措施，这是符合其利益的。意大利沿海的所有友好港口对英国航运的安全及贸易的发展都必不可少。最后必须补充的是，坐卧法军和奥军之间，尼斯（Nice）和热那亚之间海岸的地貌特征，对于进行直接的海军协同作战特别有利。阿尔卑斯山脉和亚平宁山脉绵延而下，靠近海洋，只在沿岸地区留下了一条狭长的交通线，运输路况非常糟糕，很多地方都处于海上炮火的打击之下。[①]这种情况使陆军主要依靠沿岸贸易船进行补给，贸易船的行动会受到军舰的扰乱和阻碍，虽然军舰无法让所有航行的船只完全停止行动。

① 若米尼：《法国大革命战争》第十卷，第62页。原文为“英国战舰炮火下的可怕沿海道路”。——作者注

科西嘉岛当时的政治局势正处于保利领导反法斗争的阶段，看似可以为胡德提供他正在寻求的战略位置。对岸上可能采取的军事行动来说，科西嘉正好处于附近的中央位置；圣费奥伦佐湾（San Fiorenzo Bay）可成为供舰队使用的主要锚地，这里距离尼斯和热那亚的距离相等，都是约100海里。英国在地中海最大的贸易货栈之一，托斯卡纳的海港利沃诺，也是英国希望能加强影响力的地方，这里距离科西嘉岛北端的科索角（Cape Corso）只有60海里。所有与北意大利进行的贸易都不得不通过科西嘉附近的海域，因此如果这些海港仍在法国人手里，这些贸易就暴露在被捕获的风险之下；尤其该岛周围海域多平静无风，便于划桨小船行动，抵消了一支风帆海军的实力。科西嘉是个岛屿，要控制它取决于海洋；尽管它的面积和高低不平的地理条件对占领它是一种阻碍，人们依然相信接受英国的保护是摆脱法军统治的唯一手段，法军当时还占据着圣菲奥伦佐，巴斯蒂亚（Bastia）和卡尔维（Calvi）的海港。

曾在英国占领土伦的最后一个月期间，担任驻土伦民政专员的吉尔伯特·埃利奥特爵士[①]在1794年1月初离开耶尔湾，去科西嘉会见保利。当时保利曾提议将该岛并入英国，埃利奥特受到科西嘉人民的热情款待，科西嘉领导人的保证让他相信这是他们真心实意的做法。于是在他提出要求后，胡德于1月24日率整支舰队从耶尔岛启航，向圣菲奥伦佐湾进发。这时天气情况变得异常恶劣，胡德舰队的几艘三层甲板战舰不适合在恶劣天气下航行，于是司令官被迫将它们送往厄尔巴岛的费拉约港（Porto Ferrajo），只能改派一支分遣队去圣菲奥伦佐。这支分遣队2月7日在圣菲奥伦佐外海出现；在经过一

① 吉尔伯特·埃利奥特爵士（Gilbert Elliot-Murray-Kynynmound, 1st Earl of Minto, 1751—1814）：吉尔伯特·埃利奥特-穆雷-基宁蒙德，初代敏托伯爵，出生于苏格兰，英国政治家和外交家，与埃德蒙·伯克是好友。1777年至1797年间被称为吉尔伯特·埃利奥特爵士。1794至1796年间短暂出任英属科西嘉总督。1797年，他获得穆雷-基宁蒙德的名号，受封敏托男爵。1806至1813年间，他出任印度总督，先后晋封梅尔根德子爵和敏托伯爵，离任印度总督一年后逝世。——译者注

系列陆海联合作战后，海军发挥了非常明显的作用，使地面行动也得以分享战果，法军在当月19日撤出城镇和当地的工事，向巴斯蒂亚撤退。随后，胡德司令官敦促对巴斯蒂亚发动进攻，科西嘉的陆军将领却认为他无法分派足够的兵力。当时曾一度执行封锁巴斯蒂亚任务的纳尔逊强烈主张这一计划的可行性；在两位陆海军总司令官进行一番激烈争执之后，胡德决定由海军和那些从船上登岸的英国陆战队实施围攻。4月3日，英军陆战队开始登陆；法军在巴斯蒂亚一直坚守到5月21日才投降。随后卡尔维易主，作战从6月19日开始，在8月10日，随着这座城镇收复而告终。整个科西嘉随即从法国占领军手中解放，这几乎完全依赖海军的战果，尽管陆军在圣非奥伦佐和卡尔维的行动中出过力。由于胡德的当机立断和纳尔逊的极力主张才促成对巴斯蒂亚的围攻；城内的3500名正规军是向城外的1400名水兵和陆战队员投降的，吉尔伯特·埃利奥特爵士认为“对港口的封锁是削弱巴斯蒂亚的主要手段”，这一点几乎毫无争议。围攻卡尔维时，纳尔逊失去了右眼。

围攻巴斯蒂亚和卡尔维之间的时期，科西嘉召开全体代表大会，随后在1794年6月19日提出，将这个海岛的统治权献给英国国王。随着军事行动的成功，这一政治举动使英国完全占据了这个岛屿。用埃利奥特的话来说，要占据科西嘉依赖于强大的实力[①]，只有靠这种实力才能在科西嘉坚持下去，英国政府却没能提供更强的实力。科西嘉人民对保利的热爱以及他和他们共同度过的忧患时期，使他们热切期盼与英国的联合，以最为温馨的喜悦之情接受了这种联合；这些都是基于在感受到危险之后得到的安全保障，英国和科西嘉之间的这种“初恋”由于民族气质和组织体制的截然不同，随之而来的就是伴随这种勉强联合的各种问题。只要迅速行动，派出有力的驻军，外国占领的好处还是显而易见的，不满情绪也会向出于利益的考虑让步，科西嘉岛仍会留在英国的统治之下。问题是英国政府行动太迟缓了，埃利奥特已

① 《敏托勋爵传》第二卷，第274页。——作者注

经敦促过英国政府，只要等联合法案一通过，就应当立即赋予他接管行政事务的权力；政府没有这样做，保利在他原来的职位上留任了4个月，并使他对那位并不陌生的注定的继任者产生了嫉妒心。这种他所怀有的科西嘉人的强烈感情也传递给他的追随者；10月，在经过4个月间隔后，埃利奥特获得科西嘉总督的权力时，这种情感上的隔阂已经存在。保利继续在科西嘉滞留了一年，直到他离开时一直都是让总督觉得麻烦的一个因素，这也给亲法派增添了力量，他们开始变得人多势众。

1794年间，比利时和德意志边境的军事行动最为重要，西班牙方面的战事也令人瞩目，这些使意大利和阿尔卑斯山的法国军队相对沉寂，此前他们已将阿尔卑斯山脉的主要通道掌握在手中，并把战线推进到热那亚领土边界的瓦多（Vado）。1795年初，一支1.8万人[①]的部队被调去土伦，准备入侵科西嘉；尽管法军在土伦港有15艘战列舰，他们觉得如果舰队要承担一支庞大运输船队的护送任务的话，舰队司令官和军官们都不具备在一支接近实力相当的敌舰队面前操控这支舰队的必要战术技能，这是康弗朗斯（Conflans）1759年计划掩护法军入侵英国情形的再现。在陆海军联合远征行动当中，舰队和陆军应当一同出发是一条准则，在运输时会面临战术困难是毋庸置疑的。如果舰队不能在遇到敌舰队时成功地避免受阻，这种远征就只会造成陆海军一同在遭遇战中遇到灾难。在这样一种不确定的条件下，决定土伦舰队应当单独出航倒并无不妥；因此，1795年3月2日，马丁[②]司令官率15艘战列

---

① 原文如此，与前一章相关内容略有出入。——译者注

② 马丁（Pierre Martin，1752—1820）：皮埃尔·马丁，法国海军军官。他出生在加拿大的路易斯堡。七年战争时期，路易斯堡被英国占领，马丁全家迁往法国罗什福尔。马丁成年后参加了美国独立战争时期的一些海上战斗。大革命时期，由于法国海军高级军官奇缺，马丁受到重用，1792年晋升海军上尉，1793年11月已经晋升为海军少将，次年初开始成为土伦分舰队总司令。由于舰队实力有限，马丁在后来的海战当中并无突出表现。在土伦港被英军优势兵力封锁后，他派出大批小型分队实施短促出击。1796年3月，他晋升海军中将，土伦舰队司令一职被布吕埃斯取代。此后他一直兢兢业业，直到第一帝国垮台为止，一直忠于职守。1814年退役后，他又在“百日政权”时期复出。为此波旁王朝复辟后，将其视为拿破仑心腹党羽，使他一度计划流亡美国。最终，路易十八还是在1817年封他为伯爵，直到1820年去世，他都没有离开法国。——译者注

舰、7艘快速帆船和5艘更小的舰船一同出海。尽管这支舰队的舰船数量相当可观，但战斗力较差。在战列舰上的1.2万名官兵中，有7500人此前从没有出过海；根据马丁的报告，扣除军官和士官，他舰队的所有人当中只有2700名水兵能操作舰船。①

胡德前一年11月已经回国，预计以后还会返回；现在的英国地中海舰队暂由霍瑟姆将军指挥。根据法军有出港迹象的报告，霍瑟姆在冬季曾在土伦外海巡航3个星期，在遭遇连续的极端恶劣天气后，1月10日回到圣菲奥伦佐。大约在1月22日，他为了掩护一支预计从英国来的护航船队，在港内留下一艘74门舰炮的“贝里克”（Berwick）号战列舰，率舰队再度出航。“贝里克”号留下是因为军官显然太大意了，居然会在收帆时让船上的桅杆落入海中，缠上了锚链。经过一段更为艰难的巡航，舰队在2月25日进入利沃诺，“贝里克”号仍留在圣菲奥伦佐湾，它的维修被延误，这只能归因于海军资源的缺乏。舰队来到利沃诺可能是出于两方面的需要，一来是为了自身的补给，二来是为了提醒摇摆不定的托斯卡纳人，英国舰队就在他们的大门口；“贝里克”号事件充分证明个别人的粗心大意会造成怎样深刻的影响以及舰队主力直接或间接造成小股分遣队失去掩护，暴露给敌人是何等失策。3月7日，法国舰队进入科索角海域，几乎在同一时刻发现了“贝里克”号，这艘英舰刚刚在前一天离开圣菲奥伦佐前往利沃诺。由于船体依旧残损，它被法舰轻松追上，中午被迫投降。

次日，霍瑟姆在利沃诺得知敌人已经出航，第二天上午便在黎明时分就率舰队出海追击。11日，英法两国舰队彼此进入对方视野，法国舰队在英国舰队南面远处的上风位，处于舰炮射程之外，这种情况持续到了12日。那天晚上，一艘74门舰炮的法舰失去一根中桅，与主力分离，使法国舰队战列舰数量减少到14艘。次日上午，80门舰炮的“成功”号撞上前方的先头船只，失去了前桅

---

① 舍瓦利耶：《法兰西共和国海洋史》。——作者注

和中主桅，使舰队陷入焦虑和危险，这是一艘仍在舰队中的残缺战舰必然带来的副作用。在它退出战列线后，一艘英国快速帆船上前紧靠着它桅杆已折的一侧，骚扰了一段时间，没有受到任何反击，随后纳尔逊所在的“阿伽门农”号（Agamemnon）战列舰在它周围骚扰，直到几艘法舰前来营救为止。

就在这天晚上，法国舰队最重的战舰，120门舰炮的“无套裤汉”号（Sans Culottes意为无套裤汉，法国大革命时代革命派的诨名。）退出战列线，驶往下风位，第二天上午失去了踪迹。“成功”号被交给74门舰炮的“审查”号（Censeur）拖运，破晓时分，这两艘战舰落在法国舰队东北方的一段距离之外。双方在这个时候由于风向的不规则变化离得更远，现在风向转向西北，对英军有利，那些分散不远的舰船迅速投入战斗状态。这种局部战斗继续进行时，双方舰队重新调整了战场航向，法国舰队试图从“审查”号和“成功”号两艘负伤战舰和英国舰队之间穿过，来掩护那两艘战舰，由于发生了某些误会，这一行动没能完成。当两军前锋从相反航向缓缓靠近时，进行了激烈的炮火对决。在这次炮击中，英国舰船靠得不够近，受到法舰炮火压制，其中两艘战舰受伤较重。这样一来，法军主力就让敌舰切断了他们和失去战斗力的舰船之间的联系，那些舰船在进行非常英勇的抵抗，损失400人和部分桅杆之后，被迫投降。双方舰队继续逆向航行，很快分离，离开了对方的视野。

由于风向的不确定性，加上英国舰队的三层甲板战舰航海性能较差，使得这次作战毫无战术意义，双方两位水准非常平庸的舰队司令官也没有测算过该如何克服他们所遇到的困难。马丁的法国舰队发生了许多事故，“无套裤汉”号在那样的时刻和主力脱离，显示了法军舰长的能力较差，这也许可以证明霍瑟姆的评价，即他取得的成功更应归功于他指挥的那些可贵的军官们的积极主动，而非他本人的能力。纳尔逊写道：“在我们前锋的炮火减弱，‘成功’和‘审查’号受伤后，我登上了霍瑟姆司令官的旗舰，建议他留下我们的2艘伤残战舰、2艘战利品和4艘快速帆船，去追击敌人。他的态度非常冷淡地他说：‘我们必须满足，我们已经干得很好了。’古达尔[①]将军支持我的看法；我让他给司令官写信，这封信没有用；我们本应取得据我所知英国史上前所未有的辉煌胜利。”[②]舍瓦利耶的看法是：“霍瑟姆将军表现得非常谨慎，他可能不了解共和国临时拼凑的舰队。海上战斗需要状态良好的舰船、胜任的水兵、技术娴熟的炮手和能够适应秩序的军官，这样才能进行军事部署和分舰队机动，而这些我们都没有。”[③]几个月后，纳尔逊在提到同一支法国舰队时写道：“敌人的水兵和军官都很不像样。”[④]法国舰队的这次失利直接导致远征科西嘉的计划胎死腹中。

这场海战结束后，一场风暴迫使英国舰队进入拉斯佩齐亚（La Spezia），使74门舰炮的“卓越”号失事。这艘战舰在战斗中受伤，在风暴中无力在拉斯佩齐亚海岸外海支撑。这艘战舰的失事，加上“贝里克”号被俘，使英法舰队的损失相当。法国舰队在耶尔湾锚泊，“无套裤汉”号在那里与主力会合，随后它们在3月24日一同回到土伦。4月4日，热努当司令官从布雷斯特来到土伦[⑤]，使土伦舰队的可用兵力达到19到20艘战列舰；现在他们的敌人只有13艘英国战列舰和2艘那不勒斯战列舰可用。尽管英军极度缺乏装备和维修所需的物资[⑥]，组织体系、军纪和军官训练方面的优势，使他们并不会真的非常焦虑。5月，在土伦发生了一场雅各宾党人的暴动。政府已下令让马丁挟与热努当会合之势，以优势兵力寻敌再战。暴徒们高声叫

---

① 古达尔（Samuel Granston Goodall，？—1801）：赛缪尔·格兰斯顿·古达尔，英国海军军官，参加过七年战争，美国独立战争和法国大革命战争，在英国皇家海军服役长达50年。地中海舰队进入土伦港时，他出任英军驻土伦总督，离港后出任地中海舰队副司令官，辅佐胡德及其继任霍瑟姆。他在作风保守的霍瑟姆麾下不得志，在霍瑟姆被召回后，眼看自己无望接管舰队指挥权，失望之余，降下自己的将旗回到岸上。海军部鉴于他的资历，1799年晋升他为海军上将，直到他逝世为止，再没有得到出海的机会。——译者注

② 《纳尔逊急件》第二卷，第26页。——作者注

③ 《法兰西共和国海洋史》，第186页。——作者注

④ 《纳尔逊急件》第二卷，第50页。——作者注

⑤ 详情见前文。——作者注

⑥ 纳尔逊在1795年5月4日的急件中提到：“我们在直布罗陀的这一边（即地中海）无法得到另一根桅杆。”——作者注

嚷，说一旦舰队启航，革命的敌人就会进城屠杀爱国者。除了布雷斯特分舰队之外的水兵们都离开了自己的舰船，以心念国家存亡为由，参加街头游行。土伦人甚至在着手对马赛进行一次远征，然而中央政府正在变得更强大，或者毋宁说暴乱分子变得疲惫了，在经过一次微不足道的冲突后，土伦人便退回他们的城市，表示顺从。大量的水兵已经擅离职守，把他们追回来，必然拖延了舰队出发的时间，最终17艘法国战列舰6月7日才出海。一个有利的出击时间就此错过，而英国人最终得到大量增援。

在拉斯佩齐亚进行部分整修后，霍瑟姆将带领舰队前往圣菲奥伦佐，3月30日到达那里。4月17日，他再度出发去梅诺卡岛，希望能在那里和援兵及运送急需补给的运输船队会合；一连串的西风使舰队迷失了航向，没能到达目的地，直到27日，他们意外也非常幸运地遇上一支从直布罗陀来的军需船队。司令官立即带领这支军需船队驶向利沃诺，次日便到达目的地。如果法国舰队在本国港口的整修能像英国舰队在外国港口一样快，及时和热努当带来的援兵一起出海，哪怕他们的舰队没有和英国舰队交战，也应当能够截获这支重要的运输船队。当时还是一介普通舰长的纳尔逊，在他的通信文件中，不断地以自己生动的文笔证实这场战役面临的危急状态。

5月8日，霍瑟姆再度出发前往梅诺卡岛，直到6月14日，一直在该岛外海巡航。这一天，罗伯特·曼①海军少将从英国带来的9艘战列舰②的援兵和他会合，使英国舰队在数量上和质量上都处于优势。由于预期一支运输船队也会来，英国舰队在同一位置一直等到22日运输船队抵达为止。随后英军的

---

① 罗伯特·曼（Robert Mann，1748—1813）：英国海军军官。曼参加过美国独立战争和法国大革命战争。1794年7月晋升海军少将，次年率部在地中海舰队服役，一度以后来纳尔逊的旗舰“胜利”号充当自己的旗舰。曼参加的大型海战不多，更多负责封锁敌港和为本方补给船队护航的任务。1796年10月，曼因为擅自率部返回英国整修，遭到杰维斯猛烈抨击，不久便被勒令离开舰队，此后再没有得到舰队指挥权。他仍逐级凭其资历晋升至海军上将，直到1813年去世都未离开海军。——译者注

② 詹姆斯作品第一卷，第297页。《纳尔逊急件》第二卷第47页称曼带来的战列舰为6艘。——作者注

所有舰船一同向圣菲奥伦佐启航，6月29日在那里锚泊。7月4日，霍瑟姆派纳尔逊率他自己的战列舰和一些小船去热那亚的里维耶拉（Riviera）配合奥军对法军的军事行动；这支分队遇上了马丁的舰队，然后被迫返回圣菲奥伦佐，据纳尔逊所说，敌舰队给他的分队“很大压力”，他们一路追击，直到看见锚泊的英国舰队为止。英国舰队赶快起锚，直到14日才在耶尔群岛附近赶上法国舰队，双方在那里发生了一次很小的冲突，结果74门舰炮的法舰“阿尔西德”号（Alcide）在投降后，很快就起火爆炸。这起小冲突是最后一起和霍瑟姆司令官直接相关的事件。胡德在他从英国返回之前，已经被明令免去地中海舰队司令官职务；霍瑟姆不堪重负，认为自己不适合当此重任，事实已经证明他确实难以胜任，于是请求调职，随后在1795年11月1日降下了他的司令旗。

在耶尔群岛外海的海军冲突之前，双方在意大利的陆军几乎无所作为。法国陆军的兵力远逊于盟军，物资极度短缺，被迫留守一条漫长的防线，这条战线最靠近海的前进据点是瓦多。奥地利军已将自己的战役计划强加给撒丁军，根据这一计划，奥军将攻打法军在瓦多的最右翼，然后迫使他们沿滨海路线后撤，同时撒丁军从另一侧翼进攻，通过亚平宁山脉诸山口推进到滨海阿尔卑斯山脉（Maritime Alps）的起点科尔迪坦德（Col di Tende）山口。英国舰队在沿海海区配合行动，这一因素在很大程度上决定了奥军的计划。通过占据瓦多和它东面的里维埃拉地区，一直都在进行的热那亚和托斯卡纳各港口与法国南部的沿海贸易将会停止；这将是一件会对共和国产生重要影响的事件，因为法国南部各省生产的粮食只够消费3个月，其余部分都依靠从北非柏伯利国家和意大利取道托斯卡纳输入。英国分舰队在瓦多沿海出现后，普罗旺斯的居民、土伦的海军和意大利的陆军，将只能依靠糟糕的内陆公路从法国北部获得补给。[1]此外，瓦多湾还是尼斯和热那亚之间最好的泊

① 若米尼：《法国大革命战争》第八卷，第75页。——作者注

地。6月13日，奥地利将军德文斯（Devins）开始行动，无视保持中立的热那亚政府的抗议，率军穿过热那亚领土。法军顽强抵抗，然而不利条件实在太多，6月底，他们已经撤退到博尔盖托（Borghetto，靠海）到奥尔梅亚（Ormea在山地中间）一线阵地，放弃了瓦多和这条战线之间的沿海城镇。现在德文斯呼吁霍瑟姆的海军支援，如上文所述，英国舰队司令派出纳尔逊的小分队。纳尔逊与法国舰队的遭遇，拖延了他到达的时间，这给德文斯提供了按兵不动的托词；于是德文斯利用这段时间来修筑他的阵地和改善后方的路况。

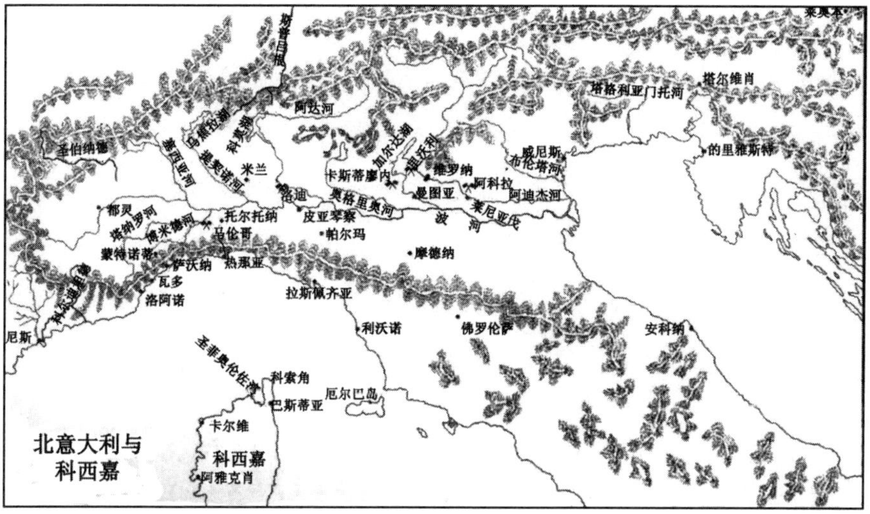

地图1

7月17日，纳尔逊抵达热那亚，带上英国驻热那亚共和国公使，随即赶赴瓦多，21日在那里落锚，即刻与德文斯磋商。德文斯告诉他，他认为在法军迫于粮食短缺撤退之前，奥军已不能继续向纵深推进，他期待英国海军的行动能造成法军缺粮的结果。纳尔逊向这位热那亚公使解释说，法军的粮食补给现在都靠中立国船只运载，他无权制止这些船只；由于他从海军部得到的严格命令，限定他在遇到这种情况时没有合法措施可用，一旦要拘捕这些船只，只有等到英国了解所有情况，再根据政府传达的指示去做。在此期间，船上装载的易腐烂物品会很快变质。虽然这种前后不一致的程序，是内阁决定军事行动的特点，会令纳尔逊这种总是倾向快刀斩乱麻的人很恼火，但是，由于他穷得无法为此承担金钱方面的责任，所以无法倚仗自己的权威无视内阁的规定。英国驻热那亚和撒丁的公使都同意他采取行动满足德文斯的愿望。随后纳尔逊以他一贯表现出的勇于承担责任的无畏精神（有时会出于季节原因例外），给他的快速帆船下令捕获每一艘驶往法国或者驶向法国战线以内港口的船舶，无论这艘船属于哪个国家。与此同时，奥地利将军也派出了小型巡航舰船；根据若米尼的简略主张，德文斯对所有落到他手中的沿海船舶征税，强迫他们花钱购买通行证，挪用资金中饱私囊。尽管尽了最大努力，也不能阻止非常小的船舶进行运输，这些小船会在夜间紧靠着海岸进行短途航行[①]；纳尔逊的命令无疑对托斯卡纳和阿尔及尔的大型船只禁运产生一定效果，但无法防范热那亚的沿岸贸易船为法国人提供补给。法军阵地后方相当数量的港口属于热那亚，当地居民依赖海运供给食物，也给纳尔逊的封锁行动增加了难度。要对这些居民痛苦的哭泣充耳不闻，或者防止在那里上岸的补给品被法军所用，都是不可能的。

这些情况应该会使德文斯将海军配合作战仅视为一支小规模部队的努力，足够骚扰，但无力摧毁敌人的交通线；应当引导他使用自己的方式，在法军数量依然处于劣势，他们的阵地还没有变强之前，尽早积极采取行动。他没有这样做，而是利用撒丁人和英国人——他不将他们当作盟友，只当作他不采取行动的借口——在他能够推进以前，需要撒丁人和英国人采取行动。因此，夏天就这样耽误了，法军忙于加强他们的战线，在和西班牙议和后，将比利牛斯军团调来增援意大利。纳尔逊踌躇满志地计划用船运送一个军的奥军去占领法军后方的一个沿海阵地；德文斯只是将时间浪费在若米尼

① 《拿破仑书信集》第一卷，第65、79、95页。法军强烈感受到了封锁效果。——作者注

认为不值一提的一个计划上。如果要使用足够的兵力实施这个计划，就会分散奥军的兵力，这一点肯定会受到许多非议。纳尔逊确实保证过，在必要的情况下，会让这支机动兵力撤到他的船上，奥地利人很自然地希望能保持一条较安全的阵线。英国海军上校一开始曾觉得德文斯的能力值得钦佩，后来他在9月17日写下了对这一段时间奥地利将军表现的评价："那位将军并不打算从他现在的阵地向前推进，他的意思是将他错失对尼斯的进军时机归咎于英国舰队和撒丁陆军合作不力。"[①]无论德文斯有什么目的，他都没有前进，而是静待法军的攻击。11月初，一场严重的疾病使德文斯放弃了指挥权；就在当月23日，敌军在舍雷尔[②]将军率领下，向盟军阵地中央奥军和撒丁军的结合部发动猛攻。这一直是个薄弱环节，在经过短暂的战斗后就动摇了。舍雷尔的初衷已经达成，在中央突破之后，他打算像下一年拿破仑所做的那样，进攻撒丁军；山中下了一场鹅毛大雪，促使他向右迂回行动，将奥军驱赶到沿海地区，如果可能的话，希望他们能将战线东撤。这一次，他没能完全成功，不过迫在眉睫的危险迫使敌人放弃了他们战线上的所有工事，仓皇撤退，除了失去他们在洛阿诺（Loano）、瓦多和萨沃纳的仓库之外，出现大量人员伤亡及被俘，损失达7000人。法军的这次行动取得了辉煌的决定性胜利，此役被称为洛阿诺战役。12月1日，奥军已重新越过亚平宁山脉，再次回到他们在去年6月出发时的阵地。

地面部队的军事计划和战役的具体行动不属于本书讨论的范畴。由一个同盟的各国陆军采取的行动，各自的部队和行军路线都被一座山脉，甚至

---

① 《纳尔逊急件》第二卷，第84页。——作者注

② 舍雷尔（Barthélemy Louis Joseph Schérer，1747—1804）：巴特勒米·路易·约瑟夫·舍雷尔，大革命时期的法国将领。早期参加过瓦尔密战役，在莱茵军团立下过战功，被晋升为陆军少将。1794年11月3日起指挥意大利军团，4个月后指挥东比利牛斯军团。1795年8月31日，他再度被调回意大利军团出任总司令官，赢得洛阿诺战役的胜利，未能乘胜追击，次年2月被拿破仑取代。1797年7月至1799年2月出任法国陆军部长。第二次反法同盟战争爆发后，再度奉命指挥意大利军团，先胜后败，撤退到明乔河后，将指挥权移交给莫罗。因为意大利的失利，他一度接受审判，被宣告无罪后即退出现役。——译者注

是亚平宁山脉这样的高山阻隔，穿过山地的交通线都很困难，无法进行联合军事行动，保证相互支援和战斗胜利。这种不利条件，再加上奥军的补给必须通过一条狭长的路线输送到前线，使任何推进都会被拖长，也会遇到更多困难。另一方面，奥地利人很大程度上要依靠英国海军持续提供帮助，因此占领海岸线是符合他们利益的。[①]通过前进，他们控制了自由城（尼斯）和热那亚之间最好的泊地瓦多湾，他们的出现对热那亚共和国施加了一种约束力，热那亚的态度很大程度上取决于交战双方的实力对比。当时的英国海军在这样的条件下，有没有尽一切可能去确保共同事业的胜利呢？

答案几乎不可能是肯定的。纳尔逊确实在发挥他自己前所未有的能量，他的信件表明他不认为他拥有的实力能与要执行的任务匹配。那么纳尔逊的兵力当时可以增加吗？答案再度无法确定。英国地中海舰队的战列舰数量上比法军在土伦的舰队略占优势，英国舰队的军官和人员素质遥遥领先。舰队要履行的多项任务无疑会造成尴尬局面——这些利益冲突对一位司令官的能力是极大的考验。要对付土伦的法国舰队，要配合奥军攻势的行动，要为贸易护航，要掩护科西嘉岛，还要为了政治利益参与控制意大利各小邦国的行动——所有这些因素英国舰队司令官都要留意。在这些因素当中，法国舰队是重中之重；英国和盟友的所有其他利益都有赖于和奥军的联合行动，即通过在战场取得胜利来更好地实现，而不是为了任何别的目标分散兵力。奥地利帝国如果能取得决定性的成功，将决定西地中海所有国家的政策，能让它们对法国巡航舰船关闭所有港口。

总之，在战役中应采取攻势行动，而不应纯粹采取守势，这一点在这里已经很清楚了。纳尔逊提出，海军能采取的唯一可行的截断法军交通线的办法是，进入沿海各港口和摧毁沿岸贸易船。这些小船舶无视航行检查，

---

① 《纳尔逊急件》第二卷，第213页。根据奥地利将军们的说法和真实情况，他们是出于英国强烈希望使用舰队协同作战的要求，才来到沿海地区的，但是他们从未见到舰队或舰队司令官。——作者注

只有进入它们的巢穴追赶，才能让它们无法动弹。他写道：“几天前，我彻底搜遍摩纳哥（Monaco）和博尔盖托之间的海岸，经过如此周折，只能捕获一条满载玉米的船，当我迫使其他船只进入阿拉希奥湾（Bay of Alassio）时，他们在那里能非常充分地得到强大的岸炮火力掩护，至少需要3艘战列舰才能尝试将它们摧毁。在这些地方装载和卸载货物的船只总数接近100艘，大部分都装有法国的军需品和玉米。”[①]除了在土伦外海进行监视外，纳尔逊还为英国海军指明了战略方向。五年后，纳尔逊在给基思[②]勋爵的信中写道：“现在你会同意我的主张了，我说过英国舰队可以阻止对意大利的入侵。我敢断言，你也会同意我的观点，如果我们的朋友霍瑟姆当年就安排他的舰队进入这片海岸，没有任何法国陆军能够获得军需或者粮食，甚至于都不能在这里行军。”[③]如果舰队规模和这一任务不匹配，最后就会被盟军的战役计划谴责，即便这个计划并不是出于可靠的军事判断所做的规划。就像纳尔逊所说的，霍瑟姆司令官“没有冒险的勇气，只要我们的舰队毫发无伤地度过每一个月，就会十分满意”。[④]除了自己的“阿伽门农”号之外，纳尔逊再没有得到任何能由他指挥的另一艘战列舰；在洛阿诺战役的决定性时刻，他的小分队除了两艘船之外，都被调走了，所以法国炮艇能肆无忌惮地骚扰奥军的左翼。[⑤]由于奥地利帝国驻热那亚公使的要求，他和“阿伽

---

① 《纳尔逊急件》第二卷，第98、110页。——作者注

② 基思（George Keith Elphinstone, 1st Viscount Keith，1746—1823）：乔治·基思·艾尔芬斯通，初代基思勋爵，英国海军军官。15岁加入英国皇家海军，早年就在时任海军上校舰长的约翰·杰维斯部下效力。美国独立战争时期，他主要参与打击私掠船的行动。法国大革命战争爆发后，他在胡德的地中海舰队指挥“罗伯斯特”号战列舰，参与了土伦的军事行动。1794年，基思晋升海军少将，次年奉命占领好望角和印度的荷属殖民地，1797年受封基思男爵。1798年底，他回到地中海舰队，出任已经成为圣文森特伯爵的杰维斯的副司令官，后来又继任为总司令官。与成绩斐然的前任和卓越的部下纳尔逊相比，基思相对平庸，但仍被公认为同代海军军官中的一流人物。1803年至1807年间，他转任北海舰队总司令。1812年出任海峡舰队总司令，1814年晋封子爵。——译者注

③ 纳尔逊1800年6月6日的急件。——作者注

④ 《纳尔逊急件》第二卷，第64页。——作者注

⑤ 纳尔逊对他部下兵力过少的抱怨见《纳尔逊急件》第二卷，第106—114页。——作者注

门农”号在这个关键时刻不得不留在热那亚，防备当时在港内的一艘法国快速帆船上的船员，他们可能会得到法国游击队的支持，去夺取沃尔特里（Voltri）。沃尔特里是奥军退路上的要地，在那里只需要少数勇敢的士兵就能在法军追兵赶到之前，先挡住奥军。因此他要独自承担让数千奥地利帝国士兵逃跑的重任，其中还有奥军的总司令官。[①]在这场战役以前，热那亚一直默许法军的秘密活动和这种性质的武装活动，这在它的领土几乎是公开化的。如果英国海军的武装在纳尔逊这样一位司令官指挥下，在热那亚沿海活动，它是不敢这么做的；因为最终的胜利很可能属于同盟国。总之，这场战役中的英国舰队，提供了另一个历史教训，即在决定性时刻发动进攻时，应当部署足够的兵力。或许可以补充一下，如果霍瑟姆没有两次错过击败土伦舰队的机会，就能将更多舰船分配给纳尔逊。

纳尔逊在他的实力允许的范围以内，尽力与奥军协同作战时，英国舰队通常会在土伦外海巡航，一次又一次返回圣菲奥伦佐或利沃诺进行整修和补给。如前所述，1795年下半年，法国督政府决定放弃舰队战的策略，采取贸易破袭战，直接对付敌人暴露的殖民地和海上贸易。督政府下令在土伦组成2支合计7艘战列舰和8艘更小船只的分舰队，由于水兵短缺很难完成。自从7月的耶尔岛外海之战以来，马丁舰队的所有水手几乎都开了小差，因为他们厌恶粗劣的食物，单薄的衣物，还有不断遇上的惨败。尽管如此，土伦港最终还是聚集了足够的人员操作选出的舰船；9月14日，6艘战列舰和3艘快速帆船在里切利[②]海军上校指挥下出发。没有证据证实当时英国舰队到底在海上还是在圣菲奥伦佐；无论哪种情况，英国人都以为法国人还留在土伦港里，直到9月22日，霍瑟姆才发现他们溜掉了。10月5日，这位优哉游哉的

① 《纳尔逊急件》第二卷，第118页。——作者注

② 里切利（Joseph de Richery，1757—1798）：约瑟夫·德·里切利，法国海军军官，美国独立战争后期在名将叙弗朗麾下服役。1793年，他晋升为海军上校，1795年起负责指挥一支分舰队对英国商船和殖民地进行贸易破袭战，先后取得了一些战绩。——译者注

总司令官才派曼将军率6艘战列舰去追击；法国分舰队出发已经很长时间，曼再也无法追上了。他们10月初就通过直布罗陀海峡，向北美洲的英属殖民地驶去。10月7日，在航行到直布罗陀以西150海里时，法国分舰队与3艘74门舰炮战列舰护航的、从黎凡特来的31艘敌国商船组成的船队遭遇。里切利成功捕获了1艘英国护航战列舰，这艘战列舰在战斗中失去了一根中桅，除了一艘商船逃脱外，其他全部落入法军手中。得到价值如此巨大的战利品，里切利决定先把这些商船护送到加的斯，13日在那里锚泊，然后他很快被曼发现，曼的到来阻止了他履行原来的使命。大约同一时刻，法国快速帆船在大西洋俘获了来自牙买加的一支船队的18艘舰船。土伦的另一支由1艘战列舰和6艘小船组成的分舰队，在黎凡特巡航时取得了一批战利品后，安全返回土伦。这支分队的司令官冈托姆海军上校尽管没有取得任何值得称道的伟大成就，但在职业生涯中却始终能非常幸运地避过敌人的搜索。1799年，拿破仑也正是在他指挥的船队里，瞒过了所有英国巡航舰船，从埃及返回法国的。

这些成果与采取贸易破袭战的新政策如此一致，使法国政府坚定了采用这种作战方式的信心，法国人一直都坚决主张采取这种作战方式。他们希望通过贸易破袭战，用他们的一位议员在议会的发言来说就是“迫使英国人陷入可耻的破产”，结果他们从中得到的是海军士气低落，制海权和本国对外贸易的丧失，最终导致拿破仑的大陆封锁政策和第一帝国的衰落。

洛阿诺战役是1795年战事的决定性一战，因为法国大革命战争时期的两位最引人瞩目的人物正式登场愈显重要。在洛阿诺战役结束后一周间，英国海军将军约翰 · 杰维斯爵士（他后来的头衔圣文森特伯爵更为令人熟知）到达圣菲奥伦佐，以胡德司令官正式继任者的身份出现在地中海舰队。这一年冬天，法国督政府选择拿破仑 · 波拿巴取代舍雷尔出任意大利军团司令官。年轻的共和国将军的职业生涯和性格众所周知，耳熟能详，以至于作者无须赘述。此外，就作者的直接课题来说，与他的这些事迹关系也不大。年事已高的英国海军将军以自己的铁腕在英国海军打下了个人的烙印，将之转化为一套杰出的作战方法，纳尔逊正是采取这套战法赢得了无数辉煌胜利。与拿破仑相反，他的个性除了海军史的研究者外鲜为人知。约翰·杰维斯爵士生于1734年（原文如此），当他继任地中海舰队司令时，已经跨入他人生的第62个年头，一直没有机会在他服役的海军界以外令世人瞩目。在他服役的海军之中，他长时间都是一位名人。他是一位贫寒的高贵家族子弟，早年生活一直承受着贫困的压力，这使他能遵守严明的纪律，服从自己要履行的职责，后来他也是这样严格要求他人的。他处理公事一丝不苟，当他的决心一旦形成，就坚如磐石，在压制不服从现象时，不留情面到近乎残忍，这些当时都已传遍整个英国海军。他拥有能够立足上流社会的良好教养，举止彬彬有礼，如果面临特定场合，甚至能够显得高贵典雅。他在陆地的游历和海洋一样广泛，是一位持之以恒又明智的读者，在那一时期，这些习惯比现在的海员中间更为少见，他对事物的了解程度并不仅仅局限于他的专业。在海军专业领域，他是一位大师。在美国独立战争期间，他的船是英国舰队的楷模，他的崇高声誉使他座舰的甲板上都是英国名门的青年子弟，当时他们都愿意登上他的战舰。在一个如此看重社会和政治影响的年代，任何人都不可避免会受到各种外力影响。首先是个人品质，之后是一个家族对海军的要求，例如父亲或兄长曾为海军捐躯（进一步来说是一个无依无靠需要帮助的人），这些都是他在按照自己的心意任免下级时需要考虑的因素。

尽管杰维斯拥有这些优秀品质，也有着温柔的一面，他会在失去一位重要的战友时长期表示深切的哀痛，但他的管理方式带给别人的是畏惧，并非爱戴。如果不是由于1797年一系列可怕的兵变危机，是不可能强烈批评这种合理的极端严厉措施的。虽然难免畏惧，却不能不对这位令人难忘的领袖致敬，因为他在面临令人窒息的暴动威胁时，在甲板上就能看见敌国海岸时，在知道所有其他舰队的舰员已经从他们的军官手中夺取舰船时，却一直能坚定不移，不为所动，并且始终坚信这种情况不应该发生在地中海。这种敬意顺理成章，人们觉得身处这种形势之下，一个人冷酷无情不会完全令人不快——那是他在粉碎造反派时的自然反应。一位舰长以巨大的个人勇气平息了船上的哗变，亲手从乱兵当中将他们的头目给揪了出来。当他为一位被宣判有罪的兵变代表说情，因为他以前一直都表现良好时，杰维斯的答复是："我很乐意这样做（将他判罪处决）。迄今为止，我们已经绞死很多恶棍，现在（处死他）会让人知道，没有任何良好表现能救赎叛乱罪行。"同时，对一些较小的问题，他也倾向于从严管束和处罚。纳尔逊说："我认为只需要亮出匕首的场合，圣文森特勋爵就会抡起斧子。"

以这些性格特征，加上他的坚毅性格和高度职业素养，使我们不会期待从这个人身上能迸发天才火花。尽管圣文森特勋爵并非心胸狭窄之人，但是他缺乏那种使纳尔逊能立即深受爱戴和成为伟大领袖的同情心。撇开他那位伟大继任者的古怪脾气和无伤大雅的缺点（这些缺憾使那些热爱纪念他的人留下了永远难忘的遗憾），杰维斯还缺乏纳尔逊的灵感和热情，这些素质恰恰在危难时刻使纳尔逊远超出人的一般水准，给他的行动打上了天才的印记。在纳尔逊之下，杰维斯尽管属于不同类型，但也是英国海军舰队总司令官当中的一流翘楚。他缺乏灵感，但冷静、可靠，能迅速做出专业的判断；他不够热情，但安如磐石，拥有通向成功的坚定不移的决心；虽然没有天赋异秉，但上述素质，再加上纳尔逊也展现出来的勇于承担责任的大无畏气概，使他在海陆军一流指挥官当中为自己赢得了一席之地。在一场幸运之神眷顾他的作战——圣文森特海角海战中，他证明了自己的这些素质已经到达了一个怎样的高度。纳尔逊当时也展现出思维敏捷和果断行动的才能，使所有思考和决断的过程化为强有力的信念和动力，这是技逊一筹的人永远无法领悟的。无论我们是否考虑到当时英国舰队非常大的数量优势以及战场上海军将领的战术能力，或是他对英国当时所处的关键形势的判断，约翰·杰维斯爵士在那一战中的指挥必然会使圣文森特角海战，在历史上最辉煌的海战中熠熠生辉。

除了天性强硬，杰维斯还有一种对于纪律、秩序和节约的细节问题全面细致的观察能力。如果没有这种品质，一味严厉只会变得漫无目的，除了恶果之外什么也不会产生。他很幸运，能在地中海舰队的舰长中间找到一群不同寻常、拥有精湛航海技术、充满活力、智勇双全的人，最重要的是他们仍然年轻，需要的只是等待一位拥有大师级手腕的人能将他们的能力集中起来，给予正确指导而已。拥有这样一位首领和这样一群军官，英国地中海舰队很快成为效率和意志品质的样板，这可能令他们在所处的帆船时代都无可匹敌——纳尔逊也是这样看的。老将杰维斯稍后几年指挥海峡舰队，追忆往昔，还恼怒地抱怨他发现那些在布雷斯特外海执行任务的舰长“是一群长着年轻人外表的老娘儿们”。当杰维斯出任第一海军大臣，走上军政管理岗位时，他的节约夸张到了吝啬的程度，根据当时他了解的造船厂的欺诈行为，开展了一场改革运动，这样做是善意和必要的，却特别不合时宜。这最终导致他的管理遭到屈辱性的失败，并不是因为他的行动效率低下，而是由于对当时政治迹象的误解。因为他潜心专注于改革，为此一心渴望宁静，只看到和平，无视在地平线上层层密布的战争乌云。因此在第一次战争中，损耗严重的英国海军在接下来1803年的战争中还没有做好准备。

杰维斯到达地中海为时太晚，已无法力挽狂澜。这对英国来说十分不幸，胡德和杰维斯都有能力率领地中海舰队在法军发动洛阿诺战役的决定性时刻有所作为，当时却正好是他们在地中海舰队先后出任司令官的间隔期，他们错过的机会偏偏落在行动迟缓、谨小慎微的海军将领霍瑟姆身上。纳尔逊写道：“说起我们在7月13日有多么需要胡德勋爵，就等于在问，你是想捕获整个法国舰队，还是毫无作为？”[①]鉴于纳尔逊后来的光辉成就，接受这种看法的话，可以允许我们这样认为，即使不能捕获这支舰队，只要能俘获或摧毁法国舰队的许多舰船，就能够阻止后来里切利分舰队的出航，英军

---

① 《纳尔逊急件》第二卷，第63页。——作者注

后来也不必再派出曼将军的分舰队去追击；法军水兵大量被俘后，将严重削弱他们的小舰队，这支小舰队要从土伦为意大利的法国陆军运送弹药，如果那样大炮和军需品补给就会困难重重。用山炮车运送的轻型火炮可以沿着滨海道路运送，然而拿破仑一系列军事行动开始阶段使用的所有重炮以及各种炮兵装备，都不得不用小船队从尼斯运到萨沃纳。[①]对这支小船队的需求造成整个舰队的闲置[②]——不过事情影响不大，因为法国当时已经决定采取贸易破袭战的手段。法国海军就此开始通过化整为零，以小船队的方式构成拿破仑交通线非常重要的部分；此前已经指出过，虽然会遇到很多干扰，较小的船只仍可以在条件困难的海岸边航行，岸炮能掩护它们，帆船虽可以骚扰它们，却无法彻底阻止它们。

洛阿诺战役结束后，纳尔逊占据热那亚湾的时期也告终结，去利沃诺整修他的军舰，当时这艘战舰已服役将近3年。直到1796年1月19日，他才和杰维斯会合。杰维斯自从就任地中海舰队司令以后，大部分时间都留在圣菲奥伦佐整顿他的舰队。新司令官对纳尔逊显示了与前任相同的信任，并将他和一支轻型分队送到他原来的阵位，去防止少数敌人使意大利的形势恶化。纳尔逊的妙想（有人也许会称为突发奇想），是可以用他的舰船运载一支部队在敌后登陆。之前曾经说过，他赶去前方向德文斯提出了这样的建议，许诺用他的分舰队为这次行动提供支援；相关情报显示，当法国陆军主力在奥军前方行动时，法军港口内准备好的平底船和炮艇不会有其他用处，肯定和他所构想的方案一样，试图将法军一部运送到奥军背后的托斯卡纳。和拿破仑一样，纳尔逊认识到，皮埃蒙特、伦巴第（Lombardy）和托斯卡纳平原的资源可以满足敌人所需。他将这些地方称为“金矿”；他不了解法国在水兵方面的薄弱状态，也没有认识到拿破仑不会试图采取这样一种将一支部队放到

① 《拿破仑评论集》第一卷，第112页。——作者注

② 舍瓦利耶：《法兰西共和国海洋史》，第251页。——作者注

能够相互支援的范围以外，远离他直接控制的方法。当然在拿破仑的信件或者督政府给他的指示中，也不会看到关于这种意图的说法。与此相反，拿破仑曾在1795年初强烈反对过公安委员会的一份在教皇国登陆的远征计划——除非能够先获得制海权。①

如果奥军再度向大海推进，占领瓦多，杰维斯会毫不犹豫地支援他们，尽一切可能骚扰法军，纳尔逊对这一点给出了明确的保证。②拿破仑不会给他任何机会。1796年3月14日，年轻的将军离开了巴黎，当月27日即到达尼斯。4月5日，他将司令部搬到阿尔本加（Albenga），9日进抵萨沃纳。10日，新任奥军司令官博利厄③将军，开始让他的左翼通过拉波切塔（La Bochetta），右翼通过蒙特诺蒂（Montenotte），向前推进，两翼将会在萨沃纳会合。法军的行动快如闪电，拿破仑第一时间就对奥军右翼和撒丁军左翼的结合部发动进攻。盟军中央连遭重创，经过6天战斗，各军已经被明显分割。经过对正面撒丁军的不懈追击，拿破仑28日于同意停战，根据协定，皮埃蒙特的三座主要要塞纳入他的辖区，撒丁全权代表赶赴巴黎进行和平谈判，和约5月15日正式签署。撒丁退出反法同盟，割让萨伏伊和尼斯两地，答应了其他对法国有利的条件，尤其是将边境线划定在阿尔卑斯山脉顶部，这样那里的军事要地都被割让给共和国。由此意大利的门户被迫打开，奥地利被他的盟友从岸上抛弃，和英国海军的联系也被切断，只有独自面对拿破仑。

目前法军已经进入皮埃蒙特平原，伦巴第就在他们面前。博利厄估计法军会通过波河北岸向米兰进军，便退过波河，打算争夺那条通道。如果遭

---

① 《拿破仑评论集》第一卷，第71页。——作者注

② 《纳尔逊急件》第二卷，第128页。——作者注

③ 博利厄（Johann Peter de Beaulieu，1725—1819）：约翰·彼得·德·博利厄，出生于比利时的奥地利将领。七年战争时期，他加入奥地利陆军和普鲁士军作战。法国大革命时期，他先后在弗兰德斯和莱茵地区与法国交战。1796年3月，博利厄受命指挥北意大利奥军，结果3个月间成就了拿破仑最初的辉煌胜利，自己却黯然退出了第一线。——译者注

到进攻，他将继续撤退到塞西亚河（Sesia）和提契诺河（Ticino）这两条波河的支流掩护米兰。拿破仑不是那种会正面进攻敌人，让他们按照既定撤退路线退守基地的人。准确权衡意大利半岛的政治和军事形势后，他把目光对准了阿迪杰河（Adige），他希望能到达和守住这条河流一线，以当时的条件，他相信有把握做到。阿迪杰河从蒂罗尔（Tyrol）以南，流经加尔达湖（Lake of Garda）东岸，然后在波河和威尼斯之间注入亚德里亚海。占领那条河，法军就能控制整个波河流域，依靠波河流域和河南面那些小邦国的资源，插入奥军和南意大利之间，使敌人的大型要塞曼图亚孤立。因此，在进行博利厄期待的正面佯攻后，法军按照拿破仑的计划行动。拿破仑将他的主力悄悄带到波河南岸。5月7日，法军先遣队抵达皮亚琴察（Piacenza），立即从那里用小船渡河。9日，皮亚琴察附近1500英尺宽的湍急河水上，已经建成了一座桥梁。博利厄原打算在塞西亚河和提契诺河设置的阵地就这样被包抄，奥军必须撤往阿达河（Adda）一线。5月10日，在博利厄开始向前推进一个月后，奥军从阿达河在洛迪（Lodi）的桥梁过河，然后再度向加尔达湖湖口的明乔（Mincio）撤退，米兰就此暴露。15日，拿破仑胜利进入米兰。他在米兰暂停了10天，在离开这里后，又不得不回城镇压民众之中爆发的暴动；5月30日，法军越过明乔，奥军向北沿着加尔达湖东岸撤往蒂罗尔。

奥军的这次后撤使曼图亚被孤立。6月3日，拿破仑的司令部已经来到维罗纳（Verona），这是一个横跨阿迪杰河的坚固要塞，能确保河两岸的运输便利，由于它的地理位置，战略地位更为重要。从蒂罗尔以南沿加尔达湖有很多小山脉通往维罗纳的平原地带，因此这里正好位于它们形成的谷底。在这些小山脉的两边，坐落着阿迪杰和布伦塔河的河谷，这是两条奥军将来可能会发动进攻的路线。因此维罗纳是敌人采取任何进攻都必经的核心地带，也就成了拿破仑战略上的枢纽。6月4日，曼图亚要塞被封锁。拿破仑的第一目标达成，于是暂时转攻为守，停止前进，以确保阿迪杰战线，并且对包围中的曼图亚施加压力。

现在拿破仑要做的就是实现其卓越的军事胜利能获取的政治利益了。5月9日，帕尔玛公爵签订城下之盟，17日，摩德纳公爵继之臣服。6月5日，那不勒斯宫廷在自保的美梦破灭后，签署了停战协议，将它的部队撤出反法盟军，它的舰船也从英国舰队撤出。那不勒斯草率放弃是由于判断失误，也是因为懦弱无能。在这个非常时刻，法军的领袖这样写道："我只看到一种手段能够避免在秋天遭到打击，那就是确保我们不会进入南意大利作战。"[①]教皇仍未妥协，拿破仑派奥热罗[②]率一支部队进入教皇国，后来他又亲自去了一趟，这就给了奥军准备一次新行动需要的时间。19日，法军抵达博洛尼亚（Bologna），24日，教皇签署停战协定。这次行动的同时，法军意识到，从占据皮埃蒙特的部队抽调一个师派往托斯卡纳是安全和必要的。6月28日，这个法军师进入利沃诺，尽管托斯卡纳保持中立，他们还是占领了港口，破坏了这个英国在意大利的贸易和海军利益中心，获得了日后进军科西嘉的可靠基地。

奥军抵达沿海地区的行动失利，之后又节节败退，必然使他们和英国舰队的任何直接合作告终。杰维斯现在被迫只能监视土伦的舰船，这与他后来封锁布雷斯特以及对所有敌国军港进行封锁时，在指导精神和方法上是一致的。从4月初到10月中旬，在这段超过6个月的时间里，他率15艘战列舰在土伦港外海巡航；重型舰船和港口保持一定距离，在靠近港口的位置有一支3艘74门舰炮战列舰组成的小分队，刚好处于岸炮射程之外，离入口约2海里的位置。通过坚持不懈的悉心照顾和先见之明，这些船只在这次艰苦的任务

---

① 《拿破仑评论集》第一卷，第465页。——作者注

② 奥热罗（Charles Pierre François Augereau, 1st Duc de Castiglione，1757—1816）：夏尔·皮埃尔·弗朗索瓦·奥热罗，卡斯蒂廖内公爵，法国陆军军官，拿破仑第一帝国的元帅之一。奥热罗以1796年卡斯蒂廖内战役中的出色表现闻名，1804年被拿破仑授予帝国元帅称号。之后他又参加了数次拿破仑的重要战役，并且在埃劳战役中身负重伤，1808年3月受封卡斯蒂廖内公爵。1814年，波旁王朝复辟后，他归附路易十八，在百日政权期间拒绝效忠拿破仑，在军事法庭审判内伊元帅时投了无罪票，导致他被再度复辟的波旁王朝撤职削爵。——译者注

当中就地补给、供水和进行维修，没有进过港口。纳尔逊和前一年一样，在热那亚湾积极行动，骚扰法军的沿海交通，在一次行动中非常幸运地捕获了一支为围攻曼图亚运载大炮和土木工具的运输船队。在亚德里亚海，几艘快速帆船和一支小型船舶组成的船队在保护奥军通往的里雅斯特的海上交通线。曼将军指挥的7艘战列舰仍在加的斯外海，就在这个阵位执行霍瑟姆分派给他的任务，监视里切利。除了这些严格意义上的军事行动外，很多舰船都被征召在各个方向护卫贸易，掩护军需船经过的通道，基本上使非武装英国舰船能在海洋上保持安全状态。无论贸易船还是政府运输舰船，地中海舰队的补给都要依赖它们和直布罗陀的船只从北非伊斯兰国家运送。30到40艘快速帆船和更小的船舶因此被占用，为满足英国贸易广泛扩展和对付法国巡航舰船行动的需要，这些船很快不敷使用。

拿破仑的迅速成功，征服大片领地，对英国舰队产生了很大影响，后者依靠托斯卡纳各港口的补给问题变得十分严峻，那不勒斯和教皇都停止了援助。随着法军进入利沃诺，加上热那亚由于惧怕法国军队纵容他们的秘密行动，使科西嘉岛的不满情绪也日益高涨，人们开始怀疑英国是否能长期守住科西嘉。早在5月20日，法军进入米兰后，拿破仑就立即派密探去热那亚，安排在科西嘉岛组织暴动；7月，他已经开始在利沃诺集合一批科西嘉难民，这批难民的头领甘蒂里（Gentili）将军也是一位科西嘉岛民。事态严重，托斯卡纳向法国屈服也使它违反了自己的中立立场，于是英国驻科西嘉总督决定去占领当时还是托斯卡纳领地的厄尔巴岛（Elba）。7月10日，纳尔逊和一支小型分舰队出现在费拉约港前，在对该岛进行了一番不可抗拒的招降后，使它即刻投降。厄尔巴岛非常小，比科西嘉更快地被海军控制住，要守住它需要的地面部队更少。一旦失去更大的科西嘉岛，只要英国舰队能保证对敌舰队占据优势，就能控制住厄尔巴岛，这样仍能保证英国在地中海有一个基地。

英国要保证对敌舰队占据优势这一点仍存在一些问题。在成为盟友时，西班牙的态度远谈不上亲密，早已经冷淡得像一个中立国，现在正迅速变成一个对手。这个老朽的王国拥有一支超过50艘战列舰的海军；尽管它的军纪和效率正处在最低潮，不过仅从纸面实力来看，和杰维斯的出色舰队仅有的22艘战列舰相比，还是太多了，他的舰队还有7艘战舰仍在加的斯，距离土伦外海的主力1000海里。杰维斯预见到危险即将到来，在占据厄尔巴岛的时候，就给曼下令，让他与主力会合。于是7月29日，曼解除对加的斯的封锁。此举非常及时，因为拿破仑的胜利，法军进入德意志境内（这时，儒尔当和莫罗在德意志分散的各军团还没有被卡尔大公[①]打得溃不成军。），西班牙于8月19日与法兰西共和国签署了一份攻守同盟条约。在曼的舰船消失后，里切利向西班牙舰队求助，让他们掩护他的分舰队出发。8月4日，西班牙果然派出20艘战列舰和他一起出航。西班牙舰队护送他向西航行了300海里，随后返回港口。被阻留将近10个月的法国舰队，得以去履行他们进攻英属北美殖民地的原定使命。这段时期晋升为海军少将的里切利，成功进行了他的巡航，骚扰了纽芬兰沿岸的英国渔业，俘获和焚烧了100艘英国商船，及时赶回布雷斯特，后来参加了对爱尔兰不走运的远征（这次远征在当年12月出发）。

英军的曼将军尽管是一位勇敢出色的海军军官，在这场战役期间，却始终都表现出糟糕的判断力。显然，用拿破仑的话来说，他就像对当时的军事和海军形势“自说自话”；在这样一个关键时刻，像直布罗陀总督奥哈拉（O'Hara）这样一个悲观主义者[②]可能是一个糟糕的顾问。在曼匆匆回去与

① 卡尔大公（Archduke Charles of Austria, Duke of Teschen，1771—1847）：奥地利的卡尔大公，切申公爵，神圣罗马帝国末代皇帝弗朗茨二世，即奥地利皇帝弗朗茨一世的三弟。他一出生便体弱多病，差点被送进教会，长大后被无子的姨妈切申公爵夫人收养。法国大革命开始后，卡尔在热马普战役中指挥一个步兵旅，从此崭露头角。在18世纪末的战争中，他被公认为仅次于拿破仑的陆军指挥官。在拿破仑战争后期，他在战场上仍是少数能给拿破仑制造一些麻烦的将军，但始终没能获得决定性胜利，在此期间他对奥地利军制进行了一些改革，未见显著成效。因为与梅特涅不和，大公在1812年以后基本退出了实战，成为一名军事思想家与作者，留下了《战争原则》这一传世的军事哲学著作。——译者注

② 关于奥哈拉的性格，见《敏托勋爵传》第二卷第190、195页。——作者注

总司令会合时，他忘了舰队面临的军需困难，离开直布罗陀时，没有在船上装满军需品。杰维斯因此被迫立即将曼送回直布罗陀调运军需，命令他们尽可能快地赶回。10月1日，曼在路上遭到西班牙兰加拉[①]司令官指挥的19艘战列舰舰队追击。他的分舰队逃脱了追击，但丢失了他们护送的2艘商船。在到达直布罗陀时，曼召集各舰舰长举行军事会议，使他们同意自己的观点，直接无视杰维斯和海军部的命令，驶向英国。在他到达英国后，就被告知他的行为是不被容许的[②]，新的命令让他降旗上岸，他永远也不会再次得到出海任务。当我们回忆起这距离宾由于一个判断失误被枪决仅仅过去40年，就必须承认海军部的人已经变得仁慈多了。

曼的错误使杰维斯的兵力在一个形势日益关键的时刻，减少了三分之一。这不仅使地中海海域的维系变得困难重重，还剥夺了他怀有的给西班牙舰队致命一击的希望，结果他4个月后才在圣文森特角进行了这场战斗。在和曼遭遇后，兰加拉又得到7艘从卡塔赫纳来的舰船，10月20日，他率领这支得到增援的兵力，在圣菲奥伦佐湾约50海里外出现。9月25日，杰维斯在收到撤离科西嘉的命令后，已经从土伦外海返回圣菲奥伦佐湾，撤离行动由

---

① 兰加拉（Juan Francisco de Lángara y Huarte，1736—1806）：胡安·弗朗西斯科·德·兰加拉·瓦特，西班牙海军军官。他生于西班牙海军世家，1750年即加入海军，1760到1770年代从事过多次科学探险活动。美国独立战争期间，他在一次众寡悬殊的海战中被罗德尼俘获。法国大革命时期，他率西班牙舰队随同胡佛的英国地中海舰队一同占领土伦港。西班牙改与法国结盟后，兰加拉于1796年率部配合拿破仑在意大利作战。此后一度出任西班牙海军大臣，1799年退出现役。1805年，他得知自己为之骄傲的西班牙海军在特拉法加惨败，难以承受巨大打击，几个月后便离开了人世。——译者注

② 见《纳尔逊急件》第二卷第258页注释：英国海军部给曼将军的信是那个时代典型的官方信函，它所表达的极其深刻的责难，可能会引起一些关注：

爵士，我已经收到你12月29日给我和海军部大臣委员会的信。你在信中说明你和你指挥的分舰队所采取的行动以及在你从直布罗陀通过时已经发生的（一些）严重事件。我得到的大臣们的命令是告诉你，在你当时所处的条件下，你和你的分舰队回到英国的做法他们不能接受，对此感到极为遗憾。

我还得到海军各大臣们的进一步指示，通知你明后天会下达一份命令给你，你将降旗上岸。

海军部秘书 埃文·尼佩恩

另见塔克《圣文森特》第一卷，第216页。——作者注

于缺乏运输舰船，注定会遇到困难。10月26日，兰加拉进入土伦港，这样那里的新联合舰队就集结了38艘战列舰。

在夏天，法军占领利沃诺后，纳尔逊已经封锁了此地；这次封锁以及占领厄尔巴岛，似乎已有效防止任何大规模部队从海上进入科西嘉。9月18日，出于同一目的，英军占领了热那亚的附庸——便于庇护小型船只的卡普拉贾小岛（island of Capraja）。29日，纳尔逊从杰维斯那里接到撤离科西嘉的命令，叮嘱他特别留意巴斯蒂亚的撤退行动。英国的决定被科西嘉人得知后，不满情绪爆发，酿成了暴动。甘蒂里发现海面畅通，于是在10月19日登陆科西嘉，对沿海地区施加压力，于是最后一波装船的英国人都要在舰炮掩护下才能安全撤出。19日，纳尔逊撤走了最后一批陆军部队，把他们和总督一起带到厄尔巴，英国仍计划守住这个小岛。杰维斯在圣菲奥伦佐湾尽可能坚持到了最后一刻，英国在岛上的所有人员都要在他离开前两周之内上船，他当时还希望曼能够前来会合，担心曼可能会在他的舰队离开以后才到达。11月2日，粮食极度短缺，继续耽搁已经不可能了，于是杰维斯司令官率他的整个舰队启航，经过一段冗长乏味的航行后，于1796年12月1日到达直布罗陀。在这段旅程期间，地中海舰队的舰员们只能得到相当于平时一半甚至三分之一的口粮，杰维斯接到指示，如果疏散行动依然没有完成的话，就取消撤退命令。果真如此执行，厄尔巴岛仍可以坚守。

英国舰队撤离地中海的政策，从当时到现在，一直都备受双方争议。原因是英国政府的犹豫不决，这一点显而易见。8月31日的第一份命令是放弃一切，包括厄尔巴岛。当时法国的儒尔当将军和莫罗将军正深入德意志核心地区；卡尔大公刚开始他辉煌的反攻。在这两次反攻当中，卡尔先后将法国的两个军团赶回莱茵区，这些战果当时还无法预见。可能从意大利传来的最新消息是拿破仑在洛纳托（Lonato）和卡斯蒂廖内（Castiglione）的新胜利以及奥军的新一轮撤退。撤退命令是在10月21日，由于卡尔大公的胜利和维尔姆泽[①]避过拿破仑，进入曼图亚要塞的情况下下达的；有鉴于此，尽管在意大利战场屡战屡败，曼图亚驻军仍大幅增加，对要塞的艰苦围困也必然再次开始。只要曼图亚仍在坚守，拿破仑便不能前进，奥军在蒂罗尔集结了一个新军团。英国政府是如此失败，根本就没有认识到英国地中海舰队的最大优势和舰队领袖的坚定性格。当时埃利奥特写道[②]：“杰维斯将军的性格坚如磐石。目前他以14艘战列舰对敌人的36艘，或许可能是40艘战列舰。如果曼和他会合，他们将肯定会进攻，对胜利满怀信心。”曼擅自率部返回英国导致的事态，在这种情况下，加剧了军事危机。我们在经过合理推断后可以说，如果他服从命令——只有极端理由能证明不服从是合理的，圣文森特海角海战那样的战斗就会在当时的地中海发生，[③]不会在曼图亚失陷后在大西洋进行，也会深刻影响意大利各邦国的政策。如果能取得这样一场大捷，杰维斯和埃利奥特这样的人就能坚持下去，等待本国的进一步命令。拿破仑写道：“英国人的出局对我们在意大利的军事成功已经产生了巨大影响。我们必须明确对那不勒斯提出更苛刻的条件。这会对意大利人的心灵产生最大的精神影响，保证我们的交通线，会让那不勒斯，甚至于西西里发抖。”[④]

作者的观点是，吉尔伯特·埃利奥特爵士在接下来的一段话中阐述了正确的结论，这段话显示了他非凡的先见之明和敏锐的政治判断力：“我一直认为在法兰西共和国和欧洲其他国家之间的对决当中，非常重大和重要的目标是——意大利的全部或部分不应该被法国统治，也不应以附庸的形式隶

① 维尔姆泽（Dagobert Sigismund, Count von Wurmser，1724—1797）：达戈贝特·西吉斯蒙德，冯·维尔姆泽伯爵，奥地利陆军将领。维尔姆泽是历经七年战争、巴伐利亚王位继承战争的宿将，法国大革命早年也曾在莱茵地区取得几场胜利，最知名的军事行动却是1796年在意大利和拿破仑的对决。——译者注

② 《敏托勋爵传》第二卷，第358页。——作者注

③ 这是杰维斯的观点，见塔克《杰维斯勋爵传》第一卷第240页以及《纳尔逊急件》第二卷第294页。——作者注

④ 《拿破仑书信集》第二卷，第76页。在同一本书的第73—80页基本上也都能看到。每一页都能看到，英国人的离开，令拿破仑如释重负。——作者注

属共和国。我认为在地中海的一支优势英国舰队是为确保意大利和欧洲避免这种不幸的必不可少的手段。”[1]埃利奥特的前瞻在后来的日子被拿破仑证实。英国撤离的直接后果是，法国和那不勒斯得知这一行动后，立即在10月10日签署了和平条约。1796年，英国舰队在地中海已经三年了，自从取得科西嘉以后并没有起到多大作用。当时需要的不是放弃地中海战场，而是一场能够显示英国海上力量的成功海战。最弱视的眼睛也能看出联合舰队的兵力超过英国舰队，只有战斗才能显示真实的优势，即实力上的优势其实在后者一边。这种实力优势的证明，将会使地中海诸岛和意大利半岛南端振作起来，一场在利翁湾[2]进行的海战，会产生后来阿布基尔湾（Aboukir Bay）海战那样的深远影响。英国人撤离的时候，三个军事形势方面最重要的因素是曼图亚围城，蒂罗尔的奥地利陆军，最后绝非次要的因素是地中海的英国舰队。这三项要素维持着那不勒斯。那不勒斯，或者说南意大利，是拿破仑的心腹大患之一。最后，说到科西嘉对舰队的重要作用，可以由纳尔逊发现科西嘉和撒丁之间海峡上的马达莱纳湾比马耳他更适合充当英国舰队监视土伦港的基地得到证明。

到达直布罗陀后，杰维斯立即接到将舰队带到里斯本的命令，这是预防法国和西班牙政府联合进攻葡萄牙的应对部署。[3]这样他的指挥权限就延伸到腓尼斯特雷海角为止。启航之前，杰维斯再度收到放弃厄尔巴岛的命令，于是派纳尔逊和2艘快速帆船再度进入地中海，撤离岛上的驻军和物资。16日，杰维斯出发去里斯本，21日到达目的地，不幸正笼罩着他的舰队。10日，直布罗陀的一场猛烈风暴将3艘战列舰吹出锚地，其中1艘在摩洛哥沿海彻底损坏，另1艘和一块岩石相撞，损伤严重，只得被送往英国维修。不久

---

① 《敏托勋爵传》第二卷，第373页。——作者注

② 利翁湾（Gulf of Lyon）：法国东南部普罗旺斯大区和朗格多克-鲁西永大区之间的地中海海湾。——译者注

③ 舍瓦利耶《法兰西共和国海洋史》，第258页。从布雷斯特派一个分舰队对塔霍河口施加压力的计划已经在法国公开讨论。——作者注

后，第3艘在丹吉尔湾（Tangiers Bay）搁浅，然后需要在基地修理，不适合参加随后的战斗。第4艘战舰在进入塔霍河，负责导航时，冲上一处浅滩失事。最后，当1797年1月18日离开这条河时，一艘98门舰炮的战舰搁浅，失去航行能力。如此一来，当杰维斯率舰队出海索敌时，只剩下10艘战列舰了。

在这种有趣的情况下，杰维斯差点失去了他最有才能的部下纳尔逊，正是纳尔逊的无畏精神和果断行动贡献了后来的胜利。12月15日，纳尔逊从直布罗陀出发，20日与2艘西班牙快速帆船发生激战，这在一个普通水兵的传记中会成为一个篇章，却湮没在他的其他事迹当中。他的战利品很快被一个重型西班牙分舰队夺回，他自己的舰船则逃之夭夭。26日，他到达费拉约港，在那里待了一个月。纳尔逊在那里和科西嘉前总督埃利奥特会合，埃利奥特自从撤离科西嘉以来，都待在那不勒斯。厄尔巴岛驻军司令德·伯格（De Burgh）将军在没有政府的专门命令之前，拒绝放弃职守，纳尔逊只有杰维斯司令官的命令，于是他便只负责将海事用品装船带走。1797年1月29日，他率所有军舰和运载的军需品离开厄尔巴岛。2月9日，他到达直布罗陀，在那里得知西班牙舰队已经穿过海峡，便匆匆赶去与司令官会合。刚离开直布罗陀，他就被几艘西班牙战舰追击①，他甩掉了他们，在13日终于遇到英国舰队。当天下午6点，他回到自己的战列舰，74门舰炮的“上校”号上，在第二天的海战当中，这艘战列舰的桅杆顶上就飘扬着他的三角旗②。

西班牙和英国舰队的遭遇是如下事件产生的必然结果：到1796年底，法国督政府受到拿破仑的成功和法西两国结盟鼓舞，并且得到不满英国统治

---

① 在这次追击中，发生了激动人心的一幕。在这场追击的高潮阶段，有一人落水了。一艘小艇被送出去要将他捞上来，敌人的舰船距离实在太近，英国快速帆船能否等到小艇归来是值得怀疑的，而一直都慷慨豪迈到轻率鲁莽边缘的纳尔逊逆帆行船等候，他说道：“我不会留下哈代不管。”然后成功地使他脱险。这则轶事所以有趣是因为人们记得哈代前一年12月20日和一艘战利品舰船一起被俘，刚被从西班牙释放，后来，他在特拉法加海战中担任纳尔逊旗舰的舰长，亲眼见证纳尔逊中弹和离世的场景。——作者注

② 一种显示准将分队司令官在船上的醒目旗帜。从这时起，纳尔逊已经晋升为海军准将了。——作者注

的爱尔兰人的合作承诺，决定对爱尔兰发动一次远征。远征部队的头一段出发通道和其后的交通线都取决于海军优势，于是5艘战列舰奉命从土伦开赴布雷斯特。12月1日，维尔纳夫司令官率这支分舰队启航，同行的还有西班牙舰队的26艘战列舰，这些西班牙战列舰从10月起就已经留在土伦。6日，兰加拉率部进入卡塔赫纳，让维尔纳夫分舰队独自航行，10月，法国分舰队穿过直布罗陀海峡，当时都能清楚看到顶着东风航行的英国舰队。大风后来对杰维斯的舰队造成了很大损害，阻止他们追击法国分舰队。法国分舰队还是没能及时到达布雷斯特，赶上这次远征。西班牙人在卡塔赫纳待了近两个月，这段时间科尔多瓦①将军接管指挥权；由于法国督政府的极力敦促②，他们最后在2月1日出发，前往加的斯，5日乘着强劲的东风越过了直布罗陀海峡，大风将他们向西方送出很远。现在他们的舰船数量为27艘战列舰。

约翰·杰维斯爵士1797年1月18日离开里斯本以后，先为一些向西去往巴西的葡萄牙商船护航，随后折返，到达圣文森特海角外海的阵位。2月6日，他得到一支5艘舰船的援兵，爱尔兰被入侵的恐慌过去后，这支援兵就已从英国出发。他带领这15艘战列舰在海角外海巡航，知道在那里一定会遭遇从地中海或者从大西洋来的去往加的斯的分舰队。2月14日上午5点，已经搜寻西班牙舰队动向几天的快速帆船“奈杰尔”号（Niger）与司令官会合，告诉他西班牙舰队就在西南10到12海里外的位置。已经刮了好几天的强东南风，在前一天夜间变为西南风，使西班牙人在经过上一周的疲劳作业之

---

① 科尔多瓦（José de Córdoba Ramos，1732—1815）：何塞·德·科尔多瓦·拉莫斯，西班牙探险家和海军军官。出生于海员家庭，13岁出海，一生走遍世界各地的海域，参加过数次海战，圣文森特海角败于杰维斯之手，此后淡出西班牙海军。——译者注

② 督政府和拿破仑最喜爱的一项计划是将法国和西班牙舰队集中起来，变成一个大舰队，就像以前路易十六在美国独立战争期间有几次曾经做到的那样。进行这样的联合行动是希望能对1796年的爱尔兰远征有帮助；尽管为了这个目的为时太晚，在督政府看来，让西班牙舰队从卡塔赫纳去加的斯是为了组成联合舰队的一个步骤。这是1799年布吕克斯从布雷斯特冒险突围的目的之一，后来他真的带着15艘西班牙舰船回港——这些舰船名义上是盟友，实际上是抵押品。特拉法加的联合行动众所周知。后来皇帝试图用欧洲大陆各国所有的小规模海军组成一支拼凑的舰队，就像拼凑的在入侵俄罗斯行动中葬送的那支庞大陆军那样。在这里，和往常一样，一支实力均衡，占据中央位置的舰队，要胜过一群乌合之众。——作者注

后，终于能前往加的斯了。西班牙舰队这样一支规模庞大、军官不得力、指挥糟糕的舰队，将要遭遇杰维斯的舰队。这支舰队规模虽较小，但指挥得力，技艺娴熟，高度警觉，经过全套军事演练。这种风向变化带给西班牙人的幸运会变成一件非常危险的事情。[①]大约6点30分，天方破晓，已能发现西班牙舰队在海平线上，以一个混乱的队列从西南向南方航行，交叉穿过前进中的英军的航道。他们的距离虽然没有说明，可能不少于15到20海里。英国舰队正右舷戗风，从南面向西南方向航行，目标加的斯的西班牙舰队航向为东南偏东，这两条航行轨迹几乎成直角交叉。在这一刻，即将投入战斗状态的两军阵列之间呈现出巨大反差。英国舰队在昨天夜间组成了1列8艘和1列7艘的两列纵队队形，令他们严厉的总司令官都称赞“他们的紧密队形妙极了”。[②]西班牙舰队正相反，只渴望进入港口，昨晚风向改变时，队形混乱，他们的懒散航行习惯，让舰队分为两段。这两段中的先导分队和所有战舰一样几乎迎风航行，结果最靠近下风位。先导分队有6艘战舰，它们和其他21艘战舰之间的间距可能不少于8海里。即使在发现英国舰队后，西班牙人也没有尝试花时间来弥补这一致命的分离状态；这种疏忽部分是由于对专业要求的无视和效率低下，还有部分是对敌舰队兵力的错估，他们从一条中立国舰船那里听说英军仅有9艘战列舰。[③]

天色朦胧，时而有雾，两支逐渐靠近的敌舰队过了段时间后已经能清楚看到对方。上午9点，英国旗舰的桅顶已可以测算出西班牙舰队的数量和速度，他们当时可能距离12到15海里之间。9点30分，杰维斯派出3艘战舰当先追击，几分钟后派出另3艘支援他们。这支6艘战舰组成的先遣队在进攻中

① 一个舰队迎风航行、收缩起来的紧密战列线，在敌人出现时，遇到任何的风向变化，在战术上都需要变换队列秩序——这是一种难度会随着舰队舰船数量正比例增加的机动，当这些舰船的操作水平糟糕时，难度更进一步会呈几何级数增加。——作者注

② 塔克《圣文森特传》第一卷，第255页。——作者注

③ 詹姆斯《海军史》第二卷，第37页。——作者注

掌握了主导权。大约10点[①]，雾散了，两个舰队的相对形势一目了然。英国舰队仍以两列纵队，很漂亮地向西班牙阵列中的缺口驶去。西班牙舰队落在下风位的6艘舰船已经发现他们的位置错误，左舷戗风，向西北偏北方向航行，希望能加入正在上风位，仍在向加的斯方向航行的舰队主力。这时杰维斯发信号让舰队组成单列纵队，形成作战队形，然后穿过敌人的战列线。形势很快就变得非常明显，下风位的西班牙舰船无法从英国舰队的舰艏穿过。一瞬间，下风位的西班牙舰船踌躇不定，转向东南方，片刻过后，其中5艘回到了他们的西北航向，带有突破敌军战列线的明显目的。敌军的行动是他们无法预见的。[②]第6艘西班牙战舰继续向东南方向航行，很快消失不见。

西班牙人的上风分队发现它们不可能让分散开的舰船成功会合。3艘西班牙舰船保持原航向，越过行动中的敌人舰艏，其他舰船迎风航行，加剧了北面的混乱状态，几乎沿着一条平行的和英国舰队方向正相反的航线航行，在通过英军前锋时，正处于长程加农炮射程以内。11点30分，英军杰维斯纵队的先导舰“卡洛登”号（Culloden）的舰长特鲁布里奇发现自己的战舰已追上西班牙分队的先导舰，随即下令开火。约翰·杰维斯爵士终于实现身为总司令官的宏愿。他的舰队以紧凑的战斗队形夺取了敌人分散的两部分之间的位置，能够在一段有限的时间里对其中一支采取行动，同时不会受到另一支干扰。他应当用他自己的15艘战列舰攻打18艘的那支，还是8艘下风位的西班牙舰船呢？根据准确的专业判断，他立即决定攻打规模较大的那支分队，这是因为较小的那支分队已经处于下风位，如果他选择另一个目标，这支分队脱离战斗的时间会更长，这个决定在原则上和纳尔逊在尼罗河确定的战术行动是一致的。于是英军的信号是继续保持航向，追击那些上风位的舰

① 纳尔逊是这样叙述的，见《急件》第二卷第340、343页。——作者注

② 詹姆斯称，这些西班牙舰船一开始右舷戗风，与英国舰队同方向航行，“看似试图抢占整个英国舰队的上风位。”西班牙舰船的速度和顶风优势如果能处理好，可能让他们对进攻中的英国舰队造成非常严重的干扰，从当天西班牙舰队的整个行动来看，如果进行这次运动，应当只是那些处于错误位置的人犹豫不决的行动之一。见《海军史》第二卷第39页。——作者注

船。特鲁布里奇料到了这个命令，已经在桅杆顶部悬挂了用于识别的应答信号旗，进行布置后先把旗卷起来，看见信号只需动一动手就能将它解开。司令官的信号旗刚升起，“卡洛登”号已飞快回复，这条船的帆已经张满，好似立即就要戗风冲入风中。“看着特鲁布里奇！”杰维斯大喜地高声叫道，“他就像整个英国的眼睛都盯着他那样在操作舰船！他们将开到上帝那里去！”西班牙分队的后卫正通过“卡洛登”号身边，刚好在转弯。英国战列线一艘接一艘跟在它身后戗风航行，保持追击的航向；这时那些英舰仍然处在最初的西南航向，插在西班牙的两个分队之间。处于下风位的西班牙分队，由一艘悬挂海军中将旗帜的100门舰炮战列舰引导，向杰维斯的旗舰——英军阵列中的第7艘“胜利”号直冲过去，好像要从它身前穿过英军战线。“胜利”号速度太快，西班牙战舰为了避免碰撞，只能几乎擦着英舰侧舷过去。在这样做的时候，它就将自己暴露在英舰的纵射炮火之下，也确实遭到一阵猛轰，迫使它和他的僚舰们一同退出战斗。为了能更准确地航向目标，“胜利”号有一刻逆转顶帆行驶，随后就保持航行，在“卡洛登”后面戗风航行，英军纵队余部也随后跟上。

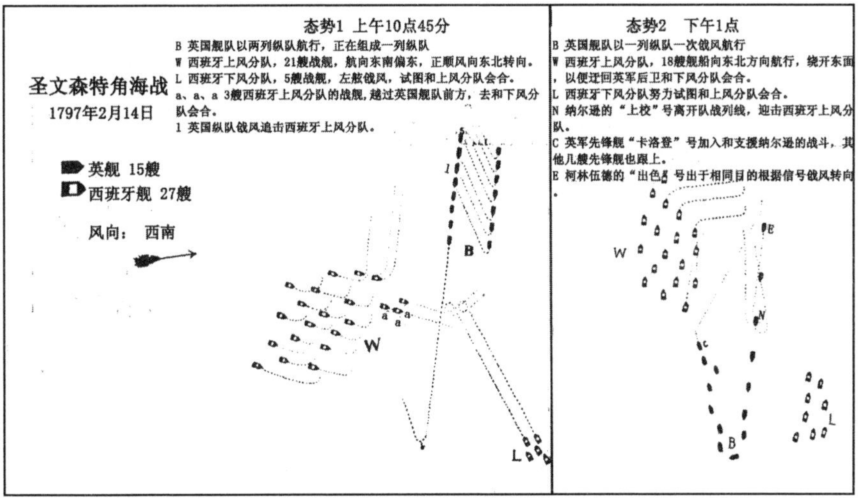

阵图4

时间快到下午1点。英国舰队的作战到目前为止已经包括：首先，突破了敌人的战列线，切断了敌前锋及大部分中央主队与后卫的联系；其次，在一场两个纵队平行追尾的航行中进行了一次炮战，结果西班牙主力分队自由通过，英国舰队靠近了上风位。海军历史上存在大量的这类小冲突，一般都是非决定性的。杰维斯曾见过这样的非决定性战斗①，因此他断然下令让“卡洛登”号换戗跟上敌人的时候，成为具有决定意义的行动。一场追逐战是漫长的，西班牙舰船的航速较快。特鲁布里奇和僚舰追上它们肯定需要一段时间，由于英军战列线的每艘后续舰船都不得不到达那个换戗的航行点，当时西班牙舰船可以稳步远离，杰维斯舰队的后卫必须得追击很长时间才能赶上，这些可以由后来双方各自的损失证明。因此，有人认为杰维斯司令官在让整个舰队换戗时应当能干得更好，或者至少能让后卫各舰一同行动，使整个舰队抢到西班牙舰队前锋阵前。这个想法是合理的，错在漏算了被英国后卫舰船甩开的西班牙下风分队。这8艘舰船往往被认为完全置身事外，事实上，在需要去处理其他西班牙舰船的时间里，监视它们仍是杰维斯联合行动必不可少的一部分。指挥英军前锋的帕克②将军清楚地说明了西班牙下风

---

① 就像1778年凯佩尔将军的一次作战一样。在那一战中，他给人留下深刻印象。见作者前作《海权对历史的影响1660—1783》第九章。——作者注

② 帕克（Sir William Parker, 1st Baronet，of Harburn，1743—1802）：威廉·帕克爵士，哈伯恩初代准男爵，英国海军军官，少年时代就加入海军，七年战争时期在北美战场作战。美国独立战争期间，他在西印度群岛的拜伦将军手下效力，出任过向风群岛海军基地准将司令官。1790年代他先在豪勋爵麾下效力，1794年参加“6月1日海战”后不久晋升海军少将。此后他一度在牙买加服役，1797年在地中海舰队适逢圣文森特角海战的辉煌胜利，表现相当出色。次年他负责封锁加的斯外海。他对资历较浅的纳尔逊能在同一时期在地中海独立指挥作战有所不满。1800年，帕克在完成北美哈利法克斯海军基地司令任期后退出现役。另一位与之同名的威廉·帕克爵士后来官至英国海军元帅，两人之间没有任何关系。——译者注

分队是怎样干扰他的，英军后卫又是怎样进行掩护的。[①]

由此，英国舰船一艘接一艘地将航向从西南变为东北偏北，追击西班牙舰队主力分队，西班牙的这个分队逐渐转移到穿过敌人原始队列后卫的方位。大约1点，他们发现东南海面空了，于是驶向下风位，向东南偏东改变航向，希望能从英国舰队后方通过，和下风位分队会合。对杰维斯来说幸运的是，纳尔逊就在后卫倒数第3艘战舰的位置。纳尔逊完全领会了总司令官的意图，当他发现这个决胜时刻时，也不坐等命令，立即率“上校”号驶离战列线，独自挡在敌人先导各舰前方。这个时机最佳最大胆的行动，证明了极度热切的行动和鲁莽的行动之间存在巨大差异。纳尔逊穿过西班牙舰队5艘巨舰的舰艏，来到英国纵队最前方，随后就用他的74门舰炮和当时海上最巨大的130门舰炮的西舰“幸运特立尼达”号（Santisima Trinidad）对战。敌人显然被他这种非同寻常的大胆到鲁莽的行动搞懵了，看上去就像惊恐的羊群一样，又迎风换舷，再度一同向东北偏北方向，恢复那种只能被认为在逃避的航向。

西班牙舰队主力这次航向的瞬间变动延误了自己的行动，足以使英军先导舰靠拢过来。特鲁布里奇的“卡洛登”号很快就来到纳尔逊的右后方，他对纳尔逊比所有英国海军军官都要亲密，同时另外3艘战列舰也跟了上来，形成了一个可以自由使用舰炮火力的紧密阵列。西班牙舰队一直没形成良好秩序，在这些英舰面前队列非常混乱，三两成群，阻碍了彼此的火力，给英舰提供了不易射失的目标。这场近战就在西班牙舰队主力后卫各舰周围激烈

---

① “在‘乔治亲王’号（Prince George）换舷时，那2艘三层甲板战列舰（西班牙下风位分队的船）在我们后面也跟着换舷，敌人后卫的余部也打算这样做，总司令（我们）中央主队和后卫的舰船跟了上来，掩护我们前锋后方的舰船免受敌人袭击，迫使它们重新换舷……并且有效地分断了敌舰队。”（威廉·帕克爵士关于英军前锋行动的叙述，见《纳尔逊急件》第二卷第473页。）这位英勇将军的叙述方式相当混乱，在通读好几遍以后，还是能清楚明白他的意思。他肯定不会被和那位非常杰出的同名海军军官搞混，那位是他下一辈的人物。

帕克和纳尔逊（《急件》第二卷第340、344页）提到西班牙主力分队时都称之为“前锋”。事实上，当“卡洛登”号插入时，整个敌舰队已经几乎要左舷戗风会合成一条战列线了，尽管他们的秩序混乱，没有充分衔接好。——作者注

展开，必然会成为一场混战，各英舰的舰长都根据自己的判断和舰船自身情况的随机应变。柯林伍德经历了一次非常著名的战斗，他同样是纳尔逊的密友。柯林伍德的座舰“出色”号（Excellent）来到西班牙主力分队队尾。可能是由于位置的原因，“出色”号的桅杆得以避免严重受损，舰长能完全控制自如，展现他获得殊荣的勇气和技能。经过敌舰队后卫时，他迫使一艘74门舰炮的敌舰投入战斗，这时他发现纳尔逊的舰船失去动力，就停在他的右舷，处于西班牙80门舰炮的“圣尼古拉斯”号（San Nicolas）的射程之内，“它（‘上校’号）的前中桅和舵轮都被打掉了，不剩一面帆，一条横桅索或一根绳索”，[①]处于5艘敌舰火力之下。柯林伍德急忙张满帆冲了上去，经过“上校”号和它最近的敌舰之间，闯到和后者10英尺距离以内，将所有可用的舰员都调到舰船一侧倾泻弹药，如果他们能在5分钟内三次开炮，任何舰船都无法抵挡。无论“圣尼古拉斯”号是有意为之，还是因为舵手被打死，转舵时竟撞上了112门舰炮的“圣若瑟夫”号，“出色”号继续航行，将空位再度留给纳尔逊。纳尔逊看到“上校”号已无力继续机动，便将舵转到右舷；这艘英国战舰借着风浪，靠近“圣尼古拉斯”号，与他展开接舷搏斗。纳尔逊早就让他的部下在甲板上准备好，带头冲上西班牙战舰的甲板，制服了它的舰员们，将它俘获。“圣若瑟夫”号快速冲到“圣尼古拉斯”号另一侧，现在开始用步枪射击；纳尔逊准将首先布置哨兵防止“圣尼古拉”的舰员们夺回他们的甲板，随后召唤他自己的舰船来增援，依靠自己的舰船，他强行登上了三层甲板的“圣若瑟夫”号，也将它制服。就在“圣若瑟夫”号的后甲板上，纳尔逊被那些仍带着战斗热情的部下环绕，接收西班牙军官递上的指挥刀。

这一幕由纳尔逊上演的出色戏剧性结局，还有他之前承担巨大责任，当机立断的行动，取得了这一天的胜势。这些已经使纳尔逊成为圣文森特海

---

① 纳尔逊的叙述见《急件》第二卷第341、345页。——作者注

角海战（有时也被称为“情人节海战”）最引人注目的人物。他那天才的精彩机动丝毫不会贬损总司令官应得的荣誉；就像尼罗河战役中，英军前锋指挥官构思出通过法军战列线内侧时刻的妙想，不会减少纳尔逊本人的光荣那样。对杰维斯来说，在如此严峻的条件下发动进攻的荣誉应由他独享，因为他正确充分的排兵布阵使自己能以寡胜众。他确实应当为纳尔逊这样一位出色的部下在这样的关键时刻出现在正确的位置庆幸，承担全部责任和制定全部原始计划的功勋都是他的，没人能从他手中夺走。对他来说，正是由于他的舰队那令人钦佩的战斗力，使他的冒险行动不会被责难为轻率鲁莽，到达被称赞为大胆的境界，更高的荣誉奖赏应属于这位无畏的将军。当晦暗的晨光使他能看到敌我两个舰队的时候，有人听见他说：“这个时候一场胜仗对英国来说极其重要。”荣誉属于这位能够超越自身忧虑和所承担的局部责任，心怀国家需要的司令官，他愿意拿自己的名声冒险来捍卫国家的荣誉。

英国舰队俘获了4艘西班牙战列舰，巨舰“幸运特立尼达”号失去了前桅和后桅，一些人说它已经被摧毁了；敌人的下风分队终于来了，上风分队的很多战舰仍毫发无损。因此，大约在下午4点，杰维斯让他的舰队右舷戗风组成战列线，插入敌舰队和他的战利品中间。这次机动结束了这场海战。有人认为进一步追击一支输得如此灰头土脸的西班牙舰队将会增加英国人的胜果；杰维斯不是那种会拿已经确定的胜利果实，去为一种尚不能确定的收获冒险的人。英国需要的胜利已经赢得，西班牙海军的无能也暴露无遗——它已不再被视为在政治形势中占有一席之地的因素。作者认为，杰维斯是正确的，情人节这一天已取得的重大战果不用再被拿去冒险，因为只要是战争就不可避免地会发生各种意外。

众多参加这次战斗的人获得了奖赏，杰维斯将军被授予“圣文森特伯爵”的头衔，同时纳尔逊荣获当时最显赫的荣耀——巴思骑士勋章（Knight of the Bath）。2月20日，纳尔逊晋升海军少将。舰队的各舰舰长获得了各种勋章，各舰的资深海军上尉也获得了晋升。

杰维斯说得很对，当时英国非常需要一场胜仗；就政治效果来说，这场胜利的时机不能更好了。3月3日，当捷报到达海军部时，整个英国正笼罩着愁云惨雾，地平线的各个战场都乌云密布。自从拿破仑占据阿迪杰一线，孤立曼图亚以来，奥军以优势兵力进行了三次不同进攻，想将他驱逐出去，为曼图亚解围，都以损失惨重的失利告终。最近刚传来消息，曼图亚已经投降，使拿破仑能心无旁骛地发动攻势和前进，不久他就这样做了。英国舰队已经被迫放弃了科西嘉和地中海，英国和法兰西共和国开始进行和谈，以英国特使被强制命令在48小时内离开法国告终。尽管政府并没有预期能得到满意结果，这样的结果对英国人民的影响仍是令人沮丧的。英国国债下跌到51镑[1]，比美国独立战争期间的任何价格都更低。法军远征爱尔兰确实失败了，海峡舰队对他们的失败几乎没起作用，对此英国不得不归因于上帝直接介入的缘故，他们更愿意看到海军施展手段达到这个效果。海军这支备受信任的国防力量似乎在各方面都瘫痪了。最后，在众多非常令人失望的情况下，2月26日，英格兰银行根据政府的命令，暂停硬铸币支付。对大陆各国的慷慨财政援助和世界各地海军军费对硬铸币的需要，是财力枯竭的主要原因，英格兰银行的董事们在两年间经常会发出破产威胁警告。这些导致萧条的原因当时得再加上一个——英国人暂时很大程度上对海军的战斗力丧失了信心，即对法国人入侵产生了恐惧。人们已经开始呼吁囤积硬铸币来对付法国人入侵的不幸日子。这就是杰维斯的舰长从他登陆的法茅斯怀揣写有捷报的密信，前往伦敦送信时的见闻。运载他的快速帆船继续载着携带随员一同回国的前科西嘉总督去普利茅斯。当他们在3月5日上岸时，暂停现金支付的消息刚刚到达普利茅斯城镇，在他们告诉别人圣文森特海角的伟大成就时，人们一开始都不肯相信局势已经逆转了。他们都预计会听到法国和西班牙舰队会师，入侵将至的消息。金融恐慌如此巨大，以至于政府官员们为了筹措

① 1797年《年鉴》，第148页。——作者注

支付埃利奥特前往伦敦的15畿尼[1]旅费都很困难。[2]

圣文森特海战大捷带来的心理变化巨大，而后的丰厚嘉奖也证明了这一点。西班牙海军只是一只纸老虎，只不过这只纸老虎巨大。覆盖着西班牙海军腐朽本质的面纱被剥去了，同时也向这个担心缺乏海军领袖的国家展现了杰维斯和纳尔逊这样引人注目的杰出人物。反对党出于派系斗争的实质意图，试图将人们的眼光从取得辉煌成就的勇士们身上转移到政府的愚蠢断言上去，因为政府曾反对用15艘战列舰对付27艘敌舰，这只是徒劳。只要人们思考过就会意识到政府对曼在圣诞期间未经允许的擅自回国没有责任，同样对于导致地中海舰队在短短一个月时间里造成5艘战列舰失去战斗力的一系列非同寻常的不幸事件也无能为力。他们也明白，没有一个公众政府会敢在爱尔兰命运未卜之际替换曼的舰船。大多数人并不在乎什么思考。对他们来说，知道15艘英国战舰冲入27艘敌舰当中，捕获和俘虏了4艘最大的敌舰，重创了其余敌舰就足够了。听到一艘英国74门舰炮战列舰的舰员，在一名海军名不见经传的人物带领下，持剑在手，先俘获了一艘西班牙的80门舰炮战列舰，然后俘获另一艘112门舰炮的西舰就足够了。有杰维斯和纳尔逊这样的人来主持舰队，还有小皮特为国家掌舵，他们由衷感谢上帝，鼓起勇气去战斗。推测往往是徒劳的，这时如果对西班牙海军的恐惧依然存在，同时对能够出现更好的海军领袖有所期待，就不会看到这个国家在面临重重困难时还要应对的日益严峻的兵变危机。这种期望有其基础，不是推测。随着圣文森特角海战开始的一系列胜利和成就，使早年的大量劣迹沉入卑微的角落之中。

海战之后，西班牙舰队立即进入加的斯，杰维斯回到里斯本整修他的舰船。3月31日，在得到进一步的增援后，他带领21艘战列舰离开里斯本，

---

① 畿尼（guinea）：英国旧金币，一个畿尼相当于一镑一先令。——译者注

② 《敏托勋爵传》第二卷，第379页。——作者注

在加的斯外海占领阵位，西班牙人在那里拥有26艘同级战列舰。经过6周的巡航后，杰维斯为了进行长期封锁将舰队锚泊，这种部署持续了2年，其间只有很短暂的间歇，直到1799年5月，布吕克斯[1]司令官成功从布雷斯特出航，这次出航关系到另一个地方[2]，英国封锁舰队随之追击布吕克斯，终于让西班牙舰队有机会能够溜出海港。这种乏味的漫长监视不会带来任何军事利益。这一时期盛行的反叛精神与不和，曾使哗变一度在海峡舰队和北海舰队占据上风，加重了总司令官的负担。只有杰维斯通过其他人少有而他所具备的过人警惕性，用坚定不移的意志扑灭了一次又一次哗变的火苗。国内一直派出的新舰船却让哗变情绪持续出现，这些新舰船的军官脾性不如他们的舰长们好，新水兵们对他们将要面对的不可动摇的意志还没有经验。挑战紧跟着挑战，杰维斯这个老人的勇气一次也没有畏缩，他的决心也丝毫没有动摇。水兵和军官都感受到只要他的旗帜还在飘扬，他在军中的权威就不可动摇；在这种背景下，军官们显露出他们显然由于一直待在本国港口造成的无力遵守严明军纪的弱点。[3]参加过圣文森特海角海战的舰员中间很可能存在一个支持维护军纪的有力核心，这是由于对舰队司令官、纳尔逊、柯林伍德、特鲁布里奇、索玛莱兹和其他在战役中功勋卓著的人的钦佩之情产生的。

---

① 布吕克斯（Étienne Eustache Bruix，1759—1805）：艾蒂安·埃斯塔什·布吕克斯，法国海军军官。他在美国独立战争期间在不同舰队服役，法国大革命初期成为海军部成员，1793年元旦晋升海军上校，次年10月因出身贵族一度被剥夺军衔，勒令退役。赋闲期间，他写了一本分析法国海军时局的小册子，得到拿破仑赏识。1795年他被海军重召，在儒瓦尤斯将军部下效力。1796年爱尔兰远征期间，他在德·加拉部下效力，赢得奥什的赞赏。1797年5月，他晋升海军少将，次年4月起一度出任法国海军部长。1799年5月，他晋升为海军中将，最著名的成就就是在同期亲自指挥布雷斯特舰队避开英国封锁，启航出海，一度令英国胆战心惊，不过这次巡航并没有取得实质性成果。拿破仑上台执政后，又在1801年晋升他为海军上将。在拿破仑制定庞大的英国入侵计划后，他奉命在布洛涅组织大型运输船队，数年之内耗费了自己的全部精力。他在万事俱备之前便身染重病，1805年3月在巴黎去世，没有看到这项入侵计划破灭的那一刻。——译者注125

② 见第十章。——作者注

③ 圣文森特伯爵全力镇压哗变时的一起冲击性事件，参见本章末尾注解。——作者注

从英国人撤出科西嘉到圣文森特海角海战，海上发生了一系列事件，拿破仑在意大利仍固守阿迪杰战线，封锁着曼图亚要塞，因此他的态势本质上是一种守势。在敌人从蒂罗尔出动攻打他的时候，他勇敢睿智地恢复了攻势行动，赢得了辉煌胜利，这模糊了他处于守势的事实。拿破仑在多种风险和挫折之中，只能在已经占领的地区原地坚持，在曼图亚落城之前无力进攻更多地方。卡斯蒂廖内、阿科拉（Arcola）和里沃利（Rivoli）的辉煌胜利，掩盖了他所处形势的关键特征，由此也可以看出英国舰队的存在，对激励那不勒斯和教皇坚决进行反法部署的重要影响。没有什么比拿破仑的活力和天才能够更成功地努力解决这种态势了，他的信件泄露了他对那种情况的担忧，即由于英国舰队的协同作战，在他后方的这些危险即使对他来说也会变得不堪重负。2月2日，曼图亚投降后，拿破仑首先对教皇施压，谴责他违反了去年6月缔结的停战协定。教皇陛下立即屈服，在2月19日签署和平条约，放弃了他在北方各省——博洛尼亚、费拉拉（Ferrara）和罗马涅（Romagna）的权利，将它们割让给法国，到战争结束时，亚德里亚海岸的良港安科纳（Ancona）也被割让给法国。

3月10日，在保障后方的所有必要部署基本完成后，拿破仑向奥地利人发动了攻势。年轻的卡尔大公在1796年战事中，已经在多瑙河向欧洲展现了他极高水准的军事才华，他被派来对抗拿破仑，此举对奥军在意大利平原的抵抗来说，为时已晚，甚至对山脉另一边的意大利各地来说也是一样。3月16日，法军越过塔格利亚门托河（Tagliamento），顺着这条河流和伊松佐河（Isonzo）上的峡谷，进入东阿尔卑斯山脉。23日，法军占领的里雅斯特，卡尔大公不断撤退，几乎没有与敌人在困境中进行过争夺。卡尔的想法是在他引诱法军深入德意志境内前，高挂免战牌，他已经努力集中了自己的兵力。拿破仑用他自己的方式对这个明智的决策予以赞美：“如果敌人愚蠢地等候我决战的话，”他在给督政府的信中写道，“我应当已经击败他们了；如果他们继续撤退，有一部分来自莱茵区的部队同他们会合，彻底打垮了我，那么随后的撤退将会非常困难，意大利军团的损失可能会危及共和国。我们不能对事实视而不见，尽管我们的军事形势辉煌，但我们还没有强大到能决定局势的地步。”[①]他身后的意大利也处于骚动之中。由于法军未经抵抗就穿过卡林西亚（Carinthia）山脉造成的士气影响，使奥地利皇室开始斟酌议和条款，并且4月18日在距离维也纳仅60英里的莱奥本（Leoben）签订了和约预案。尽管正式条约直到6个月后才缔结，莱奥本会谈达成协议标志着从1792年4月直到1797年4月，奥地利和法国之间持续5年的战争宣告结束。

莱奥本草约规定共和国和奥地利皇帝之间互相停止敌对行动，并且将这一规定扩展到德意志帝国的所有邦国以及皇帝本人的专属领地。奥地利最终放弃了奥属尼德兰（比利时），“承认法兰西共和国法令规定的法国边境。”这一条款包含了法国与英国谈判的争议部分，共和国方面承诺会在最终议和时为皇帝失去的尼德兰各省提供“公正和适当的补偿”。

此处故弄玄虚的“适当的补偿”，在同一时刻缔结的“秘密预备协定”中已经议定签字。按照协定，补偿将通过废除威尼斯共和国来实现，对此拿破仑有理由严重不满。威尼斯除了在意大利本土的所有领地外，还领有亚德里亚海东岸的伊斯特里亚（Istria）和达尔马提亚（Dalmatia）。由于协定的相关条款，威尼斯各省被分开。奥地利得到了包括伊斯特里亚和达尔马提亚在内的奥格里奥河（Oglio）以东和波河以北的所有土地。威尼斯以前所有的奥格里奥河和阿达河之间的领土组成了一个新的独立共和国；法军在最近的战役中从奥地利手中夺取的奥格里奥河以西的所有领地，也被划入这个共和国，这就是人们所说的“山南共和国”（Cisalpine Republic）。因此，亚德里亚海的贵族领主们被剥夺了他们的权力，被逼到悬崖边缘。6个月后，在最终的和约当中，来自科西嘉的征服者将彻底颠覆他们的统治。这一刻，

---

① 写于1797年4月19日。见《拿破仑书信集》第二卷第655页。——作者注

这个共和国只留下他们的古老城市和爱奥尼亚群岛，法国从教皇手中取得的博洛尼亚、费拉拉和罗马涅被赐给他们——只是类似临时领地而已。

以上就是莱奥本草约基本条款的主要内容，但草约的重大意义表面上没有在这些条款中显露。拿破仑最终在外交方面，取得了他在战役计划中就瞄准的伟大目标，他将他的敌人们分开了。“法兰西共和国，”他写道，“在莱奥本草约中保证给予奥地利皇帝陛下如此多的利益，达到了与奥皇陛下单独议和的主要目的，这样就可以用法国所有的力量对付英国，以迫使英国求和。”他独自提出和签署了草约，这个预案给出了他一生的战略和政策的概要。[①]莱奥本议和最关键的一点是，奥地利和一年前的撒丁那样，撇开了它的盟国，单独议和。英国为了它的荣耀，在1796年绝对拒绝去做同样的事情，只要它身边还有盟友，也绝对不会做。当然，一个发现连战连捷的敌人已经处于他领土核心地带的国家，和一个岛屿帝国的处境存在很大区别。尽管冷静地回顾历史时就能发现奥地利没有正确地认识到拿破仑处境的极端危险性，法国依然要对它进行很大补偿。这种补偿强调了这样一个重要的真理——英国在这场大战中始终都保持的庄严态度，绝对和完全取决于对海洋的控制，即取决于海权。

注解：

现在本章仅剩的内容就是讨论英国舰队何时和为何发生抗命和哗变，当这种罪行昭然时，圣文森特勋爵是怎样处置的。下面会提到一个著名的哗变事件，那并不是哗变的首次爆发，也不是最后一次发生，但是对舰队造成的震动最为大，因为这场哗变发展到最为棘手的地步，在圣文森特勋爵看来，对这场哗变执行的刑罚产生了最有益的影响。

…… ……

---

① 《拿破仑书信集》第三卷，第346页。——作者注

在罗杰·柯蒂斯爵士抵达后不久，圣文森特总司令官就收到多个为哗变者召开军事法庭审判的请求，这些申请来自“马尔巴罗”号（Marlborough）、“狮子”号（Lion）和“半人马”号（Centaur）3艘战舰。我们就选择对“马尔巴罗”号哗变的处置来展开讨论。

在分舰队靠近，得到进行军法审判的请求之前，总司令官就知道这条船是斯皮特海德军纪最混乱的船之一，于是下令让它停泊在中央，和舰队其他战舰保持一小段距离。这艘船还就非常碰巧的在比尔海文时就爆发了一次极为严重的兵变，旅程中又再次发生，好在被军官们——主要是第一上尉（大副）镇压。这场兵变的直接目的是为了保护一个被军事法庭判处死刑的水兵的生命。一个审判哗变主犯的军事法庭即刻组成，一名主犯很快被判处死刑，总司令下令第二天早晨就执行判决，“处决只让‘马尔巴罗’号的舰员单独协助进行，没有从其他舰船搭载小艇赶来的舰员到场，就像类似事件中经常做的那样。”这是伯爵大人对哗变者处刑的固定程序。为回复执行死刑的命令，“马尔巴罗”号的舰长埃里森（Ellison）上校等候总司令官到来，提醒伯爵大人他们的水兵们集体兵变的直接原因是认为同伴不该被判死刑，还明确断言“马尔巴罗”号的舰员们将不会允许将那个人在自己的船上绞死。

总司令官在“巴黎市民”号（Ville de Paris）的后甲板上接见了埃里森舰长，就在众军官和舰员们面前，在一片沉寂中倾听埃里森的陈述。圣文森特脱下帽子提在手里站在那儿。任何人无论什么军衔，哪怕只是一名普通水兵在和他谈话时，伯爵大人一直保持着这个不变的习惯。直到舰长停止说话，圣文森特勋爵一直在凝神倾听，然后停了一会儿，回答说：“你对我说的究竟是什么意思，埃里森上校，你是指你不能指挥国王陛下的‘马尔巴罗’号战列舰吗？如果真是这样，先生，我会立即派一位能够胜任的军官到那艘船上去。”

埃里森舰长接下去请求，无论如何，希望像海军中一直已经成为惯例的那样，能从舰队的其他舰船用小船把舰员送到他的战列舰上参加处刑，由他们来绞死那个被判死刑的水兵，因为他真的无法想象“马尔巴罗”号的舰员会那么做。

圣文森特勋爵断然答道：“埃里森上校，你是个老军官了。先生，你长期服役，在海军经历过严峻的考验，在战斗中失去了一条手臂，我非常遗憾，你在服役的岁月里取得的资历现在都必须搁在一边。那个人将会在明天上午8点被绞死，会被他自己船上的同伴绞死，这个舰队的任何其他舰船都不会有一只手去碰那根绞索。你现在立即回到你的船上，先生，如果你确实证明你不能指挥你的舰船的话，一位能够指挥的军官将会去接替你。”

埃里森上校再无二话，马上退去。等他到了自己船上，便接到命令，让他将船上的舰炮都储藏和保存起来，在第二天黎明，他的侧舷都要放低。随后总司令官向舰队下达了一道通令，第二天上午7点，舰队的所有小艇都集中到“王子”号（Prince）船下，所有小艇都武装好加农炮，每门炮配备12发炮弹。每艘小艇都由1位海军上尉指挥，除了小艇的操作员外，配备1名专业可信的炮术士官和4名炮手。所有小艇由“布伦海姆”号（Blenheim）舰长坎贝尔上校指挥。书面命令被送到那位舰长手中。在说明这些情况时，圣文森特勋爵说：“他（坎贝尔）会参加行刑，如果‘马尔巴罗’号出现任何哗变迹象，有任何打开炮门的举动，或者任何反对绞死犯人的抵抗，他就会持续靠近这艘船，对它开火，一直持续射击，直到所有哗变或者抵抗停止为止；如果局面变得绝对必要，他可以在这个舰队面前击沉这艘战舰。”

因此，第二天上午7点，所有经过武装的小艇都先去“王子”号，再到“布伦海姆”号集合，然后，坎贝尔上校统一指挥他们来到“马尔巴罗”号的位置。

在用小艇的船桨和“马尔巴罗”号并排划行了一段短时间后，坎贝尔上校将他的部队横过它的舰艏，保持在手枪射程距离以外一点的距离，然后下令取下加农炮的炮栓，装填弹药。

7点30分，整个舰队的船舷上都搭满了见证行刑的舰员们的手，所有人的眼睛都落在一艘离开旗舰的全副武装的小船上，每个人都知道宪兵司令在那艘船上押着他的犯人送去“马尔巴罗”号行刑。决定性时刻来临了，现在就要看“马尔巴罗”号的舰员会不会绞死他们的自己人了。

那条战舰位于舰队的两条战列线中央，押送犯人的小船很快就到了，犯人就被送到系锚杆上绑了起来。随后是可怕的几分钟沉默，最后舰队8点钟的钟铃声打破了沉默。旗舰的炮声立即响起，在炮声中，死囚被吊了起来，过了一会儿，所有人都看到他又被放了下来，整个舰队立即一片紧张。是的，在这个可怕的时刻，当每条舰船上的每一双眼睛都紧张地盯着这场象征着权威与叛乱者决斗的行刑时，好像注定整个舰队会看到“马尔巴罗”号的舰员们对绞死他们的反叛者显得犹豫不情愿，各种措施的效果使他们被强制服从判决。由于“马尔巴罗”甲板上的一起事故，拉帆桁索的人无意中使它滑落，很不幸地失去了平衡。他们很快就将他吊到横桅上——可以满足法律要求了，圣文森特勋爵说道：“军纪得到了维护，先生！”这一刻也许是他一生中最伟大的时刻。

当判决执行时，没有出现任何干扰，他可能再次证明了整个舰队的雄厚实力足以压倒一艘战列舰所能引发的任何抵抗。坎贝尔上校的小艇队散开队形，划了下去，将他指挥的那些小艇尽可能靠近“马尔巴罗”号侧面，然后重新组队，让它们穿过它的舰艏位置，一直在那里停留到死囚肯定被绞死为止。随后尸体被放了下来，缝进了他生前自己用的吊床里，还被补射了一枪，然后装在“马尔巴罗”号上的一艘小船里，被送到离舰半海里的地方沉入海底。到了这一步，坎贝尔上校撤下了他的部队，旗舰也发出信号，让“马尔巴罗”号在战列线当中就位。

这是对加的斯港前舰队哗变运动的致命打击。暴力抗命、不忠阴谋和公开反抗并不是没有再发生，发生和平息的过程也在交替进行；这是因为许多从英国派来的舰船，有些在到达时几乎已经公开哗变，这样他们会给其他舰船带来消极影响。可怕的处决一再施行，在所有的抗命案例中总是由哗变舰船的舰员们自己充当叛乱分子的刽子手，任何人都不会再次质疑法律的权威。[①]

① 出自塔克《圣文森特伯爵回忆录》第一卷，第303—309页。——作者注

第九章

1797—1798年的地中海：拿破仑远征埃及，英国舰队重返地中海和尼罗河战役，英国重夺地中海制海权和第二次反法同盟建立

莱奥本和平预案平息了武装冲突，使所有的目光都转移到外交领域。之后12个月，欧洲的注意力主要都集中在外交领域。就在拿破仑签署和平预案的时候，莫罗和奥什[1]率领法军的两个军团已经跨过莱茵河，准备进入德意志境内作战。4 月22日，一名信使怀揣停战信，先后到达两位将军的司令部，使他们立即停止前进。于是当时战争只在海上，在英国与法国及其盟国之间继续进行。

法国督政府的信心随着拿破仑的节节胜利水涨船高，使他们在和外国政府进行交涉时采取了高姿态，即使不将这种姿态看成放肆的话，也是一种傲慢自大。迫于舆论压力造成的政治影响，皮特曾在1796年10月派遣老练的

---

① 奥什（Louis Lazare Hoche，1768—1797）：路易·拉萨尔·奥什，法国大革命时期的名将。奥什16岁从军，大革命爆发时还是个下士。1792—1793年，他在法国北方边境屡立战功，得以先后晋升为准将、少将，他在莱茵前线的表现也很出色。1794年，奥什在恐怖统治时期一度被捕，依靠朋友庇护逃过一劫。当年8月，旺代发生叛乱后，奥什奉命率军平叛，花了两年时间成功稳定了法国西部的局势。1796年，奥什力主率军远征爱尔兰，最后因天气原因和海军糟糕的能力未果。1797年，奥什短暂出任法国陆军部长，他的身体状况迅速恶化，当年9月便与世长辞。埃米尔·路德维希在《拿破仑传》中提出，如果奥什不是英年早逝，可能会在将来成为拿破仑在国内最强大的竞争对手。理查德·霍尔姆斯编辑的《牛津军事史指南》称他“是一个思维敏捷、坚定而无情的人……一位真正的天才将军，他的早逝是法国的损失”。—— 译者注

外交家马尔姆斯伯利勋爵[1]去法国进行和谈。英国提出的条件是交战双方返还占领区。虽然英国没有损失任何领地，但是如果法国将奥属尼德兰和伦巴第归还奥皇，英国将归还法国在东印度和西印度群岛的领地，包括圣劳伦斯湾和它重要的渔场。至于从荷兰手中夺取的殖民地，如果荷兰执政政府恢复的话，可以归还给他们；如果在法国军队帮助下建立的荷兰共和政府保持下去，拒绝自行解散，英国和奥皇会坚决要求在别处对由此造成的欧洲政治地位的伤害寻求赔偿。以这些认识为基础，英国政府愿意进行一场全面和平谈判，对这场全面谈判，明确要求俄国、葡萄牙和奥皇都应当参加。法国政府的答复是，英国没有权利在这里代表他的盟友发言，进一步来说，割地问题已经涉及法国议会的法令，如关于奥属尼德兰的问题，与共和国的根本法律存在分歧。后者的答复被英国政府视为无理取闹，如果仅仅因为与个别国家的宪法相悖，将对一方有利的成果从谈判中剥离，那么为结束一场战争的和谈就无法继续下去。现在的情况是，法国和英国都是战胜国，它们的主要盟国都是战败国。英国提议，双方各自为盟友的利益放弃获得的战利品。法国拒绝，因为它的占领区现在已经成为国家领土的一部分，因此不可分割。此外，由于马尔姆斯伯利频繁提及要向他的政府请示（所造成的延误）耽搁了许多时间，12月20日，督政府勒令他在48小时以内离开巴黎。

与此同时，美国也在感受法国人的类似傲慢态度。从海上战争开始以后，美国政府和交战双方之间频繁发生争议，事关英国和法国巡航舰船对美国船只的处置——中立国旗帜对敌国商品的保护，1794年《杰氏通商航海条约》（Jay's treaty of commerce and navigation）的规定（法国认为条约对英国过分有利）以及合众国对法国私掠船的态度———开始允许它们在美国港口出售战利品，后来禁止这样做。这些难题的根源在于实际上美国没有海

① 马尔姆斯伯利勋爵（James Harris, 1st Earl of Malmesbury，1746—1820）：詹姆斯·哈里斯，初代马尔姆斯伯利伯爵，18世纪和19世纪初的英国著名外交官，从1768年开始便活跃在欧洲外交舞台上。——译者注

军，使交战双方不尊重它的权利也不会感受到任何压力。对英国来说，友好关系的重要性取决于贸易利益。法国已经没有商船可用，在使用美国商船运货方面发现了好处，美国人的港口可以充当法国巡航舰船骚扰英国贸易的基地。针对法国取得的第一项利益，英国根据国际法宣称，即使悬挂中立国旗帜的货船，只要运载敌国货物一样可以捕获。美国认同英国的主张，出于自身和平和中立利益的考虑，拒绝继续支持法国的贸易破袭战。法美双边的不满随之而来，结果导致法国在1796年11月召回驻美大使。与此同时，华盛顿总统对驻巴黎公使门罗（Monroe）不满意，于是将他撤换。门罗在12月30日离任时，法国督政府主席发表了讲话，对门罗个人高度赞扬，对美国政府进行了抨击；他的言下之意，按照亚当斯总统的恰当说法就是："是一种离间美国人民和政府的措施，会使我们之间的和平产生重大隔阂。"法兰西共和国认定统治者和人民的利益存在分歧，根据这一理论开始以强制改革古老的专制统治为本国使命，自由的美国人民对此通过公正的实践，选举出他们自己的政府和敬爱的同胞华盛顿（为总统）。督政府拒绝接受美国新公使平克尼[①]。他以不被承认的身份在巴黎待了一个月，在得知里沃利大捷的消息后，督政府勒令他离开法国。

极其巧合的是，当法兰西共和国将自己卷入和两个主要海洋国家的冲突时，俄国的统治者发生了变动。即使俄国不能算作一个严格意义上的海洋强国，由于它优越的地理位置，通过在波罗的海的优势地位，会对世界的海军利益产生影响。1796年11月17日，女沙皇叶卡捷琳娜二世病逝，当时她即将和伦敦及维也纳宫廷达成协议，改变俄国抵抗法国的被动态度，并且会派遣

① 平克尼（Charles Cotesworth Pinckney，1746—1825）：查尔斯·科特斯沃斯·平克尼，出身南卡罗莱纳州的美国政治家。他在美国独立战争时期加入大陆军，获得陆军上校军衔，1787年当选代表南卡罗莱纳州的美国众议员。1789年，他拒绝了华盛顿总统让他在国务院或陆军部任职的邀请。1796年，平克尼出任美国驻法公使，由于当时法美关系紧张，使他在法国历尽周折，最后在1798年4月离开法国。后平克尼先后竞选美国副总统和总统，均未成功。——译者注

一支6万人的陆军支持奥地利。女皇的继承人保罗一世任由这项条约无疾而终，继续冷眼旁观。直到拿破仑占领马耳他，督政府威胁保罗一世如果允许他的帝国和英国进行贸易的话，就向俄国宣战时，终于促使他半疯狂地投入到和法国的战争中去，这已是一年以后的事了。

1796年底的这些事件发生时，共和国与西班牙、荷兰结成紧密同盟，与意大利各邦国缔结了正式和平条约。1797年4月，法国通过这些措施和莱奥本和平预案确定了与其他各国的关系。同一时刻，法国的内部状态变得令人担忧。这时到了改选两院立法机构三分之一成员的时候，选举依然受到恐怖统治时期的影响，结果许多反动派回归立法机构，使他们在两院都获得了多数派地位，尤其在下院的优势更明显。这种优势立即通过下院议长选举体现出来，和督政府公开反目的皮什格鲁将军以巨大的多数优势当选。紧随这一重大举措的，是一系列有计划阻挠和削弱行政权力及其行动的措施。议会与督政府之间的对立在整个夏季愈加明显；反动分子没能正确把握时代的预兆。议会通过保王党分子的阴谋和自身的不明智举动，使他们看上去就像共和国政府的敌人，这引起了指挥桑布尔和默兹军团的奥什将军的忧虑；他们直接对拿破仑针对威尼斯的行动提出质疑，使这位杰出的意大利征服者从私人角度产生了强烈敌意。议会由此发现自己遭到两位由于身系法国安危最孚众望的将军反对，这两位将军都各按自己的本性，将他们的感情传达给指挥的部队，让他们为军事政变进行准备。煽动性的言辞和赞美在整个军中盛行，共和国认为这种言论徒有其表，不会成为现实，部队很容易被诱导着认为议会两院正在考虑复辟王权。

督政府的多数成员对议会复辟王权的事情半信半疑，反对派严重阻碍政府工作的行为惹怒了他们，于是准备采取非常措施。另外两名督政还不准备采取这种行动，其中的一位，共和国早期胜利的组织者卡诺，当时正好成为督政府轮值主席。他不知道那三位正密谋策划的同僚已经有了成熟的方案，呼吁拿破仑将意大利诸将中最坚定的革命派奥热罗派给他们，一旦必要，就由他指挥军队采取断然措施。尽管卡诺反对，奥热罗一到巴黎，就被任命为巴黎军分区司令。卡诺的主席任期到8月24日结束，他的继任者是一位密谋成员。9月3日晚上，奥热罗带领1.2万人的部队和40门大炮包围了杜伊勒里宫的城堡和花园，将当时在场的议员和他们的卫队驱逐出去。督政府下令卫队将两名没有参与政变密谋的成员逮捕，卡诺逃到瑞士；他们的另一位同僚巴塞洛米[①]被抓获。第二天，没有被囚禁的议会两院成员开会，通过一项决议，废除最近的许多选举结果，将两名督政官和53名议员流放到卡宴（Cayenne）。经过清洗的议会，变得和行政机关协调一致。一份声明随后被下发到政府各部门和军队，宣称国家曾遭到反革命分子入侵和扰乱，富于爱国精神和社会道德的爱国者已经动用军队维护了国家的安定。“在这次事件当中，”一位共和派历史学家说道，“存在一些不幸的真相。中间阶层已经变得反动或惰慢，民众现在对政治运动介入很少；在军队之外，活跃的民主几乎绝迹。即使军队能保卫自由，他们也不能在公民社会抛弃自由的时候，在实践中实现和维护自由。当革命只有靠军人的赞同才能发挥作用时，就必然会导致另一场由军人领导的为了军人进行的革命。”[②]从逻辑上说，1797年“果月十八日政变”是1799年“雾月十八日政变”的前兆，后一场政变使拿破仑夺取政权。

督政府和议会之间的冲突引发了整个欧洲的关注，因为其结果将会深刻影响现存争议的进程。奥皇对莱奥本仓促议和颇为懊悔，有意回避达成最终条约，试图将英国也引入到和谈当中。对此拿破仑愤然拒绝，因为这将破坏他分别进行谈判的基本目的。小皮特比以往任何时候都期望议和，再度派出

① 巴塞洛米（François, marquis de Barthélemy，1747—1830）：弗朗索瓦·巴塞洛米侯爵，法国政治家和外交官。1795年，他在巴塞尔和普鲁士及西班牙达成了议和。1797年5月被选入督政府，4个月后就在“果月十八日政变”中被捕，流放法属圭亚那。他很快逃脱，辗转苏里南和美国，来到英国。拿破仑掌权后，巴塞洛米回到法国，进入参议院。1814年拿破仑下台后，他归附复辟的波旁王朝，在百日政权期间也没有改变立场。路易十八再度复辟后，封其为侯爵。——译者注

② 马丁：《从1789年起的法国史》第二卷，第479页。——作者注

马尔姆斯伯利。督政府让他在指定会谈地点里尔（Lille）等候，在此期间督政府正和议会对立。督政府提出了一些不太可能被允许的要求，延长了商谈时间，因为英国内阁一心希望能获得一个体面结局，于是只有耐心等待。军事政变一星期之后，法国谈判代表被召回，派来另一批人接替他们。新代表到达后，开门见山地向英国大使提出要求，问他是否“有权归还法国及其盟国从战争开始起落入英国人手中的所有领地”。法国代表要求他在同一天就做出答复。马尔姆斯伯利冷静地答道，他不能，也不应处理任何赔偿方面的条款。法国代表们随即向他传达了督政府的命令，让他在24小时之内回到他的宫廷，去取得能实现这些归还条件的权力。这当然给这轮和谈画上了休止符，战争又持续了4年多时间。

在这多事的几个月间，拿破仑通过他在人们心目中树立的形象，已经成为法国最有影响力的人。他正在酝酿的几个计划将会深深影响制海权以及法国已显示有能力进行的各种巨大努力的未来发展方向。4月5日，在他主持下，经督政府批准，撒丁王国国王和法国缔结了攻守同盟条约。根据这份条约的秘密附加条款，撒丁岛作为大陆领地的补偿条件，被割让给法国①。不久以后发生的许多事件，使他那天才的洞察力发现了一个更加令人满意的局面。在他入侵卡林西亚期间，在他的后方，整个意大利本土的威尼斯领地爆发了人民反法起义，屠杀了数百名落入他们手中的法军士兵。这给他提供了一个处置那些领地的借口，对此莱奥本和平预案的秘密条款已有所述②，同时他放出了不祥的狠话，用不了多久，威尼斯政府这个闭关自守的小岛将会灭亡③。5月2日，拿破仑在返回意大利后，发表了一份声明④，历数了后方引起骚动抱怨的诸多原因，骚动已经危及“进入斯泰里亚（Styria）峡谷”的

① 《拿破仑书信集》第二卷，第590页。——作者注

② 见本书第八章。——作者注

③ 《拿破仑书信集》第二卷，第622页。——作者注

④ 《拿破仑书信集》第三卷，第21页。——作者注

法军。他命令法国公使离开威尼斯，所有的威尼斯代理人都离开伦巴第和威尼斯各领地，这位法国将军会对威尼斯共和国的部队开战，并且会在整个意大利本土将威尼斯军队的旗帜都砍倒。

拿破仑宣战之后，紧接着在5月16日，威尼斯的旧寡头执政集团退位，新组建的临时政府请求一个法国师进入威尼斯市来维持过渡时期的秩序。拿破仑批准了这个请求，派出了5000名士兵，从他给督政府的急报中能看出他对此事幸灾乐祸，他说现在这种情况可以避免随着执行和奥地利之间的秘密预案引发的憎恨，同时能让嘈杂的欧洲平静下来，因为“很明显占领（威尼斯）只是临时性的，是根据威尼斯人自己的要求进行的”。[①]10天后，拿破仑派刚从科西嘉召回的甘蒂里将军率领2000人的部队去科孚岛，指示他保证控制住科孚群岛和那里的威尼斯分舰队，表面上要一直表现得支持随他一起行动的威尼斯特派员们。“如果岛民们倾向独立，”他写道，“满足他们，再和他们谈谈希腊、雅典和斯巴达的故事。”[②]他在给威尼斯政府的信中写道，这支远征军是被派去支持威尼斯特派员的，在同一天给督政府的信中，他指出科孚岛应当不容置疑地属于法国。他又补充道：“马耳他岛对我们来说至关重要……为什么在我们的舰队进入大西洋之前不去占领它呢？那个小岛对我们来说是无价之宝。和撒丁国王之间的密约条款还规定我们能占领圣彼得洛（islands of San Pietro）岛。现在是将这几个岛屿要塞化的时候了。”[③]因为当时英国地中海舰队在加的斯港前，海峡舰队经常哗变。

4个月后，拿破仑再度写道：“取得圣彼得洛岛、科孚岛和马耳他岛，我们将会成为整个地中海的主人。”[④]“科孚岛、赞特岛（Zante）和凯法利尼亚岛（Cephalonia）对我们来说，比整个意大利更重要。如果我们必须做

① 《拿破仑书信集》第三卷，第73页。——作者注

② 《拿破仑书信集》第三卷，第89页。——作者注

③ 《拿破仑书信集》1797年5月26日，第二卷，第86、87页。——作者注

④ 《拿破仑书信集》1797年9月13日，第二卷，第392页。——作者注

出选择，可以将意大利本土归还给奥皇，而保留这四个岛屿[①]……土耳其帝国日益分崩离析。占领这四个岛屿将使我们能支持土耳其，或者攫取我们的利益。我们在不久的将来会意识到，要真正摧毁英国，就必须占领埃及。庞大的奥斯曼帝国日趋没落，使我们有责任采取措施保护我们的黎凡特贸易。”[②]“如果我们在议和中不得不同意将好望角割让给英国，那我们就应该夺取埃及。埃及从来没有属于一个欧洲国家，现在他已经不属于土耳其帝国了。我们可以在这里留下2.5万名士兵，让8到10艘战列舰护航，去占领埃及。公民的部长，我希望你会询问，我们远征埃及将会对土耳其产生怎样的影响。”[③]“我们占领科孚岛和其他岛屿，能与阿尔巴尼亚的帕夏们建立良好关系，这将对法国有益。试图维持土耳其帝国是无用的，我们将看到它在我们时代的衰落。科孚岛和赞特岛会让我们统治亚德里亚海和黎凡特。”[④]在这些还可以添加更多内容的论证当中，可以看见埃及大远征的成因，直到远征被付诸实施为止，拿破仑一再重复着他的构想，表现出他特有的执着。

为了能实施远征埃及的计划，拿破仑一边胡扯威尼斯这个国家继续存在的希望，另一边和奥地利一起着手让这个国家消失，从中分一杯羹——法国会得到爱奥尼亚群岛和威尼斯的海军[⑤]，这时英国代表马尔姆斯伯利正在里尔和谈，督政府和议会日益针锋相对。英国正在经历一段痛苦的航程。法

---

① 原文如此，疑为引文笔误，实为前一句提到的三个岛屿。——译者注

② 《拿破仑书信集》1797年8月16日，第二卷，第311页。——作者注

③ 《拿破仑书信集》第三卷，第392页，拿破仑给法国外交部部长的信。——作者注

④ 《拿破仑书信集》第三卷，第313页。——作者注

⑤ “在你到达威尼斯时，海军准将，你将在驻军总指挥和法国公使陪同下，拜访当地政府。你将告诉他们法兰西和威尼斯共和国之间现存原则的一致性，我们会保证向他们提供保护。为了让他们和我们一起行动，务必让他们的海军交出现存装备，使我们能控制亚德里亚海和各岛屿。为了这个目标，我已经向科孚岛派遣了部队，保证它属于威尼斯共和国。有必要积极地工作，让他们的海军处于良好状态。

“一直在口头上强调两个共和国的团结一致，一直都是用威尼斯海军的名义，你将以此为借口去占有一切……这些就是我的意图，要为法兰西共和国取得威尼斯的所有战舰，为土伦港取得所有可能的军需品。”

见《拿破仑书信集》第三卷第155页，1797年6月13日给贝希海军准将的信；同一卷第291页可见给布吕埃斯将军的类似指示。——作者注

国海军是能够独自将这些分散的海洋领地联结起来的必不可少的环节，也是控制地中海的宏伟计划立足的基础。那位注定会粉碎拿破仑大脑中充斥的华丽东方美梦，粉碎法国海军的人将会在一段痛苦的航程中饱受折磨，身体伤残。在封锁加的斯港的令人身心俱疲的漫长时间里，圣文森特勋爵意识到，这种消极被动的任务在水兵之中所引发的萎靡情绪，很有可能诱发兵变。于是他开始明智地尝试积极求战，来提振水兵们的士气。很大程度上是为了这个目的，圣文森特炮击加的斯，派纳尔逊率领一个独立分舰队，计划进行一场猛烈的突然袭击，去夺取加那利群岛（Canary Islands）上的圣克鲁斯镇，据悉还有望在当地俘获一艘属于西班牙宫廷的满载高价货物的运宝船。7月24日夜间，纳尔逊以所有人都能料到的勇气发动了进攻，遭到巨大挫折。这一战导致损伤惨重的大败，纳尔逊司令官自己也负了伤，右臂被截肢。以他的伤势，必须先回英国。直到次年4月，他都在英国度过漫长痛苦的恢复期，随后再度出航和地中海舰队会合，刚刚抵达，便奉命率分舰队去追击拿破仑。

一度削弱法国政府对外行动的纷争已经被9月4日的政变平息，拿破仑迅速了结了和奥地利的谈判。1797年10月17日，他以法国唯一代表的身份，签署了《坎波福尔米奥条约》，条约按照莱奥本草案的基本框架达成，但两者之间存在重大差异。预案中关于威尼斯的暧昧条款被抛在一边，这个古老的国家就此完全消失，威尼斯城和直到阿迪杰河的意大利本土部分被交给奥地利。阿迪杰河以西的旧威尼斯诸省成为山南共和国，就像威尼斯一度曾被赋予的角色那样，这个国家也被纳入教皇国北部辖区。原属威尼斯的亚德里亚海以东岛屿和各地区在德里诺湾（Gulf of Drino）一分为二。德里诺湾以内所有领地划归奥地利，以外的被划归法国。这样一来，科孚岛及其姐妹岛屿，还有小部分在本土的相邻领地，都如拿破仑所愿，成为法国领土。奥属尼德兰割让给法国得到确认，规定会在拉施塔特（Rastadt）举行一次盟会，以安抚和重新整顿德意志帝国。盟会的举行，也是由于拿破仑曾坚持奥皇只需要考虑奥地利自身的领地，与德意志帝国其他盟邦分开的缘故。通过秘密协定，两个大国同意支持彼此在盟会的要求和利益诉求，即法国希望在莱茵地区占领一条确定的防线，奥地利由于条约所蒙受的损失，会从德意志的一些小邦国那里得到补偿。

因此《坎波福尔米奥条约》条约的显著特征有如下几点：割让比利时，威尼斯共和国灭亡，山南共和国成为法国的有力属国；法国得到爱奥尼亚群岛，作为地中海国家的势力大增；最后，法国能腾出手来对付英国，因为英国在整个欧洲已经没有一个有力盟国。面对批评，拿破仑以条约的上述特征为依据，将自己签署和约的行为正当化，尤其是出于迫使英国孤军作战的需要这一点。“当山南共和国拥有欧洲的最佳军事边界，当法国获得美因茨和莱茵区，当它在黎凡特拥有成为要塞的科孚岛和其他岛屿时，你们还希望得到些什么呢？分散我们的力量，使英国能继续从我们、西班牙、荷兰以及我们的殖民地予取予求，还要进一步推迟恢复我们的贸易和海军吗？……我们的政府必须摧毁英国的君主制，或者必须期望它被那些蠢蠢欲动岛民的腐化和阴谋活动所摧毁。眼下的局势给我们提供了一个良机。让我们为海军集中所有的活力，摧毁英国。做到这一点，欧洲就会在我们脚下。”[①]由此证明拿破仑将战场转到了海洋。

督政府立即批准《坎波福尔米奥条约》，指定拿破仑为拉施塔特盟会的3名法国代表之一。这位将军在意大利又多停留了一个月，组建山南的新国家，在撤出准备用于对付英国陆军的约3万部队之后，根据保障法国利益的原则，分配军团的兵力。11月17日，他离开米兰，25日即到达拉施塔特。他在那里只待了一周，随后显然是应督政府的召唤[②]，出发前往巴黎，并于12月5日到达。他被公开任命为法国军团司令，在他后面两个月的信件当中，

---

① 《拿破仑书信集》第三卷，第519、520页。——作者注

② 相关内容可见《拿破仑书信集》第三卷，第597页。——作者注

再没有披露过有其他任何意图；他对多位部下下达命令，尤其是当时正在指挥意大利军团的他著名的参谋长贝尔蒂埃[①]，部署和指示他们将部队调往英吉利海峡。他命令指挥科孚岛法国分舰队的布吕埃斯[②]将军，让他启程前往布雷斯特，更是表达了入侵英国的明显意图[③]——这是一个使他的兵力不可能参与远征埃及的命令。如此狡诈的性格发出的相关指示却像是承受了太多压力，改变目标的第一步提示在表面看来更像是揭开一层面纱，不像是如梦方醒。在1798年2月23日写给督政府的信中，他写道："如果我们为之努力的话，不出几年就能获得制海权。如果没有制海权，却要对英国实施打击，是一直以来最大胆也最困难的行动。"[④]这种说法极其正确，但并不新鲜。要戳破拿破仑掩盖自己转变态度的面纱并不是很难。1798年2月7日，他写信给陆军部长，说他会去视察敦刻尔克附近的海峡海岸，还把克莱贝尔[⑤]和德

---

① 贝尔蒂埃（Louis Alexandre Berthier, 1st Prince de Wagram, 1st Duc de Valangin, 1st Sovereign Prince of Neuchâtel，1753—1815）：路易·亚历山大·贝尔蒂埃，初代瓦格拉姆亲王，瓦朗然公爵和纳夏泰尔亲王，拿破仑最倚重的参谋长。他早年受过地图测绘训练，美国独立战争中出任过罗尚博将军的参谋。大革命初期指挥凡尔赛国民自卫军。他从1796年起就出任拿破仑的参谋长，一度代理意大利军团司令，一直深得拿破仑倚重。执政府时代出任陆军部长，1804年受封帝国元帅，以后多次出任拿破仑直属大军或军团的参谋长。1815年，拿破仑回到法国建立百日政权期间，他拒绝效忠，避居巴伐利亚的巴姆贝格，在当年6月1日跳窗身亡，具体死因众说纷纭。——译者注

② 布吕埃斯（François-Paul Brueys d'Aigalliers, Comte de Brueys，1753—1798）：弗朗索瓦·保罗·布吕埃斯·德加里埃，德·布吕埃斯伯爵，法国海军军官。1798年英法尼罗河口之战时法军的舰队司令。是役法军两面受敌，遭到严重打击，只有2艘舰船幸免于难，布吕埃斯阵亡，旗舰被焚毁。——译者注

③ 相关内容见《拿破仑书信集》1797年12月14日，第三卷，第609页。——作者注

④ 《拿破仑书信集》1798年2月23日，第三卷，第644页。——作者注

⑤ 克莱贝尔（Jean Baptiste Kléber，1753—1800）：让·巴蒂斯特·克莱贝尔，法国大革命战争时代的名将。他最初在奥地利哈勃斯堡家的军中服役，因平民出身一直没有获得出头的机会。1791年，他志愿加入法国陆军。第一次反法同盟战争期间，他在莱茵地区奋战，还曾参与镇压旺代省叛乱。《坎波福尔米奥和约》签署以后，他一度退役，不久便重返军中，加入拿破仑的埃及远征军。当拿破仑离开埃及返回法国后，他奉命接任驻埃及法军司令，1800年6月被一名埃及学生刺杀身亡。——译者注

赛[1]派往勒阿弗尔和布雷斯特。2月12日，他从敦刻尔克派工兵去检修布洛涅（Boulogne）、埃塔普勒（Étaples）、昂布勒特斯（Ambleteuse）和加莱的港口（5年后，他以这些港口为基地，实施更为庞大的入侵计划），与此同时，另有两人被派往荷兰去要求各种各样的帮助。紧接着的第二天，2月13日，他又以督政府的名义将命令送到土伦，不仅坚持要求照管好命令前往布雷斯特的舰船，还向各方面派出通信快船，征召所有在地中海巡航的军舰返回[2]。回到巴黎后，他给政府写了一封信，提出为使入侵英国成为可能，应当在4月做哪些事情，随即提了一大堆要求。这些要求在拿破仑真想要入侵英国时，也只有靠他本人的能力才能够实现。他在信的末尾说道，现在只有三种方式能到达打击英国的目的：第一是直接入侵，二是进攻它在大陆的贸易中心汉诺威和汉堡，最后是远征黎凡特。

3月5日，拿破仑递交给政府一封信，其中包含为远征埃及和马耳他必须采取的部署。同一天督政府颁布了一系列法令，为地中海沿岸的防务组建了一个委员会，在委员会名义的掩护下进行远征必要的准备工作，采取相应的各种举措。土伦港的船只收到要求，准备4月4日出海。布吕埃斯司令官名义上由于粮食短缺无法到达布雷斯特，在2月12日接到命令前往土伦。4月2日，他和他的分舰队到达目的地，并被任命为13艘战列舰和其他较小船只组成的远征军海军司令。尽管受到海事用品、粮食和金钱极端短缺的影响，所有准备活动都受到很多阻挠，所有的部署仍在以最大努力进行。水手稀缺使准备工作经历了更大的困难，短缺的原因在于几乎所有共和国的水手都被私

---

① 德赛（Louis Charles Antoine Desaix，1768—1800）：路易·夏尔·安托瓦内·德赛，大革命时代的法国名将。大革命爆发后从军，1794年晋升为陆军少将。1795年，他先后指挥过儒尔当和莫罗部下的侧翼和后卫部队，在凯尔要塞的战斗中表现出色。《坎波福尔米奥和约》达成后，他转隶拿破仑麾下，参与远征埃及，在金字塔战役和征服上埃及的战斗中连战连捷。埃及局势恶化后，他是少数能成功返回法国与拿破仑会合的人员之一。1800年，他刚到意大利，就被任命指挥一个军。6月14日，马伦哥战役的紧要关头，正是德赛的及时出现挽救了拿破仑和法军，就在胜利的那一刻，他中弹身亡。非常巧合的是，他的挚友克莱贝尔将军这一天也在开罗遇刺身亡。——译者注

② 《拿破仑书信集》第三卷，第643页。——作者注

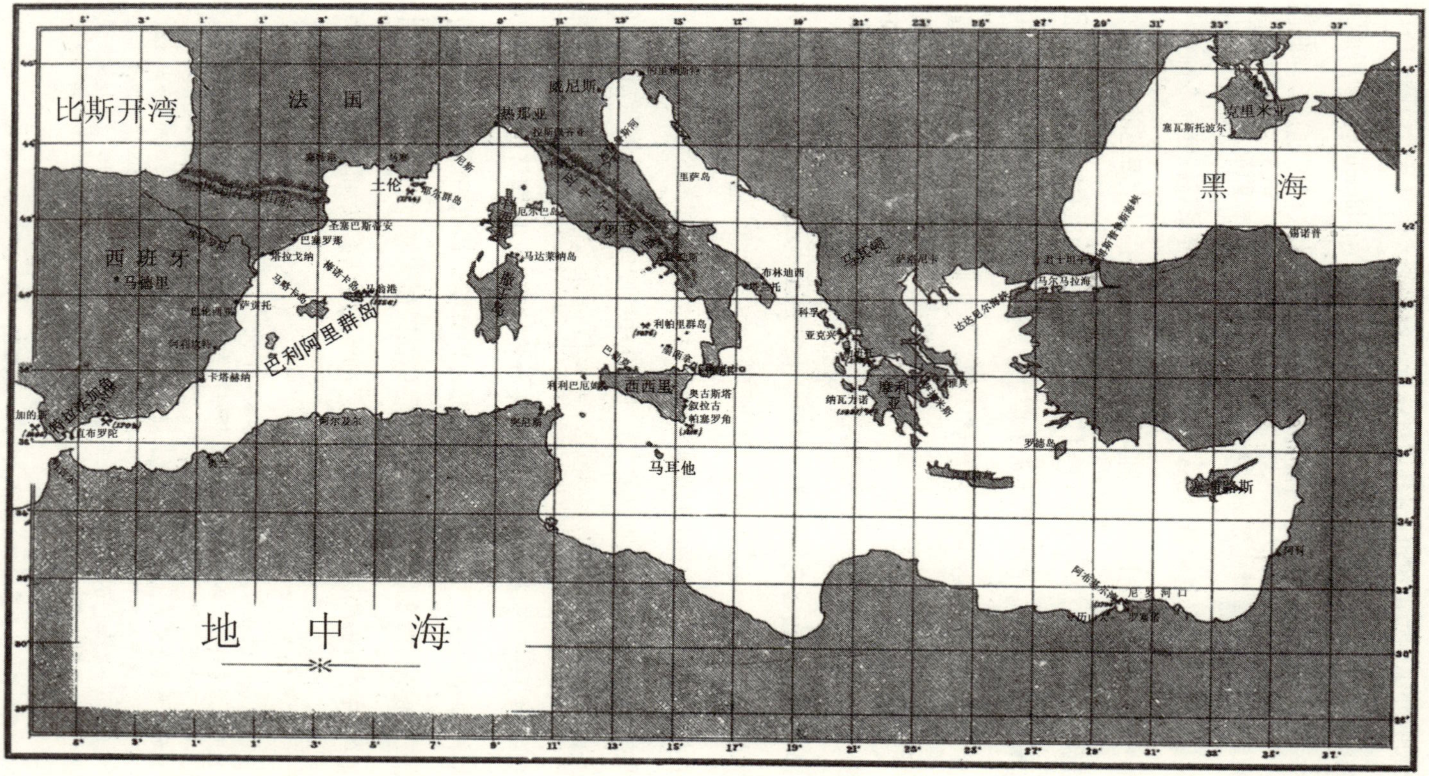
比斯开湾
法国
西班牙
马德里
威尼斯
热那亚
土伦
巴塞罗那
塔拉戈纳
巴利阿里群岛
马达莱纳岛
西西里
马耳他
里萨岛
布林地西
科孚
亚克兴
马尔马拉海
塞瓦斯托波尔
克里米亚
黑海
罗德岛
尼罗河口
地中海

地图2

掠船提供的条件挖走了，结果导致他们大批成为英国的俘虏——此为大肆吹嘘贸易破袭战的可悲结果。尽管困难重重，拿破仑本人仍然在保持入侵英国的伪装，为了误导视听，他在巴黎一直留到最后一刻。由于督政府的迫切要求，加的斯的西班牙舰队故意做出准备出发的姿态，将圣文森特的舰船牢牢牵制在该港，使英国人很容易产生法国会再次入侵爱尔兰的恐惧。如此劳师动众的举措无法长期避免议论和怀疑。督政府的真实意图一直都保持着如此令人费解的秘密状态，以至于在远征军出发后，一位土伦的高级海军军官在给海军部长的信中写道："我对这支分舰队的行动一无所知，就好像它并不属于共和国。"①但这不可能掩盖马赛、土伦、热那亚、奇维塔韦基亚②和科西嘉正在紧张地为一次大规模海军行动进行准备工作的公开事实，无论它的目的地可能是什么地方。因此很明显，法国很可能会有一段时间将自己暴露在海上，任由英国打击，英国内阁决定不让这个机会溜掉。

1797年间，除了很少见的一二艘分散的巡航舰船之外，英国舰队和英国军舰都没有进入过地中海。大举集结在加的斯的西班牙海军以及在布雷斯特的法国海军大部，以及他们显露出来的入侵爱尔兰或英国的企图，决定了英国海军会在这两座港口前集结大部兵力：要么像圣文森特在加的斯那样直接封锁，要么就像海峡舰队那样采取不太适合目标的部署——将它们的舰船分别集结在布雷斯特以外的几个点上，一旦有变，再将它们联合起来对付法军从布雷斯特港发动的任何突围行动。自从圣文森特的舰队撤出地中海后，英国就处于一种为国家存亡苦战的状态③，由于它的盟友逐步向它的敌人屈服，使它被迫由于实力损失收缩战线。荷兰海军在泰瑟尔岛显示出的威胁态

---

① 瑞里安·德·拉格拉维耶：《海战》第四版第一卷，第350页。——作者注

② 奇维塔韦基亚（Civita Vecchia）：意大利半岛中部西海岸拉齐奥大区的一座临海城镇。——译者注

③ 稳健持重如柯林伍德也（在1798年1月26日）写道："不仅仅是谁会成为征服者的问题……在于我们是否能继续作为一个民族存在，英国是否能继续留在欧洲各国的史册当中。"见《柯林伍德回忆录》。——作者注

势，进一步导致英国需要一个强有力的北海舰队。令这一年的困难雪上加霜的是，海军极其猖獗的哗变。尽管某些哗变得到安抚，在另一些情况下进行了镇压，但滋生哗变的根源依然存在。在这种情况下，拿破仑1797年在实施他控制地中海的计划时不仅没有遇到英国海军阻碍，还非常隐蔽地躲过了侦察。布吕埃斯司令官已经从土伦前往亚德里亚海，他在土伦待了几个月，返回时风平浪静，所有小规模海军行动也没有受到干扰。科孚岛的命运直到这一年年底才尘埃落定，在拿破仑煽动下，布吕埃斯认真关注占据马耳他的计划[①]，这也从来没有泄漏，关于法兰西的英国军团将和在加的斯和布雷斯特的联合舰队联合行动的议论使英国舰队保持在相应的位置不动。1797年底发生的一些情况缓解了英国的压力。10月，邓肯[②]海军上将在泰瑟尔外海对荷兰舰队实施了打击，荷军大败亏输，使他们长时间无力再战。邓肯俘获了15艘敌舰中的9艘。布雷斯特法国舰队的情况，如果并不像拿破仑所说的那样糟糕[③]，但状态之差也可想而知。1797年夏季和冬季，法国都没有尝试重新进行爱尔兰远征，到了1798年开春，时间已经允许海峡舰队全体出海，英国内阁觉得可以安心分派一支海军部队进入地中海了。

4月10日，霍雷肖·纳尔逊爵士从英国启航，30日与加的斯外海的舰队会合。圣文森特勋爵非常高兴地欢迎他回来，立即派他率3艘战列舰前往地中海，去侦察即将到来的法国武装部队，如果可能的话，要查明他们的目的地。5月2日，就在拿破仑离开巴黎的前一天，纳尔逊率部离开了舰队。他不

---

① 见瑞里安·德·拉格拉维耶著《海战》第四版附录中的布吕埃斯和拿破仑之间的信件——作者注

② 邓肯（Adam Duncan, 1st Viscount Duncan，1731—1804）：亚当·邓肯，初代邓肯子爵，英国海军军官。15岁加入英国海军，参加过七年战争和美国独立战争。1787年晋升为将官，1793年2月晋升海军中将。1795年6月晋升海军上将，次月出任北海舰队总司令。1797年10月，他在坎伯当海战中重创荷兰海军，成为其海军生涯的最高峰，受封邓肯子爵。他留任北海舰队总司令到1801年为止，3年之后在家中猝逝。——译者注

③ “在布雷斯特能提供的只有10艘战列舰，没有舰员，距离能够出海的状态还差得很远……远征英国看来在明年之前是不可能的。”写于1798年2月23日，见《拿破仑书信集》第三卷第644页，当时英国海峡舰队除了在北海的16艘战列舰外，还有47艘战列舰。——作者注

可避免的在直布罗陀停留耽搁，17日在土伦港附近，他抓获了一条刚刚离港的法国海防舰，从而了解到敌军海军兵力的详情，但没能问出关于敌军目的地的任何情报。20日夜间，刮起一场猛烈的风暴，纳尔逊的旗舰桅杆折断，难以靠岸。经过不懈努力，旗舰被2艘僚舰拖进撒丁王国南端的圣彼得洛群岛，23日，它们就在那里锚泊。19日，拿破仑已经随远征军的马赛支队和土伦支队启航。途经热那亚、科西嘉和奇维塔韦基亚的各支队会加入他的队伍，陆军部队总数将会在3万到3.5万之间。

5月2日，就在纳尔逊率部与圣文森特分开的同一天，海军部写信给圣文森特，称要对抗地中海的法国武装，必须派去12艘战列舰，用于替换的8艘战列舰已经从英国领命而来。同时送到的一封第一海军大臣的私人信件，授权圣文森特在必要的情况下，可以投入全部兵力，但希望一支分遣队就能够承担这项任务。在后一种情况下，分遣队司令官的人选留给舰队司令官本人选择，信中暗示尽管纳尔逊比起舰队的另两位将官级别低资历浅，但是从任何方面上来看都是最适合的人选。杰维斯（即圣文森特）已经做出了同样的决定，当即吩咐拨出和准备9艘战列舰，组成封锁舰队的近海分舰队，等预计的援兵到达，便即刻出发。5月24日，援兵与舰队主力在港口视界以外会合，当晚，特鲁布里奇上校就率近海分队的战舰启航，他们的位置由相似的舰船填补伪装，所以加的斯港内不会对这次交接产生任何怀疑。6月7日，特鲁布里奇和纳尔逊会合，还得到另外2艘增援的战舰。这样一来，英军在地中海已经拥有13艘74门炮战列舰和1艘50门炮战列舰。由于一次非常奇怪的事故，一开始和纳尔逊在一起的快速帆船在他的旗舰桅杆折断的那个晚上已经和主力分开，再也没有重新会合过。特鲁布里奇只带来一艘小双桅帆船，这样的小船不可能和战列舰分散行动，于是缺乏哨船对纳尔逊在漫长追击的所有行动都产生了严重影响，这种困扰后来几乎伴随了他将近8周。

离开土伦后，拿破仑指挥他的部队沿热那亚海湾航行，5月20日夜间，他在那里遇到那场折断纳尔逊旗舰桅杆的风暴。次日，从热那亚来的护航运输船队和他会合。远征军随即沿科西嘉和撒丁岛东部沿海航行，科西嘉支队26日在岛南端外海和他会合，奇维塔韦基亚支队没有出现。在此地，法军首次听说纳尔逊率3艘战列舰已进入地中海，可能还会再来10艘战列舰。拿破仑随后继续前往马耳他，6月9日到达目的地，在那里找到奇维塔韦基亚支队，于是他手下终于聚齐远征军的全部兵力。法军很快就对马耳他岛劝降，在经过微弱的抵抗后，该岛于12日投降；法国海军舰队及运输船队合计400条帆船，13日进入瓦莱塔港（port of La Valetta）。拿破仑在马耳他需要停留一段时间巩固这个新占领区，然后留下一支4000人的驻军，并且通知督政府至少需要增派4000名士兵和所需的充足补给，随后在6月19日再度扬帆前往埃及。

英国舰队在会合之后，因为好几天无风，一直没有出发。起风后取最佳路线环科西嘉北端航行，随后向南来到意大利本土和地中海诸岛之间。6月14日，英国舰队在奇维塔韦基亚外海得到大概的消息，10天前有人在西西里西南角外海发现法国舰队正转向东方航行。这份情报还无法肯定法军的目的地，纳尔逊也没有轻型船只进行侦察。在圣文森特曾给他的指示当中提到，政府认为敌人的“目标似乎是对那不勒斯或西西里发动一次进攻，也可能会运送一个军团经西班牙的某部分领土入侵葡萄牙，或者穿过直布罗陀，然后目标是进攻爱尔兰”。整个形势生动地说明了在海上追击的困难性以及在敌人能够离开之前，在附近的位置安置和保留一支阻击部队的必要性。无论是因为什么差错，肯定不是因为纳尔逊或圣文森特的缘故，造成英国舰队晚了整整两周才进入地中海。如果法国船厂的资源能够满足拿破仑的迫切需要的话，英国舰队还会晚更多，好在拿破仑的催促等于是病汉抽饿马。

向东乘着一股新起的西北风航行，意味着西班牙或者大西洋都不是法军的目标，纳尔逊立即判断出目标一定是马耳他，马耳他会是一个用来对西西里展开军事行动的基地。他说：“如果我是随同一支西西里侵略军行动的舰队司令的话，我会对陆军司令官说：‘如果你能拿下马耳他，就能保证舰队和运输船队的安全，如果必要的话，你自己也能安全撤退。’马耳他是通往西西里的必经之路。”[①]纳尔逊暂停片刻，与那不勒斯联络，结果听说6月17日法军已经在马耳他岛登陆。纳尔逊随即向马耳他推进，在墨西拿外海得到马耳他投降的消息。这是20日，拿破仑从该岛出发驶向埃及第二天的事情。22日，在西西里东南端的帕赛罗角（Cape Passaro）外海，纳尔逊从一艘路过的船上得知拿破仑出发的消息，推测他是去攻打西西里了，他同时已经从那不勒斯得到消息，法国并没有进犯那个王国。英国舰队完全陷入迷雾之中，又没有快速帆船，纳尔逊在权衡所有的可能性之后，得出结论，敌人的目的地是埃及，于是乘风满帆全速向亚历山大城方向前进。28日，英国舰队到达亚历山大城港外，派了一条小船上岸侦察，在海边没有看到任何法国船只。

纳尔逊这样一个充满活力，直觉敏锐的人会出现这样明显的误判，主要是由于他缺少小型哨船，次要原因在于拿破仑使用了一个简单、在海上已经足可见效的诡计[②]——不采用直接路线，而是采用间接路线到达他的目的地。如果这位英国舰队司令拥有那些舰队的“耳目”，即积极搜集情报的哨船（这对海战来说，就像陆战中使用的侦察兵一样至关重要）的话，在如此狭窄的海域，如此众多的船只就肯定无法为拿破仑达成目标了[③]。在离开马耳他时，拿破仑就指挥远征军先向坎迪亚岛（Candia）航行。经过一周安静的航行后，他到达坎迪亚岛南面外海。27日，一艘从那不勒斯来的快速帆船和他会合，并告诉他，纳尔逊和14艘帆船在10天前出现在那不勒斯外海。此刻英国舰队司令已经在这场追逐中领先。25日，两个舰队的距离已经只隔约

---

① 《纳尔逊急件》第三卷，第35页。——作者注

② 马尔蒙认为到达坎迪亚岛是为了希望在岛上为船队众多的沿岸货船提供一个掩蔽所。见《拉古萨公爵回忆录》第一卷，第362页。——作者注

③ 拿破仑在他的准备工作中对配备足够的小船提出了特别要求：“海军分舰队拥有最大可用数量的海防舰和送信快船是必不可少的条件，给所有港口下令调集所有这些船只加入舰队。”见《拿破仑书信集》第四卷第79、80页。——作者注

60海里，法军在英国舰队北方，几乎沿平行航向行驶。[①]拿破仑得知敌人就在他身后附近的某个地方紧追不舍，再度改变航向，命令舰队朝亚历山大城以西70海里的陆地航行，派出一艘快速帆船直接去亚历山大城港口侦察。6月29日，纳尔逊率部驶离亚历山大城，法国轻型舰船分队在港口沿海发出了信号，法国舰队根据信号一直航行到7月1日，在亚历山大城外海锚泊。确定不用冒被敌人挫败的风险后，法军总司令让他的陆军在同一天傍晚登陆。

如果说在这次著名的追击当中，纳尔逊犯了一个严重错误的话，那就是在他抵达亚历山大城的时候犯下的。他仔细考虑过法军去埃及的可能性，也被事实证明是正确的；他也正确意识到法军的进犯会威胁英国人在印度的霸权。纳尔逊在得知法军离开马耳他时，也已知道法军伴随着庞大的运输船队，那么他应当对自己的判断更加自信一点，应当停留在疑似法军目的地的港口外海等候，看一下法军这样一支如此庞大笨重的大船队是否没有他整齐精锐的战列舰舰队航行得更快，这样才更合理一些。不论当时是出于何种情况采取了这一行动，只是因为后果小有不利，他就似乎觉得他的判断是中了计，于是陷入一种大多数人被人设计后的普遍心态，这使他的举动带有失误色彩，不过更准确地说这只是个疏忽而已。当时亲眼看见纳尔逊每日感受的旗舰舰长爱德华·贝利[②]爵士写道：“他积极焦虑的思维不允许他在同一个地方多留片刻；因此他向北驶向卡拉马尼亚（Caramania即小亚细亚，今土耳其亚洲部分的安纳托利亚。）沿海。”[③]他当时首先想到的是返回地中海

---

① 这一叙述的根据是《拿破仑评论集》第二卷第190页的内容。原文给出的英国舰队的各个位置明显不对（诸如6月22日这个时间，当时英国舰队已经在到达亚历山大城的途中），如果事情发生在25日的话，看来是可能的。詹姆斯称6月22日夜间两国舰队的航线交叉而过，有足够的间隔时间避免遭遇，这很可能是因为当时盛行的连续大雾所致。见《海军史》第二卷第177页。——作者注

② 爱德华·贝利（Sir Edward Berry, 1st Baronet，1768—1831）：爱德华·贝利爵士，初代准男爵，英国海军军官。11岁进入英国海军，1796年开始追随纳尔逊。尼罗河战役中出任纳尔逊旗舰舰长，此战过后获得爵士头衔。特拉法加海战期间指挥“阿伽门农”号战列舰。1806年在圣多明各海战后获封准男爵。1821年晋升海军少将，此后就没有更多表现机会，直至1831年逝世。——译者注

③ 《海军编年史》第一卷第48页的记录。——作者注

西部，在返回途中采用一条更靠北的航线，提高获得信息的机会。舰队随即先向北航行到能看见小亚细亚的海域，随后沿着坎迪亚岛（Candia即克里特岛）南岸一路西退，直到完全通过该岛海域都没有看见一艘船舶。7月19日，英国舰队到达锡拉丘兹，纳尔逊在给英国驻那不勒斯公使的信中写道，经过长达1800海里的极限远征，他对敌人的位置和4周前一样一无所知。英国舰队补足了已经开始短缺的淡水，于24日再度驶向亚历山大城。司令官感到满意的是，法军至少既不在科孚岛，也不在地中海西部。8月1日，英国舰队已经能看见亚历山大城城内清真寺的光塔（清真寺旁由报告祈祷时刻的人使用的建筑物），很快他们就发现港内充斥着船舶，法国国旗就在城墙上飘扬，令纳尔逊失望的是，没有看见大型战舰。到了下午一点，他舰队中的一艘战列舰发来信号，有一批战列舰正在亚历山大城以东12到15海里的阿布基尔湾锚泊。于是纳尔逊就向拿破仑当初决定登陆那样，迅速决意发动进攻，抓住稍纵即逝的良机，经过那么长时间背运后，已经没有什么能阻止他了，这时即便只有徐徐微风，他也率部向敌人冲了上去。

无论从锚地的条件还是法国舰队本身的部署来看，都证明他们没有做好应对这种突发性攻击的准备，最出乎意料的是，英国舰队会在这个时候突然杀到。陆军登陆两天后，拿破仑总司令官给布吕埃斯舰队司令发布明确的急令，让他立即测量亚历山大城旧港的水深，如果可能的话，将他的舰船开进那里，如果不行，阿布基尔湾能提供锚泊时防御一支优势敌舰队的条件的话，他可以在那里选择一个阵位。如果旧港和阿布基尔湾的条件都不合适，那布吕埃斯可以和他的重型舰船去科孚岛。①根据4月12日督政府任命拿破仑为东方军团司令官的命令，科孚岛和爱奥尼亚群岛的其他各岛都在他的辖区之内。在很晚以后，布吕埃斯无法活着收到的一份急件中，拿破仑解释说，在埃及的局势稳定之前，为了抑制土耳其宫廷的任何动向，要避免舰队不受

① 《拿破仑书信集》第四卷，第275—277页。——作者注

严重伤害，去科孚岛是绝对必要的。尽管统治埃及的马木鲁克人只是名义上忠于土耳其帝国，苏丹还是可能会反感法军入侵。这种谨慎观点的恰当性，在法国舰队的覆灭为人所知后，被土耳其宫廷的行动证明。布吕埃斯下令进行必要的测量，他在海战发生前两周的7月18日得到的报告是有利的，旧港在天气良好时，可以供战列舰停泊①。布吕埃斯将军性格懦弱，天性犹豫不决，无法在诸多难题中做出抉择，他举棋不定，毫不积极，一心只寄望英国人不会返回。这一点拿破仑和他想的一样，拿破仑他在7月30日写道："英国人的所有行动表明他们数量上处于劣势，他们自身的任务是封锁马耳他和拦截它的补给。"这位伟大的战士像一直以来那样，愿意为一个伟大目标争取最有利的条件。他发现在这种情况下没有理由冒不必要的风险，坚持让舰队去亚历山大城或者科孚岛。可是布吕埃斯早在7月8日就将他的舰船带进阿布基尔湾，并且一直留在那里。他接到拿破仑司令官的命令，后者离他有一段距离，正致力于他在陆地上的各种作战，不能以他自己的魄力催促优柔寡断的部下。布吕埃斯舰队所有的工作都漫不经心，相信英国舰队一去不返的想法削弱了他们的所有干劲儿，官兵们粗心大意、军纪涣散、违抗命令，引发了不断的抱怨和麻烦。在纳尔逊不安地思考和行动，陷入"焦虑性狂热"②几乎茶饭不思时，法国舰队就这样在错觉和散漫中白白浪费无比宝贵的时间。

阿布基尔湾③西部是法国舰队锚泊的地方，也是著名的尼罗河战役的战场。这个海湾是个敞开的锚地，从亚历山大城东面15海里的阿布基尔海角，一直延伸到尼罗河的罗塞塔河口。海湾的两个端点之间距离大约18海

---

① 根据1802年随阿波克隆比远征的英国皇家工兵少校布里斯（Bryce）绘制的一份亚历山大城旧港地图，整个港口的中间出口水深不超过5英寻（约9.15米）。地图指南补充说明，除非天气发生有利变化，重型舰船无法出港。这就是布吕埃斯极力反对舰队进入旧港的原因，这是正确的，但毁灭性的替代方案更糟。——作者注

② 《纳尔逊急件》第三卷，第128页。——作者注

③ 见亚历山大城到罗塞塔的沿海地图以及尼罗河战役计划。——作者注

里。海湾西部海岸线从阿布基尔角后退一段距离，转向东南方向，然后从这个方向延伸着一段又长又窄的沙咀，在沙咀后方是马蒂埃浅水湖（Lake Madieh），法国舰队就锚泊在这段海岸线上。阿布基尔角东北，是一片延伸2海里半的浅滩和礁岩，随后是一个当时叫作阿布基尔岛的小岛，自从这场战役以后，这个岛就被称为“纳尔逊岛”，在小岛之外，险峻的浅滩地势又延续了1.25海里。在这将近4海里的天然屏障后方可以找到一片能避开夏季盛行的西北风的良好避风港，近岸3海里水深只有4寻，无法满足战列舰吃水要求，战列舰就必须停泊在这个距离以外的海域。西北方向的舰船乘风而来，会处于上风位的前锋位置，停泊在阿布基尔岛东南1.5海里、5寻深的海水中[①]。这片锚地对一艘重型舰船来说太浅了，看起来重型舰船和浅滩并没有近到不能再近的地步。战列舰纵队中的先锋舰处于侧面，两面侧舷都能转向大海，是战列线中最为暴露的位置。因此，这艘先锋舰应该尽可能靠近浅滩，不留下让人迂回包抄的空间，舰队的舰船应该首尾相连地锚泊。这样安置舰船的话，侧翼就不会像实战时那样被包抄了。布吕埃斯在小岛上配备了几门稀稀拉拉的火炮，火炮的射程短，重量轻，作用几乎完全可以忽略，根本起不到保护侧翼的作用，这就使法舰更加需要采取紧密部署。就像其他基本部署那样，这些火炮实际上如同儿戏。既然如此，快速帆船就应沿着浅滩头部，停泊在敌军战列舰不能到达的位置，从那里可以支援本方侧翼战列舰。从侧翼的战列舰那里，战列线一直向东南延伸，包括队列中的第8艘战舰，从这艘战舰开始队列略向海滩转向，和原来的方向形成了一个夹角，是一个大钝角。法军舰船与舰船的间距大约160码，以此类推，再加上舰船的平均长度，他们的整条队列长度约为1.75海里。为防发生敌袭，每条船和另一条船之间都系上了缆绳，防备敌舰从间隔通过，当时缆绳上都已系上了转

① 舍瓦利耶《法兰西共和国海洋史》，第365页。——作者注

向锚索，以固定船舶。[①]

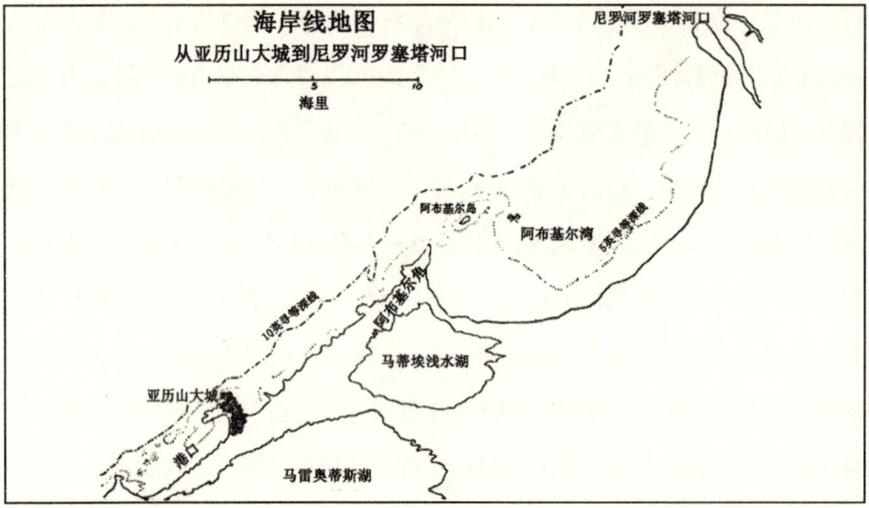

地图3

对专业读者而言，比较布吕埃斯将军在阿布基尔湾的部署和胡德勋爵1782年在圣基茨岛预计会遭到一支占据极大优势的敌军进攻采取的措施，是非常有益的。[②]这种比较不仅有教益，也富有历史趣味性，如前所述，纳尔逊是在进行长途追击的考虑中，准备好自己的计划的，胡德在锚地应对德格拉斯将军指挥的法国舰队的进攻计划，早在他首次开赴这个锚地，占领它之前就有了腹案。无论在圣基茨还是在阿布基尔，锚泊的舰队都不能从岸炮得到实质性的帮助，这个条件惊人的相似。在这样的部署条件下，无论在陆战或海战当中的任何队形的决定性因素都是以下两点：（1）队列不能被击穿；（2）两翼不能被包抄。胡德将一艘侧翼战舰部署在非常靠近海岸的位

① 转向锚索是一条从抛锚船的船艉引到活动的缆绳或引到一个适当位置的锚上的缆绳，通过这种缆绳，船的侧舷可转向某个所需的方向。由于纳尔逊出现时，小船都离开去打淡水了，很多小船都没能回来，英军的攻势实在太快，使这些措施都没能采用。——作者注

② 胡德勋爵部署的详情见作者《海权对历史的影响1660—1783》第十三章，阵图21及22。——作者注

置，这样敌舰就无法从它那里迂回，同时尽量合拢舰船之间的间隔。[①]布吕埃斯让同样的侧翼舰——两个例子当中都是处于上风位的先锋舰的位置——敞开可供迂回，各舰船之间也留下了较大的空间。对另一侧翼即下风位舰船的部署，布吕埃斯同样比胡德弱。胡德将他的8艘下风位舰船布置在和舰队其余舰船成直角的位置，使他们的侧舷完全用来保护其余舰船免遭纵射火力袭击。布吕埃斯简单地将他的队列弯曲一点点，只是让后卫靠近浅水区而已。这样布置是失败的，在战列线主力遭到纵射炮火打击时，后卫不能增强主力的力量，与此同时，由于战舰实际上没有到达浅水区，如果敌人选择从靠近浅水区的位置进攻，法国舰队在那个方向就暴露在空气当中了。更奇特的是，布吕埃斯预计后卫会成为英军努力进攻的目标。他写道："我已经在战列线前端的浅滩要求布置2门臼炮，相比之下我更担心的是战列线后方，敌舰队可能将会对那里倾尽所有的兵力。"[②]纳尔逊无论是通过对海军战术的历史研究，受到当年胡德的先例启发，还是完全靠自身的天赋指引，事先就做出判断，只要他发现法国舰队是这样排列队形的，那它们的前锋和中央主队尽在他掌握之中，他显然已将这个看法事先告知他的舰长们。因此，当敌人出现在眼前时，他只需发出"目的是攻打他们在泊位的前锋和中央主队，一切按事先制定的计划进行"的信号即可[③]，作战的细节问题可以留给他的部下们自行决定。

激动人心的8月1日前的傍晚，英国舰队预备在第二天进入亚历山大城，"亚历山大"号（Alexander）和"斯威夫舍"（Swiftsure）号被派到前方

① 在德格拉斯1783年1月8日写给凯尔盖朗的信中说，胡德"将他的舰船排列成非常紧密的队形，根本不可能像我预想的那样，从陆地和他们的舰队之间通过"。见凯尔盖朗《1778年海战》第259页。——作者注

② 见拉格拉维耶《海战》第一卷第367页，1798年7月13日布吕埃斯给拿破仑的信。这是按照规定做法的一个特例，其原理并不清楚。当一个帆船纵队在航行时，队尾较弱，因为它较难得到前锋的帮助；当一个帆船纵队顶风锚泊时，上风位的舰船毋庸置疑地更为暴露，因为下风位的舰船要从锚位赶到它们那里要经过非常困难的爬行。——作者注

③ 见《海军编年史》第一卷第52页，爱德华·贝利爵士的记录。——作者注

进行侦察。这支战列舰侦察分队是由于快速帆船短缺组成的。当主力下午1点[1]发现法国舰队时，这2艘船正处于下风位，于是在他们的友舰以后2个小时才投入战斗。当发现敌人时，英国舰队坚决地顶风向东北方阿布基尔岛和浅滩的上风位航行，纳尔逊司令官同时发出舰艉挂锚、准备战斗的信号。当英国舰队进入11英寻深的海水[2]，通过浅滩区时，纳尔逊发信号示意“热情”号（Zealous）舰长胡德[3]上校，询问他舰队是否已经向东达到足够距离，能够避过浅滩；由于舰队唯一的一张阿布基尔港海图只是从捕获的商船手里得到的简略草图，没有英国军官了解这一带的情况，纳尔逊必须谨慎从事。胡德回答他将承担探路任务，只要他所到之处安全，那么在他外围的其他舰船就会安全通过。于是舰队就由胡德领航，展开行动。先导舰“巨人”号（Goliath）在“热情”号前方，不过仍在后者的外围，司令官非常适当地让其他舰船依次先通过，他第6个通过，这是为了有把握地确定旗舰不会搁浅。弗莱（Foley）上校的“巨人”号仍保持在先导位置，通过法军舰列纵队前方，抢到由于布吕埃斯的疏忽留下的空间，打算攻击法军先锋舰“战士”号（Guerrier）。由于船上的锚多挂了一会儿，使它进入到第2艘法舰“征服者”号（Conquérant）的内侧，在后紧随它跟上的胡德的“热情”号锚泊在“战士”号的舰艏。于是这2艘英舰在日落前片刻投入了战斗，法

---

① 詹姆斯《海军史》第二卷第177页。引自哈里斯·尼古拉斯爵士在“前锋”号航海日志，《纳尔逊急件》第3卷第49页的说法，认为是在下午4点。——作者注

② 战列舰在水势平缓的地方航行，吃水接近5寻，如果在更加复杂的海区，吃水就需要更深。——作者注

③ 胡德（Sir Samuel Hood, 1st Baronet，1762—1814）：赛缪尔·胡德爵士，初代准男爵，英国海军军官，与其同名同姓的海军名将胡德勋爵的堂弟。14岁加入英国海军时，正值美国独立战争时期，先参加了韦桑岛海战，1782年在年长的堂兄胡德麾下参加圣茨岛海战。1793年，法国大革命战争爆发后，他再次在堂兄麾下服役，在地中海舰队作战。1795年，他奉命率一支海上小分队保护英国的黎凡特贸易。1797年成为“热情”号舰长，次年参加尼罗河战役。1801年追随索玛莱兹勋爵参加阿尔赫西拉斯海战。1802年出任向风群岛海军基地准将司令，期间成功封锁马提尼克岛。后来负责指挥封锁罗什福尔的法国分舰队，在1806年9月25日的战斗中失去一条手臂，不久晋升海军少将。半岛战争期间，率部护送约翰·穆尔爵士的陆军在拉科鲁尼亚登陆，随后重返地中海，出任分舰队司令官。1811年晋升海军中将。1814年在东印度海军基地司令任上逝世。——译者注

舰在10分钟前已经开火。5分钟后，太阳已经沉入地平线，“战士”号的前桅也已倾出舷外落水。“进攻一开始就出现这样的吉兆，使整个英国舰队欢呼三声。”[①]第3艘英舰“猎户座”号（Orion）走得更远，从它的2艘先导舰和海岸之间绕过，在第5艘法舰的内侧锚泊；在它后面跟上的“忒修斯”号（Theseus）从“巨人”号、“热情”号和他们的对手之间通过，来到第3艘法舰一旁。第5艘英舰“大胆”号跟了上来，选择了一个新航向，从2艘法舰“战士”号和“征服者”号之间通过，占据了后者舰艏的位置，“征服者”号已经在遭受“巨人”号打击。这5艘英舰都在法国舰队内侧（左舷）锚泊。纳尔逊的旗舰“前锋”号（Vanguard）随后而来，在敌舰列的第3艘舰船外侧锚泊。这样一来这艘“斯巴达”号就被它和“忒修斯”号2艘英舰夹在中间。5分钟后，“米诺陶”号（Minotaur）占据了迄今尚无对手的第4艘法舰外侧位置，“防御”号（Defence）也占据了第5艘法舰的外侧，展开攻击，这艘法舰同时还遭到内侧的“猎户座”打击。在第1艘英舰打响第一炮半小时后，5艘法国74门炮战列舰已遭到8艘英国同型战列舰猛攻，此时距离布吕埃斯首次得知敌人就在附近也不过5小时。

极其骁勇又极其不幸的法国舰队司令突然从懒散的安全当中醒来，去面对这样一次可怕的战斗。当首次接到纳尔逊舰队出现的报告时，法国舰队的很多人都上了岸，去3海里甚至更远的地方为舰船取水。布吕埃斯召唤了这些人，大多数人都没回来。布吕埃斯依然深信，但这种深信事实上无法摆脱绝望，那就是敌人没有勇气在夜幕将临时在阿布基尔湾这样一个地方冒未知的风险，直到英国舰队绕过阿布基尔岛，开进港湾之前，他也无法判断他们的意图。法国舰队的高级军官在英舰到达之前匆匆举行了军事会议，决定进行战斗，如果开战，他们必然处于锚泊状态；布吕埃斯还是犹豫不决，它的

① 詹姆斯《海军史》第二卷，1878年版，第184页。作者主要采用了詹姆斯对这次尼罗河战役及其他海战中叙述的细节，也与其他信息来源进行过仔细对照。——作者注

举动似乎有率舰队启航的意思。他仍然希望能有一晚的时间缓冲，来进行忽视已久的备战工作。他对纳尔逊其人知之甚少，当时在英国都很少有人了解此人。没有片刻停顿，也没有丝毫犹豫不决，仍保持着一个水兵应有的所有戒心和警戒措施，纳尔逊一往无前，以全副精神面对经过长期准备的困难航行以及对一场夜战的种种质疑。法国人仓促备战，他们确信敌人不敢冲进他们的战列线内侧，在内舷的炮台上堆满了船上的各类冗余物资，腾出外舷空间，这种处理措施被称为“清除备战”。

经过英国舰队最初半小时的进攻，尽管布吕埃斯毫不气馁，他还是成了一个无助和绝望的舰队司令，变成一场压倒性进攻的旁观者，他对这种进攻完全没有预料到，敌人会对他认为队列中最安全的不可能遭到攻击的部分发动进攻。很快，他就从被动等待的痛苦中解脱出来。2艘74门舰炮的英舰“柏勒罗丰”号（Bellerophon）和“宏伟”号（Majestic），依次锚泊在120门舰炮的法军旗舰“东方”号和它后方80门舰炮的“雷鸣”号（Tonnant）外侧的并列位置。在这2艘舰船到达时，夜色降落到水面上，结束了这场悲剧的第一幕。英国舰船打出了白色战旗，更容易在夜间战斗中识别[①]，另外英舰还悬挂起水平排列的4盏灯笼，用以辨识彼此。

① 直到19世纪中叶，英国海军为同一级别的将官都会准备红、白、蓝三种颜色的旗帜标志。根据将旗的分类，战舰会悬挂它们直属将官的相应旗帜。纳尔逊当时是一名蓝旗海军少将，他部下的舰船通常只会悬挂蓝旗，这种颜色在晚上几乎看不见。在作者写作本书的19世纪末，所有的英国海军舰船都悬挂白色旗帜，商船都悬挂红色旗帜。——作者注

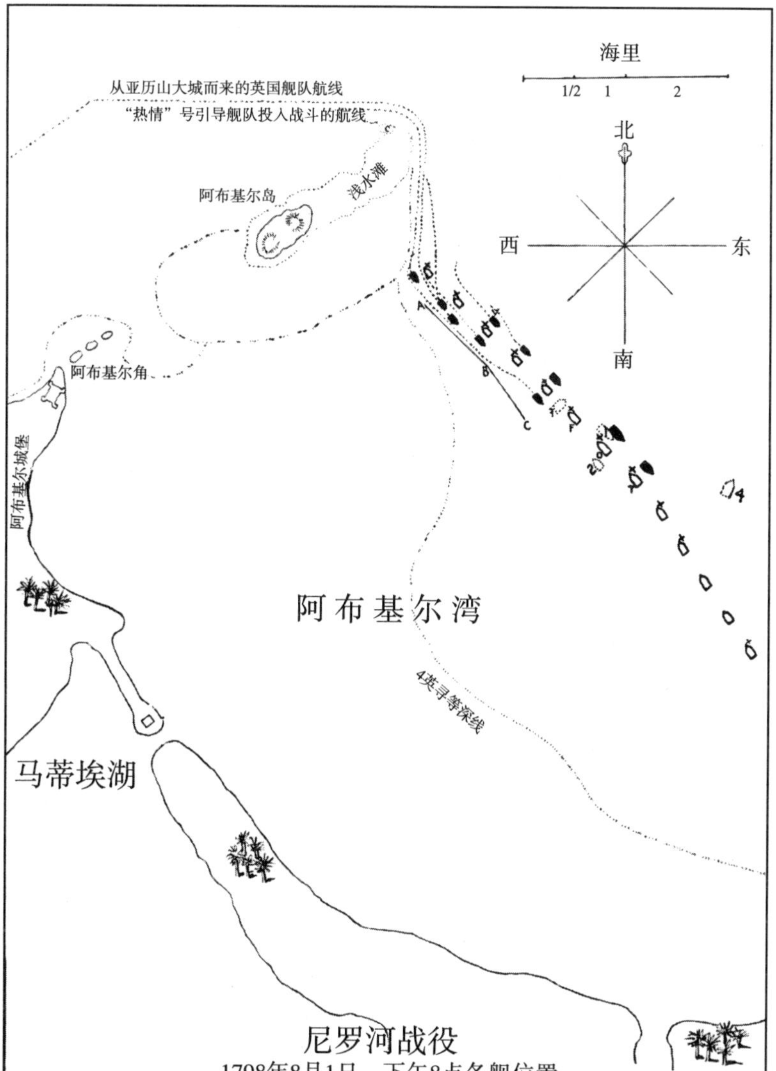

尼罗河战役

1798年8月1日，下午8点各舰位置

英舰 13艘
法舰 13艘
风向 西北偏北
图示

1“斯威夫舍”号
2“亚历山大”号
3“利安德”号
下午8点后投入战斗的3艘英舰

4“柏勒罗丰”号
桅杆折断后，漂移着退出战斗的英舰

C.搁浅的“卡洛登”号

F.80门舰炮“富兰克林”号
O.120门舰炮“东方”号
T.80门舰炮“雷鸣”号
法军战列线中央主队

V.纳尔逊的旗舰“前锋”号

图示ABC线表示在图中按比例尺标出的法国舰队战列线位置，为了显示战斗细节进行了一定放大。
标“+”号的法军战舰在战斗中被摧毁或被俘。

阵图5

与此同时，一场不幸的意外降临到纳尔逊的战友特鲁布里奇头上。他的“卡洛登”号战舰在舰队主力绕过浅滩时，和它们保持了一定距离，因此它只能自己摸索航道，结果6点45分来到浅滩最外端，在那里搁浅了。尽管精明能干的舰长想尽了一切办法，直到第二天凌晨2点战斗结束时，“卡洛登”号才脱困。不过这样一来，它倒是成了余下的2艘英舰“亚历山大”号和“斯威夫舍”号在黑暗中通过危险的水道时的灯塔。这2艘英舰和50门舰炮的“利安德”号（Leander）晚上8点以后，在战役的关键时刻赶到，在英舰战况吃紧，正面临灾难的地方起到了一支预备队的作用。

无论“柏勒罗丰”号还是“宏伟”号都不足以与它们正对战的法舰匹敌，“柏勒罗丰”号更惨，不得不和实力几乎相当于它2倍的敌舰并列在泊位开战，承受着法军旗舰“东方”号的全副火力，很快就几乎被打成了一具残骸。在45分钟之内，它的主桅和后桅都被打断了，再经过30分钟战斗，已经不堪重负，缆绳都断了，已经失去了战斗力。战斗到这个时候，“柏勒罗丰”号的所有前桅都倒了，全部650名舰员当中，49人阵亡，148人负伤，这艘船漂离了战线，又遭到法军后卫各舰的侧舷炮火猛烈打击。就在他漂离后，既没有旗帜也没有灯光指引，“斯威夫舍”号迎了上来。“斯威夫舍”号的舰长哈罗威尔（Hallowell）上校让大家先别开火，打信号示意，这才发现前面是一艘英舰，于是立即让开，随后来到“东方”号右舷舰艏位置。“亚历山大”号紧随其后，在“东方”号这艘三层甲板巨舰的左舷舰艉位置落锚，“利安德”号出于对舰型实力的慎重考虑，将自己放在“东方”号前方的“富兰克林”号左舷舰艏，一个相对会受到较小打击的位置，能够对这2艘法舰一起进行纵射炮火打击。法军中央主队就此反过来成为集中打击的受害者，处境变得和战斗开始时的前锋类似，这注定会导致可怕的灾难性结果。

大约晚上9点，法军旗舰已经着了火，至于起火原因一直都没有确切说法。各英舰的舰炮对准了起火部分，竭尽全力阻止法军救火，迅速收到了效果。勇敢而不幸的布吕埃斯没有看到这一幕最后的灾难景象。8点30分，他已经两处负伤，这时又被一颗炮弹将他的左腿从大腿处打断。他拒绝下船，在起火前几分钟，冷静勇敢地离开了人世。10点，东方号在大火中爆炸。在它前方的5艘舰船已经投降，80门舰炮的“富兰克林”号在午夜前也降下了它的旗帜。

6艘法舰仍然悬挂着他们的旗帜，这些舰船要么由于缆绳被炮火切断，要么出于避免被“东方”号爆炸波及的危险，都向后漂移出很远。处于最后方的3艘法舰受到的攻击较轻，其他3艘舰船当中，“雷鸣”号已失去所有桅杆，“欢乐”号（Heureux）和“水星”号（Mercure）也伤得不轻。[①]次日上午，这些法舰受到一些伤势最轻的英舰攻击，结果“雷鸣”号、“水星”号、“欢乐”号和后卫的最后一艘战舰（或者说原始队列当中的侧翼战舰）“提莫莱昂”号都搁浅了。前3艘法舰后来降下了他们的旗帜投降，第4艘被它的军官们焚毁。另2艘法舰“威廉·泰尔”号（Guillaume Tell）和“大方”号（Généreux）逃脱。“威廉·泰尔”号是后卫队司令官维尔纳夫海军少将的旗舰，他正是后来著名的特拉法加惨败的法西联合舰队总司令官。他在这场战役中的消极被动，在当时和后代都引发了尖锐的争论。大体来说，后来的法国专业作者对他的感觉是，他的勇气固然无可置疑，但终究是一种被动型，而不是主动型的勇气；阿布基尔湾给他提供了一个真正的机会和足够的时间让后卫舰船参加战斗，他没有这么做，这一点难辞其咎。[②]与此相反，这场战役结束不久，拿破仑在写给维尔纳夫的信中写道：“如果要将某

① 13艘英舰（包括50门舰炮的“利安德”号在内）的第一波攻击范围限定在法军阵列的前8艘舰船，到“雷鸣”号为止。等这8艘法舰被一一摧毁后，英舰再向后进攻后卫的法舰，由于他们自身在之前的战斗中所受的损伤，加上之前几个小时的辛劳和兴奋所引起的身体疲劳，后续进攻的活力必然降低。不过“水星”号在降下旗帜时，已有105人阵亡，148人负伤，舰炮只剩6门还能使用。“欢乐”号的损失没有记录，船体内积水已经达到9英尺深。见舍瓦利耶《法兰西共和国海洋史》第376、377页。——作者注

② 瑞里安·德·拉格拉维耶《海战》第一卷，第228—230页；舍瓦利耶《法兰西共和国海洋史》，第386—388页。拉格拉维耶《海战》第一卷第231页引用的一封维尔纳夫的信，证明了他的消极态度，在特鲁德的《海战》第三卷第121页。——作者注

些错误归咎于你的话，应当是你没能在‘东方’号爆炸时尽快采取行动；在看到这一幕之前的3个小时，布吕埃斯占据的位置已经受到压迫，被包围了。”①

以上就是著名的“尼罗河战役”的梗概，这场战役是一场完胜的海战，至少是最近的海战中最具决定意义的战役之一。是役法军损失了13艘战列舰中的11艘②，战斗伤亡和溺毙3500人③，其中舰队总司令和3名舰长阵亡，1名海军少将和6名舰长负伤。英军的损失是218人阵亡（包括一名舰长），678人负伤。伤者包括舰队司令官本人，他被一枚大块的木片击中头部。他受伤时，一开始以为是致命伤，当即失去行动能力，严重影响了他后来几天的效率。4周之后，他写道：“我觉得，如果当时能讨得上帝欢心，不让我受伤的话，不会有1艘法国小船能逃脱。”④⑤

从战况中，我们可以看到英国舰队进攻时的具体情况，所有舰长都表现出了令人钦佩的技能和行动力，采用的战术联合行动的高度科学性，这场战役的执行经过和战果的决定性意义，使这场纳尔逊的胜利独具光彩。豪勋爵无疑最有资格评判这场辉煌胜利，他对贝利上校说，尼罗河战役“这个战例无与伦比的杰出，参战的每一位舰长都使自己功成名就”。⑥对这次大胆机动有多少应归功于纳尔逊将军，至今都存在争议，他指导战舰越过了法军战列线先头位置迂回，向后续战舰示范了两面夹击敌舰是应当采取的最有效的作战方法。作者无意介入这种讨论，除了注意到对纳尔逊信件进行过细致艰

---

① 《拿破仑书信集》第四卷，第520页。——作者注

② 2艘暂时逃过一劫的法舰在1800年7月，纳尔逊勋爵辞去地中海舰队司令官以前，被他的分舰队俘获。——作者注

③ 舍瓦利耶《法兰西共和国海洋史》，第381页。——作者注

④ 《纳尔逊急件》第三卷，第10页。——作者注

⑤ 纳尔逊的言下之意是，如果他没有受伤，此后几天就能更有效率地部署部下的行动，阿布基尔锚地的法国舰队哪怕连1艘小船都无法逃出他的手心。这当然是这位自信满满的英国海军少将的主观看法。——译者注

⑥ 《纳尔逊急件》第三卷，第84页。——作者注

苦编辑工作的哈里斯·尼古拉斯爵士（Sir Harris Nicolas），对此都无法做出判断，他对这个问题的所有处理当中存在一个疏漏。[①]罗斯（Ross）在《索玛莱兹将军传》中指出，当讨论进攻敌人的各种方式时，索玛莱兹冒犯纳尔逊进言“可以想见两面夹击对一艘敌舰作战产生的恶果，这在夜战当中尤为不利”。然后他和司令官在进攻计划方面也发生了分歧，因为“从不需要2艘英国舰船去捕获1艘法国船，战斗中它们必然会相互造成损害，使它们可能无法去和1艘之前还没被攻击过的敌舰交战”。[②]索玛莱兹的反对意见并非毫无根据，但被纳尔逊合理推翻了。要对付的一艘敌舰两侧都有英国战舰，在这种情况下己方相互伤害的风险当然很大，假如纳尔逊没有仔细权衡过两面夹击的精确战法，几乎是不可能提出此议的。

纳尔逊在和舰长们讨论过所有可能的布置，确定他们理解他的看法后，会彻底放手，大胆地把即时战斗的细节工作都交给他们，这完全符合他广为人知的性格。在实战当中，他不会愚蠢地严格规定弗莱上校应该采取什么前进路线。只有身在“巨人”号甲板上的弗莱能观察到水道，可以正确判断必须立即采取何种行动。这样信任别人无损纳尔逊的卓越品质，相比之下，他还要在已经变暗的天色下和未知的水域里，到达决定性的地点去对一支占有实力优势的敌舰队发动进攻，对进攻队列他必须谨慎思考和理性推算。事实上，对敌舰队采取局部夹击作战，不是在敌战线先头部分实施夹击，正是纳尔逊本人带头进行的，他的旗舰是第一艘在他的前5艘战舰停泊的敌舰对侧锚泊的战舰。根据弗莱的行动，他可以跟随前5艘战舰。[③]但他没有这样做，有意停泊在内侧已经遭到“忒修斯”号进攻的第3艘法舰外侧，因此，他提供了明确的示范，他的那些后续舰船也要跟着他这么做。在英舰正确部署

① 这个争议可见《纳尔逊的急件及信件》第三卷，第62—65页，也可见该书第474页的附录。——作者注

② 罗斯《索玛莱兹将军传》第一卷，第228页。——作者注

③ 《纳尔逊急件》第三卷附录，第474页，布朗将军的信。——作者注

后，最前方的2艘法舰已遭受打击，或已经残损。因此先导舰舰长弗莱上校理应由于他做出的极为出色的军事决策获得最高荣誉，这丝毫无损纳尔逊桂冠的荣耀[①]。

舍瓦利耶海军上校说：“纳尔逊将军的胆略和才能已经上升到别人很难超越的高度。”[②]“纳尔逊（在阿布基尔湾）的作战，”拿破仑这样说道，“是孤注一掷，不应当被当作一个模板，他和英国水兵在这次行动中显示了海军可能表现出的所有技能和活力。”[③]他的这句话包含双重含义。如果拿破仑说的这些话带有谴责意味，那么他1797年孤注一掷地向莱奥本推进，在马伦哥不断延长他的战线直到断裂为止，1798年他冒着被地中海舰队和意大利军队袭击的危险远征埃及，除了迷信幸运之神不会背叛他之外，情况几乎对他一点都不利。布吕埃斯采取的部署，在英国舰队司令眼中正是制胜良机。

之前已经说过，如果法军的炮火更具优势，对进攻部队来说必定会蒙受灾难，特拉法加海战也正好受到同样的批评。[④]现在将这一点纳入考虑，即英国在尼罗河战役时，已经与法国进行了5年的战争，英国水兵已经获得了法国炮手射击的相关经验，纳尔逊可以据此进行推算，这种批评是否公平还应当进一步考虑风向和舰队靠近时的情况。一次进攻在微风时进行，会让

---

① 美国小说家和海军史学家菲尼摩·库珀（Fenimore Cooper）在他的《两大海将》序言中，将整个大战术联合行动都归功于纳尔逊的舰长们。美国海军的莫里斯（Morris）准将向库珀转述了这一观点，他的根据是海军权威波尔（Ball）上校的著作《亚历山大战役》。这构成了一个口口相传的很漂亮的值得尊敬的传统说法，通过那些无疑正直明智的人得到传播。这种说法和当时纳尔逊的旗舰舰长贝利上校的文字记录相悖。贝利有最充分的机会了解全部事实，这使我们不可能不怀疑前述各位证人的证词在某个环节上产生了误解。弗莱上校在构思计划时肯定就觉得要执行它是完全可信的；所有舰长都被鼓励采取这一行动，相互达成一致意见，进行这样一个前所未有的联合行动，根本就是个奇迹。在贝利的报告中，是纳尔逊不断和他的军官们讨论和解释应当如何有效部署行动，才促成了这个奇迹。见《海军编年史》第一卷第52页。——作者注

② 《法兰西共和国海洋史》，第381页。——作者注

③ 《拿破仑书信集》第二卷，第350页。——作者注

④ “优秀的炮手一定能够改变这些险恶的场面，因为他们能在最初的战斗中就粉碎英国舰队。”见瑞里安·德·拉格拉维耶《海战》第一版第二卷，第225页。“如果纳尔逊像他在尼罗河对法国舰队所做的那样，去对付一支美国舰队的话，他将会为自己的大胆行动后悔。”见库珀《两大海将》序言。——作者注

进攻方长时间处于敌人的炮火之中，或是在行动当中刮起一阵轻风，使得进攻方逆风行驶，会对桅杆形成极大考验，这与尼罗河战役中帆船的龙骨顺着轻风行动的情况存在很大区别。面对这样一个鲜有先例、性质特殊的战例，不能武断地去归结一个教条化的结论。当在航行中打击另一支航行的舰队时，会发生很多情况，根据几乎所有可循的战例得知，不会损失诸多桅杆，使得进攻方无法到达对手的战列线；在尼罗河战役期间，一旦落锚，损失一两根桅杆无关大局。看上去完全可能的是，即便法国舰队的炮术比实际上好很多，英军各舰还是能够到达它们的阵位。这种情况下，一旦到达阵位，尽管会付出更高昂的代价，采取大战术联合行动仍会让他们取胜。如果布吕埃斯的布置能够更巧妙些，类似于胡德在圣基茨岛的部署那样，法舰的炮术又能非常优秀的话，我们可以很有把握地认为，英国舰队司令就需要更谨慎地实施攻击。我们可以说，在完全不同的情况下，会产生不同的结局，这是不会有任何人质疑的预言。如果在一场战争冲突当中，双方在所有方面都正好势均力敌——两位舰队司令官，他们部下的舰长和舰员们，这两支舰队的舰船，双方的战术安排，每一项都均等的话，战斗将会没有结果。当双方并非势均力敌时，无论是因为原先就这样还是因为各种因素引发的，造成以上双方在这些条件中的任意一方面出现差距时，就会出现一个同这种差距比例相称的结果。当这种差距巨大时，结果就会是压倒性的，当差距小时，结果就会不那么重要。在尼罗河战役中，双方的舰队司令、舰长、舰员、炮术和战术组合，都对法国舰队极为不利，结果必然会使法国舰队遭受比平时更大的惨败。

在布吕埃斯无所作为地安全度过的那个月间，拿破仑已经稳步推进他征服埃及的计划。7月21日，法军和马木鲁克军进行了金字塔战役①，开罗第二

① 金字塔战役（battle of the Pyramids）：这一战双方兵力大致相等，均为2万余人，拿破仑利用阵形优势，大败莫拉德贝伊的马木鲁克军。——译者注

天就已臣服，25日，总司令官进入这座城市。法军在开罗停留了几天，休整部队，确保现有阵地。8月7日，拿破仑再度率军出发，意图彻底征服下埃及（lower Egypt）；留下德赛镇守开罗，为征服尼罗河上游的部队进行备战工作。8月12日，尼罗河三角洲的马木鲁克军队已经被法军逼得退入苏伊士地峡，随后又被迫退往叙利亚。法军追击到叙利亚沙漠边缘时，拿破仑收到克莱贝尔送来的阿布基尔湾惨败的消息。出现这种巨大逆转，他仍显示出总能在需要时的自控能力。部队陷入了绝境，他们都在说："现在我们被遗弃在这个蛮荒国度，和本国的交通线被切断，没有生还的希望了。"他们的将军答道："好吧，那么我们可以赋予自己成就大业的责任。我们不能控制将我们和国家隔开的海洋，但没有海洋将我们和非洲还有亚洲分开。我们将在这里建立一个帝国。"

大多数士兵都追随他在意大利获得了胜利，他的话语对他们产生了魔法般的影响，恢复了他们的勇气，法国人重新振作士气，再次战胜了消极失望。尼罗河的打击震动法国本土，在世界各地产生了影响。马木鲁克人的首领，叙利亚的易卜拉欣贝伊和在上埃及的莫拉德贝伊在连战连败后，本已气馁，准备和谈，在纳尔逊大捷消息的鼓舞下，他们决定重整武力对抗法军。被法军入侵埃及激怒的土耳其宫廷，尽管受到英国和俄国公使的压力，仍然犹豫不决，直到得知法国舰队已经不复存在才鼓足了勇气。拿破仑曾经正告布吕埃斯，保全他的舰船对遏制土耳其十分必要。现在苏丹和他在埃及和叙利亚的帕夏们都在阻止法军的行动。9月2日，驻君士坦丁堡的各外国公使都得到了一份备忘录，里面明确表达了土耳其宫廷对拿破仑登陆埃及入侵的震惊之情，声明已经派出一支可观的部队出发去埃及阻止他的推进。当月11日，奥斯曼土耳其正式对法兰西共和国宣战。[1]

在整个1798年间，法国在欧洲大陆的整体局势也变得越发危险。大革命

① 1798年《年鉴》，政府公文，第267—272页。——作者注

的政治军事宣传阶段已经度过了它的诞生期，现在正被一种侵略性的对外政策取代，拿破仑的节节胜利使这种政策更具活力，扩大了范围。法国外交的目标是将法兰西周围的小国变成附庸共和国，让那些小共和国效仿法国建立同类型的体制，即将所有地方权力都集中到中央政府的体制，这一点即使没有公开宣称，也已经成为公认的事实。[①]联合省保留了他们的联邦宪法，正在成为一个共和国；1798年1月，他们经历了一场法国督政府推动的革命，摒弃了过去各省的分治状态。山南共和国和热那亚在拿破仑治下接受了类似的体制。在瑞士，由于居民们的不平等政治状态，许多州发生不满和骚动。督政府由此获得了进行干涉的理由，借口就是法国非常关注邻邦的内部稳定，声称他们中的特定人群明显受到压迫而心生不满。1798年1月，法军进入瑞士境内。伯尔尼（Berne）州为了自己的权益而战，被轻易制服。法国人在阿劳（Aarau）召集了各州联席会议，通过在瑞士建立中央集权体制以取代旧式的各州分治体制。几个月之后，1798年8月，法兰西和瑞士共和国（Helvetian）缔结了攻守同盟。

法国入侵伯尔尼除了在邻邦统治阶层占据政治优势之外，还有另外一个动机。督政府的财政收入仍然远不能满足开支需要，拿破仑即将进行的远征尤其需要金钱支持。法国人在伯尔尼的财政机关找到1700万法郎，将其据为己有。他们还对伯尔尼提出了追加1800万法郎的要求，并且对瑞士其他各州也按比例进行压榨。[②]同一时期，法国人出于相同的动机，找到了一个更合理的借口，占领了罗马。[③]和在整个欧洲的其他地方一样，法国密探在教皇国密谋激起革命运动。1797年12月28日，革命党人在罗马起事，他们与教皇

---

① 马丁：《1789年以来的法国史》第三卷，第6页。——作者注
② 马丁：《1789年以来的法国史》第三卷，第9页。——作者注
③ 马丁：《1789年以来的法国史》第三卷，第11页。——作者注

的军队就在法国大使馆相邻地区发生了冲突。当时驻扎在那里的杜夫[①]将军在试图干预双方战斗人员时身亡。法国大使旋即离开罗马城，督政府拒绝一切解释，命令拿破仑在意大利的继任者贝尔蒂埃采取行动。2月10日，贝尔蒂埃进入罗马，宣布承认在他的支持下成立的罗马共和国，迫使教皇退往托斯卡纳。正是由于占领罗马，远征埃及的一个支队才能在最便利的地点奇维塔韦基亚上船出发。

那不勒斯和奥地利都不敢公然采取行动支持教皇，但两国都对此极端不满。过去拿破仑本人还在意大利时，法国的部队都没有离两西西里王国这样接近。从两西西里王国所处的地理位置，就完全能理解它对欧洲大陆国家共有的重要性。意大利半岛远端的那不勒斯的位置使它在法军的侧翼和后方处于严重危险的境地，当它要和上意大利的敌人交战时，除了海路之外，远离支援国家，海路对一个需要依赖盟国的国家来说，是一个脆弱的补给来源。1798年2月，在英国舰队离开一年后，仍然没有重返地中海的迹象，拿破仑远征埃及的舰船仍在土伦港时，这一点尤为明显。因为一旦那不勒斯对罗马采取行动，拿破仑在土伦的远征军无疑就会将目标对准那不勒斯。两西西里的波旁王国因此只得忍气吞声，暗中却在接近奥地利。除了因为教皇对受辱的控诉外，奥地利本身对法国人占领瑞士，以及法兰西共和国政府的侵略性措施引发的欧洲大陆政治格局变化也非常不满。督政府在1797年到1798年大陆和平时期的举措，与拿破仑4年后使《亚眠和约》无法持续下去的举动非常相似。督政府以比拿破仑更弱的能力和气势，同样在自卫或者顺从民意的保护伞下，花言巧语，阴险诡诈地稳步侵略，牺牲其他国家增强法国的

① 杜夫（Léonard Mathurin Duphot，1769—1797）：伦纳德·马图亨·杜夫，法国将军和诗人。1785 从军，1792年晋升为士官，参加了对萨伏伊和尼斯的远征。1795年晋升为营级军官，在1796年意大利战事的多场战斗中表现突出。拿破仑注意到了这位和自己同龄的军官，指派他指挥山南共和国军队。1797年3月，他被晋升为准将。随后他奉命护送法国驻罗马大使约瑟夫·波拿巴赴任。年底他在罗马的一次冲突中不幸身亡，给督政府制造了吞并罗马的借口。——译者注

势力。这时维也纳发生了一起事件，差点引发了阻止法国远征埃及的战争。1797年4月，当拿破仑进入德意志时，维也纳的青年人就自发聚集起来保卫国家。1798年4月，奥地利人在那次爱国行动的周年纪念日举行公众游行活动，法国大使悬挂起法国的三色旗表示不满。一群愤怒的奥地利人闯入法国大使馆劫掠。[1]一石激起千层浪，土伦和其他港口的部队被勒令不要上船，拿破仑本人得到指示，让他以法国全权代表的身份前往拉施塔特，奥皇对此做出了解释，于是此事被大事化小。一位法国历史学家的话来说："奥地利和法国之间的关系正在变质。"[2]

与此同时，俄国也正由于从叶卡捷琳娜二世以后就保持的保守态度受到相当程度的压迫，相同的政策驱使美国在1798年进入和法国之间的"准战争"状态。[3]法国议会的一项法令使任何中立国船舶上与英国有关的货物，都能成为法国人的合法战利品，规定范围并不限于完全属于英国人的货物，只要任何原产英国的货物，即使所有权属于中立国，也在禁止之列。1798年1月12日，法国对波罗的海国家颁布了一份特别照会，即"如果任何船舶携带英国商品越过厄勒海峡，无论这艘船属于任何国家，都将会被视为向法国正式宣战的行为"。[4]虽然这份照会直接针对的是瑞典和丹麦这两个靠近海峡的国家，但引起了沙皇在内的所有中立国政府普遍不满；5月15日，沙皇"命令22艘战列舰和250艘单层甲板大帆船前往厄勒海峡，对抗督政府的压力，全面保护贸易"。[5]

一旦被激怒，沙皇保罗一世暴躁古怪的脾气很快就冲到了极端，法国占领马耳他使他进一步被挑衅。当拿破仑占领这个岛时，在那里发现了一份沙皇刚刚签署的条约，规定向马耳他骑士团支付40万卢布，直到他去世为

---

① 马丁：《1789年以来的法国史》第三卷，第16页。——作者注
② 马丁：《1789年以来的法国史》第三卷，第24页。——作者注
③ 见下文第十七章。——作者注
④ 1798年《年鉴》，政府公文，第237页。——作者注
⑤ 1798年《年鉴》，政府公文，第237页。马丁：《法国史》第三卷，第23页。——作者注

止，都对马耳他抱有特殊兴趣。法国将军采取了预防措施，下令将任何在马耳他或者爱奥尼亚群岛与俄国保持联系的希腊人枪毙，悬挂俄国旗帜的希腊船舶也都要击沉[①]。因此逃到俄国的骑士团成员在8月对法国的占领进行了强烈抗议活动，投靠沙皇以获取他热切许诺过的支持[②]。然后沙皇接近英国，为奥地利提供援军。奥皇一开始就答复说如果没有普鲁士，什么事情都做不了；于是三国政府随后致力于拉拢普鲁士王国正式加入一个新的反法同盟。5月19日，在这个特殊的日子可以发现，拿破仑的船队驶离土伦，奥地利和那不勒斯缔结了一份防御性盟约。[③]拉施塔特会谈与奥皇相关的部分在7月6日破裂，尽管与德意志帝国其他部分的谈判拖了更长时间。帝国谈判代表科本茨尔马上赶到柏林，在那里和英俄两国的全权代表进行热忱的谈判。8月10日，俄奥两个帝国签署了一份协定，沙皇承诺派遣3万陆军进入加利西亚[④]支援奥军。英国和以往一样准备提供船舶和金钱援助。普鲁士拒绝加入，俄国代表在离开时说："无论和贵国并肩战斗，还是没有贵国，或是要对付贵国，我们都将和法国开战。"[⑤]

虽然各国政府都已准备好点燃战火，但法国的军事胜利造成了巨大威压，同盟国之间感觉到盟友之间互不信任，仍在犹豫。尼罗河战役的消息成为平息众议的标志。法国舰队在尼罗河战役中失利，全军覆没。从直布罗陀海峡到黎凡特之间的地中海海域再度处于英国海军的势力之下，彻底摧毁敌舰队使英国海军从必须集中兵力的状态下解脱出来，允许将海军兵力分散到需要它们的各个地方。法国最伟大的将军和最优秀的3万将士以及众多最卓越的军官们，从此绝望地和他们的国家失去联系。

---

① 《拿破仑书信集》第四卷，第226、233页。——作者注

② 1798年《年鉴》，政府公文，第276页。——作者注

③ 马丁：《法国史》第三卷，第27页。——作者注

④ 加利西亚（Galicia）：中欧历史地名，现分属乌克兰和波兰。——译者注

⑤ 马丁：《法国史》第三卷，第24、25页。——作者注

胜利之后，纳尔逊意识到了此役的深远意义，尽管他缺乏小船，还是在现状允许的条件下，尽快采取措施发布消息。8月5日，“利安德”号就带上第一批急件出发去加的斯外海见圣文森特伯爵，它8月18日被逃出阿布基尔湾的2艘战列舰之一，74门舰炮的“大方”号俘获。即便发生了这样的意外，双桅帆船“穆蒂尼”号（Mutine）也已在13日被派往那不勒斯。它9月3日到达目的地，第一个将尼罗河大捷的消息带到欧洲，纳尔逊事先嘱咐过，让英国驻那不勒斯公使将消息转发给其他各国政府。“穆蒂尼”号的船长第二天就出发取道维也纳回英国。1798年10月2日，尼罗河战役两个月以后，他携带第一批战报到达伦敦。

纳尔逊同时意识到埃及的各种事件会对英国在印度的势力产生影响，于是8月10日又派出一名海军上尉从陆路穿过亚历山大勒塔（Alexandretta）和阿勒颇（Aleppo）去孟买（Bombay）。这名军官交给印度总督的公文中，将拿破仑远征军的兵力和登陆情况以及他们刚刚遭遇的致命打击全都告诉了他。这消息太及时了，法国人已经在印度各土著政权宫廷积极活动，迈索尔苏丹，海德·阿里的儿子和继承人蒂普·塞波公开宣称继承其父在叙弗朗时代就与法国结盟的传统政策。阿布基尔海战的消息到达印度的时间对蒂普来说太晚了，他已经无法收回成命，不久就开始了一场战争。这场战争在1799年4月告终，他在国都塞林加帕塔姆（Seringapatam，今斯赫里朗格阿帕特塔纳）战死，王国被颠覆。得到尼罗河之战法国舰队惨败消息的其他土著势力不敢轻举妄动，于是英军对蒂普发动军事行动时，在其他地方不会受到任何困扰。

一位杰出的法国海军作者总结道：“尼罗河战役的后果难以估量，我们的海军从未从这次对其荣誉和力量的可怕打击中恢复。这场海战在今后两年间将地中海置于英国控制下，还招来俄国的多个分舰队，使我们的陆军置身于四面皆叛的环境当中，使土耳其宫廷向我们宣战；它使我们的远征无法到达印度，将法国引入千钧一发的险境；这场海战点燃了几乎已经熄灭的法国和奥地利的战火，使苏沃洛夫和俄奥联军逼到了我们的边境。”[①]经常被指责在对抗法国时无所作为，行动落后，在敢于行动之前一直都要求大陆国家支援的海上强国英国，终于第一个投入战斗了。早在尼罗河战役之前，甚至在这一战打响，奥地利和俄国的盟约缔结之前，英国政府就已经给圣文森特下令，让他改派纳尔逊的部队去支援那不勒斯，希望在那里点燃星星之火，这将会引发一起重大事件。这些“绝密命令”8月15日送达纳尔逊手中。[②]那时他刚派詹姆斯·索玛莱兹爵士率7艘战列舰的英国舰队押着6艘缴获的法国战舰出发去直布罗陀。纳尔逊烧毁了另3艘战利品，让胡德海军上校率领3艘战列舰封锁亚历山大城的港口，随后于19日率其他3艘战舰出发去那不勒斯。由于纳尔逊分队的舰船都受了伤[③]，这次旅程花了超过一个月时间，当他9月22日在那不勒斯的海湾落锚时，他的赫赫战功早已在那里传开。

纳尔逊在路上得到通知，由德·尼萨（de Niza）侯爵指挥的一个葡萄牙分舰队已经进入地中海支援他的军事行动。根据他的要求，这个分舰队曾在8月29日在亚历山大城外海出现[④]，他们被告知不必停留在那里，去执行封锁马耳他的任务，这时英国军舰正好可以进行维修。马耳他岛民在8月26日就爆发了反抗法国人的起义，将法军从乡间驱赶到瓦莱塔港的要塞里。尼萨9月20日在瓦莱塔港外海占据了阵位，随后詹姆斯·索玛莱兹爵士带领他的分队和战利品24日也在那里出现。25日，这两位海军军官给沃布瓦[⑤]将军送了

---

① 瑞里安·德·拉格拉维耶：《海战》第一版第一卷，第229页。——作者注

② 《纳尔逊急件》第三卷，第105页。——作者注

③ 组成这个分队的3艘战舰中，旗舰“前锋”号出发时，桅杆的状态就不理想，在进入地中海以后，很快就都折断了；“卡洛登”号在尼罗河战役期间，在阿布基尔湾的礁盘上严重搁浅长达7个小时；“亚历山大”号的桅杆和舰体情况都很糟。——作者注

④ 《拿破仑书信集》第四卷，第660页。——作者注

⑤ 沃布瓦（Claude-Henri Belgrand de Vaubois，1748—1839）：克劳德·亨利·贝尔戈兰·德·沃布瓦，法国将领。原先在波旁王朝军队服役。1765年出任炮兵中尉。1789年成为梅茨步兵团炮兵上尉。大革命爆发后，投身国民自卫军，1791年晋升中校。在阿尔卑斯军团服役期间，于1796年晋升少将。拿破仑指挥意大利军团期间，他指挥一个师。拿破仑远征埃及期间，他负责指挥马耳他驻军，坚守将近两年后投降。1808年，他受封为帝国伯爵。1814年波旁王朝复辟后，受封为骑士。1839年逝世。——译者注

一封劝降信，这必然会被拒绝。索玛莱兹继续赶去直布罗陀，他在上路之前将1200支步枪和弹药提供给马耳他岛民，这些军火为岛民的起义提供了实质性帮助，让他们最终成功使敌人无法再使用这个岛的各种资源。纳尔逊在他的英国军舰准备好以后出发，他本人在10月24日加入封锁马耳他的舰队，虽然只停留了几天，他的出现对那不勒斯仍是必要的。他再度正式向法国驻军劝降，同样像上次一样被拒绝。从那时起直到1800年9月法军投降为止，他们在水陆两路都受到严密封锁。

1798年10月，圣文森特勋爵去直布罗陀度过了一段陆地生活，除了为他的健康考虑之外，也是因为那里是英国在地中海的大型海军基地，可以在那里集中接收情报，发号施令，特别是还可以以他本人不懈的监督加速当地的补给和维修工作，一个舰队的战斗力主要就取决于后勤保养工作。加的斯外海的英国分舰队还有15艘战列舰，留守原来的阵位监视西班牙人，现在由基思勋爵指挥。基思勋爵是圣文森特之后，纳尔逊之前的一代海军军官当中最积极和能力最强的一位，级别比纳尔逊高些。地中海的英国分舰队由纳尔逊指挥，但仍归圣文森特节制。封锁埃及和马耳他，配合奥地利和那不勒斯陆军在预期战争中的行动，是纳尔逊的使命。由于所处的地理位置，他还能进一步推动俄国和土耳其联合舰队的行动。俄土联合舰队1798年9月在达达尼尔海峡（Dardanelles）集结，支持他们在黎凡特地区的联合行动。这支舰队10月进入地中海，没有对亚历山大城进行封锁，也没有去保卫叙利亚沿海，而是去攻占爱奥尼亚群岛。10月10日，爱奥尼亚群岛除科孚岛之外，全部落入俄土联军之手。10月20日，群岛的中心科孚岛遭到攻击。纳尔逊以厌恶和怀疑的眼光注视着俄土联军在爱奥尼亚的军事行动，他写道："土耳其宫廷在将来的某一天一定会意识到允许俄国在科孚岛获得立足之地的巨大危险。"[①]"我希望土俄联合舰队一部会去埃及，科孚岛是一个次要考虑因

---

① 《纳尔逊急件》第三卷，第160页。——作者注

素……关于俄国将对正直不多疑的土耳其可能会采取的行动，我曾经与克里姆大人进行过一次长时间会谈……一个强大的分舰队应当被派往埃及去替换我亲爱的朋友胡德上校，但科孚岛更合俄国人的胃口。”[①]与此同时，拿破仑曾夸耀过的各帕夏指挥的土耳其陆军部队已经做好部署，准备横扫法国通过《坎波福尔米奥》条约获得的原威尼斯在意大利本土的领地。

拿破仑的东方堡垒因此摇摇欲坠，由于它的根基在阿布基尔湾被摧毁，其他部分也相继告急——爱奥尼亚群岛在陷落，马耳他被困于饥饿，埃及被孤立，这都是因为海战的损失，法西同盟又失去了另一个重要的海权立足点。11月15日，梅诺卡岛和它的良港马翁港，向英国陆海联合远征军投降。这支远征军是圣文森特悄悄装备完毕后，从直布罗陀出发的。

1798年的地中海战事随着这些军事行动的进行告终。这一年的开始阶段，法国完全控制了这片被陆地环绕的内海，除了鬼鬼祟祟的私掠船之外，几乎没有一艘敌舰在地中海水面穿过。当这一年结束时，法国在地中海水域只剩下2艘能战斗的战列舰，敌人的舰队却蜂拥而至。这两艘从阿布基尔湾惨败中侥幸逃生的法舰，1艘被牢牢封锁在马耳他，从来没有逃出过，另1艘驶向土伦，在试图救助一座被困岛屿的徒劳努力后，迎来了它的末日。

① 《纳尔逊急件》第三卷，第204页。——作者注

第十章

1799—1801年的地中海：拿破仑的叙利亚远征和阿科围城，布吕克斯将军指挥布雷斯特舰队入侵，拿破仑返回法国，法国丢失马耳他和埃及

在舰队被摧毁后，拿破仑仍在继续执行征服和控制埃及的任务，由于阿布基尔海战的不幸，这对他的事业变得比以往更为重要。在拿破仑东方冒险的原始构想当中，尼罗河三角洲具备双重作用。首先，埃及会成为法国的永久占领地和最大的殖民地，这个宏大的构想不仅是由于其自然资源可供大幅开发，还由于其独特的地理位置，能够成为控制地中海水域的一种力量，将东西方世界之间的军事和贸易活动联结在一起。对法国来说，失去了它最富庶的东印度和西印度群岛的殖民地，埃及是一个巨大的过之无不及的补偿。达到这第一个目的，本身就可圈可点，有其正当理由，这只是完成一个更耀眼的成就（如果不是更有用的话）的必经步骤，那就是摧毁英国在印度的势力，在那里建立一个向法国朝贡的帝国。"这样一来，一方面埃及将取代圣多明各和安地列斯群岛；另一方面，它又会成为征服印度的一个跳板。"[①]

① 《拿破仑评论集》第三卷，第19、20页。——作者注

与英国人在莫卧儿帝国使用少数兵力获得的成功相比，拿破仑带到埃及的部队大大超过了征服这个国家的需要，所到之处，广大埃及臣民必定向法军望风归顺。像英属印度帝国的创始者们那样，法国将军发现自己面对的对手不仅军事机构远弱于欧洲国家，军事组织性也弱于欧洲国家，他们的公民社会——如果可以的话姑且这样称呼——一种基于其成员相互信任，据此才能团结起来的抵抗力量，也已经消失了。成功带来的威望使他能够指挥一支数量占优的军队成为一个整体，采取有纪律的一致行动去对付任何可能纠集起来反对他的敌人，足以保证他的绝对优势，优势在于集中的力量就一直能够压制分散的敌对势力，有组织的力量始终能压制组织涣散的力量。在军事方面，二加二不一定等于四，除非他们能够一致行动。不幸的是，偏偏在他能一展天才和他的部队大逞英勇的非常时刻，在他指挥的一个局部出现了比他本人的胜利更令人吃惊，也更具绝对意义的失利，他的胜利造成的影响力确实并不能压倒那一次失败。东方人没有指望自己的种族能够提供这种支持，现在在一无所有中发现了从外部得到救助的希望。他们没有失望。再次由一位英国海军上校，在法军长驱直入的时刻，使拿破仑的前进脚步停止。

1798年秋天和初冬，德赛征服和占领了上埃及，他8月25日就为这个目标离开开罗，去平定尼罗河下游的局势，确保总司令官不在期间，当地能够安定，提供稳定的税收。10月，开罗爆发了起义，部分原因是对预期变化的不满引发的，部分则是由于土耳其宫廷对法国宣战的传言，这给了拿破仑在平定起义时显示他铁腕的机会，后来的事态发展证明，他采取的是软硬兼施的措施——对少数人的无情打压和对多数人政治怀柔。这种宽严相济的手段，遏制了骚乱的再度发生。

11月，天气变得更为寒冷，一支1500人的分遣队被派去占领苏伊士，12月底，拿破仑亲自对苏伊士地峡进行了一次考察，他必须通过这次考察推动他更庞大的计划。就在他离开期间，法军截获一名信使得知，叙利亚帕夏加扎尔已经在1799年1月2日占领了苏伊士沙漠中重要的埃尔阿里希绿洲（oasis of El Arish），在这座城堡严密设防。[①]他立即意识到时机已经成熟，必须实施进兵叙利亚的计划，于是接受了他曾希望能够避免的土耳其的敌意。

为了理解拿破仑制定行动计划时所处的困境，必须对法军失去制海权，在埃及明显的孤立处境有所认识，还要时时刻刻与当时的整体形势联系起来。埃及与巴勒斯坦之间相隔200英里的沙漠，在埃及西面要找到任何有人居住的地区，又隔着一片更为宽阔荒凉的大漠，这里正如拿破仑自己描述的那样，是一片四面被沙漠和海洋包围的大绿洲。法国海军的固有弱点是，由于它的虚弱无力不能保证它在地中海的非武装船舶的安全，在拿破仑启航之后，当土伦和巴黎的官员得知纳尔逊在地中海出现的消息，都已经表现出了恐惧的战栗和不安。不知疲倦、积极主动的英国舰队司令，还有他的舰船频繁地在不同地方出现，使法国政府官员加深了海上充满大量敌方巡航舰船的印象。[②]26艘大型船舶组成的运输船队，满载着这次埃及远征急需的物资，整个夏天都停留在土伦港准备出航，但没有一个人真敢让它们出发。自从远征舰队出海之后，拿破仑就不时发出急件，让运输船队尽快出发，但始终没有船来。

如果这种恐惧在尼罗河战役以前就存在，达到这种程度的话，就能够想象尼罗河惨败的灾难性消息影响会有多大了。法国舰队的覆灭不仅会产生士气上的影响，而且使英国巡航舰船可以分散行动，从而大大提高捕获法国舰船的真实危险性。人在埃及的总司令官，被沙漠和海洋包围，在他目光所及和不及之处，到处是现实和潜在的敌人。不仅如此，由于对大多数国家的态度和欧洲的各种事件完全不了解，他无法知道在信息不畅的基础上采取的行动会导致怎样的不良影响，会产生怎样的后果。他的尴尬处境在一封1798年

① 在所有保护土耳其帝国边境的屏障当中，苏伊士这样的沙漠无疑是最大的一个。这也就很容易理解埃尔阿里希这样一个能够阻止敌人使用绿洲资源和在棕榈树下驻扎的要塞非常有价值的事实了。见《拿破仑评论集》第三卷第16页。——作者注

② 关于生动报告土伦法国官员焦虑情绪的信件，见瑞里安·德·拉格拉维耶《海战》第四版，第352—362页附录。——作者注

12月17日的信中表露无遗："我们仍然没有任何来自法国的消息，从7月6日起就没有一个信差来到这里；这即使在殖民地都是绝无仅有的。"[①]信中提到的信差7月离开法国，9月9日到达拿破仑的驻地；搭载他的船舶为了躲避英国巡航舰船，被迫沿着海岸行驶，最后只有一封督政府的来信能够保存下来。接下来的消息次年2月5日才到，当时一艘两位法国公民包租的拉古萨共和国[②]籍的船成功进入亚历山大城。拿破仑说："这个消息本身自相矛盾，这是我从7月6日以来收到的第一份国内来信。"这时他才首次肯定土耳其已经对法国宣战。[③]当时他的部队正在沙漠中向叙利亚进军，他自己在军队后方的一个驻地准备随后出发。

直到那时，拿破仑还希望说服土耳其宫廷保持中立，他对入侵埃及的托词则是因为马木鲁克人的声明损害了法国贸易。1798年12月11日，他将时任马斯喀特总领事的波尚（Beauchamp）派到君士坦丁堡，指示他在这场不知是否已经宣战的战争应采取怎样的两种态度。那时他预计波尚会在君士坦丁堡找到法国大使塔列朗[④][⑤]。拉古萨的那艘船带来的消息让他明白目前和土耳其的真实关系，早在收到这封信之前就听说过令人不安的传言，正好和他经叙利亚进军印度的最终目的相一致，促使他下决心出于军事形势的需要采取行动[⑥]。他得知土耳其正在叙利亚和罗德岛集结军队，并且由此认定他受到

① 《拿破仑书信集》第五卷，第276页。——作者注

② 拉古萨共和国（Ragusa）：14世纪中叶到19世纪初，以今克罗地亚杜布罗夫尼克（拉古萨）为中心的，巴尔干半岛西海岸的共和国，一度是亚德里亚海唯一能与威尼斯共和国匹敌的城邦国家。——译者注

③ 《拿破仑书信集》第五卷，第385、391、392页。有意思的是拿破仑似乎是通过这封信第一次听说"征兵"这个词，后来他是那样频繁地使用这样一个"征兵"体制。——作者注

④ 《拿破仑书信集》第五卷，第260—263页，让波尚带去君士坦丁堡的声明。——作者注

⑤ 塔列朗（Charles Maurice de Talleyrand-Périgord，1754—1838）：夏尔·莫里斯·德·塔列朗-佩里戈尔，法国政治家和外交家，法国贵族出身，一度出任教职长达十数年。1792年起开始从事外交活动，历经国民公会、督政府、执政府、第一帝国、波旁王朝和七月王朝的政治变迁，始终屹立不倒。自从1797年起，塔列朗主持法国外交部接近18年。其私德与政治投机行为虽然饱受诟病，无法否认的是，他是18世纪和19世纪之交的一位一流外交家。维也纳会议期间，他利用列强之间的矛盾和法国的民族情绪，维护了法国利益。——译者注

⑥ 《拿破仑评论集》第三卷，第24页。——作者注

敌人通过苏伊士沙漠和地中海的双重入侵威胁。根据他那始终如一的可靠策略，他决心利用自己的中心位置先发制人，将威胁他的敌人各个击破，而不是被动地消极防御，直到两路敌人同时发动进攻，迫使他分散兵力。严寒的冬季还将持续6周到2个月，要在埃及沿海登陆看来是行不通的①。在这一段时间，可能在更长一段时间里，他能指望海洋一侧的安全无虑。他可以利用这段间隔期，通过入侵叙利亚，击退那里的敌人，打败敌人陆军，夺取他们的港口。这样他就可以对亚历山大城外海的英国巡航舰船关闭沿海地区，并且能从叙利亚得到补给，使沙漠一侧今后不可能发生任何入侵。他期待叙利亚的胜利造成的士气影响，能推动他计划中与土耳其宫廷的谈判。②

叙利亚战役的第一个主要目标是夺取刚由加扎尔的军队占领的埃尔阿里希。1799年2月5日，雷尼埃③将军率领他的师向此地进军。他一路将土耳其军赶出绿洲，包围了埃尔阿里希要塞。15日，拿破仑亲临战场，守军随后在20日投降。于是参加叙利亚远征的1.3万名官兵集结完毕，22日从埃尔阿里希出发。25日，法军占领加沙（Gaza）。3月3日，法军在雅法（Jaffa）城前驻营，7日，当地被法军猛攻拿下。于是法军终于占据了一座港口，尽管雅法港条件非常差。第二天，一支从阿科（Acre）来的土耳其沿岸贸易船队满载着粮食和弹药，开进了这座港口，这真是法军欢迎的战利品。随后法军

---

① 冬天阿布基尔的锚地并不安全。那里在夏季才能供一个分舰队安全停泊（《拿破仑评论集》第二卷第235页。）在1801年的阿波克隆比远征期间，“所有熟悉埃及海岸的领航员都宣称在春分以前试图登陆简直就是疯子的行径。”（R. 威尔逊爵士《英国的埃及远征史》第二版第6页。）3月2日到3月8日，在登陆能够进行之前，舰队可以在阿布基尔湾停留。——作者注

② 《拿破仑书信集》第五卷，第402页。这一段给出了远征叙利亚的确切原因，很可能是根据实情做出的决定，真实可信。——作者注

③ 雷尼埃（Jean Louis Ebénézer Reynier，1771—1814）：让·路易·埃比尼泽·雷尼埃，法国陆军军官。他在大革命时期从军，1792年在热马普战役期间是一名炮手。1795年1月晋升为陆军准将。1796年出任莫罗将军的参谋长，后来成为拿破仑麾下的一名少将师长，随拿破仑参加埃及远征。第一帝国时期，他1805年随马塞纳征战意大利战场。1809年参加拿破仑的对奥战争，在著名的瓦格拉姆战役中立下军功。1810年，他被提升为军长，参加伊比利亚半岛战争。1811年，拿破仑封他为帝国伯爵。远征俄国期间，他指挥第7军。1813年在莱比锡战役中被俘，1814年2月经过战俘交换回到法国，两周后即逝世。——译者注

将这批物资送到阿科以南7英里的小港海法（Hayfa），准备在部队到达那里以后使用。3月12日，法军继续向距离约60英里的阿科进军。17日下午5点，法军的一个支队进占海法，为正在跟随前进的陆军沿着海滩缓慢航行的船队，提供了一个安全的泊地。拿破仑从海法能够看见阿科的锚地，那里停泊着2艘英国战列舰，“猛虎”号（Tigre）和“忒修斯”号（Theseus）。这2艘战列舰由“猛虎”号舰长希德尼·史密斯爵士[①]统一指挥。史密斯在叙利亚沿海是代表英国海军力量的高级军官，任务是再次挫败伟大的法军领袖的计划。

希德尼·史密斯爵士现在担负着和当代最伟大的将军对决，阻止其宏图的重任。史密斯身后的声誉颇受争议，从这些名声和一般能接触到的记录当中，很难解读他的真实性格。圣文森特和纳尔逊都不喜欢他，这种厌恶感看来是出于对他过往历史的成见，又因他如今在形势剧变的情况下来到地中海而加剧。第一海军大臣在任命史密斯承担这项任务时，不得不用一种近乎抱歉的语气告知圣文森特伯爵，他写道：“我很清楚，可能会存在某些偏见，这种偏见是这位军官职业生涯中的某些特定情况造成的；从对他个人的长期认识来看，我想我可以冒昧地向阁下您保证，除了他性格中无可置疑的勇气和冒险精神之外，他还拥有很多优点，那些不熟悉他的人可能对此没有充分了解。我不怀疑您将会发现他是一个能承担任何危险或困难任务的有用之才，他应当会接受您的英明领导。”[②]斯宾塞伯爵的总结性陈述概括了希德

① 希德尼·史密斯爵士（Sir William Sidney Smith，1764—1840）：威廉·希德尼·史密斯爵士，英国海军军官。他先后参加过美国独立战争和法国大革命战争，是英国海军史上颇具争议的人物，以其在阿科城挫败拿破仑的叙利亚入侵计划知名。他对海军技术革新一直非常有兴趣，因为观念过于超前，在当时并未得到重视。1805年11月，史密斯晋升为海军少将，此后两年都在他熟悉的地中海海域服役，爱出风头和过于热衷地面战的癖好仍令他备受争议。半岛战争爆发后，他一度在南美热衷于和葡萄牙海军策划入侵西班牙殖民地，并没有成为现实。1810年7月，他凭借资历晋升为海军中将。1812年再度回到地中海舰队出任副司令官。1814年拿破仑首次下台后，他被召回英国。此后他再没有得到在军事舞台活跃的机会，相反由于在外交活动中债台高筑，被逼得举家迁居法国巴黎，1840年客死异乡。——译者注

② 巴罗：《希德尼·史密斯爵士传》第一卷，第244页。——作者注

尼爵士的真实性格，使它能从那些黯淡无光的记录中，或者从某些情况下被夸大及其他情况下被扭曲的错误光环中被识别出来。他勇于进取，近似于堂吉诃德，会发挥很大作用。对于他在可控范围内，能多大程度上听从圣文森特或者任何其他人的指挥这一点，第一海军大臣并非确信无疑，尽管没有承认，实际上他对此顾虑重重。史密斯会超乎寻常地自视甚高，这种自我膨胀不能让别人对他产生信任感。他对自己的重要性和从事的任务夸大其词、溢于言表[①]——诸如此类，似乎成为希德尼·史密斯爵士的鲜明特征，使他一直没有获得同时代人的敬意。直到他在阿科指挥作战表现出他的真才实干和最大勇气，才显示出他并不是一个简单虚荣的游侠骑士。甚至连他在阿科的所作所为也曾被扭曲，既是因为拿破仑的恶意诋毁，也是由于英国公众的阿谀奉承。英国人抓住他在阿科表现出的活力和勇气这些闪光点，将整个围城战的成果都归功于他[②]。他将守城的技术指导工作委托一位经验丰富的工兵军官，证明了自己的智慧和谦逊，同时代的人很少能因此信任他。此时，史密斯已经受到一些严厉的斥责，由于这些斥责出自声名卓著的圣文森特和纳尔逊，无法忽视，总的来说这些斥责还是有益的，能让人冷静下来。

史密斯之所以被派到地中海的原委如下：他曾在巴黎度过将近两年的战俘生活，借助一位法国保王党分子菲利波（Phélippeaux）施展的计谋，在拿破仑离开巴黎去土伦一周前，成功出逃[③]。他重获自由的事件本身颇具戏剧性，和他的所有冒险经历一样，蜚声海内外。他在政府和海军之外的公众眼中，成了一位非常引人注目的人物。1798年10月，史密斯被授予“猛虎”

---

① 一位法国军官的观点值得在这里引述：“尽管大家都知道希德尼·史密斯爵士是何等样人，我还是想发表一些对他的看法。他同时兼具骑士和骗子的性格。他是个聪明人，近乎癫狂。他是个有能力的领导者，却时常想通过无谓的冒险为他的事业增辉。到头来全无用处，只是为人提供谈资。每个人都嘲笑他，这确有道理；从长远来看的话，他虽有创见，却乏味无趣。”见《拉古萨公爵（马尔蒙）回忆录》第二卷第30页。——作者注

② 有一幅以希德尼在阿科围城战为题材的生动油画，清晰描绘出公众对他性格的印象。见巴罗《希德尼·史密斯爵士传》卷首插图。——作者注

③ 史密斯4月25日逃出巴黎，拿破仑5月2日离开巴黎，纳尔逊5月2日驶离加的斯执行重大任务，这三起事件成为一个非常奇特的巧合。——作者注

号指挥权，奉命前往直布罗陀，受圣文森特节制。与此同时，他还被任命为驻土耳其宫廷全权公使，这一任命与他弟弟斯宾塞·史密斯有关——斯宾塞当时已出任驻君士坦丁堡大使。赋予他高级外交职务，是为了让他能够指挥黎凡特地区的土耳其和俄国军队的行动，即便这两国的陆军军官级别比他高也没有问题。这种复杂的安排，先假定土耳其人和俄国人都会遵从——英国海军军官却都还没有遵从。使这些安排更为混乱的是，政府部门显然协调不力，外交部直接向史密斯本人下令，海军部却要向圣文森特下令。圣文森特对这种安排的理解就是史密斯仅由他来指挥，这纯属形式而已①；史密斯无须服从纳尔逊指挥，尽管他的预期作战区域黎凡特，是纳尔逊战区的一部分。从海军部的信件当中就能做出这种判断，史密斯交给纳尔逊的外交部指令摘录证实了这一点。摘录提到："他（史密斯）接受的指令，使他能在这片海域（黎凡特）指挥所有国王陛下的军舰，除非因为某种不可预见的意外情况出现，即便（这一地区）国王陛下的海军军官中有人军衔更高，这一指令也应当执行。"②

纳尔逊当然会对此火冒三丈。在纳尔逊取得辉煌胜利的战区，以他的能力完全能够胜任的任务，却平白安插了一个声名不显的军官，尽管此人的勇气无可争议，但居然被授权不受纳尔逊节制独立行动，甚至于看上去还要接管他麾下的战舰！他不仅感觉自己受到了伤害，更为特鲁布里奇不平。特鲁布里奇比史密斯资深，因此在纳尔逊看来，他比政府选择的人选更加胜任这项任务。英国本土对形势有自己的看法。政府解释说，为了将几个盟国的联合军事行动，主要是海军作战行动掌握在英国手中，需要考虑海军高级军官的外交级别。之所以排除更为资深的海军军官，选定史密斯，是因为他与君

---

① 布兰顿：《圣文森特勋爵传》第二卷，第6页。巴罗：《希德尼·史密斯爵士传》第一卷，第236页。——作者注

② 《纳尔逊急件》第三卷第216页。海军部在接到抗议时，断然否认任何此类目的。见同一文集同卷第335页。——作者注

士坦丁堡公使（即斯宾塞·史密斯）的关系，如果派去一个陌生人选和公使联系，会让他觉得是在责难他过去的行为。圣文森特觉得这似乎是史密斯在拿腔作势，愤怒之下，断然严令让他服从纳尔逊节制。于是，史密斯身负海军上校和英国驻土耳其全权公使的双重身份，前往地中海。到任后，他在第一重职务上表现一流，在第二重身份上，他采取某些行动的自行其是不免让人非常怀疑他采取的行动，肯定没有理会他海军上级的指导或意见。

按照圣文森特勋爵的命令，1月，纳尔逊命令特鲁布里奇率领几艘臼炮船去亚历山大城，炮轰港内的船舶。任务完成后，特鲁布里奇会将封锁亚历山大城港口和奥斯曼帝国的海上防务都移交给希德尼·史密斯爵士，纳尔逊以后就不再从事这些任务[①]。炮击在2月持续了几天，收效甚微。3月3日，希德尼爵士在完成君士坦丁堡之旅后，到达亚历山大城，接管指挥权。特鲁布里奇留给史密斯一艘74门炮的“忒修斯”号战列舰，舰长资历比史密斯略浅，另外还有3艘较小的船舶，然后在7日出发，去与纳尔逊会合。就在这一天，法军猛攻雅法，同天傍晚，急件快船将消息送到“猛虎”号。史密斯立即将“忒修斯”号派往阿科，同行的还有此前助他逃出巴黎，这次和他一同来到东方的法国军官菲利波。

菲利波与拿破仑同龄，曾是布里埃纳军校的同学。菲利波1792年随保王党一起离开法国，在罗伯斯庇尔倒台后回国。由于祖辈的关系，他自然加入保守派；1797年9月，保守派被推翻后，他顺势帮助希德尼爵士逃出巴黎。陪同爵士回到英国后，他被王室授予陆军上校军衔。阿科防线的构思和设计，主要归功于这位能干的工兵军官。从没有任何一次大战的各种要素能比阿科之战更加均衡地配合。菲利波的技术才能，史密斯和部下官兵的坚决支持，官兵们不懈的积极行动和超凡勇气，英国的制海权，所有的一切相得

---

① 1799年2月1日，纳尔逊收到圣文森特让他指挥史密斯的命令，此前他采取的态度详见《纳尔逊急件》第三卷第223、224页。——作者注

益彰。胜败悬于一线之间，可以肯定地说，任何一个环节出现问题，都会导致满盘皆输和阿科失陷。攻陷阿科对拿破仑来说至关重要，他的积极思维和高瞻远瞩很早就已认定，只要英国海军离开黎凡特，他的分舰队就应占领此地。“如果发生什么事让我们离开埃及沿海的话，”纳尔逊在1798年12月17日写道，“圣让·德阿科（阿科的全称）将会遭到来自海上的攻击。我面前的拿破仑信件说明了这个问题。”[①]阿科是黎凡特沿岸的最佳海港和最坚固的要塞，是进入巴勒斯坦的桥头堡。阿科对叙利亚的意义正如半岛战争期间里斯本对西班牙的重要性。如果拿破仑对阿科置之不理，一路推进，他的侧翼和后背在对手从海上发动进攻时将完全暴露。如果能攻陷阿科，他有充分的理由相信整个叙利亚都会起来支持他。“如果我成功拿下阿科，”他在围城后期，希望尚未抛弃他时说道，“我将在城中找到帕夏的宝藏和足够武装30万人的兵器。我能发动和武装所有叙利亚人，因为他们早已不堪忍受加扎尔的残暴统治，你能料到民众每次都向真神祈祷能打败加扎尔。我会向大马士革和阿勒颇进军。随着我一路推进，对加扎尔不满的人会让我的兵力大增。我会率领全副武装的大军兵临君士坦丁堡。我会推翻土耳其帝国。我会在东方建立一个新的大帝国，从此彪炳千秋。”[②]痴人说梦？1831年，易卜拉欣帕夏从埃及出发，1832年占领阿科，然后进入小亚细亚核心地带，科尼亚战役结束不久，小亚细亚便在他脚下臣服。为何拿破仑就会做不到呢？大马士革已经向他献上了城门钥匙，那里的人民都热切希望推翻统治他们的帕夏们。

3月10日，希德尼·史密斯爵士本人离开亚历山大城封锁区，15日随“猛虎”号在阿科外海锚泊。他发现菲利波和“忒修斯”号的舰员们已经完成了大量工作，使失修的防御工事更为坚固，足以承受即将到来的围城考

① 《纳尔逊急件》第三卷，第204、205页。——作者注

② 《布里昂回忆录》第二卷，第243—245页。——作者注

验。在派“忒修斯”号沿海岸而下，去雅法一带巡航后，伺机重创拿破仑计划的任务就落到史密斯自己身上。一些轻型近海贸易船已经装载围城工具从尼罗河的杜姆亚特（Damietta）河口（即东河口）出发，英军一直没有足够的船只封锁这个河口。18日上午，这些货船由一艘小型海防木帆船护航，向阿科靠近。“猛虎”号立即追击，除了那艘海防船和2艘货船漏网之外，捕获了全部船只。原先应当被用于炮轰城墙的加农炮被送上岸来守城。同时英国舰员登上那些缴获的船只，从那时起用这些船骚扰围城工事，保护抵御法军攻城部队的两道城墙的侧翼，并且用炮火纵向射击法军战壕。法军由于这次不幸事件丢失了他们所有的攻城炮，不得不依靠野战炮轰击城墙，直到4月25日，才从雅法弄来6门重炮①。这段关键时期是守城方的救星，也是攻城方失利的祸根；当然，还多亏了间歇期菲利波的专业技术和他部下的不懈努力，使这个地方能够承受猛攻，否则城池在围城早期就要沦陷了。

阿科围城战的细节微不足道，对所有大事的影响却意义深远，本作就不进行深入讨论了。其中最关键的事件还是那次缴获围城装备，使英军赢得了宝贵的喘息时间。贝希②海军少将确实曾经收到过命令，让他率领3艘快速帆船和2艘海防木帆船组成的小分队尽快赶到雅法，将大炮送上岸，亚历山大城已被封锁，在敌军眼皮底下，很难从狭窄的出口离去。4月5日，英军封

① “阿科围城战持续了62天，分为两个阶段。第一阶段从3月19日到4月25日，共36天，期间围城的法军火炮共有2门大口径短跑（从英国船上拆下来的32磅炮和24磅炮各1门）和36门野炮。第二阶段从4月25日至5月21日，共26天。”（《拿破仑评论集》第三卷第63页。）“第二阶段又增加了2门24磅炮和4门18磅炮。”（同卷第82页。）——作者注

② 贝希（Jean-Baptiste Perrée，1761—1800）：让-巴蒂斯特·贝希，法国海军军官。12岁加入法国海军，1793年法国对英宣战后，成为一名海军少尉。1794年，他指挥一艘快速帆船进行贸易破袭战，8个月间收获颇丰，当年9月晋升海军上校，指挥法国地中海舰队的一个小分队。1797年初，贝希晋升亚德里亚海分舰队少将司令。1799年初，他出任叙利亚沿海法军分舰队司令，配合拿破仑作战。1799年6月，他的分队在土伦外海被英军基思勋爵的舰队俘获，不久便因交换战俘获释。同年11月底，他首次以一艘战列舰为旗舰，率领一个海军分队负责为马耳他提供补给。1800年2月，贝希分队在马耳他外海与英军交锋，英国封锁分舰队兵力占优，贝希虽然拼尽全力，仍回天乏术，自己也在战斗中身亡。——译者注

锁部队需要去塞浦路斯补充用水[1]，于是贝希得以在8日离开。15日，他在雅法将6门舰炮送到岸上，卸载了大量炮弹，以至于他的小分队都仅剩15发炮弹。随后他又接到命令去阿科以西海域巡航，破坏土耳其与坎迪亚和罗德岛之间的交通线。完成这项任务返航时，他在5月14日被“忒修斯”号发现并追击。由于甲板上的一次爆炸事故，“忒修斯”号被迫停止追击，贝希已经认识到舰船被俘的危险，用水和补给都已出现短缺，于是决定返回法国，在他接受任务时，允许他必要时可以回国。6月17日，就在他距离土伦不过60海里时，和一个英国舰队遭遇，他的5艘舰船全部被俘。

5月4日，阿科城的攻守双方在布雷、排雷、逐日战斗的拉锯战当中已经度过6个多星期。这一天，法国将军觉得打破僵局的时刻已到，炸毁外城墙的布雷作业已经完成，于是下令在5日发动总攻。被围方的工兵们辛勤作业，抢在天亮被发现之前，将地雷排清。这使进攻又被推迟到9日。7日傍晚，西方的海平线上出现三四十条帆船。船上运载着从罗德岛送来的期盼已久的土耳其援兵。事到如今，土耳其援军司令还只是因为希德尼·史密斯爵士断然行使他身为英国公使的权力，才率兵赶到。拿破仑眼看已经不能再耽误时间，于是下令立即开始攻城。如果风平浪静，援军仍需24小时才能进入阿科。顶着两面重火力射击，法军发动了进攻。上午，英国水兵看到法国军旗在城楼的外墙角上飘扬。这标志着拿破仑远征叙利亚的高潮。

8日，进攻再度开始。法军纵队推进时，土耳其的船只由于平静无风，仍滞留在阿科近海，士兵们虽然都上了小船，被送往岸边，距离登陆区仍然很远。当时希德尼·史密斯爵士看到这关键的时刻将决定他连番苦战的成败，于是放下舰船上的小艇，让手持长矛的英国水兵尽快用小艇上岸，在援兵的陆军部队能赶到之前，先帮守军守住突破口。法军已经攻破了第一道防线——这座城的旧工事，他们发现还要面对第二道防线，那是已经战死的非

① 《纳尔逊急件》第三卷，第351页。——作者注

利波将城内宫殿里的房屋和花园墙壁连接在一起构筑的工事。战斗持续了一整天，双方在不同地方互有胜负。经过24小时的苦斗，到了傍晚，攻城方终于撤退，阿科城得救了。20日，法军撤围，然后连夜撤退。25日，法军到达雅法，29日再到加沙。这两地都疏散一空，法军继续行军，第二天进入沙漠。6月2日，法军进驻埃尔阿里希绿洲。这个要塞的驻军兵力大增，防御工事得到更多火炮加强，当地的食品给养足够维持6个月。这座要塞是叙利亚远征的一个实质性成果——一个类似阿科一样的前哨站，入侵者在前进之前必须先征服此地。7日，在6月的似火骄阳下，在沙漠中经过9天行军后，法军重新进入埃及。自出发至今，法军阵亡和因疾病死亡1500人，还有超过2000人负伤。

希德尼·史密斯爵士和他的后人因阿科保卫战的成功得享大名，在这一战中，他证明了自己的顽强品质和卓越才能。拿破仑对自己的宏图受阻始终难以释怀，他也无法抑制心头的怒火。这是在阿科城这座看似微不足道的绊脚石前，经过不曾料到的60天苦战被激起的怒火。因此，他竭力诋毁挫败他的敌人的品格。“史密斯是个疯子，”他说，“他想撞大运，让自己在世人面前出风头。他是个能干出任何蠢事的家伙，任何影响深远和理性的成果都不能归功于他。”①“希德尼·史密斯爵士对岸上的事务根本不懂，他一上岸就全无用处，偏偏要掌握所有的细节；他通晓海军事务，他也有权管理海上的事情，却偏偏置之不理。”拿破仑的责难依据是贝希能在和史密斯的舰船相距7海里的地点将6门大炮、大量弹药和补给运送上岸，居然都没被发现，以讹传讹并不公允。②史密斯的性格当中有一种强烈的异想天开和虚荣

---

① 《拿破仑书信集》第五卷，1799年6月26日的信，第617页。——作者注

② 《拿破仑评论集》第三卷，第81、82页。公允的说法应当是贝希是在几个星期之后才在卡梅尔山后方将弹药送上岸的，当时他被发现，遭到追击。（巴罗《希德尼·史密斯爵士传》第一卷，第300页。）拿破仑可能搞混了两次不同的情形。他本人的通信（《拿破仑书信集》第五卷，第517、518页）记录与在阿科附近送辎重补给上岸的说法自相矛盾。至于大炮，是在雅法送上岸，后来才拖到阿科的。——作者注

成分，这似乎确实存在，他不喜欢自己本职的军种主要也是因为这种性格。但从实际表现来看，他在阿科显示出了自己的活力和勇气以及正确可靠的判断力。公平来说，我们必须记住，当时所有权力和责任都集于他一身，结果取得如此辉煌的胜利。在那种情况下，他不得不对海上和陆上的战况投入同等精力，看上去他对菲利波以及菲利波战死后接任的道格拉斯上校，表现出了对其专业技能的信任和尊重，对他们两人和其他人的贡献都肯定给予了最充分的认可。当春分大风来临时，他仍和舰船一起在海上坚守；这一行动被拿破仑恶意归咎为希望避开因阿科陷落招致的恶评。无论在岸上还是海上，史密斯都无法取悦拿破仑。居上位具备知人善任的良好意识，承担重大责任和支持心志动摇人员勇气的崇高精神，物质和精力两方面的慷慨付出，坚持到底的无可动摇的决心，以及在最后一战的最紧要关头当机立断的英雄气概——必须公平地指出，希德尼·史密斯爵士在阿科围城战中，将这一切优秀品质尽显无遗。他收获了应得的荣耀，不仅有来自公众和政府的赞誉，还有纳尔逊本人的称道。阿科的事迹洗刷了他因为当年一份夸大其词的报告留给人们的不可靠印象，那份报告称英国舰队撤离土伦港时，他几乎完全摧毁了港内的法国舰队[①]。无论希德尼·史密斯爵士在这场著名的围城战中应得的个人荣誉如何，毫无疑问的是，英国军舰的出战，英国军官、水兵和陆战队员的全力支持——参与这场成功保卫战的英国因素，是使那些勇敢却缺乏训练的土耳其人能成功抵抗法军入侵的关键。

在阿科围城战的最后几天以及拿破仑率领他那支受阻的陆军穿过大漠黄沙回到埃及时，西地中海由于一支法国舰队从布雷斯特港逃遁躁动起来。这段非常引人注目的插曲，却没能产生任何实际结果，普通历史学家都很少会关注，不过对于海战研究者来说，这一事件极具意义。无须多言，如果法国

---

① 1793年英国舰队撤离土伦港时，由于情势紧急，时间仓促，只摧毁了无法带走的法舰中的9艘，另有15艘仍回到法军手中，详情参见本书第三章。——译者注

舰队是一支强大的力量，再没有比当时更好地将分散的敌人各个击破的天赐良机了。这次事件蕴含的深远意义，也不会因为它本身的失败消失。对一支劣势海军来说，当强大的敌人迫于战争的特殊要求，分散成多个分舰队时，在一个港口集中的本方大舰队就占据了优势。当本方大舰队集结的港口相对敌军各阵位处于中央时，这种优势最大，哪怕像法国舰队在布雷斯特港那样，只处于战场的一端角落，也不意味这种优势尽丧。在拿破仑成为执政和皇帝时，采取了一项坚定不移的政策，在他广大的统治地区各分散地点，都作势备战，迫使英国海军分兵。尽管并非贯穿始终，英国政府也有一个类似的目标，那就是通过海军多处威胁法国海岸线，诱使法国偏离种种努力的中心。法国皇帝是战争艺术的大师，善于用星星之火燃起漫天迷雾，在这种诈术较量当中，就比不晓军事且令出多门的英国政府高明多了。

1799年，英国海峡舰队虽然已经实力大增，拥有51艘战列舰①，其中42艘得到警报后，已很快相继出海②，4月17日，布里德波特勋爵接管布雷斯特外海指挥权时，手中却只有16艘战列舰。他的前任，一位资历较浅的舰队司令带领8到9艘战舰，已完成冬季巡航。25日，布里德波特向港口望去，发现18艘法国战列舰正准备出海。这时东北风新起，英国舰队司令便率部离开海岸，到达韦桑岛西南偏西12海里的一个阵位。晚上风向有利，出口也已开放，25艘战列舰和10艘较小的舰船，在时任法国海军部长的布吕克斯司令官指挥下，悄然出港。布吕克斯与政府的密切关系，使他被认为是执行这一秘密任务的最佳人选，他的专业能力和突出的积极性也确实适合这次行动。

由于顺风向南航行，布吕克斯顺利通过港区的南水道，那里通称为“杜哈海峡”③，距离布里德波特舰队的泊地30海里开外。英国舰队有充分理由怀疑法军会有所动作，却因距离过远，毫无察觉。26日上午9点，一艘英国

① 绍姆伯格：《海军年鉴》附录，第374页。——作者注

② 绍姆伯格：《海军年鉴》附录，第376页。——作者注

③ 见第十一章布雷斯特地图。——作者注

近岸快速帆船在法军的最后几艘舰船通过杜哈海峡时发现了他们，于是急忙去追赶他监视的舰队。中午，这艘船跟丢了法国舰队，一小时后，通过船到船的反复信号传递，布里德波特终于知道敌人已经出港，他立即启航赶去布雷斯特港，27日亲眼确认消息确实，随后便航向爱尔兰，防备那里可能会受到入侵，同时送信警告在加的斯外海的基思和直布罗陀的圣文森特，又给英吉利海峡各英国港口的所有舰船下令，到克利尔角（Cape Clear）外海与他会合。整个英国南海岸顿时一片哗然，政府了解地中海的战舰处于怎样的分散状态，对此忧心忡忡。5月6日，5艘战列舰从普利茅斯出发，去与圣文森特会合[①]，海峡舰队余部也尽快去与布里德波特会合。布里德波特从商船那里得到消息，他们说看见法国舰队正在他的南边，航向向南，他却坚决不信爱尔兰是安全的。之所以会产生这种错觉，是因为他中了颇为露骨的一个老掉牙的圈套，一艘法军小船故意落到他手中，船上发现了让舰队前往爱尔兰的急件。5月12日，留在普利茅斯的战列舰已只有一艘，这艘船滞留在港内是因为舰员有人生病——“一种以前很少有人记得的情况。”[②]尽管英军在集结兵力，直到6月1日，布里德波特才派16艘战列舰南下[③]，其中12艘赶赴地中海。

5月3日上午，一艘英国快速帆船在加的斯外海和基思将军会合。这艘船前一天遭到布吕克斯舰队追击，直到下午4点才脱身。第二天上午，法国舰队出现了，24艘法舰对15艘英舰，英舰还位于敌军的下风位。前一天开始就刮起西北风，很快风力便转大。所以尽管加的斯港内有19艘西班牙战舰，外面还有24艘法舰，英军仍安然无恙。不仅如此，由于法军要想进港就不免与英军战斗，使得他们的首次会合企图受阻。“基思勋爵，”圣文森特写道，“显示出伟大的男子气概和能力，他的阵位非常危急，暴露在向岸上劲吹的

① 《海军年鉴》第一卷，第537页。——作者注

② 《海军年鉴》第一卷，第539页。——作者注

③ 《海军年鉴》第二卷，第81页。奥斯勒：《艾克斯茅斯勋爵传》，第191页。——作者注

强风之中，上风位有一支兵力占据优势的敌军，在加的斯港内还有22艘战列舰，准备在他遭遇任何灾祸时坐收渔利。”[1]布吕克斯知道他手下那些舰长长期被政府的政策限制在港口里，都无力在通常天气条件下进行舰队机动运作，便不敢在大风下对下风岸发动进攻，因为这种条件就算是经验丰富的老水兵也得施展浑身解数才能应对[2]。因此他再度向东南方向驶去，决心抓紧时间，立即进入地中海。第二天，圣文森特勋爵在直布罗陀要塞，透过沉沉雾霭，凝视着乘风驶过的一批重型舰船，根据前一天收获的急报，他知道那一定是法军的舰队。

如果读者想把握这位英军地中海舰队总司令官身处的困境，或者要理解布吕克斯率领一支兵力集中的大规模舰队，在英军兵力部署完全无法应对这种突发事件的情况下，出现在这里的军事意义，就要首先去了解当时英军战舰在广阔地中海的分布状况，年事已高的伯爵，这个上午脑海里想必就浮现出这幅英军兵力分布图吧。加的斯外海有15艘战舰，另有1艘战舰在海峡摩洛哥一侧的得土安（Tetuan），那是加的斯舰队取淡水的地方。这是圣文森特马上能够依靠的唯一一支兵力，一旦将他们撤出，西班牙舰队就解围了。

---

① 布兰顿：《圣文森特传》第二卷，第17页。——作者注

② “布吕克斯将军更多要依靠他手下舰长们的忠心，而不是他们机动运作的严密性和精确度，于是在出航前煞费苦心地落实舰长在各种情况下的任务；他过于小心谨慎，没有将这些训诫条令特别规定到个人头上，只为不伤害他们的自尊。这种明智的防患未然措施却没能杜绝新的错误，结果变得更糟，一旦我们被迫和敌人遭遇，只会采取避战或者被动应战的机动。”见拉格拉维耶《海战》第四版第一卷，第373页附录——“布吕克斯司令官特别助理莫拉海军上校的日记”。

炮术显然同样糟糕。“我将只举一例来说明我们的炮术效果之差。当布吕克斯将军率法西舰队回布雷斯特时，我们曾在非常好的天气条件下，对一艘阿尔及利亚海盗船开了至少900炮，却没能伤到它分毫。我简直无法相信在这种战斗中，开了这么多炮居然都没用。”见《箴言报》1800年8月20日，“海军炮术军官”署名文章。——作者注

梅诺卡岛的驻防尚不完善[①]，只有达克沃思[②]海军准将指挥的4艘战舰，兵力单薄。纳尔逊勋爵在中地中海指挥的舰船太过分散，各分队尽管距离不远，都在可以相互支援的范围之内，却容易被敌军在分散状态下突袭。特鲁布里奇率领4艘舰船封锁法国正占据的那不勒斯，同时配合鲁弗[③]领导的农民抵抗外国入侵者。纳尔逊本人的一艘战舰在巴勒莫，懦弱的西西里宫廷和人民正在呼喊，一旦他离开，这个岛就会沦陷。波尔[④]上校率领的3艘战舰在封锁马耳他，征服马耳他的唯一希望就是让它被严格与外界隔绝。希德尼·史密斯的2艘战舰向地中海东部深入很远，那一带海域没有一个友港能提供庇护，无疑在海上充满风险，他很快就会为阿科保卫战画上一个圆满的句号。

以上各分散的英国分舰队，都有可能遭到布吕克斯舰队优势兵力攻击。不仅如此，他们各自承担的重要任务也面临受挫的威胁。布吕克斯的庞大舰队可以按照法国舰队通常的做法，也完全可能装载大量陆军部队[⑤]。即便有天大的本事，也无法从这样一支拥有巨大优势的舰队手中挽救特鲁布里奇，

---

① 2个月后，基思勋爵在接替圣文森特的指挥权后，写信给纳尔逊说："如果梅诺卡岛不留战舰的话，就将陷落。"见《纳尔逊急件》第三卷第415页注解。——作者注

② 达克沃思（Sir John Thomas Duckworth, 1st Baronet，1748—1817）：约翰·托马斯·达克沃思爵士，初代准男爵，英国海军军官。11岁起加入英国海军，参加过七年战争、美国独立战争、法国大革命战争和拿破仑战争。1793年在海峡舰队服役，是"6月1日海战"中少数让豪勋爵满意的舰长。1794年初前往西印度群岛，在威廉·帕克海军少将麾下服役。1796年8月在圣多明各晋升海军准将。1798年10月率一支小分队进驻梅诺卡岛。1799年晋升海军少将，次年指挥加的斯外海封锁分舰队。1800年再赴西印度群岛。1801年因功受封为爵士。1803年至1805年间出任牙买加海军基地总司令，1804年4月晋升海军中将，期间成功封锁海地法军。1805年再度归国服役。1806年初，他回到西印度群岛。大西洋海战期间，他指挥了拿破仑战争时期的最后一场较大规模海战——"圣多明各海战"。后来又参加过英美1812年战争，1817年病逝。——译者注

③ 鲁弗（Fabrizio Ruffo，1744—1827）：法布里兹奥·鲁弗，意大利政治家，意大利本土那不勒斯王国南部卡拉布里亚反法势力的精神领袖和组织者。——译者注

④ 波尔（Sir Alexander John Ball, 1st Baronet，1757—1809）：亚历山大·约翰·波尔爵士，初代准男爵，英国海军军官。参加过美国独立战争，在罗德尼麾下服役。1798年5月起，他出任地中海舰队"亚历山大"号战列舰上校舰长，后来跟随纳尔逊参加尼罗河战役，是击沉法军旗舰"东方"号的战舰指挥官之一。随后奉命指挥一个小分队承担封锁马耳他的军事和外交任务，深受马耳他人爱戴。1801年2月出任直布罗陀海军专员，同年6月受封准男爵。——译者注

⑤ 由于第二次反法同盟在法国陆地边境的巨大压力，要求陆军集中所有兵力才能抵抗，布吕克斯舰队运载的陆军部队因此不超过1000人。舰队本身配备了2.4万名水兵和炮手，这是一支依靠自己就能获得巨大战功的兵力。舰队司令官的名誉让许多官兵都云集到他的旗下。——作者注

这样那不勒斯的抵抗必然瓦解。马耳他外海的英舰只有逃跑才能获救，圣文森特随即会看到马耳他的封锁解除，驻军增加，重新获得粮食补给；这些会唤起他的记忆，不到20年前，在那场著名的围城战中，直布罗陀的情形就是如此。达克沃思的小小分舰队无法阻止一支大规模陆军登陆，这支大军将横扫梅诺卡岛，让它再次落入西班牙人手中。如果在那种困境之下，这位海军准将的舰船能从这个一向出入不便的港口逃脱，他就应当为自己的好运庆幸了[①]。西班牙人在卡塔赫纳和马略卡还有一批陆军士兵，可以在那样一支大舰队掩护下，迅速开赴梅诺卡岛。

于是这位英国海军主将当机立断，决定牺牲其他所有目标，将他的舰队集中在能够阻止法军和西班牙军会合的阵位上。根据这一既定方针，基思的分舰队在加的斯外海出现，尽管兵力比法国和西班牙舰队都弱，还是有效地阻止了两国舰队会师。他立即向所有的部将发出急件，当时将布吕克斯送往目的地的西风正猛，圣文森特的大小船只都无法顶风去找到基思。完全仰仗一些一直和英国人保持往来的西班牙官员网开一面，基思才得以前来相会。科芬[②]将军已得到去哈利法克斯就职的任命，西班牙官员授予他通过西班牙前往里斯本的通行证，于是科芬半路上设法搞到一条小船并将命令送给基思，使他10日率部到达直布罗陀。伯爵在给纳尔逊的信中写道，他相信敌人的目的地是马耳他和亚历山大城，他不得已从加的斯放走的西班牙舰队，会前往梅诺卡岛。纳尔逊5月13日收到这封信。此前一天，一艘从大西洋径直而来却没有在直布罗陀停留的双桅帆船，已经告知他法国舰队逃出布雷斯特

① “马翁港非常狭窄，你要从那里出港肯定要大费周章。”（《柯林伍德信件》，1799年8月18日。）“舰船留在马翁港外海要比待在港口里好得多。”（《纳尔逊急件》，1799年5月12日。）——作者注

② 科芬（Sir Isaac Coffin, 1st Baronet，1759—1839）：伊萨克·科芬爵士，初代准男爵，英国海军军官。生于北美波士顿，美国独立战争时期加入英国海军。法国大革命战争初期，他短暂执行过海上任务，从1795年开始负责海军陆上基地事务，1799年利用他的私人影响力，缓解了英国地中海舰队危机。圣文森特伯爵对他印象深刻，在主持英国海军部后，任用他主管海军造船厂事务，表现优异，1804年4月晋升海军少将，5月获得准男爵头衔，随后负责主持朴次茅斯造船厂，1808年晋升海军中将，随即退役。——译者注

的事，他已看到他们正在向南航行。他在那不勒斯和马耳他各留了1艘战列舰，其他战舰全部集中起来，驶向马翁港外海的集合点，他将在那里和达克沃思会合。当圣文森特的信送到时，他将所有战列舰全部召回，只在那两个地方各留下快速帆船，命令重型战舰都到马里蒂莫岛（island of Maritimo）外海和他会合，在西西里和非洲之间截击法军。他还送信向达克沃思求助，被婉拒。达克沃思准将先要和总司令官联系，总司令官给他的命令是让他的分队准备在主力舰队出现的时候，再前去会合。

实际上，圣文森特的处境极端令人困惑。如果法国和西班牙舰队兵合一处，他将要面对的敌军战舰共有44艘。为应对这个局面，即便他放弃了所有其他目标，在海峡舰队的援兵到来之前，也只能集结30艘战舰。由于海峡舰队的失误，他几乎无法扭转自己的困难处境。布吕克斯的到来明显可能引发种种后果，梅诺卡岛和西西里会丢失；行将到手的马耳他会被从指间夺走；法国人会在那不勒斯建立阵地；而埃及的阵地会得到极大的加强，无论联军意欲进攻还是削弱埃及的法军，都无法动摇这个阵地。除了这些一目了然的危险之外，他还从官方的秘密情报中获悉，西班牙宫廷一直害怕民众起来暴动，这会给法国进入半岛的口实——不用像1808年一样，强塞给不愿接纳的民族一个异国国王，只是促使政府实现更替。民众平时虽然忠顺，但由于贫困，很可能会欢迎政权更迭。3月，他曾从西班牙首相那里收到一封信，请求一艘英国快速帆船运送一批西班牙殖民地的汇款去直布罗陀，随后再护送这批汇款进入西班牙。西班牙向敌人提出这种请求的原因是国内硬铸币短缺，导致薪酬发放拖延，尤其是军饷，这会使革命迫在眉睫。由于存在这种危险，圣文森特建议政府同意请求，以免万一生变，西班牙和葡萄牙都会向法国屈服[①]。

① 布兰顿：《圣文森特传》第一卷，第493页。——作者注

幸运的是，尽管面临诸多利害冲突的要求，对理解其中原理的人来说，从军事上解决的思路一清二楚。圣文森特或许会由于担心烦躁不安，他知道必须做些什么，而且会付诸行动。首要任务是将他自己的舰队集合起来，同时防止法西盟国舰队会师；如果他在到达梅诺卡岛之前，那里还没陷落的话，集结点应是能掩护梅诺卡岛的一个阵位。至于西西里和马耳他以及东面的所有地方，他就必须信赖纳尔逊和他“那帮舰队兄弟”的超群实力①。12日，经过两天的匆忙准备，英国舰队从直布罗陀启航。20日，英国舰队驶抵梅诺卡岛，发现那里仍然安全，达克沃思和主力会合，舰队的兵力达到20艘战列舰。在这里，圣文森特接到情报：法国舰队12日被发现在梅诺卡岛以北海域，正驶向土伦港②。他把这个消息送给纳尔逊后，在22日启航追击。他得知西班牙舰队在基思出发后，如他所料，果然离开加的斯后，决定去西班牙沿海的圣塞巴斯蒂安海角外海巡航。17艘西班牙战舰确实曾在20日到达过卡塔赫纳，他们在从加的斯通行时，有11艘折断了全部或部分桅杆。这种情况成为不继续会合的充分借口，西班牙宫廷的政策对与法军会合也不太在意。

5月30日，圣文森特听说法国舰队再度从土伦启航，目的地不明。由于这支舰队可能会沿拿破仑的远征路线，在科西嘉东方海域推进，再兵临西西里和马耳他，他便派达克沃思和4艘战舰去巴勒莫见纳尔逊。4小时后，海峡舰队的5艘战列舰组成的第一支分遣队前来会合③。在和达克沃思分手之前，圣文森特无疑已经得到一些这支分遣队就在附近的消息。现在他有21艘战列舰，正停留在巴塞罗那西南海域，随后向东北方驶往土伦。6月2日，距离土伦港还有70海里，他的身体完全垮了。于是他将指挥权移交给基思，自己去

---

① 《纳尔逊急件》第三卷，第230页，“我有幸能指挥一支兄弟般的舰队。”他在尼罗河指挥的那些优秀的舰长们，在大部分时间里，仍追随他左右。——作者注

② 《纳尔逊急件》第三卷，第366、374页。——作者注

③ 这个分遣队出发时间见本章前文。——作者注

了马翁港。

基思继续向东北航行。6月5日，一艘小型巡航舰船和他会合，这艘巡航舰船前一天在瓦多湾曾发现法国舰队。布吕克斯5月14日已经到达土伦，26日再度率领22艘战舰启航，其他战舰都留在港口维修。他的船上运载着意大利军团的补给和一些新兵，向东航行。6月4日，他曾在瓦多湾锚泊。这个舰队曾派出一个分遣队将补给送往热那亚，布吕克斯可能在那里与当时指挥意大利军团的莫罗将军进行过会晤。6日[①]，他转过航向，再度沿着他的航迹，靠近皮埃蒙特和普罗旺斯沿海，躲避英舰[②]，途经土伦港附近以获取情报[③]，再向卡塔赫纳推进，22日在那里锚泊。此前布吕克斯曾试图在加的斯外海与西班牙舰队会合受挫，如今总算顺利会师。

布吕克斯转向的同一天，基思勋爵也在同样贴近戛纳（Cannes）和尼斯之间的法国海岸线航行[④]，航线向东，一路到达摩纳哥。这时风向变为东风，他写给纳尔逊的书信内容如下："昨夜，在我派出'信号'号不久，"（就是在瓦多湾发现法国舰队的那艘舰船）"就刮起了东风，如果你无法动弹，这种风向当然对敌人有利，"（通过科西嘉东面），"对我追击他们来说，这风向不利，真令人遗憾；如果我的情报正确的话，我无疑应当在他们离开意大利沿海前就追上他们了……梅诺卡岛现在防卫空虚，还没有舰队，（卡塔赫纳的）敌人大军正准备进攻，加上目前我已经越过我接受的命令，

---

① 瑞里安·德·拉格拉维耶：《海战》第四版第一卷，第228页；詹姆斯《海军史》（1847年版）第二卷第264页也是这种说法。其他权威史料都说发生在8日，折中的说法似乎是布吕克斯没有将整个舰队带去热那亚，只是带去一个分遣队，主力在瓦多湾锚泊，因此他在6日离开热那亚，8日离开瓦多湾。——作者注

② "我们在大雾天气掩护下，紧贴着皮埃蒙特和普罗旺斯沿岸航行，躲避敌军。"见拉格拉维耶《海战》第四版第一卷第376页附录——布吕克斯的特别助理莫拉上校的日记。——作者注

③ 在我们经过土伦港以前，得知西班牙舰队发生的令人干瞪眼的事故，于是赶去卡塔赫纳与他们会合。——作者注

④ 英国舰队在圣特罗佩外海被发现（特鲁德《法国海上战斗》第三卷，第158页。），在6月6日，他们在昂蒂布附近遭到法军岸炮打击。（詹姆斯《海军史》第二卷，第262页。）——作者注

这些情况都迫使我放弃追击，回去保护该岛。不过我已向阁下派出‘柏勒罗丰’号和‘强劲’号（Powerful，2艘均为74门舰炮战列舰），希望它们能如期赶到，我相信法军此刻离梅诺卡岛不到90海里。”①

由于靠近海岸，又遇上东风，基思只得离岸左舷戗风航行，他对风向变为对他接近布吕克斯有利似乎仍抱一丝希望。因为8日，他就在摩纳哥以南60海里海域②，那里并不属于通往梅诺卡岛的航路。基思在那里收到圣文森特的急令，让他在罗塞斯（Rosas）湾外海占据一个阵位。圣文森特虽然已交出舰队的直接指挥权，仍保留了基地的指挥权。虽然圣文森特并不知道布吕克斯这次返回的目的，他下达这个命令，明显是为了阻止法西两国舰队会合。基思没有执行这道命令，而是似乎在它的影响下，放弃了最终赶上法国舰队的希望，为此他驶向梅诺卡岛，在12日抵达那里③。如果他执行圣文森特的命令，几乎不可能错过布吕克斯舰队，因为在他收到这封信的时候，两个舰队相距不到60海里，他们都将会经过圣塞巴斯蒂安海角附近海域，那里是从土伦航向卡塔赫纳的船只能看到的天然路标。

基思在梅诺卡岛只留了几天，在此期间，圣文森特将基地指挥权也移交给他④。他15日再度启航前往土伦，英军自从在当月5日放弃和法国舰队接触的机会后，就彻底失去它们的踪迹。从6月15日到7月6日⑤，英国舰队只能在梅诺卡岛、土伦和热那亚之间漫无目的地乱撞。7月6日，基思重回梅诺卡岛，在那里发现了布里德波特在6月1日从爱尔兰派出的12艘战列舰，这些军

---

① 《纳尔逊急件》第三卷，第379页注解。在评价基思的行动时，这场东风似乎被忽略了。——作者注

② 距离东北偏北的梅勒海角90海里。见詹姆斯《海军史》第二卷，第262页。——作者注

③ 阿勒代斯《基思勋爵传》中说他决定“取道梅诺卡岛去罗塞斯”。（第165页）尽管这个解释没有超出处于基思职务的军官的决定范围之内，仍大可商榷。按照他8日所处的阵位，取道梅诺卡岛去罗塞斯的话，先得航行200海里到这个岛，那里距离罗塞斯还有150海里航程，当时罗塞斯距离他的阵位不超过200海里。当他做出决定使这次巡航最终无果时，距离罗塞斯比梅诺卡岛还近一些。——作者注

④ 布兰顿：《圣文森特勋爵传》第二卷，第24页。——作者注

⑤ 贝希的分舰队就是在这一时期被俘获的。见本章前文。——作者注

舰似乎在6月17日左右已经到达马翁港[①]。他刚到一小时[②]，就已收到法国人进入卡塔赫纳的消息。最近三周一直跟随基思巡航的舰船需要加满水，既然知道法西联合舰队肯定向西航行，他便在10日率31艘战列舰在后尾追——真是一场漫长的追击。

法西联合舰队启程就耽误了很长时间。布吕克斯意识到西班牙人的首鼠两端，还得到密报，一旦遭到攻击，他们无法依靠。于是在等候一周之后，他借助法国大使持续催促马德里发出的火急命令，催促西班牙舰队出发。6月29日，他在16艘西班牙战列舰陪同下，扬帆起航。7月7日，就在基思结束在土伦外海徒劳无功的巡航后，到达梅诺卡岛时，法西联合舰队正在通过直布罗陀海峡。有些异乎寻常巧合的是，24小时以前，圣文森特老伯爵已经乘坐一艘快速帆船来到直布罗陀，正好听见它们出发时的炮声，眼睁睁看着它们通过海峡。7月11日，即基思从梅诺卡岛出发追击的次日，它们进入加的斯。21日，仍有40艘战舰的法西联合舰队从加的斯启航，30日，基思才和他的31艘英舰在直布罗陀耽搁了一些时间后，通过海峡。英国人急急追击，尽管开始行动时间太晚，到达布雷斯特外海的时间只比法国人和西班牙人晚了不到24小时，法西联合舰队已经在8月13日入港。基思勋爵随即前往托贝。法西舰队会合，还有进入大西洋的消息，在基思之前传到英国，重新让英国人对它们的侵略意图寝食难安。这一时期，英国动辄可能被入侵。基思率领的庞大舰队到达，恢复了国人的信心。尽管与海峡舰队会合后，现在托贝云集了56艘战列舰的庞大兵力，英国在相当一段时间里，仍耗不起其中任何一艘，毕竟那么多敌舰就在布雷斯特港。基思直到12月才返回地中海，他不在的那段时间，总司令职权由纳尔逊代理。

---

① 这个分舰队的“激烈”号战列舰曾发生哗变，兵变人员6月19日和20日在马翁港接受了军事法庭审判。见奥斯勒《艾克斯茅斯勋爵传》，第192页；《纳尔逊急件》第三卷，第415页注解。——作者注

② 詹姆斯：《海军史》第二卷，1847版，第265页。《纳尔逊急件》第三卷，第415页注解。——作者注

由于法国舰队官兵的低效无能，他们的这次巡航本身就是一次冒险行动，一无所获的结果也证明了这一点，此行的确切目的则一直没彻底厘清过。法国舰队的这次巡航显得这样漫无目的，可能是因为督政府本身就不清楚能达到什么目的，按照布吕克斯对政府机密的了解程度来看，他本身的权力也有限。按照重要性和顺序来看，首要目的看似是与加的斯的西班牙舰队会合。由于基思分舰队的阻击，加上布吕克斯不信任他手下舰长的能力，这一目的受挫。法军放弃了英军兵力分散提供的进攻机会，转向土伦港进发。因为布吕克斯看似对自己采取的措施不觉得有疑问，也没有表达任何质疑，情况看来就是这样。“布雷斯特分舰队在马耳他和西西里大有文章，”圣文森特在给第一海军大臣的信中写道，“一旦我念及部署在那里的我军舰船和西西里的命运，就不由胆寒。阁下将他们的行动目标锁定在热那亚沿海，确实是明断。”[①]从实际情况来说，这是正确的；从军事预测的角度来看，圣文森特的想法也是完全正确的。法国人的行动只有这样解释，他们沿袭了一贯的错误政策，即比起消灭敌舰队，更重视“最终目的”，这是法国所有政府的既定传统政策——共和政府、王国政府或者帝国政府都奉行不问。

至于此行是为解救或增援拿破仑看来不太可能，尽管圣文森特和纳尔逊都接受这种预测，纳尔逊还采取了行动。梯也尔先生甚至于发现用任何假设都无法将布吕克斯的这次巡航解释清楚，他在这个问题上也没有做出任何断言[②]。督政府对拿破仑将军的印象严格来说并不友善，舰队运载的陆军部队和补给都不太重要，要摧毁纳尔逊分散的各分遣队，同时给马耳他补给粮食，是一个值得一试的目标，也是非常可能完成的任务。值得关注的是，纳尔逊在巴勒莫初次得到布吕克斯逼近的消息，是在5月12日，其实这位法国舰队司令14日已进入土伦港。当时从直布罗陀到土伦的距离只比到巴勒莫近

---

① 布兰顿：《圣文森特传》第二卷，第25页。——作者注

② 《大革命史》第十卷，第302页注解。——作者注

150海里，纳尔逊可能来不及集合他的舰船及时组成一条联合战线。即使他能做到这一点，全部兵力也不过10到12艘战舰，敌军有24艘战舰。由此看来，布吕克斯的冒险行动，尽管在策划方面颇具胆略，执行方面积极主动，结果仅仅是将16艘西班牙战列舰带回法国，充当继续维持因1799年发生的不利事件而风雨飘摇的法西同盟的抵押品而已，这可能就是督政府的宏大目标。如果确实如此，那么这次行动的政治意义更大于军事意义。由此产生了一个机会，如果能善加利用，在军事上也能孕育出重大成果———方兵力集中对一方兵力分散——留给我们的只是印象深刻的教训，本来可能取得的某种成果，实际上没有发生。“阁下明见，”4年后，纳尔逊在给圣文森特的信中写道，“布吕克斯将军如果要履行他的职责的话，知道该怎么做。”[①]舍瓦利耶海军上校则说：“布吕克斯将军的巡航策划完善，由于我们盟国的孱弱和我国海军官兵缺乏经验失败……西班牙分舰队被带到布雷斯特，使当时已经风雨飘摇的同盟获得了抵押保证，这是这场战役的唯一成果。任何想让这个舰队在意大利海岸发挥与其规模相称的作用的幻想都全无可能实现。只要一个快速帆船分队也能发挥在那里实际起到的作用。”[②]

地中海的英国海军将领们，由于并非他们本身的错误，陷入严重的不利局面，采取的应对措施却可圈可点。在原先的条件下，他们分散行动完全正确有效，布吕克斯的到达迫使他们集结兵力，为此需要放弃一些阵地。圣文森特首先采取的措施是让纳尔逊在西西里附近集结，同时他亲自召集基思和达克沃思在梅诺卡岛集合，这样的部署只要奏效，英军就拥有两个分舰队。西面的一个以梅诺卡岛为中心，有20艘战列舰；另一个分舰队相距400海里，有15—16艘战舰[③]，在西西里西端外海集结，争夺通往马耳他和亚历

① 《纳尔逊急件》第五卷，1803年7月4日，第116页。——作者注

② 舍瓦利耶：《法兰西共和国海洋史》，第415页。——作者注

③ 其中10—12艘是英舰，4—5艘是葡萄牙舰，前者的状况特别好。见《纳尔逊急件》第三卷，第365页。——作者注

山大城的要道。纳尔逊的这支较小的分队看来似乎很大程度上暴露在法国人的进攻威胁下，姑且不论他们远胜于法国舰队的战斗力，必须记住一点，圣文森特在到达梅诺卡岛时，已经知道纳尔逊眼前并没有危险，法军完全无视他的存在，直奔土伦港。因此圣文森特就在圣塞巴斯蒂安角外海巡航，阻止西班牙舰队与法国人会合，他当时距离梅诺卡岛不到100海里，同时无论土伦的法国舰队走科西嘉东面还是西面水域，他与纳尔逊之间都和他们一样近。由于距离土伦仅120海里，按照他所处的位置，一旦风向对法国人航行有利，那对他派出去的观察哨回来报信也有利，他仍有希望追上他们——如果无法及时搭救纳尔逊的话，也能肯定由于法国人糟糕的操作水平，几乎不可能逃出他的手心。他这么做的原因无疑与后来纳尔逊在特拉法加海战前向海军部力陈的理由相同，后者说道："我斗胆无畏直言（预言），如果考尔德（率18艘战舰）能在敌人重创我军舰队前，与他们的27到28艘战舰相持，他们今年就不能伤我们分毫。"[①]至于马耳他，根本无法维持法军舰队2万官兵一个月的生活，各种资源奇缺，如果法国人要救援那里，一旦有失，没有其他港口可以依托，会失去与共和国的联系[②]。如果圣文森特在西班牙舰队所在的卡塔赫纳港外海巡弋，能获得更好的阵位阻止他们，这样一来会将梅诺卡岛和纳尔逊暴露给法国人，因为两者距离土伦都比卡塔赫纳更近。不仅如此，卡塔赫纳距离土伦要比圣塞巴斯蒂安角远300海里，英军的哨船要回到司令官那里，就得航行更远的一段距离，司令官到时就会发现，他距离各主要地点比在圣塞巴斯蒂安角外海更远。实际上，当圣文森特得知法国舰队已经从土伦东进时，便立即从西班牙人的直接威胁当中解脱出来，他派4艘战舰增援纳尔逊，使他的分舰队拥有16艘英舰，来对抗法军可能拥有的24艘

① 《纳尔逊急件》第七卷，第16页。——作者注

② 还要再加上一点，由于风向和天气因素，从土伦到马耳他比从马耳他到土伦遥远得多。纳尔逊在后来的战争中，出任土伦外海总司令时，对此经常痛苦抱怨。他说从马耳他对通往印度航道的重要性和对黎凡特地区的影响来说，举足轻重，对土伦港来说简直毫无价值。见《纳尔逊急件》第五卷，第107页。——作者注

战舰。

就在派分遣队给纳尔逊的后一周期间，圣文森特离开了舰队，基思在那段时间进行了至今都受到严厉批评的错误行动。有人宣称基思这样做是因为圣文森特的特别命令，作者觉得，根据能掌握的所有关于他的信息来看，他采取这个措施和圣文森特的命令完全无关。他这样行事，去保卫梅诺卡岛，部分是因为指挥权移交给他时的总体指示，部分是出于他自己对形势的看法①。他的那些看法似乎与圣文森特的意见相左，圣文森特最为强调的是使敌军舰队无力化，基思主要担心梅诺卡岛会失守。这种担忧致使他违背了让他在罗塞斯湾外海巡航的命令，也致使他不久以后，在两个不同场合，命令纳尔逊派舰船来守卫该岛。纳尔逊对此举的正确性非常怀疑，拒绝从命②。这种情况下，梅诺卡岛非常贴切地说明了，当一个重要海港的安全完全依赖一支舰队时，舰队的尴尬处境。在这个例子当中，击败法国舰队和保卫梅诺卡岛这两个问题引出了两个明显不同的动机，分别体现在圣文森特和他副手身上。前者认为对梅诺卡岛最好的保护就是击败法国舰队，基思则将击败法国舰队看作保卫梅诺卡的一个次要环节。圣文森特同意纳尔逊在海军战略上简单正确的观点："我认为对西西里国王陛下领地最好的防御是把我本人部署在法国人身边。"③另一方面，基思在后来的一封信中，颇为伤感地表达了由于他欠缺战略眼光导致的尴尬处境："我当初都找不到那些巡弋的敌舰，被这个防御无力的岛束缚了手脚，真是太困难了。"④正常情况下，每一个海港都应根据其重要程度，完全不用依赖舰队，或长或短地支撑一段时间。这样舰队就无须考虑港口会发生什么情况，能够发挥它的巨大能力和机

---

① 这一点在他6月6日给纳尔逊的信件中显而易见（详见本章前文）。基思的失误通常被归咎于6月8日收到的圣文森特发送的急件，给纳尔逊的信说明，他在收到这些急件两天前，就已决定返回梅诺卡岛。——作者注

② 《纳尔逊急件》第三卷，第408、414页及注解。——作者注

③ 《纳尔逊急件》第三卷，第380页。——作者注

④ 1799年7月12日，基思致纳尔逊的急件。见《纳尔逊急件》第三卷，第419页注解。——作者注

动性。在港口安然无恙的这段时间里，舰队就不用去港口。最好的岸防力量是一支海军，这不是说绝对不需要岸防要塞，而是因为击败敌舰队是岸防的最佳手段。

经过对布吕克斯将军的无果追击后，基思勋爵8月17日将带领他的舰队进入托贝。18日，圣文森特伯爵在朴次茅斯上岸，正式离开了他担任3年零9个月的地中海舰队司令岗位。4天后，1799年8月22日，拿破仑在亚历山大城秘密上船返回法国。

经过叙利亚战役后，法国陆军已于6月14日返回开罗。7月11日，希德尼·史密斯爵士率他的2艘战舰，在阿布基尔湾锚泊，随他前来，或者说他随之前来的是一支土耳其舰队。这个舰队有13艘战列舰，100艘其他快速帆船和运输舰船组成。对运输舰船上运载的陆军部队估算差别很大，从1万到3万不等[①]。15日，开罗的拿破仑得知，他预计在天气晴朗的季节，会从海上来的进攻不幸成为现实。他急令德赛将军撤出上埃及，保护开罗的安全，又迅速将下埃及各部集中到亚历山大城地区。这次集结在19日完成，此时土耳其军队早已登陆，猛攻阿布基尔城，这座城堡16日便告陷落。25日，法军攻打了阿布基尔半岛的敌军，于是一年前目睹布吕埃斯分舰队被摧毁的同一个地方，如今目睹了这支伊斯兰陆军的覆没。所有登陆的土耳其军不是被杀，就是跳海溺水身亡，或是被俘，俘虏之中还包括土军总司令。

在击败土军后，拿破仑和英国分舰队司令交换了休战旗。拿破仑通过这一手续得到截至6月10日的英国报纸[②]。他从这些报纸上得知第二次反法同盟的胜利推进，法军在德意志和意大利都战败了。拿破仑决心尽快设法赶回

---

① 《拿破仑评论集》中的估计数字较大，这本著作通常都会夸大敌军兵力。——作者注
② 《拿破仑书信集》第5卷，第710页。——作者注

法国。这个决定是像他的秘书官布里昂[①]所说的那样，事先未曾考虑，纯属突然，还是逐步自然形成，至今都存在争议。几年后，拿破仑本人将这个决定归因于在阿科城下的战壕里，从菲利波那里获得的信息，当时近在咫尺的两军士兵经常互相叫阵[②]。可以肯定，他早已有过这种想法。早在1798年10月7日，他在一封给督政府的信中就已宣称，他会在某些很可能出现的突发事件发生时返回欧洲[③]。几个月后，他又表达了类似的意见[④]。事实上，他敏锐的军事智慧——一种极为微妙又经过精心培养的直觉，在他先前从那艘拉古萨船上得知那不勒斯已经宣战，所有列强都在进行武装时[⑤]，就已经预计到法国将会面临的厄运。他本人主持意大利战役期间，即使在英国人离开地中海后，仍在担心来自那不勒斯的危险。他在埃及就预计到在那不勒斯之后，上意大利地区出现任何反转局面的话，法军在那一地区的任一偏离中心的军事行动必然会导致灾难。布里昂讲过一个故事，生动体现了拿破仑性格中的迷信成分和他对恶事的预见性，他把这些都一起带到了叙利亚。就在阿科城下，法军收到消息，尼罗河上有一艘法军雇用的小船，名叫“意大利”号，船员们在经过一场勇敢的保卫战后，为避免这条船落入阿拉伯人之手将它炸毁。这起事件和船的名字给拿破仑带来了强烈冲击。“我的朋友，”他对布里昂说，“法国失去了意大利。一切都完了，我的预感从来没有欺骗过

---

① 布里昂（Louis Antoine Fauvelet de Bourrienne，1769—1834）：路易·安托瓦内·福弗莱·德·布里昂，法国外交官和政治家。他是拿破仑在布里埃纳军校的同学，1787年毕业后，前往维也纳学习法律和外交。1792年春，回到大革命如火如荼的法国。1795年10月，他和拿破仑恢复了联系，虽然没有随拿破仑一同征战意大利，但在拿破仑与奥地利进行的长期谈判中发挥了重要作用。拿破仑远征埃及期间，他充当总司令官的私人秘书官，后来陪同拿破仑返回法国，参与“雾月政变”。从执政府到第一帝国建立期间，他都得到拿破仑的信任，1802年秋天，由于他对法国的经济金融政策持不同看法，令拿破仑非常不快。1805年春，他奉命出使汉堡，主持当地对英国的贸易战，即后来的大陆封锁体系，一直到1810年被召回法国为止。1814年，拿破仑首次倒台后，他便心灰意冷，从此不再过问政事。他最为人称道的是留下的回忆录，自问世后便一版再版，译成多国语言，成为研究法国大革命和拿破仑时代的重要史料。——译者注

② 《拿破仑评论集》第三卷，第89页。——作者注

③ 《拿破仑书信集》第五卷，第56页。——作者注

④ 《拿破仑书信集》第五卷，1799年2月10日的信件，第403页。——作者注

⑤ 详见前文。——作者注

我。”任何议论都无法消除他的这种信念，这种信念只依赖他的本能直觉，不愿相信这纯属偶然的巧合[①]。所以，当他看到希德尼·史密斯的公报时，又一次叫喊起来：“我的预感没骗我！意大利丢了！”[②]

冈托姆将军接到指示，火速准备2艘快速帆船，这些船是法国分享威尼斯战利品的收获。预定和拿破仑将军一同回国的人员也悄悄得到了通知。土耳其军在阿布基尔战败后，希德尼·史密斯继续封锁亚历山大城，8月9日，退往塞浦路斯，这可能是为了加水。拿破仑抓住这个机会即刻出发，经过一段漫长的航程后，10月9日，在弗雷瑞斯（Fréjus）登陆。一个月后，督政府被推翻，法国的大权落入拿破仑手中。

拿破仑东征就此结束，至少对那位伟大的设计者来说到此为止。这次东征，现在被人任意非议为一个幻梦，是主将的天才反常发挥的表现，当时他失去了平时的敏锐才智。这确实是一个梦想，不是因为要在东方实现不可能的宏愿，也不是因为想象力的肆意放飞。拿破仑拥有的想象力已经到达了如此杰出的水准，以至于没有这种想象力，他就不可能孕育出他的政策。他通常都会在其中加入深广的理性来平衡他的奇思妙想，使他的远见得以在实践中能够成为现实。在一个人领导下唤起和联合东方诸国并非幻梦，一代又一代在那里建立过帝国的冒险家的生平事迹证明了这一点，他们任何一个人的天赋和领导才能都无法与那位伟大的科西嘉人相提并论。他为了另一次毁灭他前程的大规模东征，从欧洲大陆所有高度组织化的国家，按照统一标准聚集的五花八门的部队[③]，也证明了他有能力联合多个国家的力量。那么这场埃及大冒险和所有寄托在它上面的辉煌宏愿，在取道叙利亚进军土耳其途中，最终梦断阿科，原因何在呢？是因为一个英国水兵控制了这个地方，他掌握了制海权，为那里的驻军提供了支援，如果不攻克此地，径直越过，必

---

① 《布里昂回忆录》第二卷，第238页。——作者注

② 《布里昂回忆录》，第305页。——作者注

③ 指1812年拿破仑东征俄国。——译者注

定会覆亡。40年后，另一支不是由法国大革命中的优秀军人，而是由埃及军人组成的陆军，在易卜拉欣帕夏（此人无论任何方面都不能与拿破仑相提并论）指挥下，进行了同样的行军，夺取阿科。当他胜利进入小亚细亚的核心地带时，英国海军再次出手干预，将他制止。一位海军上校，仅凭2艘战列舰和一些小型船舶，就能完全控制地中海以东的遥远地区，这究竟是什么原因？是因为在9个月以前，纳尔逊在阿布基尔湾摧毁了法国舰队。那场辉煌战役不仅证明了那位英国海军将领的战争天才，也大声响亮地宣告，有一种力量注定永远会无处不在地去斩断即将登基的法国皇帝的双翼。拿破仑的东方冒险失败，不是因为他对遥远的东方，这个西方人知之甚少的地方失算，是因为终其军事生涯结束，一直没能正确认识和理解海战的条件和状况。他完美的军事洞察力认为海战的原则与陆战必定相同，这一点没有错。问题在于他没能理解在什么样的条件下才能运用这些原则，即没有认识到在他那个时代海战所能达到的效果和局限性，使他在身为将军和皇帝时，都一样犯下致命错误。尼罗河和特拉法加，各自成为一个宏大构想的坟墓，两者揭示了同样的因果关系：基本上都是拿破仑不明白，按照海上的情况和水兵们的能力，战舰能做什么和不能做什么。

尽管如此，拿破仑的埃及远征，或毋宁说东方远征，还是隐藏着一个根本性错误——在他心目当中，这次远征的范围远跳出了尼罗河流域的狭窄范围，这种错误从他期望对英国产生的影响中也能察觉。根据朗弗雷①的看法，完全可以提出一种责难——这是一种紊乱思维的异想天开：征服和统治东方的庞大计划，无疑使他心中充满了梦想——他的军队可以与亚历山大大帝的军队和罗马军团匹敌。在拿破仑的卓越生涯当中，一种非凡，甚至于天马行空的想象力是一个必要条件。可能正是这种想象力，不可避免地一次又

① 朗弗雷（Pierre Lanfrey，1828—1877）：皮埃尔·朗弗雷，法国历史学家和政治家。其父曾是拿破仑的部下。他在巴黎学习历史学和哲学，完成了大量历史学著作，最著名的就是五卷本《拿破仑一世史》。——译者注

一次引导他犯下大错，直至他最终毁灭。如果没有这种超凡想象力，或者它的程度略低一些，他即便不能留下一个国祚长久的王朝，也能在他的宫殿里安享天年，将皇位传给儿子。如果真没有这种想象力，他就不会产生对他自己的时代，乃至所有后世历史时期的巨大影响了。将这种源于东方式幻想的想象力，视为一种军事开拓精神的话，作者当然不准备用“异想天开”这样的词眼表述。由于它要打击的是英国，那在这种想象力当中就存在一个致命缺陷，这更多是由于理性思维的不足——一种他那个时代的成见，不仅是想象力的任意发挥所致。

在印度对英国的关系方面，拿破仑和那个时代的所有法国人一样，颠倒了因果关系。在他们看来，拥有印度和其他殖民地是英国繁荣的原因，这与后来和如今很多人的看法一样，认为英国贸易活动的广大范围，是他们财源广进，在世界各国之间首屈一指的原因。不可否认这种观点有其道理，问题是它本末倒置，就像误将果实看作果树，将花朵当作花木一样。对法兰西这样一个机智的民族来说，实在没有什么借口为这种错误开脱。因为事实就摆在他们眼前，他们自己就曾拥有过一些世界上最富庶的殖民地，英国在被各种不利因素包围的处境当中，也曾吸引过西印度群岛、法国和西班牙的贸易。英国在西印度群岛占地不到法国和西班牙的十分之一，仍在吸收当地的财富，它令人羡慕的贸易有四分之一依靠那里。在印度依然如此，英国人能获取印度的财富，是因为英国人的活力和商业天赋。假如拿破仑的梦想实现，得以统治印度，也无法征服英国。这就像从树身上砍下一条粗壮的树枝，果实会随同枝条一起落到地面，仅仅夸大树枝上的果实数量，却不能理解其树根的恢复能力和粗壮树干萌生新枝的能力一样。假设拿破仑从英国手中将印度夺到法国手上，他也只能给英国的海上交通线制造麻烦，却无法将它摧毁。后来在法国实行大陆封锁政策时，英国贸易也采取更多开拓努力，拒绝消亡，就像菩提树那样，会长出新的枝条，不畏各种压力，在另一个新的地方扎进土壤。

可以说英国的力量在于他的贸易，根源在于英国人的智慧和力量，贸易只是外在表现。除了政府和制度以外，英国人不受任何控制，政府在根本上与人民息息相关。在享受这些福祉，独立自由地追求财富的过程中，他们受到强大海军保护。只要海军这面坚不可摧的胸甲护卫着伟大肌体的心脏——保卫不列颠群岛本土时，英国虽不能刀枪不入，却不可战胜。它当然会受伤，却不足以致命。拿破仑的错误就在这里，他试图夺取印度在战略上是个不错的设想，因为敌人的中心太强，使他无从下手，便攻取侧翼，从更广泛的军事政策角度来看——从政治家指挥军队的角度来看，这却只是简单地打击四肢末梢，对心脏丝毫无损。同样的错误充斥他的整个生涯，因为尽管他是不世出的天才，却正如梯也尔[①]指出的那样，他还是他那个世纪的产物。所以在他晚年陷入的斗争当中，他只是蹭破了英国的脚跟，却被它伤到了自己的脑袋。尽管他天赋超群，犯的错误却不足为奇。关于他的种种故事，包括他的生涯，他的巨大权力，他无情的敌意，他那不屈不挠的执着，都坚定不移地针对一个目标——摧毁他的大敌。在谈及这一目标和它的失败后，我们仍然发现人们因为英国贸易暴露出的问题，仍在孜孜不倦地谈论它的软肋。英国对贸易的依赖性以及它与殖民地纽带的明显松弛，使人们预测这在它面临考验时，会成为致命弱点。当初拿破仑这么认为，现在我们也这么认为，英国人的贸易天赋并未减弱。在过去的岁月里，英国贸易额比例和今天一样大，殖民地体系当中产量最富饶的地区当时几乎不存在。要让英国贸易瘫痪，就必须扼住它的咽喉，而不是扯它的脚后跟撕咬。控制住通往不列颠群岛的海域，就能摧毁这个国家的力量，前提是必须有一支数量上能够压倒它，或者技能上绝对占优的海军，将英国海军消灭。

---

① 梯也尔（Marie Joseph Louis Adolphe Thiers，1797—1877）：马里·约瑟夫·路易·阿道夫·梯也尔，法国政治家和历史学家。七月王朝时期出任法国首相，第二帝国灭亡后再度掌权。他在政治上以自由保守主义闻名，左派对他镇压巴黎公社起义的行为予以严厉抨击。他最重要的史学著作则是《执政府与第一帝国》。——译者注

就像布吕克斯鬼鬼祟祟地冲进来，又灰溜溜地撤出去那样，拿破仑悄无声息地回到欧洲，宣告了英国海军对地中海的控制，预示着他的两大占领区埃及和马耳他肯定会陷落。由于他对发动远征负有的责任以及他会救助被抛弃在埃及的士兵们的承诺，他的个人荣誉就深深陷入到对他们的援救行动当中去了。只要救援行动可能进行，就无须怀疑他拯救他们的心愿。他的信件里充斥着关于援救的文字，也进行了很多努力。只要正陷入内忧外患的法国，还有他与外敌进行殊死搏斗的条件下还能办到的事情，他可能都尽了最大的努力，但一切收效甚微。对军事爱好者和非专业读者来说，法国失去埃及和马耳他的故事细节都非常有趣，这些归结起来只能说明一个事实，预示这两地必然陷落：法国已经失去了争夺制海权的所有实力。自从1799年2月，一艘小型快速帆船进入瓦莱塔港后，直到1800年1月，再没有一艘船进港。1800年1月，一艘送信小船进入瓦莱塔港，带来了拿破仑就任第一执政掌握大权的消息。这件大事已经发生了2个月，马耳他驻军还一无所知。2月6日，在尼罗河和叙利亚都令拿破仑非常满意的贝希将军，率领一艘逃出阿布基尔湾的74门舰炮战列舰“大方”号、3艘较小的舰船和一支大型运输船队，从土伦港出发。这个分舰队装载着大量补给品和3000到4000名解救马耳他的陆军部队。18日，他们遭遇纳尔逊直接指挥的几艘英舰，不过数炮，贝希司令官便阵亡，“大方”号和运输船遇到的这支敌军太过强大，难以抵挡，其他船只则返回土伦港。

所有后来尝试的援救同样失败。从1798年9月到1800年9月的两年封锁期内，仅有5艘船成功进入瓦莱塔港[①]。自从尼罗河战役以后就一直停留在瓦莱塔港的“威廉·泰尔”号，携带送给拿破仑的告急文书，试图在3月31日晚上逃走。文书上说，当地只能坚持到6月份。这艘战舰被英国人阻截，在

① 舍瓦利耶：《执政府时代的法国海洋史》，第16页。——作者注

经过一场出色的战斗以后被俘。在战斗中，它的桅杆全部被打断[1]，舰员伤亡超过五分之一。参与俘获这艘法舰的英舰有纳尔逊勋爵的旗舰“闪电”号（Foudroyant），将军本人不在船上。纳尔逊当时正因各种情绪摇摆不定，分析这些情绪并没有必要，会使仰慕纳尔逊的那些人不快。在基思勋爵回来以后，他请求卸任和休假，他的服役期限和赫赫战功也确实赋予他如此行事的资格。因此他错过了俘获从尼罗河逃出的最后一艘战舰的机会，也没能完成攻占马耳他的计划，不过马耳他的最终命运正是他之前的胜利决定的，马耳他岛一直坚守到1800年9月5日为止。7月11日，纳尔逊在利沃诺降旗离职，与汉密尔顿一家相伴，从陆路经的里雅斯特和维也纳回国，11月抵达英国。

埃及的故事更长，陷落也晚一些——是由于武力，不是饥饿。这支军队的兵力足以拒不投降，富饶的尼罗河流域足以自给，不会像马耳他那样的岩岛港口那样，被从海上封锁，也不用陷入暴动成功的民众重围之中。问题在于决定马耳他丢失的相同原因对埃及同样有效，使它比贫瘠的领地处境更糟。拿破仑虽然能够不受控制地运用和支配法国的所有资源，但是他发现要从他的占领区和重要的救助对象那里获得情报，和他在埃及想要获得本土的情报一样困难重重。法国官方孜孜不倦地努力，对私人企业重金利诱，全都落了空。1800年9月第一周，送信船“奥西里斯”号（Osiris）在法国和埃及之间成功环海航行后返回法国，船长获得3000美元赏金，舰员们也得到2个月薪水的赏钱。这种慷慨的回报充分说明这一壮举的艰辛。7周以后，10月29日，拿破仑在给梅努[2]的信中写道：“自从‘奥西里斯’号回来后，我们

---

① 《纳尔逊急件》第四卷，第219页注解。——作者注

② 梅努（Jacques-François de Menou, baron of Boussay，1750—1810）：雅克-弗朗索瓦·德·梅努，布塞男爵，法国陆军军官。他是一位自由派贵族，早先在法国议会更为活跃。1791年起开始从事军事行动。拿破仑远征埃及期间，他是远征军的5位师长之一。1800年克莱贝尔遇刺之后，他接任驻埃及法军总指挥。尽管他并不受人爱戴，在军中的威望也不够，还是忠实地坚持到最后一刻，才于1801年8月被迫投降。归国后，他又担任过一些军职，于1808年受封帝国伯爵。——译者注

再没有从你那里直接得到消息。”这封信委托冈托姆将军转交。3个月过去以后，这位海军军官才乘着一场强风暴逃出英国舰队对布雷斯特的封锁。求助信被送到西班牙，政府代表被送往法国南部、科西嘉、热那亚、利沃诺、亚德里亚，还有塔兰托——马伦哥战役结束后，意大利再次被拿破仑控制。中立国和友好国家的众多小船，从四面八方向埃及出发，如果有机会的话，其中的一些船可能到达目的地，后来没能取得实质性结果。大部分小船只是增加英国海军的俘虏列表，证明英国的绝对制海权。

拿破仑自己卸下埃及的重担后，杰出的将军克莱贝尔一力承担下来，他写给督政府的一封信落入英国人手中①，信中写道：“我知道埃及领地的重要性。在欧洲时，我曾说过，这个国家是法国的支点，使它能够随心所欲地撬动全球各地的贸易体系，要有效地做到这一点，需要一个有力的杠杆，这个杠杆就是一支海军。我们的舰队已不复存在，从那时开始，一切已经变了。我认为和土耳其宫廷议和是唯一的权宜之计，使我们能体面地摆脱一项快要无力达到预期目的的事业。”②换句话来说，法军那支令人钦佩的老兵部队被困在埃及，既无法逃脱，也不能得到增援，已全无用处。纳尔逊也认识到了这一点，他经常以他激烈的言辞下令，不能让任何一个法国兵重返欧洲，他给希德尼·史密斯爵士下达了最为明确的命令，绝对不许哪怕一个法国兵带着通行证离开埃及。③拿破仑其实也这么认为，尽管他和他那些不懂得辨别的支持者都觉得应当责难克莱贝尔。在他回欧洲以前6周④，他在给督政府的信中提到：“我们至少需要6000人弥补我们在埃及登陆以后的损失……如果能得到1.5万援兵，我们就能进军君士坦丁堡。那我们就需要2000骑兵、6000新兵补充这里的各团；还需要500炮兵、500技术兵（木工和

---

① 《海军年鉴》第三卷，第149页。——作者注

② 根据《拿破仑评论集》中所说的1799年9月26日这个日期，这封信仅在拿破仑离开后一个月即被发出。见第三卷，第183页。——作者注

③ 《纳尔逊急件》第三卷，第296页。——作者注

④ 《拿破仑书信集》第五卷，1799年6月28日，第622页。——作者注

泥瓦匠等）；5个准建制旅，每个旅2000人；2万支步枪，4万把刺刀，还有其他等等装备。如果无法给我们这些援助，那就有必要议和，因为从现在到明年6月，我们可能会再损失6000人。”[①]在海路被封锁的时候，这些援助怎样才能送出呢？

拿破仑和克莱贝尔对形势的看法基本相同，不同的是前一位的兴趣像一个破产者那样，想要掩盖实情，后者则不用。因此，克莱贝尔欣然接受了一个提案，这个提案是土耳其人征得希德尼·史密斯同意之后提出的，当时史密斯仍在黎凡特。根据这个提案，允许法军撤出埃及被遣送回国，为此亚历山大城现有运输船只的不足部分，由土耳其人提供。1800年1月24日，以克莱贝尔委派的代表为一方，土耳其军总司令为另一方，在埃尔阿里希签署了相关协定。这样法军就能返回法国，可以立即进入对抗英土同盟的事务领域，无须承担责任。希德尼·史密斯爵士没有签字，从他1800年3月8日给克莱贝尔的代表之一普西格（Poussiclgue）先生的信[②]中来看，他完全了解和认可这样一份直接违反英土同盟条约条款的协定。协定条款中包括一条（第11条）让他的政府提供通行证和安全措施保障法军回国的条款[③]，法国人能够回国完全取决于英国人控制的海洋，而史密斯的上司给他的命令已经明令禁止这样做。

英国政府同时曾指示基思勋爵，除非作为战俘遣返，否则不允许法军离开埃及。1月8日，《埃尔阿里希协定》签署2周前，基思将军从马翁港写信将这些指示转达给史密斯，这与他已从纳尔逊那里得到的指示精神一致。基思在这封信中附上了一封给克莱贝尔的信，让史密斯“在情况需要时使

---

① 他同时请求配发埃及实际兵力数量2倍的衣物。他告知相关的军官，这么做是为了让欧洲各国无法弄清他的实际兵力。见《拿破仑书信集》五卷，第721页。他这么说与对克莱贝尔的责难关系很大——他指责克莱贝尔夸大了埃及法军的虚弱程度。——作者注

② 1800年《年鉴》，政府公文，第225页。需要补充的是，谈判代表们在史密斯的舰船上初次与他见面。——作者注

③ 关于《埃尔阿里希协定》，见1800年《年鉴》，政府公文，第217页。——作者注

用”。可能为了向史密斯施加压力，这封附信以不容置辩的语气，咄咄逼人地告诉克莱贝尔，他已经“接到明令，不能同意法军的任何投降条件，除非法军放下武器，以战俘身份投降，并且交出亚历山大城的船舶和军需品”。[①]史密斯知道自己已经越权，面对这份信件别无选择，只有怀着歉意将信件转交给克莱贝尔，并且希望他承诺的事情最终能得到认可，这一点他没有自欺。英国内阁得知克莱贝尔在认为史密斯有权代表他的政府做出承诺的情况下，已经执行了他签署的协定的基本条款以后，给基思下达了另一份指示，授权他执行这份协定，同时明确排除了史密斯参与的权利。由于在那个年代这些信件往返传送需要花费很长时间，所以在基思收到这些新指示之前，克莱贝尔就已经采取了作战行动，该协定因此一直没能实施。法军对埃及的占领不过是苟延残喘。1800年6月14日，克莱贝尔在埃及遇刺，继任者是梅努，一名无能之辈。1801年3月，阿波克隆比将军带领一支英国陆军在阿布基尔湾登陆。21日，阿波克隆比受了致命伤，他的继任者也能胜任眼前的任务。1801年9月，就在与英国签署和平预案不久，最后一批法军撤出了埃及。

这次法军撤退的条件和在埃尔阿里希同意的条件相差无几，形势却已经发生了巨变。1800年6月14日的马伦哥战役和1801年2月9日的《吕内维尔条约》，已经使欧洲大陆恢复和平，现在埃及的法军部队就不会去增援英国盟友的敌人了。不仅如此，由于奥地利势力被打破，英国本身也在谋求和平，与拿破仑当时的政策一拍即合。因此对英国来说，在谈判当中重要的是，不管埃及如何贫瘠，都不能成为对手手中的牌。所以当时只要他们能保证法军马上撤离，很容易就不再提出什么条件。

① 阿勒代斯：《基思勋爵传》，第226、227页。——作者注

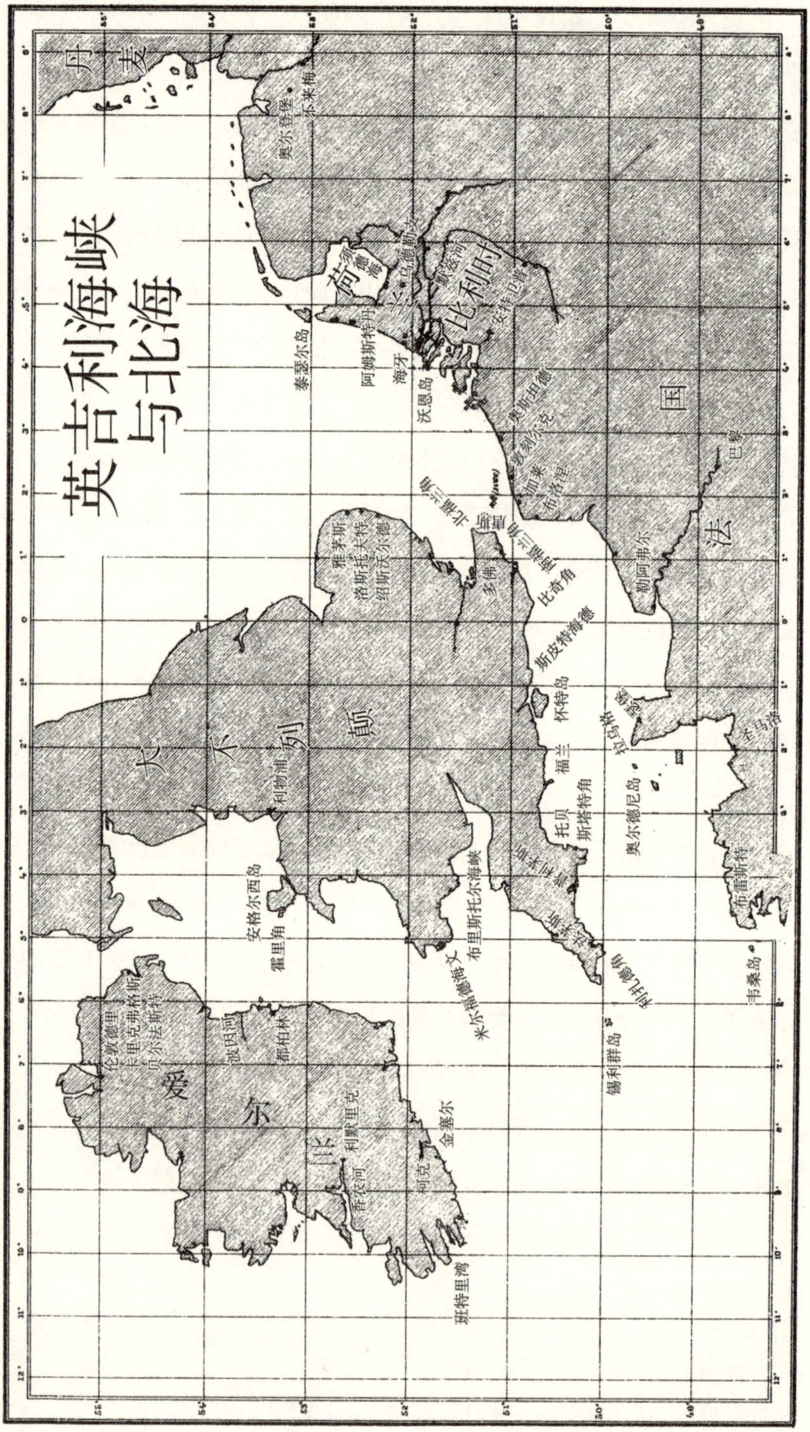
英吉利海峡与北海
丹麦
奥尔登堡
不来梅
荷兰
须德海
乌德勒支
默兹河
比利时
安特卫普
泰瑟尔岛
阿姆斯特丹
海牙
沃恩岛
奥斯坦德
敦刻尔克
加来
布洛涅
法
国
巴黎
勒阿弗尔
雅茅斯
洛斯托夫特
绍斯沃尔德
北福兰角
唐斯
南福兰角
多佛
比奇角
斯皮特海德
怀特岛
拉乌格
瑟堡
圣马洛
奥尔德尼岛
托贝
斯塔特角
利泽德角
布雷斯特
韦桑岛
锡利群岛
大不列颠
利物浦
安格尔西岛
霍里角
布里斯托尔海峡
米尔福德海文
伦敦德里
卡里克弗格斯
贝尔法斯特
爱尔兰
波因河
都柏林
利默里克
金塞尔
香农河
科克
班特里湾

地图4

第十一章

1796—1801年间的大西洋，布雷斯特封锁，法军远征爱尔兰

在经过马丁和霍瑟姆在地中海以及维拉·儒瓦尤斯和布里德波特在比斯开湾的小规模遭遇战后，法国行政当局决定停止派大舰队出海，改以单艘巡航舰船或小型分舰队实施贸易破袭战削弱英国的实力，这一政策随后数年都没有变化，在1799年执政府取代督政府政权时，也被拿破仑采用。这一政策非常符合法兰西民族的整体感受，海军军官与非海军专业人士都认为，海军的行动一直从属于其他军事方面的考虑，用当时流行的话来说，应服从“最终目的”——不难发现，19世纪头14年统治法国的伟大军事统帅看重和支持这种观点，这种状态最后达到索性放弃获得制海权的所有意图。任何需要取得制海权的计划，解决方案一定总是变成逃避，相关计谋或多或少都颇为精妙。军事胜利不再取决于通过获得制海权，巧妙集中兵力产生合理的必然结果，而是取决于各种机会达到的平衡点，这在特定情况下可能或多或少对本方有利，但完全无法到达确保安全的程度，这一点在战争竞赛的各种冒险联合行动中也至关重要。在当时的激烈斗争情况下，将海军降低到一个完全从属地位的这种做法，在财政困难的条件下，由于战争物资、舰船和相关装备的缺乏，被继续执行，使法国对英国仍处下风。即使1797年和1798年，通过拿破仑的胆识和行动，挫败法国在大陆的各个敌国时，也是一样。

本章讨论的6年时间，到1802年《亚眠和约》缔结为止，期间法国大舰队仅出海三次，每次他们能成功都取决于英国舰队不在，或是使它们放松警

惕。就像在贸易破袭战中那样，有效的因素不是实力，是秘密行动和诈术。这三次军事努力中的两次，1799年拿破仑的埃及远征和布吕克斯逃出布雷斯特港，已经在关于地中海的上一章中叙述过了，基本上都属于这种情况，前者则完全是那样。第三次是1796年底，奥什指挥远征爱尔兰的法军时，法国的17艘战列舰和20艘较小的船只从布雷斯特出发，为之护航。

这一时期大西洋的军事行动除极个别例外情况，都降为在海上破坏贸易和骚扰敌军海上交通线。英国一方则成为带着或多或少的警惕性，监视敌人的海军军港，最重要的目标是布雷斯特港。从两大主要交战国的海事情况来看，他们采取的手段在性质上必定不同。英国贸易覆盖了所有海域，延伸到世界各地，因此法国巡航舰船可以从许多方向到达那些为人熟知的商业航路，只要它们本身不被俘获，就很有希望获得战利品。另一方面，因为法国本国商船的海外交通已经被摧毁，主要由30到100吨级船舶载运的沿海贸易量则非常大，在沿海省份已经很大程度取代陆运，所以英国巡航舰船只能在法国本土沿海找到他们的商船。仍与英国的敌国保持对外贸易关系的各中立国商船，很自然地会大量在目的地沿海邻近海域出现，它们往往会因为有意无意违反国际法，容易被英国巡航舰船扣留。最后，法国私掠船大部分都是小船，在海上航行滞留的时间很短，就是要在英国航运最集中的英吉利海峡或通往海峡的海域里巡航。由于这些原因，英国为了远洋贸易的安全，会将商船集中起来建立大船队，每个船队由几艘军舰护航，他们分散派出的巡航舰船在本土附近海域最为密集——就在英吉利海峡、爱尔兰南岸和韦桑岛之间的海域，比斯开湾以及西班牙和葡萄牙沿海。他们时刻都准备好对付贸易破袭战，护卫或夺回自己的商船，削弱敌国的沿海贸易，削弱敌国商船挂着中立国旗帜进行的并不属于中立国本身的业务。因此当时的海军记录充斥的并非海上战役，而是一堆船舶被夺或被抢回，偷偷沿着海岸航行的法国运输船队，会被敌人无处不在的巡航舰船追击、骚扰，导致搁浅的记录。受损的不仅是法国贸易，法国军港的补给，即便使用本国的产品，主要也依靠沿海贸易船运输；物资匮乏往往会加剧港口的无力化，这都是由于敌国舰船持续不断的骚扰。敌国舰船的行动与半岛战争期间的西班牙游击队相似，游击队对法国陆军后来在西班牙的护航运输队和交通线都制造了很大麻烦①。

对敌国港口，尤其是对布雷斯特这样一个麻烦的大港口进行监视，在早期较长的一段时间里，并没有受到重视，派出的兵力也不足以采取大规模军事行动，要有效阻止一个积极的对手采取的大规模联合军事行动，唯有采取这一行动。虽然这项行动有所懈怠，仍有一些措施可以弥补这种懈怠的消极作用，英国海军部对法国舰队的状况和法国政府的目标了解透彻，一度非常活跃的海军军官豪勋爵也提出了一些人们熟知的观点，但对一个本质上糟糕的体制只能起缓解作用。这项任务面临的困难巨大，异常艰苦，毫无疑问，即使最严密的监视，也无法彻底避免敌舰队遁逃，可是怎样的活动才能在一开始就料定绝对有把握的结果呢？尤其在战争当中如何预料呢？英国所面对的这个军事难题的基本特征是，敌人的舰队由于行政方面的需要，分散在几个港口里。敌人要使用这些分散的分舰队，成功对付英国强大的海上力量，就需要将这些分舰队中的2个或者更多个联合成一支大舰队。为防止这种联合行动出现，英国舰队重任在肩，无法对敌人的军港进行极度密切的持续监视——想永远不让任何分舰队以任何方式溜出港完全无望。想要在一段时期内，不让多个分舰队出逃，组成一支联合舰队对大英帝国造成毁灭性威胁，还是相当有可能的。在这些军港当中，布雷斯特由于其地理位置和发达程

---

① “昨晚，我在剧院和基尔曼将军（准备指挥前往爱尔兰的部队的司令官）谈了一次，他告诉我……布雷斯特的军火库已经空了，敌人占绝对优势的海军力量封锁了一切，其他港口的军需品都无法运送到那里。”（《沃尔夫·托恩日志》1798年6月16日。）1801年“布雷斯特的港口给养短缺。由于运输船队很难进入，促使第一执政拆分那里的舰队，将部分舰船送往罗什福尔……西班牙舰队司令（曾在1799年和布吕克斯一起到过那里）应邀护卫这个分舰队。为了给必需的舰船提供足够装备，这位军官不得不把他的分舰队的其他舰船上的装备拆卸下来供应，搜集到的给养只够维持17天。由于风向不利和敌舰队的持续监视，这些船没能出发。”对好望角的联合远征也由于相同原因功败垂成。“对荷兰港口的封锁和法国海岸的港口一样严密。”“他们（法国舰队）在布雷斯特度日如年。维拉·儒瓦尤斯接到命令率10艘法国战舰和10艘西班牙战舰出港支援运输船队。他没能成行，接受了另一项任务。”（特鲁德《海战》第三卷第222页。）——作者注

度，是最重要的港口，敌军舰队分兵时，通常驻泊的是最大也最有战斗力的一个分舰队。因此，对它的监视是重中之重。拿破仑战争时代最严重的一次海上危机期间，正是布雷斯特“封锁”舰队——这里仍使用泛称的“封锁”称谓，实际上并不准确——通过它的坚决控制，完全挫败了拿破仑最庞大的联合军事行动之一。在很大程度上，正是由于这个封锁舰队和它的司令官康华利将军，本可能在入侵英国时达到最高潮的宏大计划被迫中止，最终由于特拉法加海战的惨败，法国的15万大军才改在奥斯特里茨和耶拿出战。可以说，如果因豪和布里德波特之名为人熟知的体制在1805年还在执行——这种体制在严谨的圣文森特伯爵接过指挥权以前，一直得到海军部支持，那么法国布雷斯特舰队很可能会占据拿破仑皇帝宏大的战略计划指定的位置。

这样的大联合行动，范围如此之广，风险如此巨大，涉及的问题纷繁复杂，以至于一直都有，将来也会有人质疑，拿破仑是否认真想要付诸实施。这是英国面临巨大危险的最典型案例，它的舰队也必须在这种情况下进行保卫。根据拿破仑天才的真知灼见，这项计划的目的就是英国的心脏，除了这位皇帝偶尔的断言之外，他的话都不能毫无保留地相信，实在没有理由怀疑他为了从构想和实施细节两方面执行这项计划，准备承担巨大的毁灭风险，这明显带有他才智与性情特征的印记。英国除了不列颠群岛本身之外，领地星散世界各地，使多个地点都会遭到敌人进攻，于是英国海军必须要保护帝国的心脏，也要兼顾四肢，在一支敌国分舰队摆脱监视到了海上时，所有这些地方由于各自的价值和防御手段，都可能在不同程度上受到威胁。那么，英国海军应当怎样完成这项使命呢？将舰队分散到各个受到威胁的据点，在需要防卫的地区建立防线吗？如果要阐释“英国海军就是最好的防线”这句格言的话，就无须这样做了。和所有军事战役中一样，一个强大的舰队在各分遣队能保持相互支援的协调一致，及其基地的交通安全时，应尽量将前线推向敌人。这样做的话，不仅那些涉及巨大国家利益的地方可以更加远离战争威胁，还能让舰队安全使用作战正面的后方地区——在这种情况下就是海洋，从而能让他们能将实力用于维持靠近敌军阵地的战线。

英国舰队不仅要阻止可能带来巨大灾难的大规模联合行动，还要尽可能保卫那些虽然较小，却是重要利益所系的地区，为了贸易本身的安全，对于即便数量不及敌人，士气必定在敌人之上的他们来说，真正的阵位就在敌人的港口前，要尽可能靠近它们。虽然封锁舰队的功能是防御性的，和刚才分析的那样，大英帝国也处于守势，但他们时刻准备着，一旦时机出现，就会采取攻势。“只要分舰队到了海上，就能得到机会。”纳尔逊写道，“因为我们就希望在海上实现国家的期望。”这种希望成就了特拉法加的胜利，使拿破仑的宏伟计划彻底破灭。纳尔逊的这种希望正是建立在对拿破仑港口的严密监视上，通过在港口前的持续巡航进行监视，来实现他的意图[①]的。后来由于几艘船的糟糕状态，纳尔逊被迫放弃了巡航计划，成为制造他战役过程中种种困惑的首要原因。即便像在土伦和其他几次那样，有一支敌军的分舰队逃出港口，这项基本政策也不会因为这种偶然失误无效。当第一道防线已经被从一点突破，在他们身后仍有其他防线，那就是要塞化的港口和陆军士兵，或者向西印度群岛的海区那样，一支舰船或多或少的分遣队，就足以在重新获得增援之前，和敌人争夺此地。

一个明智的防御协调系统，不会要求每一个据点能够无限期地支撑下去，在时间上只是要求这些据点能支持到整个防御体系中计划提供支援的其他部分到来为止。海军在序列和重要性方面都是第一道防线，这并不意味着没有或不需要其他防御力量。海军是海疆的最佳护卫，对这个正确观点的牵强附会和过分强调，海军军官们负有很大责任，也和无论舰队实力大小，都硬要把舰队同本国港口锁在一起，并且分散布置到各港口的错误战略有很大关系。海军不是完全不需要防御工事，也不是不需要陆军支持，如果对海军使用得当，诸如一度遥远的战争突然兵临城下，海洋这个繁荣的源泉被封

---

① 《纳尔逊急件》第五卷，第300、306、411、498页。——作者注

锁之类迫使防御工事和陆军参战的情况就能够避免，从而拯救国家。海军的水兵们在拿破仑时代就为英国出色地履行了使命，具体方式就是进行严密封锁，圣文森特在地中海的土伦港前树立了封锁的典范[①]，后来他接过海峡舰队指挥权，对布雷斯特也进行了封锁。

布雷斯特港，被视为敌人最主要的军港，英国海军的大部分军事行动必须围绕它进行，对它的分析必须从两方面进行：一，它的地理位置，和英国军事基地以及英国领地可能会遭进攻的各据点之间的关系；二，它的周边环境多大程度上对法国海军行动有利，英国舰队采取怎样必要的部署，能够最好地阻止法军行动。从性质上归类的话，前一个问题是战略性问题，后一个是战术性问题。

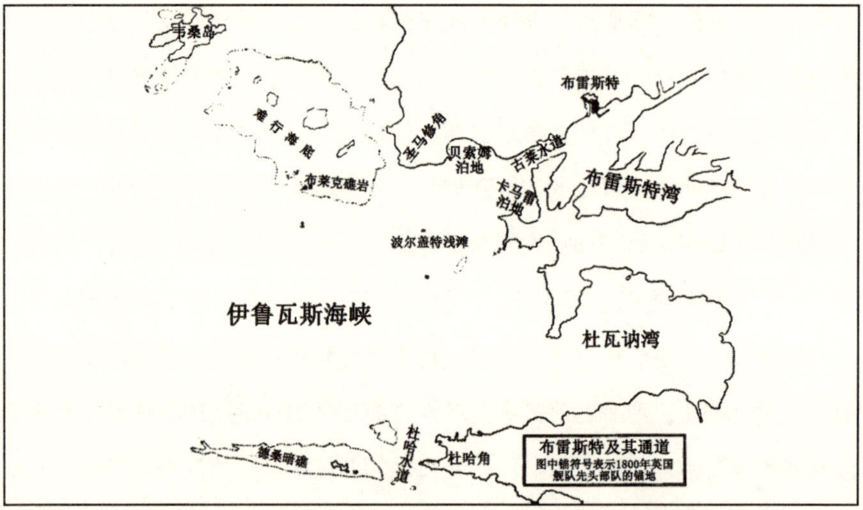

地图5

布列塔尼半岛的尽头构成法国的西北端，这片陆地有一道位于两个海角之间的深陷凹槽，两个海角几乎在南北一条线上并列，北面的是圣马修角

① 详见本书第八章。——作者注

（Pointe St. Mathieu），南面是杜哈角（Pointe du Raz）。两处海角相距17海里。凹槽底部又伸出另一个海角，将它分成两个大小不等的海湾，南面的称为杜瓦讷（Douarnenez）湾，北面称为布雷斯特湾。杜瓦讷湾的入口宽5海里且通行无碍，所以只能部分起到屏障作用，它能提供一个虽然浪大却安全的锚地，即使在强西风刮起时也能停泊。布雷斯特湾的面积较小，入口通道3英里长，仅1英里宽，被称为“古莱”（Goulet）水道。有这样一条水道，加上周围陆地的形态布局有利，这个海湾非常安全，能够在海军舰队无法在杜瓦讷湾更为敞开的锚地停泊时，便于在这里停靠。古莱和圣马修角相距7海里，紧贴古莱外侧的是两个敞开泊地，北面是“贝索姆”泊地（Bertheaume），南面是“卡马雷”泊地（Camaret）。法国舰船在一次远征最终出发前或等待风向改变时，通常会占据这两个泊地。

如果布雷斯特港周围的水文地理环境仅止于此的话，英国舰队司令的任务就会简单得多。有一组奇特的危险地带迫使英国舰队司令哪怕在天气良好的时候，都要在距离海岸非常远的地方占据一个阵位，同时对法国舰队出港有利。那就是从圣马修角和杜哈角两处都有一条向大海延伸约15海里的难通行的较窄海底。从圣马修角延伸的那条难行海底西北偏西走向，延伸到韦桑岛为止[①]；从杜哈角向外海延伸的一系列礁盘、浅滩和低矮小岛，被统称为“德桑暗礁”（Chaussée de Sein），几乎直线向西绵延到距离韦桑岛正南22海里的地点。位于这两片绵长低浅障碍之间的是通往布雷斯特的主航道，即伊鲁瓦斯海峡（Iroise Channel），长15海里，宽17到22海里，几乎是直布罗陀海峡的2倍。这个海峡不可能同时供一支大型重型舰队使用，尤其是三层甲板，舰炮在90门以上的巨舰，构成英国海峡舰队一大部分的这种巨舰，在戗风航行方面存在明显不足。这种舰船的船体短高，上部重，使它们在恶

① 在韦桑岛和各礁盘之间有一条狭窄水道，圣文森特勋爵曾主持进行勘测，这里可供战列舰通行，需由引水员引导通过，与其说是一条便利通道，倒不如说是个重要的地理特征。——作者注

劣天气里会迅速漂流，需要足够开阔的海面才能向下风位航行，如果风力太猛，它们就会顺风而行。当比斯开湾西风劲吹时①，除了英舰下风位的敌军港口外，海上没有其他避风港，那时要在伊鲁瓦斯海峡操作这种强大不易控制的舰船，无异自寻死路。

因此，一旦出现非常恶劣的天气，保持通往英吉利海峡的退路对英国舰队来说非常重要。韦桑岛对实现这个目的有利，位置显眼，很容易在离岸阵位识别，成为舰队主力围绕行动的战略中心，在这里进行的所有部署都能确保监视布雷斯特，于是成为他们的天然参照地点。

英国海军固然通常拥有兵力优势，这种优势并没有大到足以承受危险天气和海岸造成的巨大压力的程度，所以最大的战略要素还是风。除了法茅斯港外，布雷斯特是英吉利海峡最西面的港口。法茅斯与韦桑岛处于同一经度，虽然有人更看重这个港口②，根据当时海军的普遍观点来看，它并不是一个良港。法茅斯港无疑也缺乏空间供大量重型战舰一起锚泊。法茅斯以东有普利茅斯、托贝和斯皮特海德3个可供锚泊的港口，距离韦桑岛分别为120海里，135海里和210海里，法茅斯相距仅100海里。除了斯皮特海德之外，其他3个港口不能在所有风向下保证安全。普利茅斯湾在西南风暴期间会暴露在危险之下；托贝尽管在西风下是安全的，但在时而来临的东南风暴期间面临危险，很难离港。当然，这种天气并不多见。

斯皮特海德是安全的，是海军大型军火库的锚地，就像普利茅斯湾那样。这里位于托贝东面100海里，四分之三的时间里都刮西风，这对向布雷

---

① 在英吉利海峡和邻近的欧洲大陆西部沿海，一年中四分之三的时间风向都是西南到西北风，风力往往非常猛烈。——作者注

② 见詹姆斯·曼德森海军上校1812年“致斯宾塞·珀西瓦尔阁下的12封信”。在这些信件中还提到，皮特先生临终前还对法茅斯地理位置的各种优势印象深刻。也许正是由于他的这一观点，当时在一本杂志上还刊登过皮特在短暂的第二届政府时期做出的一项声明：“现在（1805年2月）决定，海峡舰队将来会在法茅斯集结，15艘战列舰将立即在那里系泊。”《海军年鉴》第8卷328页。艾克斯茅斯勋爵看来也赞同这一观点（见其传记140页。）。虽然法茅斯的地理位置更适合集结，不过舰船去托贝港避风的话，能错开顶风的3个罗经点，水兵们还是更喜欢后者的这一优势。——作者注

斯特港航行的舰船来说，应被视为一个无法克服的战略障碍，对海军舰队尤其如此。一艘质量上佳的帆船，顶着强风航行，只能完成可航行距离的三分之一。所以在这种风向和风力条件下，100海里航程实际相当于300海里距离，如果是舰队的话，航行起来就更慢。另外，斯皮特海德还有一个看来不起眼，实际上无法克服、令人感到丢脸的困难。东南风便于沿英吉利海峡航行，此时三层甲板舰船无法从锚地航行到圣海伦斯（St. Helen's，走外侧航道距离斯皮特海德仅3海里），当然风向适合时还是能航行的。

封锁布雷斯特的整套理论都建立在这个事实基础上：当出现迫使英国舰队在港口避风的强西风时，法国舰队无法出航①，同时预期一旦东风出现，英国舰队通过积极行动，能重新占领他们的阵位，及时防止敌军舰船逃离。这种预期取决于英国舰队机动速度要比法国更快以及布雷斯特与避风港的距离。由于这些原因，斯皮特海德明显不适合充当舰队集结点，豪和布里德波特在他们前后出任海峡舰队司令官的7年时间里，却都选择了这里。除此之外，他们还坚持在冬季的几个月里，将舰队主力留在港内，英国海军部无疑应对此负最终责任。即便有法军远征爱尔兰和布吕克斯脱逃的有力教训，仍然直到具有敏锐洞察力和暴躁性格的圣文森特将军在海峡舰队出现，才决定采用更合理和积极的体制。当严冬的天气和他本身的高龄体质迫使他离开旗舰时，他对副司令官说道：“除非你接到海军部或者我的特殊命令，都决不能批准任何舰船去斯皮特海德。”②这一句话足以看出他的政策与他两位前任最简单的本质区别。他做的其他所有精心安排，如加快船舶改装，延长舰船在阵位停留的时间，都是为了努力争取时间采取的细致措施，使舰队能将尽可能最多的舰船在关键地点集结起来。

在豪最终从海峡舰队司令官职位上卸任后，布里德波特在斯皮特海德建

① 我们非常清楚，在风吹向东南偏南方时，任何战列舰都不能离开布雷斯特。见塔克《圣文森特传》第二卷，第119页“圣文森特的信”。——作者注

② 塔克：《圣文森特伯爵传》第二卷，第14页。——作者注

立了他的司令部，冬天和初春，舰队主力一般都在此地集结。这位总司令官自己似乎一直在岸上生活，1796年4月，慷慨地设立了港口司令一职。约占舰队总兵力四分之一的七八艘战列舰组成的几个分舰队，冬季会在韦桑岛西面的“深水海区”巡航，一般每2到3个月会被替换，返回斯皮特海德港。布里德波特就此实现了豪勋爵的政策，经济地使用舰船，让舰船在港口停留保持良好秩序，当收到法国舰队出航的消息时，再出动追击。这也正是1796—1797年冬，法军远征爱尔兰时的基本计划。

在爱尔兰，尤其在信奉新教的北部地区，广泛存在不满情绪，这一点法国督政府非常清楚，早在1796年4月，就通过法国驻汉堡公使和爱尔兰的间谍互通信息。另外，颇为著名的沃尔夫·托恩[①]在这一年的头几个月从美国来到巴黎，担负起类似的使命。他们入侵爱尔兰的努力加上奥什将军的巨大影响力如虎添翼。奥什曾在其他多个战场的行动中显示出最高水准的军事才能，他还通过在旺代和布列塔尼两地实现和解享誉全国，现在正出任这一地区的军团司令。从各方面来看，条件都很有利，拿破仑正在意大利取得巨大胜利，儒尔当和莫罗在德意志对卡尔大公的败仗，至少在冬季，由于大公不得不将他的部队调入意大利，替换那里的奥地利各军团被抵消。西班牙已对英国宣战，希望西班牙舰队和法国舰队联合入侵英国，这注定由于他们舰队行动的迟缓慵懒和圣文森特角海战而受挫。尽管英国政府的头颅依然高昂，马尔姆斯伯利勋爵执行的议和任务似乎证明英国正失去信心。无论英国海军在世界各地夺取敌国殖民地的行动如何成功，由于法国舰队从海洋上退出，已无法再赢得任何恢复英国勇气的辉煌胜利。圣文森特海角海战、坎珀当海战和尼罗河战役都是后来发生的事情。

凡此种种，计划中的入侵行动终于付诸实施。入侵公然依靠那些心怀

---

① 沃尔夫·托恩（Theobald Wolfe Tone，1763—1798）：特奥巴德·沃尔夫·托恩，18世纪末爱尔兰独立运动的领袖，被尊为爱尔兰共和国之父。——译者注

不满的爱尔兰原住民的配合，不过奥什没有犯错误，在最重要的工作部分并不信任爱尔兰人。登船启运的陆军兵力不少于2万人，就像奥什将军意识到的那样，困难并不会在到达爱尔兰的时候结束——如果远征军能成功避开英国海军的话，后续的补给行动仍会受到严重干扰，于是他坚持要求运载大量补给同行，因此需要把布雷斯特能找到的许多船只一起带上。法国人想方设法努力增加布雷斯特港的兵力，维尔纳夫将军的5艘战舰奉命从土伦绕行而来[①]，里切利的分舰队也预期会从北美赶来[②]，西班牙舰队也得到了加入行动的号召。这种种努力仅仅造成了行动拖延，实际上只是为远征增加了里切利的2艘战舰，其他舰船都摇摇欲坠，无法立即出海。维尔纳夫没能按时到达，西班牙舰队还留在地中海。

政府能支配的水兵数量有限，这是多方面原因造成的，最主要是由于水手们对海军的不满，还有私掠船行动对他们的更大诱惑力。私掠船不仅诱使水手参加这一事业，还使很多人在海上被俘，从而使国家失去了他们。缺乏水兵使得能配足人员的舰船都限制到一定比例，优秀的军官同样大量流失。除了这些制约条件，将参加远征的舰船数量控制到最小还是有一些明显优势，诸如便于避免海战，在一年中风暴最密集的季节便于短程航行，最重要的是少量舰船能够保持紧密联合，能一同到达。由于这些原因，远征军决定让尽可能多的陆军士兵登上战舰。每艘战列舰装载600名士兵，连同舰员在内，一共达到1300人。每艘快速帆船大约分配250名士兵。虽然在这个特例当中，支持用战舰运输陆军的观点压倒了反方，但是船上多了许多起不了作用又基本都晕船的累赘，对于船只的操作和战斗来说，都极为不利。

通常一场大规模远征注定会遇到巨大风险，会遇到海上风暴的洗礼，没有一次远征像这次那样，由于各种因素和敌军的处置不当，在一开始就处于

---

① 详见本书第八章。——作者注
② 详见本书第八章。——作者注

有利形势。远征军启航前将近6周，一直都是东风，在仲冬的航行途中，好天气和有利的风向一直持续到舰队主力到达爱尔兰沿海。路上没有遇到一艘敌舰，敌人也就无法利用法军舰船拥挤不堪且战斗力低下的有利时机交战。虽然原因不同，就像拿破仑远征埃及那样，奥什的舰船也没有遇到任何强大到足以干扰他们的敌人，就过海到达了目的地。远征失败的原因在于法国海军的无力、物资的匮乏、水兵的短缺，训练有素的海军军官的流失以及因为这一系列因素导致的海军高级军官不愿实施这次远征的情绪，远征从未得到海军的积极支持。奥什是远征军的陆海军最高司令①，他通过痛苦的经历发现那些无能又毫不服气的部下是怎样拖延行动的，尤其在海军这个总司令官不具备专业知识的军种更是如此。第一位被任命为舰队司令官的维拉·儒瓦尤斯将军，清楚地了解舰队的种种缺陷，反对这次行动，因为从各种常理来看，舰队很可能一开始就会遇到英国舰队和极其恶劣的天气。他的意愿和海军部长特鲁盖②相同，想率一支8艘战舰组成的重型分舰队前往印度。去印度的话，只要一开始能避开敌舰队，就能在一条天气条件非常好的航道航行，能够让舰员们进行训练，他们在印度洋海域的兵力会优于敌军。尽管如此，特鲁盖还是将派舰队去印度和爱尔兰远征计划折中，打算在远征的海军舰队从爱尔兰返航后，再派舰船去印度。部长久居巴黎的几年时间里，维拉却是在几个港口度过的，所以他了解海军人员和舰船的可悲状况，对法国舰船返航后能执行他更中意的行动几乎不抱希望。

---

① 舍瓦利耶：《法兰西共和国海洋史》。——作者注

② 特鲁盖（Laurent Jean François Truguet，1752—1839）：劳伦·让·弗朗索瓦·特鲁盖，法国海军军官。13岁加入法国海军，法国大革命爆发前已经是一位有名的海军军官。1792年7月即晋升海军少将，指挥法国地中海舰队，参与入侵萨伏伊公国的行动。途经科西嘉时，他和拿破仑家族结识，一度和拿破仑的妹妹爱丽莎相恋，终其一生都与这个家族保持密切关系。1795年，他被督政府晋升海军中将，并且从当年11月开始出任法国海军部长，到1797年7月卸任。此后一度出任法国驻西班牙大使，因与塔列朗不合被解职。1804年，拿破仑称帝前夕，他公然写信反对，直接导致他被冷落5年，被剥夺一切头衔和荣誉。1809年，拿破仑重召特鲁盖为罗什福尔分舰队司令，后来让他去主持荷兰王国海军。特鲁盖不愿从事对外侵略工作，很快辞职。波旁王朝复辟后，特鲁盖被重新起用，在1819年被封为伯爵。七月王朝时期，他被授予海军元帅荣衔，1839年以87岁高龄在土伦逝世。——译者注

舰队司令官几乎不加掩饰的不同意见以及海军军官普遍的冷漠态度，使奥什对维拉是否愿意忠实履行职责产生了怀疑；在他的强烈要求下，15年前和维拉一样，都是伟大的叙弗朗部下最优秀舰长之一的摩拉德·德·加拉接任舰队指挥职务。新任舰队司令官就职后，像一位陆军军官那样恭顺，从未像维拉那样，提出任何自己的反对意见。一个组织由于长年被忽视和执行各种错误标准引发的种种根本性缺陷，不是一个年事已高的人能在短时间的匆匆准备中能克服的。多年以来，由于立法机关态度的反复和海军内部多位首脑人员的损失，在法国海军将要出发远征爱尔兰时，情况已经糟糕到如此地步。“上帝保佑我别和海军扯上任何关系！”奥什写道，“这是个多么混乱的军种！偌大个军种四分五裂，相互拆台，充斥各种矛盾，一个军事机构组织竟这样无力。再加上到处都是傲慢的无知和愚蠢的虚荣，你能看到的就是这种景象。可怜的摩拉德·德·加拉！他看上去又老了20岁，我多么怜悯他！”①

由于资源匮乏造成的管理困难，加上维尔纳夫和里切利未能如期赶到，都导致远征推迟。一开始确定的日期在初秋，后来改为11月1日，直到12月中都未能启航。里切利率5艘战列舰在11月5日抵达艾克斯岛的锚地②，他们的舰船经过长途巡航的磨损，直到12月8日，才能开往布雷斯特。11日，他们进入布雷斯特港，经过检测，发现5艘舰船只有2艘适合爱尔兰之行，为了等待这些船只到来，又推迟了行动，对这次远征的命运造成了负面影响。

12月15日，除了里切利的2艘战舰，远征军的所有舰船都已开动，缓缓经过古莱，傍晚在贝索姆和卡马雷的泊地落锚，准备出发——当时正是东风，风向有利。此时英军由于布里德波特和他的部将们采取的宽松谨慎的封锁体制，没有派战舰靠近布雷斯特港，港外只有两三艘快速帆船，摩拉

① 特鲁德《海战》第三卷第6页引述的胡斯兰《奥什传》内容。——作者注

② 位于罗什福尔外海。——作者注

德·德·加拉先派出了一支小型独立分舰队驱赶他们，希望能使敌人无法准确了解他的行动。这些快速帆船的高级指挥官爱德华·佩洛爵士派出一艘"月亮女神"号快速帆船去找科尔博伊斯[①]将军。科尔博伊斯是布里德波特派出的巡航分舰队司令官，在得知布雷斯特港进行的战备工作以后，分舰队已经增加到15艘战列舰，是平时冬季巡航分队的2倍。圣文森特勋爵有一句被奉为至理的名言"起东风时，（封锁舰队）应当在韦桑岛近海"，科尔博伊斯违背了这一点，将集结点设在韦桑岛以西约8里格的位置，快速帆船也要到那里去找他。他的分舰队大部分是三层甲板战舰，由于放弃在韦桑岛靠近陆地避风，被风吹到了下风位更远的位置，距离韦桑岛已接近50海里，直到19日，"月亮女神"号才找到他们，这时距离法军最终启航已经3天了。

佩洛是当时最积极的快速帆船船长之一，虽被追兵逼开，仍离得很近，第二天，他再度率自己的座舰，著名的"不倦"号（Indefatigable）和另一艘"革命"号（Révolutionnaire）快速帆船靠近港口，搜索法军锚地。中午，他再度看到了敌舰，没过多久，佩洛的警惕性得到了回报，发现敌舰队开动。中午，里切利的2艘战舰"飞马"号（Pégase）和"革命"号（Révolution）通过古莱水道。冬季短暂白天的下午2点到3点之间，远征军的所有舰船都立即开始起锚。佩洛派"革命"号去向舰队司令官报信，自己留下监视敌人的航行路线。

法军必须避免和英国舰队遭遇，还要避免被俘获或者掉队，保证到达爱尔兰以后兵力不会被削弱。为此摩拉德·德·加拉的第一个目标是避开科

① 科尔博伊斯（Sir John Colpoys，1742—1821）：约翰·科尔博伊斯爵士，英国海军军官。14岁加入英国海军，参加过七年战争、美国独立战争。法国大革命爆发后，他1790年应召重回海军。1794年4月晋升海军少将，在布里德波特的海峡舰队出任分舰队司令。1796年，他在执行对布雷斯特港的冬季封锁任务时，由于遇上风暴，未能及时阻止法国远征军离港。1797年，斯皮特海德发生大规模兵变，他下令陆战队员向兵变水兵开枪。由于年事渐高，他没有再得到出海的机会。1798年受封爵士头衔。1801年，在半退休状态下以资历获得海军上将衔。1803年起出任普利茅斯军港总司令。——译者注

尔博伊斯的舰队。已知这个英国舰队就在韦桑岛方向，从岛上不止一次发现过他们，里切利进入布雷斯特港时也发现过他们。如果这次出发没被察觉，那么让敌人无法料定目的地对远征的后续行动也会有利。因此法军舰队司令决定好好利用布雷斯特军港拥有两个出口的优势，杜哈角和德桑暗礁[1]之间有一条杜哈海峡。这条水道十分狭窄，其中一部分宽不过3海里，险滩遍布，夜晚尤其恐怖。为了让敌人对舰队动向一无所知，必须在晚上通过这个海峡，这在风向有利和优秀引水员领航的条件下可以做到。因此摩拉德·德·加拉一上路就下令舰队驶向杜哈海峡，通知各舰舰长，在通过海峡后，他打算向西航行100海里。到目前为止，为了让舰队保持一致行动，每一个指挥官都分发到一个密封包，包中的文件指导他们一旦失散该如何应付。这里应当说明的是，这些密封包只有舰船掉队时才能使用，密信指引通往爱尔兰南海岸，班特里湾附近米曾海德角（Mizen Head）的路线，那里是这次登陆行动的锚地。在那里，掉队的舰船会巡航5天，等待命令。

下午3点，整个远征舰队扬帆起航时，太阳正迅速西沉，天色阴郁，狂风骤起，舰船由于那些军官缺乏经验无法组成编队，都混乱无序地向那危险的航道驶去。航道距离舰队离开的锚地有15英里，天黑前无法到达。除了里切利外，将官们都离开了自己的战列舰，登上快速帆船，陆海军的两位司令官奥什和摩拉德·德·加拉同在“博爱”号（Fraternité）坐镇。夜幕降临时，风转向南吹，看来有引发事故的危险，在这种情况下要通过杜哈海峡似乎不可能。由于情况危险，科尔博伊斯的英国舰队还没出现，舰队司令发信号收回成命，指挥舰队顺风航行，走伊鲁瓦斯海峡出港。由于场面混乱，夜色渐浓，很多人没能理解这个命令。摩拉德的旗舰和6艘舰船（其中仅1艘战列舰）按照新命令行动，其他舰船都继续向杜哈海峡航行。这一来，出发伊始，两位主将就和他们指挥的部队分开了。摩拉德派出1艘单桅纵帆船去喊

---

① 见布雷斯特地图。——作者注

话或者发旗语信号，敦促其他舰船执行他的命令，于事无补，他们没法理解。英国快速帆船船长佩洛加剧了这种混乱，他将自己的船开进法军的几艘先导舰当中，和他们一起通过伊鲁瓦斯水道，通过点燃火箭、打出蓝色灯光、舰炮开火等方式，使法国舰队司令用类似方式想要向舰队传达的意思被他搅和得全无条理①。混乱之中，74艘舰炮的“迷人”号（Séduisant）战舰撞上了海峡入口处的礁石，彻底损毁，船上的遇难信号和枪炮声使得喧嚣的场景更加混乱②。下午8点30分，“不倦”号快速帆船看到和它混在一起的几艘法舰绕过德桑暗礁外端，向南转舵，无疑是希望能与他们的僚舰重新会合。然后佩洛驶向法茅斯，12月20日到达目的地。如果当时这个港口是海峡舰队，或者哪怕是它的一个较强分遣队的集结地，由于法军直到22日才到达班特里湾，都能及时截住法国人，当时是东风，距离不过250海里。

12月17日上午，法军已被分为彼此脱离对方视野的三部分，和两位陆海军总司令官在一起的是1艘战列舰和3艘快速帆船；舰队副司令官布维③海军少将身边有8艘战列舰和9艘其他舰船。17和18日，根据他得到的命令，继续向西航行。19日，他已经打开密函，到达米曾海德所在的经线位置，于是他改变航向向北航行，同一天远征舰队的第3部分也来会合。这样聚集到他麾下的共15艘战列舰，除了3艘不太重要的战舰和奥什与摩拉德的旗舰在一起之外，所有其他船只都和他在一起。在远征陆军之中地位仅次奥什的格鲁

---

① 在执行这一大胆任务时，佩洛一定程度上得益于他乘坐的快速帆船是从法国缴获的战利品，这艘船在当时很容易被误认为远征舰队中的一艘船。他与法舰的距离保持得非常近，经常仅在舰炮射程一半的位置。——作者注

② “迷人”号的舰员大部分得救了。——作者注

③ 布维（François Joseph Bouvet，1753—1832）：弗朗索瓦·约瑟夫·布维，法国海军军官。他是法属东印度公司一位舰长的儿子，美国独立战争末期曾在名将叙弗朗麾下参加东印度海域海战。法国大革命爆发后，他倾向共和派，1790年晋升为海军上校。1793年晋升海军少将，布雷斯特舰队分舰队司令，次年参加了“6月1日海战”。1796年底参与不成功的爱尔兰远征。督政府不满其表现，不久勒令他退役。拿破仑掌权后重获起用，《亚眠和约》达成后，负责指挥一个分舰队进占瓜德罗普岛。1803年起，他出任布雷斯特港军事总监。10年后，由于受到拿破仑猜疑，被迫去职。波旁王朝复辟后，他在1814年受封男爵。1816年晋升海军中将，次年退出现役。——译者注

希[1]，也和布维在一起，所以这位海军将军现在实际上掌握了远征军的几乎全部兵力。不幸的是，远征的灵魂人物，年轻、英勇、军事技能娴熟的奥什没有和布维在一起。这位声誉鹊起的拿破仑的有力竞争者，在对手的阴影之下，对在爱尔兰远征中重塑自己的荣耀寄予厚望。

除了一度出现的短暂西南风外，布维的整个航程都持续刮着东风，尽管时有雾气，有时还很浓郁[2]，19日所有与他在一起的舰船——远征军43艘舰船中的35艘，在12月21日清晨，都聚集在一起，能看见爱尔兰的海岸了。“天气好得不能再好了，”满怀渴望，精力充沛的爱尔兰人沃尔夫·托恩在一艘船上写道，“风向有利，除了我们的某些同伴不知去向外，一切都和期待的一样。在我写下这段文字的时候，我们正顺利航行，距离海岸至多3里格，我都能辨识出群山上的点点雪痕。奥什将军没来会合怎么办？如果根据我们得到的指示，在这里巡航5天，英国人就会来截击我们，那一切都结束了。（下午）9点，我们现在已经来到指定集结位置，一直待到次日（中午）12点才向海岸推进，离那里已只有一箭之隔。12点，我们换戗再度向海岸出发，就此开始规定的5天巡航……我们驶入班特里湾，在我的一生之中，都不曾像我们掉头时那样内心满怀愤怒。我们在持续快速换戗，风向变得不利了。”[3]

---

① 格鲁希（Emmanuel de Grouchy, 2ème Marquis de Grouchy，1766—1847）：艾曼努尔·德·格鲁希，二代格鲁希侯爵，法国陆军军官。格鲁希家是世袭侯爵，贵族出身令他在大革命初期的法军备受排挤，一度离开军队。重返军队后，他在1792年晋升上校骑兵团长，1793年在旺代平叛时晋升少将，不久又因为贵族出身被迫离职，直到1795年才重新应征入伍。远征爱尔兰时他出任奥什的副手。1799年在法国对俄奥联军的战斗中表现相当出色，得到拿破仑注意。拿破仑执政时代，他参加了多次重要军事行动。1812年出任第3骑兵军军长，随军远征俄国。1814年，拿破仑首次下台后，他被复辟的波旁王朝革去军职。这促使他在“百日政权”时期拥护拿破仑，他也成为拿破仑一生册封的最后一位陆军元帅。滑铁卢战役期间，他对法军右翼部队的指挥饱受批评。波旁王朝再次复辟后，他被迫流亡美国，6年之后才重返法国。——译者注

② “雾非常浓，我都无法看清一艘船的长度。大雾弥漫了一整天。”（《沃尔夫·托恩航海日志》12月18日。）“天气情况如此糟糕，科尔博伊斯司令官无法观察他自己的舰队，空气中雾气弥漫，喷雾枪不得不连续发射。”（《议会史》第三十三卷，1797年3月3日，第12页。）——作者注

③ 《沃尔夫·托恩航海日志》1796年12月21日。——作者注

风向不利不是因为风本身的变化，是因为从班特里湾入口航向湾头，方向是东北偏东。这样的风向对离开布雷斯特港有利，对正前方这段航程超过30海里以后的里程却不利。同样不幸的是，在沿班特里湾的子午线向北航行时，东风会让舰队不知不觉向西航行，所以法军第一眼见到的陆地不是入口东侧的米曾海德角，而是西侧的达西岛（Dursey Island）①。如果按照预定登陆计划，法军舰船可以环绕米曾海德海角贴近航行，到达达西岛内侧至少12海里的位置锚泊。现在运气抛弃了他们，风向不再有利，远征舰队的弱点开始令人痛苦地暴露出来。舰员们大多由步兵组成，娴熟的水兵很少，甲板上挤满的陆军士兵让每次转向都碍手碍脚，无法快速操作缆索和布帆，在前方30海里，舰队都要顶着强风在狭窄的海湾里航行，必须进行这些操作。在海湾里，每错过一杆距离，都需要矫正三到四次才能恢复到位。在海湾里，必须在得到指令的很短时间，就不断收帆或升帆、扬帆或拢帆、风帆的张开面积每半个小时就会发生变化。即使在海湾里没有其他舰船时，这样艰苦的操作都需要最出色明智的单舰操作能力。布维指挥的这样一支35艘舰船组成的，人员和装备情况都不尽人意的舰队在穿过彼此的通道时，会不断相互干扰，也就被迫不断让道，这就证明他们不可能到达班特里湾头，如果到了那里，倒可以获得躲避今后一星期强东风的避风港。

21日夜间和22日的整个白天，法国舰队持续转向上风位，临近黄昏时，布维将军和8艘战列舰及其他7艘舰船在“熊岛”（Bear Island）外海锚泊，距离湾头仍有12海里，其他20艘舰船仍在泊地外面航行。23日全天，东风劲吹，什么都做不了。24日，天气有所好转，尽管没有更多船只航行进来——20艘在泊地外航行的船只都被风吹向外海，布维将军还是决定尝试一次登陆。那些位于泊地的舰船开始航行，没能获得进展。“我相信，”怒气冲冲

① 詹姆斯：《海军史》第二卷，第7页。舍瓦利耶：《法兰西共和国海洋史》，第281页。——作者注

的沃尔夫·托恩写道，“我们已经换了300次戗，直线推进距离还不到100码。”日落时分，这支分舰队再度锚泊，当天晚上，海风加大，变成了风暴，在25日持续了全天，使任何一条小艇都无法操作。几艘船锚链滑脱，还有一些船锚链断裂。黄昏后不久，布维的旗舰“不朽”（Immortalité）号锚链断裂，开始向熊岛漂移。再度抛锚也没能让这艘船泊定，司令官便砍断了两条锚链，让船出海，同时打信号让他经过时能看见的其他舰船也这么做，还是有些船留在泊地，沃尔夫·托恩就在其中的一艘船上。于是，这艘船的上校舰长就成为留守泊地的现场最高级海军军官，这种情况一直到27日才结束。后来风力减小，留在泊地的舰船举行了一次军事会议，由于当时留在海湾的陆军士兵仅剩4000名，舰船也缺乏登陆所需的火炮、弹药和给养，于是决定必须放弃登陆意图。风向又变为西南风，可能会出现风暴，这个已经只有6艘战列舰和4艘较小船只的小分队，向布雷斯特起航，第二年1月12日到达目的地。布维海军少将比他们早很久，1月1日就抵达布雷斯特[①]。到14日，即远征军从布雷斯特起航后4周另1天，35艘舰船安全返航，尽管都已伤痕累累，历尽风险，好歹都已回到法国诸港，这里就不再赘述。“迷人”号在夜航中失事，包括它在内共5艘舰船因军官的原因丢失或被毁，另有6艘被英军俘获[②]。

关于这次近似戏剧性的历险还有一幕要说，那就是一艘战列舰的失事，后来又导致另一艘船令人惋惜的失事。这艘名字极具革命意味的“人权”号（Droits de l'Homme）在爱尔兰沿海一直坚持到1月5日，在发现它已经形单影只，全无希望后，开始向布雷斯特返航。13日，这艘船和2艘英国快速帆船遭遇，其中一艘就是佩洛的旗舰“不倦”号。2艘快速帆船向它逼近，就

① 1797年2月15日，布维未经督政府审判就被撤职，直到1801年在执政时代才重返海军。舍瓦利耶上校对此的看法是“他过早就对远征的成功丧失了希望……忘记了他在遭遇事故，掌握舰队主力之后，应当受到远征的巨大利益鼓舞。”见《法兰西共和国海洋史》第309、311页。——作者注

② 舍瓦利耶认为是这个数字，詹姆斯则认为被俘的法舰有7艘。——作者注

在黄昏前，这艘法舰失去了前中桅和主中桅。西风正猛，“人权”号的舰长担心随时会和实力更强、数量更多的敌舰遭遇，决定稳步向本国海岸航行。下午5点30分，帆动力毫无损伤的“不倦”号逼了上来，战斗开始了。1小时后，它的僚舰“亚马孙”号（Amazon）也进入射程以内。整个漫漫长夜，除了未受重创的英国快速帆船选定的几次中间休息外，战斗一直在进行，“人权”号的窘境在10点30分失去后桅后更加严重。海浪很高，英国快速帆船的舰员都泡在齐腰深的水里战斗，法国战列舰已经无法使用它的低舷炮了。最终，这场战斗中的唯一幸存者“不倦”号积水达4英尺深。14日凌晨4点30分，法舰一直在焦急瞭望的陆地突然在视野中出现。当时2艘英舰分别位于“人权”号舰艏稍前一点的位置，对敌舰的一侧都处于逆风，“不倦”号在南，“亚马孙”号在北。3艘船都在缓缓进入“奥迪耶尔恩”湾（Audierne Bay），一个位于布雷斯特以南35海里，在杜哈角和潘马克岩礁（Penmarck rocks）之间的无处避风的浅滩。“不倦”号经过不懈努力，两次顺风换戗后，终于离开潘马克岩礁0.75海里。当它天亮从那两艘船舷边通过时，“人权”号已经斜躺在海湾海底，海浪不断在船身激打。“亚马孙”号的处境没留给舰员们多少时间依靠操船技术脱困，也在北面2海里处搁浅。从这时开始，情况就不同了。训练有素，纪律严明的英国舰员都安全上岸。不幸的法舰上挤满了人，大部分都不习惯海上的情况，搁浅的位置离海岸还有很远一段距离，又让它遇到了其他不幸。接下来，舰员们在浅滩里受困3天，没有食物和饮用水。直到17日，风力减小，他们才有条件离开搁浅的舰船到岸上去，18日，最后一名幸存者离开失事的舰骸。战斗开始时，船上一共有1300名乘员，战斗伤亡达到260人，另有270人在搁浅沉船时丧生。

尽管爱尔兰远征舰队在布雷斯特港出发夜航，舰船首度失散后，分散开的大多数舰船还是聚集到一起，一同到达爱尔兰沿海，依然发生了非常令人诧异的情形，那就是远征军最重要的一艘舰船，两位陆海军总司令官的座舰，错过了这次会师，这不禁会令人心生好奇——旗舰“博爱”号快速帆船在这些关键的日子到底是如何行动的？17日失散时，旗舰身边有2艘快速帆船和1艘“内斯特”号（Nestor）战列舰。20日，2艘快速帆船也失踪了，只有“内斯特”号还留在它身边，后来查阅航海日志发现，如果当时笼罩大洋的浓雾散去的话，“博爱”号应当会进入舰队主力的视野，当时布维指挥的舰队主力，正向北朝米曾海德角前进。就在那个晚上，连“内斯特”号都跟丢了。12月24日，“博爱”号正向班特里湾航行——当时舰队主力已经到那里了，发现了一艘看似战列舰的船。由于那艘陌生船没有回复发出的信号，“博爱”号向西逃跑，当发现自己要被追上时，将一些舰炮推到了舷外。当晚，追兵终于被甩掉了，于是这艘快速帆船再度向班特里湾进发，将布维吹出锚地的同一阵强劲东风现在向它迎面刮来。到29日，奥什和摩拉德自从和“内斯特”号失散后，首次和远征军的同伴相遇，这是一次悲伤的会师。“斯科弗拉”（Scevola）号正在下沉，另一艘由于在班特里湾的严重碰撞也受了重伤的“革命”号（Révolution）正在抢救“斯科弗拉”的舰员。“革命”号的情况非常危险，当时船上足有2200人，仅有8天的粮食，奥什和摩拉德了解到班特里湾内的船只都已四散，于是决定一起返航。这2艘船在1月13日抵达罗什福尔。凭借奥什的军事热忱、卓著的威望和对这次远征成功的强烈个人兴趣，是否能战胜班特里湾的障碍还是个疑问，那些障碍着实打垮了不温不火的布维。几乎只有两位司令官搭乘的舰船未能抵达爱尔兰沿海，对一支大规模远征舰队来说，肯定是一种极不寻常的情况。

根据前文的叙述可知，法军登陆的成败完全取决于他们在班特里湾入口到湾头之间30海里航程航行的能力。诸如法国人征服或救助爱尔兰最终成功的前景如何的想法——一种纯粹的假设，与其说取决于军事因素，不如说更多取决于各种政治和经济因素——不过毫无疑问的是，他们已经成功越过了海洋，几乎到达目的地，不仅不必在意英国海军，甚至都没看见过他们。12月21日，远征军主力已到达班特里湾湾口。直到22日，监视舰队，或者毋宁说被派去在布雷斯特外海监视的舰队指挥官科尔博伊斯，才知道他们确实已经起航，接下来就根本不知道他们航向何处。朴次茅斯的布里德波特在同一天收到了消息，或者由于佩洛的勤勉和远见，在前一天就已得到消息。直到12月31日，伦敦得知敌人确实在爱尔兰沿岸外海出现，布里德波特的舰队都还没出动。只是由于持续的恶劣天气才阻止了登陆，即便是布维，在天气较好的条件下，也会毫不犹豫地实施登陆。如果没发生其他损害，法军一定会占领仅45英里之遥的科克（Cork）。“我们提出进行一场看谁先占领科克的竞赛，就像被魔鬼附体一样。”沃尔夫·托恩在他的日志中写道。由此会造成的严重打击可想而知，因为那里囤积着价值150万英镑的军需和补给，包括下一年度供给海军的粮食。当时爱尔兰是海军粮食补给的巨大来源基地。

对拥有巨大兵力优势的英国海军来说，这是个接近耻辱的失败，在当时和今天，都吸引很多人去探究原因。当年因惊恐和失望引发的一片哗然早已消失，这一事件提供了一个丰富的研究课题，即海峡舰队的部署在多大程度上符合运用于海上的战争原则。

显而易见，任何人都会不假思索地认为，一个负责挫败敌国海军一系列联合行动的舰队，最适合的位置就是紧挨敌军最大规模分队一定会出航的港口海区。敌舰队一旦离港，目的地又未知，部署的位置就只能依靠猜测和假设，如果猜测被证明正确，就会被称为“睿智之举”，身价陡涨，如果本可以避免敌舰逃脱，则后来的正确猜测无法掩盖原先的部署失误。罗列许多战例会令人乏味，这里就举本书在其他章节详细阐述的两个例子，即：1799年，布里德波特让布吕克斯逃脱①；1805年，纳尔逊在维尔纳夫逃脱后采取的行动②。不过在后一个例子当中，纳尔逊将军不在土伦港前巡航理由充分，势在必行。

1796年的最后几个月出现了类似的困惑。英国政府和海峡舰队司令得知

① 见本书前文第十章。——作者注

② 见下文第十六章。——作者注

布雷斯特港正在为一次大举远征备战，他们有理由担心西班牙人会配合这次行动。英国国内对这次远征目的地的看法出现了意见分歧，从法国政府大量散布的报道来看，目标可能是英国的盟友葡萄牙，可能是前哨站直布罗陀，也可能是附庸国爱尔兰。唯一能确定的事情是，远征军最确切的规模最大的部队就在布雷斯特备战。陆军部队正在那里集结，远超出部队使用数量的大量武器正在被装运上船①，证明他们希望得到登陆地区居民对军事行动的配合。这样的情况下，需要落实三件事：1．在布雷斯特港前部署一支比港内敌人舰队占优的舰队；2．由于要应对强劲西风的危险，重型战舰必须保持海峡畅通，要派一支更易操作的舰船组成的先遣分舰队逼近港口，一旦敌舰队出港，它的实力要足够保住阵位，如果敌人起航，应当能够有能力保持接触；3．由于爱尔兰是目前受到威胁的各地当中最重要的利益所在地，政府应当向舰队司令指明应当掩护的地区，以防备舰队司令失去敌舰队行踪的情况出现。这三条中的第一条总结了主要的战略要求，为实现其战略要求，其他所有战略部署都应为它服务；第二条属于战术性质，事关根据战略考虑选定的阵位该如何部署兵力；第三条是为了预防万一，构筑第二道防线，即一旦第一道防线被敌舰队突破，指定防御舰队退守的位置。

科尔博伊斯舰队的15艘战列舰与法军相比显然不占优势，如果与远征军遭遇，也不足以完成英国政策和需求迫切需要的那种毁灭性打击。另外，一个军人不像岩石那样没有生命，一经放置就可以多年不变。军人是一个活生生的有机体，每天要补充营养，不断消耗物资，还需要时常轮换。如果根据主要战略要求，在布雷斯特港前部署一支能够胜任的舰队，那要在那里维持它，就涉及一系列次级战略性补给，这在陆战当中被称为维持“交通线”。战舰会遇到各种事故，会因此损耗老化；舰队官兵要消耗淡水和粮食，舰员

---

① 《议会史》第三十三卷，第113、116页。沃尔夫·托恩称船上装载了远征需用的41160支滑膛步枪。（1796年12月22日航海日志。）——作者注

会由于疾病减员，也需要偶尔回到港口休息。法国人无法威胁这些交通线，不过英国人由于预见性不足和航程遥远导致的随时可能发生损害，如科尔博伊斯舰队那样承担这种任务的舰队可以通过两种方式休整。或是被一支同等数量的舰队替换，返回本国，或是不断有新舰加入的同时也不断将旧舰逐次送回后方休息。无须赘言，后一种方法肯定比前者好，能够保持人员和管理方面的连续性，前者会有所破坏。不仅如此，另一种体制在港内预留了一个与巡航舰队兵力相等的分舰队——这种荒谬的分配比例违背了所有的战争原则，将有生力量平分为两个仅仅能彼此替换，连表面上都无法相互支援的集群。

执行类似布雷斯特封锁任务的舰队规模应多大，需要依该国能够补给物资的最大数量而定。一支预备队的比例应当确保通过往返轮换，前方的任何战舰都不会出现筋疲力尽，或者物资供应短缺的问题，通过成熟的预先规划应当可以应对。预备队部署的位置显然极为重要，当然，预备队的位置应当尽可能靠近主力，对于帆船来说，位置最好有利于它们能顺风执行任务，因为逆风不仅意味着由此造成的时间损失，还会经常因为时间流逝贻误战机。因此，在那个非常时刻，当东风吹起时，对舰队从朴次茅斯前往爱尔兰有利，布里德波特的舰船却无法利用这个条件，因为他们都无法越过从斯皮特海德到海伦斯的3海里航程。和船厂之间的距离也不应成为决定预备队驻地的条件，应当根据战区的可能位置来布置船厂的位置。反过来说，一艘能够行动的军舰最不该派去的地方就是船厂。当时的海军军官和现在一样都知道，军舰一旦进入船厂就成了为“健康”过分担忧的“患者”，它的“医生”们就像其他地方的“医生”一样，会迎合“患者”的“小疾”，来提升他们的“医疗业绩”。一支可用的预备舰队是一回事，舰船需要在船厂维修就是另一回事了；因此不能将保持一支预备舰队和将预备舰队部署在船厂或其附近这两个不同的概念混淆。准确的说法就是，预备舰队就是为了整体利益考虑，在进行短期休整，准备好立即投入战斗的那部分可用兵力。

有一些事实可以证明，当时的英国政府和海峡舰队司令对这些军事原则有多么无知。预备舰队的泊地在斯皮特海德，这个200海里以外的锚地，兵力和布雷斯特港前的分舰队相等。政府授权的辩护人在议会下院说道：“政府认为最明智的计划是将舰队分为不同分队：一个分队在布雷斯特外海监视敌人，并且在远征军起航时阻截他们，另一个分队在国内根据需要替换布雷斯特外海的那个分队，或者在敌人起航时进行追击。”[①]法国舰队从布雷斯特逃脱后，科尔博伊斯12月22日才得到消息。他得到的命令不包括如何应对这种突发事件，在不确定的情况下，他一开始决定保持原阵位[②]，没有什么决定能更加让法国人满意了，此前法军绕那么大一个圈子就是为了避免在那个阵位和英军遭遇。这位司令官和所有人一样对情况都不了解，很快便改变主意，决定去法茅斯附近的利扎德海角外海，认为在那里能获得情报。[③]在到达英吉利海峡入口处的地方，他发现有几艘战舰缺少必需品，天气使他无法从其他舰船上将物资调给它们。[④]英国海军部对这种说法有异议，也承认其中一些船的淡水储备量不足。[⑤]如果有一支运作合理的预备队支援，前方有一些舰船也许会出现物资短缺——都是那些在预备队到来后接下去就转向回港的船——很明显当时受到影响的船比例已经非常不合理了。对这么多舰船出现物资短缺的解释是，柯蒂斯分舰队的7艘战舰按计划应该已经替换这些舰船，由于某些原因，他们的行程被推迟了[⑥]。无论是什么原因，预备队行动不力的结果就是科尔博伊斯，这样一位身处糟糕体制的优秀军官，只得调转船头，奔向斯皮特海德，并于12月31日抵达，比法国远征军到达班特里湾晚了一周以上。

---

① 《议会史》第三十三卷，第12页，“邓达斯的演讲稿”。——作者注
② 《议会史》第三十三卷，第13页，“邓达斯的演讲稿”。——作者注
③ 《议会史》第三十三卷，第109、111页。——作者注
④ 《议会史》第三十三卷，第109页，“阿尔伯马尔勋爵的演讲稿”。——作者注
⑤ 《议会史》第三十三卷，第111页，“第一海军大臣斯宾塞勋爵的演讲稿”。——作者注
⑥ 《议会史》第三十三卷，第13页，“邓达斯的演讲稿”。——作者注

当这位次级舰队司令受到政府和他的总司令不力措施困扰时，那位总司令官还优哉游哉地准备将他从布雷斯特外海替换回去休整。21日或22日，布里德波特惊悉法军启航出动的消息，还回复说他会在4天内准备完毕——在英伦三岛即将被入侵时，他手下还真有一支“有力”的预备队。25日，他率舰队上路，立即证明了斯皮特海德多么“适合”充当预备队的基地。只有8艘战舰在当天成功到达圣海伦斯，随后风向突变，转为东南风，“虽然对他去海上有利，却直接阻挠那些正从斯皮特海德前来和他会合的舰船。”[①]布里德波特认为只带领8艘战舰启航不够慎重，于是为等候其他船只，一直耽搁到1797年1月3日才离开圣海伦斯（朴次茅斯）——就是最后一艘法国舰船放弃班特里湾的前一天，他出航时带领的14艘战列舰，正好和刚回来的科尔博伊斯舰队数量相等。在决定性的地点部署一支不充足的兵力，维护也不够，依赖的一支预备队和自己规模相当，却没有做好准备，驻地也不合适——这些是战略部署的明显错误。

战术错误也同样明显。主力舰队的阵位距离海岸太远，东面的风暴一旦刮起，根本无处庇护。舰队里有一些三层甲板战舰[②]，这些船可怜的航行能力使它们在应对恶劣天气造成的最小幅度漂移时都无能为力。结果，在关键时刻，科尔博伊斯的舰队没有像圣文森特格言所说的那样“在东风时靠近韦桑岛”，而是在韦桑岛西面40海里之外，“与一股新起的东南偏东大风搏斗”[③]，第二天又被南风赶到了北边。在这种情况下，任何对伊鲁瓦斯海峡的警戒都是无用的表演。这种警戒最根本的缺陷在于，敌人只要派出一支小规模分遣队就能将警戒部队从警戒位置逐出，自身不会因此被削弱。像这种情况下，法军派出2艘战列舰支援的6艘快速帆船，难道还不能将英军的3到4

---

① 詹姆斯《海军史》第二卷，第20页。——作者注

② 科尔博伊斯的15艘战舰中有4门是98门舰炮以上的战舰，见绍姆伯格《海军年鉴》第四卷，第525页。——作者注

③ 詹姆斯：《海军史》第二卷，第20页。——作者注

艘警戒快速帆船驱逐吗？监视布雷斯特港的恰当做法是派出一支中等级别的战列舰组成的有力分遣队，这些舰船应当便于操作和经得起天气考验，只有通过战斗损失才能被削弱。与这样一支大型分遣队相应的是舰队主力就在他附近，随时准备提供支援。整个理论总结起来就是，前方分遣队尽量靠近敌港，否则无法监视；分遣队规模要够大，否则无法立足；舰队主力的距离也要靠近，否则先遣队就会面临危险。

在当时的现实条件下，也难怪严谨的英国海军编年史作者詹姆斯会这样记载：“在法国舰船从各个方向在爱尔兰和英吉利海峡间穿行的三到四周时间里，受命‘看管’他们的两支英国舰队（布里德波特和科尔博伊斯）都没能捕获哪怕一艘单舰。”“法舰由敌舰造成的损失主要是由于英国的1艘64门炮战舰和4到5艘快速帆船的积极行动，这些英舰12月29日就停泊在科克港内。”确信法军回到布雷斯特以后，布里德波特就回到斯皮特海德，继续执行旧制。海军部在议会强调他们已经做了一切被期许的事情，第一海军大臣甚至宣称，即使是一次调查也会被认为是对海军不当的非难①。

顺带一提，从这种懒散无能的战争指挥可以看出，即使考虑到水兵当中存在的所有不可否认的不满情绪，同样懒散的管理精神也要对海峡舰队的军纪涣散负责。这种糟糕的军纪很快就会公开化——1797年水兵中间的哗变，还有在一段日子以后，圣文森特被任命时，军官们公然抗命不遵，这两件事都说明了海军总指挥官手腕不力。一旦政府负责选定舰队总司令官后，他们对海军这样一个技术性专业领域，尤其需要依靠这个人来加强军纪，选择适合的措施，这些措施要立即可行，要能够实现战争目标。他比其他任何人都应当为失败负责，因为他比政府清楚，或者应当比政府更清楚，舰队能用来做什么事，真实的军纪情况，还有他自身的能力是否能完成某项任务和支援另一项任务。只有通过他，政府才能发挥作用。如果在没有撤换他的情况

---

① 《议会史》第三十三卷，第115页，“斯宾塞伯爵的演讲稿”。——作者注

下，政府就忽视他的权威或者越级行事，危害就会接踵而来，总司令官对政府的慷慨信任和衷心支持，应当以不懈的努力回报，否则就应辞职。

转而采纳圣文森特伯爵的主张，既是一种解脱，也很有益。1799年8月，在从地中海回国后，由于布里德波特辞职，他被选中在次年4月接任其职务。据说，当这一任命传开后，一位海军上校舰长在前任总司令的桌前祝酒时说："愿地中海的军纪永远不被带进海峡舰队。"如果传言属实，这位舰队司令（可能是布里德波特）听到这句话竟然没有丝毫训斥，那就再没有什么能比这个简单的事件能更有力地说明他在军中的尊严和控制能力已经沦落到何种程度了。[①]也许无须多言，圣文森特以他在过去的指挥职务上同样决不妥协的坚决态度，回应了这种局面。

这里我们感兴趣的不是他带来的严明军纪，而是他对封锁布雷斯特和海峡舰队对封锁支援行动的管理。部署在布雷斯特海域的兵力大增，圣文森特一度使兵力保持在30艘战列舰，由于海军部的命令才有所减少，但从未低于24艘。[②]集结地，也就是舰队主力围绕行动的中心阵位，要尽可能容易找到，从韦桑岛以西8里格移到"韦桑岛旁，东风一吹就能到的地方"。这位总司令官对这道命令的理解，可以从他一度将舰队移交给副司令时所下达的指示里看出来："我以最强烈的方式建议你在东风时距离韦桑岛绝不要超过6到8里格；在刮西风时，只要天气允许，尽可能接近德桑暗礁；如果天气允许法国舰队溜出布雷斯特，要占据潮头的位置，以便观察近岸的分舰队。"[③]在另一封信中，他重申道："分舰队行动的原则是，在起东风时，夜间……顺风换戗，这样白天就能距离韦桑岛2里格以内。"[④]夏季到初秋的几个月，舰队一直采取这种做法，那时他自己也一直都在船上，整整121天

---

① 塔克：《圣文森特伯爵传》第二卷，第10页和70页，后一页的说法来自圣文森特给第一海军大臣的信件。这一事件发生在布里德波特的旗舰"皇家乔治"号上。——作者注

② 塔克：《圣文森特伯爵传》第二卷，第58页。——作者注

③ 《圣文森特勋爵传》第二卷，第13页。——作者注

④ 《圣文森特勋爵传》第二卷，第114页。——作者注

当中，除了有一天由于大雾影响之外，舰队天天都通过信号和在韦桑岛与布雷斯特之间占据阵位的近岸分舰队联系。[①]

为了使舰船保持最大最持续的战斗力，换句话来说，为了维持交通线，他的关注和警惕从未中断。尽管没有明确规定，从他的信件当中明显能看出，舰船并没有大量进行维护和修整，而是以单舰或者小规模的方式进行。他写道："起草命令去应付各种推诿、逃避和无视职责的行为，令我焦头烂额，舰队里八分之七的舰长都找出各种理由想回港口过冬。"[②]舰队的所有军官为此都一直承受很大压力，尤其是那些驻守在锚地管理和监督舰船维修和军需补给的军官，因为舰船必须尽最大可能抓紧时间完成这些工作，回到海上去。"在普利茅斯海峡和考桑德湾停留的时间不得超过6天，除非需要更换桅杆，即使出现这种情况也不能超过10天。"[③]圣文森特在给威特谢德[④]海军少将的信中写道："有些战舰曾不得已被送入考桑德湾，万分感激你费心竭力，火速处理好这些舰船。如果没有这种有力援助，我为实现内阁愿望的所有努力将成为徒劳。"[⑤]为了达到这一目的，他发出了一条曾引起极大抱怨的命令，规定自舰长以下全体军官应当在舰船上留宿，即使上岸也不得离开海滩超过3英里。

他竭力采取自己与叙弗朗及纳尔逊行之有效的手段[⑥]，努力保持创造舰船的自给能力，让他们尽可能不要进船厂，在阵位上坚守到最后一刻。1801

---

① 《圣文森特勋爵传》第二卷，第24页。——作者注

② 塔克：《圣文森特传》第二卷，第114页。——作者注

③ 塔克：《圣文森特传》第二卷，第80页。——作者注

④ 威特谢德（Sir James Hawkins-Whitshed, 1st Baronet，1762—1849）：詹姆斯·霍金斯-威特谢德爵士，初代准男爵，英国海军军官。他11岁从军，美国独立战争期间在罗德尼麾下服役。1786年和平时期曾在牛津大学进修，并且在欧洲各地旅行。法国大革命战争爆发后，他先后担任过海峡舰队的几艘战列舰舰长，后调归地中海舰队建制，参加了圣文森特角海战。1799年2月，他晋升海军少将。英法之间短暂的和平结束后，他开始出任后方海军基地司令官，为舰队后勤做出了诸多贡献，1804年晋升海军中将，1810年晋升为上将，1830年获得爵士头衔，1834年受封准男爵，1844年获得海军元帅崇衔，5年后在伦敦家中逝世。——译者注

⑤ 塔克：《圣文森特传》第二卷，第78页。——作者注

⑥ 见《纳尔逊急件》中1800年2月1日，纳尔逊给圣文森特伯爵的信件。——作者注

年2月，他在信中写道：“当前北欧的风暴正要来临，有必要让皇家港口所有还能浮起来的舰船配备完整，我部下的任何船只在锚地完成这项工作以后，都不得在普利茅斯或朴次茅斯滞留。”[①]风暴和距离的问题是他考虑的重点。托贝和位于普利茅斯海峡的锚地卡桑德湾，成为舰船进行常规修整的地点，在他离开布雷斯特外海前线时，给副司令官下达了这样的命令：“除非有海军部或者我的特殊命令，否则任何情况下都不能允许任何舰船前往斯皮特海德。”最后，当他受困于健康原因，放弃在海上直接指挥舰队时，再次像在地中海任职时期在直布罗陀那样，将自己安置在对布雷斯特舰队战斗力第二重要的地方，就在托贝附近的房子里，俯瞰锚地，直接管理那些被送来修理和补充物资的舰船，监督他们的修整工作，火速将他们派回海上。简言之，当他无法随主力行动时，就选择一个地方亲自负责预备队和补给事宜。

在布雷斯特港前聚集一支大规模舰队，通过持续地运输补给物资以及不断用修整后的战舰替换受损战舰，维持其高效战斗力，从而在敌军港外圈定一个集结阵位坚守，这就是圣文森特采取和强制执行的战略措施。为防止法国海军脱逃的图谋，将舰船部署在港口前，一旦敌人出港，便迫其交战，这应当被称为一种战术性手段。可以用他自己的话来说：“一支5艘战列舰的分舰队在刮东风时，一直在‘布莱克礁岩’（Black Rocks）和‘波尔盖特浅滩’（Porqnette Shoal）。”（距离出口约10海里）“在内侧，及这两地和古莱之间，一支快速帆船和巡逻艇组成的分舰队日夜在古莱出口处巡弋；在外部的韦桑岛和布莱克礁岩之间，有3艘战列舰巡航，准备支援锚泊的5艘战列舰。”[②]因此一直有一个8艘战列舰的集群处于警戒位置——兵力

---

① 塔克《圣文森特传》第二卷，第121页。现代舰船的情况要复杂得多，比圣文森特的舰船更容易出现问题。除非像他那样付出成倍的艰辛去保持舰船的自给能力，否则军官们和船厂将会对舰队实力造成比他那个时代更严重的流失。也许在这种条件下，进行防患未然的管理，能够提高舰队的战斗力。——作者注

② 塔克：《圣文森特传》第二卷，第13、88页。——作者注

足够强大，要想将它们驱逐只有正面开战，那正是英国人的目的，此外按照它们的部署位置，即使内侧分队做不到，至少外侧舰船可以每天都通过信号接收主力的指示，舰队的所有各部可以互相支援。圣文森特写道：“除非能让舰队各部能够互相支援，否则这些舰船可能不会有必须保持自己阵位的信心——在我被赋予现在的指挥权之前，封锁任务频繁出错正是由于这个原因。”①

圣文森特从一个海军将官的角度，对舰队所处的各个区域的情况进行了专业研究，这同样可以用他的谈话来证明，前文已经引用过一些。“在刮东风时（只有东风时敌人才能出港），我再也找不到一个像韦桑岛外海这样便利，风险又那么小的阵位了。”他在另一处又补充说明道，“由于涨潮的持续时间和强度，”②“当海潮剧烈时，白天你可以在韦桑岛和布莱克礁岩之间找到许多躲避风浪的地方。”③布雷斯特的封锁任务由若干常驻分遣队完成，舰船数量由2到4艘战列舰和一定数量的快速帆船组成，在杜哈海峡南面到基伯龙湾，组成一道警戒封锁线，阻截各种法舰，尤其是布雷斯特港口取得补给品要依靠的沿海贸易船。其他巡航舰船则都沿比斯开湾，从卢瓦尔河口一直到腓尼斯特雷角的各沿岸水域驻防，它们的船长还专门煽动和鼓励逼近和搜索海岸的行动。巡航舰船进行的各种“破袭”征讨行动，俘获了许多小船，这些小船经常被用来运载供给布雷斯特舰队的军需品。通过这种方式，如果敌军不出港战斗，打破封锁，那他们势必很快会因为基本补给品耗尽失去战斗力。1800年，在布雷斯特港内共有48艘法国和西班牙的战列舰，这是一年前布吕克斯巡航行动后遗留在港内的战舰总和，法国人的记载充分

① 塔克：《圣文森特传》第二卷，第14页。——作者注
② 塔克：《圣文森特传》第二卷，第14页。——作者注
③ 塔克：《圣文森特传》第二卷，第115页。——作者注

证明，英国人的目标很快就能实现[①]。

在圣文森特接管指挥权后，立即采纳和执行的这些措施，清楚地证明了政府对海峡舰队司令官无可避免的依赖，政府无力设计和执行一套能有效实施这项必要又充满危险性任务的体系。只有一个纯粹、具有特殊魄力的海军专业人员，才能制定和执行这项要求巨大精力和牵涉重责大任的方案。很难找到一个像圣文森特这种性格的人来实行他的方案，政府还受到担任某项指挥职务要求相应军衔的传统制约。这种用人体制如此强大，以至于1801年圣文森特都只得向它屈服。在对哥本哈根至关重要的远征中，他哀叹纳尔逊"肯定有这个能力，军衔却不足以担任总司令职务"。这一职务委任了海德·帕克爵士[②]，圣文森特"对此人并不十分信任，因为他从未接受过考验"。[③]后来，当圣文森特伯爵成为第一海军大臣时，非常幸运地遇到康华利将军，在他身上发现了男子汉的魄力，他的才智水平姑且不论，至少他拥有前任的全部勇气和韧性。为了晋升到海峡舰队总司令要求的军衔，要经受长年累月的压力，加上身体虚弱，如果再缺乏男子气概，就会产生缺乏活力和逃避责任的倾向，要知道甚至连圣文森特都由于身体虚弱的折磨在冬季都被迫转移到岸上。圣文森特的前任布里德波特勋爵当时已经70多岁了，他的第一位继任者海德·帕克爵士宣布他"在西风和西南偏西风劲吹的季节（冬季）里，不会冒险随整个舰队留在布雷斯特外海。"[④]这个

---

① 见特鲁德《海战》第三卷，第190、222和223页，1800年与1801年。"我们在布雷斯特（1800年）没有粮食也没有器材。法西舰队仅仅在数量上能被考虑。"见舍瓦利耶《执政时代的法国海洋史》，第10页。——作者注

② 海德·帕克爵士（Sir Hyde Parker，1739—1807）：海德·帕克二世爵士，出身英国海军世家的海军军官。少年时代在他父亲的船上服役。从1766年起长期在西印度群岛和北美海域服役，参加了美国独立战争期间的多次战斗。法国大革命战争爆发后，他于1793年获得海军少将军衔，在胡德勋爵指挥的地中海舰队服役。1794年7月，即晋升海军中将，继续在霍瑟姆指挥的地中海舰队服役。1796年至1800年间，出任牙买加海军基地司令，主持西印度群岛的海军行动。1799年2月，晋升海军上将。1801年，他负责指挥远征波罗的海的英国舰队，在副手纳尔逊的出色表现面前，显得黯然失色。——译者注

③ 《圣文森特传》第二卷，第136页。——作者注

④ 《海军年鉴》第四卷，第520页。——作者注

决定本意可能只是想表示谨慎，但这样公开声明，按照纳尔逊对他的评价来说[①]，似乎证明他尽管是个勇敢的优秀海军军官，却无法满足这项艰苦任务的要求。

尽管圣文森特勋爵对自己的部署非常满意，但无疑从未徒劳地奢望过敌军能永远不逃出港口。相反，在他接管指挥权初期，还是在气候相对宜人的5月，就有一场可怕的飓风，将舰队直接吹进了托贝，这令旧体制的拥护者欢欣鼓舞。他很清楚，舰队肯定会不时被风暴吹走，那样在他们返回之前，敌舰队就有可能全部或部分逃脱，尽管事情发生的可能性不大。为了应对这种突发事件，他建议政府给那个会留在布雷斯特港外海的近岸分舰队指挥官，准备一个装有特别命令的密函，只有在敌舰队出动时才能打开[②]。1796年，政府未能向科尔博伊斯将军提供这种特别指示，遭到反对党的猛烈抨击，称为1796年政府犯下的严重错误，这种说法颇为公正[③]。赋予现场指挥官较大的自主决定权是合理和明智的——锱铢必较的指示就不是指导而会成为束缚。在当初科尔博伊斯那样的情况下，由于对敌人的目标一无所知，只知道第一道防线被突破，不知道第二道防线的哪个部分将会遭到攻击，他有权准确地知道，政府认为在受到威胁的各个利益所在地当中哪里是最重要的。这个决策应该是政治家做出的，并非由海军指挥官来确定。1796年，人们不仅清楚地知道爱尔兰是最薄弱的环节，内阁大臣们掌握的情报，也几乎可以确定，敌军的目标就是那里。

1800年，就在布吕克斯1799年逃脱以后的一年，情况又稍有不同。爱尔兰人的不满，或者说至少是对英国的不忠，表明他们已不可靠，会被敌人利用，当时法国已经在地中海取得埃及和马耳他——第一执政特别钟爱的利益所在。那些宝贵的领地正处于生死关头，法国尝试救援那些地方比起再度

---

① 见下文第十三章。——作者注

② 塔克：《圣文森特传》第二卷，第105页。——作者注

③ 《议会史》第三十三卷，第111—116页。——作者注

进攻爱尔兰可能性更大。因此，圣文森特在给海军部首脑的信中，以非常符合他身份又十分得体的语气建议："在当前情况下，我处于这样一个关键时期，为了更好地为公众服务，向阁下提出一些意见，"他建议给布雷斯特近海分舰队司令詹姆斯·索玛莱兹爵士下达明确命令，"如果法西联合舰队在我能回到集结点以前出港，他在这种情况下，应当将8艘战列舰部署在我和古莱之间，向加的斯进军。"他又补充道，"因为我将有足够的兵力保卫英国和爱尔兰，不必将他的8艘战舰计算在内①。"这样的指示使方案更为完备，精确而不拘泥于细节，一旦保卫第一道防线的谨慎警备措施受挫，将为组织第二道防线做好准备。

圣文森特采取的部署成为一种标准，在随后对布雷斯特的监视行动中被沿用下去。1801年2月，他从海峡舰队总司令官升任第一海军大臣。在这个职位上，他自然坚持自己的想法。如前所述，他发现康华利是采取这些措施的非常适合的人选。1804年5月，他所在的内阁辞职。尽管他作为一名行政官员引起了多方面批评，可以说名誉扫地，他杰出的军事才能仍无可置疑，对布雷斯特的封锁方法原则上也非常可靠，并且建立了稳固的基础，无须大幅修改。在1803年到1805年间的艰难岁月里，英国独自与法国面对面拉开架势，这种情形更多是一种警惕性的不安，并非行动上的紧张，海峡舰队牢牢牵制住法国的这个大军港。纳尔逊追击维尔纳夫得到的赞誉实至名归，然而如果不是康华利鲜为人知的坚韧，这次追击可能会是徒劳。康华利成功阻止冈托姆出逃，是挫败拿破仑舰队联合行动的最有力因素之一。倘若没有按照圣文森特采取的方法封锁布雷斯特，因"特拉法加"得名的伟大海战可能会在别处进行，战役的结局也可能不同。

这种严密封锁和对从北海的敦刻尔克到西班牙边境的法国沿海持续骚扰的结果就是，使布雷斯特这个建造和装备战舰的港口陷入瘫痪，同时使任

① 地中海更需要他的这些战舰。——译者注

何牵涉到布雷斯特舰队的舰队联合行动要想成功都非常令人怀疑。从历史上来看，这种结果似乎不那么明确，因为法军多次试图出港失败并不为人所知，而一次偶然的成功就广为流传，给人留下了与真实重要性不相称的印象。例如，1801年1月，封锁舰队由于一场猛烈的东北风暴无法保持封锁的严密性，冈托姆率领7艘战列舰突围。人们就更多考虑有法舰成功脱逃，却忽视了以下事实，法军为利用这次天气的有利时机出逃，使7艘战舰中的6艘损坏严重，无法执行他们的任务。他们无法前往埃及，于是去了土伦。当时的航海日志提到了偶尔进行的几次分舰队的小规模出击，后来又很快回到锚地。特鲁德著作的1800年至1801年部分①，言简意赅地生动展现了英军监视的严密性和港口面临的窘境。波罗的海和地中海的远程海军补给品来源被切断，通往这两处的海路都挤满了敌军的巡航舰船，水运总是比陆运更容易，运输量更大，当时建造和装备船舶的数量庞大的笨重物资也只能靠海路运输，海路被截断使得要装满布雷斯特的军需仓库变成不可能完成的任务。

布雷斯特的困境部分是上述原因造成的，更重要的原因在于拿破仑的敏锐军事洞察力——这种洞察力只有在面临海军专业技术难题时会出问题，认识到在斯海尔德河部署一支海军对英国的威胁，于是决定忽略布雷斯特，集中主要精力在安特卫普创建一支海军。在之后多年时间里，这种先入为主的观念在某种程度上形成了家长对孩子偏爱似的感情。1814年，形势越发对拿破仑不利时，他亲口承认，那段时间，如果他能放弃安特卫普的话，是能够接受反法同盟的条件的。安特卫普邻近阿尔萨斯（Alsace）、洛林（Lorraine）和勃艮第（Burgundy）的森林，能够从毗邻莱茵河及其支流的地区得到亚麻和大麻，并且可以从卢森堡、那慕尔（Namur）和列日（Liege）获得铁、铜和煤矿矿产——安特卫普所需的海军资源可以通过这

① 《海战》第三卷，第187—190、222和223页。——作者注

一地区纵横交错的河流运输，英国对此鞭长莫及。过去的很多困难都被克服了——挖掘了船坞，建造了船舶，水兵在这里聚集和操练，整支海军从零开始建成了。事实证明，安特卫普的战略位置与泰晤士河口遥遥相对，从侧翼威胁英国和波罗的海的交通线，这是拿破仑皇帝控制的任何其他港口都无法匹敌的。

1796年因种种因素受挫的爱尔兰远征后来从未被认真重新进行过。直到奥什短暂的一生结束，这一直仍是他的梦想。从大洋军团转赴桑布尔和默兹军团后，他的事业由于莱奥本议和草约被打断，拿破仑却由此摆脱了深入卡林西亚山脉的险境。按照奥什的感觉，是由于竞争对手的方案放弃了远征，他还是全力投入到这项事业当中，组织了一支1.5万人的远征军，在督政府的压力下，1797年夏天在泰瑟尔岛集结，由荷兰海军护航，准备入侵爱尔兰。为了等候舰队启航，沃尔夫·托恩又再次焦躁不安地在这里度过了2个月。这一时期英国舰队正掀起一连串哗变，反法各国在大陆已经停止敌对行动，似乎是最好的时机，穿过荷兰沿海的沙堤需要的特定风向和海浪始终都没有出现。10月，荷兰的16艘小型战列舰独自出海，11日和邓肯将军指挥的英国舰队遭遇。双方战舰数量相同，但英军的侧舷火力占有明显优势。英军占据了上风位，顺风逼近，展开进攻，抓住时机穿过敌军的战列舰，切断了他们退往荷兰海岸的归路，当时距海岸不过10海里。这场战役后来根据战场海岸附近的一个村庄的名字，被命名为“坎珀当”海战，战况和任何一个时代英荷两国舰队相遇时一样惨烈。这一战以荷兰战败告终，他们的9艘战列舰和一些快速帆船被敌军俘获。此战宣告泰瑟尔远征行动的终结。几周之前的9月18日，奥什已经逝世。随着对入侵爱尔兰抱有最强烈兴趣，同时最具能力实施这一行动的人离去，一切都随之消逝。

第二年，1798年，爱尔兰发生公然叛乱，督政府表示会动用部队和武器来支援他们，但是拿破仑的埃及远征需要的装备耗费了海军部的大量精力，而且也没有奥什这样的人为远征爱尔兰获得巨大成功提供至关重要的规划和协调。8月6日，一支4艘快速帆船组成的小分队，搭载着亨贝尔[①]将军率领的1200名陆军士兵，从罗什福尔启程。亨贝尔曾在1796年的爱尔兰远征军服役，经历过“人权”号的沉船事故。这个分舰队避过英军的监视，当月21日送陆军分遣队成功登陆，后安全返回法国。由于缺乏正规军支援，这支陆军小部队再度证明不能盲目轻信叛乱分子的配合行动。9月8日，亨贝尔被迫率他的部队主力投降。

一周后，在消息传到法国之前，一艘恰好名为“奥什”的战列舰和8艘快速帆船，由邦帕尔[②]海军准将指挥，搭载第二支3000人的陆军部队，从布雷斯特启航。尽管他们躲过布里德波特舰队的耳目——即便当时可能有英舰在他们附近，进入杜哈海峡，在启航的第二天，9月17日，还是被3艘英国快速帆船发现。确定法军真的正在出海，1艘英国快速帆船回英国报信，另2艘继续追踪敌舰队，寻机向爱尔兰通报危险将至。10月4日，一场大风将敌舰吹散，法国海军准将随即选择通往目的地的最佳路线，位于爱尔兰北端的洛夫斯威利[③]。普利茅斯9月23日就收到他们入侵的消息，当他们靠近港口时，发现水路被3艘英国战列舰和5艘快速帆船封锁，原来这些英舰早已赶到叛乱地区。战斗随后便发生了，在10月12日的战斗当中，法军本来就在数量上处于劣势，雪上加霜的是，“奥什”号在开战前不久已经失去了它最重要的一些桅杆。由于寡不敌众，“奥什”号和3艘快速帆船当天便被迫投降，还有3艘后来被英国战舰拦截，因此这支远征分舰队只有2艘船逃回法国港口。热

---

① 亨贝尔（Jean Joseph Amable Humbert，1767—1823）：让·约瑟夫·阿玛贝尔·亨贝尔，法国陆军军官。大革命爆发时，他还是一名士官，到1794年4月已经晋升为陆军准将，在奥什的军团服役，先后参加过两次爱尔兰远征。1798年沦为战俘，很快经过交换回到法国。此后参加了第二次苏黎世战役和圣多明各远征。由于他是一位坚决的共和派，在拿破仑意图称帝时便很快失宠，1803年首次退役。1808年曾短暂复出，一年后便再度退役，随后便移居美国，在1812年战争期间为美军服务。退役之后，以学校教师身份在新奥尔良度过余生。——译者注

② 邦帕尔（Jean-Baptiste-François Bompart，1757—1842）：让·巴蒂斯特·弗朗索瓦·邦帕尔，法国私掠船主和海军军官。——译者注

③ 洛夫斯威利（Lough Swilly）：在爱尔兰语中的意为“影之湖”或“眼之湖”，实际上是一个入口位于两个小半岛之间的海湾。——译者注

情满怀却不幸的爱尔兰人沃尔夫·托恩当时就在“奥什”号上，在战斗中负伤，不久，他在狱中自杀。法军的第三支部队在“奥什”号被俘当天，从罗什福尔出发。他们成功抵达爱尔兰，在得知邦帕尔分舰队的命运后，没有让陆军部队登陆便返航了，这是从法国港口出发的最后一次爱尔兰远征。对其他利益的关注和统治者的更迭，加上英国明显的海军优势，使法兰西共和国的军事努力转移到不同的方向。

第十二章

1798—1800年欧洲大陆局势：督政府执政的法国陷入混乱；第二次反法同盟的灾难性战争；执政府的建立；1800年拿破仑征服奥地利，对抗英国的武装中立同盟；法国与奥地利的《吕内维尔和约》

当拿破仑在叙利亚的沙漠中穿行，为围攻阿科迟迟不克揪心时，酝酿已久的、名为第二次反法同盟战争的大战已降临法国。大战之前，两西西里王国草草对法国人展开敌对行动，他们受到尼罗河战役的鼓舞，纳尔逊也在推波助澜。[①]无论纳尔逊施加了怎样的影响，他都在很大程度上对两西西里宫廷的军事行动负有责任。奥地利建议等待时机，两西西里王国还是在1798年11月22日向法军发出最后通牒，让他们撤出教皇国和马耳他。随后一支5万人的那不勒斯军队向罗马进军，他们深信敌军会撤退，纳尔逊的舰船另外装运了5000人去利沃诺，意图在法军的退路进行骚扰。[②]

利沃诺一度被攻陷，南方的战役却以惨败告终。法军将军尚皮奥内[③]兵力仅1.5万人，只得撤出罗马，那不勒斯军未遇抵抗，便进入罗马城。那不

---

① 可见他1798年10月3日写给汉密尔顿夫人的信（《纳尔逊急件》第三卷第140页），这只是他提到类似看法的众多信件之一。——作者注

② 《纳尔逊急件》第三卷，第177页。——作者注

③ 尚皮奥内（Jean Étienne Vachier, called Championnet，1762—1800）：让·艾蒂安·瓦谢尔，又称尚皮奥内，法国陆军军官，少年从军，参加过美国独立战争时期著名的“直布罗陀大围城”战役。大革命爆发后，他被任命为营长，后来在皮什格鲁指挥下，参加莱茵战役，晋升为旅长。1798年，尚皮奥内出任罗马军团司令，以少胜多，大败那不勒斯陆军。次年，在出任阿尔卑斯军团司令期间，由于补给不济，身体条件急剧恶化，最终于1800年1月病逝。——译者注

勒斯人在野战中遭遇一系列耻辱性的逆转，部分是由于指挥不力，部分是因为未经历练的部队经常出现的缺乏经验和无法相互信任的问题。战役开始17天后，法军重返罗马。一度以胜利者姿态进入罗马城的那不勒斯的国王，仓皇回到自己的都城，号召人民起来反对入侵者，保卫家园，然后带着王室逃往巴勒莫，纳尔逊用旗舰护送他们和汉密尔顿一家过海。

那不勒斯的农民和平民出于服从国王命令和对共和派的仇恨，全都武装起来。他们意志坚定，充满狂热情绪，纪律涣散，在牧师和僧侣的引导下，在野外骚扰法军推进，同时在首都发动针对上层阶级的暴动，因为这些人被怀疑与敌人暗通款曲。尽管如此，尚皮奥内仍继续推进，1799年1月23日，他的部队席卷那不勒斯。占领那不勒斯后，尚皮奥内对居民们做出了一系列有利的让步，诱导原本心怀成见的人民乐于接受法军的占领。伴随着法国人的征服，巴达维亚[①]、赫尔维蒂[②]、利古里亚[③]、山南和罗马等几个共和国先后建立，其中有一个名为帕特诺佩安[④]共和国的小国注定处境艰难，名字虽长，存在时间却很短。

那不勒斯宣战导致皮埃蒙特的君主制覆灭。督政府眼看和奥地利可能发生战争，决定占领整个皮埃蒙特。1798年12月9日，皮埃蒙特国王逊位，退往仍由他统治的撒丁岛。不久，皮埃蒙特即被并入法兰西共和国。

督政府要求奥皇解释为何让俄国军队进入他的领地，未能得到答复，遂于1799年2月20日，下令法军诸将进兵。当时儒尔当指挥德意志法军，马塞纳在瑞士，舍雷尔在意大利，各军团同时行动。经过两年和平时期，加上政

---

① 巴达维亚（Batavian）：1795年在荷兰建立的法国的附庸共和国。1806年，随着拿破仑的弟弟路易·波拿巴出任荷兰国王宣告终结。——译者注

② 赫尔维蒂（Helvetian）：1798—1803年间，法国人在瑞士联邦建立的附庸共和国。——译者注

③ 利古里亚（Ligurian）：1797—1805年间，法国人在意大利西北利古里亚大区建立的附庸共和国。——译者注

④ 帕特诺佩安（Parthenopeian）：又写作Parthenopean，1799年1月23日至6月13日，法国人在那不勒斯王国旧领土建立的附庸共和国。——译者注

府财政状况总是窘迫尴尬，行政手段缺乏魄力，共和国各军团都被削弱，在各地都弱于敌军。法军的战役计划要求同时进行几路军事行动，却无法相互支援，被军事评论家们认为存在重大缺陷。

3月1日，儒尔当率军从斯特拉斯堡越过莱茵河，在多瑙河上游翻越黑森林山脉[①]。6日，马塞纳从康斯坦茨湖[②]北面渡过莱茵河，穿过阿尔卑斯山向蒂罗尔推进，迫使他前方右翼和中央的奥军后退，但是他在左翼拿下费尔德里希（Feldkirch）的行动完全失败。如果儒尔当按照命令成功推进的话，他的右翼和马塞纳左翼之间的交通线就完全靠费尔德里希维系，这个阵地非常重要。儒尔当没能成功。3月25日，经过几次局部战斗之后，法军在康斯坦茨湖西北端附近斯托卡赫（Stokach）的激战中败北。这时，儒尔当发现他正被迫与占据极大兵力优势的敌军交战，只得撤往莱茵河，4月6日再度从斯特拉斯堡北面渡河西撤。

3月26日，儒尔当在斯托卡赫败北的第二天，舍雷尔在意大利开始进攻奥军。奥军当时占据阿迪杰河一线，此地因拿破仑在1796年进行的宏大战役而闻名。当天的战事完全对法军有利，舍雷尔却对扩大战果迟疑不决，贻误了战机。经过一周机动，两军4月5日在马尼亚诺（Magnano）附近发生遭遇战，经过漫长血腥的战斗，法军被迫撤退。6日，就在儒尔当撤过莱茵河的同一天，舍雷尔也退守明乔河一线（Mincio）。奥军没有追击，但舍雷尔觉得无法守住明乔河，于是在这一线的兵站里派驻守备队后，12日撤往阿达

---

① 黑森林山脉（Black Forest）：位于今德意志西南部巴登-符腾堡州的德意志最大森林山脉。——译者注

② 康斯坦茨湖（Lake Constance）：德语称为博登湖（Bodensee），位于今瑞士、奥地利和德意志三国交界处。——译者注

河后方。他送信给尚皮奥内的继任者麦克唐纳[1]，让他准备撤出那不勒斯王国，并率前线急需的3万军队进入北意大利。

儒尔当在斯托卡赫战役后已经提交辞呈，德意志和瑞士的法军全都交由马塞纳指挥。马塞纳负责一条漫长的前线，从恩加丁[2]延伸到因河（Inn）源头周围，再沿莱茵河最南直达杜塞尔多夫，守军不过10万人，其中三分之二都在瑞士。瑞士占据的位置，从法国边境向东突出，一侧是德意志各地，另一侧是意大利，两边都有多个山口可以进入，防御面临的困难极多[3]；马塞纳发现除了前方之外，他还同时面临两翼的威胁，敌人的总兵力远在他之上。莱茵河一线从康斯坦茨湖北面和南面同时承受压力，由于无力阻止从两个方向来的敌军会合，他被迫退守自己在苏黎世周围修造的防御工事。6月4日，奥军对他的防线发起进攻。尽管这次进攻被击退，马塞纳仍认为有必要在48小时之后，退守在他后方数英里的阿尔比斯山[4]阵地。

就在马塞纳与敌军的作战地区逐渐扩大的2个月间，法军在意大利的形势日益绝望。马尼亚诺之战胜利后，4月24日，苏沃洛夫元帅指挥的2万俄军

---

① 麦克唐纳（Étienne Jacques Joseph Alexandre MacDonald, 1st duke of Taranto，1765—1840）：艾蒂安-雅克-约瑟夫-亚历山大·麦克唐纳，法国陆军军官。其父是一位被英国政府流放到法国的詹姆斯党人。1785年，他加入法军，大革命爆发后，投向革命派，后来成为杜穆里埃将军的副官。1793年，他在热马普战役立下功勋，晋升上校。杜穆里埃叛投奥地利时，他拒绝跟随，被共和国晋升为准将旅长，后率部随皮什格鲁入侵荷兰。1797年晋升少将，先后在莱茵军团和意大利军团指挥一个师。后来他参加在意大利的一系列军事行动，先后拿下罗马和那不勒斯。俄军名将苏沃洛夫来到意大利后，他不敌败北，退往热那亚。1800年，他出任瑞士军团司令，保护德意志和意大利两个军团之间的交通线。由于他和莫罗的关系较为亲密，受到拿破仑猜忌，因此没能第一批获封帝国元帅衔。直到1809年，他才被拿破仑任命为意大利王国总督欧仁亲王的军事顾问和当地驻军军长。瓦格拉姆战役期间，他率军突破奥军中央阵地，终获拿破仑认可，在战地受封元帅，不久又封为那不勒斯王国的世袭塔兰托公爵，此后分别参加半岛战争和侵俄战争。1814年，拿破仑面临山穷水尽时，很多人都离他而去，麦克唐纳依然忠心。波旁王朝复辟后，他一直忠于新秩序。——译者注

② 恩加丁（Engadine）：位于瑞士东南格劳宾登州境内因河的一条河谷。——译者注

③ 在一个十足的开阔地，没有天然屏障，战略要点很少或者根本没有，就不可能使一支劣势兵力通过占据要地，在面对优势敌军分散兵力进攻时，使防御实力倍增。另一方面，在一个地形崎岖的国家，如瑞士，战略要点众多，山口、谷口和桥梁等等遍布，以至于必须放弃一些要点，否则防御方就会因为分散兵力，失去集中防御一两个战略中心能够带来的优势。——作者注

④ 阿尔比斯山（Albis）：瑞士苏黎世州境内的一片丘陵山地。——译者注

与奥军会合，随即成为俄奥联军总司令。4月26日，舍雷尔将指挥权移交给莫罗。莫罗是一位能力非常杰出的军官，但这一人事变动实在太晚，无法避免即将来临的所有灾难。27日，联军强渡阿达河，29日，进入米兰。法军退往提契诺河，破坏了波河上的多座桥梁，采取措施保护他们与热那亚的交通线。只稍作停留，法军再度分两路纵队，撤往都灵和亚历山德里亚（Alessandria）。莫罗将自己的主力约2万人聚集在后一地区，再送信给麦克唐纳，让他火速率那不勒斯军团北上。5月7日，法军占据了新阵地。由于河上的多座桥梁被毁，俄奥联军直到5日才越过波河。遍布意大利的暴动证明人民的表面顺从和建立一些新共和国，其实并没有任何对法国的热忱忠心。18日，莫罗在亚历山德里亚留下一支守备队，撤往亚平宁山脉。6月6日，他的部队被分布在山脉顶峰的各个要点之间，从拉斯佩齐亚以北的蓬特雷莫利（Pontremoli）到洛阿诺，他所有的运输车队都安全越过群山到达洛阿诺。这时，他已经和布吕克斯将军进行了一次会晤。布吕克斯的舰队两天前已经在瓦多湾锚泊[①]。

在上意大利的形势如此发展时，麦克唐纳按照莫罗的命令，5月7日率军撤出那不勒斯。当时莫罗正在占据亚平宁山脉的阵地，拿破仑正在对阿科进行最后一次无效的进攻。麦克唐纳在那不勒斯王国的要地留下守备队后，火速北上，25日进入佛罗伦萨。此时距离与莫罗会合尚远，但他第一次可以通过信使确保与莫罗的联系。麦克唐纳有两条路线可选，或是沿着海岸走，炮兵却无法在那里行动，或是越过亚平宁山脉，可以在波河以南的平原找到一条更好的道路越过摩德纳和帕尔玛，和意大利军团在托尔托纳（Tortona）城墙下会师。于是麦克唐纳选了后一条路，在经过长时间耽搁后，那不勒斯军团于6月9日启程。一切到17日都很顺利，通过摩德纳和帕尔玛后，麦克唐纳与俄奥联军的几个支队狭路相逢，击退他们以后，到达特雷

① 见前文第十章。——作者注

比亚（Trebia）。他在这里遭遇苏沃洛夫，经过3天殊死激战，被迫从来路撤退，回到山脉另一侧的旧阵地。同一天，都灵要塞向联军投降。在追击麦克唐纳一段距离之后，苏沃洛夫回师对付莫罗，迫使他也退回先前的阵地。这次在敌军战线之中进行会合的企图遭致惨败，法军损失1.5万人。现在那不勒斯军团必须不惜一切代价沿滨海道路赶去热那亚，能够这样做是因为敌人没有采取行动，根据若米尼的说法，这并不是苏沃洛夫的原因，而是因为来自维也纳的命令。7月中旬，法军的两个军团会师，由莫罗统一指挥。法军不得不放弃那不勒斯，除了守备队留守的少数几个要地外，这个国家都落入武装农民势力手中。最终，得到英国海军帮助的那不勒斯人，在8月1日连这些要地也已攻占。

以上惊人的实例证明了拿破仑观点的正确性，即法军试图占领那不勒斯的话，将会使上意大利陷入险境，进一步的惨败也会随之而来。7月21日，亚历山德里亚要塞失陷。随后，曼图亚要塞在30日失守——1796年这个要塞曾给拿破仑造成许多麻烦。某种意义上来说，攻克后一座要塞的代价巨大，因为德意志皇帝明令禁止苏沃洛夫在曼图亚落城之前继续向前推进①。莫罗和麦克唐纳得到了会合的机会，麦克唐纳还得以重整他的军团。这个军团经历特雷比亚激战和随后的连续撤退后，已经疲惫不堪，七零八落，整整一个月都没恢复过来。如果曼图亚的守军能够抵抗到最后时刻，多拖延俄奥联军一段时间，就会对法军更为有利，但要塞在还能坚持几天的情况下就投降了，苏沃洛夫得以将围城部队抽调出来，法军一无所知。

与此同时，莫罗被儒贝尔②取代。儒贝尔是当初拿破仑奋战意大利期间

---

① 据说苏沃洛夫老元帅在接到这些命令后大喊道：“这会断送我们的军队。”——作者注

② 儒贝尔（Barthélemy Catherine Joubert，1769—1799）：巴泰勒米·卡特林·儒贝尔，法国大革命时代的将领。1784年参军，迫于其父压力，半年后便离开军队回到学校学习法律。大革命爆发后，于1791年加入法兰西革命军，成为士官，次年随意大利军团出征，1795年已经积功晋升为准将。1796年意大利战役期间，他成为拿破仑部下的旅长，屡建战功，年底即晋升为少将，1798年起先后在低地、莱茵区和意大利任职。1799年8月初，他接替莫罗指挥意大利军团，不久在诺维战役中与俄军名将苏沃洛夫指挥的俄奥联军对阵，不幸中弹身亡。——译者注

麾下最著名的青年将领之一。新任司令官8月2日抵达司令部，当即决定发动攻势，一方面是希望能为曼图亚解围，同时也是因为在荒凉的山区，部队补给困难，当时热那亚的沿海交通已经被摧毁，此前补给一直靠这条交通线维持[①]。8月10日，法军开始前进。14日，他们在诺维（Novi）进入阵地。儒贝尔在那里发现，苏沃洛夫的军队比他原先预计的庞大得多，他原先一直不相信曼图亚要塞陷落的传言，现在看来是真的了，一切都晚了。他打算撤退，可是俄军元帅第二天一早就发动进攻，激战爆发，法军阵地的地形使他们坚持到了晚上，最终还是被赶出了战场，损失惨重，4位将官被俘，37门大炮被缴获。儒贝尔当天早早阵亡。此前一直留下协助他，直到他熟悉所有指挥细节为止的莫罗，在得到其他将军同意后，再度临时接管指挥权。这场战役刚结束，苏沃洛夫就派1个师进入前教皇国，这个师得到那不勒斯保王党人和英国海军合作，迫使法国人在1799年9月7日撤离新成立不久的罗马共和国。

在这一胜利时刻，显然由于奥地利倡议，同盟国政府采取了新的部署。奥地利人希望能把苏沃洛夫调出意大利，将整个意大利控制在自己手中。在这样的关键时刻改变计划，使得迄今为止的胜利脚步戛然而止，为拿破仑到来和采取行动提供了时间，使俄奥联军转胜为败。按照变更后的计划，苏沃洛夫穿过阿尔卑斯山进入瑞士，在那里指挥一个以俄军为主力的军团，负责对马塞纳的战役。在瑞士指挥作战的卡尔大公率领他指挥的奥军大部进入下莱茵地区，支援即将开始的入侵荷兰的军事行动。

8月13日，布吕克斯带领法西联合舰队进入布雷斯特的同一天，也就是诺维战役2天以前，由1.7万俄军和3万英军组成的荷兰远征军，从英国启航。一开始由于风力小，随后因为天气恶劣，直到27日，远征军才开始登陆。31日，卡尔大公留下霍茨（Hotze）将军和俄国将军克萨科夫

① 若米尼：《法国大革命战争》第十五卷，第124页。马丁：《1789年以来的法国史》第三卷，第50页。就在这一时刻，纳尔逊派出一支分舰队去热那亚湾，配合苏沃洛夫作战。见《纳尔逊急件》第三卷，第431页。——作者注

（Korsakoff），在苏沃洛夫到来之前和马塞纳对阵，然后亲率3.6万奥军出发前往下莱茵。9月11日，苏沃洛夫在托尔托纳陷城后，开始北上。

就在卡尔大公履任新职的时候，下莱茵的法军在曼海姆过河，兵临菲利普斯堡（Philipsburg），开炮攻城。法军的行动看来非常严重，将大公和他指挥的一大部分兵力都吸引到那个方向去了，这极大减轻了马塞纳考虑的攻势行动所面临的困难。同时，马塞纳听说苏沃洛夫已经启程从意大利赶来，于是在9月25日率军从左翼向苏黎世城前的俄军发动主攻，同时在他漫长战线的右翼向苏黎世湖内湖口林特河（Linth）东面的奥军阵地发动协同进攻。这两次行动都取得了决定性的完胜，两个方向的敌军都被逼退，重新穿过苏黎世湖南北的河流。苏沃洛夫在经过极其艰难的行军和苦战后，在苏黎世战役失利2天后，到达一开始约定的集结地穆滕（Mutten）。本该与他会合的联军各部唯恐退路被切断，没有等到他到来。老迈的元帅一路艰难苦战，夺路越过群山，到达伊兰茨（Ilanz），最终10月9日在那里将疲惫不堪支离破碎的各部集结起来。同一天，拿破仑从埃及返回法国，在弗雷瑞斯登陆。此时，瑞士境内已完全没有俄军和奥军的身影。康斯坦茨湖南北的莱茵河河段，成为交战双方之间的分界线。

英俄联军对荷兰的进攻运气好不到哪儿去。联军在须德海和北海之间的一个半岛上登陆，一度取得成功，但行动过于小心迟缓，给当地抵抗力量的壮大和援军的到达提供了时间。荷兰海军的残余战力投降，并且被带回英国，联军总司令约克公爵[①]迫于形势，在10月18日签署了一份条约，根据该条约，允许入侵的联军在12月1日前不受干扰地撤退。

1799年剩下的3个月里，德意志和意大利爆发了一些后续战事。在意大利，战事的结果是法军的一系列惨败，以12月4日他们在皮埃蒙特最后的据点

① 约克公爵（The Prince Frederick, Duke of York and Albany，1763—1827）：弗雷德里克亲王，约克和奥尔巴尼公爵，英王乔治三世的次子。——译者注

科尼（Coni）陷落告终，法军只得撤往热那亚的里维埃拉。科孚岛和爱奥尼亚群岛在前一年3月已被俄土联合舰队占领，安科纳在11月10日陷落。督政府垮台时，拿破仑为法国在意大利和亚德里亚海取得的所有战果尽数丧失。法军意大利军团那些勇敢的士兵们饥寒交迫，没有食物，没有军饷，没有衣物和鞋子，甚至在亚平宁山坡严冬的夜晚，都没有柴火生火取暖。士兵们成群结队地开小差，设法逃回国内。在一些团里，除了军官和士官外，都逃散一空。由于物资短缺，加上在恶劣天气里没有防寒措施，爆发了一场传染性疾疫，数以百计的人因此丧生。目睹这些环绕周围的惨状，不幸的尚皮奥内终于垮了，染上重病死去。时任第一执政的拿破仑派马塞纳去接替他。

德意志战场没有发生任何决定性的战役，苏沃洛夫由于自己和卡尔大公两人的意见不合，拒绝继续协同作战，声称他的部队经过瑞士的恶劣天气考验后，迫切需要休整，于是10月底率部进入巴伐利亚的冬季营房，俄国在第二次反法同盟中的参与就此结束。俄国沙皇原本是为了恢复欧洲各国君主的权利和被推翻的政权参加了这场战争，对奥地利只关心自己在意大利主导地位的政策不满，同时对英国也不满意。12个月后，我们将会看到沙皇成为北方国家反对海上强国英国海事主张的联盟领导者，被拿破仑这位名闻遐迩的统帅的军事天才和狡黠谄媚表现出的友谊所惑，彻底被拉到法国一边。

经过灾难性的一年，除了热那亚海岸一带的狭长地带，法国丢失了整个意大利，经过几个月勉力苦战，法军在瑞士、德意志和荷兰处境都不妙，国内各地的形势也岌岌可危。公安委员会领导的革命政府通过授予它的非常权力，竭力应对形势，或多或少取得了一时的成功，这样做也持续积压了重重矛盾，会在将来的某一天爆发。督政府没有前任政府那样的非常权力，重重矛盾继续存在，爆发的日子也终于来临。在前文已经看到，随着血腥统治掀起的反抗情绪越来越多，1797年，两院的政治结构由于与行政机关之间的激烈冲突受到严重影响。1797年9月，随着2名督政官和一些议员被强行解除职务，通过这种强制措施，僵局被打破，暂时恢复了平静。被踢出局的人员所属的党派并没有消失，尽管这些党派的意见大相径庭。1798年，在改选议会三分之一议员的年度选举中，这些党派再度获得了不少议席，足以在两院反对督政府。这一年度选民的选举受制于两回合选举制度。执掌议会的多数派与督政府同属一个政党，根据选举制度做出裁决，确保在新议会中的多数派和旧议会中一样。1799年5月，同样的情况再次出现。这个事实非常有意思，反映了全国各地对政府的普遍反感。

全国对督政府的反感和其他政府失去人心的原因没有分别，督政府一直无所作为。一旦战争结束，公众期待更好的生活，希望政府能兑现各种承诺，督政府没能做到这一点。虽然和欧洲大陆各国已经实现和平，但仍存在许多疑虑和争端，不得不维持庞大的军队。国家财政支出浩大，全国人民贫困交加，强烈反对为了巨额财政支出课以重税。财政一直入不敷出，政府部长们提议的脱困措施招致强烈批评意见。政府的多头组织形式是它的固有弱点，低效的行动能力，反对派的活动，再加上日见衰朽的国势，使政府更加不合民意。因此，政府首脑的软弱无力，扩散到了行政部门的所有环节，直达最基层的工作人员。

法国国内盛行的混乱和无政府状态，已经达到使社会解体的边缘[①]。在全国各地，尤其是南部和西部，土匪猖獗，一部分因为政治原因产生，另一部分是在大路上发生的普通拦路抢劫。公共马车和邮政马车遇劫[②]，公共财物被掠，共和派官员被暗杀之类的报道接连不断。士兵的军饷低，发放也不准时，战场上各军团的指挥官们又实行不负责任的军费征收制度，这一切自然形成的结果就是无组织无纪律和劫掠现象在整个军中蔓延。政府试图制止和控制这种暴行，遭到将军们的强烈反对，品质高尚和品质较恶劣的两派将

① 这是梯也尔的说法，见《大革命史》第十卷，第353页。——作者注

② 关于公路不安全状况有一个奇特的证据，就是在拿破仑成为第一执政的那一年（1801年1月7日）颁布的一项法令，规定正规公共马车出行应由1名下士和4名列兵携带一支滑膛枪和20发子弹护送，夜间行车还要增加2名骑马宪兵。法令还特别规定，如果马车装载的货物价值超过5万法郎，日夜都必须再加派4名宪兵护送。——作者注

领在这个问题上意见一致。前者认为这是在侮辱他们的人格，损害他们的地位，后者认为这是在剥夺他们已经习以为常的违法所得。两位名声无瑕的将军儒贝尔和尚皮奥内，在这一点上和督政府发生了直接争执。儒贝尔辞去意大利军团司令官职务，贝纳多特[①]出于相同动机，拒绝接任。在那不勒斯，尚皮奥内为此迫使督政府任命的行政专员离开这个王国。由于这样的行为，他被解职，交军事法庭受审。

由于政府普遍存在的管理不力和财政入不敷出，被迫采取非常措施，寅吃卯粮，预支收入。政府开始征收更加繁重的税赋，由于这些措施的效果无法立即体现，必须依靠长期和不确定的信贷购买物资，结果商品价格高企，数量短缺，质量存在缺陷。由此使所有政府雇员广受其害，尤其是士兵，他们的窘境会使他们极易站到军官们一边对抗政府。这样签订的合同仅仅能暂时缓和艰难的时局，国家债务日增，承包商阶层和与打交道的官员勾结，日益腐败。经济上的困难和混乱因此飞速增加，政府采取的行动软弱无力。所有人都深切感受到了这种影响，除少数人依靠能力或者腐败大发其财，整个社会陷入极端困境之中。国家的债权人，尤其是政府债券持有人，即使要获得部分偿还都很困难。在普遍的猜疑和困惑当中，个人和团体由于担心运输的种种危险，害怕即将发生的萧条引起物资供应短缺，囤积金钱和食物。国内流通的停滞，伴随着海上贸易的完全摧毁，这是由于英国海军的压力和雪

---

① 贝纳多特（Jean Baptiste Jules Bernadotte，1763—1844）：让·巴蒂斯特·尤里乌斯·贝纳多特，法国陆军军官，拿破仑册封的帝国元帅中最幸运的一位，后来成为瑞典和挪威国王，1780年从军，在科西嘉开始服役。大革命爆发后，贝纳多特开始崭露头角，1794年晋升准将。1797年，他率部从莱茵增援拿破仑的意大利军团，屡建战功，1798年任驻维也纳大使。回国后短暂代理陆军部长职务，显示了他的才能。雾月政变时期，他和拿破仑派保持一定距离，没有提供任何帮助，在执政府时代仍受重用。拿破仑称帝后，他成为第一批陆军元帅，1804年至1805年间出任汉诺威总督。在乌尔姆和奥斯特里茨战役，贝纳多特均立下战功，受封蓬特科沃亲王。他在同年对普鲁士的耶拿和奥尔施塔特战役期间的无为表现，受到拿破仑严厉斥责，1809年的瓦格拉姆战役中因作战不力被拿破仑解职。1810年，他被推选为瑞典王储，改名“卡尔·约翰”。1813年，他率领瑞典加入第六次反法同盟。1813年，他率瑞典陆军在德意志战场屡败拿破仑部下的元帅，在莱比锡会战确定同盟胜势之后，他通过战争为瑞典从丹麦手中夺取挪威。1818年，他正式继承瑞典和挪威王位，开创了君临瑞典至今的贝纳多特王朝。——译者注

月29日（1798年1月19日）极度愚蠢的法令[①]。两个因素的共同作用，使法国人民的活力被抑制，助长了好逸恶劳和贫困，而贫困引发的暴力局面，行政机关却无力应付。

当国内的窘境由于军事灾难雪上加霜时，抗议的声浪更为普遍和响亮。所有党派都联合起来对抗督政府，督政府无法在1799年重施两年前的故伎，在议会取得多数支持。6月18日，新议会两院强制督政府进行组成人员变更，由于新督政个人能力弱，使政府更加软弱无力。这些新成员迅速废除了前任的种种措施，政策上的改变已无法恢复督政府失去的声望。这些做法的效果进一步削弱了政府行政部门，在这样一个关键时刻，社会如此混乱，行政部门本应压制其他部门和挽救这个国家——不是通过争论，而是通过行动。

这就是拿破仑从埃及回国时的面临的形势。雾月18日（1799年11月9日）革命[②]使他手握不受限制的大权。他立即开始发挥他的睿智和活力，这在他早年的巅峰时期从不缺乏。通过牺牲地方的独立性，加强中央行政机关的有力支配，使国家的每一个角落都感觉到它的存在，国家行政重新步入正轨。前政府的种种无理措施被废除，取代的是自由调解政策，旨在将法国各阶层团结起来支持新秩序。法国西部和北部，旺代、布列塔尼和诺曼底的叛乱曾一度被奥什平定，如今再次起来反对督政府。拿破仑对叛乱分子晓以利害，劝告臣服，同时声称他决心不惜一切代价恢复政府权威。他在叛乱地区迅速征集6万人的部队，证明了他为恢复政府权威的目标，能动用一支占压倒优势的军队。等到春天，平叛任务完成后，这支军队的任务会转而去战场对抗外敌。2月底不到，所有的叛乱都被镇压，这次是永久性的。拿破仑立即采取措施，使财政得以建立在坚实的经济基础上，同时扭转过去12个月间军事上的各种惨败局面。他分别派莫罗和马塞纳去接掌莱茵地区和意大利的两个

① 见下文第十七章。——作者注

② 也译作雾月18日政变。——译者注

主力军团，这两人是共和国仅次于拿破仑的两位最伟大的将军，巴黎的银行家们提供的金钱被送往前线，缓解窘困的士兵们日益急迫的物资短缺问题。

在采取这些措施将法国从所陷入的困境当中解救出来的同时，第一执政采取了一个步骤，盘算着该如何争取法国依然需要的时间，即使失败，也能让他得到国内所有阶层的支持。他没有遵循通常的外交途径，亲自给英国国王和德意志皇帝写了一封信，哀叹正在进行的战争，表达了开启和平谈判的愿望。两国的答复通过其各自外交部门的常规渠道传达。奥地利谦恭地称它不能撇开盟国单独和谈；此外，战争的目的仅仅是为了让欧洲免于陷入全面混乱状态，这是由于法国大革命以来法国历届政府的不稳定和扩张性造成的，因此在法国政府无法保证其政策改弦更张之前，根本无法形成稳定的和平。奥地利不认为法国新政府会改变政策，因为它也是通过暴力推翻前政府上台的。英国采取了基本相同的立场，它的答复是，如果和平无法保障，那么这种和平与其说毫无价值，不如说更加糟糕；况且经验证明，只要法国现行的制度依然相同，除了坚决公开的敌对行动之外，防御是无用的。法国只是用暴力来实现一群统治者对另一群统治者的取代，英国不认为这是一种制度性的变化。英国政府否认会提出任何规定法国该如何组建本国政府的要求，但英国内阁明确宣布，法国政策永久性改变的最佳保障，是让波旁王朝复辟。这个看似无礼的建议实际上保证战争会继续下去，直到英国累积的优势能够实现，这很可能就是英国的目的。当时的形势绝对对同盟国有利，埃及和马耳他也很可能被占领，在意大利也很可能取得进一步的决定性胜利。这些可能性都能实现的话，盟国将在与法国为和谈进行的外交交涉当中握有更多好牌。可以肯定，当时的英国政府确信，一个有保障的和平只能建立在敌人精力耗尽的基础上，而不是依靠敌人的自我节制或善意。在这种情况下，如果开始谈判，让法国人赢得时间，或者让本国人民感觉到政府的意图摇摆不定，警惕性放松，是极其愚蠢的。

这些军事上和道义上的考虑并非影响英国政府决策的唯一因素。尽管为了战争，英国要支撑自己的军费开支，为盟国提供大量财政援助，背负着沉重的负担，但国力却由于承担这些负担大大提升。拜海洋阻隔所赐，英国本土境内维持和平状态，使它在战时成为欧洲工厂和仓库。英国在贸易和制造业方面的两大竞争对手，荷兰和法国，在商业和海运上都陷入衰落，将这些能够使他们繁荣的资源拱手相让，英国通过10年和平时期[①]的惊人发展，做好了通过这些条件获利的充分准备。英国通过夺取法荷两国的海外领地以及法国在海地令人艳羡的殖民地被摧毁，控制了对欧洲人来说不可或缺的热带产品的主要产地，垄断了这些热带产品的分配权和市场。英国谨慎地将本国和被征服殖民地贸易的商船运输业留给自己，为弥补海军需求对商船水手大量流失的影响，放宽了著名的《航海法》，允许英国商船由外国人操作，同时允许外国商船从事和平时期英国对他们关闭的部分贸易活动。英国在鼓励中立国从事由于快速增长，超过本国航运能力的过剩贸易的同时，严格禁止他们与敌国进行同等数量贸易的权利。英国不受控制的海权使它能够一直执行这些严格的限制措施，这些措施由于法国政府实行的自杀性法令得到加强。同样处于困境的中立国由于自身弱小，迫使自己接受海上霸主对它们造成的伤害，法国的法令对它们实施报复，它们被从法国各海岸驱逐，使法国同时失去了一个对进出口都至关重要的渠道。在开战的这段时间，没有任何国旗像英国国旗那样安全地不受骚扰，因为别国都没有一支强大的海军为商船护航。为了应对法国军舰的劫掠，各中立国商船都寻求唯一的海上强国英国护航，于是世界上所有的航运都要被它左右。英国出于自身需要也没有对中立国实施超过其承受限度的压迫。

除了控制运输贸易和全球的大量农产品之外，由于长期战争限制了大陆各国人民在和平时期能够发挥的能量，英国也吸收了越来越多的欧洲制造产

① 指北美独立战争结束后直到欧洲大陆因法国大革命爆发全面战争之间的大约10年时间。——译者注

业。于是在流通和交换的庞大体系当中，一切都越来越向英国倾斜。由于英国安全，易到达，且靠近欧洲大陆，大陆聚集了面向海上贸易的最庞大的消费群体，使英国被视为天然集散中心。英国就此成为文明世界商业活动的主要媒介，它能供应商业活动的一应所需，资本迅速增长。这些资本聚集在有能力的人手中，稳步通过增加产品和运输设施，发展了英国满足大西洋两岸日益增长的市场需求的能力。1792年，即和平时期的最后一年，英国对外进出口贸易额为4450万英镑，1797年增长到5000万英镑，1800年达到7370万英镑。这些数据证明了英国财富的显著增长，受此鼓舞，英国内阁的财政收入大增，即使不用征收额外的战争税，收入也远超过去的任何时期，用小皮特首相的话来说，“情况或许远超出最乐观的预期。”他继续说道：“如果将这些战争的年份和之前和平时期的年份进行比较，我们将会在我们的收入方面和贸易范围方面发现一个奇观，它相当矛盾，莫名其妙，令人惊讶。比起以往任何时候，我们的对外和对内贸易范围达到了一个更为广大的程度，可以将当前一年看作这个国家历史上最值得骄傲的一年。”①

拥有这样的庞大资源来维持盟友的军队，确定对海洋的控制到达了即使英国历史上也前所未有的程度，英国内阁满心期望有一年能再度取得1799年那样的成功。就像拿破仑在他的关键时期一再漏算纳尔逊那样，他们这次漏算了拿破仑。

俄国将不再参与反法同盟。在奥地利控制下得到英国财政资助的德意志军队，有的在战场上，有的守卫着军事行动所依赖的要塞，合计超过25万人。其中梅拉斯②指挥的12.5万人在意大利；其余部队由奥地利军官克

① 小皮特首相1801年2月18日的演讲稿。——作者注

② 梅拉斯（Michael Friedrich Benedikt Baron von Melas，1729—1806）：米夏埃尔·弗雷德里希·贝内迪克特·冯·梅拉斯男爵，奥地利哈勃斯堡王朝陆军军官。他是希腊人后裔，出生在特兰兹瓦尼亚，17岁加入奥地利陆军，参加过七年战争，1781年晋升为陆军上校。法国大革命爆发后，他1794年至1795年间一直在莱茵地区和法军作战。第二次反法同盟战争期间，他在俄奥联军统帅苏沃洛夫元帅指挥下，在意大利率奥军取得多场胜利。1800年的马伦哥战役中，他由于德赛将军及时赶到战场功败垂成，1803年退役，3年后在波西米亚病逝。——译者注

赖[①]将军指挥，在德意志境内，占据莱茵河在巴塞尔地区形成的河曲，莱茵河从康斯坦茨湖一路向西流，在这里拐弯，其余河段都一路向北方奔流。战役计划是在德意志采取守势，阻击当面敌军，在意大利继续采取猛烈攻势，将法军彻底逐出这个国家。这个意图实现后，构想是进入法国最南部，且可能在英国海军支援下包围土伦。

当拿破仑刚开始执政时，法国只剩25万军队，其中1800年战事开始时在战场上面对奥军的部队仅有16.5万人。法军又召集了10万新兵，以老兵为核心将他们聚集起来编组，这一点相当有利，但新兵要成为真正有战斗力的士兵还需要时间。老兵和新兵们的装备和补给也需要时间努力筹措。拿破仑的计划是在德意志采取攻势，迂回到奥军阵地，将他们从莱茵河向北驱赶到多瑙河源头地区。为了进行这项大规模军事行动，莫罗指挥的军团被加强到足以和当面对手匹敌的程度。意大利的马塞纳接到指示，让他完全采取守势，将他现在仅有的3.5万到4万军队的主力集结在热那亚周围。当他以如此规模的兵力守卫这个阵地时，奥军几乎不可能任由他的部队留在背后，沿着狭窄的海岸道路进入法国。在德意志取胜后，莫罗的军团将作势观望，同时分出一支2万人的部队。这支部队将穿过瑞士，从圣哥达山口（St. Gothard Pass）进入意大利。第一执政会亲率一支4万人的军队，从圣伯纳德山口（Pass of St. Bernard）进入意大利，与他们会合。这6万大军会直插奥军后方，迫使他们为保护通过伦巴第的交通线战斗，同时希望在当时的第一名将指挥下，能够击败技艺稍逊的对手，就像1796和1797年的著名战役那样取得辉煌胜利。

由此可见，拿破仑的计划取决于法国对瑞士的占领。瑞士是德意志和

---

① 克赖（Baron Pál Kray de Krajova et Topolya，1735—1804）：帕尔·克赖·德·克拉约瓦·托波伊男爵，出生于匈牙利的奥地利军官，18岁以士官身份加入奥军31步兵团，参加过七年战争。法国大革命战争爆发后，克赖在1793年的战争中表现优异，晋升为中将，1796年随卡尔大公征战上莱茵。第二次反法同盟战争爆发后，他出任奥军意大利军团司令，多次战胜法军。1800年，克赖接替卡尔大公指挥南德意志奥军，接连败于莫罗之手，率部撤入波西米亚。由于这次战败，克赖名誉扫地，被弗朗茨二世皇帝解职，勒令退役，1804年初在匈牙利佩斯去世。——译者注

意大利的奥军之间的一个巨大壁垒，容许拿破仑借助康斯坦茨湖和巴塞尔之间莱茵地区的森林，掩护对德意志奥军的行动，同时能秘密地安全使用通往伦巴第和皮埃蒙特平原的各个山口。为了利用瑞士的地利优势，拿破仑建立了一支名为预备队军团的4万人的部队，由他亲自率领，他以不可思议的诡计，将这支部队的存在保持绝密状态。组建这支部队的命令被公共媒体大肆宣扬。预备军团司令部在第戎（Dijon）设立，拿破仑最信任的一名部下被送去指挥那个司令部。退伍士兵被呼吁加入这支部队，在第戎集中了一些军事物资、新兵和一批军官。与法国媒体的大肆宣扬相比，这些准备工作或停滞不前，或者还在有气无力地进行——敌国的间谍都完全被骗过了。预备队军团成了欧洲的笑话，将会组成这个军团的分散的各支队在各地集结，这些地方虽然分散，却是拿破仑以他完美的军事才能挑选的，时机一到，分散的部队就能迅速集中起来。为了保证预备军团的真实部署处于绝密状态，和各支队之间的通信不通过陆军部，直接由拿破仑单线联系。

奥地利人在意大利率先开战。梅拉斯率军7万，沿亚平宁山系进攻马塞纳。补给困境迫使马塞纳将他的部队分散部署在热那亚和尼斯之间。这样一来势必使阵地过于单薄，被奥军在4月5日突破。法军依托多山地区提供的地利防御，顽强抵抗数天之后，马塞纳的部队被赶进热那亚。絮歇[①]指挥的军团左翼被迫撤往尼斯方向，在瓦河（Var）布置阵地。4月18日，马塞纳的1.8万人在热那亚陷入重围，补给严重短缺，为他解围已迫在眉睫。

---

① 絮歇（Louis Gabriel Suchet, 1st Duc d'Albufera，1770—1826）：路易·加布里埃尔·絮歇，初代阿尔布费拉公爵，法国陆军军官。法国大革命爆发后，他在里昂加入国民自卫军，1793年9月晋升为中校，在土伦包围战中初识拿破仑。1796年10月，他在意大利身负重伤，次年仍回到意大利，在儒贝尔麾下征战蒂罗尔。1797至1798年间，他在布律纳麾下征战瑞士，被晋升为准将。1799年，晋升儒贝尔指挥的意大利军团参谋长。1800年，马塞纳点名让他出任自己的副司令官。第一帝国建立以后，他参加了多次重大战役，1808年获得帝国伯爵爵位，不久赶赴伊比利亚半岛战场。他在半岛的法军将领中表现相当突出，1811年因战功受封元帅。1812年初，他率军攻陷瓦伦西亚，受封公爵头衔。直到1814年初，他还在西班牙战场取得了自己个人的最后一场胜利，但难以挽回大局。1814年，波旁王朝首次复辟后，他被封为贵族。“百日政权”时期，他重归拿破仑麾下效力，却没有出现在滑铁卢战场。路易十八再次复辟后，取消了他的贵族资格，直到1819年才恢复。——译者注

4月25日，莫罗开始了他稍嫌复杂的行动，5月1日，他的整个军团还是安全越过了莱茵河一线。然后，8万法军沿东西方向，在巴塞尔和康斯坦茨湖之间部署，威胁敌军左翼。敌军前线当时呈南北走向分布。法军阵地能同时进攻奥军撤退路线和他们必须保卫的大型补给站，使奥军的所有行动都陷入困境。5月3日，奥军在恩根（Engen）战败，在斯托卡赫的补给站也被攻陷。5日，他们在麦斯科赫（Moesskirch）再度败北，9日，又丢掉比贝拉赫（Biberach）的另外几个大型军需补给站。克赖将军随后撤退到多瑙河畔的乌尔姆（Ulm），拿破仑计划的第一部分完成了。这与他的原定计划并不一致，原计划太过冒险，不适合莫罗，战果也并不完全符合他的预期。整体上的战略成果是限制住了当时德意志敌军的所有行动，使莫罗能够派出配合拿破仑在意大利作战的兵力。兵力调动从5月13日开始，一路上会和瑞士的几个支队会合，全部兵力将达1.5万到2万人。①

5月6日，第一执政离开巴黎，为了让意大利的奥军总司令继续误以为他还在巴黎，他推迟到最后一刻才动身。15日，法军开始越过圣伯纳德山口，20日全军已经通过。26日，法军已大举进入皮埃蒙特平原，拿破仑随即转向东进，以确保他切断敌军交通线的目标能够实现，使奥军无法不经一战就收复交通线。6月1日，他进入米兰。

与此同时，马塞纳的军团虽然受到可怕饥荒的严重影响，仍在热那亚坚持抵抗，拖住奥军，这对迫使奥军采取错误部署做出了很大贡献。奥军将2.5万人部署在尼斯城前，3万人对付热那亚。自从开战以来，奥军已经损失了2万人以上。梅拉斯不愿放弃自己的战果，花费了太多时间集中他分散的部队，当他发出集结兵力的命令时，马塞纳提出为撤出热那亚可以进行谈判。现场的奥军军官不愿失去眼看到手的战利品，推迟执行梅拉斯的命令，直到占据热那亚为止——这是一个导致严重后果的拖延。6月5日，法军弃守

① 梯也尔：《执政府与第一帝国》第一卷，第332页。——作者注

热那亚，围城部队在当地留下一支守备队后，才去和总司令会合。梅拉斯当时正在亚历山德里亚周围集结兵力。这个时候，拿破仑已经率领他的一半兵力推进到波河南岸。6月14日，马伦哥战役打响了。第一执政唯恐让敌军溜掉，将他的部队分散得太开，当天一开始的战况对梅拉斯的奥军很有利，以至于已经76岁高龄的老将在下午2点觉得胜利在望，离开战场，想要休息片刻。一小时后，德赛将军及时赶到，扭转了战局，拿破仑再次成为战场上的征服者，截断了敌军的退路。次日，梅拉斯签订协议，放弃直到明乔河的整个北意大利，奥军撤往明乔河后方。奥地利将所有要塞拱手让给法国，包括他们苦战赢得的热那亚。第一执政向奥皇提出了和平预案，在等待答复时，双方在意大利暂时停火，两军都不得派兵进入德意志。7月2日，在离开巴黎2个月后，拿破仑凯旋而归。

莫罗在得知拿破仑的军队成功穿过圣伯纳德山口的同时，重拾攻势。他率部分兵力东进，从乌尔姆南面渡过多瑙河，威胁克赖和波希米亚之间的交通线。当天的一场局部遭遇战后，5000奥军被俘，法军控制住了他们取得的阵地。同一天晚上，克赖逃出乌尔姆，迅速经过一条通向北面的道路离开。莫罗无法拦截敌军，尾随一段距离之后，便停止了只能有限扩大战果的追击。他对马伦哥战役仍一无所知，奥军已经得知消息。奥军向莫罗隐瞒了法军的胜利，只是向他宣布双方已经停火，提议在德意志也同样停火。莫罗断定这一提案背后意味着形势对法国有利，于是没有同意，相反决定立即为自己新胜的军团取得最有利的形势，然后再进入谈判。莫罗以一部紧紧包围多瑙河沿岸要地乌尔姆和英格尔施塔特（Ingolstadt）要塞，率余部再度过河，进入巴伐利亚。他于6月28日进入慕尼黑。7月15日，双方就在慕尼黑附近签订了停火协议，与拿破仑正好一个月前在意大利签订的协议基本相同。交战双方后退到指定的战线后方，再次交战必须提前12天通知对手。在停火期间，被封锁的奥军要塞每隔2周能得到与其消耗等比例的补给品，这样一旦重新开战，他们的情况会和休战开始时相同。现在2个庞大的法国军团在意大利和德意志肥沃的平原安营扎寨，平静地生活在法国以外的地区，因此大部分军费不用法国负担。

法军在这场短暂辉煌的战役中连战连捷，结果使结成反法同盟的英奥两国都倾向议和。两国都不愿撇开盟友单独谈判。在维也纳得到马伦哥战役消息的当天，德意志的形势还未最终逆转时，奥地利与英国重新约定，两大国都不得单独与法国媾和。另一方面，第一执政明确反对与两国共同谈判，无论在政坛还是在战场，他一贯的政策都是分化对手。奥地利急需争取时间，派遣一名全权特使到巴黎与法国政府交换意见，但不会达成任何结果。奥皇还宣布他希望达成全面和平。8月9日，英国驻维也纳公使通知奥地利宫廷，他的国家为了全面和平愿意进行谈判。

由此开始了一场智慧的角逐，拿破仑证明他在谈判桌上的精明能干同在战场上的狡猾处于同一水准。奥地利如果得不到太多时间，只能向他求饶，英国对他拥有一种优势，那就是掌握着制海权，正扼杀着他热切盼望恢复的殖民帝国。虽然海地名义上还被法国控制，实际上已经完全脱离掌控，安地列斯群岛的珍宝马提尼克岛在英国人手中，马耳他和埃及是拿破仑亲征的成果，正在缓慢确定地逐渐丢失。为了这些殖民地，他太需要时间了。有了时间，他就很有可能在将来打出好牌，逆转或者至少在很大程度上改变形势，那张牌就是将俄国和波罗的海各国的海军联合起来对付英国。得到这种支持，将奥地利彻底削弱，这是遏制英国这个法兰西劲敌的唯一机会，因为他在欧洲大陆几乎所向无敌，但从海岸能向外投射出的力量却不会超过一门加农炮的射程。他在这段时期的信件中大量指示和敦促各舰队装备完毕以后控制海洋，去为马耳他和埃及解困，从科西嘉出发远征占领撒丁岛，同时从布雷斯特出动一个分舰队占领马翁港。由于法国海上力量的枯竭，这些计划全都无果而终。他还计划对世界各地的英国贸易从四面八方发动大规模巡航战，因为同样的原因也胎死腹中。“我遗憾地看到，”他在给海军部长的信中说到，“舰队的武器装备已经被牺牲掉，用来装备数量众多的小船。”事实上法国除此之外无计可施。他最能干的海军将领们，无法在敌人无所不在的巡航舰船将所有资源都切断的情况下，装备他们的舰船。“我们永远无法占领马翁港，”马伦哥战役后取得一系列大捷时，他在给西班牙宫廷的信中写道，“因此要向葡萄牙宣战，夺取它的省份，这样就会在尽可能掌握足够筹码的条件下进入和平谈判。”

沙皇保罗（Czar Paul）曾满怀对法国大革命的愤恨，决心为失去权位的各国君主恢复地位，加入第二次反法同盟。1799年俄军的失利，尤其是苏沃洛夫的惨败，令他的态度急转直下。他为这次失利责怪奥地利，这不能说是不公正的。他发现他的盟友对削弱法国的实力比对恢复那些不幸的君主的权利更为热衷，因为他们认为是由于法国的制度造成了欧洲的不幸。保罗为此也深为不满，他失衡的心理先是失望，很快变为冷漠，后来又迅速转化为敌意。英国和波罗的海各国之间关于中立权的固有争端再次引发争执，加深了保罗的敌意，也为俄国和英国之间的破裂提供了口实。1799年，丹麦采取了用战舰为它的商船护航的政策，宣称只要高级海军军官声明船上的货物没有包含任何国家法律禁运的物资，护航船队就可以免于被交战各国的搜查。英国的政治家们否认这种先前得到承认的交战国权利，可以因一个中立国采取的任意规则失效。为此他们更坚定地维护这一权利，因为丹麦人和他们对违禁品的定义存在根本分歧。丹麦海军军官奉命抵抗对他们护航船只的搜查，结果发生了两次敌对冲突，一次在1799年12月，另一次在1800年7月。在后一场冲突中，双方各有数人死亡，丹麦的一艘快速帆船被拖回英国的唐斯[①]。英国政府从这些事件中发觉了威胁，立即采取措施，谋求一个解决方法。英国派9艘战列舰和几艘炮艇护送一位大使去哥本哈根。8月29日，冲突发生后还不足一个月，两国签署了一份协定，规定对护航船只的全面搜查问

① 唐斯（Downs）：位于英国东肯特海岸外的，北海南部靠近英吉利海峡的锚地。——译者注

题留待将来讨论，丹麦同意在一份明确的条约缔结之前，停止护航行动，英国俘获的那艘丹麦快速帆船被立即释放。

应当注意的是，英国和丹麦的这次冲突正好发生在奥地利和法国谈判的时候，英国声称有权成为谈判的一方。中立国和交战国权利这一极具争议的问题就这样以最激烈的方式提出，这个时候对同盟国最为不利，对拿破仑最有利。拿破仑在欧洲大陆的胜利正达巅峰，他发现每一个中立的贸易国家在争议性问题上都愿意站在他这一边反对英国，英国认为这些问题对它的安全至关重要。拿破仑要做的就是利用这种有利形势，将分散的反英国家集合成一个巨大的力量，海上霸主在面对这个庞大势力的时候应该会被迫退让和屈服。这时欧洲各国自发地提供了一个机会，将它变为现实成了拿破仑人生的宏伟梦想——即联合欧洲大陆对抗英国这个岛国，如他所说的“由陆地征服海洋”，这个梦想最终导致他的毁灭。造成这种局面，部分是在他掌权以前就形成的原因，部分是由于他在过去几个月采取的明智政策。此时的形势对建立一个反英同盟尤其有利，丹麦护航船队事件是一个推动要素，英国盟国奥地利的筋疲力尽提供了一个机会。英国以自身为中心，形成了一个辐射面广泛的贸易体制，拿破仑低估了英国从中获取的活力和影响力，在评估海军实力方面，他也没有认识到即便他在陆地上能将大量士兵编组为一支强大的军队，在海洋上仅仅聚集大量舰船是无法组成一个强大舰队的。他从未充分了解那些他不得不经常去处理的海洋问题，在这个关键时期，他表现出惊人的能力，将各国组成一个对抗他的主要敌人的反对派同盟，普鲁士是这个同盟的主力，俄国沙皇暴躁的脾气是同盟富于煽动性的灵魂。

自从1795年以来，包括北德意志诸邦，普鲁士一直严守中立。在中立制度下，海上战争期间，欧洲大陆的大部分贸易都要经过北德意志诸邦，通过德意志境内的大河——埃姆斯河（Ems）、威悉河（Weser）和易北河（Elbe），经过汉堡（Hamburg）和不莱梅（Bremen）进行。仅从英国运往北德意志的贸易吨位，就从1792年的12万吨增加到1800年的38.9万吨，其中经普鲁士进行的贸易占据了最大部分。这些中立国领地的优势能与中立航行权的最大自由度结合，会非常理想化。英国对中立国的航行权施加了繁重的限制，由于中立国贸易的大部分比例都得通过它进行，海洋被它的海军实力完全控制，各国对此不得不谨慎从事，到此时为止即使没有承认英国的主张，也采取默许态度。在叶卡捷琳娜二世统治和他儿子治世的早期，俄国都暗中或公开支持英国，奥地利尽管在大陆战场输得灰头土脸，实力的根基尚未动摇，因此英国的主张仍未受到挑战。实力较弱的海洋国家，如瑞典、丹麦和美利坚合众国，基于同样的动机，也没有向英国发难。他们在英国的重压之下牢骚满腹，但他们的贸易扩张超出了所受到的损害，顺从英国要比武力对抗受害更小。俄国本身不是严格意义上的海洋国家，它的大量物产，主要由英国商船运送，英国还是最主要的消费客户。因此俄国的物质利益，尤其是有利贵族的利益，同与英国之间的和平结合起来，一位绝对专制的君主会无视这一事实，至少可以在一段时间内无视。保罗一世冲动易怒的脾气一旦被挑起，就会完全超出所有审慎的理智考虑，使用他帝国的巨大实力去支持其他国家，甚至迫使他们和自己采取一致行动。

这些就是拿破仑要将对英国不满的国家结成同盟所要面对的矛盾因素：一方面，是强大的近在眼前的商业利益，要保持巨大的现存利益，应当顺从而不是反对英国的苛求。这些利益体现在多个方面，波罗的海中立各国的航运贸易得到发展，普鲁士和北德意志诸邦的贸易得以扩大，他们都通过在一场海上战争中的中立地位，成为欧洲大陆和外部世界交往的便捷通道，俄国的产品全部要从海上运往消费市场，这些产品是俄国大贵族地主的重要收入来源。各国之间的贸易使这些国家产生了密切的联系，对英国的资本和贸易体系都存在依赖性，这些利益构成了这些国家的繁荣因素，没有任何统治者会轻易忽视。另一方面是中立国旗帜的尊严和它们的永久利益，这些总是会和交战国利益产生矛盾。普鲁士野心勃勃，妒忌奥地利的地位，沙皇保罗一世热衷于骑士精神、鲁莽、处于半疯狂状态，此时对旧日盟友心怀怨恨，出于个人感情希望满足强烈的报复心理。

拿破仑在设法拉拢中立国的同时，也开始劝诱俄国沙皇。从上台执政的第一刻开始，他一直在密切关注政治动态，注意到每一种会给英国制造麻烦的情况。拿破仑敏锐的军事洞察力早已认识到[1]，英国是决定军事形势的关键，他的目的是使法国不仅在欧洲大陆，而且在全世界处于主导地位。拿破仑是这样精明的一个政治家，他清楚地承认道义和政治动机的力量，但是他实施控制的理想本质上还是基于武力进行，建立在优势军队和优势舰队之上。因此他将每个政治问题都视为一场战役，各种力量被调动起来，联合到一起，最后集中打击敌军阵地最关键的部位。英国的实力是最广泛意义上的海权，包括贸易力量和海军力量，因此，为了对付这个庞然大物，他的目标是建立一个联盟，同时摧毁它的贸易和海军。法国和西班牙的脆弱联合，通过一再的失败，已经清楚地证明无法伤害英国海权的任何一种力量，法国在七年战争期间尽心竭力实施的贸易破袭战也告失利。英国贸易不仅远未衰落和消退，反而在世界各地倍加繁荣，充满活力，它的舰队也在各处海域耀武扬威，不可一世。然而有一个海区，除了被英国迅速制服的荷兰海军，它还没有在那里受到打击。这一海区正是波罗的海和北海，那里邻近不列颠群岛和英国领海，是它最薄弱的部位。那里集中了英国海运的很大一部分，是殖民地产品的消费市场，那些产品溢满了它的仓库。那里还集中了三个国家的海军，他们的顽强水兵都是在艰苦的航海条件下训练出来的，到达这一海区的海路非常危险，能为舰队提供庇护。这三支海军联合起来可能胜过英国海军，因为英国海军要控制地中海，封锁敌人的军港，还要保护在每条航线上繁忙工作的商船，兵力已经开始紧张。

于是关闭英国贸易的北欧市场，并且联合波罗的海各国海军对付英国海军，成为拿破仑终其一生的固有目标。为了安抚丹麦，他释放了一些丹麦

---

① 见前文第九章。——作者注

船只，这些船只是督政府时代，由于同意接受英国巡航舰船搜查遭到扣押的。俄国沙皇与昔日盟友之间的疏离程度一开始还不明显，拿破仑便向北德意志中立各邦的首领普鲁士大献殷勤。以普鲁士的势力，可以阻止英国通过本国领土和汉堡进行的贸易。普鲁士野心勃勃，一心想在欧洲扮演一个领导角色。过去5年，奥地利、法国和英国都因战争疲惫不堪，它在利用这段时间巩固自己的实力，节约自己的资源。现在它希望充当调停人，寻找合适的时机，等到交战各国筋疲力尽，它自身的力量恢复以后，只要稍稍展示一下它的武力，就能使各国屈服于它的影响，向它做出让步。第一执政的刻意接近和奉承，被普鲁士欣然笑纳，普鲁士追寻的道路是使自己不承担风险，只享受收益，即它希望得到很多，要将风险降至最低。普鲁士的策略是待机而动，它扮演的是一个危险的角色，对手是一个在今后12年左右欧洲大陆命运的强人拿破仑。由此产生的后果是普鲁士的政策摇摆不定，自私胆怯，随着察觉的每一份危险或每一分希望发生动摇，使这个国家的名声蒙羞，直到耶拿战役的惨败告终，然后这个国家在这场惨败到拿破仑被推翻为止之间的几年里，备受屈辱。这样的心态驱使普鲁士站在一个强大的盟友一边，且容易向强大的外力屈服。

在这样的情况下，拿破仑将普鲁士暂时放下。“我们不指望从普鲁士得到任何东西，”1800年6月1日，他在前往马伦哥的路上，在给塔列朗的信中这样写道，他又补充道，“如果从埃及传来的消息（显然指克莱贝尔击败土耳其军）被证实，派人去俄国将变得非常重要。奥斯曼帝国不会再存在很长时间，如果保罗一世将目光转到那个方向，那我们的利益就会变得一致。”[①]拿破仑毫不费力地将这一观点和他一个月以后对土耳其的保证调和到一起，“土耳其大可不必为埃及不安，只要土耳其宫廷恢复从前那样和法

① 《拿破仑书信集》第六卷，第410页。——作者注

国的友好关系，埃及就将被归还。”[①]6月4日，他向沙皇显示出友好的奉承姿态，表达了特殊的敬意。沙皇很乐意被他的恭维争取过去，因为他已经对拿破仑所赢得的辉煌军事成就敬佩有加。7月4日，拿破仑为进一步拉拢沙皇，正式提出了一个明确建议，将马耳他交给俄军占领。他已经看出马耳他的迅速陷落已不可避免，这样提议不仅是为奉承沙皇，因为沙皇爱将自己幻想成马耳他骑士团的团长和保护人，也是为了制造他和英国之间的嫌隙，因为英国很可能拒绝将它的战利品交给一个在关键时刻抛弃它的盟友。第一执政精心书写的这封信字斟句酌，只为迅速激发沙皇的虚荣心。“谨向俄国皇帝个人表达敬意，因为他与共和国的其他敌人不同，不是为了邪恶的对利益的欲望而战，第一执政希望，如果马耳他驻军由于饥饿被迫撤离那个地方，能将它交给骑士团大团长俄国沙皇。尽管第一执政确信马耳他的粮食还够支持几个月[②]，还是希望沙皇陛下能告诉他，希望达成怎样的协定，采取何种措施，使情况一旦发展到那个地步，能让俄军进入马耳他。”[③]不久以后，拿破仑释放了法国的俄军战俘，数量在7000到8000之间，给他们穿上军装，发还军旗，和他们的军官一起返回俄国。拿破仑还向沙皇建议，如果他认为适当的话，“可以要求英国人释放相同数量的法国战俘，如果觉得不合适，第一执政还是希望他能接受法国遣返的俄军部队，就把这当作法国对勇敢的俄国军人表达的一种特殊敬意。”[④]

法国和俄国交换过意见之后，紧接着在英吉利海峡就发生了英国和丹麦巡航舰船冲突事件，英国舰队进入波罗的海，支持英国大使和丹麦谈判。保罗一世以英国舰队进入波罗的海为由，查封了英国在俄国的所有财产，充当将来对英国行动的担保。查封令在1800年8月29日发布，接着在9月10日又

① 《拿破仑书信集》第六卷，第497页。——作者注

② 一向爱为拿破仑歌功颂德的梯也尔都说：“显而易见，马耳他已支持不了多久了。”——作者注

③ 《拿破仑书信集》第六卷，第498页。——作者注

④ 《拿破仑书信集》第六卷，第520页。——作者注

发布了一道命令，宣布“近来的几起政治事件使沙皇认为与英国之间的友谊将会出现裂痕”，随即又指示俄军进行集结。阴云积聚了不多时就已散去，9月22日，沙皇取消了查封英国财产的命令，但马耳他的陷落，使得争端再度发生。当月5日，马耳他的法国守军已经投降。沙皇已欣然接受了拿破仑精心设计的示好举动，指定一位将军前往巴黎，指挥被释放的俄军战俘赶赴马耳他。11月初，沙皇得知马耳他陷落的消息，在此之前，他已经正式宣布他打算恢复1780年的《武装中立条约》，对抗英国的海事主张。在他采取了不友好的措施以后，英国是否还愿意将马耳他交给他就非常值得怀疑，于是他再度下令查封英国财产。300艘英国船舶被扣押，船员都被驱赶到俄国内陆，所有放置英国财产的仓库都贴了封条；沙皇宣布自己是马耳他骑士团的大团长，对马耳他享有权利，在这些权利得到承认之前，英国财产不得解禁。被扣押的财产会由一个沙俄帝国委员会保管，并且被用于偿付英国商人拖欠俄国的税款。

事情已经发展到这个阶段，普鲁士觉得可以参与了。英俄两国之间的裂痕已经加深，沙皇和第一执政之间的关系变得如此友好，以至于能确定他们会采取一致行动。奥地利和法国之间仍继续处于停战状态，等待法国决定是否会与奥皇和英国共同谈判，拿破仑是个强硬不好对付的谈判对手，放话不愿接受联合谈判，也不会在9月11日以后推迟重新开战，除非他认为在海上停战的条件对法国就像在陆地与奥地利停战一样对法国有利。他提议让商船获得完全的自由航行权，解除对布雷斯特、加的斯、土伦、弗拉辛（Flushing）的封锁，马耳他和亚历山大城应当自由开放，使法军通过法国或中立国船只得到补给。这样产生的效果是使法国造船厂得到海事用品，它们的军需品已经极度匮乏，并且马耳他和埃及将获得不计其数的补给品，使当地的法军能无限延长抵抗时间。英国仅仅同意对埃及和马耳他采用法国陆军部队封锁奥军三座要塞相同的停战条款。那三座要塞每两周可以获得一次与其消耗等比例的补给，英国内阁的条件是允许马耳他和埃及的法军得到同等待遇。他们也承认自由航行权，但陆军和海军军需物资除外。拿破仑拒绝了英国的提议，他声称，奥地利通过停火得到的好处不仅仅是保留了那些要塞，而是得到了喘息的时间。在英法两国极端对立的观点之间根本找不到中间道路。事实上，尽管马伦哥战役法军取得了重大战果，莫罗也在有条不紊地进入德意志，英国对法国的物资优势仍远远超过法国对奥地利的优势。法军已经取得了巨大成功，但是他们现在正将敌军逼退到其实力中心，还没有占领他们的交通线，英国不仅封锁了埃及和马耳他，连法国本土与外界所有的有效交流都切断了。10月9日，关于海上停战的谈判破裂。与此同时，拿破仑拒绝等待谈判结果，通知英奥两国，在9月5日到10日之间将恢复开战。当时奥地利还没有准备好，只得放弃被法军封锁的乌尔姆、英格尔施塔特和菲利普斯堡，以换取进一步拖延。双方签署了一项协定，同意将重新开战的日期推迟45天，期限从9月21日算起。

在这样的情况下，普鲁士看到了一个机会，一个在拿破仑操纵下，经常误导它的那种机会。普鲁士认为通过加入波罗的海各国的同盟，一同对抗英国的话，会加速他在德意志的竞争对手奥地利的衰弱，会在将要进行的对德意志各邦进行的赔偿分配中，得到法国第一执政的支持。如果没有普鲁士加盟，北欧国家同盟和英国的争端将主要是一场海战，在面对纪律严明、作战勇猛的英国海军时，结果如何几乎毋庸置疑。只有普鲁士的地理位置能够关闭英国贸易进入欧洲大陆的通道，实施直接沉重的打击，由此对英国造成的伤害远超出它本身将要承受的伤害，这样做比得罪俄国沙皇和法国政府危害小得多。汉诺威和英国的政治联系是普鲁士采取行动的更深层动机，拿破仑经常以此为饵，诱使它企图永久吞并汉诺威这块英王在德意志境内的领地，不久后的一起事件很快显示出普鲁士的倾向。10月下半月，一艘英国巡航舰船捕获了一艘装载海事用品，试图进入泰瑟尔岛的普鲁士商船。由于天气恶劣，英国巡航舰船将捕获的商船带入库克斯港（Cuxhaven），这座港口属于汉堡，位于易北河河口，英国贸易大量通过这座港口输入欧洲大陆。普鲁士要求汉堡议会释放这艘商船，遭拒后下令出动2000名士兵占领了库克斯港。于是汉堡议会买下这艘商船移交给普鲁士。英国政府也曾指示设法将商船归还，这纯粹是一个权宜之计，却遭到福克斯冷嘲热讽。正如福克斯指出的那样，此举是一种原则性的让步，只因普鲁士能对英国造成很大损害，却不在英国海军势力范围以内。

为防止普鲁士这样一个重要国家加入可怕的北方联盟，采取一些让步是否明智，尚有可议之处，但英国政府的这次让步却和通常一样，是由于软弱。英国大使对普鲁士占领库克斯港提出抗议，得到的答复是，占领港口的命令一经下达，必须执行，库克斯港的中立性“将因此置于普鲁士国王的保障之下，将会更有效地避免所有违反行为”。这样的说法确定无疑地表明了普鲁士将采取的立场。普鲁士立场的影响决定了丹麦采取的措施，原先丹麦一直声称不愿采取反英立场，这不仅会让丹麦面临贸易停止的威胁，而且可能使它成为英国恼恨的第一个受害者。12月16日，俄国和瑞典在圣彼得堡签署了一份条约，恢复1780年的武装中立，该条约迅速得到丹麦和普鲁士响应。条约最重要的主张是中立国商船可以与交战国自由进行沿海和殖民地贸易，敌国的货物在中立国国旗保护下不得被扣押，对敌国港口的封锁要得到尊重，港口前必须有足够的兵力，使任何进入港口的企图变得危险。对违禁品条款的定义剔除海事用品，并且明确主张军舰护航下的商船不需接受交战国搜查。这些主张的每一条都和英国海事主张针锋相对，英国的海军实力和它由此在世界各国中的地位都依赖这些主张，北方同盟各国都承诺在必要时，会以武力来维护他们的立场。

通过以上种种事件，成功组成了北方各国对抗英国的同盟，这是在拿破仑的影响下组成的第一个，也是自发意愿最强的一个同盟。由于一个奇妙的巧合，北方同盟形成的时候，注定会对它造成沉重打击的男人——纳尔逊正在从地中海缓慢归国，这不由令人回想起1798年他从英国出发，去阻止法军尚不为人所知的埃及远征的旧事[1]。纳尔逊的名字和荣耀之前和之后都与地中海紧密相连，这次将和北海联系在一起。似乎是再次被某种神秘的影响力指引，他又将亲手为国家提供尚不为人所知的，却只有他能提供的服务。7月11日，就在拿破仑首次向沙皇提出将马耳他交给他之前一周，纳尔逊离开利沃诺，前往的里雅斯特和维也纳。当普鲁士商船事件正被议论的时候，他刚好路过汉堡，于11月6日在英格兰登陆。他发现自己的身体经过陆地旅行已完全复原，便申请立即恢复服役，并且被分派到圣文森特勋爵麾下，指挥海峡舰队的一个分舰队，不过直到1801年1月17日他才登舰，在“圣何塞”号（San Josef）升起了他的将旗，这是一艘他在圣文森特海角海战俘获的三层甲板战舰。尽管如此，他早已和海军部商定，一旦会向波罗的海派遣一个舰队，他会成为海德·帕克爵士的副司令官。就在纳尔逊登上“圣何塞”号前一天，向圣文森特报到时，帕克就来了一封信，宣布对他的任命。

此时，奥地利遭到最后一击，迫使它与法国单独谈判，最终使它将近5年后才重返战场。奥皇曾派遣一名使者去吕内维尔，和法国代表约瑟夫·波拿巴[3]会面；他拒绝撇下英国单独媾和，于是1800年11月28日，战事再起。12月3日，莫罗赢得霍亨林登大战[3]的胜利，然后向维也纳进军。25日，双方在距离奥地利首都100英里以内的斯泰尔（Steyer）签署停战协定。法军在意大利取得的胜利虽不如霍亨林登战役那样辉煌，也是决定性的，结果双方于1801年1月16日在意大利也签署了停战协定。几乎在收到后一个消息的同时，第一执政收到一封来自沙皇的书信，信中对法国表达出极其友好的感情，对英国充满仇恨，表示他打算向巴黎派遣一名大使。这让拿破仑充满了

---

① 见前文第九章。——作者注

② 约瑟夫·波拿巴（Joseph-Napoleon Bonaparte，1768—1844）：约瑟夫-拿破仑·波拿巴，拿破仑一世皇帝的哥哥，早年是一位外交官，后来在其弟扶植下，先后成为两西西里和西班牙的国王。拿破仑垮台后，他于1817年起流亡美国15年之久。1844年在佛罗伦萨逝世。——译者注

③ 霍亨林登大战（Battle of Hohenlinden）：1800年12月3日，法军与奥地利和巴伐利亚联军的一场大规模战役。这是莫罗军事生涯的代表作，5.4万法军击败6万联军，法军伤亡3000人，联军伤亡被俘人数则超过1.3万人。——译者注

乐观的希望，这种情绪的流露显示出在他的算计当中海权所占的分量到底有多重。他寄给吕内维尔的兄长的信中写道：“与奥皇达成的和约与同沙皇结盟相比微不足道。结盟将制服英国，使我们能保有埃及。”[①]他命令哥哥拖延谈判，直到沙皇的大使到达为止，这样就可以与俄国一起与德意志进行交涉。由于和俄国结盟，拿破仑对海战的结果开始抱有奢望，这是基于他长久以来无法摆脱的印象，即一组舰船的战斗力与同等数量的另一组舰船相等。[②]拿破仑立即派遣一名信使携带急件去西班牙，让他们安排远征爱尔兰、巴西和东印度，去加勒比海收复法属和西属各群岛，还要去地中海收复梅诺卡岛。“英国即将面临困境。他们在爱琴海会受到俄国，在北海会受到北方同盟的威胁，这一来它就不可能在地中海长期保留一支强大的分舰队。”[③]

俄国使节没能到来，约瑟夫·波拿巴接到指示，与奥地利完成谈判。2月9日，在对具体条款经过一番激烈争执后，奥地利代表在吕内维尔签署了和平条约。主要条款如下：

1.奥地利彻底放弃莱茵河以西的所有德意志领地，使双方以瑞士到荷兰的莱茵河河段为界。

---

① 《拿破仑书信集》第六卷，1801年1月21日的信，第738页。——作者注

② 拿破仑只考虑波罗的海各国海军舰船的数量，纳尔逊在海战前提出的专业意见可资比较。“在作战会议期间（1801年3月31日），一开始，有些成员提出了同丹麦、瑞典和俄国三国海军在这一海域作战，无论逐次进攻还是对三国海军联军一同攻击，都存在困难。他们提到俄国海军的数量尤其令人生畏。纳尔逊勋爵在舱里来回踱步，对所有惊慌失措和犹豫不决的情绪都很不耐烦。当有人提到瑞典海军的数量时，他犀利地说道：‘他们的军舰越多越好。’当提到俄国海军时，他反复说道：‘那就更好了，我希望他们的军舰数量能到达目前的两倍——越是这样，要取胜就越容易。’他后来解释道，当时他在暗示北方各国的舰队完全都没有战术可言。”（《纳尔逊急件》第四卷，第301页，斯图尔特陆军上校的叙述。）

詹姆斯是个细致的研究者，据他统计，俄国、瑞典和丹麦三国同盟在波罗的海的战舰总数为52艘，其中可以作战的不超过41艘，不是一些作者认为的88艘。他又补充道：“即使在最适合采取联合行动的条件下，那41艘战舰中能聚集在一个地点的战舰也就是25艘。这25艘三个不同国家的战舰，几乎在海军战术方面都是生手，只要18艘英舰，如果由纳尔逊指挥的话，只需15艘英舰就能在战斗中胜出。”（《海军史》第三卷，1878年版，第43页。）——作者注

③ 《拿破仑书信集》第六卷，1801年1月27日给塔列朗的信，第747页。——作者注

2.《坎波福尔米奥条约》将比利时割让给法国的条款得到确认。

3.在意大利，奥地利的领地限制在阿迪杰河东岸，奥地利皇室的王公都被剥夺了在河西岸的领地。他们的领地被割让给山南共和国和一位西班牙亲王，这位亲王将在托斯卡纳建国，称伊特鲁里亚（Etruria）国王。山南共和国和伊特鲁里亚王国的政治存续将依赖法国，法国通过控制这两个国家的领土，截断了奥地利和那不勒斯的联系，关闭了英国人进入利沃诺的通道。

4.条约的第11条保证荷兰、瑞士、山南和利古里亚共和国的独立。就未来事态发展的影响来说，这条是所有条款中最重要的。这一条确定了欧洲大陆的政治形势，几个月后，英国根据这一条款和法国签订了另一份条约；拿破仑在事实上对这一条款的违反，成为英国拒绝履行关于马耳他协议的口实和原因，导致战争再起和拿破仑最终垮台。

5.德意志帝国向那些失去莱茵河西岸和意大利领地的王公保证，会在帝国本身的领土内给予补偿。按照这一条款，失地国之一的普鲁士通过拿破仑的影响得到了丰厚补偿，这是对它在北方给予他支持的回报。这次成功诱使普鲁士继续奉行自私自利的机会主义政策，直到法国不再需要它，将它一脚踢开为止。觉醒的普鲁士由于势单力薄，稍作抵抗就被迅速压制。

第十三章

1801年的各大事件：英国远征波罗的海；哥本哈根战役；拿破仑对抗英国制海权的徒劳尝试；拿破仑的大陆政策，1801年10月，与英国的和平预案；海权对大革命进程的深远影响

1801年，由于法奥缔结《吕内维尔和约》，英国陷入孤立，暂时独自对抗整个欧洲。尽管可能更多依赖外交手段，过少地依靠他们那位伟大海军将领的军事天才，英国内阁还是坚定大胆地应对当前的紧急事态。英国对欧洲大陆无能为力，所有对法国的抵抗都被拿破仑的天才粉碎，但必须为英国仍在对埃及进行的远征赢得时间，那注定能迫使法国人撤出埃及。如果英国要和法国在任何方面都平等地进行谈判，那么北方各国的联盟也必须被尽快解体。

于是英国决定采取前一年8月对丹麦采取的措施，和波罗的海各国进行一次武装谈判；为此英国东海岸的雅茅斯集结了18艘战列舰和35艘较小的舰船。行动的速度至关重要，这是为了利用结冰带来的优势，港口内冰面融化的速度比开阔水域慢，这会拖延波罗的海各敌国海军集结；快速行动也使波罗的海各国用于备战的时间被缩减到最短，他们几乎没有预料到英国会采取行动。总司令的人选事关重大，这个舰队对联合起来的波罗的海诸国海军在数量上处于劣势，需要在它们集结之前将之各个击破，一切要求都在指向纳尔逊，他是英国海军将领中能力最强最具胆略之人；问题是纳尔逊在海军将

官中的资历仍较浅，当他在中地中海服役时，在汉密尔顿夫人的影响下，行为怪异，甚至在服从军事命令方面，让自己对政治形势的观点影响了自己的行动，这可能影响到负责选拔海军军官的第一海军大臣斯宾塞伯爵的看法，让他不相信纳尔逊是这一职务的合适人选，因为这一职务不仅需要行动时的胆略，还需要一定的审慎判断力。无论是什么原因，没有任命纳尔逊为总司令都无疑是个错误，圣文森特绝不会犯这种错误，几周后，由于小皮特内阁倒台，他接替斯宾塞继任第一海军大臣。这次远征在策划时，形势对和平解决不利，舰队起航时，和平解决的前景变得更糟。政府给海德·帕克爵士的指示是，让丹麦在48小时内接受英国的条件，退出它和其他北方国家的联盟。无论丹麦是否接受英国的和平建议，在让它屈服后，抢在融化的冰面允许俄国的列威利[1]分舰队和喀琅施塔德[2]的舰队主力会合之前，攻打列威利分舰队；对瑞典也采取相同的策略。根据这样的命令，外交手段处于次要角色，这种直接简洁的命令，最适合以雷厉风行采取军事行动及时迅速著称的纳尔逊。如果不是沙皇保罗一世正好去世，英国可能有理由为此感到遗憾，因为本有机会给俄国一个教训，提醒它英国海权的地位，结果这个机会由于散漫的舰队司令官控制不力悄悄溜走了。

1801年3月12日，英国舰队从雅茅斯启航，尽管遇上了一股强风，将一些战舰吹散，几乎全部战舰还是在斯卡恩（Skaw今作Skagen）角外海会合，斯卡恩角位于日德兰半岛最北端，卡特加特（Kattegat）海峡入口处。当时的西北风对直取哥本哈根有利，如果是纳尔逊指挥的话，会立即率舰队前进，让大使随舰前往。“在谈判进行的时候，”他说，“丹麦人抬头的每一刻，都应当看到我们的国旗在飘扬。”实际上，英国使节和一艘快速帆船单独前往哥本哈根，舰队却在待命。12日，舰队在埃尔西诺（Elsineur）外

① 列威利（Revel）：即今爱沙尼亚首都塔林。——译者注

② 喀琅施塔德（Cronstadt）：俄国位于芬兰湾口的一个重要海港，行政上属于圣彼得堡。——译者注

海和使节会合，丹麦拒绝了英国提出的条件。

拒绝条件就等于接受战争，接下去舰队总司令要做的就是立刻采取行动，此时风向有利，这个有利因素随时可能因改变丢失。当天纳尔逊写给帕克一封信，信中总结了当前形势的清晰特征和各种不同的作战方式，“马上进攻，不要耽误片刻，”他说道，“对付他们，我们将不会得到像现在这样的好机会。”接下来他暗示，他应该已经说过，当谈判失败的时候，舰队本该已经到达哥本哈根外海，不是在埃尔西诺。“如果是那样，您即刻就能攻击，丹麦舰队将被歼灭，这点几乎毫无疑问，丹麦首都将会感到压迫，丹麦人就会明白事理，采取真正符合他们利益的行动（即与英国合作）。”既然已经犯了错误，浪费了那么多时间，那么他就竭力催促上司不要再让时间流逝。“几乎整个英国的安全，当然还有英国的荣耀现在都已托付给您，（托付给您的重担）比过去任何一位英国军官都多……我们的国家也从未像依赖这支舰队的胜利那样依赖过任何舰队。”

纳尔逊就此说明了兵贵神速的必要性，然后讨论起作战计划。哥本哈根位于西兰岛（island of Zealand）东侧，正对瑞典海岸，与瑞典隔厄勒海峡（Sound）相望。西兰岛西面与丹麦其他部分被大贝尔特海峡（Great Belt）分隔。大贝尔特海峡的航行条件要困难得多，丹麦人的备战工作在厄勒海峡一侧，主要在哥本哈根周围更集中。浅滩从哥本哈根城前的海岸向外延伸半英里，在厄勒海峡离岸一英里多一点的地方，是一处名叫“中间平地”的长浅滩。在这两条浅滩之间的狭窄水道被称为“国王”海峡，可供一个舰队的重型战舰通航。在海峡北端是一个直达哥本哈根的小块深水区，形成了一个良港。因此，天然的进攻点似乎在北侧，丹麦人已经在那里修建了强大的工事，在港口入口处的浅水桩上耸立，称为“三冠炮台”（Three-Crown Batteries）。纳尔逊指出，进攻路线的这一端不仅设防坚固，对进攻有利的风向还会导致无法返航，因此一条失去动力的战舰将无别处可逃，只能通过国王海峡。如果这样做，失去动力的战舰就会进入武装趸船的射击区，还会和舰队分离。武装趸船是丹麦人在海峡内侧建造的浮动炮台，作用是掩护哥本哈根正面。这种困难可以称为战术性难题，还不是作战计划的唯一缺陷，纳尔逊将之轻蔑地称为“擒牛抓牛角”。他指出，只要英国舰队留在厄勒海峡，没有进入波罗的海，海面结冰融化时，瑞典和俄国舰队与丹麦人会合的道路就会敞开。因此，他建议派一个以轻型战列舰为主，实力足够坚强的分舰队通过中间平地水道外侧，迂回到哥本哈根城后方，那里尽管航行困难，却并非不可逾越。在那里，英国分舰队能插入丹麦人和他们的盟友中间，占据进攻敌人防御较弱部分的阵位。他主动请缨，愿意亲自率领这个分舰队。

1801年3月24日的这一整封信[①]引起了研究者的特殊兴趣，因为它以罕见的事例，证明了纳尔逊对军事形势中的决定性特征具有如此精确的洞察力，之所以会讲述得那么详细，是因为他觉得需要激励和说服他的上司采取行动。这位伟大海军将军的名声更多来源于他在舰队对舰队的实战中赢得的辉煌胜利，不是他对战役的出色指挥；尽管有如此明显的事实清楚摆在眼前，人们却一直固执地认为他莽撞冲动、有心无脑，这严重损害了他的名声[②]。从他的信件当中确实经常可以看出他谋略的痕迹，他的军事判断一般都很准确；通常都必须从他的行动中推导出他的推论过程和原则。从远征丹麦的战例当中，我们可以看到他主张的看法，也能清楚地看到他的计划，很明显他自己会实施这些计划。他本可以为我们提供一个关于海战原则和行

---

① 《纳尔逊的急件及信件》第四卷，第295页。——作者注

② 在本书进入出版流程时，作者很高兴在已故的杰出海军元帅威廉·帕克爵士的传记中，发现了一则纳尔逊的轶事，足以说明这位伟大海军军官的军事思想。这则轶事的价值十倍于“直接攻打他们”的那些故事。那些故事广为流传，被认为体现了他的作战准则。“整个1804年10月，土伦港被频繁侦察，快速帆船‘菲比’号和‘亚马孙’号奉命在一起巡航。在这两艘船出发前，纳尔逊勋爵给两位舰长卡佩尔和帕克下达了几条禁令，一旦他们得到机会进攻2艘法国快速帆船，必须遵守。当时法国快速帆船出动比以往更加频繁。原则性的一条禁令是他们不应该各自为战，独自进攻1艘敌舰，‘2艘船应当一同努力去对付一艘敌人的快速帆船；如果成功，再去追击另一艘；即使你们没能和第2艘交战，你们仍会赢得一场胜利，你们的国家会收获一艘快速帆船’。当时他的口气半开玩笑半严肃。他与两位舰长道别时，和蔼地说道：‘我猜你们觉得自己是两个聪明的家伙，当你们离开我之后，肯定不会按照我说的做，认为你们比我更聪明！’”（K. C. B.爵士，奥古斯特斯·菲利摩尔海军上将《最后一位纳尔逊麾下的舰长》，1891年伦敦版，第122页。）——作者注

动的绝佳案例，这个案例未能成为现实，不得不说是海军界的一个遗憾。他在信的末尾提出了一个足可与拿破仑媲美的建议，如果被采纳，就将使波罗的海联盟轰然解体，震撼整个欧洲。“假如我们先乘着西风通过大贝尔特海峡，即便不能派整个舰队，难道就不能派10艘三层和两层甲板战舰，加上1艘炮艇和2艘纵火船去列威利，消灭那里的俄国分舰队吗？我看不出派这一个分舰队会冒多大风险，其余舰船可以继续攻打哥本哈根。这样做可能被认为太大胆，我的观点是最大胆的行动反而是最安全的；我们的国家要求它的海军做最大限度的努力，果断采取行动。”

丹麦人致力于定点防御，纳尔逊的建议要打击的是北方联盟的灵魂，显示了他对北方形势关键所在最清晰的认识，他在以下谈话中总结了自己的看法：“我将北方联盟看作一棵树，保罗沙皇就是这棵树的树干，瑞典和丹麦是树枝。如果我们将树干砍倒，树枝自然会跟着一起倒下；我也可以先砍树枝，这样整棵树不会倒下，等我需要用最大的力气去砍树干的时候，我的力量肯定已经被削弱了。”[①]也就是说，在英国舰队被削弱前，就应当进攻俄国舰队，因为和丹麦人交战必定会削弱它的战斗力。“如果这样我们能削弱俄国舰队的话，”他再次说道，“那就是我的目的。”无论丹麦的战斗意愿究竟如何，它在欧洲大陆的领土位置决定了它必然被俄国和普鲁士的政策绑在一起，因为这两国中的任何一国都能从陆路将它压垮。丹麦不敢忽视那两国的威胁。俄普两国采取的方针都取决于俄国沙皇，因为一旦沙皇决定让俄国退出北方联盟，以普鲁士的滑头政策，肯定会以此为由同样退出。列威利有12艘俄国战列舰，占其波罗的海舰队的半数，它们如果被摧毁，必然使舰队余部不敢轻举妄动，沙俄帝国的海军力量也会被严重削弱。要说服帕克采取这种行动毫无希望。“当时我们的舰队根本不可能对俄国和瑞典采

---

① 《纳尔逊急件》第四卷，第355页。另外，在同一卷367页给范西塔特先生的一封信中，可以看到他又一次非常有力地强调说明了对这场战役的看法。——作者注

取行动，”纳尔逊后来写道：“哥本哈根将会被烈焰焚烧，因为海德·帕克爵士主意已定，不会将丹麦这个敌人留在他背后（分兵进攻俄瑞两国舰队）。”[①]这是在任何情况下都中规中矩的合理理由，从中就可以看出帕克这样圆熟的优秀军官和纳尔逊式的天才之间的巨大差异，天才对作战原则的理解是用于引导自己的判断，不会被它束缚。

虽然海德·帕克爵士无法理解纳尔逊提出的破敌良机，在对哥本哈根防御工事的主攻战术和主攻方向方面，还是采纳了他的建议。纳尔逊提出率领10艘战列舰和一些较小的船只去摧毁掩护城市正面的浮动炮台。浮动炮台被削弱后，如果丹麦人还会进一步抵抗，炮艇就会被安置在攻击造船厂、军火库和城镇设施的位置。

3月30日晚上，英军派船去探测海峡水深。4月1日，舰队移动到距离哥本哈根城4英里的“中间平地”水道北端；当天下午，纳尔逊分舰队开始行动，帕克一共为他们派了12艘战列舰，比纳尔逊要求的还多2艘。这个分舰队通过外侧海峡，朝着日落方向，在浅滩东南端外停泊，距离丹麦军防线头阵2英里远。[②]纳尔逊下令，只要风向有利，目标就是发动进攻，一整晚他都在安排各舰的战斗序列。这次行动非常危险，并不是因为对手的兵力，而是因为航行条件困难重重。引水的领航员们大部分都是与波罗的海国家有贸易往来的商船上的水手，他们在三四百吨级船舶上的经验对重型战舰并不适用。领航员始终显得优柔寡断，他们对航道并不完善的了解成了当天的主要问题，也是导致战斗结果相对来说并非完胜的原因之一。

---

① 《纳尔逊急件》第四卷，1801年4月9日的公函，第339、341页。——作者注

② 丹麦人的各种防御船只面向南方停泊。——作者注

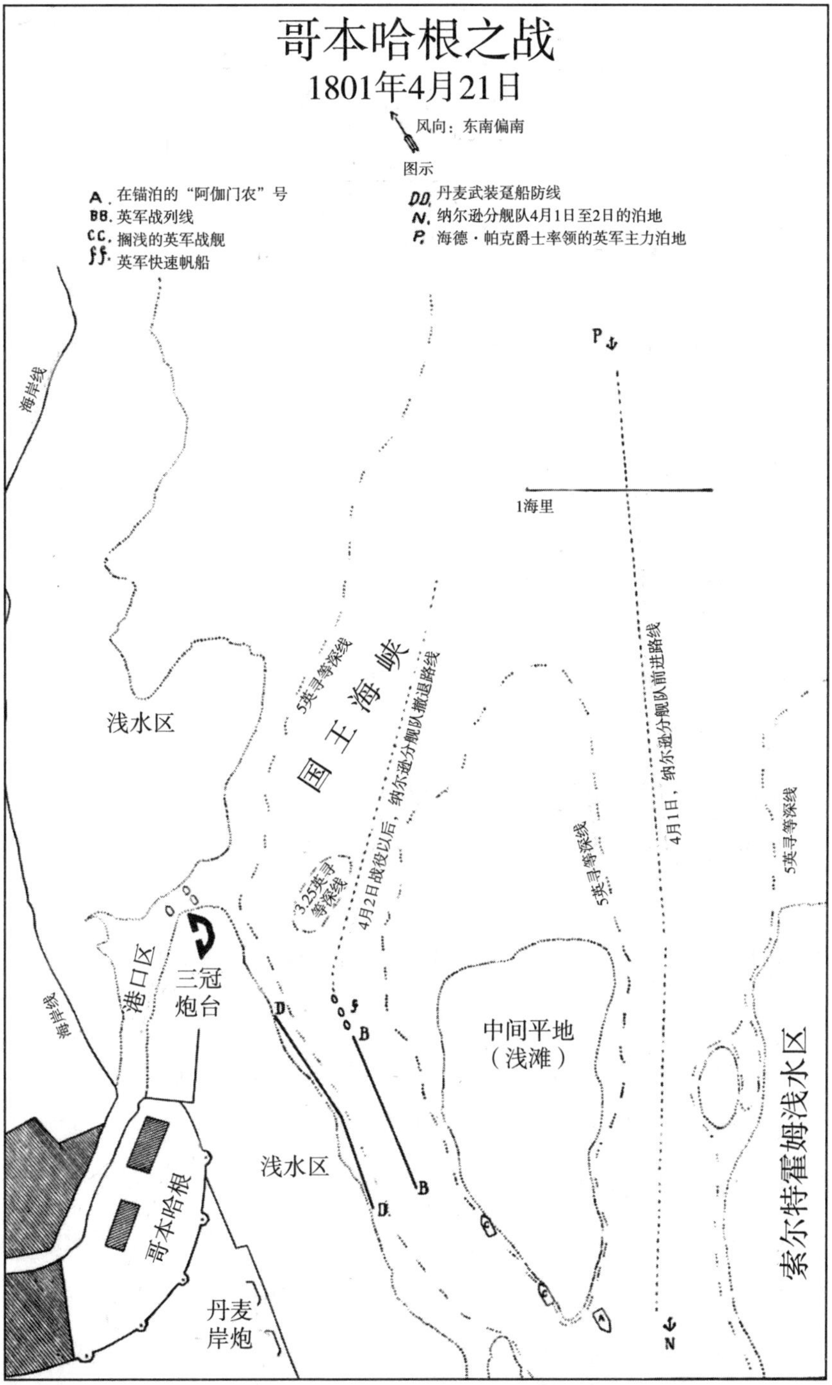
哥本哈根之战
1801年4月21日
风向：东南偏南
图示
A. 在锚泊的“阿伽门农”号
BB. 英军战列线
CC. 搁浅的英军战舰
ff. 英军快速帆船
DD. 丹麦武装趸船防线
N. 纳尔逊分舰队4月1日至2日的泊地
P. 海德·帕克爵士率领的英军主力泊地
海岸线
1海里
5英寻等深线
国王海峡
4月2日战役以后，纳尔逊分舰队撤退路线
4月1日，纳尔逊分舰队前进路线
浅水区
3.25英寻等深线
港口区
三冠炮台
中间平地（浅滩）
索尔特霍姆浅水区
哥本哈根
丹麦岸炮

阵图6

第二天上午，风向为有利的东南偏南风。上午8点，英军各舰舰长被召集到旗舰接受最后的指示。将遭到进攻的丹麦军防线呈西北到东南走向，绵延超过1英里。防线由趸船和浮动炮台组成，共安装了628门炮。在这些趸船和浮动炮台的泊位，有375门炮能用于战斗一侧。英军正要攻击的防线南侧能得到岸上防御工事的部分支援，但由于两者之间的浅水区的影响，距离太远，工事的火力无法充分发挥作用。因此，这一侧明显比北端弱，因为北端得到三冠炮台和重型舰船组成的第二道防线掩护。不考虑纳尔逊提出的切入敌人及其盟友中间的战略优势，出于战术考虑的话，英军选择南端为主攻点是最合适的。9点30分，起锚信号发出。舰队很快启航；尽管过去一夜一位经验丰富的海军上校仔细勘察过水深，领航遇到的困难还是很快显现。64门舰炮的“阿伽门农”号无法通过“中间平地”水道，只得在射程之外锚泊，结果它没能参加战斗。74门舰炮的“战神”号（Bellona）和“拉塞尔”号（Russell）战列舰，分别位于队列第4和第5艘的位置进入海峡；它们太靠东面，以至于在“中间平地”水道远侧搁浅。虽然它们没有脱离战斗，但以那个时代的条件，已经处于火炮最有效的射程之外。纳尔逊的旗舰在这2艘舰之后安全通过，其他重型战舰也都安全通过；损失了那3艘战舰，使队列无法向北延伸更远。结果造成北部的英舰队列暴露在与自身实力不成比例的敌军重火力之下。一部分快速帆船非常勇敢地去填补战列舰队列的这个缺口，尽力战斗，可惜实力不足，在行动时损失惨重。

11点30分，战斗达到高潮。这时已无须更多机动，只是比拼谁的炮击更准和谁更具耐力。大约下午2点，丹麦防线的大部分舰船都已停止射击，旗舰“旗帜”号（Dannebrog）火光冲天。战斗过程中，丹麦水兵不断得到岸上的增援；有几次，有些船只已经降旗停战，新来的援兵赶到船上后，又重新开始战斗，他们要么没看到旗已降下，要么就干脆无视。陆地上的岸炮炮台也开始向试图占领他们的英军船只开火。纳尔逊抓住这个有利时机，给战斗做了个了结。他写了一封信“致英国人的兄弟丹麦人”，然后让人打着休战旗，带着信去城里见丹麦王储。“纳尔逊勋爵指示如果丹麦人不再抵抗，就饶恕丹麦；如果丹麦人仍在继续开火，纳尔逊勋爵将不得不把他已经占领的所有浮动炮台烧掉，他也无力去拯救那些曾经保卫它们的勇敢的丹麦人了。”这封信由一个曾在俄国海军服役，会说丹麦语的英国海军军官送到岸上。战斗持续到大约下午3点，三冠炮台东南的整个浮动防线或是投降，或是被摧毁。

城外的岸防工事仍安然无恙，被这些工事保护的西面良港里的舰船也未受损伤；一名丹麦使节打着休战旗向纳尔逊送来王储的答复，所有工事和舰船都停火了。王储要求了解纳尔逊第一封信的确切含义。纳尔逊表现出了高超的手腕，他已经摧毁了进攻的那部分敌军防线；现在重要的是撤出他损坏的舰船，在当时的风向条件下，只能通过三冠炮台。如果原先那3艘搁浅的战舰还在阵中，可以相信炮台会受到严重破坏，以至于对英国舰队几乎不能造成伤害，现实远非如此。这位将军在他的第二封信中，颇具策略地忽略了这一情况。他写道：“纳尔逊勋爵将休战旗送到岸上的目的就是出于人道主义①；因此他认为应当停战，直到能让战俘们走出英军俘获的船只，让所有负伤的丹麦人上岸，再让英国人烧毁或转移缴获的船只。纳尔逊勋爵向丹麦王储殿下致敬，请求殿下允许他禀告，如果这面休战旗预示着最尊敬的英王陛下和丹麦国王陛下结成持久的幸福联盟的话，他会将这一战视为他从军以来所获得的最伟大的胜利。”写完这封信后，他立即让人去见海德·帕克爵士，让他采取行动。帕克当时在4英里外的“伦敦”号上。纳尔逊预计到传信需要较长的往返时间，这正好可供受损严重的先导各舰通过浅滩，尽管它们的航行轨迹离三冠炮台非常近。英国舰队暴露在丹麦重火力下的那部分战舰从一个危险的位置成功脱离，在“中间平地”水道北面和帕克重新会合。

---

① 即便送出休战旗另有想法，他在事前或事后，对友方还是敌方，都从来没有承认过。在这场战役以后一个月，他写道：“我的许多朋友都认为我在采取一种战术性的诡计，不够正当。很少有人认为这是出于我本人的深切感受，那是我向上帝保证会保留到最后一刻的精神——人道主义。”接着他用大量笔墨详述了当时的情况，说当时岸炮火力的半数，都落到英军俘获船只里的丹麦伤兵身上。见《纳尔逊急件》第四卷，第360页。——作者注

纳尔逊的沉着镇定和快速果决使英国舰队获益良多，这从受损舰船撤退时的艰难就能够看得出来。5艘战列舰中有3艘搁浅，其中2艘都留在距离炮台1英里的位置，几个小时不能动弹，得到了休战旗的保护。

哥本哈根战役的结果是使城市正面失去掩护，城市和它的造船厂、军火库都面临炮击的威胁。现在英军把炮艇安排在国王海峡就安全了。丹麦人必须做决定的一个问题是，到底是由于对它强大盟友的恐惧和对中立主张的热切期盼引领它去承受更多灾祸，还是说承担的痛苦和危险已经够了，依然存在的威胁足以成为它放弃同盟的理由。另一方面，英国势力在北方的灵魂和支柱人物纳尔逊，无论在哥本哈根之战以前还是现在，都不太在意丹麦的态度，除了想到这会阻止帕克采取他建议的行动之外。现在和以前一样，他唯一的想法就是去攻打还被冰冻锁在列威利的俄国分舰队。他着手和丹麦人进行谈判，达成了为期14周的停战协定，今后提前14天通知可恢复交战状态。这样就确保会像帕克期待的那样，他的交通线有4个月的时间都完全不会受到干扰。对俄国人的恐惧阻止丹麦人做出这一让步，纳尔逊坦白告诉他们必须得到这种让步，目的是能自由地对俄国舰队采取行动，然后再回头对付丹麦人；他让这一条成为保证哥本哈根城安全的不可或缺的条件。就在双方商谈期间，丹麦王储收到俄国沙皇的死讯。3月24日，保罗一世被一伙阴谋分子谋杀。丹麦政府封锁了消息；联盟灵魂人物保罗死去，消除了他们最大的恐慌，促使他们服从纳尔逊提出的要求。

在停战协定持续期间，武装中立同盟中的丹麦暂停活动；英国内阁显示出他们对军事形势知之甚少，就和他们的波罗的海舰队总司令一样。他们在给纳尔逊的信中写道："根据对所有情况的通盘考虑，国王陛下认为应当批准停战协定。"[①]内阁对停战实质的理解是荒谬不充分的，纳尔逊为此感到生气是很自然的，也是恰当的。一位法国海军评论家对停战策略的军事性质正

① 《纳尔逊急件》第四卷，1801年4月20日，第355页注解。——作者注

确评价道：“在海军水兵的眼中，这些策略会证明纳尔逊的不朽美名当之无愧。只有他才能显示出这样的勇气和毅力；也只有他一人能面对波罗的海远征的巨大困难，去克服它们。”[①]他在哥本哈根的指挥表现出杰出的活力、勇气和韧性，还远不能说明他在波罗的海战役中的功勋。他的双肩负起他上司带来的累赘，他清楚地解读了当时的政治和军事形势，他的视线始终没有哪怕一刻离开过这两者的关键所在。在他心目中，炮轰哥本哈根是一种无用的破坏行为，只会激起一个英国应当安抚的国家的仇恨，炮轰只会摧毁英国对丹麦仍保持的仅有的影响力[②]。除了为应对他那头脑迟钝和谨小慎微的总司令官，我们可以相信他不会考虑采用这一战术；在这种情况下，他将威胁当作唯一可用的手段，迫使丹麦休战，同时引导帕克采取行动。考虑到后一种情况，停战协定要解开的就是军事难题当中的这个结；这是最重要的一点，其他事情与之相比都无足轻重。他说：“我的目的是在喀琅施塔德沿海冰面消融以前攻打列威利，摧毁那里的12艘俄国战列舰。”以下这段文字很可能是圣文森特所写：“自从您获得任命直到此刻，阁下的所有作为都是我们时刻赞美的对象，并非自我开始做这样的比较：所有人都认为只有一个纳尔逊。”

就在英国舰队停留在波罗的海入海通道的同时，发生了一连串重要事件，进一步推动了拿破仑在北方的计划，给英国造成了严重困扰。在那一时期，英国在任何时候都没有正式宣战；沙皇一开始就采取措施来保证他对马耳他的主张，后来又进一步扣押300艘英国商船和舰员充当抵押，丹麦、瑞典和普鲁士结盟支持沙皇，使英国政府不能不将之视为直接的敌对行动[③]。

---

① 瑞里安·德·拉格拉维耶：《海战》第一版第二卷，第43页。——作者注

② “我们摧毁了哥本哈根，做了我们能做的最糟的事情，这没能让我们更接近成为丹麦的朋友。”见《纳尔逊急件》第四卷，第361页。——作者注

③ 1800年11月7日，为了迫使英国将马耳他交给俄国，俄国实施了第二次扣押行动。（1800年《年鉴》，政府公文，第253页。）这发生在《武装中立宣言》发表前六周，其他各国在宣言中以各国中立权为由，同意武装捍卫中立权。（1800年《年鉴》，政府公文，第260页。）事实上，其他各国都极力游说英国，强调俄国扣押英国商船是为了马耳他，他们与此事无关，因此不应成为英国报复的对象；它们忽视了自己在这一刻选择支持俄国这一事实。——作者注

为了报复俄国损害英国利益的行为，获得同等的谈判条件，英国政府于1801年1月14日下令查封停泊在英国各港口的俄国、丹麦和瑞典船舶，并且扣留这些国家在海上的商船。当时瑞典在国外的450艘船舶当中，有200艘被英国扣押或拖入英国港口。这些船只并没有被当作战利品没收，而是被不受侵犯地保管起来，等待现有的困境得到解决。瑞典和丹麦提出抗议，得到了普鲁士支持，英国内阁在3月7日明确答复，只要受到影响的这些国家“继续组成一个联盟，这个联盟的目的在于试图使用武力迫使英王陛下接受一个新的海事法律体系，有悖英王陛下的尊严和独立以及陛下臣民的权利和利益”，扣押就不会撤销①。由于英国坚决实施扣押，帕克的舰队进入厄勒海峡入口，普鲁士于3月30日采取报复措施，对英国关闭易北河、威悉河和埃姆斯河河口——换言之，即关闭北德意志的所有港口，占领了属于英王的一些德意志邦国领地。同一天，丹麦的一支军队占领了汉堡，明显是为了阻止英国与当地的贸易。

如此一来，拿破仑的构想已全部实现。这不仅是一个对抗英国的海军联盟，而且是一个将英国贸易从主要市场之一排挤出去的措施。英国面临的危险比表面看上去要小。一方面，中立国航行权无疑受到困扰，但是它们从战争得到的好处更加丰厚；中立国的利益使他们实际上要求议和，即便是按照英国提出的条件议和。另一方面，无论怎样评判自由航行权的标准，海权强国英国更重要的主张在中立国方面都是得到实际承认的；在违禁品方面，无论想要如何界定海事用品，借口总是似是而非，因为事实上当时法国除了沿海贸易船外，没有任何商船；进入法国港口的海事用品几乎肯定要用于战舰；英国控制海上霸权的部分原因，也是为阻止此类物资流入法国，在所有武装力量当中，也只有英国海军在成功反抗拿破仑。总之，符合北方各国利益的做法是在争议问题上让步，符合英国利益的做法是英国不能让步；事实

① 1801年《年鉴》，政府公文，第246页。——作者注

上不仅英国内阁如此坚持自己的主张，连反对党也基本认同。因此有必要在失衡的天平一端加一点分量，或者在另一端减一点分量，这样就能打破平衡；英国在决定性的海战中取胜，或者沙皇保罗一世的死亡，都会使联盟土崩瓦解。沙皇是唯一全心全意投入北方争端的，因为只有他对明显符合自身利益的方针视而不见。这样的情况下，英国将海战的指挥权委派给另一个人，而不是纳尔逊，显然是一个令人痛心的错误。帕克在商议和讨论中四平八稳地消耗的时间，足够他的副手横扫波罗的海，像他摧毁哥本哈根的丹麦军防线那样，摧毁俄国在列威利的舰队，说服中立各国与英国相争是毫无希望的。对英国来说幸运的是，俄国贵族地主的利益和对英贸易息息相关。8年后，颇得人心的沙皇亚历山大一世对俄英贸易也设置了重重限制，结果俄国贵族地主几乎无人屈从。这一次他们起来反抗一个无疑已经陷入疯狂的统治者，结果沙皇保罗被谋杀，议和的道路就此打开。

新沙皇登基后，最先采取的措施之一就是释放被他父亲囚禁的英国海员。这一命令在4月7日发布。12日，英国舰队进入波罗的海，大出北方各国意料，他们本以为英国重型战舰的吃水深度会使它们在波罗的海无法通行。英国人确实遇到了麻烦，三层甲板重舰都不得不取下舰炮才能通过哥本哈根北面10英里的一些浅滩。在试图拦截据说已经出海的一支瑞典舰队巡航后，帕克让他的舰队在基奥格湾（Kioge Bay）——位于正处波罗的海入口内的西兰岛海岸外海，在那里等候国内的进一步指示；俄国驻哥本哈根公使已经通知他，新沙皇不会介入战争[①]。纳尔逊完全不赞成这种无所作为的消极态度。俄国可能会向英国提出的条件屈服，如果英国舰队就停泊在列威利港外海，它更加可能屈服，这似乎也是英国内阁的观点。4月15日，内阁收到哥本哈根之战的消息，大概也在同一天得知保罗一世的死讯。内阁非常恰当地利用保罗的死讯采取了和解政策。内阁在17日给帕克下令，修改一开始给他

① 《纳尔逊急件》第四卷，第349、352页。——作者注

的指示。如果亚历山大沙皇取消对英国财产的查封，释放海员，舰队应暂停一切战斗。如果没有，但俄国愿意谈判，战斗行动也将停止；在这种情况下，在英国商船和人员被释放以前，英国舰队不能让俄国列威利分舰队和喀琅施塔德的舰队主力会合，反之亦然[①]。看来内阁以为英国舰队的位置不会在距离列威利超过400海里的基奥格湾。

4天以后，内阁下令解除帕克的职务，让纳尔逊接管指挥权。在接到哥本哈根之战胜利的消息后仅1周，就采取这一措施，除了视为对帕克含蓄的责难外，几乎无法做出解释。纳尔逊所说的一件事使这种解释变得更为可信。“希望进行调查的人不是海德·帕克爵士真正的朋友，”他在给一名关系密切的记者的信中写道，“他在舰队里的朋友们希望这个舰队的一切都被忘掉，因为我们都尊敬和热爱海德·帕克爵士；越是和他更亲密的朋友，就越是对他的懒散无为感到不安，因为这是事实——尽管不是罪过。”[②]舰队5月5日收到内阁的命令。纳尔逊的第一反应是将小艇都收到舰上，准备起锚。“如果海德爵士离开的话，”他同一天下午写道，“我现在已经启航了。”7日，舰队离开基奥格湾，于12日出现在列威利外海。那里的俄国分舰队3天前就已启航，现在已到达喀琅施塔德，在那里的火炮掩护下十分安全。纳尔逊从列威利向俄国外交大臣发出了不少措辞恭敬的信件，得到的回复是“沙皇唯一能接受的证明你的意图确实真诚的依据，就是将你的舰队撤离；在此以前，不会进行任何谈判”。纳尔逊说：“我相信如果俄国在列威利的分舰队已经被粉碎的话，他不会写这样一封回信。”[③]煮熟的鸭子已经飞了，在做出一个礼节性解释后，他只得将舰队撤出列威利港。他仍留在波罗的海，等待谈判结果；俄国意欲和平，沙皇5月17日释放被扣押的英国船只。6月4日，英国也释放了扣押在它港口里的丹麦和瑞典船只。4月27日，

① 《纳尔逊急件》第四卷，第349页，也可见于第379页。——作者注

② 《纳尔逊急件》第四卷，第416页。——作者注

③ 《纳尔逊急件》第四卷，第373页。——作者注

俄国和普鲁士已经同意，停止所有对英国的敌对行动，普军撤出汉堡和汉诺威，恢复北德意志各大河流的自由通航。

6月17日，英俄两国在圣彼得堡签订了一份协议，解决了相关争议。马耳他的问题没有讨论，双方心照不宣。关于中立权主张的问题，俄国承认中立国国旗不能保障敌国货物安全；俄国提出原产于敌国，已确实用于偿付中立国财产的货物不会被扣押，得到英国正式承认，俄国做了非常重要的让步，即殖民地产品不包括在内。这样，无论殖民地产品的主人是谁，都不能通过中立国船只直接从殖民地运往成为交战国的宗主国。[①]另一方面，英国承认中立国在交战国进行沿海贸易的权利；海事用品不被列为战争违禁品。后一条是英国做出的重要让步，前一条可能不是，因为沿海贸易通常由特别经过改装，适合当地情况的小船进行。关于搜查战舰护航的商船的问题，俄国原则上做出让步，英国保证在进行搜查时采用攻击性较低、商船更容易接受的方式。在这种情况下，私掠船不得进行搜查。这个问题无关痛痒，因为中立国商船不会轻易接受因护航承受的约束和延迟，这样会失去它们对交战国船只的主要优势，即速度。在一个中立国认为需要为它的商船护航时，那么事实上它和交战国之间的关系已经很紧张了。

瑞典和丹麦肯定会遵循俄国路线，接受俄国与英国达成的协定中的所有条款；瑞典于1801年10月23日，丹麦于次年3月30日，相继与英国签署协定。它们就此放弃了将殖民地产品运往欧洲的主张，这对它们其实很重要，对俄国无关紧要。与此同时，波罗的海各国在它们内部恢复了一项已在和英国的协定当中放弃的规则，即中立国旗帜可以保护船上的敌国财产，由军舰护航的商船应免于被搜查。这些原则实际上进行了一些修改，试图在将来被引入国际法，这不是约定俗成的权利，并不像研究这个问题的法国历史学家

---

① 这一条款是主协定的附加解释性声明（1801年《年鉴》，政府公文，第217页。），其重要影响可见下文第十六章。由于俄国不是一个海运国家，在这个问题上没有利益牵扯。——作者注

通常表示的那样[1]。由于这个原因，美国和波罗的海各国虽然赞同新规则，都无意试图用武力迫使英国放弃其通过长期惯例得到认可的主张。

对第一执政的目的而言，在北方培育的一个广大的反英同盟就此无果而终。在这个同盟存在的短暂时间里，他在南欧积极采取措施，对付那不勒斯和葡萄牙，还采取其他措施，旨在进一步给海上强国英国制造麻烦，试图孤立和削弱它，为向埃及输送急需的物资和援兵制造条件。他在1801年2月的信中写道："法兰西共和国大使要让西班牙内阁明白，我们必须不惜一切代价成为地中海的主人……春分以前，法国在地中海将会拥有15艘战列舰，如果西班牙能派15艘战列舰和它们会合的话，由于里斯本、西西里和那不勒斯的港口将对英国关闭，届时英国将无法在地中海保持30艘战舰。因此，我毫不怀疑他们将会撤出马翁港，因为他们无法在那一海域停留。"[2]

拿破仑有充分的理由靠他的陆军去关闭那些港口；在期望法国和西班牙舰队会合时，他失算了，就像他在计算俄国黑海舰队，还有英国必须在波罗的海和布雷斯特外海保持的战舰数量时那样。在意大利与奥地利达成停战协议后，缪拉[3]率领的一个军向那不勒斯进军；2月9日，即《吕内维尔和约》签署的同一天，和两西西里国王缔结了30天休战协定。随后，双方在3月28日签订了明确的和约。那不勒斯同意禁止属于英国和土耳其的战舰和商船进入它的任何港口，其中包括在西西里的港口；法国及其盟国以及北方各国的

---

① 例如梯也尔、H. 马丁和朗弗雷。——作者注

② 《拿破仑书信集》第七卷，第25页。——作者注

③ 缪拉（Joachim-Napoléon Murat，1767—1815）：若阿尚-拿破仑·缪拉，法国陆军军官，因为他是拿破仑的妹夫，所以可以在姓名中间冠上拿破仑的名字。他1787年加入法国骑兵部队，大革命时期加入国民自卫军。1795年秋，他在拿破仑声名鹊起的"葡月风云"中崭露头角，晋升为骑兵上校。以后他一直出任拿破仑骑兵部队的指挥官，屡建战功，成为欧洲最著名的骑兵指挥官之一。1800年，他和拿破仑的妹妹卡洛琳结婚。1804年，拿破仑称帝后，他成为第一批获封元帅衔的将领之一。1805年，他受封帝国亲王。1806年，他成为贝尔格和克莱沃大公国大公，1808年起成为那不勒斯国王。1814年，他为了保住那不勒斯王位，背叛拿破仑，与奥地利讲和。1815年"百日政权"时期，他又立即宣布效忠拿破仑，与奥地利开战。拿破仑二度退位后，他一度流亡科西嘉，不久又组织一支规模较小的部队图谋恢复那不勒斯王位，很快兵败被俘，经奥地利军事法庭审判后枪决。——译者注

船只则可以自由通行。那不勒斯还蒙受了一些轻微的领土损失；最重要的条款秘而不宣，那就是允许一个1.2万或1.5万人的法军师进驻意大利半岛最南部，那不勒斯会提供军费和支援，并且把奥凡托河[1]和布拉达诺河[2]以东的所有海军要塞，包括塔兰托和布林迪西的港口都交给法军。“在意大利南部建立的占领区，”拿破仑在给陆军部长的信中写道，“就是为了给埃及的法军与法国的交通线提供便利。”[3]那不勒斯的各个港口成了法国舰队的庇护所；如果有任何一队法军分舰队能到达港口，占领区的驻军就准备登船。不幸的是，英土联军已经在法国和那不勒斯的条约签署前一周在埃及登陆，赢得亚历山大城战役的胜利。驻埃及的法军很快被联军分割，一部被迫退守开罗，另一部被封锁在亚历山大城，基思将军的舰队就在岸边的外海巡弋。

尽管第一执政付出了无数努力，没有一支法国分舰队能成功将急需的援兵送往埃及。失败的原因有两个：法国军港缺乏海军武装，面对英国人的严密监视，大舰队很难同时逃离港口，几个小舰队也难以组成一支大舰队。这两个麻烦主要都是圣文森特伯爵采用的严格有序的体制造成的；对英国来说，幸运的是，在拿破仑试图给法国海军更明确的智慧，采取更有活力的行动的同时，圣文森特接任海峡舰队司令官职务。1800年2月，拿破仑给布吕克斯司令官的指示是[4]，率领超过30艘法国和西班牙战列舰从布雷斯特启航，驱散在港口前封锁的英舰去解救马耳他，派一支轻型分舰队去埃及，同时带领他的舰队主力前往土伦，那里的地理位置更有利于控制地中海。由于补给匮乏，西班牙人也不愿合作，这一计划被推迟，拿破仑在3月底再度写

① 奥凡托河（Ofanto）：意大利南部一条东西流向的河流，流经坎帕尼亚、巴斯利卡塔和阿普利亚地区，在巴列塔附近注入亚德里亚海。——译者注

② 布拉达诺河（Bradano）：意大利南部南北流向的一条河流，最终注入塔兰托湾。——译者注

③ 《拿破仑书信集》第七卷，第47页。——作者注

④ 布雷斯特舰队当时包含布吕克斯在前一年8月带回港内的一大批西班牙战舰，拿破仑对布雷斯特港内战舰的详细观点，可见于《拿破仑书信集》第六卷，第181、186页。必须记住的是，当时法国在地中海实际上没有任何战列舰活动。——作者注

信道：“如果春分过后，还没有驱散英国舰队，尽管为马耳他解围，调兵援助埃及对我们来说事关重大，这些计划都必须放弃了。”[①]在整个夏季的几个月里，他通过不懈努力，维持了一条用小船不断驶向埃及的通道，这点前文已经提过。

秋分之后，拿破仑再度为一次大规模海军行动进行准备。冈托姆司令官收到命令，带领7艘战列舰从布雷斯特启航，这些战列舰除了舰员之外，还装载了4000名陆军士兵和一大批物资。拿破仑在给驻埃及法军总司令梅努的信中写道：“冈托姆将军将给你的军队带去我们之前无法送去的援兵，你会从他手中接到这封信。”这封信的日期是1800年10月29日，始终没有到达目的地。1801年1月，将近3个月后，一场可怕的东北风暴迫使英国舰队撤离，冈托姆才能从布雷斯特出海。梯也尔说道：“这是非常鲁莽的行动，敌舰队不间断地全天候封锁布雷斯特港，只有在无法巡航时才会撤退，冈托姆还能怎么做呢？要么一直都别出港，要么在一场大风暴迫使英国分舰队撤退时出港，只有这么办。”这次成功出逃事件以及冈托姆随后的遭遇，恰恰说明了圣文森特采取的封锁产生的威慑效果。[②]英国人不能阻止法国舰队偶尔逃脱，却给法国舰队的汇合和执行任何大规模海战制造了几乎不可逾越的障碍。由于不得不选择在天气恶劣时出发，冈托姆分舰队立即被风暴吹散，受到相当大的损害。[③]直到一周后，它们才重新会合。2月9日，这个分舰队通过直布罗陀海峡；它们出逃的消息已经传到在加的斯外海巡航的英国舰队司令沃伦那里，他迅速追了上去，仅比法军晚20小时就进入直布罗陀海峡。1月30日，冈托姆捕获一艘英国快速帆船，得知基思勋爵率领的地中海舰队正

---

① 《拿破仑书信集》第六卷，第262、263页。——作者注

② 严密监视造成的优势还能通过敌方分舰队出逃时引发的混乱看出来。在这种情况下，海峡舰队派出7艘战列舰追击冈托姆，“由于缺乏情报”，它们被派往西印度群岛，而不是地中海。（詹姆斯《海军史》第三卷，第73页。）当时英国舰队牢牢控制了地中海，基思的7艘战列舰在黎凡特，沃伦的5艘战列舰就在加的斯港前，他在梅诺卡岛还有2艘战列舰。——作者注

③ 损坏详情见前文第二章相关部分。——作者注

护送一支1.5万人的英国陆军攻打埃及。他预计沃伦会很快追来，风暴造成的损伤令他忧心忡忡。通盘考虑所有情况后，他觉得放弃埃及，前往土伦为上。为了监视冈托姆，沃伦一直留在地中海巡航，冈托姆为前往目的地又两度出发。第一次，他由于2艘战舰相撞被迫返航。第二次，突发的疾疫迫使他将3艘战舰送回。其他4艘战舰到达亚历山大城以西一段距离的非洲沿海，准备在那里让陆军部队登陆；它们发现基思的舰队出现在海平线上，便立即砍断锚链，匆忙撤退，没能达到目的。

拿破仑在加的斯集合一支有力舰队的尝试同样不走运。西班牙被诱使，或者说被迫提供给他6艘战列舰，法国在那里也有一些船只。他打算让布吕克斯将军率领一支规模较大的分舰队从罗什福尔赶去加的斯，在汇合以后，由布吕克斯指挥那里的全部战舰。无论法国舰队要在任何一个港口集结，在这些港口前巡航的英国分舰队都会成为法舰航行的障碍，即使偶尔会让法舰逃走，这些障碍对法军最终的宏大计划总是会成为致命威胁。英国舰队占领的中央位置优势被一直保持。另一方面，当法舰要将大量舰船聚集起来的时候，就像1801年在布雷斯特那样，由于补给匮乏，无法得到足够的海军装备。这同样是由于英国舰队的严密监视，加上他们会以违禁品的名义将海事用品没收。因为这些原因，第一执政发现自己在布雷斯特无计可施，只得指定罗什福尔为初始集结地。在到达加的斯进行第二次集结时，布吕克斯将亲自为下一步行动进行准备。如果无法直接支援埃及的话，这个舰队也可以通过骚扰英军交通线提供间接帮助。拿破仑写道："每天有100艘帆船会通过海峡为马耳他和英国舰队提供补给，它们的护航兵力很弱。"如果布吕克斯那样的一支分舰队能在加的斯从侧面进攻这条航道，英军为了护航就要投入更多兵力。在罗什福尔的集结失败了，从布雷斯特来的舰船无法到达那里，罗什福尔港内的舰船也从来没能启航。

在进行这次尝试的同时，拿破仑为加强加的斯的兵力还进行了另一项努力。[1]冈托姆第二次从土伦启航后，送回了3艘战舰，里努瓦[2]海军少将指挥的这些战舰也得到命令前往加的斯。里努瓦成功到达直布罗陀海峡，在那里从俘获的一艘英国船得知，7艘英舰正在他的目的地外海巡航。英国海军部得知加的斯和法国各港口都在积极备战，便从海峡舰队派出这些战舰，由索玛莱兹司令官指挥，去替换沃伦。

里努瓦无意冒险与这样一支占据绝对优势的敌军交战，便进入直布罗陀湾，在西班牙一侧锚泊，位于阿尔赫西拉斯的大炮之下。索玛莱兹很快就得到消息；7月6日，就在里努瓦锚泊2天后，已能看到6艘英舰在绕过海湾西角。英军立即发动进攻，风向变幻无常，无法到达自己的阵位，法军战列线两翼都能得到岸炮炮台支援，从法国分舰队登陆的陆军士兵有效地在操作那些岸炮。英军的进攻被打退，一艘74门炮的英舰在一座炮台下搁浅，被迫投降。索玛莱兹撤退到直布罗陀整修，舰员们战斗了一整天，夜间还在监视，只为获得良机为雪败北之耻。里努瓦派人去加的斯求助，10日，5艘西班牙战列舰和1艘法舰[3]从那里赶到阿尔赫西拉斯外海锚泊。12日，它们和里努瓦的3艘战舰一起出发，与此同时，索玛莱兹也率领他的6艘战舰从直布罗陀启航。联合舰队退往加的斯，英国舰队紧随其后。夜间，追击的英国舰队前

---

① 上述尝试仅仅是为了概述相继快速发生的一连串事件，拿破仑所下达的命令体现了他在应对复杂形势时极度活跃的思维。相关详情研究者可以从他的信件当中参考，见第六卷第719、729、745页；第七卷第4、24—26、69—73、125、144、164、197、198页。——作者注

② 里努瓦（Charles-Alexandre Léon Durand, Comte de Linois，1761—1848）：夏尔-亚历山大·莱昂·杜兰·里努瓦伯爵，法国海军军官。他15岁加入法国海军，长期在国外海域活动，1794年才返回法国，当年5月就被英国皇家海军俘获。获释后，里努瓦晋升为海军上校战列舰舰长，次年又在格鲁瓦海战中被俘。1796年，他经过战俘交换手续回到法国，当年以分舰队司令身份参加不成功的爱尔兰远征。1799年晋升海军少将，他被派往地中海，在布吕克斯将军麾下效力。1801年，他指挥一支小型分舰队在阿尔赫西拉斯海战中对英军索玛莱兹分舰队先胜后败。1803年，拿破仑任命他指挥法国在印度洋的海军。1804年，他误将英国的大型商船队当作战列舰队，没有发动进攻，传为海军界的笑谈。1806年，不走运的他在归国途中三度被英军俘虏，由于拿破仑拒绝再交换战俘，这次他直到1814年拿破仑倒台才获释。拿破仑对他并非毫不挂念，1810年册封身在英国监狱的他为帝国伯爵。波旁王朝复辟后，路易十八一度提名他出任瓜德罗普总督，因他在“百日政权”期间站在拿破仑那边作罢。此后他事实上处于退休状态，直至病逝为止。——译者注

③ 这艘“圣安东尼”号是西班牙出让给法国的战舰之一。——作者注

锋与敌舰队后卫发生战斗，可怕的一幕发生了。一艘西班牙三层甲板战舰起火，混乱中被一艘本方舰队同级舰当成了敌舰。这2艘舰各有112门舰炮，是当时世界上最大的战舰，2艘舰发生碰撞，都燃起了大火，悲惨地沉入海底；法舰“圣安东尼”号被俘。

索玛莱兹和里努瓦的遭遇战事件具有特殊的价值，因为英舰在首次进攻时失败，损失惨重。英国海军的常胜纪录，或者说看似常胜的纪录使他们认为自己总能获胜；在这一战例中，英国分舰队在加的斯港前的位置优势，由于战场上的失利出现了变化。这个位置，首先使里努瓦的分舰队不能完成会合；后来，里努瓦的分舰队独自遭到攻击，损害严重；再以后，在退往加的斯途中，3艘法舰状况不佳，不利战斗，尽管其中1艘在战斗中抵抗非常顽强，从一艘较弱的英舰手中逃脱。因此，6艘追击的英舰实际上等于只和6艘敌舰遭遇，而不是9艘。除了英国海军军官和舰员的素质远在西班牙人之上外，这些作战非常明显的特征是，英国分舰队能将敌军分舰队各个击破。英国人能做到这一点是因为他们一直在敌国港口前，这样就能将敌人的2个分舰队截断。

索玛莱兹克服了相当大的困难才取得胜利。风向不利加大了他部下战舰行动的难度，它们张着帆驶向已经停留在泊位的敌舰，与它们战斗，当时对法舰来说失去桅杆也无关紧要。这些情况加上法舰能得到岸炮炮台和一些炮艇支援，很大程度在战术上抵消了英舰的数量优势。尽管如此，在扣除以上所有因素后，应当承认，里努瓦在阿尔赫西拉斯的战斗中表现极其出色。他是一个不仅拥有杰出勇气且性格谨慎的人，非常适合利用一个防御阵地提供的每一种优势。尽管里努瓦是成功的，整个战役的结果却绝对对他的对手有利。圣文森特勋爵写道：“詹姆斯·索玛莱兹爵士的行动使我们的处境非常安全。”7艘英舰完胜9艘敌舰，敌舰不仅在数量上占优，大部分在单舰火力方面也占优。不仅西班牙人拥有3艘90门舰炮以上的战舰，1艘80门舰炮战舰，里努瓦的法舰也有2艘80门舰炮的战舰，索玛莱兹的分舰队只有1艘80门舰炮战舰。这些重火力战舰和74门舰炮战舰的差异不仅体现在舰炮数量上，吨位上也差别明显。这场战役的实质可以将它与那些简单的胜利区分开来，这一战能取胜不仅是靠技高一筹的战斗力，还有赖于战略部署。

索玛莱兹的战绩如此出色，当时人在英国的纳尔逊在上议院对他赞叹不已，他的传记作者声称，他的这些行动独自彻底挫败了拿破仑的计划。这就是夸大其词了。根据那位作者的说法，拿破仑的计划是法西两国的分舰队在加的斯会合后会前往里斯本外海，劫掠那个地方，摧毁停泊在那里的英国商船，“然后，在得到布雷斯特舰队增援后，他们会通过直布罗陀海峡，直趋亚历山大城，让一支足以为法军解围和将英军赶出埃及的陆军部队登陆。如果里努瓦的分舰队没有和詹姆斯爵士的分舰队遭遇的话，这一切肯定会取得成功，是詹姆斯爵士造成了法西联合舰队的完败，迫使他们放弃了最初的宏大计划。”[①]这种说法表达了一个传记作者对传主的热爱，无伤大雅，但不能掩盖我们从这段海军时期得出的真正经验。这一时期英国海军的战果都取决于一个广泛周密的基本体制，不是这位作者归结的一次海战的胜利，尽管这一战战果辉煌。詹姆斯·索玛莱兹爵士的行动只是英国海军从波罗的海到埃及各处都在进行的战斗的一个缩影。通过控制海洋，英国海军的各舰队在采取严密监视敌国各港口的计划以后，处处都处于内线阵位，处处都将敌舰队的各分舰队隔断，创造了将它们各个击破的条件。多数情况下，这种阵位优势会使敌舰队老老实实待在港口里，使他们的联合行动胎死腹中。英军的战略态势，还使得一支训练有素的精干英国分舰队能够快速地持续打击数量占据极大优势，由2个分舰队组成的敌舰队，通过造成每个分舰队的损伤，使整个舰队在一定时间内失去战斗力，索玛莱兹有幸证明了这一点。但哪怕他从未能与里努瓦遭遇，拿破仑的计划仍需要来自罗什福尔和布雷斯特的2个法国分舰队会合，这一行动从来没能成功。

---

① 罗斯：《索玛莱兹传》第二卷，第21页。——作者注

拿破仑企图通过海上联合作战和控制那不勒斯的各个港口保住埃及，迫使英国议和。他在给冈托姆的信中写道[1]："海上和平问题，现在取决于英军对埃及的远征。"英国的传统盟国葡萄牙，在他的策略当中被用于其他目标——即提供谈判筹码，并且从他的大敌英国手中夺得一些成果，这是法国及其盟国的海上力量无法触及的。"通知我们的驻马德里公使，"他在1800年9月30日给塔列朗的信中写道，"西班牙陆军必须在10月15日之前控制葡萄牙。这是我们能获得交换马耳他、马翁港和特立尼达筹码的唯一方式。葡萄牙的危险会使英国国内感受强烈，大大促进英国的和谈意愿。"

作为将托斯卡纳交予一位西班牙亲王的补偿，一个月前，西班牙和法国签署了一份密约，将路易斯安那割让给法国；与此同时，西班牙采取措施游说葡萄牙与英国断交。游说一无所获，拿破仑在春天再度要求采用更强硬的手段，武装占领那个小王国；他的要求变得更为迫切，显然埃及正在从他手中溜走。西班牙最终同意入侵葡萄牙，接受一支法国部队协同作战。第一执政提议至少占领葡萄牙的3个省份，他被老奸巨猾的西班牙政府摆了一道。西班牙政府不愿屈从他的压力，他的弟弟，法国驻马德里公使吕西安[2]认同西班牙的政策。葡萄牙没有进行任何有效抵抗；两个半岛国家的宫廷很快达成协议，葡萄牙对英国关闭他们的港口，向法国赔款2000万法郎，割让给西班牙一小片狭长的领地。

---

① 《拿破仑书信集》第七卷，1801年3月2日的信，第72页。——作者注

② 吕西安（Lucien Bonaparte, Prince Français, 1st Prince of Canino and Musignano，1775—1840）：吕西安·波拿巴，法国政治家，第一帝国时代的皇族，初代卡尼诺和穆西格纳诺亲王。拿破仑的弟弟，除了拿破仑之外，是兄弟们中间最有才华的一个。他曾经出任法国五百人院议长，促成兄长拿破仑的"雾月十八日政变"，使其成功掌权。拿破仑建立执政府后，让他出任内政部长。他和警察总监富歇的关系一直很紧张，甚至因此和兄长不睦。1800年11月，他被任命为法国驻西班牙大使。拿破仑称帝后，两兄弟之间的矛盾日益明显。因为他执意与一位波旁家族的公主结婚，导致两人正式反目。为此，他抛弃了皇族的荣誉，自我放逐到罗马居住。1809年，拿破仑对他施加了更大压力，随着教皇国完全被法国吞并，他在罗马也没有立足之地，于是设法想出海前往美国，中途被英国海军抓获。在他羁留英国期间，英国人将他视为拿破仑的反对派，并没有为难他。拿破仑却将吕西安的行为视为叛逃，1811年将他从皇室除名。1814年，拿破仑垮台后，他才得以回到法国，不过很快又回到罗马居住。后来先后被两任教皇授予亲王头衔。1836年，他撰写了自己的回忆录。1840年，他因患胃癌去世。——译者注

拿破仑对这份条约火冒三丈，他还来不及干预，条约就已获得批准[①]；1801年夏，他的外交活动到了一个不能继续拖延的阶段。他看出丢失埃及就是一个时间问题；只要法国军队还在那里坚守，就是他手中的一张牌，这张牌太过宝贵，不能只为了在葡萄牙获得一个无足轻重的立足点拿来冒险。“英国人还没有控制埃及，”他在7月23日给驻伦敦法国代表的信中坚决地写道，“我们收到确切的消息，亚历山大城能坚守一年，霍克斯伯里勋爵[②]知道埃及的关键就是亚历山大城。”[③]4天后，他在给缪拉的信中已不抱任何希望，塔兰托的陆军部队“已经不可能登船启程了”[④]，即便将这支部队安置在那里的唯一目的就是为了能离埃及更近些[⑤]。他继续写道，当前的形势与他之前的预期形成了鲜明对比，“在亚德里亚海地区驻军的目的是为了给土耳其人和英国人施压，并且在将来和英国人谈判时，可以提出将部队撤出这些省份作为补偿。”那不勒斯和葡萄牙都太过遥远，太偏离中心，要触及英国海上统治权问题也太远，由于法国海军的虚弱状态，控制这些地方无利可图，甚至不够安全。这个事实被拿破仑统治后期的许多事件证实，包

---

① 这份条约6月6日签署，6月16日即生效。（1801年《年鉴》，政府公文，第351页。）拿破仑在6月15日才收到副本。（《拿破仑书信集》第七卷，第215页）。——作者注

② 霍克斯伯里勋爵（Robert Banks Jenkinson, 2nd Earl of Liverpool，1770—1828）：罗伯特·班克斯·詹金森，二代利物浦伯爵，英国政治家，1790年当选下议院议员。1796年5月，在其父受封利物浦勋爵后，他继承霍克斯伯里勋爵称号。他在《亚眠和约》谈判中表现出色，得以在阿丁顿内阁出任外交大臣。小皮特再度上台组阁后，仍让他担任这一要职。在皮特病重期间，由他主持内阁。小皮特死后，他拒绝加入格伦维尔内阁。短暂在野后，他在波特兰公爵内阁出任内政大臣。1808年，其父身故后，继承利物浦伯爵爵位。1809年10月，他出任珀西瓦尔内阁陆军与殖民地大臣，力主在葡萄牙维持英国军事力量。1812年5月，珀西瓦尔遇刺身亡后，他继任英国首相。利物浦内阁维持了整整15年，期间爆发了英美1812年战争，反法同盟最终击败了拿破仑。他在维也纳和会上采取的政策，确保了之后的多年和平。战争结束后，利物浦内阁着手处理国内的一系列问题。1827年，他因中风离任，次年年底病逝。——译者注

③ 《拿破仑书信集》第七卷，第256页。——作者注

④ 《拿破仑书信集》第七卷，第266页。——作者注

⑤ 见本章前文。——作者注

括1807年对葡萄牙代价昂贵的占领，1809年和1811年苏尔特[①]和马塞纳的挫败，甚至包括企图征服西西里的失利。

自从沙皇保罗死后，俄国和普鲁士及法国的关系日渐疏远。甚至于它们原先都同意应当撤出汉诺威，现在为了讨好英国，提出推迟撤离，直到“某国确定不会占领汉诺威”为止[②]。这一规定显露出这两国都不信任拿破仑。自那以后，两国在很多问题上觉得法国人在推诿和拒绝，这表明第一执政在对多个小国问题的处理上无意满足它们的意愿；尽管它们还不能肯定，但它们怀疑，拿破仑已经在采取一些措施将一些地区并入法国，它们则一直在维护这些地区的独立[③]。俄普两国都在按照自己的利益行事，它们的利益与英国的海权极其重要地联系在了一起，在欧洲大陆遭到法国统治者侵略政策的威胁。拿破仑发觉，如果在欧洲获得进一步的占领区，然后与英国在海外的领地进行交易，会引起这些欧洲大国的反抗，它们还没有像奥地利那样筋疲

---

① 苏尔特（Jean-de-Dieu Soult 1st Duke of Dalmatia，1769—1851）：让-德-迪乌·苏尔特，初代达尔马提亚公爵，法国陆军军官，拿破仑部下最受争议的元帅。苏尔特1785年从军，大革命爆发后逐渐崭露头角，1794年晋升为准将。此后5年，他先后在儒尔当、莫罗等人麾下任职，1799年晋升少将，参加了当年的两次苏黎世战役。第二次反法同盟战争期间，他是马塞纳的主要副手。1804年，他受封法国元帅衔。乌尔姆和奥斯特里茨战役期间，他指挥的一个军对反法同盟军中央部队发动了决定性的攻势。1808年，他受封达尔马提亚公爵。次年，他率第2军随拿破仑进入西班牙战场。在拉科鲁尼亚战役中，英军司令约翰·穆尔爵士阵亡，苏尔特仍让英军成功从海上脱逃。之后4年，他和其他几位法军元帅一样，深陷半岛战争泥潭。1814年拿破仑首次下台后，他宣布自己是一名保王党分子，成为复辟的波旁王朝陆军大臣。在拿破仑从厄尔巴岛返回法国组织“百日政权”时期，他又宣称自己是拿破仑派。在滑铁卢战役期间，他证明了自己实在缺乏参谋长的才能。波旁王朝二次复辟后，苏尔特一度受到冷落，后来仍在军政界东山再起。1820年，他获得法国陆军大元帅衔。七月王朝时期，三度出任法国首相。在路易·菲利普国王下台后，他又以共和派自居，1851年逝世，享年82岁。——译者注

② 1801年《年鉴》，政府公文，第257页。——作者注

③ 保罗一世尤其维护那不勒斯的独立，恢复撒丁国王对皮埃蒙特的统治。4月12日，第一执政获悉保罗的死讯，就在同一天发布命令，将皮埃蒙特划为法国的一个军区。这份命令的日期被故意提前到4月2日（《拿破仑书信集》第七卷，第147页）。塔列朗得到通知，尽管是试探性的，这是吞并皮埃蒙特的第一步。如果普鲁士公使抗议，他可以回答说法国还没有和普鲁士国王讨论过意大利的事务（《拿破仑书信集》第七卷，第153页）。亚历山大则被礼节性地告知，保罗对意大利各省的兴趣被认为是私人性质的，并非政治性的（《拿破仑书信集》第七卷，第169页）。一个月后，俄国大使傲慢地提醒塔列朗，他的使命取决于“撒丁和两西西里的国王，能再次被安置在法军入侵意大利以前就领有的两国领土上。”（1801年《年鉴》，政府公文，第340—342页。）按照4月18日的命令，利古里亚（热那亚）也成为法国的一个军区（《拿破仑书信集》第七卷，第162页）。——作者注

力尽，这样会无限期推迟对法国海军复兴和殖民体系重建至关重要的海上和谈；这两个目标当时在他眼中都是重中之重。于是，从1801年开始没有一个盟友，面对法国陆军在欧洲大陆的所向披靡和北方国家组成的令人望而生畏的海上联盟，英国凭借强大的海上力量瓦解了北方联盟，赢得了欧洲各大国的友谊，保持了对地中海的控制，使埃及臣服，甚至迫使战无不胜的拿破仑也希望早日结束战争。

第一执政现在的宏大目标是在收到法军撤离亚历山大城的消息之前，先迫使英国签订城下之盟。谈判已经缓慢进行了6个月；3月21日，在小皮特内阁辞职后，上台掌权的新内阁开始进行谈判。双方都倾向和平，优势必然属于能不受政府其他成员束缚，绝对控制其国家决策的人。阿丁顿内阁本身软弱无力，整个国家一心求和，必然会使他们在拿破仑的钢铁意志前让步，没有人表面上会比他在最关键的时刻更坚决。他威胁英国人说会占领汉诺威；他宣布让罗什福尔、布雷斯特、土伦和加的斯的部队登舰的宏大计划，在荷兰也准备好让部队登舰；他放言亚历山大城还能坚守一年。尽管条款无疑对法国比对英国更有利，英国政府还是坚持法国做出一个让步，并且得到了这个让步，那就是拿破仑一开始拒绝妥协的特立尼达问题①。尽管掩饰得更好，他急于达成和约的迫切心情和英国人其实是一样的。最终，他在9月17日发出最后通牒，并且补充道，“如果葡月10日（10月2日）还不能达成和平预案的话，谈判将会破裂。”他在给法国代表的密信中写道：“当你考虑到梅努在亚历山大城可能撑不过葡月1日，这个季节风向有利于军舰从埃及出发，几天时间就能到达意大利和的里雅斯特时，就会明白这个条件会有多么重要。因此，葡月10日前促使英国人完成谈判至关重要。”也就是说，在英国人得知亚历山大城陷落的消息之前完成谈判。和约条款的问题，如拿

---

① 他在给法国谈判代表的指示中拒绝英国的这个条件，同时通知他如果必要的话，可以对此作出让步。（《拿破仑书信集》第七卷，第255—258页。）——作者注

破仑先前所说，取决于埃及。后来，法国代表得到了一个有所区别，看似合理的理由。“奥托应当让他们觉得，我们在海上处于劣势，在陆地上处于优势，我们可以在冬季开战，因此我不希望长期僵持下去。”[①]无论英国内阁受到何种动机影响，显而易见的是，拿破仑本人迫切希望议和。1801年，和平预案在伦敦签署。

预案条款很容易说明。英国在所有占领区当中，在东印度仅保留锡兰群岛，在西印度群岛仅保留特立尼达。通过列举英国归还给原主的主要领地，就能知道英国在占领区问题上的让步有多大。这些领地在地中海有厄尔巴岛、马耳他、梅诺卡岛；在西印度群岛有多巴哥、圣卢西亚、马提尼克，还有圭亚那的广大荷属领地；在非洲有好望角；在印度，有法国和荷兰在印度半岛的多个据点。法国同意让葡萄牙的领土保持完整，撤出它在那不勒斯王国和罗马的领土，承认“七岛共和国”的独立。七岛共和国名下包括原属威尼斯的群岛、科孚岛和其他岛屿，根据《坎波福尔米奥条约》，曾割让给法国，在1799年已经被俄国和土耳其舰队占领，被组建为一个独立国家，得到俄土两国的保障。这些岛屿脱离法国，被认为是一个对土耳其帝国重要的安全保障。英国国内还不知道亚历山大城的法军投降的消息；预案仅仅规定埃及会归还土耳其，土耳其的领地会恢复到战前状态。马耳他被归还给圣约翰骑士团，应摆脱所有法国或者英国的影响，置于第三国的保障之下。由于骑士团的衰弱，双方对这一重要海军基地都暗中觊觎，该如何处置才能令人满意成为最大的难题。在最终的条约中，双方试图通过一系列复杂的规定确保马耳他的地位，相关条款几乎占整个条约文本的三分之一；最终英国宣称法国违反了两国协定的精神，在法国做出令英国满意的改正之前，拒绝撤出该岛，这成为后来双方短暂和平破裂的关键因素。

预案第一条规定，此预案一经批准，双方在世界各地，无论海上还是

---

① 《拿破仑书信集》第七卷，第323页。——作者注

陆地，停止一切敌对行为，因此预案在英国和法国国内都被视为等同一份明确的条约；条约的框架大体上已经完成，之所以延迟确定，只是为了使谈判代表有时间去安排和解决协议的复杂细节，不必再延长战争造成的痛苦。对法国来说，没理由不被接受。法国恢复了许多利益，却没有放弃任何东西，它不用通过非法也往往徒劳的行动获得这些利益。在英国，普天同庆的同时，预案条款遭到严厉准确的谴责。批评声浪来自一些非常有才能的人，主要是原小皮特内阁的成员，尽管他们的领导人本人赞同和平预案。他们无可争议地明确指出，英国和法国各自获得的实际利益差距极大，与英国在预案签署时的相对优势并不相称，也和英国的安全不符，安全问题正是内阁公开声称的对法战争的目的。他们几乎毫不夸张地宣称预案条款使法国获得了它的既得领地，英国只是退守到战前就有的领地。他们一针见血地准确预言，在和谈失去的那些重要阵地很难收复的不利条件下，战争将很快重启，内阁几乎无言以对。他们可以对这条或那条批评意见提出异议；他们还是提出了辩解，主要理由是他们的盟友已经失败，在欧洲大陆无望对抗法国的强权，特立尼达和锡兰是非常有价值的收获。这两地都是海岛，被拥有海上统治权的国家控制，与此同时，两地分别靠近南美大陆和印度本土，是非常重要的贸易站，同时具有重要战略意义。主持谈判达成和约预案的外交大臣，摆出了最令人信服的论据。在战争开始时，英国拥有135艘战列舰和133艘快速帆船；在结束时，这两个数字分别是202和277。法国开战时拥有80艘战列舰和66艘快速帆船，在结束时两个数字是39和35。霍克斯伯里勋爵正确地指出，尽管第一执政本人会不懈努力，英国能让他在辛苦经营很多年后，才愿意冒险进行一场海上战争①。

因此英国放弃的重大利益无疑有助于其安全保障。英国在海外放弃了太多，法国在欧洲大陆又保留了如此广泛的利益，并且获得了如此压倒性的影

① 《议会史》第三十六卷，第47页。——作者注

响力，英国与欧洲大陆各国拥有为数众多的利益关系，无疑承担了严重的风险。这次和平非常短暂，贯穿着令人不安的争议，也充分证明了这一点。即使当代人能准确解读那个时代的种种迹象，当时的英国人也无须为战争的整体结果不满。毕竟英国已经为一个巨大难题的最终解决，成功走过了一个漫长的阶段。1792年，整个法兰西民族都被暴力宣传革命的精神控制。正如拿破仑振聋发聩地指出的那样："那个时代法兰西政治宗教的一部分就是以革命原则的名义发动战争。"[①]对拿破仑持严厉批判态度的共和派历史学家亨利·马丁说："山岳党人和雅各宾党人，就像吉伦特派一样，下定决心用武力向远方传播大革命的原则；他们希望，通过气势汹汹地挑战所有国王，将法国置于不可能后退和停止的境地。"[②]其他国家只能通过实质上的武装反抗来筑起一道藩篱与法国的武力抗衡，才能阻止这种意图。这种武装反法同盟主要由英国的海权来实施和维持，英国是反法同盟的主要代表和灵魂。英国支撑反法同盟的直接手段是通过它的海军，间接手段是通过来自英国贸易的财政援助；这种援助在这一艰巨广泛的战争进程当中几乎已经翻了一倍。1801年，整个法兰西民族的对外侵略性已经消耗殆尽。如果说这种侵略性依然残留的话，现在都体现和依托在拿破仑一个人身上。在他身上，这种心态立即更为清晰地被人认识，也显得更加令人厌恶。但这种心态的危险性也小了很多；因为无论一个人的天才再杰出，仅凭一个人的力量无论为善为恶，终究远比一个伟大民族冲动的力量要小。

当时的英国政治家没有清楚认识到他们获得的利益的本质，只是从直觉上辨别出了他们所从事的斗争的真实性质。他们支持直觉的理由却经常是错误的，这也是依靠直觉进行推理常见的情况；不过小皮特在概括英国各种目的时使用的"安全"一词基本上是正确的。安全是英国正当和必要的目的，

---

① 《拿破仑评论集》第三卷，第377页。——作者注

② 《1789以来的法国史》第一卷，第396页。——作者注

是法国大革命的情势强加的，安全不是英国一国的事，是整个欧洲国家群体的事，英国是这个群体的重要成员。法国领导人以无法无天的精神提出要强行传播革命原则和方法，使这个国家群体受到秩序荡然无存的威胁。这些原则和方法有很多优点，也有很多缺点，如果它们要得到健康发展，需要时间和人们的自由选择，法国领导人完全不耐烦，不愿给予他国时间和选择的自由。小皮特在他关于和平预案的演讲中说道："安全是我们的重大目标；实现这一目标有不同的手段，成功的前景有大有小；会根据情况的变化采取不尽相同的政策，但我们追求的依然是我们的伟大目标——安全。为了达到这个目的，我们当然会寻求颠覆那个建立在革命原则上的政府……我们非常满意地看到，我们在革命的狂热所引起的暴力下幸存下来，看到了革命原则的影响范围在减弱。我们已经看到雅各宾主义被剥去了迷惑人心的外衣；已经看到雅各宾主义被剔除了自由的名义和借口；雅各宾主义的表现证明了它本身只具备破坏性，没有建设性，它必然会最终导致军事专制统治。"[①]事实上，这就是英国与法国大革命的第一场战争的收获。这只是发展过程中的一个阶段；还有另一个阶段，一场更为漫长、艰苦、激烈的战争。那是一场争夺霸权的战争，前一场战争的主要领导人没能看到它的终结。

---

① 1801年11月3日的演讲。——作者注

第十四章

1801年10月—1803年5月从《亚眠和约》预案签署到破裂为止的大事概要

1801年10月1日，英法两国签署和平条约预案，双方至少在表面上都认为，这能解决它们的相对地位和既得利益问题。预案的概要规定在最终明确的和约中，框架不能变动，只能对细节问题进行调整，这需要时间，结果只能延长战争的痛苦。那种认为和约预案的签署已经构成持久和平基础的期待，很快被证明是虚妄的。一连串令人不快的意外事件先降临到一方身上，然后影响到另一方，在英国国内产生了一种不安全感，给和约的反对派提供了口实，使他们的言辞更激烈。反对派一开始就嘲笑如果以放弃物质利益的保障为代价，将和平建立在法国政府的善意基础上，根本不会有持久和平。他们断言，只有保障物质利益，才能遏制拿破仑的野心，赢得他的尊重。面对这些责难的英国内阁有苦难言，因为在紧接下来的几个月中，接踵而至的连串事件证明了反对派的预言，同时也证明他们被摆了一道。这些事件使法国人在欧洲的影响和势力大增，使英国必须维持庞大的军备，使所谓和平自始至终都陷入“武装停战”的状态。

在和约预案签订的第二天，亚历山大城投降的消息抵达伦敦[1]，这意味着法国人彻底失去了埃及。人们相信，拿破仑在预案签字的时候已经得到这

① 1801年《年鉴》，第280页。——作者注

个消息，这个消息会影响到他谈判的条件。无论如何，他无疑对这一事实心知肚明[1]，因此才急于促成和约预案的签署达到这样一个结果，即是由法国，而不是英国，将埃及的主权归还给土耳其宫廷。法国政府对土耳其驻巴黎大使隐瞒了这一事实，于10月9日与他签署了一份条约。根据该条约，法国撤出已不受它控制的土耳其省份。作为回报，土耳其同意给予法国这个最近还是敌人的国家与英国同等的贸易特权。土耳其完全是依靠英国海权才成功收复叙利亚和埃及的。英国内阁事先并不知道法土两国达成的协议，这是直到英法和平预案正式批准后才公之于世的。同时，法国与葡萄牙9月29日在马德里签订的条约也被公开。根据英法和平预案，葡萄牙的领土会保持完整；根据《法葡马德里条约》，巴西的大量领土被并入法属圭亚那，包括亚马孙河的北出海口。

这些事件都如此意外，让英国政府懊恼不已。另一方面，根据1801年3月21日签订的一份密约，西班牙将路易斯安那的殖民地割让给法国，尽管条约签署时秘而不宣[2]，英国人还是得到了风声。英国内阁虽然了解法西密约的重要性，却像之前西班牙割让西属的半个圣多明各时一样，没有将事情揭穿，这正是拿破仑求之不得的。这份密约和美国关系密切，于是合众国驻伦敦公使得到一份条约副本，并且在11月20日交给美国政府[3]；直到1802年1月，这件事情才在英国国内传开。反对党成员曾悲观地预言过法国殖民地扩张，描绘出这样的景象：《法西条约》使英国的宿敌在北美大河的入口拥有根据地，《法葡条约》使它在南美大陆的主动脉亚马孙河也坐拥立足之地，在这两个端点之间广阔富饶的西班牙殖民地，将会被在半岛两国宫廷政务中占据绝对优势的法国控制。在18世纪殖民扩张观念依然在延续的时代，这些预言在英国国内引起了严重的恐慌。加深这一不安的是，支撑英国国力的贸

---

① 见前文第十三章相关内容。——作者注

② 《美国政府公文》第二卷，第509、511页。——作者注

③ 《美国政府公文》第二卷，第511页。——作者注

易，当时有整整四分之一都依靠美洲的加勒比海地区，法国正大举向这一地区渗透。拿破仑一直都根据目的的大小来确定相应的战备规模，根据这一高瞻远瞩的原则，他派出一支远征军去海地恢复法国暂停已久的宗主权，远征的规模之大在伦敦引起了强烈警觉。1801年12月4日，和平预案仅签署10个星期后，距离缔结最终和约还为时尚早，就有15艘战列舰和6艘快速帆船从布雷斯特出发，前往海地；很快就有其他分舰队随后出发，所以法国派出的全部兵力大大超过20艘战列舰，装载的陆军兵力超过2万。这样的数量对这次的艰巨任务来说并不算很多——切实的经验证明，这个数字远远不能满足由于恶劣气候因素造成的损失；这支远征军对英国来说却是不祥之兆。出于对拿破仑目标的怀疑，英国的一支大规模分舰队奉命去增援牙买加分舰队。经过9年战争的劳苦，法国不少水兵一心期待退役，远征军舰船上的一些舰员因此发动兵变；拿破仑恢复法国殖民体系的尝试命运多舛，对这批可怜水兵中的某些人处以极刑，就是最初的恶果之一。

英国对这些遥远的事情忧心不已，超过了合理担忧的程度，掺杂了过多恐慌的成分。他们忽略了占领殖民地之后要取得发展必将经历的漫长时间，也没有看到弱势的法国海上力量如此力不从心，后者是保全殖民地必须仰仗的力量。他们不仅对这些显而易见的，需要被克服的巨大困难视而不见，也没有留意到西班牙殖民体系摇摇欲坠，正在迅速趋于瓦解。如果说英国人对那里危险的预期过于夸张，因为英国的整个海军史使它完全可以对此不屑一顾，那么毫无疑问的是，每个月英法两强的相对处境都在发生出乎预料的严重变化。即使不是因为法国的刻意隐瞒，英国内阁在签署和约预案时，也肯定没有认识到这个问题。无论是因为他们被骗，或是纯属技逊一筹，日趋明朗的事实是，欧洲大陆的势力平衡已发生了变化，英国是其中的一个如此重要的因素，不久以前，为巩固在欧洲大陆的地位，牺牲了如此之多的海上占领区。

与此同时，被派往亚眠商谈最终和约条款的英国全权代表的工作，也莫名其妙地被拖延。11月1日，英国大使离开伦敦，在巴黎逗留了一段时间后，于12月1日抵达亚眠。不久后，法国和荷兰代表团也已到达，西班牙代表团没有出现，谈判也被以各种不同的借口拖延。这毫无疑问违背了英国内阁的愿望，他们已经做出了他们能够承担的所有牺牲；英国人民迫切希望相关事务能够安定下来，他们有权自由批评政府的政策，英国政府被迫在一个局势风云变幻的时期采取权宜之计处理国家政事，在这种情况下，作为一个民选政府，非常不愿意承受缺乏公信的恶名。谈判仍悬而未决时，发生了一件令人震惊的大事，极大地影响了欧洲的势力天平。山南共和国原先通过《吕内维尔和约》得以保障独立地位，就在接近1801年底的时候，在拿破仑的亲自审查下，通过了一部新宪法。几百名共和国的代表，都被召集到里昂，与法国第一执政商议国家的永久体制问题；据说就在那里，由于他的影响，代表们提议将山南共和国置于他管辖之下，这位法国统治者在那里的权力甚至比在法国更大。1802年1月26日，拿破仑接受了这一提议，因此，山南共和国的权力和400万居民，都被已拥有法兰西共和国大权的同一个人支配。几天以后，山南共和国的国名被改为意大利共和国——此举被视为一种对意大利其他各国的挑衅。

里昂发生的这些事情在英国引起极高警惕，许多原先趋向和平解决的人现在希望重新开战了。英国内阁却无视公众舆论，继续努力谋求和平，尽管和谈被一再拖延搪塞，引起英国代表康华利勋爵[①]的满腹怨气；到了3月初，谈判已经持续了3个月的时候，英国的耐心也开始消失了。英国政府命令一批战舰下水服役，开始广泛的海军战备工作。与此同时，英国发出最后通牒，指示康华利如果在8天之后还没有得到答复，便离开亚眠。当时第一

① 康华利勋爵（Charles Cornwallis, 1st Marquess Cornwallis，1738—1805）：查尔斯·康华利，初代康华利侯爵，就是在北美约克镇率英军投降的英国将军。美国独立战争结束后，他仍活跃在英国的军事和政治舞台上。阿丁顿内阁上台后，任命他为特命全权公使，负责与法国的和谈。本书中提到的英国海军将领威廉·康华利就是他的弟弟。——译者注

执政已经通过他精明的外交手段和对谈判的拖延获得了如此之多的利益，一旦谈判破裂[1]，他将在海上面临巨大风险。1802年3月25日，双方签署最终和约。各项条款与预案中的条款没有实质性区别，马耳他问题除外。法属圭亚那从葡萄牙手中取得的边界明确后移，离开了亚马孙河，当时臭名昭著的路易斯安那割让问题只字未提。

涉及马耳他这个小岛，及其附属岛屿戈佐（Gozo）和科米诺（Comino）的条款，都冗长复杂。各国的目的都是保证将别国从这样一个对控制地中海和由此通往埃及与印度的航道极其重要的地方排除。条款规定恢复骑士团，英法两国公民都不得成为骑士团成员，由此得以确立马耳他岛和骑士团的中立性。英军在各方交换和约批准文件后3个月内撤出，撤军是有条件的，即届时应有一位骑士团大团长接收马耳他和那不勒斯国王应邀派出的守备当地的2000那不勒斯陆军部队。大团长接管当地后，那不勒斯的驻军会在当地维持一年；如果骑士团届时无力提供足够的兵力，驻军时间可以延长。那不勒斯国力微弱，不会引起他国嫉妒，才被选为这个引人觊觎的小岛的守卫者。马耳他群岛的独立得到英国、法国、奥地利、西班牙、俄国和普鲁士的保证，后四国还同意接受一大串条件。由此可见，一名大团长的任命和奥西俄普四国的保证——尽管它们开始并不情愿——已经成为协定必备的组成部分。后来，英国以这些国家违背条约为由，推迟离开马耳他，仍将它留作手中的一个筹码。之后英国宣称法国的行为对它的安全和尊严造成损害，要求法国给出解释和赔偿时，就用了这个筹码。

根据和约的另一条款，英国同意撤出厄尔巴岛的主要港口费拉约港，当时它正以武力占领该港。后来英国才知道，原来法国已经从厄尔巴岛原先的共主那不勒斯和托斯卡纳手中通过协议取得了该岛，即英国实际上等于将

① 在当时的情况下，丝毫的拖延都是非常不利的，可能对我们的各分舰队和海上远征军产生重大影响。见1802年3月11日的拿破仑书信。——作者注

该岛让给了法国。法国割占该岛的协议，直到英法和平预案签署后一段时间才为人所知。由于厄尔巴岛的地理位置，在拿破仑势力所及之处的极力限制下，英国与北意大利的贸易受到严重困扰。这次交易最重要的特征在于，由于长期秘而不宣的条约意外泄露，给人造成的强烈印象。这些事出突然的意外变化使所有现状都平添了一种空幻色彩，对各国之间建立持久稳定关系至关重要的安全感起到了破坏作用。

尽管这一系列被揭露的事件造成了不小的冲击，英国国内对《亚眠和约》还是满意的，虽然不像预案公布以后那样毫不隐讳地表达出来，而法国国内的普天同庆丝毫不逊于英国。梯也尔写道："人们真的相信，真正的和平，各大海洋上的和平得到了保障，这种和平是欧洲大陆和平的充分必要条件。"举国上下都热情膜拜在第一执政脚下，是他的军事和外交天才带来如此光辉灿烂又坚实可靠的结果。政治家会发出不和谐音，法国失去了它的殖民帝国，没能保住埃及和马耳他，英国已经通过推翻迈索尔王国苏丹，扩大和巩固了它在印度的帝国，迈索尔王国是法国的传统盟友，也是英国在印度半岛最可怕的敌人；甚至连明智的法国民众都停止对海权被毁的漠视态度，以上灾难性事件只是法国失去海权的预兆。不过这些事情如此遥远，其中的深刻意义也不会立即显现，和近在眼前的辉煌成果相比，人们大可视而不见。所有人的目光都被意大利和德意志接二连三的辉煌胜利吸引，被共和国将疆界延伸到莱茵河和阿尔卑斯山脉吸引，被国内秩序的恢复吸引，被他们的统治者在大陆会议中令人骄傲的主导地位吸引。此外，法国人还天真地相信，由于同一只有力的铁腕和海上强国英国的衰弱，现在法国人已经能自由在海上出入了。立法机关的一次特别会议为政府条约和措施赋予了法律约束力，《亚眠和约》在最后提交，被当作第一执政的至高杰作提出；这为将其树立为一个公认的标志性典范创造了条件。经过稍许犹豫，关于是否将他的任期延长到终身的问题被提交全民公决。公决结果显示，大多数是赞成票[1]；1802年8月3日，参议院正式向他提交一份参议院决议，称他为“以法国人民的名义，由参议院宣布任命的终身执政拿破仑·波拿巴”。

在这次拔擢之前，拿破仑就急不可待地继续他那不知疲倦的政治活动，这注定会让《亚眠和约》很快成为一张废纸。英国态度坚决地拒绝承认他在意大利建立的那些新国家，这表示英国已经丧失了在今后介入相关事务的所有权利。从这一事件可以看出，拿破仑似乎认为自己已经达到了一种地位，认为英国已不能再提出参与欧洲大陆事务的要求了。他断定“在欧洲的现有状态下，英国不会愚蠢到单独对我们发动战争”。[2]这进一步体现了他在欧洲大陆事务当中，对英国人情感和利益的漠视。后来，拿破仑以更富攻击性的言辞公然声明这一观点，成为最终酿成一场大战的火种。

《吕内维尔和约》规定，失去莱茵河西岸和意大利领地的各位君主，应当在德意志帝国境内的其他地方得到补偿；根据该条约，用于赔偿的主要是教会君主国[3]的领地，这些领地的君主任期仅一代而终，介入的难度最小。由于领地分配引起的困难以及普鲁士与奥地利之间的固有敌意，给了拿破仑以调停人身份介入的极佳借口。他引导最终的领土分配按照他的方式进行，以此削弱法国的传统敌国奥地利的相对实力和威信，同时加强奥地利各敌国的势力。在这样做的时候，拿破仑巧妙地获得了俄国的大力支持，俄国的年轻沙皇欣然接受了他请求联合调解的邀请；这样一来，使那些与法国结盟的君主越加能因此获得不成比例的战利品。在拿破仑娴熟的外交手腕下，普鲁士所获得的利益远大于奥地利，实现了他的预期计划，即“由于德意志事务将围绕两个不同的中心来安排，德意志帝国事实上会一分为二”。[4]一切处

---

① 在1802年5月10日举行的这次全民公决投票当中，根据官方宣布的结果，赞成票为3568885票，支持率高达99.76%，在700万左右的合格选民当中，弃权率达49.45%，因此某些历史学家认为这次投票结果存在严重舞弊行为。——译者注

② 《拿破仑书信集》第七卷，1802年3月12日，第522页。——作者注

③ 教会君主国（ecclesiastical principalities）：指以罗马教廷派出的代表出任该国元首的君主国，有些教会君主并不享有统治权，只是成为名义上的元首。——译者注

④ 《拿破仑书信集》第七卷，1802年4月3日的信，第543页。——作者注

置完毕后，他吹嘘道：“德意志的事务已经完全按照对法国及其盟友有利的方向得到安排。”[①]他始终没有让英国过问；英国人虽然缄口不语，但眼看着盟友被削弱，觉得背信弃义的敌国法国的地位却在被强化，自然很不满意。与此同时，由于拿破仑蛮横地要求从英国驱逐一些法国保王党人，当英国媒体抨击他时，无理提出要限制拿破仑自由报道权，使英国人对他的不满进一步升级，而英国政府也拒绝向他的这些要求屈服。

拿破仑对抗英国媒体，对德意志事务的干涉，都发生在他成为终身第一执政前。他成为终身执政不久，根据1802年9月11日法令，法国正式吞并皮埃蒙特和厄尔巴岛。1801年4月，皮埃蒙特就被划为法国的一个军区；当时拿破仑已经秘密宣称，这个措施是吞并的第一步。当前法国宣布合并的行动意义，在于它将一个临时性的“实际占领”情况，变成了一个永久性的“合法占据”事实。因此，这是明显侵略的行为，对欧洲大陆国家会产生很大影响，特别是对奥地利影响最大，这意味着皮埃蒙特会成为法国入侵奥属意大利领地的军事基地。毗邻皮埃蒙特的利古里亚共和国，即当时的热那亚领土，也同样被划为法国的一个军区[②]，其他国家在当地毫无安全对策应对，受害最严重的是英国和当地的贸易。此举成为欧洲各国众目睽睽之下，法国施展的又一翻云覆雨的手笔。受到关注的不仅仅是法国攫取的物质利益；撒丁国王失去最重要的皮埃蒙特领土，没能得到任何补偿，尽管英国和俄国诚心希望为他提供一些补偿，却无能为力。法国对别国的这种极大伤害，英俄两国都觉得是一种轻慢，而当时英国内阁却并未就此提出抗议。

不久，法国又做出了新的侵略行为，即便在程度上并不算更严重，却引发了广泛的积怨。瑞士西南部的小州瓦莱（Valais）在1802年春被强行从瑞士联邦分离，宣布独立，目的是为了让法国确保控制该州境内通往意大利的

① 《拿破仑书信集》第七卷，1802年7月1日的信，第641页。——作者注

② 《拿破仑书信集》第七卷，1801年4月18日信件，第162页。——作者注

辛普朗通道（Simplon route）；这一举措按照拿破仑所写：“使法国获得了独占的条件，可以用这条路线调动陆军，改变了在意大利将要采取的战争策略。”[①]法国并没有公然采取进一步措施去控制瑞士事务，但是法国公使奉命暗中支持赞同法国大革命的党派[②]，在1802年5月6日，第一执政给立法机关的信中，出现了不详的句子：“法国政府向瑞士国内各派系的建议，至今为止仍未见效，我们仍希望理智和克制的声音能得到重视。瑞士的麻烦持续下去将会威胁到相邻各国的安宁，但愿各邻国不会被迫采取措施来干涉瑞士事务。”[③]

法国人在瑞士，也许比在欧洲其他任何国家都更多地实现了大革命的目的。法国国民公会在1792年11月19日和12月15日的著名法案中指出，大革命的目的就是要在法国军队所到的国家，通过武力更迭政府来传播大革命。比利时、荷兰和意大利确实发生了巨大的变化；可是这些国家在法国首次入侵时，都公然与之进行了战争。在法国1798年干涉瑞士时，没有发生任何激烈的战争，因为被入侵的瑞士各州并没有抵抗的意图。那次干涉是一次在拿破仑的推动下，由督政府采取的武装干预，当时督政府公然宣布支持外国公民“重获自由的愿望”。[④]“1798年法军的进入给出了信号，各地迅速普遍地爆发了起义。”[⑤]接着瑞士采取了高度中央集权制，这是这个国家始料不及的。从那时起，骚乱就持续不绝。瑞士的两个党派争相试图掌权，赞同新秩序的一派被称为“单一制派”，他们认同法国大革命，另一派是“贵族派”，试图恢复以前的制度，寻求欧洲守旧政府的同情和支持。在这两派中间还存在一个观念更温和中庸的中间派。

为法国获得瓦莱州后，拿破仑于1802年8月将在瑞士保留至今的法军部

---

① 《拿破仑书信集》第七卷，1802年8月2日的信，第696页。——作者注

② 《拿破仑书信集》第七卷，第528、544页。——作者注

③ 《拿破仑书信集》第七卷，第578页。——作者注

④ 1792年11月19日法国国民公会通过的法令。——作者注

⑤ 梯也尔：《执政府与第一帝国》第十五卷，第38页。——作者注

队撤出；这是一个政治措施，向欧洲显示他尊重得到《吕内维尔和约》保障的这个国家的独立性。瑞士的两个对立党派很快开始互相攻击，通过宪法外行动获得统治权[1]的温和派组成的挂名政府发现，站在他们一边的“既没有希望绝对统一的热心爱国者，也没有大批倾向革命的和平群众的支持，这些人只有在面对战争的恐惧和外国军队存在时，才知道什么是革命”。[2]贵族派得势，在首都树立了根基，政府被他们赶出首都。瑞士政府呼吁拿破仑对瑞士进行干预；拿破仑婉拒片刻后，决定采取行动，他说：“我不会把阿尔卑斯山脉的强大要塞交给英国人出钱雇的1500名佣兵手里。”1802年9月30日，一名法军上校以特使身份被派往瑞士，命令瑞士寡头政府解散，并解散所有武装派别。为落实这份命令，内伊[3]将军率法军3万在法瑞边境集结，不久进入瑞士。面对法军的武力炫示，瑞士的所有抵抗立即偃旗息鼓。

欧洲各国对此事都印象深刻，除了英国之外，列强都敢怒不敢言。在瑞士的行动对拿破仑来说，即便违反了《吕内维尔和约》的规定，也是实现法国霸权的一个必要步骤。在英国人眼中，无论是英国内阁，还是最激进的反对派，都认为这是一种对“一个仁慈勇敢的民族，恢复其古老法律及政府

---

① 梯也尔：《执政府与第一帝国》第十五卷，第50、51页。——作者注

② 梯也尔：《执政府与第一帝国》第十六卷，第234页。——作者注

③ 内伊（Michel Ney，1769—1815）：米歇尔·内伊，法国陆军军官，“勇士中的至勇之士”。内伊的父亲是一名参加过七年战争的退役老兵。1787年，他加入法军轻骑兵部队。大革命战争爆发初期，他先在北方军团服役，1796年8月晋升为准将。1797年4月，他在新维德战役中为阻止奥军攻占法军炮兵阵地被俘。次月奥军为交换一位将军将他释放。1799年3月，在攻克曼海姆后，他晋升为少将。1800年末，他随莫罗将军在霍亨林登战役中建功。1802年9月起，他指挥法军驻瑞士部队，履行外交使命。1804年，内伊成为第一帝国的首批元帅。1805年11月，他从奥地利的约翰大公手中夺取蒂罗尔重镇因斯布鲁克。1806年，他在耶拿战役中拿下爱尔福特。1807年，他在埃劳战场及时挽回法军败局，不久在弗里德兰大捷中指挥法军右翼。1808年，他受封埃尔欣根公爵，同年8月率部参加半岛战争，1810年因违抗马塞纳的命令被调离半岛。1812年，拿破仑侵俄战争期间，内伊在战场表现出色。次年在大军撤离俄国时，内伊率部断后，同年3月受封莫斯科亲王。1814年4月，拿破仑大势已去，内伊以元帅代表的身份劝说拿破仑退位。波旁王朝复辟后，路易十八封其为法国贵族。“百日政权”时期，内伊起初向路易十八表忠心，后被拿破仑的亲笔信说动。滑铁卢之役，他见证了拿破仑最终的失败。波旁王朝再次复辟后，内伊被逮捕，12月7日，在巴黎的卢森堡花园附近被处决。——译者注

体制，并且重建一个被经验证明不仅对维护国内和谐，也与他国稳定与安全利益完全一致社会制度的合法努力”的无端干涉。英国内阁表示不愿看到“将来再出现任何试图进一步控制这个独立国家行使其无可置疑的权利的举动”。[①]

尽管看似自信满满，10月10日，英国内阁还是在起草这份抗议书的同一天，派遣一名特使去瑞士边境，查清当地人民的想法，并且向他们保证，如果他们愿意反抗法军进犯，英国会为他们提供资金支援。特使应当谨慎从事，如果瑞士人没有自发要求抵抗，就要避免在当地煽动抵抗；如果愿意抵抗，他就将为他们获取武器和补给提供所有便利，英国由此难以避免导致法国的敌对。英国内阁下一步开始考虑如何确保在上一场战争中获得的领地，根据和约，归还这些领地的命令已经发出。10月17日，内阁向西印度群岛、荷属圭亚那和好望角发出急件，下令在得到进一步指示之前，原定归还法国和荷兰的殖民地维持现状。

收到英国的抗议信后，拿破仑勃然大怒，放言威胁。10月23日，他给法国驻伦敦公使奥托下达了大量指示。即使梯也尔也认为这些指示着实非比寻常，“他不会把阿尔卑斯山交给英国雇的1500名佣兵。如果英国内阁为了提高在议会的影响力，在暗示第一执政那里有什么事因为受阻没有做的话，那一刻他就会去做这件事。”他察觉到海上战争对法国的威胁，于是公然放言，如果发生海上战争，从汉诺威到塔兰托的欧洲大陆海岸线都会被法军占领，对英国贸易关闭。“利古里亚、伦巴第、瑞士和荷兰将变为法国的行省，形成高卢帝国。”英国本身会受到10万陆军士兵入侵的威胁；如果英国为了避免威胁，成功发动另一场大陆战争的话，“那将是英国迫使我们去征服欧洲。第一执政年仅33岁，他至今只摧毁过一些二等国家。如果形势所逼，谁知道他需要花多长时间，能再次改变欧洲的面貌，复兴西方帝国

---

① 照会——“致法国政府的抗议书”，见1802年《年鉴》，政府公文，第675页。——作者注

呢？”法国公使被授意向英国政府声明，法国的对英政策“完全合乎《亚眠和约》，别无其他”。一周后，同样的声明再度出现在法国的官方报刊《箴言报》的一篇文章当中，文章明确指出，英国无权根据《吕内维尔和约》控诉法国，因为它拒绝承认依照该条约构建的新状态。奥托明智地避免使用刺激性的言辞，清楚表达了法国要求执行《亚眠和约》的全部条款，拒绝接受条约以外的任何条件。对此英国外交大臣话里有话地答复道：“除了《亚眠和约》签署时的大陆状态外，英国别无所求。”这两个声明制造了一个死结，除非一方让步才能解开。

尽管这些外交辞令意思明了，两国政府在某种程度上都不了解所面临的危险达到什么程度。英国没有听到拿破仑所说的全部话语，拿破仑也不知道英国已下令保留被占殖民地。与此同时，瑞士人的抵抗已经失败，派往瑞士的英国特使被召回。11月15日，新指示被送往好望角和西印度群岛，撤销上个月下达的停止归还这两处殖民地的指令。这里存在一个问题，即第二艘传令船能否赶得上第一艘。如果赶不上的话，英国内阁的一种进攻性行动方式就将暴露。11月23日，英王在议会的演讲同样体现了这种困惑的色彩，他有些隐晦地暗示有必要关注欧洲的形势，有必要同时为安全与和平做好准备。随后的讨论也同样具有不确定色彩，内阁只能说，如果可能的话，它的政策是维护和平；不过鉴于最近发生的多起事件，必须提醒议院和国家保持警惕精神①。

瑞士事件是英法两国关系的转折点。由于英国内阁似乎轻易默许了之前的侵略行径，尽管出现了这些状况，英国还是准备放弃他们的占领区，继续履行和约条款，第一执政的警惕性已有所松懈。英国内阁下令保留被占殖民地的举动激怒了拿破仑，让他觉得如梦方醒。虽然只是口头和文字抗议，却像一股小细流就能暴露大坝有了裂缝一样，预示着危险将至，在发出警告：

---

① 《议会史》第三十六卷，第971页，“霍克斯伯里勋爵的演讲”。——作者注

汹涌的战争洪流正准备冲破拼凑在一起阻挡它的堤坝，再次使欧洲大陆洪水漫天。拿破仑开始仔细审视现状，发现英国军队尚未撤离埃及，也没有放弃马耳他交给圣约翰骑士团。法国对这两个问题提出控诉，向英国政府施加压力，要求它撤出马耳他[①]。

英国政府也意识到形势严峻。随着它那还不为广人知的停止归还占领区的命令，形势已更为恶化。英国对将埃及交还土耳其并无异议，11月30日，在法国大使要求就此得到答复时称，未能及时归还埃及，是因为英军驻埃及总司令误解了上级指示，为此现在已经将明确的指示发送给他。而英国对马耳他的态度截然不同，英国原先诚心诚意落实条约的规定，允许那不勒斯的守备队进入该岛，尽管还没有让他们进入要塞工事；英国驻列强的大使也早已敦促各国保证骑士团的独立性。法国政府却没有指示他们的外交人员同样这样做。正如梯也尔所说，无论这是由于塔列朗的过失，还是因为第一执政希望他一旦再次占领该岛时，不会被其他列强抵制所困，由于法国没有和英国一起采取这一措施，导致俄国和普鲁士推迟向英国大使答复。直到9月，英法两国才联合向普鲁士提出要求，对俄国沙皇的要求，一直到11月3日才一同提出。此时，瑞士事变已事过境迁，留下的就是前文已经提及的紧张形势。直到11月25日，沙皇才给出答复；在默许之前，他要求变更该岛的组织体系，这对条约的初衷造成了严重影响。条约原先旨在以马耳他本国人民和列强的保证为基础，实现它的独立。按照各国已经在亚眠达成的协议，骑士团应向马耳他人开放，本地人也至少在当地政府占据一半的职位，岛内的守备部队同样应半数由当地人组成。沙皇对这些规定提出了异议，认为所有该岛的内部组织机构，都应由合法的骑士团政府决定[②]；一切都应和原先骑士团的构成一样。

---

① 《议会史》第三十六卷，第1380页。——作者注

② 1803年《年鉴》，第681页。——作者注

英国内阁对马耳他事务的会议记录清楚表明，他们欣然承受俄国在这些问题上引发的后续讨论。没能通过条约割占马耳他使英国人普遍更为痛惜，马耳他的地理位置极为敏感，影响到英国在地中海的形势，威胁英国通往印度的通道。如果连这个和平条约达成的唯一成就也告破灭，英国内阁就再也拿不出任何能受欢迎的成就来面对失望的人民了。各国在马耳他的其他问题上也存在不少分歧，还没有一个骑士团大团长的人选能被接受。西班牙这个因在拿破仑压力之下屈服臭名昭著的国家，一直不遗余力地在财政收入问题上向骑士团施压。其他国家也随之采取了类似行动，各国都认为骑士团的收入都不足以维持岛上的防务，因此也无法维持它的独立。然而英国内阁在用各种外交辞令保持它对马耳他的控制的同时，以更明确的立场与法国进行商讨。这次英国使节换为一位最高级别大使惠特沃斯勋爵[①]，他奉命去向法国明确宣称英国有权介入欧洲大陆事务，只要相应事务与英国自身利益相关，或者与整个欧洲的利益相关。他还会指出法国采取了一系列增加其影响力和势力的侵略行动，暗示自从《吕内维尔和约》签署以来发生的变故，已经使英国获得了要求补偿的资格。兼并皮埃蒙特、为法国利益废黜帕尔玛大公、入侵瑞士，这些事件都是从最终和约签署以来发生的最具实质意义的变故。惠特沃斯还要提醒法国注意这一事实，即使根据1801年签署的协议，法国军队也只能在荷兰驻留到英法达成和平协议为止，他们至今仍未撤出，违反了《吕内维尔和约》保障的巴达维亚共和国的独立权利。这位大使还被告诫，不要代表政府做出任何具体决定，尤其是马耳他问题[②]。

---

① 惠特沃斯勋爵（Charles Whitworth, 1st Earl Whitworth，1752—1825）：查尔斯·惠特沃斯，初代惠特沃斯伯爵，英国外交家和政治家。1772至1783年间在英国陆军服役，后转入外交界，数十年间经历过多项重大外交活动。1800年，他在出使俄国期间受到欢迎，英国应沙皇保罗一世的要求，册封其为男爵。保罗很快和他因马耳他问题闹翻。《亚眠和约》签署后，他奉命前往法国和拿破仑周旋，最终未能避免战争爆发。1803年回国后，他沉寂了10年之久。1813年6月重新出山，出任爱尔兰总督，同时晋封子爵，1815年11月晋封伯爵。——译者注

② 永格：《利物浦勋爵传》第一卷，第93页，“给惠特沃斯勋爵的秘密指示”。——作者注

由此可见，英国内阁仍在迟疑不决。他们已经爬上了栅栏，如果给他们一个适合的机会，还会重新跳回起点的一边。不幸的是，对于和平而言，拿破仑是个巨大的障碍。他对自己的实力近乎狂热地自信，不是夸大英国内阁的软弱，就是低估了它从公众情绪得到的动力，他继续蓄意唤起英国人的精神力量，这种力量是他再也无法平息的。1803年1月30日，《箴言报》发表了一份塞巴斯蒂安尼上校（Colonel Seltastiani）关于他在黎凡特使命的著名报道。塞巴斯蒂安尼于前一年9月乘坐一艘快速帆船，访问的黎波里、埃及、叙利亚和爱奥尼亚群岛，考察这些地方的政治和军事形势。他的报道充斥着对第一执政的谀词，据说这表达了东方各族人民对第一执政的态度。这篇报道详尽地表达了对当地战备情况的不屑一顾，随即语出惊人地称"现在6000法军就足以征服埃及"。爱奥尼亚群岛也声称一有机会就准备宣布自己成为法国属地。最后，他指控亚历山大城的英军指挥官斯图尔特将军给帕夏送去一封仿制拿破仑在埃及时的将令，试图策划谋杀塞巴斯蒂安尼。

这样一篇报道在英国激起了显而易见的愤怒，有人认为刊登这样一篇报道就是处心积虑想要挑起一场海上战争；如此一来第一执政就能以此为由，放弃海地的军事行动，不会公然颜面受损[1]。法国在海地殖民地获得首次全面胜利后，紧接着就遭到一场可怕的黄热病疾疫侵袭；疾疫削弱了法军，当地黑人再度四处起义，反抗他们的敌人。1月8日，《箴言报》发表了海地法军总司令勒克莱尔（Leclerc）将军因黄热病死亡的消息。事实显而易见，法国无法收复这个殖民地，因为要收复海地必须付出法国人无法承受的生命损失代价[2]；不过黄热病本身是个比英国海军更有说服力的借口，可以让法军不必蒙受军事上的不名誉放弃收复海地的计划。想要看穿拿破仑这样一个行事不择手段、狡黠多智之人的真实意图希望渺茫；也不能依赖他兄弟吕西安

① 亚当斯：《1801—1817年美国史》第二卷，第13—21页。——作者注

② 对圣多明各的远征使超过2.5万名法军士兵丧生。——作者注

和约瑟夫的陈述去揣测他的意图，他们的说法正是宣称发表塞巴斯蒂安尼报道是为了放弃海地计划的仅有的权威证据。那样的话，看似最合理的理由是拿破仑纯粹为了表现他的蛮横傲慢，就像他10月23日向奥托下达的那些指示一样，过去的经验已经教会他期待通过咆哮恫吓来取得成功。6周后，拿破仑的心腹迪罗克[①]前往普鲁士执行机密使命，结果明显令他失望，证明他至少在当时还不希望开战[②]。迪罗克奉命私下觐见普鲁士国王，告诉他一旦战争爆发，法军将占领汉诺威。这是必然会引起普鲁士特别反感的举措，因为它希望自己能吞并汉诺威。普鲁士的反感会被法国当作一个杠杆作用，去敦促英国撤出马耳他。[③]

实际上，比起地广人稀的美洲，曾因人口众多、历史悠久、物产丰富给拿破仑留下深刻印象的东方，对他更具吸引力。要前往东方和前往西方一样，都要通过水路，所以统治大海的国家就控制了通往东方的道路；通往黎凡特的海路更短，法国海军避开英国海军前往那里相对更容易。马耳他、塔兰托、爱奥尼亚群岛和摩里亚[④]是通往东方的门户。后三个地方实际上在欧洲大陆范围以内[⑤]，他认为都在自己掌握之中；马耳他只能被海上强国轻易

---

① 迪罗克（Géraud Christophe Michel Duroc, 1st Duc de Frioul，1772—1813）：热罗·克里斯托弗·米歇尔·迪罗克，初代弗里欧尔公爵，法国将领，拿破仑的心腹。1793年，他成为一名法国炮兵第4团少尉，1796年，出任拿破仑的副官，在意大利表现活跃。他跟随拿破仑远征埃及，在阿布基尔负伤，1800年，晋升陆军准将。马伦哥战役结束后，迪罗克奉命出使维也纳、圣彼得堡、斯德哥尔摩和哥本哈根。拿破仑称帝后，任命他负责保卫皇宫安全。奥斯特里茨战役结束后，他负责一系列战后谈判任务，1808年受封弗里欧尔公爵。拿破仑入侵俄国失败后，他成为法国参议员。1813年5月22日，在包岑战役结束后不久，他被一颗炮弹打成重伤，当天在一户农舍去世。拿破仑目睹了他中弹到去世的全程。——译者注

② 英国驻巴黎大使从塔列朗给法国驻伦敦使节的指示中得出了相同的结论。“这些指示显示出法国政府似乎无意走向极端；也就是说，它还没有准备好采取极端措施。”见《议会史》第三十六卷，3月18日，第1315页。美国驻巴黎公使在3月24日也写道：“这里的政府和人民一样，都真挚地希望避免战争。”见《美国政府公文》第二卷，第549页。——作者注

③ 《拿破仑书信集》第八卷，第307—311页；1803年3月12日，致迪罗克的指示。值得注意的是，就在这些指示下达的同一天，巴黎收到英王3月8日给议会的消息，称“对于法国和荷兰港口的备战工作，他已采取额外的预防措施”。2天后，民兵被召集起来。——作者注

④ 摩里亚（Morea）：中世纪和近代初期对希腊伯罗奔尼撒半岛的称呼。——译者注

⑤ 《拿破仑书信集》第八卷，第308页。——作者注

牢牢控制，为此他试图将英国尽快从马耳他驱逐。1月27日，塔列朗“郑重其事地宣布第一执政的命令”，要求惠特沃斯勋爵告诉他英王陛下对撤离马耳他问题的意见。除了承诺会报告这次谈话内容外，惠特沃斯没有给出任何答复。[①]30日，塞巴斯蒂安尼的报道发布，文章几乎毫不掩饰地对英国在东方的利益提出威胁，可能会诱使一个软弱的政府顺从地去安抚第一执政。

如果这就是那篇报道的意图，算盘就打错了。英国内阁回应道，尽管英王提出了赔偿要求，只要和约关于马耳他的条款都能被落实，他还是会从马耳他撤军；但是鉴于塞巴斯蒂安尼报道的内容，除非马耳他能得到实质性的安全保障，来抵御报道中显示出的法国人的意图，他将不会撤军。从那以后，信件和会谈迅速接踵而至，英国内阁对马耳他岛的态度渐趋强硬。2月20日，拿破仑进行了一次新的挑衅，没能引起英国内阁的注意，反而深深刺激了英国人民。他在当天给立法机关的一封信中宣布，欧洲大陆和平的必然性；他在提及英国时继续说道：“英国国内有两个党派为了权力你争我夺。一党实现了和平，希望保持和平；另一党已经宣誓和法国不共戴天……无论伦敦接下来会耍什么阴谋，它都无法将其他国家拖进新的同盟，然后这个政府接下来就会装腔作势地宣称：‘英国今天无法单枪匹马和法国抗衡。’”

3月8日，英国政府通知议会，由于法国和荷兰的港口正在备战，国王决定为了他的领地安全采取额外应急措施。公平来说，这些战备工作的规模本身还不足以被视为英国准备采取行动的理由，内阁的批评者断言，这其实是由于得到了好望角将进行移交的消息。在撤销归还好望角的命令到达之前，移交的命令已经被送到荷兰当局；好在英军指挥官已经敏捷地自行收回了这个殖民地。这个消息3月初即到达伦敦；人们认为英国提出进行武装并不是为了法国和荷兰目前在港口内的行动，而是为了预防拿破仑一旦听到这个消息可能会采取的行动。

---

① 《议会史》第三十六卷，第1293页。——作者注

从此时开始，英国比法国表现得更富攻击性。英国的不满日深，法国没有给予任何解释，4月4日，惠特沃斯勋爵奉命发出声明，如果法国政府继续对英国向法方在欧洲大陆的侵略行为提出的索赔要求避而不谈，对塞巴斯蒂安尼报道不做出合理解释，却依然要求英国撤出马耳他，那他将宣布两国友好关系不复存在，他也肯定会在一段时间之内离开巴黎。如果法国愿意谈判，他就会提议将马耳他永久割让给英国，法军从荷兰和瑞士撤出；作为回报，英国会承认厄尔巴岛归属法国，并且承认伊斯特鲁里亚王国。如果两国能在意大利为撒丁国王的补偿问题达成令人满意的一致意见，英国甚至会进一步承认意大利和利古里亚两个共和国。第一执政的回答是，他宁可看到英国登上蒙马特尔高地，也不愿看到它占领马耳他。有些人试图寻求折中方案，纯属徒劳。英国内阁坚持一切条件要建立在让英国占据马耳他岛至少10年的基础上，以此为最后通牒。5月12日，英国大使在索要护照以后，离开了巴黎。16日，英国对法国宣战。次日，康华利司令官率10艘战列舰从普利茅斯启航，2天后即出现在布雷斯特外海，恢复对该港的监视行动。18日下午，纳尔逊在朴次茅斯的“胜利号”上升起他的将旗，20日启程前往地中海，出任那里的总司令官。

经过短暂中断后，英国和法国之间的冲突就此重新开始。这场长达12年的冲突，注定会相继将欧洲所有国家，从葡萄牙到俄国，从土耳其到瑞典悉数卷入。在陆地上，拿破仑这个伟大的军人指挥法兰西的大军和附庸国的军队，使一个又一个国家接连倒在他面前，按照他的政策加入法国的阵营。他用一个又一个胜利光耀他的大业，一个又一个城市和地区被纳入他的帝国的版图，通过征服强迫订立了一个又一个和约；有一个敌人却屹立不倒，难以征服，与他针锋相对；在海洋上没有和平，也没有休战，直到有一天，他发现自己陷入众多敌军的重围。这些国家正是由于他无视它们承受的苦难，徒劳地尝试推翻那个统治海洋的强国，才纷纷揭竿而起的。

英国议会下院的辩论显示出空前一致的意见，这在先前的战争中从未出现。意见分歧固然还存在，很小一部分人认为英法之间的对立本来甚至可以避免，同时还有另一些人尖锐地声称，如果拿破仑最初的侵略行径遭受过抵抗，即使最终难免一战，至少不会蒙羞。尽管这两派都在谴责内阁，一派认为它匆忙开战，另一派认为它表现懦弱，顺应法国的时间太长，双方仍一致同意战争的时机已经来临。像往常一样，反对派以修正的形式发表了演说，在演说中，虽然小心谨慎地避免流露任何对内阁的赞同意见，仍“向国王陛下保证，坚定不移地配合陛下动员联合王国的所有资源，积极应对这场迫使我们卷入的战争”。提交修正案的格雷[1]先生——前一场战争最坚定的反对者之一，谨慎地说道，尽管他反对在上次谈判中的某些问题，仍承认有必要使用武力抵抗法国显示出的侵略精神。即使对这样一个无法赢得任何信心的内阁，在这场严峻危机中，也只有67人投了反对票，其余398名投票赞成的人都不希望使一致的呼声当中出现明显的不和谐音。尽管很多发言者发表了他们持不同意见的原因，最终结果还是使“英国害怕单独和法国交战”这个虚无的断言永远被丢进了垃圾堆。英国的郑重决定并非鲁莽也非仓促，拿破仑的强大势力，与别国结盟完全不具可能性，英国必须背负的责任，这一切都要去承担和面对，使英国不惜挺身一战。一直全力支持开战的小皮特在他多少个月以来的第一次演讲中，郑重告诫各位议员，艰苦卓绝的战斗在前方等待着他们，“其他各位先生们做出了保证，我相信他们同样体会到了正准备参加的这场战争的重大意义；他们的这些保证并非空口白话，是经过深思熟虑的庄重承诺，以他们自己的名义，以他们代表的全民族的名义——他们了解和感受到将会身处充满艰难困苦的形势当中，准备好尽一切努力、不惜

① 格雷（Charles Grey, 2nd Earl Grey，1764—1845）：查尔斯·格雷，二代格雷伯爵，英国政治家，前文提及的英国陆军将领格雷伯爵的儿子。1786年进入英国下议院，很快成为辉格党骨干，和小皮特对立。1803年，英法再度开战之际，经历过多年政治生涯历练的他，政治态度已趋温和。1806年，老格雷被授予伯爵爵位，他也受封霍威克子爵。次年，在父亲去世后，他成为第二代格雷伯爵。格伦维尔内阁期间，他出任海军大臣，在福克斯逝世后兼任外交大臣。此后他整整23年没有在政府供职，以在野党身份活动。1830年，格雷带领辉格党执政，着手推进议会改革和其他改革活动。1834年7月，他向英王提出辞职，从此退隐，直至1845年逝世为止，再没有涉足政坛。——译者注

任何牺牲去面对这些艰难困苦。这些努力和牺牲在这个史无前例的时期，为了保护公众的安全必不可少……我们将要做出的努力，无法以过去的任何标准来衡量，甚至连上一次战争中所做出的空前巨大的努力都无法比拟。”[①]

在同一次演讲中，小皮特明确指出，法国将会通过两种方法寻求征服英国，“如果法国人自认为他们可以在当前的对决中胜出，那这种信心主要基于两种设想：一是他们可以通过不断地骚扰我们的各处沿海地区，使我们一直惶恐不安，来打垮这个国家的精神，动摇这个国家的决心；二是他们可以通过提高对决的成本和延长它的时间，来消耗我们的资源，破坏我们的经济。”事实上，拿破仑不只采取了一种，而是双管齐下，在一种他全方位的天才和强大的资源可及的范围之内，来对付英国。入侵英国的战备工作立即开始，规模如此宏大，筹备如此彻底，证明并非一种单纯的威胁，是一个下定决心的目标。他采取各种措施，对英国关闭欧洲大陆的各个市场，同时以常规的海上战争手段来骚扰英国贸易。特拉法加海战标志着所有入侵英国的想法成为泡影，代之的是一个广泛联合的大陆封锁体系，这是之前贸易封锁措施的扩大化。这个旨在消耗英国资源，削弱英国经济的庞大体系，不是靠各组成部分有机结合形成的，而是通过法国永远保持的一种警戒政策的巧妙平衡实现的，最终由于设计者的能力和身心负荷过重，在它瓦解时对他造成了沉重打击。

① 小皮特1803年5月23日的演讲。——作者注

第十五章

1803年5月—1804年12月，从特拉法加战役到西班牙宣战：入侵英国的准备；大船队；拿破仑的陆海军联合行动，英国的海军战略；拿破仑目标实质上的一致性；西班牙战争的诱因

尽管英法两国到最后一刻都希望按照各自的主张维持和平，自从3月8日英国国王发布信息以来，战备工作已经开始加速进行。消息一经公布，信使就被派往各个海港，传达征集水兵的命令，将他们分派到大量紧急征召加入现役的军舰。正当这一消息行将淡出人们视线之际，一些细节浮出水面，生动形象地描绘出被称为"热征"的非法征兵程序究竟是怎么回事。普利茅斯港3月10日的报告称："大约在昨天下午7点，几组皇家海军陆战队员，一组12到14人，在他们的军官和一名海军军官带领下行军走过，惊动城镇。命令被严格保密，以至于他们都不知道正在执行什么性质的任务，直到他们登上新码头运煤船上的阶梯，还有人成群结队登上停泊在卡特沃特[①]的船只，进入台球馆和杜松子酒店。大量骨干水兵被拖出去，送上海军将领的旗舰。在镇上的其他地方，还有码头的所有接收站点和杜松子酒店里，几百名水手和没出过海的人都被挑中。到今天上午看来，昨晚有400名以上的精干人手被征。一队人进入码头剧场，除了妇女之外，将所有人都掳走了。"很多队水兵和陆战队员被安置在通往城外的所有道路上，堵截逃兵。在普利茅斯，运

---

① 卡特沃特（Catwater）：普利茅斯城普利姆河流入普利茅斯湾一带的地区的地名。——译者注

煤船的船员几乎被征用一空，使这些船都无法出海；快速帆船和小型军舰在英吉利海峡和其他通往王国的海路到处搜索，拦阻所有的商船，并且从船上带走一部分船员。整个埃迪斯通（Eddystone）外海的拖网渔船船队，共40艘渔船遭到搜查，每条船被带走2人。东印度公司的6艘船乘风离开普利茅斯出海航行，被武装小艇强行登船，掳走300名水手，直到那时，人们还不知道与法国的关系行将破裂。①

拿破仑一方的备战积极性不遑多让，虽然他试图将自己的行动秘密进行，以尽可能消除人们的警惕和推迟战争到来，因为对他的目的而言，开战为时尚早。他下达命令，在和平被打破之前，派给殖民地的援兵应加快向前推进。此后战列舰和快速帆船不能再随意出海，已出海的那些船只应尽可能立即召回。陆军部队在荷兰和弗兰德斯海岸集结；上次战争期间为入侵英国建造的平底船悄悄在斯海尔德河和英吉利海峡沿岸各港口聚集；骚扰英国贸易的计划开始进行研究。4月9日，斯海尔德河向西至索姆河的海岸都奉命进行武装，长达120英里的这段海岸线后来被马尔蒙②形象地称为“一段铜墙铁壁似的海岸”。几天后，厄尔巴岛和法国的所有海岸和岛屿都被勒令加强防卫；第一执政的副官火速前往北部、东部和西部地区，视察和报告各地的战备状况。

还有另一件要事需要安排。东印度和西印度群岛的法属岛屿只需适量部

---

① 《海军年鉴》第九卷，第243、247、329、330、332、491页。——作者注

② 马尔蒙（Auguste Frédéric Louis Viesse de Marmont, 1st Duke of Ragusa，1774—1852）：奥古斯特·弗雷德里克·路易·韦瑟·德·马尔蒙，初代拉古萨公爵，法国军官，贵族。出身军人家庭，早年其父送他去第戎学习数学，为将来加入炮兵进行准备。他在那里结识了拿破仑。马尔蒙遂以拿破仑部下的身份先后征战意大利和埃及，1799年已经晋升为准将。他跟随拿破仑从埃及回国，参与“雾月18日政变”。随后他负责编组和指挥意大利远征军的炮兵，在马伦哥表现不俗，被晋升为少将。1801年，晋升炮兵总监。1805年，他在乌尔姆战役期间指挥一个军，随后攻占达尔马提亚，占领拉古萨共和国。之后3年，他一直都出任达尔马提亚军政首脑。1808年，马尔蒙受封拉古萨公爵。1809年第五次反法同盟战争期间，他在5月的达尔马提亚战役中大败奥军，7月又赶上了瓦格拉姆战役，在卡尔大公的追击下，未能到达正确位置，没能发挥作用。战役结束后不久，他被授予元帅杖。1811年，他接替马塞纳出任葡萄牙军团司令，在萨拉曼卡战役中被威灵顿击败。1814年，拿破仑下台后，马尔蒙一直都忠于复辟的路易十八。1830年七月革命爆发后，他出国流亡，1852年在威尼斯逝世。他晚年留下了回忆录等著作，被视为非常重要的军事史料。——译者注

队就可固守，除非英军发动规模极大的进攻，这些岛屿的驻军都能在相当长的一段时间内抵挡住他们的任何进犯。海地和路易斯安那的情况不同，在海地，法军被黄热病削弱，现在被困在几个海港里，和他们之间的交通线只能通过水路维持，海上战争一旦爆发就必定会停止。内有黑人暴动，外有英国势力，因此海地注定会丢失；路易斯安那还没有被占据。无论那里存在怎样未知的可能性，法国最近重新获得的这片领地的直接价值，在于它能充当海地的补给来源，海地的许多重要物资都要依靠美洲大陆。一旦海地岛丢失，那这片在大陆的殖民地就变得毫无用处。西班牙将其割让给法国立即引起嫉妒，从殖民地时代起，美国人民一直在以这种心态看待欧洲国家对美洲大陆的任何政治干涉，即使只是从一国转移到另一国手中。在美国独立战争陷入困境，急需海外援助的时候，他们还在和法国的同盟条约中小心翼翼地插入明文条款，要求法国保证不会为自己谋求在美洲大陆的任何英属领地；当时条约中所指的是加拿大和佛罗里达。现在，路易斯安那的所有权从衰弱、缺乏生气的西班牙转移到法国这样的强国手中，法国当时以侵略性闻名，这种侵略性在拿破仑的大名周围正迅速云集。

美国驻巴黎各公使反复向法国政府要求保障密西西比河的通航权，却总是徒劳无果，法国政府在答复这个问题时显示的保留态度，令美国人民的恐惧和愤怒与日俱增。1802年11月，美国的激愤情绪达到顶点，当时他们得到消息，新奥尔良的西班牙当局拒绝美国公民的存款权利，这是1795年美西两国缔结的条约承认的权利。这很自然地被归咎于拿破仑的影响，密西西比上游流域的居民都准备武装起来捍卫自己的权利。

这就是法国与英国的战争一触即发时，美洲事态存在的威胁。拿破仑不是那种会在遥远的路易斯安那荒野存在纯属威胁的敌对行动时就退缩不前的人；不过显而易见，在和英国决裂的情况下，再招致美国的敌意，法国在墨西哥湾的任何领地肯定不是落入英国之手，就是被美国人掌握。当时在华盛顿，人们认为法国也会从西班牙手中取得佛罗里达，因为那里拥有对保卫路易斯安那不可或缺的海军军港。1803年4月12日，杰弗逊派遣的特使门罗先生到达巴黎，协助美国常任驻法公使，就佛罗里达与新奥尔良岛割让给法国事宜进行交涉；美国的目的是确保对密西西比河直到河口的控制，使之成为美国西部边界。门罗的到来适逢其时。5天前，惠特沃斯勋爵刚传达了英国内阁的意见，除非法国政府准备好给出英国要求的解释，两国友好关系将不复存在，同时伦敦的报纸上在讨论派兵5万去夺取新奥尔良的问题①。3天后，就在4月10日，第一执政决定出售路易斯安那②。门罗到达后只需要议定交易的条款，尽管交易并没能实现他被赋予的使命，但使他的国家控制了整个密西西比河流域西岸地区以及从河口差不多到巴吞鲁日（Baton Rouge）的河两岸超过200英里的地区。交易协定于1803年4月30日签署，使美国以8000万法郎的代价“像过去的西班牙那样得到整个路易斯安那”。可见，对英国海权的畏惧是法国将整个路易斯安那拱手相让的决定性因素③。这一广大地区从墨西哥湾直达加拿大，从密西西比河直到墨西哥，两个方向上的边界都还未明确界定。美国从此开始了他的西扩进程，这将使它的领土最终到达太平洋沿岸。

拿破仑就此放弃了一块他无法保卫的领地，确保了法国其他海外领地的安全。他现在可以将全部注意力投入征服英伦三岛的计划中去，这些计划在他的脑海中早已思虑成熟。

最初就很明显，英国本土三部分人口不过1500万，不可能入侵人口超过2500万的法国本土。因为英国海军的各种需求，巨大的商船运输业的需求以及庞大复杂的制造业和工业体系的需求，只要某部分出现人力不足就会使整体严重紊乱，这样会使留给英国陆军能招募的人力资源变少，和法国的人力

---

① 《美国政府公文》第二卷，第553页。——作者注

② 《美国政府公文》第二卷，第553页。——作者注

③ 一旦发生战争，英国政府的目标是派遣一支远征军占领新奥尔良，就像它后来在1814年所做的那样。见《美国政府公文》第二卷，第551、557页。——作者注

资源相比，简直微不足道，使入侵法国变得更加不可能；在法国，资本行业和制造业、贸易和航运都消失了，仅剩从事农业的农民，在征兵时农民可以自由征用，不会大幅增加国家的贫困状态，或者使一个本质上很简单的社会制度发生紊乱。

英国看似无力伤害法国，这引起了一种挖苦式的说法，那就是当一个国家为了展示它自己在防御中的优势发动的战争是毫无价值的，这种看法非常肤浅。英国公开宣称的理由是抵御邻国侵犯的必要性，促使一个勉为其难的内阁提议，得到愤愤不平的反对党认同，才决定开战。在欧洲大陆，法国已采取部分侵略行径，至少在此时一发而不可收；类似侵略行为继续下去的目的也昭然若揭，让这样一个敌国占领这些地区的话，将会严重危及英国的殖民帝国。为阻止这种事态发生，英国通过宣战恢复了它的交战权，恢复了对海洋的控制，这种控制只需要他们去完成即可。英国将舰船开到敌国漫长海岸线的每一个战略要点，遵循上一场战争中的战略，在那位为海军战略注入巨大活力的老海军[①]统筹管理下，阻止它的敌人无法联合实施任何大规模行动。只有采取这种行动，才能动摇它遍及全世界的主导地位，或者随时随地给它造成致命伤害。英国的各分舰队停靠在法国各海岸附近，封锁法国的军港，构成第一道防线，维护英国从波罗的海到埃及的利益，包括英国遍布全球四方的殖民地和英国在所有海域巡弋的商船。

这是在一场以守势为主的战争中取得的防御性成果。英国被迫通过出其不意的主动出击，给了法国当头一棒，没有任何人比拿破仑更清楚这一击

---

① 指圣文森特。——译者注

的分量。1803年1月15日，他在给法属东印度总督德卡昂[①]的指示中说道，可能在1804年9月开战；在塞巴斯蒂安尼虚张声势的报道中极少表现出立即决裂的愿望，这一点可以通过拿破仑在惠特沃斯离开巴黎的同一天，送给驻伦敦大使安德罗西[②]的密信中看出来。尽管他叫嚣宁可在蒙马特尔看见英军也不愿见到他们留在马耳他，在信中却写道："致安德罗西将军，在确信所附照会递交英国政府后，请通过名誉公民希默尔彭宁克[③]或者其他间接途径，使其理解照会内容，如果英国坚决拒绝将马耳他交付一个担保国家，我们不会反对接受英国保留马耳他10年的主张，法国则会占领奥特朗托半岛[④]。切记，如果这一提议无望成功，沟通时不要留下任何痕迹，我们可以始终否认英国政府曾赞同过这一提议。"[⑤]拿破仑非常清楚，英国通过迫使他出手，在法国海军开始崛起前就会将它打垮。他说道："和平对复兴一支海军是必要的，和平能塞满我们几乎空无物资的军港，当时只有和平才能使舰队唯一

---

① 德卡昂（Charles Mathieu Isidore Decaen，1769—1832）：夏尔·马修·伊西多尔·德卡昂，法国军官。法国大革命爆发前，他是海军的一名炮手。1792年，他转入陆军服役。法军围攻美因茨期间，他在克莱贝尔手下服役。1796年，升任准将的德卡昂在莫罗将军麾下参加莱茵河一带的军事行动，表现相当不错。1800年12月，他在霍亨林登战役中指挥一个师，战后因功晋升少将。从1802年起，他被拿破仑派去印度守卫当地的法属殖民地，在极其不利的条件下，坚持到1810年底。1811年10月至1814年1月指挥加泰罗尼亚军团。1814年至1815年间，他的命运随着复辟的波旁王朝和拿破仑势力的消长浮沉不定，滑铁卢战役之后，因为他一度为"百日政权"效力，被路易十八在监狱里关了5个月。出狱后，他退出现役，直到1830年七月王朝上台召他出山为止。两年后，他便逝世了。——译者注

② 安德罗西（Antoine-François, comte Andréossy，1761—1828）：安托瓦内-弗朗索瓦·安德罗西伯爵，贵族出身的意大利血统的法国陆军军官和外交官。大革命爆发前，他就在法国炮兵服役，革命爆发后，开始在拿破仑麾下效力。1796年意大利战役期间，安德罗西负责意大利军团补充旅的训练工作。1797年11月晋升准将，后随拿破仑远征埃及，回国发动政变夺权，1800年晋升少将。在《亚眠和约》达成后，他出任法国驻英国大使，后来又分别出使奥地利和奥斯曼土耳其，1809年，受封为帝国伯爵。拿破仑垮台后，他一直为复辟的波旁王朝效力。——译者注

③ 希默尔彭宁克（Rutger Jan Schimmelpenninck，1761—1825）：拉特格·扬·希默尔彭宁克，荷兰政治家，爱国党领袖，巴达维亚共和国时代出任过国会议员，1798至1802年出任驻法大使。1805至1806年，在拿破仑一世统治下，他成为巴达维亚联邦首脑，推行财政和教育改革。1806年拿破仑将联邦改为荷兰王国后，他从政府退隐，1810年，法国吞并荷兰后，被拿破仑封为男爵，在1811至1813年间出任法国参议院议员。拿破仑倒台后，他在1815至1820年间成为荷兰联合王国参议员。——译者注

④ 奥特朗托半岛（peninsula of Otranto）：位于意大利本土东南部，形状上构成亚平宁半岛的"靴子后跟"。——译者注

⑤ 《拿破仑书信集》，1803年5月13日，拿破仑给塔列朗的信。——作者注

的训练场——海洋开放。”“船舶，殖民地，贸易”，他后来在乌尔姆承认所需要的一切，都被同一种打击一扫而空。法国的财政如何窘迫，经济如何凋敝，没有人比他更加清楚。拿破仑在他的整个统治时期，都由政府操纵来维持物价；所有财富来源当中最主要的海上贸易，被英国海上力量粉碎。从此以后，英国海军紧紧在法国各处海岸周围纠缠，不断施压。

拿破仑没能切实认识到法国将会遭受的全部伤害。由于对困难急不可耐，他拒绝正视为入侵英国进行的舰队建设会榨干造船业贫乏的物资，占用所有的工人，使真正的海军无法成长这一事实。即使舰队都建成，不断的维修需求也会让机械造船厂不堪重负。[①]他也未能预见，英国通过尽全力恢复《1756年航海法则》，通过对每一次陆上打击回以更加沉重的海上打击，将如何彻底切断法国的资源供应，会通过封锁将它打倒，使它像一座堡垒那样被摧毁。因为预言以军事侵略性为特征的法国大革命会由于财政危机崩溃的小皮特，已经遭到无情的嘲讽。事实上，虽然小皮特低估了所需要的时间，没能发现为法国提供固定收入的庞大掠夺系统，他仍是一位真正的先知。共和国已经吞噬了巨大的资本[②]；当它一直在展现的征服精神在拿破仑身上达到自然顶点的时候，对金钱反复不断的需求促使他不断诉诸暴力，直到他毁灭为止。这种经济窘境的直接原因是海上战争，海战将法国与海外贸易隔绝；间接原因是拿破仑强制欧洲各国与海上贸易隔离，以此为消耗英国的唯一手段，造成欧洲经济的整体衰弱和由此产生的消费者的贫乏。

1798年，随着《坎波福尔米奥和约》的缔结，使法国和英国单独正面对决时，入侵英国的问题自然出现，拿破仑轻松说服了自己和督政府，以当时能够组建的海军是不可能完成这项计划的。他随即指出，另有其他两大伤敌方法：一个是占领英国贸易输入欧洲大陆的汉诺威和汉堡两地；另一个是占

① 梯也尔：《执政府与第一帝国》第二十卷，第182页。——作者注

② 法兰西第一共和国已经通过指券的方式，吞噬了大量的国民财产。见梯也尔《执政府与第一帝国》第十七卷，第377页。——作者注

领埃及充当对印度采取军事行动的基地。这两种方法的实质在某种程度上都是侧翼迂回进攻，第一种鉴于当时欧洲大陆的形势，并不可取——因为汉堡和汉诺威都包括在北德意志中立同盟当中，得到普鲁士担保，当时奥地利也没有像1803年那样衰弱——于是督政府决定远征埃及。无论当时个人动机在多大程度上影响了拿破仑，从军事角度和当时的地中海形势来看，这一方案都广受认同；虽然其中涉及大量运气成分，远征的成功必须归因于他战备工作的彻底性和保密性，正如最终失败必须归因于英国的海上力量一样。

1803年，拿破仑发现自己不再是一个在软弱猜忌的政府领导下，无法安心依靠政府合作的简单的将军，而是一个支配着法国所有资源的至高统治者。因此他决心通过直接入侵不列颠群岛，直取英国势力中枢。跨过英吉利海峡，将海峡置于他和他的基地之间是非常巨大的冒险，这对他热爱冒险的性格魅力难挡；在愿意为这样的宏图承担许多风险的同时，他无意投机取巧。入侵计划面面俱到，细致入微，体现了他历次战役的鲜明特征。只要在他的权限范围之内，战备工作必然完全到位，这是他的不变准则。

这样规模宏大的备战需要时间；第一执政已准备好立即开始行动，只要有可能的话，就让各地面部队进入英国阵地的两翼。5月26日，莫蒂埃[①]将军

---

① 莫蒂埃（Adolphe Édouard Casimir Joseph Mortier, 1st Duc de Trévise，1768—1835）：阿道夫·爱德华·卡西米尔·约瑟夫·莫蒂埃，初代特雷维索公爵，法国陆军军官，法国大革命爆发后从军。1792和1793年，他在法国东北边境和荷兰战场作战，后来随军进入默兹河和莱茵战场。1799年，第二次反法同盟战争期间，他先后因功晋升准将和少将。1803年，他率军占领汉诺威。1804年，他成为拿破仑第一批册封的元帅之一。他在乌尔姆战役期间表现出色，在奥斯特里茨战役期间指挥一个临时拼凑的军表现不佳。1807年，他随拿破仑在德意志作战。1808年受封特雷维索公爵。不久，他随拿破仑的大军进入西班牙的马德里。他在西班牙又参加了两次战役，在奥卡尼亚战役中取胜。1812至1813年，他负责指挥皇家近卫军。1814年，拿破仑几乎山穷水尽时，他仍忠于职守。1815年，拿破仑组织“百日政权”时，他再度奉命指挥皇家近卫军，没能赶上滑铁卢战役。波旁王朝二次复辟后，他一度被弃用，1819年终于重获贵族头衔。1830至1831年间，他出任法国驻俄大使。1834和1835年之交，短暂出任法国首相和陆军大臣。1835年7月28日，他在陪同路易-菲利普国王检阅国民自卫军时，被一名激进共和主义分子暗杀。——译者注

率领一个军进入汉诺威；几天以后，圣西尔[1]将军指挥的另一个军穿过教皇国，进入那不勒斯王国，重新占领包括布林迪西和塔兰托两座港口在内的奥特朗托半岛。从塔兰托港对爱奥尼亚群岛、摩里亚和埃及都能构成威胁。出于拿破仑战略上深层次的考虑，需要使这里保持活跃状态，这样就能让纳尔逊对被威胁的各要点和整个黎凡特焦虑不安。由于认定敌人的目标无可置疑的就在东地中海，使英国最伟大的海军将领分心旁顾，正是拿破仑对英国的大规模联合作战的一个决定性组成部分。

在汉诺威，英国贸易遭受重创。英王乔治三世领有的这个德意志选侯国，以易北河和威悉河为界，位于两条河的下游地区。通过占领汉诺威，法国控制了两条大河，将所有英国货物拒之门外，这一行动被指责侵犯了德意志的中立权。拿破仑申明这么做是为应对汉诺威选侯即英王的敌意，这样的托词却无法成为占领汉堡港口库克斯港的理由，这座港口位于汉诺威以外的易北河口。第三次进犯的对象是普鲁士。普鲁士成为北德意志中立同盟保卫者的野心受到冒犯，它控制汉诺威的特殊愿望遭到轻视，它的贸易遭到极大的损害。对法国排挤英国货物的举动，英国的回应是封锁两条大河的河口，它自己的船只不被允许通过的地方，也不让其他国家的船只通过，使德意志为它们允许违反中立原则的行为伤到自己。汉堡和不来梅的贸易因此停止；由于它们是收发普鲁士制造业产品的中间商，打击波及整个普鲁士王国。工

---

① 圣西尔（Laurent de Gouvion Saint-Cyr, 1st Marquis of Gouvion-Saint-Cyr，1764—1830）：洛朗·德·古维翁·圣西尔，初代古维翁·圣西尔侯爵，法国陆军军官。他早年曾在罗马学习绘画，大革命爆发后，在1792年成为一个志愿兵营的上尉。两年之后，他便晋升为少将。1796年，他在莱茵战役期间，指挥莫罗部下的一个师。1798年，他接替马塞纳指挥意大利军团。1799年，他指挥儒尔当在德意志的左翼部队。随后，他先后在意大利和德意志在莫罗麾下作战，两人的关系一直不佳。1801年，他被派往西班牙指挥一个预备入侵葡萄牙的军团。双方议和后，他接替吕西安·波拿巴出任驻西班牙大使。1803年，奉命率军进入那不勒斯。拿破仑称帝时期，圣西尔拒绝签署祝贺声明，他的名字没有出现在拿破仑的第一批元帅名单当中可能与此有关。以后他参加了拿破仑的一系列军事行动，1808年受封伯爵，很少有独当一面的机会。直到1812年，他在俄国波洛茨克之战中立下军功，才得到认可，被授予元帅衔。在拿破仑江河日下的1813年，他拿下德累斯顿，在莱比锡战役后终告失守，本人也被俘虏。波旁王朝复辟后，他被封为法国贵族，先后在王国政府出任过陆军和海军大臣，推动了法国陆军军制的改革。——译者注

人们广泛都陷入悲惨境地，以至于国王不得不救济他们，很多富人丧失了他们的一半收入。除了在汉诺威和那不勒斯取得的优势地位，拿破仑还下令让这两个中立国负担驻扎的2个军的军费，汉诺威军有3万人，那不勒斯军有1.5万人。英国同时向法国的盟国①荷兰宣战，使荷兰不得不维持一支更大规模的军队。拿破仑这样不择手段地牺牲中立附庸国的利益缓解他自身的财政困境，却并没有因此得到更多爱戴。

要入侵英国，首先要在一个精心挑选的地点周围集结得到成功保障的大军，运输他们需要数量庞大的船只。其他各军，数量或多或少，都要配合主力的行动，他们会在不同的方向行动，分散敌军注意力，可以在较远的港口登船，然后与主力各自分头航行。对主力来说必须做到的是，各部必须齐头并进，在英国沿海的某一指定地点聚集，一齐登陆。拿破仑为主攻准备了13万大军；其中10万为一线部队，同时从英吉利海峡20英里长的一段海岸范围内的4个不同港口登船。余下3万组成预备队，会在一线部队启程后不久启航。

鉴于当时一般海运船只的运送能力，要一次装载这样一支部队，是不切实际的。需要的船只数量手头还没有，法国在英吉利海峡沿岸也没有港口能让它们安全停泊。即使这些困难能够克服，陆军部队能一起登船，单单启航上路的过程就会延误很长时间，这些依靠风帆航行的船只无法保持行动一致，它们赖以航行的唯一条件——风，会使它们在行动时被英国海军驱散和摧毁，因为英国海军的舰船能做到同步机动，拿破仑却没有相对应的可匹敌的实力。聚集如此众多航行不利的风帆运输船只会暴露法国海军的集结地，使敌舰队在发现联合行动迹象的第一刻起就在那里汇集。最后，这样大规模的运输船队势必要在距离英国海岸一段距离的海面锚泊，士兵们要从船上登

① 梯也尔说："荷兰本想保持中立；第一执政已经做出了决议，其决断不容置疑，就是要让所有海洋国家投入我们对抗英国的斗争。"见《执政府与第一帝国》第十七卷，第383页。——作者注

上小艇登陆，这样一个额外行动既麻烦又危险。

由于这些原因，跨越英吉利海峡的船只不能仅靠风帆航行，还要能用船桨划动。因此，运输船只必须体积小，吃水浅，能够在法国港口的浅水隐蔽，能直接到达英国海岸，使陆军部队从船上直接登陆。多艘这样的船只一旦启航，在对它们有利的大雾或无风天气下，可能不被发现，甚至可以不用理会因无风无法进行战斗的敌舰，这些情况是完全可能的。拿破仑竭力将英国政府的注意力吸引到这种可能性上。就像占领塔兰托和意大利的行动是为了让纳尔逊的注意力转移到黎凡特一样，庞大运输船队大张旗鼓地准备在没有支援的情况下跨过英吉利海峡是为了掩护提供支援的真实手段。使英国当局一心为了大运输船队焦虑不安，让他们的目光从法国海军分舰队停泊的军港移开，然后在英吉利海峡将这些分舰队联合起来，在足够的时间里用一支大舰队控制住英吉利海峡，这就是拿破仑希望能够保证大军胜利跨过海峡，征服英国的大联合作战。他将宏图深藏在心中，这个意义深远的秘密，后来只有极少数参与执行的人才逐渐了解。

首要任务是组建大运输船队和入侵大军。备战工作如此广泛和急迫，需要法国调动所有资源。要在同一时间建造1000多艘船只，除了为自我防卫装载2到4门重炮外，每艘船能装载60到100人不等的士兵，这超出了任何单一港口的能力。法国内陆远处，众多流向英吉利海峡和比斯开湾的河流的两岸，英吉利海峡和比斯开湾本身的所有沿海小港，许多人都在热火朝天地辛勤工作；北海和荷兰被要求完成的额定任务。与此同时，还需要采取各种措施保障这些船只到达集结地点的航道安全，这个地方被选定在布洛涅，在到达港口时会得到各种安全庇护。小船吃水浅，可以沿着岸边航行，它们结构坚固，可以在靠岸时不受损伤。因此，它们航行的航道都在岸炮有效射程以内，一般30到60艘一群，依次从各港口调运，直到终点为止。为支持舰船调动，海防炮台都以很短的间隔距离建造，如果小艇调动困难，可以靠这些炮台掩护。此外，在每个海军军区都组织了若干野炮连，做好战斗准备，一旦敌人进攻，就能立即奔赴战场。“每一里格海岸至少要配备一门野炮。”拿破仑写道。在战争最早的几个月里，英军非常重视对这些航行船只的骚扰，以阻止它们集结，但很快放弃了这个意图。这些船只如果遇险，就会在最近的炮台下锚泊，海岸告急文书会立即将步兵和马拉炮兵召唤到战场，袭击的敌军船只很快会发现法军的联合抵抗实在太强。通常法国船队一部在沿岸行动中都能保持一致，海上和岸上的所有武装都会协助它们。极端情况下会有船只搁浅，英军水兵会和法军士兵为抢夺船只短兵相接，很少能够成功。“我们的船队未能成功摧毁敌人炮艇的原因，”圣文森特勋爵写道，“不是它们吃水浅，而是因为海岸的强大炮火。”尽管这种集结没能像拿破仑热切要求的那样迅速，但很少受到英国人干扰。

布洛涅港地近英吉利海峡东端，坐落在一条从多佛海峡绵延到索姆河口，长约50英里的狭长海岸线上。这是一座潮汐港，位于一条叫作利尤内河的小河河口，河北岸是建成的布洛涅城镇。在这个港口，吃水浅的船只都会在浅水位搁浅，深水区的通航能力也有限。因此，驻扎在邻近地区兵营的士兵们奉命对港口进行大范围挖掘，他们会为这项工作得到额外的报酬。完工后，港口呈双泊地构造，外泊地长圆形，在渠道两侧与河床接壤，渠道畅通；内泊地呈半圆形，在城镇对面的平地挖掘，与外泊地通过一条狭窄的水道连接。两处泊地全都码头林立，大船队的船只就在这里层层停泊，有时达到9列；1805年7月，当拿破仑最后、最宏大的海军联合作战打响时，在特拉法加海战一触即发之际，布洛涅港内泊靠着超过1000艘炮艇和运输船只，准备装载4万军人前往英国海岸。从北到南，不仅港口相邻地区，连整条海岸线都布满了大炮；在入口对面，依托基座建起了一座强大的工事，在船只出行和锚泊在港外时提供护卫。在这里建造工事，是为了应对行动的最大困难之一。如此众多的船只无法在一次涨潮期间全部通过狭窄的渠道出海。至少要两次潮汐——即24小时时间，这段时间需要给予最完善的组织和最准确的行动保障。因此，大船队的半数必须在港外停泊几个小时；可以预见的是，若非拿破仑以其远见卓识提供了有力的护卫措施，英军巡航舰船是不会允许船队在如此关键的时刻不受干扰地通过的。

布洛涅以北5英里以内有另两个小得多的港口，同样是潮汐港，名为维姆勒（Vimereux今作Wimereux）和昂布勒特斯（Ambleteuse）；在布洛涅南面12英里，还有第3个小港，名为埃塔普勒（Étaples）港。这些港口虽小，由于布洛涅无法容纳整个大船队，迫使拿破仑开发和启用这些港口，它们一同容纳了超过700艘炮艇和运输船。6.2万名官兵会从这三座港口登船；每个港口都会让一定比例的野炮、弹药和其他补给上船。同时还需要运输的有6000匹战马；大部分骑兵只携带马鞍和缰绳，希望能在敌国寻找坐骑。在北海的加莱、敦刻尔克和奥斯坦德各港，船队的船只数量为400艘，部队人数2.7万人，战马2500匹。这些部队组成了预备队，在主力部队出发后紧接着出动，会分头行动。最终他们也前往布洛涅海岸；在和英军巡航舰船进行几番激战后，他们的船只会在英吉利海峡的4座港口和大船队主力会合。

在战场上组织如此大规模的兵力，是一种只有极少数将军在经过多年历练后才能获得的能力。让那样庞大的一支军队，在实力相当且充满警惕性的敌人面前通过一条宽阔的河流（原文如此），是一项精妙的行动。跨越一片全副武装，接近40英里宽的海面——布洛涅和它的姐妹港到多佛和黑斯廷斯之间的指定登陆点的距离——面对一个在毋庸质疑拥有最大程度制海权的敌人，是一个如此大胆的举动，以至于人们仍在质疑拿破仑是否真打算这样做；但他确实干了。为了成功，他寄望于出色的组织，还有陆军和大船队的训练，通过登船和机动训练，他们应当能够毫不拖延地抓住拿破仑在脑海中构想的，希望通过大规模海军联合作战提供的战机。这一联合作战随着时间推移，进行了修改和扩充，究其本质仍然相同，是本章和后续各章节记录下来的一系列错综复杂令人兴奋的事件的肇因，这些事件在很多人眼中，由于特拉法加海战的耀眼光芒黯淡无光。

在笔者将这种自己非常肯定的断言写成文字到付印出版期间，遇到了对拿破仑真实目的的新疑问，疑问的依据是他1810年1月对梅特涅[1]的讲话[2]以及与这位皇帝关系或近或远的一些人的看法。至于梅特涅的记录对此事的看法——声称拿破仑对其意图的任何声明都不可靠，除非能得到各种情况证实，这不仅是一个克服难题的容易说法，而且只是在陈述一个简单的事实。布洛涅的位置是一个能在得到通知后，可立即转而攻打奥地利的有利选择，这确实是事实；一样真实的是，不考虑英国海军的实力，它对入侵英国同样有利。除了能证明这位伟大的统帅像他职业生涯中一直所做的那样，会选择一个中央阵位，来应对不同方向的两种危险引发的战略危机，以便在一个方向的危机出现前准备好转向攻打另一方外，这能说明什么呢？

作者所主张的最无可争议的考虑因素是：（1）拿破仑确实实施了几乎同样冒险的埃及远征；（2）拿破仑凭他清晰的直觉意识到，如果他不愿冒他的陆军在跨越英吉利海峡时被摧毁的风险，英国最终会靠它的海权压垮他，因此，既然在这种情况下要承受毁灭的极端风险，那另一种风险较小的方案就算不了什么——关于这一点，本书会在后续章节中详细阐述。（3）这种奇思妙想的真实目的令人难以捉摸，作者赞同梯也尔和朗弗雷的观点，即在精读拿破仑在这30个月间的书信后，认为这些信件始终包含一个骗局，也就是说假设入侵行动根本就没有策划过的话，甚至连他本人都不可能相信。另外，入侵大军团的两位军长，马尔蒙和内伊的回忆录当中从未表达过

---

① 梅特涅（Prince Klemens Wenzel von Metternich，1773—1859）：克莱门斯·温泽尔·冯·梅特涅侯爵，奥地利政治家，他所处的时代最重要的外交家之一，生于科布伦茨的贵族外交官家庭，在斯特拉斯堡大学和美因茨大学接受过良好的教育。1791年，梅特涅开始其外交生涯，很快就遇上了大革命战争。在经过多年政坛沉浮和外交历练后，梅特涅于1809年开始出任奥地利帝国外交大臣。上任初期，他努力缓和奥地利与法国的关系，促成奥地利公主玛丽·路易莎和拿破仑的婚姻。在拿破仑兵败俄国后，他又促成奥地利加入第六次反法同盟。1813年10月，获得帝国授予的侯爵头衔。1814年，他代表奥地利签署枫丹白露条约，流放拿破仑。他主持的维也纳会议奠定了后拿破仑时代欧洲政局的基础。1821年起，梅特涅兼任奥地利帝国首相。他在政治上是保守主义者，外交方面推行均势政策。他在奥地利协助哈勃斯堡皇室执政多年，直到1848年革命爆发，被迫出国流亡为止。1851年，他重返维也纳，淡出政治第一线，但仍会以奥皇顾问的身份提供建议。——译者注

② 《梅特涅回忆录》第一卷，第48页注释。——作者注

对马尔蒙曾明确断言过的目的的怀疑；另一位军长达武[①]元帅一生都没有留下任何表达过此类想法的记录。[②]

同时，在1803年5月到1805年8月的相持时期，当错综复杂的海军和陆军行动开始瓦解时，在世界史上是一个惊人而美好的停顿。在布洛涅上方的高地，在埃塔普勒到维姆勒海滩的狭长地带沿线，驻扎着13万历史上最出色的士兵。他们曾在德意志、意大利和埃及征战，还将在乌尔姆和奥斯特里茨战胜奥地利人，在奥尔施塔特和耶拿战胜普鲁士人，在埃劳对阵俄军时，尽管险些失利，还是保全了自己，并且在几个月后，在血腥的弗里德兰战场仍战胜了俄军。他们呼吸着周围的海洋空气，过着艰苦的生活，士气日益高涨。天气好时，他们会进行各种操练，以使他们能迅速有序地完成大规模登船和登陆行动。这时，他们会看到一个白色悬崖包围的国家，那个唯一还在继续对抗他们武力的国家。远处，布雷斯特外海的康华利、罗什福尔外海的柯林伍德、费罗尔外海的佩洛，正在与比斯开湾的狂风战斗，他们一直保持高度警惕，这种警惕性在特拉法加海战之前的几年当中绷得最紧。柯林伍德写道，海军将领都需要钢铁铸就的身心，这是不容置疑、无比艰险的国难强

---

① 达武（Louis-Nicolas d'Avout，1770—1823）：路易-尼古拉·达武，初代奥尔施塔特公爵，初代埃克米尔亲王，法国陆军军官和政治家。一般认为达武、马塞纳和拉纳三人是拿破仑最优秀的三名部将。达武是法国贵族出身，1788年从军。大革命爆发后，他积极投身革命军行列，很快晋升为准将，在恐怖统治时期，因为其出身被排挤出一线部队。复出后，达武1794至1797年间在莱茵战场作战，后与好友德赛一起随拿破仑远征埃及。回国之后，他没有参加马伦哥战役。拿破仑出于对克莱贝尔和德赛的感情，同时欣赏达武的才干，将他晋升为少将，让他指挥执政卫队。1804年，拿破仑称帝后，达武名列第一批元帅之列，当时他还是最年少和资历最浅的一位。次年，达武就在奥斯特里茨战役中立下战功。随后数年间，他历经耶拿-奥尔施塔特、埃劳、埃克米尔和瓦格拉姆等多次重要战役，屡建战功，于1808年3月受封奥尔施塔特公爵，次年8月受封埃克米尔亲王。达武具备不俗的行政才干，由于奉行拿破仑镇压和搜刮占领区人民的政策，令他在欧洲大陆国家民间名声不佳。拿破仑入侵俄国期间，达武在战场上的表现依然相当出色。大军撤退时，他在别列津那河未能坚守到内伊军成功撤退，触怒拿破仑，一度被撤职。1813年，他受命出任汉堡军区司令，这座城市直到1814年拿破仑垮台为止，依然在他手中。波旁王朝首次复辟后，他甘愿解甲。拿破仑组建“百日政权”时期，他重新复出，被任命为陆军大臣。滑铁卢战役期间，拿破仑却将他留在巴黎。波旁王朝二次复辟后，一度剥夺了他的所有荣誉和头衔。两年之后，他和波旁王朝之间的敌意开始化解。1817年，他的荣誉和头衔得以恢复。1819年，他重新被宣布为法国贵族。1822年，达武出任他人生最后一份公职——萨维尼市市长。次年，他在巴黎病逝。——译者注

② 切尼尔：《达武元帅传》，1866年巴黎版。——作者注

加给他们的。更远处，显然与布洛涅的繁忙景象大有区别，纳尔逊正在土伦港前消耗他辉煌多难的人生的最后两年，与里昂湾的西北劲风搏斗，同时在以一种狂热的焦虑反复质问自己，拿破仑的目的到底是再次入侵埃及，还是意在英国。他们在度过枯燥乏味、身心疲惫、安然无事的几个月，这是在法国军港前监视和等待大型舰船的几个月。他们肯定好像觉得这是一段漫无目的的时间，就是这样拯救了英国。在这世界上，海军对历史的影响从未像这样给予过人们更深刻的印象。远方的那些遭受风暴洗礼的舰船，那些法国大军从未看到过的舰船，屹立在大军与世界主宰之间。它们坚守在法国海军的各主要造船厂和分舰队前——或者说各地之间的内线阵位，法国海军只有同时成功避过英军监视，才能联合起来，其中只要任何一个分舰队失败，都会使结果毫无意义。各英国舰队通过较小船舶的通信联系在一起，要实现拿破仑的宏大联合行动，唯一的机会就是让几个法国分舰队能够在敌军各战线内的某一地点隐秘地集结起来。因此，当有力舰队兵临布雷斯特、罗什福尔和土伦港时，还有战略性的英军分舰队部署在多佛海峡，拦截侵略军的必经之地。

当然，海峡本身也并非没有特殊护卫。在海峡即其通道上——泛指泰瑟尔岛到海峡群岛之间的水域，有众多快速帆船和更小的船舶巡逻，总数在100到150艘之间。这些船只不仅严密监视敌港发生的一切，试图阻止法军平底船的行动，还与各战列舰分队保持接触，维持它们之间的通信。战列舰分队有5艘在泰瑟尔岛外海监视荷兰海军，其他各舰在英国海岸各据点外海锚泊，关注敌人可能采取的行动。圣文森特勋爵尽管没有使用专业技术术语，其海军战略思想却清晰可靠，他看出了拿破仑怀有的意图，做出了应对，从大西洋和地中海调集舰船在布洛涅港前集结。最安全也最有利的战略位置，无疑就在敌军港口前；康华利司令官对布雷斯特的严密封锁史无前例的出色，冬季和夏季，在战争爆发到特拉法加海战期间，都一贯如此。如此功勋不仅令人钦佩，也是同时代的奇迹。[1]一旦布雷斯特的法军成功出阵，当天首相便会通知下院议长，康华利的集结地就在利扎德外海（布雷斯特正北），以便前往爱尔兰或越过海峡，具体视法军动向而定。要是法军奔赴唐斯，斯皮特海德的5艘战列舰也会跟随它们；基思勋爵（坐镇唐斯）除了他的6艘战列舰和6艘封锁舰之外，还将指挥北海舰队[2]。由于做好了这样的准备，一旦遇险，外围各分舰队将退守战略中心，逐渐积聚兵力，直到组成一支25到30艘训练有素的重型战舰组成的舰队，足以应对所有可能的突发事件。

因此，无论英国海军部还是各海军军官都普遍没有感受到这个国家因法国大船队形成的恐惧。纳尔逊在1801年写道："我们的第一道防线直逼敌军各港口；海军部采取了如此周全的措施，让我能号令这样强大的兵力，我斗胆直言，我们有望在敌舰队离开他们的海岸10英里之前就消灭他们。"[3]"至于敌军穿过一片狭窄海域突破我们的封锁和防卫分舰队的可能性，"佩洛说，"即便一些人们能够想象的掩护手段全部隐秘灵活地实施，从我专业经验的角度来看，真不觉得有多大把握成为现实。"[4]拿破仑也明白他的炮艇在海上与重型战舰对阵毫无成功希望。"在兵营开始了一场讨论，"马尔蒙说，"内容是关于用配备24磅和36磅炮的平底船和战舰交战的可能性以及一支和数千艘的大船队一同行动的分舰队是否会遭到攻击。讨论的目的是为了使人相信有成功的可能……尽管拿破仑做出支持这种想法的姿态，却从来没有参加过这种讨论。"[5]他不能参加，除非背弃他一直在坚持的所有军事信念。圣文森特勋爵因此坚定地主张以自己的方式来对付敌

---

① 见《海军年鉴》第十卷，第508、510页；第十一卷，第81页。《纳尔逊急件》第五卷，第438页。——作者注

② 佩洛：《西德茅斯勋爵传》第二卷，第237页。——作者注

③ 《纳尔逊急件》第四卷，第452页。——作者注

④ 1804年3月15日的议会辩论。——作者注

⑤ 《拉古萨公爵回忆录》第二卷，第212页。——作者注

军，拒绝支持用类似的船只去创建一支大规模部队。他写道：“我们主要仰仗我们的巡航舰船在海上的警戒和积极行动。任何为了保卫我们的港口、出海口和海岸，削减巡航舰船数量的举动，根据我的判断，都将会导致我们的毁灭。”他同样知道炮艇如果建成，肯定要由人来操作，那就像法国大船队那样，只能抽调巡航舰船的船员；这样做的话，由于英国的海洋资源如此广大，为满足海军和商船的无尽需要，人力资源将会超负荷运转。

确实存在一个叫作“海上防卫队”的正式组织，由在沿海水域和联合王国各处河流的从业人员，还有在上一场战争中免于强制服役的人组成，因为在国家遭到入侵威胁时，他们有义务保家卫国。1801年，国家受到入侵威胁时，即使有当时负责防务体系的纳尔逊大声疾呼，还是没能让他们投入进来；即便纳尔逊一再向他们保证，他们在那个时候登上海岸防卫船只服役是绝对必要的。直接面临威胁的4个地区当中共有2600人可征，只有385人愿意参加训练或者出海服役。其他人不愿放弃他们的职业，因为会造成损失，只有祈祷他们会得到谅解。[①]当法国人确实来到海上，向英国开进时，他们却宣称准备好登舰了；于是就如纳尔逊所写的，我们必须“信任这些在最后关头用这种（近似于）乌合之众（的人）来操作的舰船”。因此，在当前的这场战争中圣文森特坚决要求在首批服役的舰船人员足够之后再重建这些“海上防卫队”，甚至连这都仅仅是在内阁压力下不得已为之。“这是一个有待商榷的项目，”他以一种灰色幽默的语调说道，“从里到外，除了安抚那些恐惧的老太太们之外，没有任何其他用处。”能够依靠的是他先前对敌人各港口的严密监视体系，这使他完全掌握了英吉利海峡的控制权，没有控制海峡的话，拿破仑的大船队都不敢离开法国沿海。“这种小炮艇的运作，”如纳尔逊所说，“可能是一个庞大入侵计划的一部分，但绝非计划仅有的内

---

① 《纳尔逊急件即信件》第四卷，第444—447页。——作者注

容。”[①]大船队的活动没有骗过他们。

尽管如此，在一个非常重要的环节上，圣文森特让他整体政策的成功率受到了严重威胁。由于对当时在船厂和承包制度中盛行的腐败问题深恶痛绝，他入主海军部伊始，就投入与他们之间的斗争，在斗争当中显示出他手段单一和性格粗暴的特点。和平时期，国家对海军设施的依赖减少，有利于他的改革设想；结果使他既不愿承认冲突再起的迹象，也不愿推迟改革，无论改革多么迫切，在战争的压力下不可避免地会产生摩擦，贻误军机。因此，在这场战争的第二年，英国的现役战列舰比上次战争同期少了10艘。“许多老军官或有能力的官员和大批技术人员都被从国王的造船厂排除；木材和其他重要海事用品的常规供应几乎无法保证；包括很大一部分大麻在内的其他物品实际上都卖到海军外部。由于工人和生产物资缺乏，自然导致造船厂的常规业务暂停。新船无法建造，旧船也无法维修。很多现役舰船，仅仅草草修补，几乎都无法在海上维持航行。”[②]在这个问题上，圣文森特的管理在1804年3月受到小皮特的抨击；在小皮特批评的主要问题上，即拒绝在大量炮艇上耗费金钱和海员人力方面，他是完全正确的，他对问题的看法是一个政治家，同时也是一个拥有正确军事直觉的人的观点[③]。在圣文森特拥有与海上防卫队交涉的经验之后，也不能认为他应当为不具备小皮特那样对“众多勇敢出色的老人，满怀热情、对国王宣誓效忠的年轻人”的感情等等问题受到指责。[④]

这些不合时宜的改革极大伤害了地中海这个要地，这正是拿破仑联合作战计划的重要环节。由于舰船数量不足，战斗力最强的分舰队和最适合航行的舰船，都自然适当地集结在英吉利海峡和比斯开湾沿海。爱德华·佩洛爵

① 《纳尔逊急件》第四卷，第500页。——作者注

② 詹姆斯：《海军史》第三卷，1878版，第212页。——作者注

③ 见科贝特：《政治纪事》第五卷，第442、443页。科贝特本人就皮特的抨击撰写了一些非常合理的评论。——作者注

④ 斯坦诺普：《小皮特传》第四卷，第94页。——作者注

士在谈起他指挥一个6艘战列舰组成的分舰队在费罗尔外海的亲身体验时说道："我知道的是，可以准确断言，我们的海军从未有过这么好的状态，补给从未如此充裕，我们的人员衣食条件也从没那么好过。"[1]舰船的状态，不仅经受住佩洛和他的上司康华利镇守的战略要地的严峻考验，在猛烈的冬季风暴中，损坏也甚微。与此同时，纳尔逊却在痛苦地抱怨，他的战舰已不适合航海，船上的装备一塌糊涂，缺乏最必要的军需品；圣文森特在给他的信中写道："我们既不能给你舰船，也无法给你人员，相信凭借你的智慧源泉，你没有这些东西也会非常出色地完成任务。"[2]"哦，我的上帝[3]呀！"纳尔逊颇具讽刺意味地说道。一个月后，他在信中写道："我无法相信圣文森特勋爵真能靠这样的舰船维持制海权。"[4]他在指名提及他麾下10艘战舰中的7艘时再次说道："这些当然是我们现役舰船中最好的一批，拥有最出色的指挥官和非常优秀的人员配备，我希望它们能安全地待在英国，我有些舰船的人员配备不及它们的一半；如果不是每周有一艘维修船的话，它们就应该返厂维修。"[5]

在面对里昂湾出名的恶劣天气时，这样的弱点对土伦的密切监视造成了严重影响。从地中海的战略条件来看，没有任何位置比这个要地更重要，因为在这里能最早得到敌人出航的消息，对敌人保持密切监视。一端是直布罗陀海峡，另一端是1500英里之外的埃及，敌人出逃时就会产生几种不同的可能性，一旦脱离视野，最为睿智的舰队司令官都可能被一支法国分舰队的动向误导。在这种困难的基础上，拿破仑构建了他的联合作战计划。第一步是将土伦舰队扩充到10艘战列舰，并且在预定的时刻乘西北风航行，按照一条

① 《议会的辩论》1804年，892页。——作者注

② 《纳尔逊急件》第五卷，第283页。——作者注

③ my lord，也可以理解为"我的勋爵大人"，这个词在此处可视为双关语。——译者注

④ 《纳尔逊急件》第五卷，第306页。——作者注

⑤ 《纳尔逊急件》第五卷，第174页。以下参考资料同样提到纳尔逊舰船的状况：第五卷，第179、211、306、307、319、334页；第六卷，第38、84、99、100、103、134、158页。——作者注

任何英军监视哨船发现，都会认为是意图东进的航向航行。为了巩固这一假象，塔兰托的圣西尔将军奉命将炮台扩建到能够庇护10艘战列舰的规模，并且准备50万份口粮；陆军部长接到指示，称那个方向预定在11月20日会进行一次非同寻常的军事行动①。同时，装载2万陆军部队的20艘战列舰在布雷斯特准备好开赴爱尔兰，并且维持随时启航状态。这将诱使康华利逼近布雷斯特，远离通往英吉利海峡的航道。土伦舰队在脱离英军视野后，向直布罗陀海峡航行，在加的斯或者里斯本外海，会有一支从罗什福尔来的分舰队与它们会合，将这支舰队的兵力增加到15到17艘战列舰，然后从韦桑岛和锡利群岛之间穿过，在大约2月中旬来到布洛涅外海；届时，第一执政期望准备万全，会率他的13万大军渡过英吉利海峡。

因为土伦舰队是撬动各路行动的支点，拿破仑选择了他最大胆无畏的海军将领拉图什·特维耶②为舰队司令，选定1804年1月中旬为启航时间。除了舰队司令本人，海军部长和料到个中机密的土伦地方海军行政长官冈托姆外，法国当局的其他所有要人都被拿破仑小心翼翼地蒙在鼓里③。给冈托姆的命令被夸张地列为机密，以欺瞒办事人员，命令宣布马提尼克岛为真正的目标，却特意叮嘱他转告指挥陆军部队的将军，分舰队将会经塔兰托前往摩里亚。与此同时，一些参谋军官被派去通知圣西尔，他的兵力将达3万人，援兵会从土伦港和其他港口赶来；整个北意大利的部队都开始向海岸转移。

纳尔逊被这样一个精心策划的圈套误导实在不足为奇。直到今天，仍有

---

① 《拿破仑书信集》第八卷，第657页。——作者注

② 拉图什·特维耶（Louis-René Madelaine Le Vassor, comte de La Touche-Tréville，1745—1804）：路易-勒内·马德莱纳·勒·瓦索·德·拉图什·特维耶，法国海军军官，出身贵族海军世家，13岁便加入法国海军。美国独立战争期间，他指挥一艘快速帆船和英军周旋。大革命爆发后，贵族出身的他受到冲击，侥幸才逃过恐怖统治的屠刀。1793年元旦，他晋升为海军少将。1799年，在脱离海军一线指挥岗位5年后，他回到布雷斯特，指挥一个分舰队。不久，拿破仑任命他指挥整个布雷斯特舰队。1802年，他被派往圣多明各，指挥一支分舰队配合陆军作战。1803年，英法再度开战后，英国封锁圣多明各。由于他的健康状况恶化，英国海军让他得到返回法国的通行证。1803年底，他被晋升为海军中将，出任土伦舰队司令，准备执行拿破仑的宏大入侵计划。他的身体已经无法负荷如此重任，1804年8月19日，终于灯枯油尽，撒手西归。——译者注

③ 《拿破仑书信集》第九卷，第168页。——作者注

人怀疑拿破仑是否真想入侵英国，当时的海军军人也敏锐地觉察到实施入侵的危险性，不得不怀疑这是在故布疑阵。综合考虑问题的各种因素，埃及和直布罗陀海峡同样都可能成为行动目标，埃及甚至不是土伦东面唯一可能的目标。西西里和撒丁、爱奥尼亚群岛和摩里亚，都令拿破仑垂涎三尺，这两个地区都能加强他对地中海的控制，都可以充当进军埃及和黎凡特的跳板，那里是法国扩张野心的传统目的地。纳尔逊还怀疑法国和俄国之间存在一个瓜分土耳其帝国的密约[①]；这种疑虑有拿破仑之前的行动为凭，将来的《提尔西特条约》将这种疑虑变成了现实。这位英国舰队司令面临的问题因此仅仅是守势作战中不可避免的不确定性，守势是大英帝国在这场战争的大部分时间里必然采取的态势。他不得不去应对各式各样的突发情况；问题不在于他对拿破仑神妙莫测的意图能猜中多少[②]，而在于他能够采取怎样的措施来有效防范任何一种突发事件。

尽管如此，我们不妨顺带提一下圣文森特战略的伟大功勋，那就是它能将某一舰队司令官的误算造成的严重后果降低到最小。法军的方案要想获得成功，需要做到的不是一处成功，而是所有环节的努力都要成功。英国战略的作用不在于对某一港口的严密封锁，在于能有效阻止所有法国港口去完成一项大规模联合行动。对拿破仑来说，至关重要的不是他分散的各分舰队能在不同的时间，分头突围到海上，而是他们需要在指定时期突围，通过指定航线，保证能在一个特定地点迅速集结。英军用以对抗其图谋的是古老可靠的控制内线阵地和路线的战法。拿破仑认识到英军这种战法的优势，试图诱使他们分头行动——一侧向黎凡特，另一侧向爱尔兰。两个方向都偏离布洛涅。

现在回到纳尔逊。在他指挥地中海舰队的头六个月间，他相信土伦舰

① 《纳尔逊急件》第五卷，第115、136页。——作者注

② 用他本人的话来说："这最多是一种猜测，整个世界会将猜中的人奉为哲人。"见《纳尔逊急件》第六卷，第193页。——作者注

队的目标在地中海以外[①]；实际上，就算考虑到拿破仑诡计迭出和他的大多数朋友的意见，直到维尔纳夫最终脱逃以前，纳尔逊始终坚持这种看法。但是他不能根据自己的直觉去对抗那些报告给他的事实。1803年12月12日，他写道："谁能说清土伦舰队会去哪里呢？我的观点很明确，在地中海以外。"[②]1804年1月16日，他又写道："很难说清土伦舰队的目的地会是哪里，到底是埃及还是爱尔兰。我更倾向于后者。"[③]一周后，1月23日，拿破仑烟雾的效果开始显现："刚刚收到的消息使我相信，法国舰队出海的话，会向东前往那不勒斯和西西里。"[④]2月10日："法国人在马赛和尼斯有3万人准备登船，使我相信费罗尔的船只也将驶向地中海。埃及是拿破仑的目的地。"[⑤]

他对任何情况的对策都一样清晰——绝不能失去土伦舰队的踪迹。他说："我的眼睛一直盯着土伦。"[⑥]"我不会让土伦舰队逃出我的视野。"[⑦]他给他负责监视的快速帆船写道："头等大事是，敌军在土伦的分舰队应当受到最严密的监视，务必向我及时报告他们启航和航线的所有调度情况。"[⑧]这里要说起的是，圣文森特造成的海军问题愈加突出；必须指出，后续战役中的失误应归咎于他的失策，而不是纳尔逊。"我这破烂儿舰队！"纳尔逊写道，"如果我要监视法国舰队就必须待在海上，在海上必然面临恶劣天气，如果舰船无法应付这样的恶劣天气，那就毫无用处。"[⑨]"除了待在海上之外，我不知道还有其他方式可以监视敌舰队。"

---

① 《纳尔逊急件》第五卷，第179、185、247、309、374页。——作者注
② 《纳尔逊急件》第五卷，第309页。——作者注
③ 《纳尔逊急件》第五卷，第374页。——作者注
④ 《纳尔逊急件》第五卷，第388页。——作者注
⑤ 《纳尔逊急件》第五卷，第405、411页。——作者注
⑥ 《纳尔逊急件》第五卷，第498页。——作者注
⑦ 《纳尔逊急件》第五卷，第411页。——作者注
⑧ 《纳尔逊急件》第五卷，第300页。——作者注
⑨ 《纳尔逊急件》第五卷，第306页。——作者注

他告诉圣文森特本人，“因此良好的船只是必要的。”“天气恶劣”到冬天6周里都没有4个好天，甚至在夏天每周都有一场强风[①]，这样的条件下，不可能让他的那些破船像康华利对布雷斯特那样，对土伦进行近距离封锁。“我订下规则不要和西北风抗争。”他说，“无论张帆还是卷帆，各舰长都得始终小心，避免损伤。”不得不公平地说，他和康华利的功勋不相上下，因为他指挥着这样一支舰队，一支没得到任何补给的舰队，在海上整整坚持了10个月，“除了在海上能够处理的问题外，没有一条船能得到任何整修。”[②]

尽管最理想的状态是让战列舰直接靠近土伦，在这一片狭窄的海面，找到一个中央阵地，用大量快速帆船保持对敌舰队的接触也是可行的，但这也会削弱英国海军的监视效率。在撒丁岛北端的马达莱纳群岛之间，发现了一块理想的中央泊地，有利隐蔽，东西两面都有出口，无论任何风向都能立即出航离开泊地。舰队可以在这里安全停泊，在敌人向任何航线航行的打击距离之内准备好随时出击，而且保证送信的快速帆船能够找到。因此，那里是拦截法军的最有利方位[③]，1804年1月，纳尔逊在那里得到敌军准备启航的消息，率部出击，他写道：“我为在这关键时刻在那里只能使用快速帆船和更小的船只非常痛苦。为了监视法国舰队，让他们无法逃出我掌握，我需要增加10艘战舰。”[④]这只是令人揪心的2年中无法摆脱的忧虑的一个缩影[⑤]，就如同欧洲各国海军近期的年度调动产生的影响一样。在这样的情况下，一切都要仰仗主力舰队所处的位置和能够派出侦察的船只数量。这些侦察船只最好能成队行动；这样其中一艘可以来送信，它的僚舰同时继续保持和敌军的接触，直到遇见另一艘在其他不同行动半径之内分散监视的侦察船只为止。

---

① 《纳尔逊急件》，第253、254页。——作者注
② 《纳尔逊急件》，第438页。——作者注
③ 《纳尔逊急件》第五卷，第388页。——作者注
④ 《纳尔逊急件》第五卷，第395页。——作者注
⑤ 《纳尔逊急件》第五卷，第145、162、413页；第六卷，第84、328、329页。——作者注

前文已经较为详细地介绍了纳尔逊在地中海的形势，他的焦虑心情以及他部下舰船的情况，因为在地中海对决的两国舰队事关重大战略利益，关系到入侵英国的意图和在特拉法加见分晓的那场战役。1804年5月，圣文森特勋爵随着阿丁顿内阁的倒台一起离任，他的继任者将他的管理体制全数舍弃，实施了有力的领导，纳尔逊舰队的状况得到了一定改善；这种改变要弥补整个舰队的问题已为时太晚。

同时，各种事件接踵而来，使拿破仑计划的执行一再推迟，也延长了英国舰队司令的监视时间。布洛涅大船队自身的进展未如预期；准备大船队消耗了法国军工业的大批人力物力，对推迟行动产生的影响比掩护渡海的舰队舰船装备不足更大。12月，土伦港仅有7艘战列舰准备就绪[①]。1804年春，第一执政的注意力忙于对付保王党分子的阴谋，为此逮捕皮什格鲁和莫罗，在德意志领土抓获当甘公爵[②]，于3月在万塞讷将他处决。处决当甘公爵使俄国和普鲁士的态度发生变化，由此引发的外交事务，令他进一步分心；对英国的入侵计划就此连番拖延，被推迟到1804年夏。5月18日，拿破仑称帝。25日，他写信给拉图什[③]，称海洋事务已万事俱备，入侵计划仅仅是推迟，并未取消，询问他7月能否准备出航。7月2日，他再次写信[④]，期待拉图什8月1日能从土伦启航，指示他在加的斯收编1艘在那里避难的法军战列舰，随后去罗什福尔，按照最初的计划，渡过英吉利海峡，最终到达布洛涅；如果有

---

① 《拿破仑书信集》第九卷，第226页。——作者注

② 当甘公爵（Louis Antoine de Bourbon,Duc d'Enghien，1772—1804）：路易·安托瓦内·德·波旁，当甘公爵是波旁王家旁系孔代亲王家主长子的头衔。最著名的当甘公爵暨孔代亲王是波旁家族第四代孔代亲王路易二世。他是十七世纪名震欧洲大陆的军事家，法国贵族的著名领袖之一，人称“大孔代”。路易·安托瓦内在大革命爆发和第一共和国时期，曾经参加其祖父创建的“孔代军团”，为反法同盟效力。1801年《吕内维尔和约》签订后，该军团已解散，他与新婚妻子在莱茵河附近巴登的埃滕海姆定居，后来并未介入政治活动。直到1804年，风传皮什格鲁密谋和这位年轻的公爵反对执政府的统治，拿破仑为震慑反动势力，在并无切实证据的情况下，逮捕并处死这位年轻的当甘公爵，致使其祖父孔代亲王和父亲波旁公爵白发人送黑发人。处死当甘公爵的直接后果是使孔代家族这一名门最终绝嗣，拿破仑与波旁王室结下深仇，再无和解可能。——译者注

③ 《拿破仑书信集》第九卷，第475页。——作者注

④ 《拿破仑书信集》第九卷，第513页。——作者注

必要的话，可以取道英伦群岛以北航线。在经过港口到港口的所有航道时，拉图什都要远离海岸，避免被发现。他补充道："让我们主宰海峡6个小时的话，我们就能成为世界的主人。"到了8月2日，拿破仑又将入侵推迟了几周，因为大船队的几个分队还没能来会合；到了当月20日，拉图什·特维耶逝世。

特维耶的死是个非常严重的损失，因为尚存的法国海军将领当中能够当此重任的，除布吕克斯之外似乎再无他人。布吕克斯已被明确指定负责大运输船队，无人能够替代；他的身体状况也已非常糟糕，也在次年3月病逝。在另两个可能胜任高级指挥官的人选罗西里[1]和维尔纳夫之间，拿破仑经过短暂犹豫和更多怀疑，选择了后者。"自从我成为政府首脑以来，所有海上远征，"他说，"一直以失败结束，因为海军将领都首鼠两端，以为——我不知这是从哪儿学来的——战争可以不冒风险。"[2]从这个单纯明确的角度来看，任用维尔纳夫实在是最大的不幸。他成熟、勇敢、干练，但他清楚地知道法国海军的缺陷，这绝对会削弱他的冒险精神。尽管他能够最大限度地牺牲自我，问题是希望如此渺茫，他无力尽心指挥，去博取可能随之而来的伟业。

由于怀疑维尔纳夫的决心，拿破仑改变了联合作战计划的细节，土伦舰队被降为牵制性分队，不再在战略行动的中枢掩护大船队的主力。拉图什·特维耶在世期间，布雷斯特舰队处于被动守势，被康华利紧紧在法国海

---

① 罗西里（François Étienne de Rosily-Mesros，1748—1832）：弗朗索瓦·艾迪尼·德·罗西里-梅斯罗斯，法国海军军官，早年在北美海域服役，参加过美国独立战争。1795年，他晋升海军少将，随后出任罗什福尔分舰队司令，次年9月晋升海军中将，在法国和意大利之间的海域组织过一系列运输行动，得到拿破仑的青睐。远征埃及期间，拿破仑属意由他指挥远征海军舰队，被他以不愿离开家人为由拒绝。在选择拉图什·特维耶的继任者时，拿破仑因其在大革命时期没有执行过大型军事任务，将土伦舰队交给维尔纳夫。1805年，土伦舰队最终在特拉法加覆灭，刚被宣布取代维尔纳夫的罗西里到达加的斯时只能收拾残局。1808年6月，半岛战争爆发后，加的斯残留的法军舰船最终还是被扣押，仅他和参谋长两人被允许回到法国。1809年，罗西里受封帝国伯爵，此后无论在帝国时代还是后来的波旁王朝复辟时代，再没有执行过海上任务。——译者注

② 《拿破仑书信集》第九卷，第475页。——作者注

岸缠住。如今它成了主力。舰队司令冈托姆曾在1801年因未能解救埃及受到指责；因为他与拿破仑的私交密切，拿破仑对他有所偏爱，认为他会成为一名能干的军官。因此，在新计划中，爱尔兰远征将不再虚有其表，而是具有决定意义，奥热罗元帅率领的1.8万陆军部队被分配给布雷斯特舰队。装载着这支军队，冈托姆会率一支20艘战列舰的舰队出击，向大西洋远航，以迷惑追兵，然后佯装在纽芬兰绕行，实则直取爱尔兰北部。在36小时以内，必须让士兵们全部登陆，舰队随后根据风向，或是通过英吉利海峡，或是通过苏格兰北部驶向多佛海峡。在接近目的地时，可以再次根据风向做出两种选择，或是护卫布洛涅的大军，立即越过海峡，驶向英国，或是为聚集在荷兰的马尔蒙将军的2.5万人的一个军护航，驶向爱尔兰。“如果仅仅有1.8万人在爱尔兰，”拿破仑写道，“我们将会冒很大风险；若是我们将这支部队扩充到4万，或者我亲自率军去英国，爱尔兰同时有1.8万军队，我们就能赢得这场战争。”①

土伦和罗什福尔的两支分舰队将以强有力的牵制行动配合以上这些行动。土伦的12艘战列舰和罗什福尔的5艘战列舰会分头驶向西印度群岛。到达大西洋后，土伦分舰队的2艘战舰会直取圣赫勒纳岛，占领该岛，在周围海域巡航3个月，破坏英国贸易。土伦分舰队余部装载4000陆军士兵，如果可行的话，将会收复荷属圭亚那和增援圣多明各②。原先由维尔纳夫指挥的罗什福尔分舰队，现在由米西塞③指挥，任务是夺取圣卢西亚群岛和多米尼加，增援马提尼克和瓜德罗普，随后与维尔纳夫会师。会师后，所有舰船返

① 《拿破仑书信集》第九卷，1804年9月29日的信，第700页。——作者注

② 该岛的原西属部分如今仍在法国手中。——作者注

③ 米西塞（Édouard-Thomas de Burgues, comte de Missiessy，1756—1837）：爱德华-托马斯·德·博盖斯·德·米西塞伯爵，法国海军军官，10岁即加入法国海军，美国独立战争期间，在德埃斯坦麾下效力。法国大革命战争爆发时，他是一艘在地中海服役的快速帆船船长，1792年1月晋升海军上校，次年1月晋升海军少将，1802年参加过对圣多明各的远征。归国后，米西塞于1804年接替维尔纳夫出任罗什福尔分舰队司令官。特拉法加海战后，随着法国海军的彻底衰落，他没有更多表现机会。——译者注

回欧洲，在费罗尔外海出现，为当地被封锁的5艘法舰解围，最后在罗什福尔锚泊。“亚洲、非洲和美洲同时遭到攻击。”拿破仑写道，“通过这些对贸易的连串打击，已长期不惯经受战争之苦的英国人会切实感受到自己的脆弱。我认为，这20艘战列舰的行动会迫使他们派遣30艘以上的战列舰来追击。”①维尔纳夫将于10月12日启航，米西塞会在11月1日前出动。爱尔兰远征还要等待其他部队出发，希望能在11月23日前完成。

这第二个联合作战计划范围更庞大，也更复杂，因此远比第一个困难。从第一个为拉图什·特维耶制定的相对简单的方案，到最终在特拉法加终结，使维尔纳夫成为牺牲品的宏伟构想，有趣地反映了拿破仑皇帝思想的转变。世事往往难以尽如人意，事态的发展再度违背了拿破仑的意图，使土伦舰队成为这出宏大戏剧的主角。1804年12月，英国和西班牙之间的战争正式爆发。

自从1796年起，西班牙就和法国订立了攻守同盟。根据当时签署的《圣伊尔德丰索（Ildefonso）条约》，只要法国政府提出要求，西班牙就要提供15艘战列舰增援法国海军，同时派出指定数量的陆军部队。荷兰也被卷入类似的“永久”对抗英国的条约。因此，当战争爆发时，拿破仑在两翼都拥有一个有正式义务援助他的海洋国家，无论它们本身的意愿如何。荷兰这个近在咫尺的地势平坦的小国，很容易被他的陆军主宰。荷兰国力富庶，拥有一个高效的政府和精力充沛的人民，它的地理位置非常有助于对抗英国的计划。因此，他需要巴达维亚共和国加入这场战争。西班牙正相反，领土崎岖广大，一支武装部队要想控制它面临着困难，就像拿破仑后来付出代价所了解的那样。西班牙远离他的实力中枢和预定行动中心；既不能指望它那组织涣散的政府，也不能指望从那些懒惰和嫉妒外国人的人民那里得到有力的军事支援。西班牙唯一能提供的支持就是过去强盛时期从各殖民地掠取的白银。

---

① 《拿破仑书信集》1804年9月27日和29日的信。——作者注

拿破仑因此决定允许西班牙采取中立，并且在获得等价金钱的条件下，放弃条约规定的实物援助。他规定金额为每月600万法郎，或者约每年1400万美元。西班牙对数额提出了强烈抗议，第一执政态度强硬。他还要求西班牙停止征兵，自从1801年9月以来被送往与法国毗邻省份的所有地面部队都应撤离，西班牙海军应当改组。然后，他要求西班牙将1803年7月从海地返航时，为躲避英国海军进入费罗尔避难的5艘法国战列舰修复，做好出海准备。拿破仑说："西班牙有3种选择：（1）可以对英国宣战；（2）可以支付规定资助金额；（3）让法国对它宣战。"①

开战时，英国驻马德里公使奉命询问西班牙是否准备提供条约承诺给法国的舰船。如果答案是肯定的，他不会发表任何意见，如果还会提供任何超过条约承诺的援助，将被视为一种宣战行为。后来，西班牙与法国签署提供财政支援公约②的事情为人所知后，英国内阁认为当英国选择开战时，这足以成为宣战的正当理由；尽管它认为时机尚不成熟。1803年11月24日，英国大使在照会中写道："贵国必须解释清楚，英国国王陛下只有在认为这一措施是权宜之计的情况下，才会避免立即为此宣战……在将来任何时期，当条件变得成熟时，国王陛下都必须能有权认为坚持对法国进行援助的做法，是开战的正当理由。"③英国大使在通信中写道："我在此明确宣布，支付这样的款项是一种战争援助，一种最有效的支援，敌人可根据处境和需求最合适地支配这些款项，是对大英国王陛下臣民利益最严重的损害，也是对陛下主权最大的威胁；总之，再没有比这更严重的侵害行为。"④英国反复质询，西班牙政府无论对财政援助的数额，将会持续的时间，或者协定的其

---

① 拿破仑对西班牙的态度，可见他1803年8月14日和16日给塔列朗的两封信。见《拿破仑书信集》第八卷，第580—585页。——作者注

② 公约于1803年10月19日签署。见D. 何塞·德·考托《特拉法加海战》第79页。——作者注

③ 《议会辩论》1805年，第三卷，第70页。——作者注

④ 《议会辩论》1805年，第三卷，第72页。——作者注

他条款，都没有做出任何相关的官方声明[①]。法国大使也在竭力阻止这种沟通[②]。

英国因之提前发出的警告称[③]，推迟战争行动必不可少的条件是西班牙港口内停止所有进一步武装行动。英国以最正式的形式一再重申了这一要求，几个星期后，1804年2月18日，发出了最后通牒。“我奉命向贵国声明，英国方面的忍耐完全取决于贵方停止所有海军军备，我被明确告知，如果这一条件被拒绝的话，将不得不离开这里。”[④]据说，一旦真的开战，西班牙显然会在拿破仑的影响下，站在法国一边，它各个港口内的大量武装，都需要有效进行监视的话，将大大增加英国的负担，实际上也确实如此[⑤]。英国抱怨的另一件事是，法律允许西班牙港口没收和销售法国私掠船截获的战利品[⑥]。英国无疑同样也允许这样做；但是对法国港口的严密封锁，使法国能从这种方法当中得到大量利益，对它的敌人来说为了在西班牙沿海搜寻私掠船，又被强加了一种额外负担，为了收回运往西班牙港内的战利品，等于又在打另一场仗。一旦这些战利品被没收，就会被西班牙沿海贸易船运往法国。除了识别这些战利品的困难之外，这种中立国运输船的小体积使英国的搜捕得不偿失，因为没收的代价已经大大超过战利品本身的价值[⑦]。西班牙政府称在他们的港口没收和出售战利品是一种纯粹的经法律许可的贸易，与所有战争行为无关[⑧]。能够回忆起亚拉巴马州及其周边巡航行动的美国人都会想到，无论在技术上有多么正确的托词，只要中立国给予敌国巡航舰船

① 《议会辩论》1805年，第三卷，第372页。——作者注

② 《议会辩论》1805年，第三卷，第81页。——作者注

③ 1804年1月24日，《议会辩论》1805年，第三卷，第85页。——作者注

④ 《议会辩论》1805年，第三卷，第89页。——作者注

⑤ 《议会辩论》1805年，第三卷，第89页。——作者注

⑥ 《议会辩论》1805年，第三卷，第85、89页。——作者注

⑦ 对法国私掠船通过使用西班牙港口获益的一些详情特别有兴趣的话，可见《海军年鉴》第八卷，第76页。1804年3月，西班牙禁止在它的各港口出售战利品。——作者注

⑧ 《议会辩论》1805年，第三卷，第86页。——作者注

利益，根据政策需要，就能构成开战的合理理由。

1804年的大部分时间里，英西两国的关系持续处于紧张危急的状态之中。拿破仑坚持要求西班牙造船厂应当维修法国在费罗尔和加的斯港的舰船，这是1803年10月19日，两国背着英国签订的协定之中确实存在的一项条款。这份协定不但允许法国水兵经陆路从西班牙的一座港口前往另一座港口，还允许他们在法西之间来往，以补足舰员人数。拿破仑同意法国水兵每次调动的规模应为30到40人的一小队，警觉的英国官方却不会被就此骗过。这一时期法西两国之间的关系，可以从拿破仑致信西班牙国王，宣布称帝一事当中窥见一斑。他在信中称西班牙国王为“盟友与伙伴”。1804年6月，皇帝的一位副官参观了费罗尔和马德里，奉命清查船只状况，要求完成维修①。此事自然引起了英国公使的注意，他没能得到任何解释②。事实上，西班牙已无法再继续置身事外。7月3日，拿破仑命令他的海军大臣给停留在费罗尔港的法国舰船派去所需的人员；当月19日③，正在封锁费罗尔港的英国舰队司令科克伦④向加利西亚总督抗议，称此举是对英国的挑衅。9月3日和11日，科克伦两度写信给他的政府，告知费罗尔的西班牙舰船已做好出海准备，3艘第一等的舰船预计会从加的斯赶来，毫无疑问，港内的其他法国、西班牙和荷兰舰船会一起行动，他由此发现有必要集中自己的兵力⑤。英国内阁收到消息后，立即通知西班牙政府，他们已下令让英国驻费罗尔外海舰

---

① 《拿破仑书信集》第九卷，第482页。——作者注

② 《议会辩论》1805年，第三卷，第93页。——作者注

③ 《议会辩论》1805年，第三卷，第122页。——作者注

④ 科克伦（Sir Alexander Inglis Cochrane，1758—1832）：亚历山大·因格里斯·科克伦爵士，英国海军军官，苏格兰贵族托马斯·科克伦伯爵的次子，少年时即参加英国海军，参加过北美独立战争。1801年，他参加过英国对埃及的远征行动。1803年，英法再度开战后，已经晋升为海军少将的他指挥费罗尔港封锁分舰队，1805年，出任向风群岛海军基地司令。1806年，他参加圣多明各海战，同年获得爵士头衔。此后数年，科克伦率加勒比海海军支援陆军部队夺取法属殖民地。晋升为海军中将后，他参加英美“1812年战争”，1814年出任英国北美海军基地司令，参加过多次军事行动，他在新奥尔良战役期间的表现饱受批评。1819年，晋升海军上将。1821至1824年间出任普利茅斯港总司令。1832年1月逝世。——译者注

⑤ 《议会辩论》1805年，第三卷第95、122页。——作者注

队司令阻止任何西班牙战舰进出港口。驻马德里大使奉命要求西班牙停止在港口进行武装，使之回到战前水平。他同时要求西班牙对法西两国之间的现存关系做出明确解释，如果不能得到满意答复，他将会奉命离开马德里。

与此同时，英国内阁采取了令人质疑的做法。康华利、科克伦、纳尔逊和加的斯外海的海军军官接到命令将所有西班牙运宝船都扣押起来，送回英国；目的是以这些宝船为抵押，直到西班牙做出令人满意的安排为止。结果，10月5日，4艘英国快速帆船在加的斯附近拦截了4艘同级武备较弱的西班牙船只。双方的实力差距没有大到让西班牙分舰队司令官屈服的地步。在随后的交战中，一艘西班牙快速帆船爆炸，另外3艘投降，被带回英国。奇怪的是，这次冲突的消息在英国代表11月10日离开马德里时，都没有传到这座城市。当英国代表最终与西班牙政府谈判时，双方都对这一决定性的事件一无所知；由于他没能就法西两国关系协定的问题得到任何解释，坚决要回了护照。1804年12月12日，西班牙对英宣战。

英国政府对这场战争拥有几乎无可否认的正当理由。它第一次得知拿破仑声称，所有海洋国家不仅出于其利益，而且有义务加入他推翻英国统治的计划①。根据这一原则，拿破仑给胁迫这些国家参战的政策赋予了正当性，过了一段时间后，又极端地打出了“不会有任何中立”的口号。西班牙提供的财政补贴，按照英国的费用率来计算，每年足够为法国装备15艘战列舰和20万陆军部队②；拿破仑又进一步扩展他主张的原则，突然要求西班牙海军参战，英国对此仅有的预防措施是坚持要求西班牙保持非武装状态。曾经许诺保持非武装状态的西班牙政府突然未做任何解释，就开始装备费罗尔港的船只——同时法国水兵通过西班牙境内到达费罗尔，引起了英国的高度紧张，下令禁止西班牙舰船进出港口也是当然。

---

① 梯也尔：《执政府与第一帝国。》第十七卷，第383、384页。——作者注

② 1805年2月11日，小皮特的演讲。——作者注

俘获宝船的行为却无法轻易解释，悲剧性的爆炸也引发了一片谴责声浪。英国用以前的经验给出了最好的辩解，对贸易不振的贫穷西班牙来说，取自殖民地的财宝是谈判的一个决定性因素。当这些财宝在海上时，西班牙推诿敷衍；当财宝到达时，它就会强硬起来。俘获财宝的目的是为了以它们为抵押，一旦议和达成就会归还；就像1801年的瑞典商船一样，武装中立同盟一解散就会获释。一位西班牙海军史学家，曾在谴责英国的其他行为时说："英国人从我们的宫廷无法得到满意答复，美洲来的那支分舰队船上装载着能用来让法军进行战备的硬币，他们就将船扣押起来，这对英国来说是一个可行又不严重违法的、拥有乐观前景的手段。"他还说，"如果对所有情况进行公平的权衡……我们应当看到，所有对英国扣船行为的指控都可以简单归结为想正确预见英国会派出多大的兵力来实施这一行动。"[①]这一行动由于缺乏紧迫的政治必要性被推迟和缓和下来。肯定不会反对采取强硬措施的纳尔逊，在一开始以为命令只是康华利的意见，就指示他的舰长们不予理会；用他的话来说："我的看法很清楚，西班牙人无意加入与英国之间的战争。"[②]

---

① D. 何塞·德·考托：《特拉法加海战》，马德里1851版，第84、89页。——作者注

② 《纳尔逊急件》第六卷，第240页。这封信并没有寄出，因为纳尔逊很快就接到了海军部的命令。——作者注

第十六章

特拉法加战役——1805年1月至10月始末

拿破仑计划的再度修正，双方海军的行动，拿破仑海军联合行动的最终失败，法奥战争和奥斯特里茨战役，特拉法加海战，海上战役的结局这一重要变化迫使拿破仑对政策作出的重大调整

西班牙宣战后，1805年1月5日，与法国在巴黎签订了新的同盟条约，当月18日，该条约在马德里得到确认。根据条约，西班牙将在3月21日，为双方的共同事业，提供至少25艘战列舰和11艘快速帆船，整个同盟的所有军事指挥都会交给拿破仑。

由于英国之前的种种要求，西班牙的武备状况无法立即承担条约中承诺的义务，这使皇帝仍只能执行1804年9月27日和29日制定的原计划。这些计划被证明无法实行后，他显示出足以与马伦哥战役和奥斯特里茨战役媲美的胆略和见识，策划了最终在特拉法加见分晓的宏大联合作战方案。

这是拿破仑这位现代最杰出的军事统帅制定的唯一一份大型海战计划，在随后10个月间发生的一连串事件，也以其独一无二的魅力令人神往。他的对手们尽管处于更为艰难的守势作战，仍表现出卓越的洞察力，团结一致、行动迅捷、决策果断，使他们即便与拿破仑这位伟大的皇帝对决仍毫不逊色。相形之下，拿破仑并不完全了解海上的情况，反而处于劣势。他记忆中尽是麦克唐纳根据他的命令，在隆冬穿过斯普吕根（Splugen）山口，还有自己穿过圣伯纳德山口克服面临的种种非凡困境的画面。他习惯于以他的深思熟虑和纯粹的意志将障碍踩在脚下，他不信那些操作庞大战争机器的水兵，会仅仅由于技艺不精，面对技艺精熟的敌人就会克服不了海上的种种困境。在此我引用一位知名法国作者所说的话："这位奥斯特里茨的胜利者欠缺一种素质，即对海军所面临的困境的正确认识。"①

如果有蒸汽动力的话，双方的技能差距可能会被缩小到一定程度，足以凭借拿破仑的统帅能力和占据主动权的优势扭转乾坤。帆船的情况并非如此；在后来特拉法加发生的故事当中，我们要谨记一点，英国的海军优势并不在于它的舰船数量，而在于海军将领和水兵的智慧、活力和韧性。即使在时机最好的时候，它的数量也仅仅与对阵的敌舰队相等。真正的对决，是拿破仑的海军大联合行动与英国海军军官洞察力之间的较量。拿破仑不知疲倦地试图将英国海军的兵力调离他行动的中心，英国海军军官尽力避免这一点，或者在中计之后进行补救。

12月，维尔纳夫和米西塞两位司令官得到详细指示，执行9月29日制定的计划②。米西塞在离开罗什福尔后，驶向亚速尔群岛和加那利群岛，避开西班牙比斯开沿海的几个英军分舰队，然后直取马提尼克岛，夺取英属圣卢西亚岛和多米尼加岛，在维尔纳夫到达后，他的分舰队归后者指挥。米西塞遵照命令，于1805年1月11日逃出罗什福尔。第二天他被属于英国封锁分舰队的一艘哨船发现；这艘哨船不知何故，没有坚守岗位，米西塞得以在2月20日安全抵达马提尼克。当月24日，科克伦海军少将指挥的6艘英国战列舰从费罗尔港启航前去追击；从布雷斯特赶来的一支同等兵力的分舰队会接管他们的岗位。

维尔纳夫接到的命令是从土伦出发，直取卡宴，收复圭亚那的原荷兰

① 瑞里安·德·拉格拉维耶：《两个世界的评价》，1887年10月版，第661页。——作者注
② 《拿破仑书信集》第十卷，第79—97页。——作者注

殖民地，然后与米西塞会合，驰援圣多明各，最迟于到达南美洲以后60天开始返回欧洲。维尔纳夫会率会师后的两个分舰队出现在费罗尔外海，解救被封锁在那里的法军舰船，然后带领合计达20艘战列舰的整个舰队前往罗什福尔。“你此行的目的，”拿破仑在给维尔纳夫的信中写道，“将是保证我们的殖民地能对抗任何进攻，收复南美大陆的4个荷属殖民地，占领在你指挥的舰队视野内出现的任何其他英属岛屿。”为了进行岸上的作战行动，6000陆军士兵登上了他分舰队的舰船。他和米西塞都被严令禁止让他们的舰员为了地面作战任务登陆；这位伟大皇帝的这项决策值得今天的人们铭记。

维尔纳夫1月初为启航准备就绪，他首先需要做的是摆脱纳尔逊的严密监视。维尔纳夫得知这位英国舰队司令的舰队在马达莱纳群岛和西班牙海岸的圣塞巴斯蒂安角之间的水域行动，土伦港前的哨船随时都能找到他的所在。因此维尔纳夫认为必须有一股足以让他乘风在第一个晚上就能驶出100海里远的强风，才能出发。东北风和东南风一直持续了两周，风向很有利但风力太弱。1月17日，风向转为西北风，隐隐有大风将至的先兆。第二天上午，维尔纳夫派出一个分舰队去驱赶敌人的哨船。在哨船被驱散后，土伦分舰队的10艘战列舰和7艘快速帆船扬帆起航。此时，纳尔逊的11艘战列舰正在马达莱纳湾锚泊。

按照拿破仑骗过这位英国舰队司令官的计划，法国分舰队驶向撒丁岛南端，作势东行。白天被驱散的敌军快速帆船并未走远，保持在能避免被捕获的距离，这个晚上重新盯上了法国分舰队。10点，它们靠近了法舰，次日凌晨2点，确定捕捉到法舰航向后才离开，火速去寻找纳尔逊——此时西北狂风劲吹。12小时后，纳尔逊的旗舰发现了哨船，它们升起的信号旗表明敌人已经出海，2个多小时后，英国舰队便出发启程。由于不可能顶着风暴通过泊地的西出口，纳尔逊部遂以单列纵队在夜幕降临时通过了狭窄的东出口。纳尔逊的旗舰当先，其余战舰由前方舰船舰艉挂着的灯火引导航行。出港以后，舰队一路向南，在这个风险浪急的夜晚，沿撒丁岛东海岸航行。快速帆船“海马”号（Seahorse）奉命绕过岛南端，再度捕捉敌踪。

当晚，风向变为西南偏南，21日一整天呼啸不停。22日午前，仍在对抗一阵西南强风的英国舰队，到达撒丁岛南端以东50海里。“海马”号在这片海域与主力会合，它在一天前发现一艘法国快速帆船驶向卡利亚里（Cagliari），没有看见法军主力。纳尔逊直到26日才抵达卡利亚里，当他发现法国舰队不在那里时，不由松了口气。此时，英军对法国舰队的动向仍一无所知，不过当天快速帆船“菲比”号（Phæbe）从西面赶来会合，报信说有一艘法国80门舰炮的战舰由于桅杆受损，已经进入阿雅克肖港。英国舰队随即出发，驶向巴勒莫，于28日到达。现在英军已经堵住从西面通往撒丁、西西里和那不勒斯的航道，纳尔逊推断必定发生了下列两种情况之一：法国舰队尽管遇到猛烈的南风，仍成功向东推进到西西里和非洲之间的海域，或者他们因受损严重返航。如果是后一种情况，他现在已经追不上他们；如果是前一种情况，他必须追击①。有鉴于此，他在派出哨船搜索各海域，派3艘快速帆船恢复监视土伦外海后，亲率舰队沿西西里以北海域航行，于1月30日穿过墨西拿海峡，驶向埃及。

实际上维尔纳夫已返回土伦。启航的第一夜，1艘84门舰炮的战列舰和3艘快速帆船就失散了，前者如纳尔逊所知，桅杆受损，驶往阿雅克肖。第二天白天和夜间，风向转为西南风，另有3艘战列舰受损。风暴迫使舰队只得向东行驶，司令官在得知2艘敌快速帆船已经盯上他的航线，唯恐以劣势兵力与英国舰队遭遇，于是决定撤回土伦港。

拿破仑入侵英国的海军联合作战的首次行动就此草草收场。仅有罗什福尔分舰队成功逃脱，成为一支孤军，无法得到支援，也不能召回港口。土伦舰队原本在港内等候能成功离港的强风，以获取能完成会师的仅有机会，结果由于水兵缺乏经验，遇到难得的良机也未能使会师企图达成。事实上，

---

① 《纳尔逊急件》，第六卷，第333页。——作者注

几乎可以肯定，法国舰队如果继续冒险航行，会被西南风暴吹到撒丁岛和西西里之间的海域。那里正是纳尔逊赶去搜寻法国分舰队的海域，他早就派他的哨船搜了个遍[1]。无论是维尔纳夫还是纳尔逊，都不会怀疑这样的遭遇战会是什么结果[2]。这次联合大作战的其他部队中，布雷斯特舰队和2万人的陆军已经整装待发，只等另两支分舰队成功逃脱英国海军封锁，便开始行动。“我测算过，”拿破仑曾说道，“罗什福尔和土伦的20艘战列舰启航，将迫使敌人派出30艘战舰追截。”[3]倘若英军果真如此分兵，布雷斯特陆海军的胜算必定大增。拿破仑曾一度提到让费罗尔的法国和西班牙舰船加强这支有力部队，将他们派往印度[4]。这不过是个一闪而过的念头，他敏锐的军事直觉将之斥为一个不着边际的行动，只会削弱他攻打英国实力核心的兵力和决心。3个月后，当他开始担心攻打英国本土的意图会失败时，又开始回想起这个一开始他因考虑到会分散兵力搁在一边的东印度计划。“一旦由于任何可能的事件，使我们的对英远征未能完全成功，所有目标中最重要的目标无法实现，即会导致其他所有目标都功亏一篑的情况出现时[5]，那我认为我们必须考虑9月份在印度采取行动。”[6]事实上，拿破仑心中的印度就如同纳尔逊念念不忘的埃及，是一个干扰了他的所有想法，会不断误导他的项目。正如1805年1月一位美国公民敏锐地向英国政府所说的那样：“法国人普遍相信英国财富的源泉在印度和中国。在我看来，他们从未明白，英国财富取之

① 写下这段文字后，作者也注意到纳尔逊本人持相同看法：“如果敌舰队没有受损，就没什么事情能阻止我们1月21日在撒丁岛南端外海与它们遭遇。”见《纳尔逊急件》第六卷，第354页。）——作者注

② 维尔纳夫的看法见舍瓦利耶《第一帝国时代的法国海洋史》，第134页；纳尔逊的看法见《急件》第六卷，第334、339页。——作者注

③ 《拿破仑书信集》第九卷，第701页。——作者注

④ 《拿破仑书信集》第九卷，1805年1月16日，第701页。——作者注

⑤ 可以此与纳尔逊对攻打俄国舰队的想法进行比较，见前文第十三章相关内容。——作者注

⑥ 《拿破仑书信集》第十卷，1805年4月29日，第443页。——作者注

不尽的源泉在它的农业、制造业和来自海外的需求。”[①]拿破仑的印象也完全没有分别，这极大地影响了他在即将来临的战役中的判断。

维尔纳夫返航后，还需要耽搁时间维修他的舰船，同时估计西班牙会派出舰队增援，一切彻底改变了拿破仑计划的细节。虽然这个计划实质上自始至终都保持不变，大量舰船马上就会归拿破仑指挥，使他对集结大量兵力和进行大规模联合作战的偏好不由活跃起来。况且，现在维尔纳夫也无法在疾疫流行的季节到来之前抵达西印度群岛。

预期对美洲的征服是最初计划中的重要组成部分，为此也被搁置，同样被搁置的还有冈托姆舰队的爱尔兰远征。在西印度群岛或其外海的某些地点集结海军兵力对法国来说成为现在的首要目标；原先为使登陆大船队渡过英吉利海峡，计划以各分舰队的突围进行牵制，现在各分舰队突围后将直接掩护大船队，这样就要将它们派往英吉利海峡和布洛涅港前。所有军事行动将在3月开始；急件被送往西班牙几个港口的分舰队，让他们做好准备，一旦接令便立即出发。

有必要说明一下各分舰队在3月份，即特拉法加大战开始时的情况。在最右翼的泰瑟尔岛，有9艘战舰和相应比例的轻型舰船；还有80艘运输舰船准备运载马尔蒙军的2.5万人[②]。布洛涅的运输船队集结完毕；虽有几支分队不在港内，都近在咫尺，在掩护舰队出现以前，肯定能与布洛涅的大船队会合。13万兵力的大军，经过经常性训练，已经能在2小时内登船完毕。[③]所有船只全部离开各港口需要两次涨潮，掩护舰队到达之前，大船队能得到消息，船只可以及时出港，在岸炮掩护的港口外海准备出发。在布雷斯特，冈托姆有21艘战列舰。米西塞的罗什福尔分舰队现在已经在西印度群岛，另

---

① 罗伯特·弗朗西斯给小皮特的信，见《卡瑟尔莱回忆录》第五卷，第444页。整封信的内容极具启发性，并非不着边际的预言。从信中的种种迹象来看，这些署名“罗伯特·弗朗西斯”的信件，极有可能出自罗伯特·富尔顿之手，尽管他的任何一本传记都未提及此事。——作者注

② 《拉古萨公爵回忆录》第二卷，第261页。——作者注

③ 梯也尔：《执政府与第一帝国》第五卷，第413页。——作者注

有2艘战舰在该港待命，还有1艘在洛里昂准备出发。在费罗尔有5艘法舰和10艘西班牙舰船，后者预计有6到8艘能够在3月出海。按照条约，同时在加的斯应召集12到15艘战列舰待命，但当时实际能出动的仅有6艘。在加的斯港还有1艘法舰。在卡塔赫纳有6艘西舰，它们无法参加这次战役。在土伦，维尔纳夫应会有11艘舰船。这几座港口的军舰全是战列舰。因此，在战役开始时，拿破仑全部可用的战列舰为67艘，可以发现它们被分散在多个分舰队中，这就存在两个战略问题：首先，如何在面对控制交通线的敌人面前将它们联合起来；其次，如何将它们送往战略中心地带。

和1796年一样，1805年西班牙宣战极大加剧了英国的焦虑。1804年5月，梅尔维尔[①]勋爵接替圣文森特出任第一海军大臣后，立即和私人船厂签订了建造几艘战列舰的合同[②]，这些船仍没有准备好。于是英国海军不得不采用颇具争议的应急措施，在当时重新启用老旧战舰，给船体用2英寸橡木板加固，还对船身加装了额外支撑。1805年2月，12艘这样的战舰被送出海。据说其中有一部分参加了特拉法加海战[③]。

随着敌军的行动和自身海军实力的增强，英军各分舰队也在不断调整部署和兵力。唐斯的基思勋爵有11艘小型战列舰，监视泰瑟尔岛和多佛海峡。康华利指挥的海峡舰队严密封锁布雷斯特港，年初有11艘战舰，到4月已经增加到20至24艘战列舰，这是英国海上大军战线的中枢。在米西塞出逃以后，罗什福尔外海已没有英国分舰队。3月，这里的对峙双方直接转移到西印度群岛，5艘法舰对6艘英舰。费罗尔外海有8艘战舰监视港内法西两国的

---

① 梅尔维尔（Henry Dundas, 1st Viscount Melville, Baron Dunira，1742—1811）：亨利·邓达斯，初代梅尔维尔子爵，杜尼拉男爵，英国政治家。他早年从事法律工作，18世纪70年代成为英国国会议员，是诺思勋爵一党的骨干，以擅长演说闻名，1791年进入小皮特内阁，出任内政大臣。法国大革命战争爆发后，他成为陆军大臣，是小皮特的重要顾问，人们批评他对军事实在一无所知。1802年，他受封梅尔维尔子爵和杜尼拉男爵。1804年，小皮特二次组阁时期，出任第一海军大臣。2年后，他因政治腐败丑闻遭到弹劾，尽管最终未能成立，他的政治生命也就此终结。——译者注

② 《巴罗自传》，第263页。——作者注

③ 《巴罗自传》，第263页。《海军年鉴》第十三卷，第328页。——作者注

15艘战舰。10月，当西班牙战争迫在眉睫之际，一个6艘战舰的分舰队被派去封锁加的斯。纳尔逊的指挥权原先扩大到腓尼斯特雷角，现在被限定在直布罗陀以东，加的斯被交给约翰·奥德[①]爵士。奥德不仅是纳尔逊的上级，有权处分他，而且众所周知是他的私敌，这样划分战区便宜他，让他分走战区最能建功的一部分地区，令纳尔逊尤为反感。纳尔逊在直布罗陀海峡以内有12艘战列舰，其中几艘的状态很差；有1艘出于政治原因，一直留在那不勒斯，对他全无用处。另有2艘战舰正在赶来会合的路上，直到战役打响都没赶到。还应补充的是，英国在印度有8到10艘战列舰，在西印度群岛有4艘战列舰，科克伦到达之后，这个数字提高到10艘。[②]

3月2日，拿破仑为这一战向维尔纳夫和冈托姆发布具体命令。在两部会合后，冈托姆会成为总司令官。在可能的情况下，他第一时间就率21艘战列舰，带着另外搭载的3600名陆军立即启航。冈托姆将先去费罗尔，歼灭或驱散英国封锁分舰队，让在那里准备完毕的法国和西班牙战舰与他会合，然后取最近的航线前往马提尼克，在那里维尔纳夫会和他会合，如果有希望，米西塞也会来会合。如果维尔纳夫没有立即出现，他会等候至少30天。等两支

---

① 约翰·奥德（Sir John Orde, 1st Baronet, 1751—1824）：约翰·奥德爵士，初代准男爵，英国海军军官，15岁加入英国海军，参加过美国独立战争。1778年，他曾成为纳尔逊的上司，时间不超过一个月。1783至1793年间出任多米尼加总督。1790年8月成为准男爵。1795年，奥德重返海军，被授予海军少将军衔。1798年初，他被任命为地中海舰队第二副司令官。1798年5月，舰队总司令圣文森特伯爵根据第一海军大臣斯宾塞伯爵的授意，让纳尔逊独立指挥一个分舰队执行黎凡特地区的任务，较资深的奥德认为自己被忽视，向圣文森特抗议。圣文森特无法容忍他以下犯上，将奥德撤职遣返回国。两人为此彻底闹翻，分歧在海军部公开，奥德要求军事法庭主持公道。纳尔逊就在此时获得尼罗河战役的完胜，奥德的要求遂不了了之。在这场风波中，奥德从未针对过纳尔逊个人，纳尔逊得知后，感激圣文森特知遇之恩，将奥德视为私敌。圣文森特出任第一海军大臣后，奥德被勒令上岸，直到圣文森特离任，他才得到指挥新组的加的斯封锁分舰队的机会。此事令纳尔逊大为不满，奥德本人却没有任何冒犯纳尔逊的行为。奥德在加的斯外海的兵力不多，因此1805年4月在面对维尔纳夫的绝对优势兵力时，没有阻止他进入加的斯。他认为维尔纳夫的下一个目标会是英吉利海峡，于是北上与海峡舰队会合，实际上维尔纳夫去了西印度群岛。奥德的判断在战略上并没有错，在当时的环境下却只能接受降旗离职的处分。纳尔逊始终对奥德怀有成见，奥德非但没有挟怨报复，反而在1806年1月纳尔逊的葬礼上为其抬棺。——译者注

② 以上主要根据《海军年鉴》对1805年4月15日的记载，且与詹姆斯和其他资料来源印证过，见第十三卷，第365—367页。——作者注

舰队联兵，总兵力超过40艘战舰，为避免英国人察觉，从一条不常用的航线前往英吉利海峡，然后直趋布洛涅，皇帝要求他们能在6月10日到7月10日之间到达。如果由于维尔纳夫没到，或者其他原因，冈托姆指挥的战舰少于25艘的话，将会前往费罗尔；皇帝会在那里集结一支援兵。尽管如此，即使战舰数量不够多，只要他认为可行，仍可直趋布洛涅[①]。

维尔纳夫接到的命令是尽早启航前往加的斯，在那里他不用进入港口，在港外会有准备就绪的战舰和他会合。离开加的斯后，他将前往马提尼克，在那里等候冈托姆40天。如果冈托姆当时没有出现，他会去圣多明各，让一些陆军部队登陆，随后去加那利群岛的圣地亚哥湾[②]，在那里他将巡航20天。如果冈托姆在布雷斯特因为无法预料的原因耽误行程，这里会是他们会合的第二个集结地。皇帝和法国所有统治者一样，不愿让舰队在兵力几乎相当的条件下投入海战。无论结局如何，他的联合作战都得承担。他说："我宁可以马提尼克为集结地，而不是其他地方；为了避免任何形式的战斗，比起需要解除封锁的布雷斯特，我还是更愿意选在圣地亚哥让舰队会合。"[③]就在维尔纳夫出发前仅6天，冈托姆报告说，他已经准备就绪，布雷斯特港外只有15艘英舰，胜利几乎可以确信无疑。在这个最关键的时刻，拿破仑的答复是："一场海战的胜利现在无关痛痒。你只有一个目标——去完成你的任务。无须战斗直接出航。"[④]于是法国人一贯的完成最终目的的妄想，使唯一能成功实现会合的机会被白白牺牲。4月1日，布雷斯特外海的英国舰队已经增加到21艘战舰。

纳尔逊结束他在亚历山大城无果的搜索后返航，3月13日再度在土伦外海出现。然后他前往圣塞巴斯蒂安海角，故意让他的舰队在巴塞罗那外海出

① 《拿破仑书信集》第十卷，第227页。——作者注

② 相关命令见《拿破仑书信集》第十卷，第232页。后来拿破仑又将这个集结地说成佛得角，见《拿破仑书信集》第十一卷，第50页。如此重要的命令竟存在这种令人诧异的混乱。——作者注

③ 《拿破仑书信集》第十卷，第447页。——作者注

④ 《拿破仑书信集》第十卷，第324页。——作者注

现，使敌人以为他会在西班牙沿海停留。根据他的推断，如果敌人认为他在西边，就会更积极地准备出发前往埃及，至今他仍认为那里是他们的目标。他已经通过和亚历山大城的联系得知，埃及自从马木鲁克政权倒台，归还给土耳其之后，国内一直离心离德，这份报告还指出，只要法国人能够掌握一个桥头堡，就能轻而易举占据这个国家[①]。舰队离开圣塞巴斯蒂安角后，开赴帕尔马斯湾（Gulf of Palmas）。这是撒丁岛南部的一个便利锚地，舰队在那里补充了最近刚用运输船送达的补给。3月26日，舰队在那里锚泊，4月4日上午8点又再度出海，在到达海湾以西20海里时，1艘快速帆船带来了土伦舰队二度启航的消息。哨船最后一次看到土伦舰队，是在3月31日傍晚的土伦以南60海里海域，它们正乘着西北风向南航行。2艘哨船中的一艘当即被派去寻找纳尔逊；另一艘夜间失去了敌人的踪迹，在第一艘找到纳尔逊以后几个小时，也前来会合。它能提供的唯一线索是，当它乘西北偏西风向西南航行时，敌人可能继续向南航行或改向东方前进。于是纳尔逊将舰队带到撒丁岛和非洲海岸之间的中央，在这两点之间的防线分派了大量哨船[②]。如此一来，他就集中兵力覆盖了撒丁岛以东的所有海域，一旦法国人意图在任何地点越过他占据的这条防线，他都能迅速得到消息。

维尔纳夫被纳尔逊在巴塞罗那外海出现的计策动摇，的确按照英国快速帆船报告的那样航行[③]。维尔纳夫认为敌人在圣塞巴斯蒂安角外海，于是前往巴利阿里群岛以东海域。4月1日，一艘中立国船只告诉他，曾在撒丁岛南方海域见过英国舰队。幸运的是，当时风向已变为东风，维尔纳夫改变航向从巴利阿里群岛北面海域通过；4月6日，当纳尔逊在撒丁岛和非洲之间搜寻他的舰队时，他已出现在卡塔赫纳外海。港内的西班牙分舰队由于没有得到政府的任何指示，拒绝加入维尔纳夫舰队；法国舰队也不停留，立即乘着

---

① 《纳尔逊急件》第六卷，第338—341页。——作者注

② 《纳尔逊急件》第六卷，第397页。——作者注

③ 舍瓦利耶：《第一帝国时代的海洋史》，第142页。——作者注

新起的东风，在8日越过直布罗陀海峡。9日，他们到达加的斯，驱散了奥德分舰队。维尔纳夫严格遵守命令，在港外锚泊；当地的一艘74门舰炮战列舰“鹰”号（l'Aigle）和6艘西班牙战舰立即加入他的舰队。当天晚上，拥有18艘战列舰的联合舰队启航驶向马提尼克，在经过34天航行后，到达目的地锚泊。出发的第二天，有几艘西舰失散；它们收到的密令指明了集结地，于是仅比主力晚2天便到达目的地。

维尔纳夫的航行直到此时都出乎意料的顺利。他纯粹靠运气得知纳尔逊的位置，那位英军舰队司令虽然审慎部署了哨船，看来却被它们的差劲表现误导。纳尔逊轻易不会责怪下属，这次他显然觉得他们没有好好尽责。直到4月16日，维尔纳夫已经离开加的斯的第6天，纳尔逊才从一艘路过的船只那里得知，法国舰队9天前在西班牙沿海的德加塔角（Cape de Gata）外海乘东风向西航行，显然是奔大西洋而去。维尔纳夫还遇上了其他好运。就在他乘东风驶出直布罗陀海峡时，纳尔逊在4月4日到19日之间，遇上了一连串强西风。“我们9天内航行了200海里，”他写道，“整整一个月，没有遇到法国舰队，只是在西风中飘摇。”[①]一直到5月6日，在和不幸不屈不挠地对抗超过3周以后，他的舰队终于在直布罗陀湾落锚。5天后，他已经在前往西印度群岛的路上。维尔纳夫舰队逃出土伦证明要对敌人的所有海军分舰队实施严密封锁是不可能的，在其他地方发生的事情也证明了，想要让所有各分舰队在精心选择的时机避开英国人实现会师，进行一次大规模联合作战，也是极端困难的。在维尔纳夫的18艘战舰驶向西印度群岛时，米西塞[②]的5艘战列舰，刚刚极为难看地完成了骚扰敌国岛屿的任务，正火速返回罗什福尔，在那里，立即赶回出发地的命令正等着他。与此同时，冈托姆的21艘战舰被牢牢封锁在布雷斯特，无望出逃。虽然英国舰队的任务面临重重困难，依然顽

① 《纳尔逊急件》第六卷，第410、411、415页。——作者注

② 见本章前文相关部分。在维尔纳夫驶向西印度群岛的同一个星期，米西塞正在从那里启航。——作者注

强地紧靠住法国各军港，不仅将自己的战斗力锻炼到了极端坚韧的境界，而且从自己的内线位置赢得了不可动摇的优势。

为了更好地掩饰自己的真实意图，拿破仑在他的各分舰队出海之际，巡游意大利。他4月1日离开巴黎，一路悠闲游玩，5月1日到达亚历山德里亚，10日抵达米兰。他在那里逗留了一个月，在26日加冕为意大利国王，意大利共和国此前已告灭亡。他在意大利一直停留到7月。就在这很可能经过精心安排的不在法国的时间里，拿破仑几乎每天都和海军大臣通信，内容包括对战局的希望和担忧，他不知疲倦的大脑构思海军联合作战的各种方案，做出各种算计和推测。这些构思不论正确与否，都始终显示了他的匠心独运。这些书信给我们留下了弥足珍贵的记录。

拿破仑最为关心的是冈托姆被禁锢在港内的窘境，他被“牢牢封锁，持续遇到无风的天气”，[①]无法脱身。纳尔逊的行踪也令人不安，就好像从他的视野当中彻底消失那样。他对纳尔逊行踪的了解，甚至都不如英国人对维尔纳夫的下落清楚。“以上帝的名义，赶快让布雷斯特分舰队出海！这样它就能及时和维尔纳夫会合。纳尔逊已经再次被骗，到埃及去了。维尔纳夫4月10日就没了踪影。必须把纳尔逊去埃及寻找他的消息告诉他；我已经派了一名信使去把同样的消息告知冈托姆。上帝保佑，无论如何他都别在布雷斯特找到冈托姆。”[②]4月15日，冈托姆确实试图出发。11日英国舰队被一阵风暴驱散，13日再度出现。14日下午，暂代康华利指挥的加德纳将军得报，法国人正准备出海。第二天，法国舰队出港，敌舰队现有24艘战舰对本方21艘战舰，在经过一番示威后，法军退入港内。

封锁放松的希望在即将来临的季节里越发渺茫，拿破仑便制定了新的联

① 《拿破仑书信集》第十卷，1805年4月13日，第390页。——作者注

② 《拿破仑书信集》第十卷，1805年4月20日与23日的信件，第390页。——作者注

合作战计划。2艘罗什福尔港内即将准备完毕的战列舰，会在马贡[①]海军少将指挥下，将修改后的指示带给维尔纳夫。根据命令，后者将在马贡到达后，等候35天，如果冈托姆没有出现，就放弃圣地亚哥的备用集结地，直接返回费罗尔。在费罗尔，他将会见到15艘法舰和西舰，加上他自己和马贡的战舰，合计达35艘战舰。他将率领这支舰队在布雷斯特港前现身，冈托姆会在那里和他会合，这支联合舰队的56艘战舰将立即进入英吉利海峡。马贡携带命令于5月初启航，6月4日找到维尔纳夫，刚好及时让他确定舰队返航的方向。为便于舰队在布雷斯特会师，法军在那里布置了大量岸炮，掩护古莱外的锚地；到5月份，冈托姆在他的阵位获得了150门岸炮掩护。

我们将认识到，皇帝的计划尽管保留了其本质意图，迫于英国人对布雷斯特的严密封锁，现在已进行了最重大的修改。计划的关键仍是各分舰队的联合作战；他手中最大的一支分舰队被严密封锁，迫使他以比斯开湾为集结地，这是他曾反对的，认为最不利的方案，因为那里是英国海军聚集的蜂巢。

于是，拿破仑前所未有地希望尽可能将敌人的巡航舰船从这片水域调离；他现在全心投入这个目标，使他的愿望奇妙地影响了他的盘算。如前所述，他无视统计数据，认为东印度是英国最重要的利益所在，因此想要加剧英国对印度方面的恐慌，坚持认为每一个从英国出发的分舰队都会驶向那里。他在4月13日写道："科克伦3月4日在里斯本海岸。他第一步一定会去佛得角，然后会去马德拉（Madeira），如果没有得到其他情报，他将会去印度。这是任何处于他这种情况的舰队司令官都会做出的理智决定。"[②]5

① 马贡（Charles René Magon de Médine，1763—1805）：夏尔·勒内·马贡·德·麦蒂纳，法国海军军官。他出身圣马洛的贵族家庭，14岁加入海军，参加过美国独立战争。1783年起，他在印度洋服役，在那里度过15年的岁月，没有受到大革命风暴中心的影响。1798年，他护送一支西班牙船队回到欧洲，在国内的海军军政和指挥岗位上服役4年后，1802年晋升海军少将。1803年，布吕克斯将军任命马贡指挥布洛涅大船队的右翼部队。1805年3月，他奉命指挥罗什福尔分舰队。1805年7月，他与维尔纳夫的联合舰队会师，10月，在特拉法加海战中阵亡。——译者注

② 《拿破仑书信集》第十卷，第394页。——作者注

月10日，当科克伦在西印度群岛已经待了一个多月后，他还重申这一观点，同时推测，在4月15日从英国启航执行最机密命令的5000陆军部队会前往好望角。“因为惧怕这支远征军与维尔纳夫遭遇，将迫使他们向印度增派更多舰船。”[①]5月31日，他猜测10天前启航的，柯林伍德率领的8艘战列舰会驶向印度[②]，一周后，他又重复了这一猜测：“英国的内阁大臣们身负重责大任，他们除了派柯林伍德去东印度之外，别无他法。”[③]6月9日，他写道：“一切都使我相信，当英国人知道科克伦在米西塞出发两周后才到达巴巴多斯后，派了15艘战舰去东印度；在那种情况下，纳尔逊很可能被派去美洲。”[④]13日和14日，他再度重申这一观点，到了28日，当蒙蔽他眼睛的薄纱将要落下时，他总结了那些使他从错误的前提出发，所做出的敏锐判断是如何误导他的：“难以相信英国人会在没有得到任何消息的情况下，就向西印度群岛派去17艘战列舰（纳尔逊与柯林伍德兵力的总和）。当纳尔逊的10艘战舰和科克伦的6艘，还有牙买加的3艘会合后，将会拥有19艘战舰，对我们的分舰队占优。当柯林伍德带着8艘战列舰到印度，和那里的9艘会合后，总兵力有17艘，一样对我们占优。对我来说，实在难以相信，当敌人在每个地方都占据优势的情况下，会盲目地放弃东印度。”[⑤]

有些法国作者[⑥]，甚至有些英国作者，在比较纳尔逊与拿破仑时并不公正，夸大纳尔逊将埃及视为法国的目标这一错误，对他的洞察力提出了质疑。从前述信件以及拿破仑在这场大战之中的误算来看——后来会更加失策——必须承认，在身处黑暗，没有准确情报的情况下，无论他还是纳尔

---

① 《拿破仑书信集》第十卷，第490页。——作者注

② 《拿破仑书信集》第十卷，第571页。——作者注

③ 《拿破仑书信集》第十卷，第616页。——作者注

④ 《拿破仑书信集》第十卷，第624页。——作者注

⑤ 《拿破仑书信集》第十卷，第708页。——作者注

⑥ 例如梯也尔的《执政府和第一帝国》第二十卷，第178页；瑞里安·德·拉格拉维耶的《海战》第一版第二卷，第224页。——作者注

逊，都被迫依靠主观推断，只是程度不同，在没有确切数据支持的情况下，这种推断如纳尔逊所言，不过比猜测略强一些。同样，柯林伍德被认为彻底识破了拿破仑的计划，洞察力被视为超出纳尔逊之上，是因为在西印度群岛追击维尔纳夫返航后，他在信中写道，法国舰队逃往西印度群岛就是为了甩开英国海军，暂且不提他的猜测正确与否，在这段话的前两行，他明白写道："（不是英格兰，）爱尔兰才是所有这些行动真正的和隐秘的目标。"可能柯林伍德和纳尔逊都能将拿破仑的这句话用在自己身上："我在这一生中已经如此频繁地犯过错误，现在已不必为此感到脸红了。"①3月31日晚上，当纳尔逊的快速帆船失去维尔纳夫的踪迹时，他既没有往东，也没有往西轻举妄动，集中他的兵力去掩护他认为敌人最可能攻打的目标，同时在他的舰队行动中等候情报。"在我得到确实的情报之前，既不会去西西里东面，也不会到撒丁岛西面去。"②我们可以确信地说，在相似的情况下，拿破仑也会同样这么做。

拿破仑的失算在于高估了印度的重要性和面临的危险，同时也误判了英国政府的洞察力和获得的情报。他自认为以他卓越准确的判断，下列推测都会一步步实现："如果我在英国海军部的话，我会向东印度和西印度群岛各派一支轻型分舰队，会组成一支20艘战列舰的舰队，得知维尔纳夫的目的地后才会出动。"③这正是英国海军部所做的。一支轻型分舰队正在赶去印度的路上，柯林伍德指挥的8艘战舰奉命前往西印度群岛；柯林伍德是一位能干的军官，得知纳尔逊已经向同一目的地出发，便派了2艘战舰增援，亲率6艘战舰来到加的斯港前，阻止了卡塔赫纳的敌舰前来会合。英军在布雷斯特港前仍保持20艘战舰的兵力，使拿破仑大伤脑筋。"如果英国认识到它正在

---

① 《拿破仑书信集》第十一卷，第162页。——作者注

② 《纳尔逊急件》第六卷，第401页。在前作《海权对历史的影响》第23页中，作者曾轻率地将这称为纳尔逊被误导后的错误措施。在经过更深入的研究后，作者已经深信这位英国将军的做法十分妥当。——作者注

③ 《拿破仑书信集》第十卷，第624页。请以此与前一段引述的纳尔逊原话对照。——作者注

玩的游戏后果有多严重，就应该解除对布雷斯特的封锁。”[①]和他自认为英国派往印度的远征军那样，拿破仑的思路再度被他的愿望严重干扰。就像他不久后承认的那样，削弱对布雷斯特的封锁，对法国来说非常重要[②]。

英国海军当局一直在对抗拿破仑意图将他们从战略中心引开的种种努力，他们在这一过程中显示的智慧和坚定信念非常值得关注，令人钦佩。这种智慧和信念部分是由于他们对敌军各分散分舰队价值的正确判断，部分是由于对比斯开湾各阵位重要性的直观感觉，还有部分是由于他们获得的情报比拿破仑想象得更为准确，其实比他自己从法国海军得到的情报还要准确。在拿破仑以为英国人对维尔纳夫的第二次出动一无所知时，他嘲讽道：“那些英国佬自以为无所不知，在全世界都有间谍、信使和哨探四处东奔西走，就是对维尔纳夫的行动浑然不知。”[③]极为凑巧的是，就在4月25日当天，法国人以为成功骗过英国海军部时，他们却正在发急件给纳尔逊和西印度群岛，通报这个重要信息。拿破仑在给德克莱斯[④]的信中写道：“你在推演战局时，就当敌人被蒙在鼓里。”[⑤]英国人确实被蒙在鼓里——虽然得知不少细节，但对拿破仑计划的主要内容根本看不透。就在皇帝天马行空地想象着英国会派出多个分舰队去印度，猜测纳尔逊在什么地方时，纳尔逊和他的政府早已知道维尔纳夫的去向，这位英国舰队司令已经在西印度群岛了。5月

---

① 《拿破仑书信集》第十卷，第624页。——作者注

② 《拿破仑书信集》第十卷，1805年6月22日，第686页。——作者注

③ 1805年5月10日，拿破仑致德克莱斯的信。——作者注

④ 德克莱斯（Denis Decrès，1761—1820）：丹尼斯·德克莱斯，法国海军军官，伯爵，第一帝国时代被封为公爵，18岁加入法国海军，在德格拉斯麾下参加过美国独立战争时期的圣茨岛海战。大革命爆发时，他在法属印度殖民地服役。1793年10月，他奉命回国求援，却在1794年4月到达洛里昂时，因贵族出身遭到逮捕，次年6月才获释，恢复海军上校军衔。1796年，德克莱斯以分舰队司令身份参加对爱尔兰的未遂远征。1798年4月，他晋升海军少将，远征埃及期间，负责指挥一个轻型分队掩护马耳他的登陆行动。尼罗河战役期间，他指挥快速帆船分队逃往马耳他。1800年3月，他在马耳他海域和英军激战后被俘，8月经交换被遣返法国。1801年10月起，直到1814年第一帝国垮台为止，他一直出任拿破仑的海军部长和海军大臣，1804年晋升海军中将。百日政权期间，他同样出任海军大臣。1820年12月，他的巴黎居所遭一名仆人纵火抢劫，在火灾中丧命。——译者注

⑤ 《拿破仑书信集》6月9日，第624页。——作者注

初，英国国内不仅知道土伦舰队已经起航，而且清楚他的目的地[1]。尽管拿破仑采取了种种严格保密措施，6月1日，英国人还是从一名战俘那里得知“60艘战列舰的联合舰队将会和英国舰队战斗（横扫海峡），同时大型快速帆船会到海峡为大登陆船队护航。陆军部队都急不可耐地等待舰队出现，好让他们大显身手”。[2]

英国海军部由此了解到拿破仑要做什么，部署兵力的关键在于防止敌人各分舰队的会师联合作战，主战场将会是比斯开湾和进入海峡的通道。因此，他们始终在加强那里的兵力，在加的斯港外单独保持一支柯林伍德指挥的分舰队，以免敌军在该港集结会迫使他们削弱比斯开湾的各分舰队。在维尔纳夫起航的时候，一支5000人的远征部队已经准备出发，前往地中海，具体目的地被严格保密。这支援军将确保直布罗陀和马耳他的海军基地，此外地中海留2到3艘战列舰支援，由快速帆船负责这一海区。英国海军的这种做法也和拿破仑的部署正好对应。他在6月7日给他的海军大臣的信中写道：“地中海现在已毫无价值。我宁愿看到维尔纳夫在那里留下2艘而不是40艘战舰。”他在信中又补充了一个意味深长的建议，英国人的行动恰恰为此提供了范例，“在我看来，你的手段还不够简捷，不足以进行一场大战。你必须纠正这一错误，这样才能达到进行大战和取得伟大胜利的艺术境界。”

英国的秘密远征军与正要出发前往西印度群岛的纳尔逊相逢。在地中海顶风破浪航行时，他也和拿破仑一样，审慎研究哪个海域将会成为他行动的战场。不同的是，拿破仑处于攻势，能采取大量手段和方法，为一个已知的既定目的努力，拥有充足的行动自由，具备高度确定性。纳尔逊处于守势，处境尴尬，虽然防区有一个大致的既定范围，却对敌人的打击目标一无所知。尽管如此，纳尔逊每采取一个步骤都坚定执行一个清晰的原则——法国

① 1805年《年鉴》，第225页；《海军年鉴》第十三卷，第399页。——作者注

② 《海军年鉴》第十三卷，第484页。法语原文balayer la Manche意即为横扫海峡，语气比年鉴中的译文强烈得多，本处引述的是译文。——作者注

舰队去哪里，他就会跟到哪里。

令纳尔逊的行动一再受累的西风，倏忽间在4月19日送来了从直布罗陀来的一艘船①，纳尔逊得知在维尔纳夫通过直布罗陀海峡后，一艘快速帆船已经出发回英国报信，法舰和西舰也都一起从加的斯出发了。根据这些情况，纳尔逊准确地推断出敌人的目的地是不列颠群岛②，他未能参透敌人在西印度群岛集结的深层意图。于是派快速帆船“亚马孙”号先舰队一步去里斯本收集消息，然后在圣文森特角外海和他会合；他还写信让这艘船带给海军部以及布雷斯特外海和爱尔兰的舰队司令官，告诉他们他将驶向锡利群岛以西50里格海域，然后在那里慢慢向他们靠拢。任何人只要在地图上标好这个地点的位置，显然会发现，随着那里盛行的西风，如他所言，他将处于到达布雷斯特或爱尔兰都同样有利的位置；总之，这是一个国内当局所了解的最佳战略位置。

除了5月6日在直布罗陀停留4个小时之外，纳尔逊一路不停地在9日到达圣文森特角外海，在那里得到消息，会师后数量达到18艘战列舰的法西联合分舰队已经前往西印度群岛。纳尔逊完全了解这些岛屿的价值，为此十分担心。他曾在那里服役，对那些岛屿了如指掌，还在那里结了婚。不到一年前他写道：“如果我们的这些岛屿会沦陷，英国就会吵嚷着要求和谈，我们就要变得低声下气。”③尽管十分焦虑，他仍保持清醒的头脑。眼下面临为陆军部队护航的任务，他必须保证他们的安全。5月11日，陆军运输船队到达后，纳尔逊的舰队随即出发。除了原定护卫运输船队的2艘战列舰之外，纳尔逊又增加了第3艘“王权”号（Royal Sovereign）。此前“王权”号的糟糕航行性能严重耽搁了他的行动，后来这艘战舰被重新用铜板包底，在特拉法加海战中悬挂柯林伍德的将旗，在英军的两列纵队中一马当先，冲入战火之

---

① 这显然是意外惊喜。见《纳尔逊急件》第六卷，第410页。——作者注

② 《纳尔逊急件》第六卷，第411页。——作者注

③ 《纳尔逊急件》，1804年9月6日。——作者注

中。在与运输船队会合3小时后，5月11日下午7点，纳尔逊率10艘战舰踏上了去西印度群岛的航程，搜寻31天前已经出发的18艘敌舰。

6月4日，英国舰队追上联合舰队8天后，在巴巴多斯落锚，在那里遇上科克伦的2艘战列舰。同一天，马贡的2艘战列舰和维尔纳夫会合。维尔纳夫在马提尼克已经待了3周，除了占领“钻石岩”（Diamond Rock）之外，毫无作为。“钻石岩”是一座与主岛隔海相望的小岛，英国占据了这个岛，用来骚扰法属殖民地的沿岸贸易。在马贡到达前，一艘快速帆船就送来急令，让维尔纳夫在等候冈托姆的35天时间里，尽可能占领英国人的领地。于是在和马贡会合后，联合舰队便已出发，先向北航行驶离群岛，再折向南方，顺风抵达巴巴多斯，维尔纳夫选择该岛为第一个攻击目标。

6月4日，两支敌对舰队相距不过马提尼克到巴巴多斯的100海里。最令人惊讶的事情发生了，就在维尔纳夫开始向北折返巴巴多斯航行时，一个有鼻子有眼到不容忽视的假消息诱使纳尔逊去了南方。圣卢西亚岛的指挥官送来消息，言之凿凿地称5月29日从那里发现联合舰队向南航行。6月4日下午5点，纳尔逊在巴巴多斯锚泊，连夜让2000名陆军士兵登船，并且在次日上午10点启航南下。6日，他越过报告平安的多巴哥，7日在特立尼达外海锚泊。令人惊奇的是，这里没有一个人听说过敌人出没的风声。纳尔逊大骂那条迫使他忽视自己判断的假消息，当时他距离他的猎物不过100海里的顺风航程。他随即转向驶往马提尼克，暗自为牙买加和所有暴露给敌人的英国领地忧心忡忡。

6月8日，当纳尔逊离开特立尼达时，联合舰队位于安提瓜西侧外海，距离他接近400海里。在这里，联合舰队捕获了14艘冒失离港的商船，从它们那里得知，纳尔逊率14艘战列舰（不是10艘）已经到达巴巴多斯。缺乏情报的维尔纳夫将这14艘再加上科克伦部的5艘，算出英国人以19艘战舰对他的18艘战舰。他原本就承认英军的战斗素质领先，现在不仅如此，连数量都压倒了他，于是他决定在这位英国最杰出的海军将领意外出现的情况下，立即返回欧洲。这一点他毫无疑问与拿破仑的期望契合。后者在得知实情之前就说："我认为纳尔逊的到达会驱使维尔纳夫返回欧洲，"[①]直到这时，拿破仑仍然不像一个海军那样看待局势，继续按照自己的主观愿望指出，"一旦纳尔逊得知维尔纳夫已经离开向风群岛，他就会前往牙买加。"[②]牙买加位于纳尔逊下风位1000海里。纳尔逊在同一时刻写道："我远不及教皇那样一贯正确，所以我认为我的看法往往会错得很厉害，因此我认为敌舰队已经回欧洲的看法可能是错的，但除此以外，我实在难做他想。"[③]他随后写出了他的理由，看上去他仿佛钻进了拿破仑的脑海，看透了他的想法。"我这个月退出西印度群岛的话，肯定会让敌人寝食不安。"[④]

维尔纳夫无疑同样希望通过改变航向甩掉紧随的追兵。他把法属诸岛需要调动的驻军转移到4艘快速帆船上，指示这些船只在瓜德罗普让陆军部队登陆，然后和他在亚速尔群岛外海会合——这是个错误的集结地，实质上只会加长他的归程。法西联合舰队在6月9日起航北上，以便赶上有利返回欧洲的西风。

3天后，纳尔逊也来到安提瓜外海，这时他确信联合舰队已向欧洲返航。一旦拿定主意，他便以不知疲倦的精力，一刻不停地让一星期前在巴巴多斯登船的陆军部队连夜转移。敌人返航的消息必须尽快送回欧洲，一晚上也不容耽搁。下午8点，他火速派一艘双桅帆船"好奇"号（Curieux）带上公文急件回海军部，船长贝茨沃斯（Bettesworth）会亲自递交这份急件。虽然这份急件被一位过度谨慎的海军将领稍微耽搁了一些，及时送信的决定仍极其重要，对行将来临的大战产生了决定性影响。13日中午，纳尔逊舰队和科克伦2艘战舰中的一艘"斯帕提亚特"号（Spartiate）驶向直布罗陀海

---

① 《拿破仑书信集》第十卷，1805年6月28日，第708页。——作者注
② 《拿破仑书信集》第十卷，第705页。——作者注
③ 《纳尔逊急件》第六卷，第457页。——作者注
④ 《纳尔逊急件》第六卷，第45页。——作者注

峡。纳尔逊依然不能确定敌人的目的地，于是也给费罗尔外海的指挥官送了信[1]，以免他措手不及。

维尔纳夫做出返航的决定是幸运的，至今为止他都交上了非同寻常的好运，但很明显，这样一来他就错过了和冈托姆在大西洋会合的机会，就像之前米西塞和他错过那样。拿破仑为确保维尔纳夫等候冈托姆足够的时间，同时为确保维尔纳夫在冈托姆无法在规定期限内冲出港口的情况下能返航，采取了种种措施，但他没能料到，甚至于在6月28日[2]以前根本就不知道纳尔逊在追击维尔纳夫，使得他不可能知道维尔纳夫在这种紧急情况下会走那条航线返航，也不知道布雷斯特舰队该采取怎样的行动才能与之会师。

冈托姆终究没能摆脱加德纳勋爵的封锁。5月8日，皇帝在意大利得知马贡起航的消息，做出最终决策，如果在5月20日午夜以前条件成熟，布雷斯特舰队就应出发，21日破晓后，无论发生任何事情，舰队必须待命不动。一艘港内的快速帆船随时待命，一旦出现后一种情况，即刻出发去寻找维尔纳夫，将抵达费罗尔以后如何行动的命令带给他。5月21日，这艘快速帆船出发了，它肯定不是在西印度群岛找到那位舰队司令官的。同样的指令也被送到费罗尔港。

维尔纳夫从命令中得知他在费罗尔港能得到准备好出海的5艘法舰和9艘西舰加入他的战斗序列，届时他拥有的兵力会达到34艘战列舰。在罗什福尔外海的航路上还有5艘等着他。在布雷斯特港，21艘战舰在150门加农岸炮掩护下，停留在古莱水道外，随时准备起航。最重要的一点是让这三支舰队兵合一处，或者让它们尽可能多地赶到布洛涅外海。有三条航向供维尔纳夫选择。如果当他到达费罗尔时，港内的分舰队由于顶风无法离港，他会命令它们去罗什福尔和他会合，他自己会立即出发去那座港口。如此一来，他会有

---

① 《纳尔逊急件》第六卷，第459页。——作者注

② 拿破仑直到这一天才第一次得知纳尔逊的航向。6月27日，他还写道："我不知道纳尔逊在哪里。"见《拿破仑书信集》第十卷，第701页。——作者注

40艘战舰开赴布雷斯特外海与冈托姆会师，然后立即进入英吉利海峡。如果在费罗尔遇上适合出港的南风，他就可以直取布雷斯特，不用停留下来等候罗什福尔分队。因为每多耽搁一刻，都可能会使英国在布雷斯特港前的兵力得到增强。第三个可能的选择是，如果他在驶向韦桑岛时，发现风向非常有利，可以率他的35艘战舰赶在敌人封锁布雷斯特的舰队之前，跟上三四天前到达布洛涅。如果真出现这种情况，他就可以选择是否抓住这千载难逢的良机。除了这三条航线，拿破仑还提供了第四个可能选择的方案。在和费罗尔的战舰会合后，他可以越过不列颠群岛北部海域，在泰瑟尔岛和荷兰分舰队会合，让马尔蒙军在那里登船，然后率众赶到布洛涅外海。尽管如此，皇帝宁可将这个方案视为最后手段，舰队在比斯开湾实现大会师是他现在最关注的目标。

为促成这个目标实现，拿破仑殚精竭虑将敌人的兵力从各路舰队行动的战略中心调开。也正因如此，他才那么愿意相信出海的每一支英国分舰队都会前往东印度。如果是这样，就对将英国舰队调离比斯开湾很有利。为此，他试图将卡塔赫纳的舰船调往土伦或加的斯。“如果我们能让每个港口都吸引6艘英舰，”他写道，“那将是对我们有利的一种牵制状态。如果我能将卡塔赫纳的舰船调进土伦，我就会以多种方法威胁埃及，那他们就会被迫在那里维持一支庞大的兵力。他们会相信维尔纳夫会去东印度，来配合土伦分舰队的行动。”[①]为此他试图派米西塞去加的斯。虽然这位舰队司令官在罗什福尔能吸引一支英国分舰队，但这里并非皇帝中意的地方，加的斯则远离战略中心。后来他说：“也许敌人现在已经彻底丧胆，将不会被调动，在这种情况下分散我的兵力是做无用功。”[②]于是拿破仑决定让米西塞留在罗什福尔，如果英国人封锁那里，就能削弱封锁费罗尔或布雷斯特的兵力。如

① 《拿破仑书信集》第十卷，1805年4月23日与5月4日，第420、465页。——作者注

② 《拿破仑书信集》第十卷，5月24日，第544页。——作者注

果没有封锁，米西塞就可以出海，在大西洋进行大范围扫荡，最后到达爱尔兰外海。到时英国人无疑将会分兵搜寻他；他将会再次消失，在腓尼斯特雷角附近占据阵位，在那里可能会遇到返航的维尔纳夫。[①]最后，出于同一原因，6月底，拿破仑试图在泰瑟尔岛方向引起英国人的警觉。马尔蒙奉命佯动示威，甚至让他的部队登船，皇帝的近卫军一部被调到乌德勒支，“这将会使得敌人削弱他们在布雷斯特港前的舰队，这才是重点。”[②]

所有这些行动都工于心计，非常巧妙，但皇帝犯了低估敌人的错误。他说道：“我们要对付一个缺乏远见、傲慢自大的政府。我们现在所做的如此简单明了，一个拥有最起码远见的政府都不会开启战端。他们一时之间会为伦敦担忧；不久以后又将会派几个分舰队去东印度和西印度群岛。”[③]

英国政府和海军部无疑都有过失误，在前任第一海军大臣圣文森特负责时期，甚至犯下坐看海军物资降低到必需水准以下的严重错误。除此以外，他们精心策划了特拉法加的战役计划，并且在其执行过程中，随着事态的持续发展，有力乃至出色地进行指挥。他们在敌人的每一处哪怕最小的军港前安排了兵力充足的分舰队，部署在布雷斯特港前的舰队成为各分舰队可以依赖的中央大主力，在必要的情况出现时，忠实承担了这一职责。如此一来，英国人使自己不会突遭不测，在某一局部被击败都变得几乎不可能。海军还在国内各港口维持了一支比例适当的预备队，规模大到足够替换无法行动和需要维修的船只，又不会严重削弱海上兵力的程度。海军部成功挫败了拿破仑的调虎离山计，英国海军主力没有调离战略中心，始终坚持圣文森特曾出色执行过的密切监视措施。他们坚持的这一准则，无疑包含了最合理的战略原则。5月26日，米西塞回到罗什福尔，随即被5到6艘战舰的英国分舰队封锁。随着费罗尔港内的战舰陆续准备好出海，兵力逐渐增加，考尔德海军少

---

① 《拿破仑书信集》第十卷，5月29日，第563、624页。——作者注

② 《拿破仑书信集》第十卷，6月22日，第686页。——作者注

③ 《拿破仑书信集》第十卷，第545页。——作者注

将指挥的封锁分舰队从6到7艘相应增加到10艘战舰。英军在布雷斯特港外的战舰从20艘增加到25艘，康华利司令官在经过3个月的病休后，于7月初回到指挥岗位。柯林伍德在加的斯港前有6艘战舰，他在那里有效阻止了敌人的会合，如果这次会合成功，以加的斯和战场之间的距离，就会对英国海军形成严重干扰。以上即6月和7月之间的海上形势，维尔纳夫和纳尔逊正在重新越过大西洋，前者航向费罗尔，后者目标是直布罗陀海峡。先前双方的所有行动已经酿成的决胜时机，正在接近爆发点。

当纳尔逊开始启程返回欧洲时，尽管他深信法国人的目的地也是那里，对这一事实却并无绝对把握①，他返回欧洲的决策完全基于自己的判断。他在出发前一晚派出“好奇”号时，指示船长走一条特定航线，即他认为最可能遇到联合舰队的航线②。“好奇”号循着这条航线，6月19日果然在安提瓜东北偏北900海里的北纬33°12'、西经58° 海域发现了敌人，航向西北偏北。同一天，纳尔逊本人从一艘美国纵帆船处得知，它曾在15日看到一支约有22艘大型战舰的舰队，位置在4天后贝茨沃斯发现的方位以南350海里。

贝茨沃斯完全了解在那个方位发现联合舰队的重要意义。尽管还不能确定敌人的目的地，它们无疑正在返回欧洲。带着这个情报和纳尔逊阐述意图的信件，尽快到达英国是当务之急。“好奇”号一路满帆航行，7月7日在普利茅斯落锚。船长立即骑着驿马火速赶去伦敦，8日晚上11点到达目的地。当时的海军部首脑是巴汉姆③勋爵，一位老海军军官。2个月前，在圣文森特

---

① 从他在离开安提瓜三天后，6月16日在书信中的推测，还有7月18日到达欧洲后依然对此无法肯定的态度，可以看出这一点。见《纳尔逊急件》第六卷，第457、473页。——作者注

② 《海军年鉴》第十四卷，第64页。——作者注

③ 巴汉姆（Charles Middleton, 1st Baron Barham，1726—1813）：查尔斯·米德尔顿，初代巴汉姆男爵，英国海军军官和政治家，最后一位出任海军部首脑的现役海军军官。米德尔顿1741年加入英国海军。参加过七年战争。美国独立战争时期，他在1778年成为海军部成员，供职12年之久。1781年，他受封为准男爵。1784年，他当选英国国会议员，1787年晋升海军少将，1793年晋升海军中将，次年成为海军部主事大臣之一，1795年晋升海军上将。1805年，他出任第一海军大臣，同时受封巴汉姆男爵。他在任初期，对于英法两国的海军形势做出了极为正确的判断。1806年，由于他下令暂停对布雷斯特港的封锁，导致爆发大西洋海上战役，这已经无关大局。除了在海军服役的事迹之外，他还是一位著名的废奴主义者，后于1813年病逝。——译者注

的继任者梅尔维尔勋爵遭弹劾后，他出人意料地应召主持海军部。对英国来说幸运的是，在如此关键的这一时刻，海军行动的指挥权能交到这样一个人手中。他尽管年届80，久疏战阵，却无须旁人解释，本能地就明白各种天气情况及其对分散的各分舰队的影响。无论英国还是敌方，现在都极大程度地依赖分舰队的会合能否迅速完成。

由于巴汉姆已经就寝，直到第二天一早贝茨沃斯的急件才送到他手上。在他看到公文时，为浪费了这么多宝贵的时间大发雷霆，也不等穿戴整齐，立即发号施令。9日上午9点，海军部的使者都火速赶赴普利茅斯和朴次茅斯。康华利得到的命令是解除对罗什福尔的封锁，将那里的5艘战舰调给正率领10艘战舰监视费罗尔外海的罗伯特·考尔德爵士。考尔德奉命率会合后归他指挥的15艘战舰，在腓尼斯特雷角以西100海里海域巡航，拦截维尔纳夫，阻止他和费罗尔分舰队会合。纳尔逊正向加的斯返航，他在那里会与柯林伍德会师；康华利则继续封锁布雷斯特外海。英国人还不知道法国皇帝到底会怎样实现各分舰队的会师，但他们对对手行动的精明推断，还有完善的部署和安排，足以挫败他的主要计划。拿破仑此前曾料到的情况成为现实，一旦英国人得到维尔纳夫向费罗尔靠近的情报，布雷斯特外海的英国舰队就成为关键，他们会试图在海上与敌人交战，以阻止港内的分舰队参加预期会发生的海战①。

适宜的风向对快速行动有利，康华利11日接到命令，到了15日，即“好奇”号在普利茅斯锚泊8天后，罗什福尔的英军舰船已与考尔德会合。考尔德立即出动，前往指定位置。19日，他在里斯本收到纳尔逊从西印度群岛发来的关于维尔纳夫返回的消息。同一天，超越联合舰队的纳尔逊本部舰队在直布罗陀锚泊。22日，一场大雾突然消散后，考尔德和维尔纳夫这两支敌对舰队都看到了对手，英军15艘战列舰对联合舰队20艘。后者的规模对考尔德

① 1805年7月18日，拿破仑给德克莱斯的信。——作者注

来说是个令人不快的意外，“好奇”号带回的报告说它们仅有17艘战舰[①]。

究竟是解除对罗什福尔和费罗尔的封锁，还是不顾会发生什么样的情况，任由维尔纳夫不受干扰地继续向目的地前进。巴汉姆勋爵在突然面临这种两难抉择时，当机立断采取的决定性措施，怎样高度赞扬都不为过。在面临如此令人苦恼的困惑局面时，为了立即对敌人正在会师的两股分舰队之一实施打击，能够毫不迟疑地牺牲一些长期保持的优势，采取正确的行动，显示出了极高水准的指挥能力。这甚至可以与1796年拿破仑为全力对付从蒂罗尔来犯的奥地利大军，放弃曼图亚围城的著名决断媲美。如果当时英国舰队的指挥权落在一位比考尔德更坚决或能力更强的舰队司令手中，这场大战很可能在腓尼斯特雷便大局已定。有人认为巴汉姆在9个月短暂任期内适逢特拉法加海战爆发的辉煌时刻，吉星高照[②]；英国或许更应当庆幸，在如此关键的时刻，主持大局的是一个头脑如此清醒的人。

维尔纳夫渡过大西洋的时间太长，这令巴汉姆精湛的兵力调动能有幸保证成功，耽搁的原因不仅在于联合舰队低劣的航海技能，法国舰队司令在离开西印度群岛时错误地选择亚速尔群岛外海集结也造成了影响[③]。北大西洋夏季盛行强西风，亚速尔群岛以西刮西南风，群岛以东为西北风。因此如果一支舰队航向群岛以北的欧洲港口——如费罗尔，应当利用西南风越过经线向北航行。尽管纳尔逊的目的地所处纬度较低，他的本部舰队还是乘着这样一股风航行。维尔纳夫由于自己的错误，使舰队被西北风吹向葡萄牙沿海，在那里遇上了这个季节盛行的东北风。他正在和风向搏斗时，与考尔德遭遇。因此耽误的原因不是因为糟糕的运气，而是由于指挥不力。

拿破仑本人完全被巴汉姆的措施迷惑，他采取反制手段的速度也不可能跟得上了。他7月8日离开都灵，一路不停，11日晚上抵达枫丹白露。他大

---

① 《海军年鉴》第十四卷，第64页。——作者注

② 《巴罗自传》，第276—290页。——作者注

③ 见前文相关部分。——作者注

约在20日收到“好奇”号10天前送到英国海军部的消息，同时得知罗什福尔的封锁已被解除①。不过他直到27日才得知费罗尔外海的英国分舰队在原先封锁罗什福尔的英舰加入之后，也已撤离出海。他在给德克莱斯的信中写道：“‘好奇’号仅仅9日才到英国，英国海军部不可能在24小时之内就决定各英国分舰队的行动。罗什福尔分舰队却在12日就已撤离。15日，这支分队和费罗尔外海的分舰队会合，同一天，至迟第二天，这14艘战舰根据‘好奇’号到达之前接获的命令便已出发。那么英国人在这艘双桅帆船到达前得到了什么消息？如果是法国人正在马提尼克，纳尔逊在那里只有9艘战舰，他们会怎么做呢？如果他们派另一支分舰队去加强纳尔逊的兵力并不出乎我的意料……那样看的话，他们从费罗尔撤走的这14艘战列舰应当已被派往美洲。”②

8月2日，皇帝出发前往布洛涅，8日才得到消息，维尔纳夫和考尔德发生战斗，随后进入费罗尔港。双方舰队在7月22日下午开战，2艘西班牙战列舰被俘。入夜后，夜幕和雾霭将交战双方分开；能见度实在太差，联合舰队直到次日才知道损失了多少。1艘英舰失去了一条前中桅，其他战舰的桅杆多少都有些受损。后来考尔德在为自己辩解时提到的这些损失都属实，这看似并非阻止他追击敌人再度求战的主要原因。他一心在意看管战利品这种次要问题，担心在两支英国分舰队启航后，费罗尔和罗什福尔两地会发生的情况。“我没有指望不付出巨大代价就获得胜利；我没有友好港口可供停靠，在费罗尔和罗什福尔的敌军分舰队出击后，我很可能沦为它们的猎物。它们还可能前往爱尔兰。如果我被击败，那么后果简直难以设想。”③简言之，这位英国舰队司令犯下了拿破仑曾用于告诫手下将军的错误。他给“自己想

① 1805年7月20日，拿破仑给贝尔蒂埃、德克莱斯和冈托姆的信。——作者注

② 1805年7月27日，拿破仑给德克莱斯的信。——作者注

③ 《海军年鉴》第十五卷，第167页，考尔德的辩护词。本文不断重复引用的这一部分措辞虽有不同，但体现了整个辩护词的精神。——作者注

象出一种情况”，被这种想象蒙蔽，看不见事实（即便他其实能看到）。事实是在他面前的就是敌军几支分舰队当中规模最大和最重要的一支，他绝对有必要不让它全身而退，未来他几乎再也没能让他的分舰队去扮演如此具有决定性意义的角色。判断出该在什么特定的时刻投入战斗是一个战术问题，应视当时的情况来定；坚决与敌人保持接触，以便能及时把握任何战机，则是战略问题，答案无疑值得付出一定代价去确认。24日夜间的风向对他靠近敌人有利，他却和他们分开了。夜间风力变大，在25日上午，根据一位法国权威所说，舰队陷入混乱，几艘舰船失去了它们的帆，还有其他几艘的桅杆受损①。考尔德错失了这个战机。

纳尔逊在从西印度群岛返航途中，曾对他手下的舰长们说起过考尔德使之逃脱的这支舰队：“如果我们和他们遭遇，我们会发现他们不少于18艘战列舰，我宁愿先当作他们有20艘，因此如果我没有立即与他们交战不用觉得奇怪，但我们不会未经一战就放过他们。在我们靠近欧洲海岸之前，我会对他们置之不理，除非他们让我找到一个无法抵御诱惑的有利战机。”②8月23日，在抵达英国后，他发现人们都在焦急地议论考尔德，当时他率领18艘战列舰再度去寻找维尔纳夫，据说后者得到费罗尔分舰队增援后，兵力已达28艘战列舰。他写道：“我不能未卜先知，但我可以放胆来说，如果考尔德能在面对敌军的28艘战列舰时奋勇接舷一战，到敌人沉重打击我军舰队（指考尔德舰队）时，他们今年将无法再给我们（指英国和英国海军）造成任何伤害。”③这位最杰出战士的两段话充分说明了考尔德在7月份面对机会时应当采取的态度。

维尔纳夫再战的意图并不比考尔德强。甚至比起那位英国舰队司令官

① 舍瓦利耶：《第一帝国的法国海洋史》，第171页。考托的《特拉法加之战》第107页给出了一份非常详细的报告，说明了4艘残留的西班牙战舰的受损情况。——作者注

② 《纳尔逊急件》第六卷，第457页。——作者注

③ 《纳尔逊急件》第七卷，第16页。——作者注

来，为了确保一个宏大计划的成功，他更不愿拿一支分舰队去冒高风险。与考尔德交战后，维尔纳夫剩下的18艘战舰中有超过1200名病号需要上岸休养，他28日顶风到达维戈。另一方面，考尔德将他的战利品送到北方确定安全的地方以后，回到腓尼斯特雷角外海，希望能与纳尔逊会师。由于没能找到纳尔逊，他在29日便恢复对费罗尔的封锁。31日，维尔纳夫将他状况最糟的3艘船留在维戈，率领其他15艘战舰驶向费罗尔，其中西班牙战舰仅有2艘。这支舰队乘着强西南风贴近海岸航行，以免遇上考尔德；后者已被风暴吹走，所以当维尔纳夫抵达港口入口时，没有看到他们。联合舰队的舰船正在乘着有利的海风进港时，法国舰队司令收到禁止他在费罗尔锚泊的急件。急令称，如果由于海战中的损伤，或者其他任何原因造成的损失，他无力执行进入英吉利海峡的计划的话，皇帝希望他在和费罗尔与罗什福尔的分舰队会师后，前往加的斯。由于布雷斯特舰队已经准备就绪，其他准备工作万事俱备，拿破仑仍希望维尔纳夫能尽情发挥他的战斗技能、热情和胆略。“让我们成为多佛海峡的主宰，”他恳求道，“哪怕四五天也好。”[①]这次拿破仑把希望寄托在了一个扶不起的人身上。得知禁止进入费罗尔，维尔纳夫将他的舰船带入邻近的拉科鲁尼亚（Coruna）港[②]，8月1日在那里落锚。

这样一来考尔德曾期望阻止的会师还是实现了。尽管他在特定的日子没有出现也许无可避免；如果是这样，他在7月24日风向有利时，放过联合舰队的错误就显得更加突出。目前费罗尔聚集了29艘法国和西班牙战舰，英国公众的抗议声浪如此高涨，迫使他请求进行调查。英国海军部通过明智及时的调动命令，确保了他能在远离费罗尔港的地点与敌舰队遭遇，使敌舰队无法得到那里的战舰支援，考尔德却没能充分利用这一良机取得全胜，当然会令海军部恼火，于是海军部下令进行一次军法审判。审判在当年12月进

① 《拿破仑书信集》，1805年7月16日。——作者注

② 费罗尔、拉科鲁尼亚，还有第三个贝坦索斯港，都共用一个入海口。——作者注

行；考尔德将军在洗清了怯战和不忠罪名的同时，被认定没有竭尽全力重新开战，去俘获或摧毁敌人的每一艘战舰。他的行为被法庭认定应予以高度责难，判决对他予以严厉斥责。

这场审判发生在特拉法加海战之后。费罗尔会师造成的直接后果是英军放弃了对那里的封锁。8月2日，考尔德派5艘战舰恢复对罗什福尔外海的监视，法国分舰队已经溜了。直到8月9日，他才得知维尔纳夫已进入费罗尔。当时他只有9艘战舰，只得退往布雷斯特寻找主力，14日与他们会师。当时康华利部下有17艘战舰，在考尔德来会合后，增加到26艘。

次日，8月25日，纳尔逊也加入了这支舰队。7月25日，在到达直布罗陀一周后，他收到“好奇”号带来的消息。根据他对法国人一贯穷追不舍的法则，他立即率从西印度群岛一起回来的11艘战舰向北出发，打算根据在路上获得的消息，前往费罗尔、布雷斯特或爱尔兰。在和康华利通信之后，他乘坐自己的旗舰“胜利”号，带上另一艘亟须立即维修的战舰继续前往英国。18日，他在阔别2年之后，再度在朴次茅斯登陆。

如今康华利指挥的兵力有34到35艘战列舰，经验和训练水平都令人艳羡。法西联合舰队在布雷斯特有21艘战舰，在费罗尔有29艘，这两大舰队不仅各自在数量上难以匹敌康华利舰队，质量上更是无法相提并论。罗什福尔出动的5艘法舰在海上的某地游弋，它们在封锁港口的英舰离开去与考尔德会师5天后，即7月17日启航。在5个多月时间里，它们在海上没有遇到一支实力相当的英国分舰队，这种情况使他们在法国人那里赢得“隐形分舰队”的别名。尽管这支分舰队幸运地躲过了敌人的耳目，但拿破仑同样不可能找到他们，也就无法将它们纳入自己的联合行动计划范围之内[①]；即便它们在贸易破袭战当中给敌人造成了合计200万美元的损失，与失去这样一支如此重要的军事力量相比，恐怕得不偿失。

---

① 见拿破仑给德克莱斯、阿莱芒和其他人的信，1805年7月26日。——作者注

加的斯的法西舰船正被柯林伍德封锁，卡塔赫纳的战舰一直龟缩不出，海战的形势目前相对明了。康华利对敌人两支舰队中的任何一支都占有数量优势，而且处于内线阵位。一旦维尔纳夫靠近，敌人的两支舰队要想会师，都要仰仗风向，当风向对一支有利时，就会对另一支不利，所以他们几乎不可能在康华利有效摧毁他们其中之一以前成功会师。同样，只要哨船发挥得力，维尔纳夫也不可能躲过英国舰队，抢在后者出动之前，在拿破仑要求的时间以内控制住多佛海峡。除非发生不可预见的、会打乱精心部署的计划的突发事件，康华利就能以手中集中的兵力和内线阵位的优势控制局面。

就在这样的形势下，8月17日，康华利得报，维尔纳夫已率27到28艘战列舰出海。他立即派罗伯特·考尔德爵士率18艘战列舰驶向费罗尔，自己留下了16艘战舰。康华利舰队的这次分兵违反了最简单也最基本的公认军事原则，将中央位置和兵力的所有优势全都拱手让给维尔纳夫，这个错误被拿破仑贬称为一个“显眼的错误”。当时机失去，拿破仑得知这个错误时写道：“维尔纳夫错失了一个千载难逢的机会！他可以和考尔德在海上捉迷藏，在海上大范围迂回，然后在布雷斯特出现，直扑康华利舰队。或者，率领他的30艘战舰击败考尔德的20艘战舰，取得决定性的优势。”[①]这种对两位海军将领的责难都恰如其分。

正当英国各分舰队齐集比斯开湾，明察秋毫不知疲倦地将地中海的英舰都带到战场中枢时，拿破仑在俯瞰布洛涅的高地上，急切地等待着维尔纳夫的消息，同时在密切关注欧洲大陆时局的种种迹象，那里的天空已乌云密布，正在酝酿一场风暴。拿破仑对其他国家的蚕食在1803年引发了和英国的第二场战争，同时在大陆列强之间也引起了对他的猜忌。这些蚕食对大陆列强的影响更为直接，造成的灾难更大，但当时它们还没有一个敢轻举妄动。1804年，法国悍然侵犯德意志的中立权，在巴登的领土逮捕当甘公爵，引起

① 拿破仑给德克莱斯的信，8月29日。——作者注

公愤。当甘公爵被处决——大多数人认为这是以法律名义的谋杀，使俄国和奥地利的愤慨加速转化为一种采取行动的欲望。普鲁士同样感受到其他各国的愤怒和惊惧，却还不足以使它摇摆不定的政府下定决心。

在这样的形势下，随着阿丁顿内阁的倒台，小皮特二次掌权，使得英国的外交政策焕发了活力，自然引导了另一次反法同盟形成，这个同盟的中心和以往一样就在伦敦。为当甘公爵被捕事件，俄国沙皇对拿破仑和德意志帝国议会（German Diet）提出强烈抗议，一封措辞激烈的信件使法国和俄国的外交关系在1804年8月破裂。出于相同原因，法国驻瑞典大使被召回。尽管奥地利的举动已经引起拿破仑怀疑，它仍在妥协敷衍。

1805年初，沙皇向伦敦派出特使，商谈为实现全面和平的目的，重建欧洲秩序的庞大计划。尽管某些特定目的未能达成，英俄两国还是在4月11日签订了一份条约，双方一致同意促使欧洲列强结成同盟，以阻止拿破仑的进一步侵略。6周后，法国皇帝戴上意大利王国的王冠。6月，热那亚也被并入法国。吞并热那亚是拿破仑觊觎已久的目标①，这一举动促使奥地利决心加入该协定。随着奥地利8月9日在条约上签字②，第三次反法同盟正式成立。瑞典也在同时加入同盟，英国会负责向所有盟国提供财政支援。

奥地利的备战工作虽然慎重，却无法逃过拿破仑警惕的眼睛。“所有从意大利传来的消息都与战争有关，”他写道，“奥地利的意图的确已不再加以掩饰。”③出于对敌人迟缓动作和自己备战工作的信心，他并未失去希望。拿破仑曾经多次在战场上抢在另一个对手到达之前，迅速先击败一个对手，屡屡以少胜多，现在的局面和以前遭遇的军事形势并无分别。他甚至还可以对英国实施酝酿已久的打击，如果成功，奥地利也会立即屈服。8月

---

① 拿破仑1799年12月18日致塔列朗的信。“你在答复热那亚时措辞要谨慎，以便我们能在几个月之内，能毫无阻碍地将利古里亚共和国并入法国。”——作者注

② 斯坦霍普：《小皮特传》第四卷，第318页。——作者注

③ 1805年7月31日，拿破仑致塔列朗的信。——作者注

13日，得知维尔纳夫进入拉科鲁尼亚两天后，拿破仑指示塔列朗提醒奥皇，为了让他能不受干扰地专心与英国一战，奥地利必须将集结在蒂罗尔的军队撤往波西米亚，不然他11月会亲临维也纳。[①]同一天急令被送到维尔纳夫手中，时间紧迫，命他加速完成使命。为应对奥地利和英国的威胁，必须速战速决。这次他不再下令避战，相反，只要法国舰队数量优于英国（在计算战力时2艘西舰等同1艘法舰），维尔纳夫就要不计任何危险发动进攻[②]，“如果我的海军将领以30艘战舰都害怕进攻24艘英舰，那我们就应该放弃对海军的所有希望了。”[③]

8月23日，法国皇帝对塔列朗宣布了他最终的重大决策：“我分舰队的34艘舰船已于8月14日从费罗尔启航[④]，尚未发现敌踪。如果分舰队按照我的指示，与布雷斯特分舰队会师，一同进入英吉利海峡，那样还有时间；我们将成为英国的主宰。如果情况正相反，我的舰队司令们踌躇不决，进退失据，无法完成他们的任务，我就别无选择，只能等到冬季率登陆船队渡过海峡。那样的军事行动十分冒险，尤其由于政治原因迫使我将行动推迟到明年4月的话。如此一来，我现在就去应对最明显的危险：我在这里撤营，到9月23日，我在德意志就会有20万大军，在那不勒斯会有2.5万人。我会向维也纳进军，不拿下那不勒斯和威尼斯，解除奥地利方面的威胁，绝不退兵，这样冬天奥地利就会老实了。”这些话一语成谶。就在同一天，虽然严格来说仍是预防措施，大量命令都被送到汉诺威、荷兰和意大利的部队，为预期目标改变的其他准备工作也在进行。与此同时，拿破仑依然想方设法阻止奥地利，以使他能不受干扰地入侵英国，他将迪罗克派往柏林，提出将汉诺威交给普鲁士，条件是普鲁士应出兵波西米亚，或者至少向奥地利明确宣战。

---

① 8月13日，拿破仑致塔列朗的信。——作者注

② 8月13日，拿破仑致维尔纳夫的信。——作者注

③ 8月14日，拿破仑致德克莱斯的信。——作者注

④ 其中战列舰仅29艘。——作者注

拿破仑已经做出所有决策。8月13日，在三度尝试无果后，维尔纳夫终于率他的29艘战列舰出海。快速帆船“迪顿”号被派去寻找罗什福尔分舰队，命令他们也向布雷斯特靠拢。直到此时，这位不幸的舰队司令都还在为他究竟是否该率领这样一支更庞大的兵力前往布雷斯特踌躇，还担心规模较小的罗什福尔分舰队会因为给他们的命令遇险。他在启航时，给海军大臣写下了这段意味深长的文字：“敌人的兵力空前集中，除了去加的斯外，我几乎别无选择。”[①]

维尔纳夫离港以后不久，风向变为东北风，对他到达自己的目的地不利。舰队仍在向西北航行，由于糟糕的操作，使几艘战舰受损。15日上午，他们位于腓尼斯特雷海角西北偏西250海里的位置，这时仍是东北风，但风力适中。3艘战舰进入他们的视野，其中2艘是英舰，第3艘是被派去寻找罗什福尔分舰队的法国快速帆船，它已被俘。一艘丹麦商船报告说，这是一支25艘战舰的敌军舰队的哨船。这一说法并没有根据，因为康华利已经将他的舰队一分为二，维尔纳夫自己却想象到他指挥的这支战斗力偏弱的舰队遇上一支规模远非其能应对的敌舰队会是怎样的情景。维尔纳夫没能意识到虽然他自己的使命只是宏大整体作战的一部分，却是至关重要的一部分，最终他还是丧失了决心，当晚他命令舰队驶向加的斯。20日[②]，柯林伍德指挥的3艘战舰发现了这支法国舰队。从5月起，他就率领一支兵力不时增减的小型分舰队监视加的斯港。这位英国舰队司令果断决策，分舰队正好退到法军舰炮射程之外的位置，按照他的说法，他决心除非能将敌人拖进直布罗陀海峡，否则绝不会进入地中海。维尔纳夫无心追击英舰，当天下午，他在加的斯锚泊，当时该港已集结了35艘法国和西班牙战列舰。柯林伍德当即重新占据了他在港外的位置。当晚，1艘英国战列舰和他会合，22日，理查德·比克顿

① 舍瓦利耶：《第一帝国时代的法国海洋史》，第180页。——作者注

② 1805年8月21日，柯林伍德的信件。——作者注

爵士[①]率4艘战列舰从地中海赶到。30日，考尔德带来了康华利分兵给他的18艘战列舰。考尔德此前遵照命令去费罗尔外海，发现那里的港口已经空了，后来得知维尔纳夫已经驶往加的斯，便前来增援封锁舰队。柯林伍德便率这26艘战列舰，将港内的敌舰队牢牢封锁，直到9月28日，纳尔逊从英国赶来为止，他一直担任这个舰队的总司令官。

拿破仑为入侵英国深思熟虑精心谋划准备的计划就此付诸东流，永远终结。维尔纳夫发出向加的斯航行的信号时，就是标志这个宏大计划最终胎死腹中的决定性时刻。拿破仑知道这个事实的确切时间无法确定，法国海军大臣德克莱斯已经让他对维尔纳夫令人失望的行动有所准备。拿破仑在对那位不幸的舰队司令官大发雷霆后，立即迅速下达了一连串命令，按照他自己的生动描述来说，他的各军团“一百八十度向后转”，开始向莱茵河和多瑙河上游进军。8月25日，他在给塔列朗的信中写道：“我已做出决定，行动开始。3周之后，我会率20万大军出现在德意志境内。”从这天开始的3天之内，命令一道接一道从他的司令部发出；28日，他写信给迪罗克表示，陆军已全面动员。为了麻痹奥地利人，掩盖他目标的改变和争取最为重要的时间，拿破仑本人仍留在布洛涅，表面上他的目光仍盯住大海，直到9月3日才去巴黎。24日，他离开首都去统帅大军，26日来到斯特拉斯堡，10月7日，近20万法国大军进攻乌尔姆南方的多瑙河地区；包围了集结在那里的麦克[②]

① 理查德·比克顿爵士（Sir Richard Hussey Bickerton, 2nd Baronet，1759—1832）：理查德·赫西·比克顿爵士，二代准男爵，英国海军军官。他的父亲是一位海军中将。他12岁加入英国海军，1792年其父身故后，继承爵位。1800年指挥加的斯外海英军封锁分舰队。1804年，出任纳尔逊的副手。1807年进入海军部，1812年出任朴次茅斯港总司令。——译者注

② 麦克（Karl Mack von Leiberich, Freiherr，1752—1828）：卡尔·麦克·冯·莱布里希男爵，奥地利军官，出生于巴伐利亚，1770年加入奥地利军队的一个骑兵团，七年后成为一名军官。他参加过巴伐利亚王位继承战争。对奥战争期间，他曾担任奥皇约瑟夫二世的副官。1789年攻占贝尔格莱德之战使他开始成名。18世纪90年代，已经晋升为上校的他，在镇压奥属尼德兰起义期间，得到卡尔大公称赞。法国大革命战争爆发后，他曾出任奥军统帅科堡的参谋长。第一次反法同盟战争结束后，他沉寂了一段时间。在奥地利新皇弗朗茨二世登基后，晋升奥军中将衔。在意大利战场他指挥那不勒斯军队，后来被拿破仑俘虏。他在巴黎被囚禁两年后成功出逃。1804年，他重返奥军，负责统帅德意志境内的部队，次年在乌尔姆大败，向拿破仑投降。奥斯特里茨战役之后，他被送上军事法庭受审，被判革去一切职务和荣誉，处以两年徒刑，就此退出军界。——译者注

将军指挥的8万奥军。20日，特拉法加海战的前一天，乌尔姆陷落，3万人缴械，还有3万人在之前的战斗中被俘[①]。11月13日，法军进入维也纳。12月2日，法军又在奥斯特里茨战役完胜俄奥联军。26日，德意志皇帝签署《普雷斯堡和约》，放弃他在威尼斯和意大利的所有其他领地，将蒂罗尔割让给法国的盟友巴伐利亚。

奥地利从此雌伏了3年，法国对英国的远征却再也没能重启。次年，普鲁士与法国之间的矛盾引发了战争，这个北德意志王国在奥尔施塔特和耶拿惨败。1807年，拿破仑仍需要另一场战役使俄国求和。与此同时，布洛涅的大运输船队正在海滩上朽烂。1807年10月，德克莱斯奉拿破仑之命，对船只和四座港口进行检查。为入侵英国专门建造的1200艘船只中，只有不超过300艘还能出海，高达900艘运输船只都已报废。布洛涅的环形港口已经淤积了2英尺深的沙子，维姆勒和昂布勒特斯的环形港口积沙更达3英尺深。不用过几年，这些港口就会彻底淤塞[②]。1814年，一位英国女士在拿破仑第一次退位后走访布洛涅。她在游记中写道，在布洛涅镇后方的高地上，仍然能看见宿营地的土墙——这摇摇欲坠的遗迹记录着当年的那次惨败。

这时自然会出现一个问题，拿破仑入侵英国的计划在何时有成功机会呢？这个纯属猜测的问题涉及诸多因素，海战的情况又充满诸多变数，以肯定的断言答复是愚蠢的。不过，有些决定性因素应当值得我们关注。例如，如果维尔纳夫在离开西印度群岛时已经带着本部和费罗尔的分舰队，或者他还已和冈托姆会师的话，就能立即驶向英吉利海峡；根据众所周知的当时的天气条件，他可以顺风进入英吉利海峡，直接驶入布洛涅。在西印度群岛会师是拿破仑最重视的计划，英国各分舰队在各敌国港口的严密监视令其难以实现，于是形势一步步向法国皇帝宣称的最坏方向发展——在布雷斯特港前

① 梯也尔：《执政府与第一帝国》第二十二卷，第125、128页。——作者注

② 梯也尔：《执政府与第一帝国》第二十八卷，第233页。——作者注

会师。前文已叙，在法国舰队最后试图集结的这一关键时刻，英国人通过他们的战略政策顺其自然地进行了一系列调动，在布雷斯特港前集结了比试图在那里会师的法国分舰队中的任一支都强大的兵力。即使康华利犯下了分散优势兵力的错误，也不会影响我们从中得到的军事经验。

虽然考尔德在7月犯下了让维尔纳夫逃脱的错误，同样无碍我们从英国人采取的策略当中获取重要的宝贵经验，那就是英国舰队通过精妙地利用其所处的内线阵位优势，在一个最适合的地点阻止法国舰队最重要的会合。最值得注意的是，这个地点远离费罗尔，使港内的分舰队想要支援却鞭长莫及。

英国人能够取得内线阵位赋予的战略优势，首先应归功于圣文森特，此外还要加上英国海军人员方面的明显优势。由于水兵巨大的需求量，很难维持舰员素质方面的优势，军官素质的优势就显得尤为重要。英国战舰出海巡航不是让单舰出去单打独斗，而是组成数量或多或少的分舰队。战舰永远都在海洋这个训练场——不，这个战场上，经历各种变化的磨炼，经过实践锻造成完美的战争机器，尽管数量会处于劣势，他们在实力和机动能力方面对他们的对手仍一直处于优势地位。

因此，综上所述，掌握的战略优势和实力优势使得英国拥有更大胜算。拿破仑依然有足够的取胜机会，不会令人认为他的宏图全然无望。任何一个海军官兵几乎都无法否认的事实是，尽管英国海军拥有纳尔逊这样的天才和一群坚忍不拔的军官，法国人仍有可能得到一些机会，让40艘或更多法国战舰进入英吉利海峡，使拿破仑在数日之内得到他所需要的海峡控制权。为了组建能让考尔德与维尔纳夫作战的舰队，英国人将监视罗什福尔和费罗尔的分舰队调走，尽管应当视为统帅能力的出色表现得到敬佩，也显示出英国海军在数量上尚嫌不足，不足以保证自己的绝对安全，可能会被某些欺骗性较强的联合行动骗过，在决定性的关头不知所措，大祸临头。

法国皇帝对入侵英国的计划如此重视并不夸张。尽管成败尚未可知，但只要他在对抗英国时失败，便会处处受制。他天才的直观感受，被他后来的历史记录证实：只有战胜这个海权大国，他才能赢得这场旷日持久的争斗。在此后10年令欧洲大陆满目疮痍的战争中，法国大军及其附庸国军队尽管横扫整个欧洲，始终有一种持续不断的无声的压力威胁法国的要害，尽管寂静无声，一旦留意观察，就能发现海权强国所起到的最具冲击力和最可怕的作用。这种压力使欧洲大陆年复一年地不断耗费资源；拿破仑的帝国尽管辉煌耀眼，却日益穷困。这种穷困，还有强制实施大陆封锁体系的巨大开支，都被归咎于拿破仑个人的独断专行，使他遭到各国人民憎恨，即便他曾为他们的解放做出很多贡献。收入匮乏和经济疲软，这就是拿破仑为大陆封锁政策付出的代价，这一政策偏偏是他在特拉法加海战后，战胜英国这个海上强国的唯一希望。甚至可以认为，尽管他荣极一时，在入侵英国失败后，却不曾感到片刻安全。借用他自己在与陆军会合时向全国发表的有力讲话来说："没有贸易、没有航运、没有殖民地，屈从于敌人不正当意愿的生活，不是法国人应有的生活。"法国在他统治时期，偏偏就要按照那个从未被征服的敌人的意愿生活。

9月14日，拿破仑在离开巴黎前，给维尔纳夫送去命令，让他把握最佳时机离开加的斯，进入地中海，与卡塔赫纳的战舰会合，然后率这个联合舰队赶赴南意大利沿海。在那里，只要时机合适，他将会让舰队装载的陆军部队登陆，去增援圣西尔将军。圣西尔也已得到指示，做好准备，时机一到，立即攻打那不勒斯①。次日，拿破仑对德克莱斯重申了上述命令，强调指出一旦这个大舰队在地中海出现，就会有力地牵制敌人，对整个战役非常重要。由于"维尔纳夫过于谨小慎微，已无力承担这项重任，你要派罗西里将军接替他，他会带信指示维尔纳夫返回法国，对他自己的行为做出解

① 1805年9月2日，拿破仑致圣西尔的信。——作者注

释”。[①]皇帝已经准备好以七项不同的指控对这位舰队司令进行军法审判[②]。9月15日，即拿破仑发布解除维尔纳夫指挥权命令的同一天，纳尔逊在回国仅25天后，最后一次离开了英国。28日，在纳尔逊与加的斯外海的舰队会合时，在他麾下有29艘战列舰，随着其他战舰陆续到达，在海战当天兵力达到33艘战列舰。由于淡水短缺，他必须派战舰6艘一组去直布罗陀加水。因此能投入战斗的英舰仅有27艘——这是一种不太走运的状况，因为正如纳尔逊所言，英国需要的不仅是一场辉煌胜利，还必须是一场歼灭战，“歼灭战必须依靠数量。”[③]他将麾下的兵力做了如下部署：舰队主力在加的斯西南偏西约50海里，7艘瞭望快速帆船靠近港口监视，在这两部之间，有两个小型战列舰分队——一个离港20海里，另一个离港约35海里。纳尔逊写道：“通过这种链式部署，我希望能与快速帆船始终保持联系。”

9月27日，维尔纳夫收到拿破仑指示进入地中海的命令。次日，就在纳尔逊和舰队会合时，维尔纳夫表示他们已接到命令，并且恭顺地报告说一旦风向合适便立即执行。在他执行命令以前，已经得到纳尔逊舰队兵力的确切情报，皇帝还不知道这些。维尔纳夫召开军事会议商谈当前形势，与会众人普遍反对出航，总司令官宣读了拿破仑的命令，表示自己决定依命行事，所有人都服从了命令。后来，一件维尔纳夫始料不及的事件加快了他的行动。

在罗西里将军到达之前，消息已经传到加的斯。维尔纳夫没有料到自己会被取代，一开始并不在意。10月11日，当他的继任者到达马德里时，他听到了会被取代的传闻。维尔纳夫的名誉受到威胁，他知道自己已被某些人不公正地贴上了懦夫的标签，如果不能留在海上，就无法洗刷污名。他立即写信给德克莱斯，表示如果能允许他继续留在舰队的话，他乐于接受较低的职务，在信末这样写道：“如果情况有利，我明天就会出海。”

---

① 9月15日，拿破仑致德克莱斯的信。——作者注

② 9月4日，拿破仑致德克莱斯的信。——作者注

③ 《纳尔逊急件》第七卷，第80页。——作者注

次日风向有利，联合舰队开始起锚。19日，8艘战舰驶出港口。上午10点，远离港口的纳尔逊通过传回的信号得知，期待已久的联合舰队的行动已经开始。他立即驶向直布罗陀海峡，扼守联合舰队进入地中海的入口。20日，联合舰队的33艘战列舰，连同5艘快速帆船和2艘双桅帆船全部出海，乘西南风向西北方向航行，在远离海岸足够距离后，直取直布罗陀海峡。当天上午，纳尔逊乘着有利的风向，在斯帕特尔海角（Cape Spartel）外海停留，准备阻击敌舰队。纳尔逊从英军快速帆船那里得知，敌人正在他的北面，随即转向北方，准备应敌。

当天转为西风，仍对英国人有利，法西联合舰队也能迎风换戗，向南航行。风力仍然很弱，于是两个舰队的进展都很慢。夜间双方都进行了机动，联合舰队是为了获取有利位置，英国舰队则是为保持有利阵位。21日破晓，双方都已发现对手，法西联合舰队以5列纵队向南航行，上风位的2个纵队合计12艘战列舰，在格拉维纳①将军指挥下组成了独立观察分舰队。其余21艘战列舰组成主力，由维尔纳夫亲自指挥。特拉法加海角位于战场东南方的海平线，距离联合舰队10到12海里。英国舰队位于海角以西相同距离的位置，这场海战就以这座海角命名。

天亮后不久，维尔纳夫发信号，右舷戗风组成战列线，组队完成后向南航行。在这次机动中，格拉维纳的12艘战舰组成了联合舰队的前锋，他自己的旗舰成为纵队先导舰。法国人和西班牙人之间后来一直在争论，格拉维纳此举究竟是奉维尔纳夫的命令，还是自作主张。无论何种情况，这12艘战舰

---

① 格拉维纳（Don Federico Carlos Gravina y Nápoli，1756—1806）：费德里克·卡洛斯·格拉维纳·那波里，原籍西西里——当时属于西班牙波旁王室统治的那不勒斯与西西里王国的一部分。他12岁加入西班牙海军，美国独立战争期间参加过直布罗陀围城战，1790年成为一艘战列舰的舰长。法国大革命战争爆发后，他以西班牙舰队副司令身份，和胡德勋爵指挥的英国舰队一同进驻过土伦港。1796年，西班牙与法国议和后，他于1801年率一支西班牙分舰队掩护法军对圣多明各的远征。1804年，他出任西班牙驻法大使。英西两国开战后，他回到西班牙舰队服役。1805年，他在特拉法加海战中，指挥西班牙舰队，在战斗中身负重伤。西班牙国王为酬谢他的苦劳，晋升他为西班牙海军元帅，他再也没能回到海上第一线，1806年3月即因重伤不治去世。——译者注

都放弃了他们的中央上风阵位，很大程度上牺牲了他们增援战列线中任何受威胁部分的能力，还毫无必要地拉长了已经太冗长的战列线。最后，他们没能成为指挥官手中可靠的预备队，反成为英国舰队集中兵力进攻的无用牺牲品。

上午8点，维尔纳夫眼看战斗已经无可避免。为了能在遇到灾难时让加的斯处于他的下风位，他下令联合舰队全体调转舰艏。全舰队笨拙地执行信号给出的命令，好歹在10点完成转向，以相反序列向北航行，格拉维纳分舰队位于舰队后卫。11点，维尔纳夫命令格拉维纳分舰队保持好上风位置，以便处于能够支援中央本队的阵位，因为看来敌人将对中央发动主攻。这是个审慎明智的命令，然而英国舰队的目标是集中攻打后卫本身，命令变得毫无意义。当信号发出时，加的斯位于东北偏北20海里，联合舰队的航行路线正在向它靠近。

由于风力较弱，纳尔逊不会在机动中浪费时间。他迅速将他的舰队组成两个单列纵队，这是最简单和最灵活的进攻队列，是最易保持整齐的队列。问题是这种简单的纵队阵形缺乏侧翼保护，在后方战舰能够跟上支援先导舰的关键时期，会使先导舰承受敌军战列舰的集中火力打击，蒙受损失。纳尔逊在这一战使用的这个阵形饱受批评，因此有必要在这里指出，从海战前几天他发出的命令来看，尽管没有明确指出一旦开战采用什么阵形，从中透出的意图却表明，如果从上风位进攻，会让他的舰队采用与敌舰队平行的两列纵队阵形，会与敌军后卫齐头并行。届时距离敌人最近的下风位纵队将一齐组成战列线逼近敌舰队的12艘后卫舰，同时上风位纵队会向前运动，阻击敌舰队其余战舰。无论出现何种情况，是以纵队进攻也好，战列线攻击也罢，他计划的本质特征是以16艘英舰压制敌人的12艘战舰，他的舰队余部会掩护这一行动。消灭敌军后卫的任务将委任给副司令官，纳尔逊会亲率较小的一个纵队承担更不确定的任务，迎战其余敌舰。他在那著名的命令中写道：“在我向副司令官传达命令之后，他将拥有自己战列线的全权指挥权。”

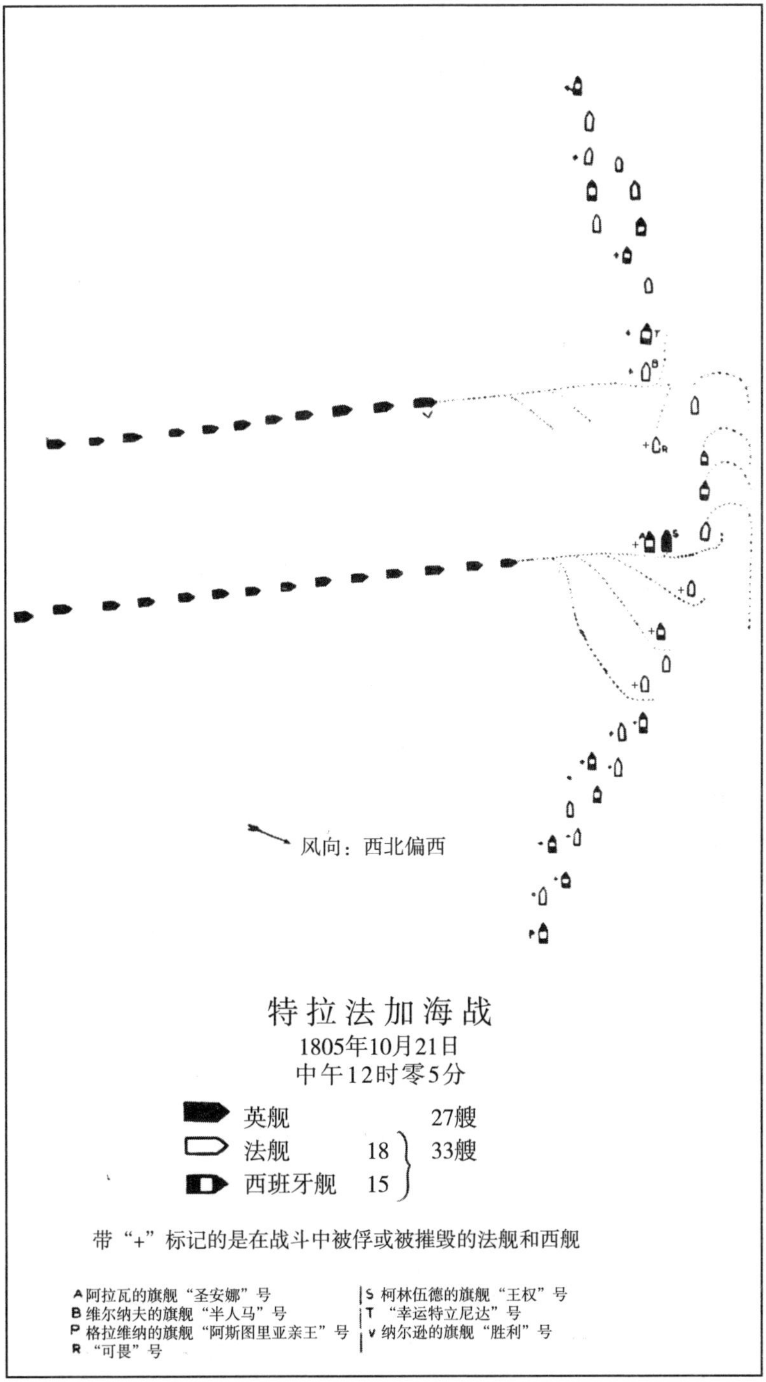
风向：西北偏西
特拉法加海战
1805年10月21日
中午12时零5分
英舰 27艘
法舰 18
西班牙舰 15
33艘
带“+”标记的是在战斗中被俘或被摧毁的法舰和西舰
A 阿拉瓦的旗舰“圣安娜”号
B 维尔纳夫的旗舰“半人马”号
P 格拉维纳的旗舰“阿斯图里亚亲王”号
R “可畏”号
S 柯林伍德的旗舰“王权”号
T “幸运特立尼达”号
V 纳尔逊的旗舰“胜利”号

阵图7

由此可见，纳尔逊在特拉法加海战如此部署的原因在于微弱的风力会延误形成队列的时间，使他面临失去战机的风险，他那样处置是正确的。还必须注意的一点是，由士兵组成的一列纵队在冲锋时结合其纵深和规模优势，发动的冲锋能穿透一列相对薄弱的抵抗阵线，将其拦腰截断。战舰组成的一列纵队虽然不具备同样的持续冲击力，也能取得类似的结果。无论是陆军还是海军，纵队的先头部队都会承担最大损失，因为要获胜就要仰仗他们前突的阵形。从本质上来看，纵队持续进攻敌军阵列一部就是集中兵力以多打少，只要这种攻击持续时间足够长，结果将毋庸置疑，必然能突破和切断敌军阵列，将敌军一部分割包围，特拉法加的战况正是如此。同样必须一提的是，任一纵队的后卫各舰在到达敌军战线时，会用舷炮齐射扫荡海面，阻止两翼敌舰援助其受到进攻的中央本队的企图。实际上联合舰队两翼的战舰都没有进行这种尝试。

两列英舰纵队相距接近1海里，以平行航线向接近正东方向驶去。考虑到敌舰队正在向北航行，所以英舰航向也稍微有些偏北。北方或左路纵队，因为占据了上风位，一般被称为“上风队列”，由12艘战舰组成，纳尔逊以他的旗舰，100门舰炮的“胜利”号一马当先；同级的“王权”号战舰悬挂柯林伍德的将旗，引领15艘战舰的右路纵队。

面对逼近的英国舰队，联合舰队以传统的战列线对应，即迎风航行的单列长队，在这种情况下迎西北偏西风向北航行。战列线一端到另一端距离接近5海里。部分由于微风，部分由于舰队的庞大数量，还有部分由于舰队各单位的很多舰船操作效率低下，使联合舰队组成的战列线极不完备。很多舰船不在自己的位置，间隔宽度也不规则，这里的船只不够紧密，那里又有2艘舰船位置重叠，一艘会阻挡另一艘开火。最终联合舰队的阵列没有形成一条直线，反而形成一条逐渐更加弯曲，凸面向东的弧线。因此，对从西面靠近的英国舰队来说，联合舰队的战列线类似一个凹角。柯林伍德的犀利目光注意到了这种布置的优点，那就是能够形成交叉火线，在他的作战报告里对此给予好评。需要指出的是，能够形成这种结果纯属偶然，并非有意为之，不能体现联合舰队主将的才能，而是由于他的部下航海技能欠缺所致。

联合舰队总司令维尔纳夫乘坐一艘80门舰炮的“半人马”号（bucentaure）战舰，位于战列线前锋第12艘的位置。它的正前方是四层甲板的西班牙巨舰“幸运特立尼达”号（Santisima Trinidad）。这艘如巨人歌利亚（Goliath）般的巨舰，正在迎来他的最后一战。“半人马”号身后的第6艘战舰，即阵列中的第18艘，是西班牙阿拉瓦[①]海军中将的旗舰，三层甲板战舰“圣安娜”号（Santa Ana）。这两位将军的旗舰分居联合舰队中央本队左右，因此英国舰队两列纵队的先导舰便以这两艘战舰为航标——纳尔逊对准“半人马”号，柯林伍德对准“圣安娜”号。

“王权”号不久前刚刚进行改装，依靠新的包底铜板，航速很快就超出后续各舰一大截。结果当柯林伍德进入射程时，他的旗舰已经领先其他战舰0.75海里，独自进入敌阵，20分钟内无法得到支援，独自抵挡所有能向它开火的敌舰火力。这当然值得柯林伍德引以为傲，但绝对不值得效法。这场海战的第一炮是“圣安娜”号舰艉后方的“火热”号（Fougueux）打响的。时间正当中午，随着敌对双方舰队的揭幕炮声，各舰都升起旗帜，西舰还在后桅纵帆帆桁挂上了木制大十字架。

“王权”号仍默默前进，10分钟后，逼到“圣安娜”号舰艉。随后它两次舷炮齐射，消灭了400名敌舰舰员，再迅速转舵变向，占据紧靠敌舰的阵

---

① 阿拉瓦（Ignacio María de Álava y Sáenz de Navarrete，1750—1817）：伊戈纳西奥·马利亚·德·阿尔瓦·桑茨·德·纳瓦雷特，西班牙海军军官，16岁加入西班牙海军，美国独立战争期间，先后在北美沿海和直布罗陀参战，1782年底晋升为海军上校。1787年至1790年间，他出任兰加拉舰队的第一上校，1792年晋升海军准将。法国大革命战争爆发后，他于1794年晋升海军少将，次年率一个分舰队在西班牙各殖民地进行环球巡航。1803年，他回到久违的加的斯，不久晋升海军中将。1805年，他出任加的斯西班牙舰队副司令。同年10月，他在特拉法加海战中多处负伤，和座舰一起被英军俘虏。因为风暴，不久后，他和座舰一同被一个西班牙小分队夺回。次年格拉维纳病故后，他接替指挥残留在加的斯的西班牙海军。半岛战争爆发后，他一度退居塞维利亚，在西班牙重新收复加的斯后，再度出任当地海军司令。1810年，他出任加勒比海西班牙海军司令，3年后回国出任加的斯总督，次年进入西班牙海军部，1817年获得西班牙海军元帅荣衔，3个月后病逝。——译者注

位，敌我双方的舰炮都几乎要碰到一起了。“王权”号在这里不仅要承受主要对手的炮火，还会受到另外4艘战舰舰炮打击，其中3艘属于紧挨在“圣安娜”号和“半人马”号之间的那5艘战舰组成的分队，它们应组成一道敌人试图穿透中央本队时无法逾越的屏障。实际上这3艘战舰却都位于他们应处位置的后方和下风位，由此可见法西联合舰队的阵列是怎样散乱无序。

“王权”号独自和对手进行了15分钟近战。这时他身后的下一艘战舰才进入战斗，纵队的其他战舰也依次进入战斗。“圣安娜”号背后共有15艘战舰。柯林伍德部下的战舰从各个不同方向在这些战舰队列穿插。起初各舰在旗舰引导的路径附近分割围歼敌军中央和后方的先导舰船，随后再迂回攻打其他敌舰。虽然在这种混乱的情况下，运气成为决定要素，英国人的原始战术计划仍保证他们能对敌军阵列有限的部分战舰实施压倒性集中打击。在这种以众击寡的战况下，英国各舰长以其智慧和技能轻易歼灭不断减少的残敌，保证英军以较小的损失代价击败敌舰队。包括“圣安娜”号在内，组成联合舰队后卫的16艘战舰有12艘被俘或被摧毁。

还不到下午1点，即接近柯林伍德的后续舰船投入战斗半小时时，“胜利”号逼到“半人马”号身前。“半人马”号差点遭遇和“圣安娜”号同样的可怕后果，好在一艘在下风位紧随着它的战舰挡住了“胜利”号的去路，使纳尔逊无法与敌军总司令的旗舰搏战。“胜利”号未能突破敌军战列线，和74门舰炮的法舰“可畏”号（Redoutable）狭路相逢，位置紧贴的双方随后发生激战。1点30分，纳尔逊受了致命伤，此刻激战正酣。

紧随纳尔逊的战舰很快也和“可畏”号战在一处，迫使敌舰陷入两面作战。遵照纳尔逊必须奋力俘获敌军总司令的命令，英军上风纵队随后依次投入战斗的3艘战舰都在寻找“半人马”号求战。他们首先集中攻打“半人马”号，随后又一齐攻打“幸运特立尼达”号。如此一来，联合舰队总旗舰，它前方的一艘战舰，还有尽管不应出现在它舰艉，却在试图填补这一重要位置的战舰，即联合舰队阵列最关键的部位，遭受5艘英舰——其中有3

艘一级战舰的绝对优势火力打击。结果，不仅这3艘战舰成为英国人的战利品，联合舰队前锋和后卫之间也形成了一个巨大的突破口。应当紧跟维尔纳夫旗舰舰艉的战舰的怪异举动又使这个突破口变得更大。“胜利”号投入战斗不久，这艘舰驶离战列线，舰艏转下风，掉头向舰队后卫驶去，另有3艘战舰也跟着他一起行动。据称这一行动是希望能救援后卫。即便如此，这最多就是一次不合时宜的鲁莽行动，根据这些战舰没有一艘被俘这一事实来看，简直都不能以救援后卫来为它们的行动辩解。

于是，在开战2小时后，法西联合舰队被切成两段，后卫被包围，而且被相继分割歼灭。“半人马”号、“幸运特立尼达”号和“可畏”号尽管尚未投降，实际已受重创。在“幸运特立尼达”号前方有10艘战舰，它们居然还未投入战斗。前锋的无所作为，尽管部分可归咎于风力微弱，仍有充分的理由谴责这种懈怠。维尔纳夫在1点50分就已发信号让它们投入战斗，舰艏转下风一齐掉头。由于大浪和微风，要完成这种机动颇有难度。前锋所有战舰到约3点钟才完成机动，却犯下了一个致命错误——没能够集中到一起。杜马诺尔①将军率领的5艘战舰位居战场上风位，另3艘却来到战场的下风位，还有2艘偏离了航向，干脆彻底离开了战场。这10艘战舰中有3艘被阻截，使联合舰队的损失上升为18艘战列舰被俘，其中1艘起火焚毁。杜马诺尔将军如果能早一个小时赶到，也许还能搭救维尔纳夫，现在为时太晚了。他指挥的5艘战舰一开始又有1艘被英舰分断，然后他率4艘战舰和敌舰进行了一些远距离舷炮互射后，向西南方航行，脱离战场。

格拉维纳将军指挥的舰队后卫自从海战开始以来已损失惨重，4点45

① Pierre-Etienne-René-Marie Dumanoir Le Pelley：皮埃尔-埃蒂安-勒内-马里·杜马诺尔·勒·佩里，1770—1829，法国海军军官，1787年加入法国海军，1790年以前一直在美洲服役，随后又在非洲外海的2艘快速帆船服役。1790年，杜马诺尔晋升海军上尉，出任马丁将军的参谋，后在里切利分舰队服役。1796年，他以分队司令身份参加过未遂的爱尔兰远征，1798至1799年在埃及远征期间出任快速帆船船长。1799年11月晋升海军少将，出任布雷斯特舰队的分舰队司令。1805年的特拉法加海战中，他负责指挥前锋分队，在战况不利的情况下，率4艘战舰脱离战场。他的部队在11月初还是被英军俘获。——译者注

分，他率部向加的斯撤退。他发信号给尚未降旗投降的战舰，让它们在他的旗舰周围集结，另外5艘西舰和5艘法舰跟随他行动。在他撤退时，联合舰队还在抵抗的最后2艘战舰降下了它们的旗帜。

21日夜间，格拉维纳的11艘战舰在加的斯港入口落锚，由于从陆地刮来东南风，它们这时还无法进入港口。在海战激战犹酣时，海上就已掀起大浪，此时汹涌的浪涛在将英舰和他们的战利品推向海岸，微弱的风力使他们无法变向避开大浪。情势十分危险。午夜，风力转强了许多，幸运的是好在已变为南风。22日一整天都刮着狂风，英舰带着13艘战利品向西航行避开海岸，另外4艘战利品已经被迫在特拉法加海角外海落锚。当天上午，维尔纳夫原先的旗舰"半人马"号在加的斯入口外海触礁失事；傍晚，曾奋不顾身支援旗舰的"可畏"号被拖运它的英舰发现正在下沉，22日夜间，它和仍留在舰上的150名人员一同沉入海底。24日，同样的厄运降临到曾位于法国舰队司令旗舰正前方的巨舰"幸运特立尼达"号身上。至此，维尔纳夫自己的旗舰和2艘支援他的战舰都在海面上消失。

一连几天，西北和西南大风都在海上持续劲吹。23日，曾随格拉维纳一同逃脱的5艘战舰出海，试图救回靠近海岸的几艘沦为敌军战利品的战舰。它们成功救回了2艘已经支离破碎的战舰，但这5艘救援舰却有3艘被冲上海滩撞毁，人员损伤巨大，这次勇敢的善意出航最终收效甚微。另2艘战利品上的英国押送军官因为无法凭借他们微薄的力量拯救这2艘舰船，将它们放弃，交给法军舰员。最终这2艘舰船进入加的斯港。其余的英军战利品，除了4艘之外，不是搁浅，就是在柯林伍德对挽救它们已经绝望后，被下令摧毁，而英舰一艘都没有损失。

10月20日，从加的斯港出航的法西联合舰队共有33艘战列舰，在10月31日返回该港落锚的11艘战舰——5艘法舰和6艘西舰，大多数都成了报废的残骸。11月4日，杜马诺尔指挥的4艘逃离战场的战舰在奥特加尔海角附近海域遭遇一个同等规模的英国分舰队，全部被俘。这使联合舰队的损失上升到22

艘，比起纳尔逊在临终时刻期望的20艘还多出2艘。

在特拉法加海战幸存下来的联合舰队残部再也没有试图从加的斯出港行动。10月25日，罗西里来到这里，接管这支破败舰队的指挥权。将近3年后，长时间成为法国督政府和拿破仑傀儡的西班牙王室被拿破仑推翻，西班牙人奋起反抗篡位者。当时5艘法国战舰仍在加的斯港。罗西里猛然发觉自己处于英国海军封锁和现已充满敌意的岸炮之间。他在和后者战斗2天后，率他的分舰队和舰船上的4000名水兵投降。这一事件发生在1808年6月14日，是特拉法加海战最后的回响。

这就是著名的特拉法加大海战的主要梗概和直接后果。一位当代历史学家比其他学者更加深入地体会到了海权对一连串事件过程所起到的尽管低调却非常重要的影响，他在评价特拉法加海战的深刻意义和深远影响时说道：“特拉法加不仅是最伟大的海战胜利，而且是整个法国大革命战争期间，无论陆上还是海上最伟大和最重要的胜仗。拿破仑没有任何一场胜仗，或者任何一系列胜仗能对欧洲产生同样重要的影响……在特拉法加海战过去之后整整一个世代，法国才能在海上再次严重威胁英国。只要英国有装备一支海军的能力，那么摧毁英国海军的前景就会被粉碎。从此拿破仑寄希望于通过迫使欧洲大陆的每一个国家排斥英国贸易，来耗尽英国的各种资源。特拉法加迫使他要么去奴役整个欧洲，要么放弃征服英国的希望……纳尔逊最后的胜利使英国处于这样的地位，即迫使拿破仑必须彻底征服欧洲大陆，从那里腾出身来，不然就无法伤害英国。”①

我们几乎可以全盘接受上述论断。拿破仑入侵英国的计划，在执行阶段一再由于随之出现的战略困难受挫，最终在维尔纳夫放弃到达布雷斯特的尝试，前往加的斯时彻底破灭。特拉法加海战本身对联合舰队来说，是由一位不幸舰队司令官的困兽之斗引发的毫无意义的大屠杀。拿破仑对维尔纳夫优

---

① 费弗：《现代欧洲史》第一卷，第281页。——作者注

柔寡断导致他计划的破产恼怒不已，也并没有冤枉他。维尔纳夫完全了解，也正确评价了他指挥的这支舰队的不足和各种导致失败的因素。他悲剧性失败的原因在于，没有认清服从命令这个军人最简单的天职，即不畏千难万险，都要坚持完成一个宏大计划所赋予他的任务，即便这可能会导致他全军覆没。要是他在离开费罗尔时，能有哪怕一点促使他前往特拉法加的绝境求生的勇气，入侵英国的计划就有可能实现——尽管可能性不那么高。

对当时的世界而言，特拉法加海战如此引人注目，乃至于成为所有更为重要但并不十分醒目的事件的象征，特拉法加海战是这一系列事件的高潮。从这个意义上可以说，特拉法加理所当然成为这个时代的标志，还导致拿破仑下定决心采取从欧洲大陆排除英国贸易的手段来压制英国。从此以后，海权对这场大对决的影响不再是一系列严格意义上的海战事件，海上战斗开始仅限于贸易破袭战，通常这只是海上战争的一种辅助行动，在拿破仑统治后期，这如果不是唯一的作战手段，也成了最主要的作战方式。

接下来的两章会专门用来论述贸易破袭战。其中第一个章节会用来讲述一般意义上的贸易破袭战，即在公海直接针对敌国财产的破袭战。从1793年战争爆发开始，叙述法兰西第一共和国为破坏英国贸易采取的一系列措施，这些措施正是拿破仑《柏林敕令》和《米兰敕令》政策的前兆。第二个章节从1806年《柏林敕令》开始，讲述法国皇帝怎样亦步亦趋地陷入依靠暴力手段的泥潭，意在揭示这些措施和手段为何必然会导致远征俄国和帝国垮台的原因。虽然法国政府相继采取的这些措施在那个时代的历史迷宫中经常被拆解，实际上各种措施之间存在逻辑上的因果顺序关系，由同一个动机驱使，由同一种必然性支配。动机就是摧毁英国，必然性就是要摧毁它就要破坏它的自我维持能力。任何一个国家如果自身无懈可击，就好像一个坚不可摧的堡垒那样屹立，那么要使其降伏的唯一手段就只能通过让其耗尽各种资源，拿破仑就在这场耐力的斗争中垮台了。

第十七章

法国大革命和第一帝国直到《柏林敕令》时期，对贸易实施的战争（1793—1806）

法国大革命时期，还有第一共和国和拿破仑统治时期，对贸易实施的战争和这一时期的政治和军事事业一样，同样带有强烈的热情，计划同样极端深远，同样坚定不移地要推翻和消灭一切反对势力，全都带有时代的鲜明印记。为了将全世界的贸易都置于本国政策的控制之下，两个主要竞争对手，法国和英国在广阔的竞技场上摸爬滚打，以死相拼，将弱小参与者的权益踩在脚下。那些弱小的参与者，无论是中立国，还是友邦或盟国的臣属，看上去都那样无助，发现它们在这场为图自保的大对决中，无论强烈抗议、威胁，还是绝望地臣服，都无法减轻那种正在逐渐将它们的希望和生命榨干的压力。拿破仑和英国人民之间的问题变成一种简单的耐力比拼，皇帝本人的行动简洁有力地证明了这一点。双方都在耗费他们的资本，毫无节制地透支未来，一方透支金钱，另一方透支人力，以维持他们目前的实力。他们就像两条愤怒的狗那样，将它们的爪子死死抓住贸易不放，贸易是这场对决中的决定性因素。双方谁都不肯松开爪子，除非筋疲力尽不得不放，或者等到一些旁观者出手给其中一方重创，使其逐渐耗尽生命力为止。所有人现在都知道后一种情况出现的话，结局就来了。在欧洲边远地区，强大的俄国君主为了自身的利益，热切关注着这场对决，他的贸易政策触怒了拿破仑。为了贯彻自己的意志，拿破仑开始新一轮的领土兼并。沙皇的答复是一份犀利果断的贸易法令，战争就此在所难免。“一切都是歌剧中的一个场景，”拿破仑写道，“英国人是布景师。”[①]1811年，当拿破仑的继承人出生时，那个时代的人都无法用语言来描述他的帝国是多么庄严伟大，看上去如何固若金汤。1812年12月，帝国从塔楼到基石都分崩离析，在“通过大陆征服海洋”的企图中毁灭，场景确实被切换了。

英国成为竞技场上的胜者，它也已濒临毁灭的边缘。它的敌人决心将它彻底从欧洲大陆市场排挤出去，并且尽可能将它同世界上的其他地方隔离，以此来打垮它的贸易。英国应对这一挑战的手段同样极端，禁止一切中立国船只进入和它为敌的港口，除非这些船只已经先进入过它的港口。英国将自己排除在欧洲大陆以外，宣布在自己被排挤的同时，它将切断欧洲大陆的一切对外交流。“不通过英国就别想进行贸易。”这是英国领导人在宣布他们的目标时遵循的准则。在拿破仑的挑衅之下，俄国也介入了这场纷争，这就使这个问题——即英法两国谁的政策将推翻另一方，无法达到自然解决的地步。如果没有俄国的介入，这些措施的最终结果——这是本章和下一章要阐述的话题之一，就必然会长期悬而未决。非常明显的是，英国这样一个贸易和制造业国家，在这场实质为限制贸易的斗争当中，会比法国这样一个主要依靠国内资源的国家承受更多损失。如前所述，问题在于英国能否凭借其更大的财富来承受这种相对更多的损失。总的来说，一直持续到结束时的情况表明，它能做到这一点。拿破仑在进入这场特殊对决时，错估了敌人的实力。

除此以外，这是一场双方几乎势均力敌的对抗，在实力、纪律性和领导能力几乎相当的情况下，更进一步的问题是：哪一方会先犯下最为重大的错误，另一方对利用好对方的错误准备到了什么程度。面对如此均衡的实力天平，最明智的先知也无法预知刻度会向哪边倾斜。结局并不仅仅取决于剑客使剑的能力，还取决于他闪转腾挪是否严谨，反击是否够迅速，很大程度上

① 《拿破仑书信集》第二十二卷，第19页，1811年4月12日致符腾堡国王的信。——作者注

还取决于他的脾气性格，这方面拿破仑也处于劣势。贸易战尚未开始，西班牙起义便因为他的过于自负爆发，英国赶快站到起义者一边。4年后，当英国人民在一场旷日持久的金融危机中呻吟——这时，拿破仑期待的动乱和崩溃最有希望发生，他不是等待已经严密实行的封锁来达到这个目的，而是试图将封锁进一步收紧，这是毫无必要的，也是沙皇不可能屈服的要求。英国再度抓住了它的机会，接收了它原先敌人的舰队，充实了俄国的国库。即使我们承认拿破仑困难重重，面对的问题非常复杂，还是要看到，事实上他完全没能理解西班牙人民的性格，西班牙战争的危险，还有亚历山大沙皇的决心。另一方面，再审视一下英国政府政策所受的主要责难，即它对美国的疏远，事实上仍不是误算，因为美国在热爱和平的杰弗逊领导下，会长期忍耐所经历的苦难。美国的顺从一直持续到拿破仑犯下他最终的大错为止，由此证明英国承担的风险是值得的，为它赢得了战略性胜利。

拿破仑的大陆封锁政策（这里先简要概述一下，今后再进行更深入的论述），在精神和目的上，只是督政府治下的共和国勾画和启用的一种政策的延续；拿破仑的反贸易努力还相应加入了国民公会时代进行全面战争的凶猛的彻底性。皇帝的主要措施都能在督政府的法令中找到原型，唯一重要的区别在于执行过程反映出督政府的规划能力微弱，他们主持下的政府缺乏活力，拿破仑实行的体制体现了他一贯的坚强活力，实现它的手段也与这个任务的艰巨性和期待中的伟大成果相符。因此一系列政策只是另一系列政策的延续和结果，那么就应当按照事件发展的顺序将它们之间的密切关联性一一呈现，以便更加清晰地展现贯穿一整段历史的统一性，这种统一性源自事实的必然逻辑，源自一种外部强迫性的存在，一种无法以其他方式消除或抵抗的强迫性。两种政策都源于法国无力通过常规战争行动来给对手的庞大贸易制造严重麻烦的事实，尽管它向每一片海域派出了本国的数十艘巡航舰船和私掠船。英国的强大海权如此稳固地维护住它的各条航线，在整体上非常成功地维护了它的贸易，它非常明显的是法国的主要敌人，反法敌对势力行动的关键，所以它不仅将软弱的督政官们，而且将伟大的军人和政治家拿破仑也赶进了最终直接导致毁灭的绝路。

随着正式宣战，交战国通常会指示战舰和私掠船的指挥官们俘获敌国船只，还有违反公认国际法原则的中立国船只，并且押送进本国港口。到这个地步的话，交战双方的行为和参战国通常预期的行动并没有区别。海上立即布满了匆匆装备完毕的巡航舰船；就像一直以来在一场意料之外的，甚至突然爆发的战争中发生的那样，每个国家的舰船都会捕获大量价值不菲的战利品。受害者都措手不及，任何一方的进攻都比防御更积极和有效。最初的惊诧很快就会过去，接下来就是更为正规的海上战争。英国的各大舰队逐步建立了对敌方大规模海军的明确优势，后者的规模被迅速削弱到只能进行普通的贸易破袭战（此处适用的是这个词的通常含义）——此外，法国的传统和很多杰出海军军官都特别倾向于这种政策。

众多分散的巡航舰船突袭英国航运，英国的对策是采取双重体制。一方面，英国前往世界各地的商船在各指定港口聚集，待集结完毕时一同启航，有一支军舰组成的队伍护航，军舰的任务就是将它们护送到航程的目的地。这就是护航体制，其实质是将国家可能暴露给对手的财富集中起来，由一支足以对付和驱散任何可能来犯之敌的部队保护。因此数量庞大的商船会一同启航，集结200至300艘商船的情况并不少见，有时甚至会500艘一队，甚至达到1000艘一队[①]，聚集在英吉利海峡各入口或者波罗的海入海口的位置，这些地方尤其危险，需要更强大的护航力量，贸易商船也会接受更仔细的护卫——这类场面强调和放大了护航体制的特征。诚然无须多说，为聚集这样庞大的船队会浪费很多时间，船队通常的航速也普遍远低于其中许多船只动力能够达到的速度，大量同类商品一齐到达目的地，往往会压低价格。因此，许多船主在装完货物

---

① 《威廉·帕克爵士传》第一卷，第39页。罗斯《索玛莱兹勋爵传》，第二卷，第214页。《海军年鉴》之1800年12月10日的普利茅斯港报告。——作者注

之后，依靠它们的航速和好运，不等护航就出海了——这出于商人的特性，通过这么做能够率先到达市场，为了获取高回报，他们愿意承担高风险。为保护这些商船，还有其他因为不走运或者操作不善与护航船队失散的船只，同时维护对海洋的整体控制权，英国采取了另一个体制，可以称之为“巡逻体制”。高速快速帆船、单桅纵帆炮艇，还有大量更小的军舰，被散布在大洋上，循着通常商船会航行的航线巡航，这些航线往往也是敌国巡航舰船对准的目标。每艘军舰都有自己的指定巡航海区，分配量取决于相对的危险程度和商船航线必然大量云集的特定海区的危险性——如北海，通往英吉利海峡的通道以及贸易航线交汇的一般中心地区。因此，那些特别被派去执行巡逻任务的部队，用专业术语来讲就是“巡航”舰船的队伍无意间也大大扩充。大量船只在英国和它们各自的基地之间往返，送信快船、回国维修和完成维修返回阵位的船只络绎不绝，所以欧洲各处海域的英国巡航舰船十分活跃，而每艘船都高度警觉，期待有所收获。此外还有大量的私掠船活动，他们的巡航海域的确不是政府规定的，直接决定商船和贸易破袭船巢穴的条件，同样限定了私掠船的活动范围。没有护航的商船在友方和敌方舰船云集的海域穿行时，只有相信自己能溜得够快。如果被俘，它未必就会失去一切，因为在那里仍有机会被友方巡航舰船夺回，在这种情况下，救援报酬会使这次航行的利润大幅降低。这类危险并不仅仅为船主带来风险，因为即使忽略一艘商船无法履约给其他人造成的麻烦，商船船员和水手都构成了一国海军战斗力的巨大潜力。一个优秀的水手，尤其在那个武器相对简单的年代，一旦需要，更容易成为一名海军战斗人员。这方面他和没有受过航海训练的陆地人员不同，因此战争惯例是他在海上被俘后就会成为战俘，直到交换俘虏为止。每一艘商船被俘都会削弱英国的战斗力，这项损失实在太大，于是人们所知的《护航法案》在1798年被通过，强制商船结队接受护航，为护航支付一定金额。法案实施的第一年，这项税收就为英国财政部带来129.2万英镑收入，为船主节省了数额更大的保险费，法国人因此俘获的战利品数量锐减，这对他们来说非常不利，因为当时法国督政府公开承认，悬挂法国本国国旗商船进行的对外贸易已经被消灭了。这一令人瞩目的声明和英国采取《护航法案》的成功经验可以得出一个结论，在保护贸易的攻防争夺中，和战争中的其他军事行动一样，集中和分散相比是一个更可靠的策略。1795年，法国人像以前在历史上所做的那样，正式放弃了将大舰队集中使用的政策，开始实施商船劫掠战。到1798年为止的3年之内，“仅私掠船俘获的人员一项英国就比法国多2万人，对英国有利。”“没有一艘贸易商船能挂着法国国旗出航。”[1]“几乎所有纯巡航舰船的命运或早或晚都是落入敌手。”结果使“征召到海军的8万水兵，今天只有一半还留在”舰队服役。当时英国的权威数据是从战争爆发的1793年到1800年12月31日之间，单从法国俘获的私掠船数量就达743艘，这还不包括273艘巡航舰船级的战舰[2]。难以精确给出这些船只和它们那些更幸运地逃过英国人之手的同伴所造成的全部损失，根据一份调查（细节会在下文给出）显示，作者确信损失不会超过英国贸易总额的2.5%，可能在2%以下。这种损失可以被视为一种战争税，确实繁重，却并非无法承受；如果认为仅凭这一项损失就会对富裕坚定的英国的政策产生决定性影响，那将是愚蠢的。就地理位置而言，没有任何一个国家能像法国那样便利地对英国贸易采取军事行动，无论是对英国本土海域还是对西印度群岛，当时整个英帝国贸易至少四分之一的份额来自西印度群岛。

法国人在对英国航运的战争中取得的战果是非决定性的，这不是因为他们不够努力。正相反，他们的海盗船表现非常活跃，尽管时断时续，但有时能取得惊人成就；这一事实和法国极其有利的地理位置，在评估法国在这种战争模式当中可能获得的优势时都必须纳入考虑。当时伦敦经手的贸易占英国贸易的一半以上；除了海外贸易之外，它还是庞大的国内贸易交通集散中心，这主要通过聚集在泰晤士河上的成百上千的沿海贸易船进行。伦敦大

① 1799年1月，督政府致五百人院的信，《箴言报》，共和7年，第482页。——作者注

② 麦克阿瑟：《18世纪的金融和政治状况》，1801伦敦版，第308页。诺曼（《法国海盗船》，伦敦1887版附录）给出的同一时期法国私掠船被俘数字为556艘。——作者注

都会的年度进出口贸易总额超过6000万英镑，进出的船只平均在1300到1400艘之间。在这巨大的船只和贸易往来中，接近三分之二必须通过英吉利海峡进行，海峡最宽不过80英里，在多佛海峡收窄到20英里。余下的三分之一包括来自荷兰、德意志和波罗的海的贸易以及到英国北部的沿海贸易，都很容易受到布洛涅、敦刻尔克和加莱各港口的打击，在法国1794年和1795年完全控制比利时和荷兰后，更容易遭受打击。从圣马洛到泰瑟尔岛300多海里长的整片海岸，变成了各种类型和规格的私掠船的巢穴，私掠船小到只武装滑膛枪及拥有十几名船员，乃至更小，大到装备10到20门舰炮，拥有150名船员。1800年冬，不计比利时和荷兰，仅法国临海峡沿岸的各主要港口，不包括数量庞大的划艇，就有87艘装备14到28门舰炮的私掠船。这些船就是用来从事贸易破袭战的，还有那些沿海渔船，很快就能改装成贸易破袭船，事实上他们经常从事这项活动。

这些海域具有靠近猎物的特征，加上一旦遇上坏天气，在法国或者英国海岸都容易找到地方避风，所以能够用于贸易破袭战的舰船体积和航海性能要求不用很高；同时由于到达巡航海域的距离较短，任一艘安排在这一线沿海的私掠船就等于10艘从更远距离的作战基地前往相同目的地的私掠船。私掠船日落时从圣马洛、迪耶普（Dieppe）或敦刻尔克顺风出发，去英吉利海峡巡航，在那个纬度的漫长冬夜，次日早晨到来之前，就能到达它们的巡航区域。如果没有遇上英国巡航舰船找麻烦，私掠船逗留的时间就取决于它们捕获战利品的运气。它们会冒险靠近英国一侧，时常能从英国海岸上看到它们捕获战利品。[①]1810年下半年，在多佛“几乎每天都有信号报告发现敌

---

① 当时的一位海军事务官J. 巴罗爵士，在1810年7月18日给J. W. 克洛克的一封信中提及，就在兰姆斯盖特，能看见靠近北福兰的海域，有2艘运煤船被捕获。7月27日，一艘运载军械的独桅小帆船就在盖洛普莱特附近海域，当着整个驻唐斯分舰队的面被捕获，分舰队却没有一艘船出动。见《克洛克日记》第一卷，第33页。——作者注

人私掠船”。[1]看似没有威胁的渔船上，表面只有五六个人在忙于自己的工作，停泊在敌国沿海两个岬角的连线或连线以内，观察着来往船只的特征和外观。当天黑或者遇到其他有利时机时，他们在商船毫不察觉的情况下迅速靠近。被瞄上的商船一般水手短缺，人员不足，毫无戒备，往往在挨过一排滑膛枪子弹时才首次意识到危险，随后敌人已经爬上了他们的甲板。商船船员数量少，素质差，战斗也没有报酬可领，通常面对压倒性攻击，只会略做抵抗。强行登船是海盗的拿手戏，因为他们人多势众。

私掠船甚至相对不用承担惩罚风险（只是相对而言，因为事实表明，平均每年仍有50艘私掠船被捕获），联系到它们要面对强大的英国海军，和奉派护卫英国沿海地区及英吉利海峡的大量巡航舰船，这种现象看似极不寻常。造成这种现象有诸多原因。私掠船行业的精神实质上是赌博和博彩式的精神，在我们讨论的这一时期，正是这种精神在法国流行最广泛的时代。这种赌博的赔率不仅很高，甚至都不易计量。运气的成分非常大，在当时的情况下，收益可能会非常高，因为船主不跟船，所以他们承担的直接风险相对较小，这样的处境就会使船主难以抗拒不断冒险的诱惑。水手们尽管有失去自由的风险，却很容易受到高报酬诱惑，也像船主一样希望暴富。当时会造成这种情况还有一个特别重要的原因，法国的舰队被闲置不用，商船航运也已消失，就使得靠海为生的人员全部都投入到沿海贸易和私掠行动中去了。以上解释了为何有为数众多的船只和人员从事私掠行动，在他们和船主中间也有相当一部分人将这种行动当作一种更为正规的生意，深思熟虑，讲究方法，在减少风险的前提下，将回报大幅度提高。从事私掠行动的船只在挑选或建造时，专门强调速度和灵活性；挑选船长时，不仅要考虑航海能力，还要求关于英国沿海和英国贸易航线的特定知识；对风向和天气条件会进行研

① 《海军年鉴》第二十四卷，第327页。关于法国私掠船在这一狭窄海域活动的进一步详情，参见《海军年鉴》第二十二卷，第279页；第二十四卷，第327、448、460—462、490页；第二十五卷，第32—34、44、203、293页；第二十七卷，第102、237页。——作者注

究；漫长的冬夜成为首选行动时间，因为这种时候能提供掩护；他们会了解和估算敌人战舰的出动习性；对大型船队启航和到达的时间都会做记录[①]。在英国方面，计算沿海巡航舰船数量效率时必须打相当大的折扣。许多巡航舰船航海性能差，无法赶上更为精良也更危险的同级私掠船。巡航舰船劳作的诱因也不够大，因为私掠船充其量也值不了多少钱，就算这点价值也会被海事法庭诉讼程序中的种种滥用职权行为侵吞。操作沿海巡航小船的人通常是在人生竞争中无助落伍的人，他们更幸运的竞争对手都驾驶着更好的舰船分布到远洋海域去了。这样一来，沿海巡航舰船连获得不值钱的战利品的机会都很小，很难吸引它们外出冒险和积极行动，在狂风暴雨的夜晚和危险海域尤其如此，行动灵敏的私掠船为寻找发财机会，是会在这种时候和地点出现的，更何况夺回一艘英国商船获得的金钱都要比俘获法国巡航船只高。

从大西洋，或者比斯开湾的法国海岸出发进行的私掠行动，需要的船只型号与在英吉利海峡出没的私掠船有很大区别。英国商船没必要通过韦桑岛到腓尼斯特雷角之内的航线，另一方面，英国战舰在那里云集，既为监视各港口的法国舰队，也可在敌人的巡航舰船及战利品试图进入港口时进行拦截。由于这些原因，从波尔多、巴约讷或者南特出发的私掠船船体要更大，航海性能要更好，补给和装备也要适应远程航行，得在海上呆很长时间。它们在往返本国港口附近时，会遇上最大的危险，并不寄望又小又没有多少油水的沿海贸易船，目标是从东印度、西印度群岛或者地中海来的满载货物的大商船。因此，它们的岗位在敌人的封锁线以外，在深水海域和在英吉利海峡交汇的大型贸易航线；他们会在那里停留尽可能长的时间，不会轻易再次去遭逢比斯开湾的危险。此外，由于船体更大，价值更高，船主必须考虑它们的防御性能；它们不能像那些廉价的海峡私掠船那样，一旦遇上敌人都弃船不顾。虽然他们无法与敌人的大型快速帆船匹敌，仍可与敌人的小型巡航

① 事例可见私掠船船长让·布莱克曼的陈述。《海军年鉴》第十二卷，第454页。——作者注

舰船和私掠船一战；这些法国海盗船进行了许多勇敢的战斗。其中有一艘在1799年被俘的“波尔多莱”号（Bordelais），据说是当时法国出海行动的最大的私掠船。它的龙骨相当于38门舰炮的快速帆船，装载24门12磅炮和220名船员。4年间，这艘船捕获了160艘战利品，据说它已经为它在波尔多的船主们净赚了100万英镑[①]。

法国的第三个最重要和有利可图的私掠船行动区域是西印度群岛，瓜德罗普和马提尼克岛是优越的作战基地。马提尼克确实多年成为英国领地，瓜德罗普直到1810年被占领为止，一直不曾间断地由法国掌握。从1796年到1808年，法国和西班牙结成多年的亲密盟友，西班牙的西印度群岛各港口不仅为维持本国私掠船服务，也为活动更为积极的盟国提供了一个更广阔的活动范围。这一区域的地理和气候条件也使巡航舰船和它们巡弋方式的特点有所不同。在当地，既有平均运载量250吨，前往欧洲进行大宗贸易的大商船，也有小得多的船只进行的大量岛际运输。当地贸易不仅局限在同一国或各友邦领地之间，也通过中立国和走私行动的方式在交战各国之间进行。英国充分利用这些贸易和它的自由港体系，为了获得利益对它的贸易条例进行任意修改，这样在战争或和平时期，英国成功控制了整个加勒比海和拉丁美洲的大量进出口贸易。由于这两种贸易，加上当地一般盛行的良好天气，各岛屿之间距离接近，诸多良港和海湾星罗棋布，使得当地出现两种形式的私掠行动。一种主要用大型快速帆船或双桅帆船进行，大部分用于对欧洲往来的船只采取行动；另一种则是每个岛上都有的大量小划艇或者其他小船，各有成群结队的掠夺者，一般会将自己深深隐藏起来，静候机会，等到商船路过时才出来劫掠[②]。白天有些时候风向变幻无常，对私掠船发动进攻特别有利，有的大船由于风平浪静无法行动，船员也少，2到3艘满载掠夺者的划艇

---

① 《海军年鉴》，第二卷，第535页；第三卷，第151页。——作者注

② 1806年，英国仅在牙买加基地，就俘获48艘官方或私人武装船只，其中2艘是快速帆船，其他都是小船。见《海军年鉴》第十七卷，第255、337页。——作者注

就会进攻这艘足够让他们登上去的大船。有一次，一艘美国单桅海防船，就这样静静地停泊在海面上，将它的炮眼全部关闭，被误认为是一艘商船，成为数艘掠夺者划艇的攻击目标，结果他们为这艘看似没有武装的无助商船，付出了沉重代价。

这一地区与欧洲距离遥远，使私掠船和法庭都存在大量违规行为。当英国的海上力量越来越多地打断法属和西属岛屿与母国之间的通信时，这种罪恶在这两个国家的附属岛屿就变得更加猖獗；当拿破仑的入侵使西班牙遍地起义，陷入无政府状态，西班牙对西属岛屿一向松散无力的控制变得彻底有名无实时尤其如此。另外还存在一种情况，当地有大量贸易是通过中立国航运业进行的，主要是美国，因为它地理位置接近，成为这些加勒比海殖民地的主要物资供应来源。这种种情况造成拉丁族和混血种群的私掠活动迅速转化为海盗行径，这是贸易破袭战的必然趋势。早在1805年，一家美国保险公司就向国务卿抱怨“被真正或冒牌法国私掠船掳掠的财物都被带进古巴各港口，在那里，由于西班牙政府的纵容，未经任何审判形式，或者只是装模作样地定罪后，就被出售或分配了”。根据美国驻古巴圣地亚哥领事馆的正式报告，超过1000名美国水手在该港登陆，其中大多数没有衣服和任何生活必需品，“被法国海盗俘获，并被带进这座港口和相邻港口的美国人遭到抢劫、杀害、遁词、伪证、虐待和侮辱的情景，已经被调查证实，这在过去1个世纪都前所未有。”[①]众所周知，这种不法行为最终演变成大规模的海盗行径，在古巴南部和该群岛其他人迹罕至的地方，一直持续到战争结束以后的若干年。由于当地的地理特征和那个时代的通信条件缓慢，经过各有关国家政府长期坚持不懈地努力和系统打击后，这些亡命之徒才最终被制服。

英国的东方贸易控制在东印度公司手中，该公司的货船承担当时印度和欧洲之间的贸易往来，吨位之大极为特殊。当时一艘小型战列舰吨位在1400

① 《美国政府公文》第二卷，第670、771页。——作者注

吨到1600吨之间，美洲和欧洲之间活动的商船平均吨位在300吨以下，东印度公司大部分商船载重却达1200吨，大大超过一艘一级快速帆船的吨位[①]。大货船的船身上有很多炮眼，能装载很多人，包括船员和乘客，其中经常会有相当可观的军人，这样一来它们的外表看上去非常强大，不止一次被法国巡航舰船误当作战舰，以至于1804年在中国海海域，一群大货船气定神闲、秩序井然地成功骗过一支规模相当大的敌军分舰队，指挥这个分舰队的司令官虽不乏勇气，性格却过于谨慎，让他一时之间成为东西两个半球的笑柄，还从法国皇帝那里收到一封措辞严厉的信。尽管如此，大货船的武备实际上很薄弱，特别是在法国大革命早期。大约1801年，规定要增强大型货船的武备，每艘应携载38门18磅炮[②]；这种变动似乎没有多大实效，当初虚张声势"忽悠"了里努瓦司令官的大货船当中，没有一艘的战斗力抵得上一艘中型快速帆船。事实上，同样容积的商船不可能在装上大量笨重货物的同时，也具备同吨位战舰的战斗力。不过，尽管船上的舰炮火力相对较弱，对于普通私掠船来说，遇上它就太强大了，除非私掠船能幸运地进行突袭；由于法国人深信一点——如果不是夸大的话——英国对它的印度领地非常依赖，于是对在东方海域进行贸易破袭战进行了相当大的努力，不仅投入多个重型快速帆船分舰队，而且时有战列舰增援。这些军舰是商船劫掠战的骨干，此外还有大量体积较小的私掠船辅助。私掠船劫掠沿海贸易和较小商船，劫掠范围从中国直到红海，遍布整个印度洋，无论商船悬挂英国还是中立国旗帜，只要装载源自英国的货物，都无法幸免。

战争爆发时，就像每一个地方那样，英国被打了个措手不及；由于欧洲和西印度群岛最受政府关注，印度洋各海域在一年多时间里实际上被放给了敌人。1793年，攻下本地治里后，康华利将军率领他的小型分舰队返

① 詹姆斯（《海军年鉴》第三卷，1878版，第249页）称尽管这种货船被称为1200吨级货船，大多数登记载重吨位为1300吨，有的达到1500吨。——作者注

② 《海军年鉴》第六卷，第251页。——作者注

回欧洲，只留下一艘单桅海防船护卫东印度公司贸易经过的广阔海洋。[①]直到1794年10月，他的继任者才到达该地区。在这样的条件下，损失无可避免得十分严重，要不是东印度公司自己为了保护贸易，配备了几艘武装舰船巡航，甚至会更严重。[②]一场目标纯为破坏和保护贸易的活跃战争已经延续了数年，其间还有一些标志性的异常激烈充满争议的快速帆船战斗；也有法国私掠船员取得许多辉煌战果，这些人当中罗贝尔·叙尔库夫（Robert Surcouf）已获得持久的声誉。最初法国人依托法兰西岛（今毛里求斯）和波旁岛（今留尼旺）为行动基地，这些岛屿距离印度半岛较远，加上东印度公司船只较大，使配置的船舶也相应较大，能够在海上长期维持，装载了足够的船员，以便能够分出多个分遣队去操作俘获的战利品船只，不会过分削弱原舰船的战斗力。1795年，当法国征服荷兰，奥伦治政府流亡，荷兰人从敌人变成法国人的盟友后，他们的殖民地和港口由于靠近作战地区，尤其距离中国和欧洲之间的大型贸易航线很近，就成为法国巡航舰船非常重要的配套设施。另一方面，英国舰船长期以来除了夺回自己的商船外，都无法获得任何回报，现在发现整个荷兰贸易对它们敞开，获得的回报证明了荷兰贸易的巨大数量和英国舰船掳掠的积极性。

尽管如此，当战争早期英国贸易处于无保护状态时，即使法国巡航舰船卓有成效地积极行动，保险费加成也没有上升到1782年的水平。那时法国以叙弗朗将军指挥的一个舰队集中精力，试图掌握制海权。[③]当时的保费加成率是15%，1798年到1805年间，这个加成费率在8%到12%之间波动。1805年，印度洋海域的总司令职务被授予海军少将爱德华·佩洛爵士——即后来

① 布兰顿：《海军史》第一版第一卷，第346页。洛：《印度海军》第一卷，第204页。——作者注

② 洛：《印度海军》第一卷，第205页。米尔伯恩：《东方贸易》第一卷，第405页。——作者注

③ 1782年在中国和印度进行贸易的保险费加成为15%（100畿尼货物加15畿尼保险费），在1793年春到最初的贸易破袭战结束时的任一时期，保费加成率都没超过这个费率的一半。见林德赛《商船航运》第二卷，第265页；也可见查尔默《历史观点》第308—310页。——作者注

的艾克斯茅斯勋爵。在他巧妙的安排下，东方贸易航线中最易遭侵犯的部分之一，孟买到中国的贸易航线变得如此安全，使加保费率下跌到8%，如果接受护航的话，还可以返还3%。在这一体制的照顾下，被俘获造成的损失总额不过占受保财产金额的1%，还少于海上自然风险造成的损失[①]。就在明智地采取集中原则努力保护贸易取得这些令人欣喜成果的同一时期，加尔各答的贸易却受到灾难性打击，由于那里的商人不愿接受海军司令官提供护航，2个月内就损失了19艘船舶[②]。实际上，由分散的巡航舰船造成的损失比例很小，似乎可以证明这种形式的战争不具备决定意义。这个事例和其他例子所体现出的护航体制取得的出色成果，印证了这个推断，即在进行体制化的适当应用时，护航体制这种防御措施将会比四处搜捕单个掠夺船只更为成功，后一种措施即使经过最为精心的策划，仍会像大海捞针一般。

这一时期后不久，英国政府即非常恰当地恢复了小皮特的政策，对敌人的殖民地进行远征。这些殖民地是敌国海权的海外基地，在没有强大舰队的情况下，是其进行贸易破袭战仅有的可能依靠；这些殖民地一旦陷落，贸易破袭战必然也会衰落。1810年，法兰西岛和波旁岛投降，同年，法国在西印度群岛硕果仅存的殖民地瓜德罗普也投降了。1811年，荷属殖民地爪哇也随后陷落，“一场曾经在印度持续多年的对英国贸易的掠夺战争就此画上了句号。”[③]

在分散的法国巡航舰船通过一场小规模的非决定性战争，给英国贸易及其中立国承运商制造一些麻烦的同时，由于法国督政府公开宣称自己的手段限定在商船劫掠战上，就悄然将制海权留给了英国的各大舰队，让他们扫清了海面上所有悬挂敌国国旗的商船，将英国法院主张的国际海洋法的极端严

① 孟买商人致爱德华·佩洛爵士的信。见《海军年鉴》第二十三卷，第107页。——作者注

② J. K. 劳顿：《罗贝尔·叙尔库夫》；科尔博恩：《联合服务杂志》，1883年第一部分，第331、332页。——作者注

③ 米尔伯恩：《东方贸易》，第一卷。——作者注

格限制强加给中立国与法国之间的贸易。战争行将结束时，这些原则甚至又被扩大化，就连英国政府自己都承认这已经超出得到公认的法律的任何可调整范围。在全世界范围内被这种强制措施伤害的精确数据，诸如被扣留、押送和最终定罪的船只的确切数字可能将永远无法得知，这也就不是本书作者的能力范围之内能获得的资料了。英国海军将领们经常发回的报告，尽管不完全，也能让我们了解英国舰队积极活动的成果，某些特殊细节尤其能体现这些成果，本章的后半部分肯定还会提到这些细节。在到1801年9月29日为止的八年半时间里，仅朴次茅斯港，就有948艘各国船只被押回[①]，其中447艘属于敌国财产，156艘是夺回的英国舰船，其余大多是中立国船只，大部分属于美国、丹麦和瑞典这三个主要中立海洋国家。牙买加英军总司令发回的报告称，1801年3月1日到8月3日的5个月间，当地共俘获、拘押或摧毁203艘船舶，[②]这不过是西印度群岛海域的一部分。向风群岛的舰队司令官报告，同一年的2个月之内，有62艘船舶被押回。[③]到1800年9月3日为止的5个月内，基思勋爵从地中海发回的报告称，捕获180艘舰船。[④]这些事例能在多大程度上反映英国巡航战的经常性成果还很难说，可以肯定的是，这些事例都发生在战争已经持续了7年的时候，在长期战争开始阶段的捕获数量肯定比晚期要多。和所有生活领域一样，在战争当中，人们要让自己学会适应环境，最大限度地减少风险，甚至连战利品清单都开始像其他统计数据那样，采用了统一格式。

无论法国的具体损失究竟如何，都可以从1799年督政府前所未有的一份陈词中得到总结：“海上没有任何一艘商船悬挂法国国旗。”这绝非刻意修辞，而是在突出表达一种极端的绝望，这是一份符合事实的字面陈述。早在

① 《海军年鉴》第七卷，第276页。——作者注
② 《海军年鉴》第四卷，第150页。——作者注
③ 《海军年鉴》第四卷，第151页。——作者注
④ 《海军年鉴》第四卷，第326页。——作者注

1797年，贸易局局长阿尔努（Arnould）先生就写道："我们原来的繁荣来源不是丧失就是枯竭，我们的农业、制造业和工业动力几乎绝迹。"他还写道："从1793年9月到1796年9月，注册的法国船舶总数仅6028艘。"这些船只当中，3351艘无甲板且载重小于30吨。"海战使我们的远洋航运瘫痪，即使是沿海贸易也大量减少，使大量法国船只被闲置，很可能在我们的港口里朽坏了。这句话主要适用于超过200吨的船舶，根据附表显示①，其数量仅为248艘。在大革命之前，在欧洲各海域和法属殖民地从事海运的船只则超过2000艘。"

截至1800年9月20日的一年之内，根据一份向执政官们提交的报告②，法国从亚洲、非洲和美洲直接收到的货物，总价值还不到30万美元，法国出口到这三个地区的货物价值仅为5.6万美元。至于这少量贸易是法国还是中立国船只承运，已经无关紧要，这些事实证明了法国航运业的毁灭。同一份报告显示，维持法国和邻国荷兰、西班牙和意大利之间水上交通的船舶平均吨位仅为36吨，为了规避英国巡航舰，它们都紧贴着海岸航行。对大宗货物来说，水路运输总是比陆路运输便捷，在那个陆路运输主要依靠马车、路况普遍较差的时代尤其如此。在战争期间，法国的某些地区经常为食品短缺饱受煎熬，尽管其他一些地区粮食充裕，既无法通过陆路快速运输，也无法安

① 附表：法国所有港口（扣除新占领地区）1793年9月至1796年9月注册船舶

30吨以下	3351艘（无甲板）
30至100吨	1897艘
100至200吨	532艘
200至400吨	193艘
400吨以上	55艘
合计	6028艘

应当解释的是，所有船只，无论新旧，都必须注册登记，这份表格给出的数字反映了法国航运船只的总数，并未从中扣除损失数量。——作者注

② 《箴言报》，共和9年，花月26日（1801年5月16日）。——作者注

全地通过水路运输将粮食分发到缺粮地区。对后一种运输方式来说，需要依靠非常小的船只，不适合进行远程航行，便于在最小的港口内躲避追兵，或者随时靠岸，小船即使被俘获，单次损失也并不严重。

到1795年底，当时的一位英国权威指出，已经被俘获的英国舰船超过3000艘，俘获的法国舰船大约为800艘。[①]众所周知，这仅仅是估算，很可能大大夸大了英国的损失。10年后，一位下议院议员，出于贬低上届政府的目的，称同一时期英国损失数为1395艘。[②]《劳伊德船舶日报》[③]给出了1793—1800年（含起止年份）被俘舰船的总数为4344艘，其中705艘又被夺回，那么最终的损失数为3639艘。[④]仅仅为了估算的目的，假设每年的平均损失几乎相等，1793—1795年三年间，被敌国巡航舰船缴获的舰船数字应为1365艘。在诺曼《法国海盗》一书的附表中给出的同期损失数字为1636艘。[⑤]

最后，根据阿尔努先生在法国元老院声明的数据，到1798年9月16日为止，被押入法国各港口的战利品数量为2658艘。他的数据来自一份表格，称“这是一份由法国海军部办公室起草，刚打印好的真实的表格，包括自从战争爆发以来的所有战利品”。[⑥]表格中的数据包含被法国俘获的所有国家的船只，那一时期法国不仅和几个国家处于战争状态，还以各种借口侵占了大量中立国船只。阿尔努先生认为，在全部被俘船只中，英国舰船不超过2000艘。如果我们接受他的估算的话，那么在3年之中被俘获的英国舰船仅为900艘。经过观察对比可以发现这份数据和英国人的记录会有差异，他使用的这

---

① 麦克弗森：《贸易年鉴》第四卷，第359页。——作者注

② 科贝特：《议会辩论》，1804年3月15日，第921页。——作者注

③ 《劳伊德船舶日报》（Lloyd's List）：世界上最古老的报刊，早在1734年即开始每周出版，刊载航运业信息，目前已经成为日报，在2013年的最新发行量为60850份。——译者注

④ 《海军年鉴》第十七卷，第369页。——作者注

⑤ 诺曼给出的1793—1800年被俘舰船数字是5158艘，《劳伊德船舶日报》的对应数字是3639艘。通过《劳伊德船舶日报》秘书H. M. 霍奇尔海军上校的善意帮助，作者已经得到一份1793—1814年英国被俘获舰船的年度表，这份报表中的相关数字还略少于早期在文本中引用的数字。根据这份报表，1793年到1800年间，含起止年份在内，英国被俘舰船数量为3466艘。——作者注

⑥ 《箴言报》，共和7年，雨月16日（1799年2月5日），第582，583页。——作者注

些表格可能没有给出，或者没能精确地给出法国人在东印度和西印度群岛俘获的舰船，此外，《劳伊德船舶日报》和诺曼的表格给出的英国舰船损失数，还包括被荷兰和西班牙捕获的舰船①。

由以上数据可以看出，英国人报告中自己的损失数字大大超过法国人给出的俘获数字。假如对威廉·柯蒂斯爵士、诺曼和《劳伊德船舶日报》的说法给予同等的信任，我们将会得出英国舰船每年被俘获的数字为488艘的推论；由此可以大致推算，在1793—1814年的21年战争时期②，英国舰船被俘总数为10248艘。诺曼给出的总数10871艘相对多于这个数字，损失总数事关反贸易战造成的绝对损失和产生的效果，干系如此重大，为安全起见，应接受更大的数字，或者说进一步取一个整数，即认为在法国大革命引发的漫长绝望的战争中，被敌人俘获的英国舰船为1.1万艘。这是一个贸易破袭战引人瞩目的伟大实例，持续经年，得到前所未见的彻底有力执行，此外，还辅以前所未有的对英国关闭欧洲大陆市场的封锁政策。一开始是督政府，后来又是拿破仑，都放弃了争夺制海权的所有尝试，让自己像路易十四过去所做的那样，全力以赴进行打击贸易的巡航战争。今天，同样的趋势如此广泛盛行，就有必要审视一下遭受这些损失的真正含义，当时的英国人对此又感觉如何以及我们能对通过放弃军事上的制海权，专门依靠分散的巡航舰船，试图让英国这么一个对海外贸易如此依赖的国家签订城下之盟的这种做法当中，能够推导出一个怎样的合理期望值。

---

① 盖朗给出的从1793年到1802年3月25日《亚眠和约》签署期间，法国从英国俘获的舰船总数，包括战舰和商船为2172艘。法国损失的总数，从战列舰到渔船，在1520艘到1550艘之间。总数之中，27艘是战列舰，70艘是快速帆船——这些数据远低于严谨的英国海军史学家詹姆斯给出的数字。假设盖朗的估算中还有150艘是被俘的小型海军军舰，那么落入英国人手中的法国商船约为1300艘。这些商船中有很大一部分是“猎潮船”，一种从事沿海贸易的船只（就像它的名字说明的那样），对“猎潮船”的频繁进攻是战舰经常从事的、有利可图的、能打发封锁任务单调时光的行动。（《法国海洋史》第三卷，第674页。）

盖朗声称其非常严谨，作者本人对其精确性非常怀疑。根据所有引用数据来看，非常明显的是，福克斯在1795年5月24日，宣称战争第二年法国捕获860艘英国船只的说法是非常夸张的。（《福克斯演讲集》第五卷，朗文出版社1815年版，第419页。）——作者注

② 在这22年当中，存在一个18个月长的海上和平期。——作者注

显然，就像上文那样仅仅罗列数字，没有提供任何诸如船只大小，或货物价值的详情，是无法准确反映英国贸易蒙受的绝对和相对损失程度的。尽管如此，这些数据还是可以作为一个基础，与每年从英国各港口往来的实际舰船数量进行对比，还可以估算可能被俘的船只吨位。从21年被俘1.1万艘舰船这个数字可以计算出平均每年被俘数字为524艘。在1793—1795的3年之内，进出英国驻港口的英国船舶年平均数为21560艘①。用524去除这个数字，结果是四十分之一，或者说按照数量计算，被俘获舰船占整个英国航运的2.5%。在1798—1800年的3年之内（1801年双方一度停止敌对行动），来往的英国船舶年平均数为21369艘，被俘数量仍占2.5%。必须注意的是，这一进出港口船只清单仅包括英格兰和苏格兰与外国、殖民地、爱尔兰及海峡群岛，还有英属印度之间的贸易。当时报告的数字并不包括英国沿海贸易船，也不包括殖民地地方贸易，爱尔兰及其港口与英国之外的世界各地的直接贸易。这些船只当中也有法国私掠船的受害者，会使法国战利品的名单变得更长②，由于这里引用的报告只记录了英国贸易的一部分，就使英国贸易中的被俘船只比例大大提高。不幸的是，沿海贸易的数量现在已经无法确定③，于是它能够在多大程度上影响2.5%的损失比率就只能猜测了。

在作者看来，要想获得英国商船的吨位损失数，最可靠的方式就是算出战争各不同时期来往船只的平均吨位。在1793—1795年的三年之内，包括爱尔兰贸易，进出英国各港口的舰船平均规格为121吨。1800年，平均值为126吨，1809年，这个数字再度下降到121吨，1812年进一步降至115吨。这样我们将战争期间英国本国从事海外和沿海贸易的船舶平均吨位推算为125吨应

---

① 麦克弗森：《贸易年鉴》第四卷。——作者注

② 据说法国最活跃的私掠船长从敦刻尔克启航，“最喜欢的目标是在伦敦和贝里克之间从事贸易的单桅小船。这不仅是因为货物的价值，这些小船只需要很少的人员操作，而且航行性能很好，几乎能保证躲开英国巡航舰船，安全进入法国或荷兰的港口。”在1793年到1801年间，这位私掠船长俘获了34艘这种战利品。见《海军年鉴》第十二卷，第454页。——作者注

③ 直到1824年才出现关于沿海贸易的报告。见波特《国家的发展》第三部分，第77页。——作者注

该差不多[1]。据此可推知21年间英国损失的1.1万艘商船总吨位应为137.5万吨。在那些年间，去除与英国从事相同贸易的巨量中立国商船吨位，进出英国各港口的英国商船吨位为5500万吨[2]，从而可知损失比例再次略小于四十分之一，即小于2.5%。

另一种估算英国损失的方法根据法国人报告中的数据进行，结果和上述推算也正好吻合。根据法国人的报告，到1800年9月为止，1年之内，法国人的捕获货物价值为29201676法郎。根据当时法郎的价值，这个金额相当于121.6万英镑。英国1800年出口总额为5600万英镑，那么被捕获货物价值还是不到出口额的四十分之一。进口总额也将近5600万英镑，那么损失金额占全部进出口总额的比例下降到了不足八十分之一。事实上不少捕获货物可能来自中立国商船，另一方面这份报告没有计算法国在各殖民地和东印度捕获的货物，也没有计算法国的盟国荷兰和西班牙捕获的货物。

如果以属于英国及其属地的所有船舶总数为基数，以此为标准计算它因遭劫掠蒙受的损失的话，会发现1795年总数为16728艘，1800年为17885艘[3]，1805年为22051艘，1810年为23703艘[4]。再次以524艘为年度损失数

---

① 当时的商船普遍较小。根据麦克弗森的表格来看，1792年至1800年间，在英国和美国之间从事贸易的商船，平均吨位在200到230吨之间；到西印度群岛和波罗的海的大约250吨；去德意志、意大利和西地中海的150吨；去黎凡特的250到300吨，有些会达到500吨。东印度公司的商船，如前所述，吨位会更大，平均接近800吨。整体平均数由于爱尔兰贸易的大量小船被减到125吨。1796年，有13558艘舰船在爱尔兰与英格兰和苏格兰的各港口之间往返，占英国从事所谓对外贸易舰船总数（不是吨位）的一半。这些船只的平均吨位仅80吨（麦克弗森）。1806年，与爱尔兰进行贸易的船只为13939艘，与世界其他各地进行贸易的船只为5211艘，平均吨位再度只有80吨。（波特《国家的发展》第二部分，第85和174页。）

当时一位活跃的快速帆船船长威廉·帕克爵士，在1801年到1811年指挥同一艘船，一共捕获52艘战利品。去除1艘战列舰和1艘快速帆船以后，这些战利品的平均吨位为126吨。（《威廉·帕克爵士传》第一卷，第412页。）

1798年，进出伦敦的沿海贸易船为6844艘，平均吨位为73吨。运煤船的吨位较大。进出伦敦的运煤船为3289艘，平均吨位为228吨。（科尔克豪恩《泰晤士河的贸易》，第13页。）——作者注

② 1813年的相关记录因失火被毁，因此精确的总吨位无法给出。1813年的总吨位设定为200万吨，这个数字可能会偏小。——作者注

③ 这两个数据见麦克弗森《贸易年鉴》第四卷，第368、535页。——作者注

④ 这两个数据见波特的《国家的发展》第二部分，第171页。——作者注

量，每年的损失比例逐渐从第一年就非常低的略高于3%，减少到最终小于2.5%。

最后，再顺带用之前引用过的《劳伊德船舶日报》给出的1793—1800年间，因海洋风险造成的船舶损失总数进行一下比较，这个数字是2967艘。和被捕获的数字3639艘比较之后发现，来自敌人巡航舰船的风险只略超出海洋本身造成的风险。尽管只能部分抵消自己的损失，英国在同样的这些年间，得到的战利品货物总额超过500万英镑[①]。1801年，被押进英国各港口的商船也挂上了它的国旗，从事贸易活动，共2779艘船舶，总吨位达369563吨，这个数字在1811年增长到4023艘和536240吨。[②]

综合考虑多方面因素后，可以得出比较合理的结论，敌国巡航舰船对英国造成的直接损失，不超过英帝国贸易额的2.5%，这一损失可部分通过其海军舰艇和私掠船捕获的船舶和商品抵消；其余损失即使不能通过悬挂中立国旗帜的商船进行的贸易大扩张得到全部补偿，也可补偿一部分。虽然中立国船只毫无疑问也会遭到敌国骚扰，但英国和欧洲大陆之间不断增长的往来贸易几乎完全靠这种方式进行的，贸易中每吨商品的部分价值都会留在英国，使它的财富不断膨胀。当时的著作说明，因为劫掠对航运造成的损失在日常事故和生活的不幸当中湮没无闻。在国民财富稳步增长，人们都能积极致力于聚敛财富的情况下，无论劫掠造成的损失规模还是影响都不足以吸引公众注意。“在所有的战争行动和金融活动当中，”一位作者写道，“我们积极进取人民的收获难以计算，尽管无法创造财富的各阶层要承受货币贬值和税负不公的苦恼，但与贸易与和平时期最幸福岁月的最大值相比，已经翻了一倍多。”[③]事实上，这幅画面确实有阴影部分，因为战争意味着苦难和

---

① 查尔默：《历史观》，第307页。——作者注

② 波特：《国家的发展》第二部分，第173页。《海军年鉴》第二十九卷第453页，给出了一个在1793—1812年间注册的战利品船舶正式登记表。1792年仅为609艘，总吨位93994吨。——作者注

③ 查尔默：《历史观》，第351页。——作者注

辛劳，对于本章的主题——贸易及其它在这场战争中的命运而言，多年之间只有一个声音，也只可能是一个声音。首相本质上是一位贸易和金融大师，乐于年复一年地扩大不断膨胀的贸易额和日益增长的财政收入。不仅新税种财源广进，连旧税种的所得也日益丰厚，但这些繁荣迹象并不是全都立即呈现的。一开始投入战争时，总是伴随着系统缩减和力量收缩，当敌人逐步放弃制海权时，英国通过1797年和1798年海战的胜利，日益加强了在海上的绝对霸权，新的事业渠道开始为人熟知，人民的活力也日益高涨，迎接新的机遇。

在战争带来的所有悲痛、苦难和损失当中，依然呈现出非同寻常的繁荣景象，部分应当归功于中立国航运对扩展和维护繁荣的贡献，以下部分必须涉及这方面的内容，因为这是交战双方采取非常措施打击中立国贸易的原因，使得这场对决在后期显示出一种奇异痛苦的特征，对整个世界的贸易影响深刻。战争刚爆发，英国就开始利用中立国的劳务，放宽了《航海条例》中原本对英国商船船员必须有四分之三是英国臣民的限制。1793年4月30日，这项限制已经修订为允许四分之三的船员是外国人，以补充海军舰队大量招募人员留下的空缺。其次，随着时间的推移，由于法国占领区的扩张和盟国的增加，英国的敌人越来越多，英国也就通过一系列命令和公告，越发违背《航海条例》的精神，明显的直接目的就是雇佣中立国船舶从事原先仅限于英国商船从事的业务。海军对水手的大量需求，被俘获的风险，组织护航船队造成的时间延误，这些因素完全遏制了英国海外贸易的发展，甚至还出现了轻微的倒退；与此同时，英国占据着制造业大国的重要地位，适逢欧洲大陆的生产因为战争萎缩，同时美国对工业制品的需求稳步增长，亟须更多货运船只。英国需要运输的物资量迅速增加，这个时候它本身的航运业变得越发难堪重负。因此1797年，当英国海军被迫离开地中海时，原先仅限于英国船只进行的黎凡特贸易，完全向所有中立国开放。1798年，英国与西班牙进入战争状态，西班牙羊毛这种服装制造业非常重要的原料，就被允许用任何中立国的船只运载。甚至于可以允许英国臣民用中立国船只进口敌国殖民地的产品，但不得在英国消费，要用于再出口；通过这样处理，英国不仅能收取停泊费，而且不会直接影响为英国殖民地居民保留的市场。这多种情况和措施的效果是英国的贸易在扩张，但英国的航运在停滞，中立国航运业在持续增长，这可以用一些数据来说明。1792年，和平时期的最后一年，英国的全部进出口贸易额为4456.5万英镑；1796年增长到5370.6万英镑；1800年，在战争一直持续不曾中断的最后一个年头，达到7372.3万英镑[①]。在这些年份当中，由英国和外国船只承运的贸易量如下：1792年，英国船承运3151389吨，外国船承运479630吨；1796年，英国2629575吨，外国998427吨；1800年，英国2825078吨，外国1448287吨。因此，尽管这个王国的贸易取得了如此巨大的增长，1800年英国航运业的船舶吨位也比1792年增加了将近65万吨，英国船只的货物运载量反而在下降，中立国船只的运载比例却在同期从13%上升到将近34%。

这些意义重要的事实不可能逃过法国政府的眼睛，也不可能不让与英国本国运输业有关的一些阶层不产生嫉妒；在第一阶段的战争中，这些阶层并没有得到其他利益受损的有力阶层支持，正是这些有力阶层后来逐渐促使英国内阁采取了一系列深深伤害所有中立国家的措施，主要受害者是美国。在法国，革命者早期对英国颇多呼吁，希望能将英国也拖入革命运动的洪流，但这份热情迅速冷却，变得充满敌意，甚至比长期导致两国对立的敌意更深。法国在欧洲大陆所向披靡，它的政府看到眼前只有一个不可战胜的敌人——海上强国英国；它知道英国通过财政援助和游说，使大陆各国能维持它们不断进行的敌对活动，看到它在普遍的混乱和贫困下，能保持平静，增

① 这些数额是“官方价值”，是一个世纪前对具体货物价值的硬性规定。这个计算方式的优点是不用计入价格波动的因素，使价值能够体现每年实际的贸易增长比率。如果在本章未做特别说明，所用的数据都是指官方价值。“真实价值”是从当时的现行价格推算出的，一般要远大于官方价值。因此1800年的贸易总量，按照官方价值计算为7372.3万英镑，按照“真实价值”计算则为11123.1万英镑。数据来源于麦克弗森的《贸易年鉴》。——作者注

加了非常可观稳固的一笔财富。因此督政府得出了结论，拿破仑的政策就建立在这个结论的基础上，他不厌其烦地反复宣讲——英国延续着战争，挑唆各国之间的不和，都是为了一个简单的目的——将它自己的繁荣建立在所有其他国家贸易的毁灭之上，将它的权力建立在所有其他国家海军的毁灭之上①。与此同时，法国政府顽固地坚信一大妄想——从过去几代海军军官和政治家那里继承的妄想，即一场直接针对英国贸易的战争是摧毁它的可靠手段。法国人知道有大量私掠船被使用，掳掠了很多英国战利品；遭此打击的海上强国反而在稳步前进，而且随着岁月沧桑变得更为强大。法国也知道英国的制造业正在增长，它们的产品充斥欧洲大陆；东西方的物产，波罗的海和地中海的物产，都集中到英国；不仅欧洲大陆，就连法国自己都要通过英国得到大部分热带消费品。英国总能逃脱显然肯定会遭到的毁灭，只有一个答案，那就是中立国航运和中立国消费者钱包的支持。在这个前提下，根据法国大革命的致命逻辑来推导，就不可避免地得出这样的结论——即每一艘从事英国贸易运输的中立国船只都在帮助英国，因此它也是法国的敌人，可以将其捕获②。在拿破仑宣布不再存在中立国，并且把两个选项丢到长期都只是想保持平静的瑞典面前"要么与法国交战，要么就将炮弹射向靠近你们港口的英国船只"时，不过是在发扬这一先例而已。

这场战争的参与双方都受到异常激烈的精神刺激，对中立国利益都进行了极不寻常的严重侵犯，因为中立国的利益或多或少都会与交战国的目标发生冲突。这些问题的重要性又得到了新的提高，因为现在有一个首次出现的中立海洋国家，幅员辽阔，成长迅猛，它当时的利益和野心就是发展航运和贸易运输业，因为它拥有发展这些产业得天独厚的优势。在过去的所有历

① 一个国家谋求将其繁荣建立在他国的不幸之上，扩大其贸易建立在他国的毁灭之上，妄图通过控制海洋，以期将其本国制造业的产品推向世界各地，却不愿从外国工业输入任何东西，法国将不会再容忍这样一个国家享受其罪恶的投机成果。见《督政府致五百人院的信》，1798年1月4日。——作者注

② 《督政府致五百人院的信》，1798年1月4日。——作者注

次战争中，美国人都是以英国殖民地居民的身份参与的，无论是忠诚还是叛逆。1793年，美国成为一个真正名副其实的国家已经4年了，华盛顿的第一个任期也结束了。首届国会最初采取的措施就是通过对本国和外国征收差别关税，来发展美国的航运业。[①]由于这些措施的刺激，伴随着英国贸易增长，英国航运业收缩提供的机会，美国的船舶制造业和商船迅速拓展他们的业务。根据美国众议院一个委员会1803年1月10日的报告，当时美国的商船吨位不逊于除英国之外的任何一个国家[②]。1790年，从海外进入美国港口的本国船只为35.5万吨，外国船只为25.1万吨，其中英国船只为21.7万吨[③]。1801年，进入美国港口的本国船只总吨位已经达到799304吨[④]，外国船只仅为13.8万吨[⑤]。英国船只在外国船只中的吨位没有说明，1800年，离开英国前往美国，悬挂英国国旗的船只不过14381吨[⑥]。像这样的一些数据只能给出美国航运业积极活动的一个相对的部分印象，因为这份记录当中没有本国当局不知道的美国船只运输活动；可以比较有把握地说，美国每年至少为维持世界航运提供60万吨船舶。世界航运业在那些重要的年代，都以英国为中心，为英国的权力服务。美国商船得到了以多种方式获利的机会，这里只提及一种，因为这种方式在日后一段时间成为一种巨大麻烦的来源，一步步导致了1812年战争。这种方式就是把法国和其他英国敌国殖民地的产品运到美国，然后再运往欧洲进行再出口。

除了这个西半球的新国家之外，还有3个国家由于其相对封闭的地理位置，使它们在18世纪的海上战争中扮演中立国的角色。这就是波罗的海三

---

① 征收这些关税的法令在1789年8月15日生效。在美国建造的和美国公民所有的船只，每吨征收6美分进口税；其他船只每艘征收50美分进口税。使用美国制造和美国人所有的船只从事进口的货物可减免10%的规定关税。见《国会年鉴》首届国会，第2131、2132页。——作者注

② 《美国政府公文》第十卷，第502页。——作者注

③ 《美国政府公文》，第389页。——作者注

④ 《美国政府公文》，第528页。——作者注

⑤ 《美国政府公文》，第584页。——作者注

⑥ 麦克弗森《贸易年鉴》第四卷，第535页。——作者注

国，俄国、丹麦和瑞典。它们在1780年曾联手捍卫它们的中立权，如果有必要，会通过武力来捍卫它。1793年，由于俄国的政策改变，这个联盟无力继续维持相同的态度。无论出于何种动机，叶卡捷琳娜女沙皇都采取了坚决反对法国大革命的立场。1793年3月25日，女皇和英国政府签署了一份协定，双方同意，不仅对法国关闭它们的港口，不允许向法国出口食品，而且“在这种每一个文明国家都共同关注的时刻，联合它们所有的力量，防止任何其他没有卷入战争的国家，直接或间接利用它们的中立权，对法国的海上贸易和财产给予帮助”。[①]可以通过女皇同年夏天的通知，来看出她对这一措施的理解。她通知瑞典和丹麦宫廷，俄国会在北海部署一支舰队，阻止前往法国的中立国船只。[②]英国已经在1793年6月8日，命令它的巡航舰船指挥官们，扣留所有装载面粉或谷物去法国港口的船只，将它们押回英国，英国政府会购买货物和支付运费[③]。这些指示被正式通知各中立国政府，各中立国政府以或多或少的勇气和韧性进行了抗议，发现它们无望用武力去对抗武力。足够令人吃惊的是，这一次法国政府抢在英国之前，在稍早的5月9日就发布了具备同等效力的命令。这一事实看来没能引起英国内阁重视，因为他们在向美国证明他们行动的正当性时，没有提及此事。他们为自己行为的辩护站在更宽泛的角度，从战争的性质到法国的处境来看，法国很可能因为饥饿就范[④]，在这样的情况下，粮食这种一直存在争议的货物，可以被视为战时禁运物资。这样的答复无法让被剥夺了部分预期收益的中立国满意，但在这样的争议当中除了无力之外，任何申诉都是无效的。英国内阁给出的进一步理由是：“法国政府本身是该国唯一的粮食合法进口者。”这在当时是

---

① 《美国政府公文》第一卷，第243页。——作者注

② 1793年《年鉴》，第346页。——作者注

③ 《美国政府公文》第一卷，第240页。英国和法国在1791至1808年，对美国贸易产生不利影响的一系列完整命令，可以在《美国政府公文》第三卷第262页找到。——作者注

④ 《美国政府公文》第一卷，第240、241页。出现这种结果的可能性可从格夫纳·莫里斯1793年10月19日和1794年3月6日的信中看出来。见《政府公文》第一卷，第375、404页。——作者注

无可置疑的事实，因此“贸易不再被视为一种个人的商业行为，而是已经宣战，并且对英国实施战争行为的人从事的一种直接行动”。美国驻法国公使门罗在1794年10月16日的信中证实了这一点：“整个法国的贸易，已经完全排除了个人行为，由政府本身来进行。”[①]

不久以后，1793年11月6日，英国内阁颁布了另一份命令，指示扣留“所有装载任何法属殖民地货物，或者装载供这些殖民地使用的粮食或其他补给品的船只”。这份命令的依据是《1756年准则》，该准则得名于它首次受到明显关注的那场战争[②]，按照英国当局的声明，该准则的原则是，如果一国在和平时期禁止中立国从事某项贸易，那么在战争时期中立国也不能因为它与交战双方的便利性从事这种贸易；因为从事这种贸易的话，中立国的船只“已经在从事敌国贸易，在性质上标志着自己与敌国的贸易和目的联系在一起，在效果上已经被纳入敌国航运”。[③]当时殖民地贸易基本上都保留给宗主国，英国法院和政府的规定专门针对殖民地贸易，对沿海贸易也采取了同样的限制。中立国的答复是：“既然宗主国在和平时期垄断其殖民地的全部贸易，难道在战争中反而根本没有权利去管理它吗？”[④]“我们否认任何在和平时期通过的地方性规定，可以成为限制中立国在战时公共权利的指导意见。”[⑤]很明显，这两种论点的思路彼此无法达成共识，它们就像是放在天平两端相互平衡的砝码，一旦激情、利益加上权力被放进任何一端，这种平衡就会被打破。利益相关的双方从这种根本上就不同的前提出发，只会沿着平行的思路无限争论下去，永远不会到达一个交点。

这个问题牵涉到一项陈旧的殖民政策，现在关注这个问题主要是为了

---

① 《美国政府公文》第一卷，第679页。——作者注

② 即七年战争。——译者注

③ 惠顿：《国际法》，第753页。——作者注

④ 门罗致英国外交大臣的信。《美国政府公文》第二卷，735页。——作者注

⑤ 格夫纳·莫里斯：《对“伪装下的战争，或中立国旗帜骗局”的答复》，纽约1806版，第22页。——作者注

说明这样的死结如果出现在关键时刻，当引发激情或利害关系时，除了战争之外，别无其他解决方法。英国在当前的对决当中，为了使英国贸易获益，也在各方面放松了它在和平时期的法规，指出这一点却没有用处。答案完全恰当——英国对它的敌人通过中立国能够获得任何帮助的权利并无异议，他只是坚决不允许中立国这样做能不受任何惩罚。毫无疑问，在众多英国人的心目当中，英国的指导原则是绝对合理的。格雷先生，在1792年曾经因为其过分自由主义的观点，让他的政党遇到麻烦①，后来他成为霍威克子爵，在1807年出任外交大臣时写道："适当的看法是，中立并不是利用交战国之间的每一种状况来为中立国聚敛财富，不去过问可能对任何一方产生的影响，而是应当严格诚实地不偏不倚，以免在战争中使任何一方受益；特别需要指出的是，中立国应当将它的贸易限制在和平时期的范围以内，而不是协助交战中的一方去避免敌方对它产生的影响。"②利益相关的国家无论有多少臣民认同这一观点，也无法证实这个问题的正确性，当时各种不可调和的观点非常清楚地证明，每个国家在这种情况下都应准备好在一旦必要的时候，以武力来支持其对权利和荣誉的主张。

根据英国11月6日的命令，数百艘美国船只被英国巡航舰船扣押，被送进英属西印度群岛各港口。③即便承认命令的原则，将命令应用于这些船只，也会招致两项严重的反对意见。首先，在发布这些命令时没有发出任何警告，这一规则至少还没有被普遍接受；其次，在战前，美国和法属西印度群岛之间用60吨或60吨以上的船只进行贸易是得到允许的④。截至1790年9月30日的一年内，5.7万吨美国船只从法属殖民地进入母港。因此，这项贸易

① 拉塞尔：《福克斯传》第二卷，第281页。——作者注

② 1807年3月17日致丹麦大臣的信。科贝特：《议会辩论》第十卷，第406页。——作者注

③ 美国驻西印度群岛的一位领事在1794年3月7日的一封信中给出的数字是220艘。这仅仅是部分统计数据，当时命令才刚刚发布不久。见《美国政府公文》第一卷，第429页。——作者注

④ 根据《1784年8月30日条例》。见《国会年鉴》，1794年1月13日，第192页。——作者注

在战前就已存在，并不适合用《1756年准则》来约束[①]。11月6日命令直到年底才公布于众，美国驻伦敦公使直到圣诞节才收到一份命令副本。他立即提出抗议，还没等到他被接见，1794年1月8日，就发布了第二道命令，撤销了前一份命令，限制范围仅适用于从那些法属殖民地直接去欧洲的船只。尽管新命令保留了原先的原则，美国并不同意那项原则，但由于他们自己从事的贸易被排除在限制以外，也就没有很多不满了。

英国采取的政策造成的难题性质严重，促使美国政府派遣一位特使来到英国。约翰·杰伊[②]出任这一职务，在1794年6月到达伦敦。英国政府已经从最初的立场上做出让步，撤销了1793年6月8日关于扣押粮食的命令，认为现在采取和解的态度不难。杰伊出使的成果是双方在1794年11月19日达成了一份《贸易航海协定》，这是自从美国独立后，两国签署的第一份条约。因11月6日命令使美国贸易受到的损害，将被提交一个联合委员会解决。直到1804年，这个委员会才提交处理报告，根据这份报告，被扣押的大部分货物都得到了补偿；据一年以后的继任驻伦敦特使门罗先生称，该委员会的决议彻底否决了《1756年准则》。但报告的效力似乎没有超出解决这些具体案例的范围，报告决议具备最终效力，但无权保证英国或美国政府遵守尚未成立的任何国际法一般原则[③]。《1756年准则》没有在条约中被提及，可以认

---

① 在战争爆发后不久的1793年2月17日，法国国民公会允许大规模拓展美国和法属殖民地之间的贸易。此举并不影响这一基本事实，即在某些情况下，该项贸易在和平时期是被允许存在的。——作者注

② 约翰·杰伊（John Jay，1745—1829）：美国建国时期的政治家、革命家、外交家和法学家，美国独立战争时期，与富兰克林和亚当斯一同出使过法国，1784年出任国务卿的前身外交部部长。1789年，杰伊被委任为最高法院首席大法官。1794年，他出使英国，达成《贸易航海协定》。从最高法院卸任后，他于1795至1801年间出任纽约州州长。卸任州长之后，他归隐田园，直到1829年去世为止。——译者注

③ 实际上，门罗在同一封信的另一部分承认："英国在每一项决议中的原则都是相同的……英国声称每一次让步都是对这一原则的放松，是有意识的让步。——作者注

为这种做法是得到美国默认的，或至少愿意顺从[1]。另一方面，美国获得了相当大的贸易优惠。英国承认美国船只在本国和英属东印度及英属西印度群岛直接从事贸易的权利，但它们不能将这些殖民地的物产运送到其他外国港口。事实上，由于英国内阁非常担心咖啡和砂糖会被间接通过中立国船只运往欧洲，所以他们坚持规定在允许美国与英属西印度群岛进行贸易的同时，不允许美国船只将糖蜜、砂糖、咖啡、可可或棉花运往美国以外的任何世界其他地方，杰伊同意了这一点。这将会阻止一项已经对美国商人开放的有利可图的贸易，他们先进口法属西印度群岛的产品，对法国进行再出口，认为这种不连续航运可以洗清商品原产地。该条款（第十二条）因此被美国参议院否决，只有这一条经过修改后，两国才予以批准。

法国政府一直以不信任的态度看待英国和美国之间的谈判。虽然杰伊先生通过美国驻巴黎公使向督政府保证，条约中有一条明文规定保护法国和美国之间的现有惯例，督政府还是蛮横地要求得到一份条约副本，认为它有权这样做，尽管连美国政府都还没有得到条约文本。当督政府最终得知条约条款时，其愤慨超过了合理界限。督政府极为反感的是两项原则性条款，美国在这两条之中答应的条件，相比之下不是对中立国，而是对交战国更有利，并且与较弱海洋国家已经提出的主要主张相悖。第一条是一个已经确立的原则，中立国船只不能保护装载在船上的属于敌国的财产。美国一直都承认这个原则是有效的，尽管他一直在试图创新，提出一个相反的规则。根据1778年的美法条约，两国曾规定，当缔约国一方参与任何未来的战争，作为参战国，一旦遇到另一缔约国船只运载的敌国财产，应当予以尊重；美国并不认为两国之间的协议能推翻适用于其他所有情况的一项已经确立的原则。英国

① 杰伊先生似乎对此事已经产生了一些误解，因为他回国后写给国务卿的信中称：“条约禁止中立国船舶将美国从西印度群岛进口的产品用于再出口……我们可以将这些产品从法属西印度群岛或群岛的其他岛屿直接运往欧洲。”见《美国政府公文》第一卷，第520页。条约肯定没有承认这种做法。——作者注

出于自身利益考虑，不愿接受美国提议的改变，相关的旧原则在杰伊条约的第十七条被明确接受。法国反对的第二条与战争违禁品的定义有关，这一直是，而且仍然是国际法中最困难的问题；因为一项规定可能在一个时代或者一个国家的战争中是最为重要的，在另一个世纪或者不同场合就变得无关紧要。根据杰伊条约，美国承认海事用品是战争违禁品，在某些情况下，粮食也被视为战争违禁品，因此都可以被收缴。对美国人来说，在这项条款当中保证自由贸易非常重要；他们当时还很弱小（即使在今天依然如此，在军事角度上，他们没有更多借口推脱了），因此当时就和现在一样，他们必须在争议性权利的问题上屈从。美国公民的物质利益和国民自尊心明显不同，因为英国在将粮食视为战争违禁品查封时，做出了部分补偿。所有这些情况都与法国的愿望相悖，他们认为美国人还没有还清欠他们的人情债，美国应感谢法国君主（尽管他已经被自己的人民砍了脑袋）在美国独立战争时期给予的微薄的，当然也最重要的援助；从这时起，法国政府对美国原有的傲慢态度当中，还带上了一份辛辣。新生的合众国政府仍不稳固，还很弱小，法国拒绝承认；也不愿承认美国讨价还价后达成的交易整体上对法国有利，在英国拥有绝对制海权，控制海上一切漂浮物的情况下，法国预期能得到的也只有这么多。法国在傲慢的指责和辱骂美国之后，采取了一系列违背中立国和条约权利的措施，最终导致了法美两国之间的敌对冲突。

从杰伊条约时起，到《亚眠和约》签署以及到1804年为止的下一场战争中，英美之间的关系仍保持在相当稳固的基础上。巡航舰船的确给中立国贸易制造了无数麻烦，因为它们总是愿意相信法庭会做出有利的判决，于是稍有借口就想扣留战利品，战利品法庭办事拖泥带水也大大增加了烦恼，但美国贸易总体上得到了极大繁荣。1797年6月，美国国务卿在答复众议院的一项决议时报告：“据推测，英国巡航舰船捕获和造成的损失并不是很多；因为在过去3年中，美国公民已经习惯为了进行索赔向政府寻求援助，所以毋庸置疑，一般来说，这些案件都已经向国务院报告。”1801年，西印度群岛爆发了一场非法扣押船只的风潮。[1]美国在当地从事贸易的船只都很小，对捕获船只无论大小，诉讼费用是一样的，一场诉讼的成本相对船舶的价值来说，显然很不划算，所以掠夺者们希望通过出了名的诉讼程序拖延，来胁迫对方妥协。这种恶劣行径无论多么离谱，在原则上仍与政府的直接行动不同，人们故意利用法律的漏洞、含糊或者拖延来谋求不正当利益引发的案件也不止这一类[2]。国务卿就此事向众议院提交了一份报告称："无论是我们的驻伦敦公使传来的信息，还是我们与英王陛下驻美代办的谈话，都不会使人认为那是由英国政府最近授权的额外命令提及的掠夺性制度。"[3]

事实上，当时的皮特政府似乎已经认为，所有贸易，只要不直接和敌国进行，都对英国有利，如果能吸引它们经过英国的港口进行，就尤为有利。有鉴于此，1798年1月，颁布了进一步放宽《1756年准则》限制的措施，将1794年给予美国的让步扩展到欧洲的各中立国。英国巡航舰船现在奉命不再捕获从敌国殖民地装载殖民地产品前往欧洲的中立国船只，只要这些产品已经成为中立国财产，目的地是中立国本国，或者进入英国港口。最后一条预告了10年后一系列枢密令会采取的政策，英国在战争压力下，正稳步趋向这一政策。国家会本能地觉察到自存法则，这种本能要求联合王国应成为战争中的世界贸易仓库。如果贸易能集中在英国边境以内，越是蓬勃发展，对英国就越有利。因此法国和全世界都应向贸易的财富和权力纳贡，不仅英国能以此得救，全世界都将以此获救。这是一个缓慢成长和逐步实现的伟大构想，在它的发展进程中由于缺陷、失误和罪孽失色，但在根本上是健全的，并且最终取得了胜利，因为世界的命运系于英国和贸易之上。

法国对中立国，尤其是对美国船只的行动，反映出历届法国政府的不稳定性和狂热的激情，还有法兰西民族的不确定性。当一个民族失去固有的

---

① 见托斯·菲茨西蒙斯的信，《美国政府公文》第二卷，第347页。——作者注

② 扣押这些船只的借口看上去经常都是声称货物属于战争违禁品。——作者注

③ 《美国政府公文》第二卷，第345页。——作者注

原则和先例，只能被变化中的是非观念引导时，必然会体现出这种方针的不确定。1793年5月9日法令宣布扣押所有装载粮食和运载敌国商品的船只，当月23日即取消了该法令对美国船只的效力，因为法令与1778年协定相悖。5天后的28日，又撤销了废止令，恢复了原先的法令①。7月1日，决议又再次逆转，下令应遵守1778年协定。尽管如此，美国公使还是发现法国违反协定条款扣押了船只，却不能使这些船只获释，到当月27日，最近的决议又被再度废止②。9月22日，美国公使写道："我了解到有关方面仍在考虑废止我投诉的法令，与此同时，该法令并未被送到法庭。实际上，它能造成的伤害很小，因为这个国家的舰队受制于敌人，国民公会的一项法令限制了私掠船的活动。"③这些事态在恐怖统治时期就此停滞，直到1794年11月15日，罗伯斯庇尔垮台后，督政府颁布了关于此事的第一份法令，重申法国认为可以扣押中立国旗帜下的敌国货物，直到敌国能够宣布在中立国船只上的法国财产是安全的。这就使法国对美国船舶上的货物如何处置，并不取决于法美两国的正式书面协定，而是取决于英国的行为。到1795年1月3日，以上法令又被一项新法令撤销了。中立国旗帜下的敌国货物都能免于被法国收缴，直到1796年7月2日，法国发布声明，通知中立国家，如果英国对中立国船只进行没收、搜查或者拘留措施，法兰西共和国的舰船也会对他们的商船采取相同措施。英国由此成为法国对中立国采取行动的最高仲裁者。

法国政府的最终措施可直接溯源到对杰伊条约的不满，1795年10月28日，英美两国在伦敦交换了各自批准的条约。1796年2月16日，法国外交部部长告诉美国公使门罗先生，法国政府认为两国通过1778年条约建立的同盟，因为杰伊条约，事实上已经终止。10月7日，他进一步宣称，法国驻美

---

① 应当记得的是，5月底正是雅各宾派和吉伦特派的殊死斗争进入白热化的时期，后者最终在6月2日垮台。——作者注

② 《美国政府公文》第一卷，第284、286、748页。——作者注

③ 《美国政府公文》第一卷，第372页。——作者注

公使已被召回，不会再派人接任。与此同时，华盛顿总统对门罗的行为不满，将他召回本国，派平克尼先生接替他。督政府在12月11日拒绝接受任何来自美国的全权公使，直到法国已经提出的申诉能得到解决为止。[①]1797年1月25日，平克尼被认定为非法居留的外国人，被勒令离境。

法国现在完全走上了粗暴对待美国的路线，这么做不是因为法国对美国的不满引发的合理理由，而是因为像法国对较弱的欧洲国家所表现的那样，有强迫所有国家遵循法国政策的倾向。1796年7月2日法令的条款非常散乱，授权法国船长能够扣留任何中立国船只，只要根据他的判断，认定英国对中立国的做法足以使他认为自己的行为合理。俘获的战利品最终的命运会交给法庭，法庭也只根据自己对同类行为的理解来判决。一位法国议员说："应当指挥私掠船行动的是海军部长，但如果你认为私掠船会根据海军部的指示出海，那你就错了。指示来自私掠船船主，会告诉船长能扣押什么，能放过什么。这些指示规定了船长的职责，依据是从1400年到法国共和6年雪月29日（1798年1月18日）的所有法律法规，不管这些法律法规之间是否存在冲突。"[②]

在西印度群岛，由于英国控制了海洋，法国代表实际上已经完全不受宗主国政府控制，1796年11月27日，他们通过一项法令，准许捕获在英国港口之间来往的美国船只。他们在8月1日，已经指示所有装运战争违禁品的船只都应被捕获和审判，无论目的地是哪里，尽管当时普遍被接受的法律是只有战争违禁品本身有罪，船只和其他货物应当无罪。次年2月1日，这些代表下令捕获所有前往法属群岛，曾向敌人投降的中立国船只，宣称这是合理的战利品。这些行为恰如其分地体现了督政府的意图，这一点可以由此推断——法国海军根据7月2日法令在欧洲水域捕获美国船只，法国驻马拉加和加的斯

---

① 法国不满的一条是美国当时禁止在美国港口内销售法国巡航舰船从英国取得的战利品。美法条约中并没有认同这种行为，这种对英国的恶意区别对待，是杰伊条约禁止的。——作者注

② 丹泽尔先生在元老院的演讲。《箴言报》，共和7年，第555页。——作者注

领事对法令的解释是，授权对所有目的地是英国港口的舰船扣押和宣判[1]。超过300艘美国船只因此被扣押，其中大多数被判有罪。1797年10月，美国就此类事件进行谈判的代表称，法国已经粗暴地扣留了美国超过1500万美元的财产[2]。他们在1798年2月7日再次写道："在战争的任何时期，英国都没有尝试行使这样的权力，也从没有主张过这种权利。"[3]前文引述的代表还说道："世上其他地方还存在像安地列斯群岛这样不公判决的事情吗？"

这些不合规范、任意更改的诉讼程序突出显示了法国政府及其代表的行动缺乏任何固定原则；与这些程序密切相关的是，他们对法国港口内的中立国船只也采取了类似措施。1793年战争爆发时，在波尔多有103艘美国船只被禁锢和拘留了1年多，没有给出任何理由，到1796年船主也没能获得任何赔偿[4]。船上的货物被强行拖走，拒绝付款或者只以实物的方式支付，拖延很久，仅在西印度群岛，美国因此遭受的损失就达200万美元。除了这些带有劫掠性质的行为以外，法国政府及其代理人与美国公民的合同和其他财务合约也没能偿清。两国政府之间，还有美国商人之中的怒火继续加速积聚。7月2日法令的实质是正式否定1778年条约中的一项条款，这项法令是当时唯一适用的法令，并且持续生效；1797年3月2日的命令更加令人生厌，要求中立国向法国法庭提交更加严格的中立证明，还要提供早已被废止的文件。

此时，拿破仑的意大利战役即将胜利结束。里沃利之战已经在1797年1月14日尘埃落定[5]，曼图亚在2月2日投降，教皇也已被迫求和。奥地利仅存的希望是阻止法军向它在德意志境内的领土逼近。督政官们的信心满满，他们开始制定针对英国贸易的政策，拿破仑从他们那里继承了这一政策。设计

---

① 《美国政府公文》第二卷，第28页。——作者注

② 《美国政府公文》第二卷，第163页。——作者注

③ 致塔列朗的信件。——作者注

④ 《美国政府公文》第一卷，第740、748页。——作者注

⑤ 平克尼先生的公使身份虽然没有得到承认，但他留在巴黎，收到里沃利之战消息的第二天，对方无礼地要求他离开法国。——作者注

的政策包括迫使美国放弃杰伊条约中令人憎恶的条款；使当时安全依附法国的荷兰政府施加压力，要求在美国船只上的荷兰财产必须得到保护，免受英国收缴，建议三个共和国联手对抗英国[①]。荷兰据此提出“当形势迫使我们将贸易利益托付给悬挂中立国旗帜的美国船只时，就有权期待中立旗帜能提供有力保护”。[②]换言之，当英国控制海洋迫使荷兰舰船退出时，荷兰贸易将会在悬挂美国国旗的商船上载运，美国应当使用武力来防止荷兰财产被扣押，尽管它承认根据传统的国际法，并没有提出这种要求的理由。1797年5月6日，西班牙无疑在法国授意下，也提出了同样的要求[③]。它们向另一个中立国丹麦也提出了类似要求。这看来就是拿破仑论点的先声，后来他声称为对抗英国的制海权，没有国家有权保持中立。不久这个观点变本加厉，丹麦被要求向英国贸易关闭易北河口。美国驻伦敦公使1797年3月12日写道：“法国人将我国与英国的条约当作他们对我们采取海事行动的理由，他们最近又要求汉堡和不来梅暂停与英国的所有贸易。这些要求都未被遵从，于是法国驻汉堡公使已被召回。同样的要求也在哥本哈根提出，遭到拒绝引发了尖锐的外交争议。这些国家最近都没有与英国签署条约。”[④]

4月18日签署的莱奥本和平预案，标志着法国与奥地利的战争偃旗息鼓。之后又经过长期谈判，1797年10月17日，双方缔结了《坎波福尔米奥条约》。在反法同盟之中，只有英国屹立不倒，孤军奋战。1797年，在奥地利已经屈服后，英国也曾提出谈判，但法国提出的条款过于苛刻，它拒绝接受，于是法国就像前几个月对待平克尼先生那样，勒令英国代表离境。督政府认为现在时机已到，英国将会无条件投降，法国已经掌握了摧毁英国贸易的武器。1796年10月31日（共和历5年雾月10日）[⑤]，立法机构通过了一项

---

① 《美国政府公文》第二卷，第13页。——作者注
② 《美国政府公文》第二卷，第14页。——作者注
③ 《美国政府公文》第二卷，第14页。——作者注
④ 《美国政府公文》第二卷，第14页。——作者注
⑤ 《箴言报》，共和历5年，第164、167页。——作者注

法律，全面禁止任何英国制造的商品，命令所有已经拥有这类商品的人，在3天之内申报，将这些商品立即封存起来，用于再出口。为确保这项法律的执行，授权搜查边境和海岸3里格以内的任何地方，对所有法国商人的住宅进行搜查。战争早期已经颁布过目的类似的法律[①]，而那些法令或是力度不足，或是已不再适应改变后的形势。用一位议员的话来说："现在既然从埃姆登[②]到的里雅斯特之间的海面上飘扬的都是共和国及其盟友的旗帜，几乎欧洲所有海域的港口都对英国关闭，我们必须制止英国商品消费者对英国提供的自愿补贴。"[③]比利时已经被吞并，西班牙和荷兰名为盟友，实为附庸，意大利大部分地区处于法国军事占领之下，看似完全可能将抵制英国商品输入的地点从法国边境扩展到整个欧洲大陆，并且通过严密监视，使英国货难以找到途径入境。

这种期望是自欺欺人，英国工业制品的高品质和充足供应，创造了对英国货的旺盛需求，这种需求能摆脱所有监视，让各个阶层都来对抗监察官员。因此，督政府在1797年底决定，采取一系列严厉措施强制执行这项法律，在它的海上战利品法令中添加了另一条也是最后一条严厉条令。1798年1月4日，督政府将一封信送到五百人院，宣称"从即日起，市政官员、治安官员、督政府代表和高级海关官员，将在法国各大区所有主要场所、所有港口和所有主要市镇，收缴一切现今在法国境内的，违反共和5年雾月10日法律的英国商品。如今和平已降临欧洲大陆，应使这场长期以来宣布为反英战争的大战具备它真正的属性"。还需要做得更多。中立国船只进入英国港口，运输英国商品，进行英国贸易，早已习以为常。据悉，当机会来临时，他们甚至仍会将英国制造的产品直接或间接地输入法国。通过这种行为，他们在帮助英国，实际上就参与了战争。"因此，督政府认为迫切需要通过一

① 《箴言报》，1793年3月1日和10月8日。——作者注

② 埃姆登（Embden）：今写作Emden，是位于德意志西北部埃姆斯河畔的港口城市。——译者注

③ 勒库图的演讲，《箴言报》，共和5年，第176页。——作者注

项法律，来宣称判定船只的性质究竟是中立还是敌对时，应当根据其所载货物确定……这样一来，在海上发现的任何一艘船，只要装载的货物中有英国商品，不论全部还是部分，这艘船都能被宣布为合法战利品，不论商品的所有者是谁，仅凭其来自英国或其属地，就能被视为战争违禁品。”1798年1月18日，这条法令未经讨论就被采用，条款内容则完全按照上述督政府信件。从此以后，用一位法国议员在一年后提议废除该法令时的话来说：“哪怕一艘中立船上有一方手帕原产英国，无论其他货物还是船只本身都会被判有罪。”也许有必要指出，这条法律不同于《1756年准则》的是，它禁止了一项无论在平时还是战时都向中立国开放的贸易。与旧规则只判定在中立国船只上发现的敌国财产有罪不同，这项法令也将原产于敌国的中立国财产宣判有罪，而且是将整船货物和船只本身都判罪，因为要为船上发现的任何英国商品承担连带责任。

尽管如此，英国贸易仍继续繁荣，没有因此项新法受害，反而受益。拿破仑具有不屈不挠的决心、无限的权力以及非凡的智慧和体力，也只能实现对英国贸易的部分限制，打垮英国贸易的目标完全超出了软弱的督政府的能力。战争伊始，法国港口对英国关闭后，英国贸易便转入奥属尼德兰和荷兰进行。在奥属尼德兰被法国征服后，阿姆斯特丹垄断了贸易运输。荷兰陷落后，英国贸易又转往不来梅和汉堡进行。汉堡港由于位置更偏东，更加远离法国军队，自然占据了大部分贸易，成为阿姆斯特丹的真正继承者[①]。世界各殖民地的物产和不列颠群岛的工业产品，涌入这个北德意志的商业中心，分布到整个欧洲大陆。联合王国支付给德意志的巨额财政补贴，通过增加参战国家的购买力，至少部分得以回流[②]。这些国家消费英国的工业制成品，还消费通过英国港口运送的咖啡和砂糖，经过英国港口时，需要支付停

① 麦克弗森：《贸易年鉴》第四卷，第463页。——作者注

② 麦克弗森《贸易年鉴》第四卷，第413页注解。——作者注

泊费，增加了英国的收入[①]。从英国港口开往汉堡的航运在1793年还是零，到1795年就上升到5.3万吨；在法国新法生效行使的1798年，增长到了7.4万吨。当汉堡成为大型贸易中心时，整个北德意志的各港口都分享了同样的繁荣。1795年4月，在普鲁士退出对法战争后，建立了一个北德意志中立区，以两国同意的一条界线为界。进入该地区港口的船舶总吨位从1792年的12万吨，增长到1795年的20.6万吨，1798年更达30.3万吨。进口商品总价值从1792年的220万英镑，增加到1795年的830万英镑，1798年则达1100万英镑，1800年更达到1350万英镑[②]。

英国贸易在世界各地都显示出类似的弹性。只有在地中海的进出口都明显减少——部分损失被美国商人的积极开拓利用[③]，但仅仅是一部分，因为北非伊斯兰海盗辅助法国在该海区排除中立国贸易的严格法令。英国商贸活动的最大来源是西印度群岛和德意志的港口，这些地区为英国的金融稳定提供了稳固的支持，证明了小皮特备受嘲弄的占领产糖岛屿的政策是正确的。岛屿不仅是宝贵的财产，在签订条约时还可以充当可供交换的领地，还能充当巡航舰船的基地，法国巡航舰船的活动不仅阻碍英国航运，而且扰乱了整个地区的商贸发展，因此每一个敌方岛屿都应当立即由英国占据。在势均力敌的海军之间为争夺制海权进行的战斗中，为了占据那些小岛屿浪费军事力量，如法国在1778年那样做的话，是一种荒谬可笑、犯了方向性错误的行为；当一支海军占有压倒性优势时，如1794年之后的英国那样，在敌人将自己限定在通过聚集小型私掠船进行贸易破袭战时，正确的军事政策就是捣毁它们出没的巢穴。如果在清剿这些岛屿时还能控制一片富庶的商贸地区，如当时的加勒比海，那这一行动就倍加正确。西印度群岛的物产和东印度一样，能使英国贸易获得双重利益，因为既是进口，也是对欧洲大陆的再出

① 德意志的进口贸易中，有五分之三是通过英国转口的外国商品。——作者注

② 这些数字都引自麦克弗森的《贸易年鉴》第四卷。——作者注

③ 见《美国政府公文》第十卷，第487页。——作者注

口①。每一个被占岛屿都为英国财政收入的膨胀做出了贡献，战争正是依靠财政收入维持的②。法国、西班牙和荷兰商船队的消失，圣多明各的毁灭，还有众多法属西印度群岛的整体无政府状态未能解决，使热带物产的更大份额落入英国人手中。按照那个时代的做法，这些热带物产只限定由英国船只运输，使得因战争受到伤害的航运业利益得到了一定救助。热带物产的运输方面，在欧洲大陆市场，只有美国是唯一的竞争对手。根据《1756年准则》，禁止美国人直接将这些货物运往欧洲，由于产量下降和刚刚提到的航运萎缩，便允许他们将和英国正在交战的殖民地的砂糖和咖啡运到美国港口，再转运到欧洲大陆，这样在交易中仍能获得不错的利润。英国殖民地居民完全占据了宗主国市场，其产品价格居高不下，这一状况在10年后引发了

---

① 西印度群岛地区对18世纪最后十年英国商贸体系的重要性，可以从下列表格中看出，这份表格显示的是英国贸易在1792年和1800年的分布百分比：

	进口自		出口到	
	1792	1800	1792	1800
英属西印度群岛	20	28	11	10
美国	5	7	17	15
俄国	9	8	3	2
德意志和普鲁士	5	12	9	31
法国，比利时和荷兰	8	4	15	12
地中海	7	2	6	2
西班牙和葡萄牙	9	5	6	3
爱尔兰	13	7	9	9
亚洲（不包括黎凡特）	14	16	10	7
其他	10	11	14	9
合计	100	100	100	100

这些数据的重要性不仅体现在西印度群岛直接占据的比例，还体现在对德意志出口的大量增长以及在战争进行当中，对法国，比利时和荷兰维持的高比率。这些出口在1792年有25%，在1800年有43%都是外国商品的转口贸易，主要来自西印度群岛。——作者注

② 1800年，英国占据的岛屿贡献了进口额的9%。——作者注

抗议，造成了巨大麻烦，但当时波澜不惊。相反，他们业务的繁荣促使英国在1798年1月颁布一系列命令，允许丹麦、瑞典和其他中立国船只，运载原产于敌国的咖啡和砂糖进入本国或者英国，无须被收缴。

法国雪月29日颁布的法律要对付的就是这一庞大的贸易体系。用于支付东印度和西印度群岛物产，还有美国和黎凡特产品，并不是英国人的金银，而是他们的工业制品。欧洲大陆消费英国的制造业制品、英属殖民地的砂糖和咖啡，并且通过英国商人获得东方的香料和器皿，这些商品大部分都用硬币支付。美国用本国船只将殖民地物产运往法国，从法国获得硬币，再用这些硬币向英国购买工业制品。连法国本身都通过欧洲大陆的渠道获得英国货物，还得用硬通货付款。这些流入伦敦的资金，又通过财政补贴的方式用到反法同盟军队身上。如今多亏了拿破仑，英国独自屹立不倒。法国海军无力对抗英国舰队，但是督政府通过实际占领和条约，已经将英国船只从欧洲大陆的一大部分排除。通过中立国船只共犯，英国商品仍充斥整个欧洲大陆。如果能制止这种共犯，那么英国工业制品的市场将被关闭，因此法国的巡航舰船对中立国船只采取了行动，根据法令的授权，只要在任何一艘船上发现一包或者一箱原产英国的货物，便可将这艘船捕获。结果很有意思。

一年后，1799年1月13日，督政府向立法会下院提交了一份关于海上战利品的信。在信中有上文已经引用过的著名声明，即已经没有任何一艘悬挂法国国旗的商船在远海航行了。这还并非全部内容。因为私掠船目无法纪，行为残暴，使中立国船只如此恐惧，乃至进入法国的中立国船舶吨位大幅减少，尽管英国已经放松而不是收紧它在战争早期采取的严厉规则。海外进口的减少必然导致法国商品销售规模的缩小，中立国船只的减少阻碍了农产品和工业制品的出口，且限制了工业必需原料的输入。督政府将这种局面归咎于一项现行条例，该条例将战利品案件的最终决定权交给法庭，而不是行政机关手中。督政府认为如果行政机关有处理最终上诉的权利，就可以监察巡航舰船的武断行径和法国的错误判决。如果情况正如驻巴黎美国领事馆所说，一审法院主要由海港的商人组成[1]，他们中的大部分都直接或间接与私掠船存在利害关系，那就必然需要对现行法律进行一些改变。在元老院，盛行的却是不同的观点。1799年1月17日，元老院开始辩论，以决定1798年1月18日法令何时正式生效[2]，随后对该项立法一年以来施行的政策及其结果进行了广泛讨论。法国糟糕之极的贸易状况得到了各方面的坦率承认，几份有力的演讲将其令人信服地直接归因于这项法律本身的执行，“中立国船只被从我们的港口驱逐；我们的农产品没有任何海外出口渠道；我们的工业和贸易全面凋零；我们的殖民地孤立无援；我们的航运路线被废弃；2万名水手进了英国人的监狱；我们的军舰没有水兵——这一切都是这项法律的政治影响，那就是它正在将我们毁掉，让我们粉身碎骨。”[3]

其他议员用相对平静的语言指出了这项法律的不公。如果在陆地边境，一辆马车上装载着一包英国货物，那么这个包裹会被没收，其他货物不会问责。如果在一艘船上有这样一个包裹被找到，不仅包裹本身，连所有其他货物和船都会被判罪。即便是在法国大革命最热情高涨的时候和这个国家极端危险的时候，都不曾像如今那样采取禁止运载英国货物的中立国船只前往自己的国家[4]。同样无法以报复为借口辩解此举的正当性，因为“如果英国人同样在这些中立国船只上扣留法国货物，他们不会没收其他货物。因此，法国的这些措施不是报复而是我们单方面的新行动，这是中立国不曾预料，也无法防范的”。[5]一艘中立船只冒着极端风险才能进入法国沿海，船上的一份小包装英国商品就能让它被法国私掠船俘获，无论它的目的地是哪里；即使它运载的是法国急需的商品，打算交换法国的产品运走，都不能免于被捕。无论中立国、盟国，甚至法国本国的船只和邻近各国进行小规模贸易，

---

① 《美国政府公文》第二卷，第8页。——作者注

② 《箴言报》，共和7年，第502页。——作者注

③ 《箴言报》，共和7年，第716页，“库萨的演讲”。——作者注

④ 《箴言报》，共和7年，第555页，“丹泽尔的演讲”。——作者注

⑤ 《箴言报》，共和7年，“朗格莱的演讲”。——作者注

都会遭到法国海盗侵扰。这种情况对法国巡航舰船本身也会产生影响。靠近本国海岸，并且登船搜检过往船只，非常安全，有利可图。非常琐碎的小物件，可能是某个船员私自偷带上船的，或许是在连雇主和船主自己都不知道的情况下运输的，都会使船和货物成为最好的战利品。由于存在这样的危险，进入法国国内港口的捕获物数量已经在下降，从前一年的662艘，下降到452艘，尽管搜剿的范围更大①。

尽管如此，战利品的损失还远非这项法律的最坏影响。中立国船只被驱逐，友邦和法国航运望而却步，由于运输工具短缺，贸易已经严重瘫痪。该项法律颁行前一年，从事沿海贸易的商船为89.5万吨，其中12万吨是中立国船只，这些船只将货物从法国的一处海上边境运往另一处海上边境，如从比斯开湾运往法属地中海海岸。次年，总吨位下降为74.6万吨，中立国船只骤降为3.8万吨。在该法颁行前一年，法国从事海外贸易所需的船只为86万吨，其中中立国船只占62.3万吨。次年，总量下降为68.8万吨，其中中立国船只为46.8万吨。即因此造成的结果是，总量仅为175.1万吨的贸易就损失了32.2万吨。演讲者又加上了一个令人震惊的对比："在同一年，我们通过这项法律的实施，损失了32.2万吨，我们俘获了452艘战利品。假定这些战利品全都是英国舰船，平均载重为200吨——这显然高估了——我们从敌人手里俘获了9.04万吨，损失了32.2万吨。""如果结果对我们自己有益或对英国有害，我们和盟国所遭受的苦难都是可以忍受的，事实并非如此。""英国船只的保险费是加保5%，中立国前往法国的船只必须支付20—30%。中立国船只都在寻求英国人护航②。法国商人乐意租用中立国船只将就要满溢出

---

① 《箴言报》，共和7年，第582、583页。数据主要出自阿努尔先生的演讲。一位同样姓阿努尔的先生，时任贸易局局长。他在1797年出版了一本名为《海洋体系及欧洲政治》的书，书中包含众多法国海事的具体信息，也流露出对英国的憎恶。即便议员本人并非这本书的作者，他无疑也能得到最准确的官方信息。——作者注

② 由于法国1798年1月18日法律的实施，英国政府指派1艘战列舰和2艘快速帆船为一支美国船只组成的前往英国海岸的船队护航。麦克弗森《贸易年鉴》第4卷440页。——作者注

我们货仓的物产运到圣多明各去，从那里运回咖啡和砂糖，这两种商品目前在法国的价格太昂贵了，而中立国船只却不愿接近我们。所以，我们无法用法国货物以适当价格来交换咖啡和砂糖，一直在用硬币支付高价，这些硬币都直接流入英国这个我们最凶残的敌人。”[①]从实施结果来看，该法的政策是不幸的。为了支持该法的正当性，有人声称海上只有法国船和英国船，以此为出发点的话，所有非法国船只都可以扣留——关注这一观点的唯一原因是它与拿破仑10年后提出的观点相同。这再次说明——出于事实，对这一点强调再多也不过分——在皇帝身上充分完美地体现了鼓舞过国民公会和督政府的精神。

1798年，美国政府还没有转入那些“一心向往和平”的人们手中。平克尼先生被法国人无礼驱逐，不是因为对他个人的不满，而是拒绝任何来自美国的公使。1797年5月，总统召集国会举行一次特别会议，建议加强海军建设。1798年1月18日法律颁行的消息传到美国时，国会正处会期。5月28日，国会批准了一项法案，授权对任何在美国沿海侵犯美国贸易的法国武装船只实施捕获[②]。7月7日，另一项法案废除了美法两国之间的所有现行条约[③]，9日颁布的法令宣布可以扣留法国在公海任意海域的武装船只，不仅官方的武装船只可以这么做，经总统授权的私掠船也可以采取这一行动[④]。于是，尽管没有正式宣战，随后仍然开始了一场持续3年的海上冲突，美国在1798年6月从法国捕获了第一艘战利品。1800年9月30日，两国在巴黎签署条约，次年2月被正式批准，恢复了和平。美国的小规模部队主要分布在西印度群岛，保护它们的贸易——通过巡逻体制直接对付敌人的巡航舰船，同时为在群岛和美国之间来往的商船队护航。由于法国海军的情况不允许它在海上保

---

① 《箴言报》，共和7年，第564页，《科内的演讲》。——作者注

② 《国会年鉴》，1798年，第3733页。——作者注

③ 《国会年鉴》，1798年，第3754页。——作者注

④ 《国会年鉴》，1798年，第3754页。——作者注

持大舰队，所以美国的舰船尽管普遍较小，仍能完成使命，捕获了敌人的许多舰船，保护本国贸易免受骚扰。法国航运已经被英国如此彻底地摧毁，美国人原本在维持法国的航运，结果由于美国停止承运法国贸易造成的损害，远大于美国海军发动进攻造成的损失。

以1月18日的不幸法律为开端的1798年，从各方面来说，对法国都是不幸的。5月，拿破仑扬帆前往埃及，这个国家因此暂时失去了他最有才能的将军和3.2万名最优秀的士兵，还有仅存的能战舰队。舰队由13艘战列舰组成，是政府在极端困难的条件下装备起来的。8月1日，纳尔逊在尼罗河战役摧毁了这个舰队；英国海军在被迫于1796年离开地中海之后，再度确立了它在这个海区的全面优势，成为阻止驻埃及法军回国的一道有效屏障。不仅在东方，就连在欧洲，整个事态都发生了变化。起初举棋不定的土耳其宫廷，公然宣布反对法国。英国、奥地利和俄国结成第二次反法同盟，后来那不勒斯也加入，后者的军队11月加入对法战争。事实上，那不勒斯军很快就被打垮；法军对那不勒斯军的行动，使他们留在北意大利的军队无助地逊色于对手。1799年是充满转折的一年。法军在德意志和意大利，都被稳步驱赶，只有马塞纳指挥的驻瑞士法军守住了他们的阵地。英军对荷兰的进攻确实被击退，但他们打垮了荷兰海军。一支俄土联合舰队进入地中海，从法国人手中收复爱奥尼亚群岛。布吕克斯司令官率部逃出布雷斯特港，却只发现在英国的海上绝对优势面前，不可能取得任何实质性成果。在这种混乱和灾难之中，在海事立法导致的商贸和国内困境当中，拿破仑归国了。他10月9日登陆，11月9日推翻督政府。战备工作立即开始，到1800年，随着这位第一执政在意大利的胜利和莫罗在德意志的胜利，加上俄国沙皇背弃反法同盟，欧洲大陆恢复和平，法国国内重归平静。

在这种情况下，波罗的海各国恢复了武装中立同盟，英国发现它再度孤立无援地面对如今得到北方国家海军联盟支持的法国。英国仍立场坚定，对它主张的海事权利寸步不让。和以往一样，盟国要求中立国旗帜能够保护敌国的海上财产不受侵犯，“战时禁运品”条款只适用于严格意义上用于战争目的的物品，他们声称海事用品和粮食不应被视为战时禁运品。他们还提议由本国派遣战舰为商船护航，剥夺英国的交战国搜查权，并且要求承认海军舰长的证明可以确定所护卫的二三百批货物的合法性。小皮特说：“这个问题在于我们是否能允许敌人的海军获得人员和物资补充，即我们是否要让被封锁的港口得到军需物资和粮食补给——是否要允许中立国在一艘单桅帆船或者渔船上升起旗帜，就可以将南美洲的财宝运到西班牙港口，或者将波罗的海的海事用品运往布雷斯特和土伦。我还要问，在我们成为一个海洋国家以后，在哪一段时期曾根据这一原则行事呢？”①他不仅讲述了英国从未间断的实践传统，还提到了和盟国签订的旧条约，尤其是与俄国1793年达成的协定。按照至今为止的先例和传统，英国的论点都无可指摘。它被要求放弃的不是一项新主张，而是对于它的军事地位非常重要的古老权利。小皮特的强大竞争对手福克斯说：“我会毫不犹豫地说，‘自由的船舱不能使其货物自由’是一项基本主张，这既不用国际法，也不用常识来支持，就是一条不证自明的公理。”②

在那个时代，英国海军比整个欧洲的所有海军实力都要强大。尽管还不是名义上的首领，以纳尔逊为灵魂人物的一支舰队已进入波罗的海。丹麦在1801年4月2日被击败，这一打击与沙皇保罗的遇刺，共同导致外强中干的武装中立联盟解体。纳尔逊此时已成为总司令官。继承俄国皇位的年轻人，以不失尊严的姿态，应对了纳尔逊咄咄逼人的态度。他并没有继承父亲不切实际的野心，当时俄国的物质利益要求与英国实现和平。1801年6月5日，双方签署了和约③，准许中立国在交战国海岸从事港口间贸易，俄国方面放弃了中立国旗帜可保护敌国货物的主张。另一方面，英国承认交战国财产在通

---

① 1801年2月2日的演讲。——作者注

② 1801年3月25日的演讲。——作者注

③ 1802年《年鉴》，政府公文，第212页。——作者注

过真实交易售予中立国后，就具有中立性质，因此不会被收缴；英国为该条款设立了一项特殊例外，即交战国殖民地产品不在此列[1]。俄国承认这一例外，不能直接将交战国殖民地的商品运往宗主国，即便商品已经通过真实交易成为中立国财产，同样也放弃了将宗主国商品运往其殖民地的直接贸易。英国由此从最可畏的几个海洋国家那里取得了对《1756年准则》的明确承认，加强了它在即将到来的对美争端时的力量。作为回报，英国放弃了将海事用品视为战争军需品收缴的主张，因为这对俄国伤害极大。4个月后，英国和法国之间也已休战。

法国大革命期间爆发了两场海上战争，交战国和中立国的海上贸易利益，在其中的第一场战争中，得到了令人信服、清楚明白的证明。交战国在程度上或多或少都有必要放弃部分贸易，中立国出于自身利益会介入和从事这部分贸易；这样处理对交战双方都有用处，它们也应当这么做。这种做法对更纯粹的海洋国家来说，益处远比它的对手要小；因为不仅它需要的帮助更少，而且这种贸易方针的历史性改变往往会成为永久性变化，即时的收益可能会变成最终无法弥补的损失。因此，一旦利用中立国海员或船只对自己有利，就会看到英国极易放宽《航海条例》的限制；这种让步从不超出当前需要的限度，英国一直都明确声明这是权宜之计。放宽限制是一种纯粹的战时措施，英国明确拒绝允许将其应用于敌国。每一次放宽《航海条例》限制都是对《1756年准则》原则的违反[2]，它也乐于看到它的敌人效法；英国就像学校里的小霸王，会给受到伤害的弱小孩子一个以同样的方式反击他的机会。法国也可以违反英国所宣称的国际法，利用中立国为自己服务，就像英国所做的那样；区别在于英国能够制止对敌人有利的行动，法国只能部分妨碍对英国有利的行动。因此，英国的政策显然就是，除非无可避免，绝不向

① 1802年《年鉴》，政府公文，第217页。——作者注

② 应当牢记，《1756年准则》的原则是，中立国无权从事交战国在和平时期就将它排除在外的贸易。——作者注

中立国做出让步，并且在放宽限制的同时，明确坚持原则；使英国保持对中立贸易的控制，并且阻止对敌人有助和可能取代本国贸易的行动。在战争后半期，法国摧毁英国贸易的企图逐步成形，将英国货从欧洲大陆排除成为一种明显的公开意图，英国内阁认为只要中立国船只还大量存在，这些措施就无法实现，备受鼓舞；几个月之后，在与俄国的条约中，插入了拒绝让中立的中间机构在敌国及其殖民地之间往来的条款。英国为自身利益最大限度利用中立国的企图，与阻止和英国利益相悖贸易的决心取得了一致。根据1798年1月的命令，英国允许中立国将法属和荷属殖民地的物产运往英国，同时警告中立国，如果它们将相同的物产运往法国或荷兰，将会被扣押，这反映了英国行动的双重动机；同时反映了英国在对抗拿破仑大陆封锁政策过程中逐渐成形的政策——迫使中立国使英国成为世界贸易的仓库和关卡。表面看来，英国似乎放宽了1793年到1801年对中立国的政策，这只是表面现象。在1807年著名的《枢密令》中公布的倾向，在1798年已经出现，且得到实施。

因此，英国政治家需要决定的问题是，在多大程度上默许中立国贸易的扩张，并且在哪里划定界线，这一直是一个艰难的任务，取决于许多考量因素，可能会导致内在或表面不一致的结果。对法国人而言，问题就没那么复杂。开战前，法国的贸易就主要落入外国人手中[①]，法国不那么担心让步会造成的最终伤害。因为英国海军已经让法国没有商船可以损失了，所以中立国的竞争不可能对法国造成直接损失。最大限度地利用中立国船只符合法国自身利益，承认中立国船只行动越自由对法国就越有利，即使要限制中立国承运敌人的货物，结果也会变成迫使英国人民进一步发展自己的商船航运。哪怕不从表面上看的话，对一个中立国的每一次打击，实质上都是在为英国做嫁衣。基本上这一点得到了足够清晰的认识，采取对中立国有利的政策是

① 根据一份1793年7月3日提交给国民公会的报告，1787—1789年间，仅有两成法国贸易是由本国船只进行的。1792年，海上和平的最后一年，法国船只承运的法国贸易不过三成。见《箴言报》，1793年，第804页。——作者注

法国的传统，但大革命的盲目热情破坏了这种传统。引述一位议员的有力言辞来说："法国人民是一份病态计划的受害者，这份计划盲信贸易破袭战，这种措施只是辅助手段，真要使用，也只应当用来打击敌人，不能波及中立国和盟国的海运，不应使我国农业和民族工业的流通和出口瘫痪。"[①]正是历届法国政府的直接行动，还有行政机关和法庭的拖拉及相互拆台造成的间接麻烦，造成了这种结果。法国认为可以用法国的严厉政策迫使中立国抵制英国的限制，无论这些限制是否受国际法支持。英国尽管像个严厉的工头，造成的负担还不至于失去中立国给它提供必不可少的服务，也不至于导致在当时的军事形势下发生无望的反抗；可是法国的一系列野蛮措施，在1798年1月18日法律颁布后登峰造极，吓得中立国船只远离法国沿海，同时让英国彻底控制海洋。1797年，英国贸易见底；巧合的是，随着法国1798年1月18日法律颁行，英国贸易又开始新一轮发展，一开始循序渐进，很快就突飞猛进，其中被逐出法国的中立国贸易所占的比重越来越大。

《亚眠和约》带来的和平虽然短暂，却足以显示出英国在利用中立国的同时，如何彻底完整地保持了自己的海上优势。和平预案在1801年10月1日签署，1803年5月16日，战争重启。尽管英国在遣散战舰时拖拖拉拉，在和平时期保留了不同寻常的大量水兵，使用中立国航运的比例仍从1801年的28%下降到1802年的18.5%。

第二场战争一爆发，拿破仑就立即恢复了国民公会和督政府的贸易政策。1803年6月20日，一项由他颁布的法令指示没收进入法国的任何英属殖民地物产和英国的任何工业制品。中立国船只到达时，被要求出示出发港法国领事的证书，证明载运的货物没有任何部分产自英国。尽管名义上荷兰是个独立国家，也被迫采取相同措施[②]；占领汉诺威主要是出于尽可能多地伤

① 《箴言报》，共和7年，第582页，"阿努尔的演讲"。——作者注

② 1804年《年鉴》，政府公文，第286页。——作者注

害英国的基本原则，主要着眼于对英国贸易关闭易北河和威悉河。尽管如此，拿破仑在此以外专注于以武装部队直接进攻不列颠群岛的目标，针对英国人商贸繁荣的间接敌对行动，在当时被忽视了。

同一时期，英国开始发觉中立国的竞争正愈演愈烈，威胁到英国自身的福利，于是决定勒紧之前放松的缰绳。1803年7月，英国从瑞典获得了一个特殊让步，允许英国逮捕装载海事用品前往法国的瑞典船舶，可以以公平的价格购买这些货物——这个规定与杰伊条约的相关条款一致；当法国占领汉诺威，将英国船只从易北河和威悉河排除时，英国也通过封锁将中立国船只关闭在这两条河流之外。在西印度群岛，这个英国长时期的丰富财源，中立国的竞争压力令人感受最明显。在前一场战争中，圣多明各彻底毁灭，其他和英国敌对的岛屿处境困难，再加上海上的风险，使殖民地物产在欧洲的价格上涨①，使英属殖民地砂糖和咖啡生产得到巨大发展，根据法律，砂糖和咖啡只有英国船只能够运输。在西印度群岛经营的种植园主、航运业者和英国贸易商，连同各种与之相关的商业利益和工业，都分享了这项贸易的利益。来自西印度群岛的进口占到整个王国总进口的四分之一，此外，船只离开英国时还会运走大量工业制品。随着产量的增加和价格的下跌，西印度群岛的业务开始对通过美国商船出口的敌属岛屿产品的竞争敏感起来。

以下几个数据会说明美国进行的这项贸易的规模以及它对英国阻碍法属和荷属群岛贸易常规渠道的依赖。战争之前的1792年，美国向欧洲出口112.2万磅砂糖和213.6742万磅咖啡；1796年，为3500万磅砂糖和6200万磅咖啡；1800年，为8200万磅砂糖和4700万磅咖啡。1803年，在短暂的和平时期，这项出口数字跌落到2000万磅砂糖和1000万磅咖啡；1804年，战争爆发的这一年，数字再次回升到7400万磅砂糖和4800万磅咖啡，但这些贸易的精

---

① 1788年法属西印度群岛出口额为5200万美元，其中仅圣多明各一地就达4000万美元。见P. F. 帕日《殖民地政治经济与贸易论》，共和9年（1800年），第15页。这些贸易额在战时几乎全部丧失，对相关产品价格的影响就可想而知。——作者注

确目的地无法给出。通过美国商船承运的法国和法属西印度群岛之间的贸易，在1805年达到2000万美元，其中仅600万美元是美国物产。类似的对荷兰贸易超过1700万美元，其中仅200万美元的商品原产美国。

1804年，小皮特先生重新掌权，试图通过在不同殖民地扩展自由港体系，加强英国在加勒比海的商贸繁荣结构；通过这一体系以及英国的庞大商船航运，英国通过授权贸易和违禁品贸易，将这一地区的大部分贸易掌握在自己手中，就像在群岛一样，将它们的贸易业务扩张到美洲大陆和整个群岛。英国更需要做的是抑制美国人的业务，美国人使欧洲大陆的咖啡价格下跌，使英国的再出口减少，影响到王国的财政收入和种植园主的利润；美国人在充当运输者时，干扰了自由港口的积累以及英国船只的从业量。所有利益受影响的阶层都加入到敦促政府提供救助的行列中去，他们觉得交战国的权利受到美国人的诡计侵犯，由于义愤更加大声疾呼。《1756年准则》没有允许美国人将它们的货物直接运往欧洲；由于贸易风迫使船只向北航行，直到它们能到达高纬度盛行西风的地区为止，这样驶入一个美国港口就不会造成很大延误，甚至将货物转送到一艘前往欧洲的船只都不会延误[①]。英国承认敌国产货物在成为中立国财产后，可以被自由运往中立国；经过这种进口时，这些货物就成为中立国库存，随后可以自由地向敌国再出口。

关于一项出口的真实性问题，就和其他所有涉及意图的问题一样，只能通过相关交易的性质来决定；一般认为只要货物经过实际到岸和仓储，在缴纳关税后，就足以证明，除非有其他条件能够反驳。在《亚眠和约》之后的战争初期，英国法院意识到这样一个事实，美国人仅仅通过票据支付这类进口关税，在再出口后，会予以退税，所以名义关税实际只支付了很小一部

① 一艘美国船5月29日到达马布尔海德，30日上岸，31日再装船，6月3日就能离港。见罗宾逊《海军部报告》第五卷，第396页。——作者注

分[①]。根据这种情况，1805年5月的一艘船被判有罪，大量将殖民地物产运往欧洲的美国船只被扣留，押进英国港口，其他从美国前往西印度群岛的船只，当装载了原产自宗主国的货物，法庭认定只是名义上缴纳关税后，就会被判有罪。根据关税缴纳的有效性，对这些判决的反对很难找到立足点；英国政府的行为会受到严厉指责，因为它认为用票据缴纳关税，会获得退税待遇，就不能再作为真实进口的证据被接受，对此却没有提前发出警告。无论英国是否了解美国法律，美国法律都是公然允许这样做的，不了解这些法律条款不是因为法律的信息公布存在什么疏漏，而是因为英国当局的疏忽。在这样的情况下，第一批的收缴近似劫掠。

美国的赔偿要求在小皮特短暂的第二届政府没能得到关注，1806年1月，在他过世后，继任的格伦维尔和福克斯政府，表现出了更温和的态度，尤其是时任外交大臣的福克斯。从福克斯当初反对英国对美战争的相关政策时起，他就比较倾向美国人，他看似希望满足他们的愿望，由于外部压力，加上内阁内部的反对意见，使他无法直接扭转既定方针。福克斯在1806年5月16日获得了一项枢密令，取代《1756年准则》，这项命令将布雷斯特到易北河之间的欧洲大陆海岸置于封锁状态。封锁仅在塞纳河口和奥斯坦德之间严格执行。中立国船只都不得以任何借口进入这两个地点之间的港口，一旦试图进入，就将会被判罪；除此以外的海岸，中立国船只可以自由进出，要求它们“没有在属于国王陛下敌人的港口装载货物，或者在离开之后，不会进入任何属于国王陛下敌人的港口”。命令的措辞显然有意要规避货物来源的问题，那是《1756年准则》的基准问题。决定中立国船只进入被部分封锁

---

① 在双桅横帆船“奥罗拉”号一案中，美国国务卿麦迪逊先生写道：“依法支付或征收了关税，就像供国内消费的类似货物一样处理；在重新运输时，（这批货的）关税会按照3.5%的税率退税，所有情况下的进口商品都被允许这样处理。”（《美国政府公文》第二卷，第732页。）

在被捕获和押回英国的美国商船“威廉”号一案中，其关税额为1239美元，退税额为1211美元。（罗宾逊《海军部报告》第五卷，第396页。）在著名的“埃塞克斯”号一案中，其关税额为5278美元，退税额为5080美元，1804年的扣押行动便从这一案开始。（《罗宾逊》第5卷，第405页。）——作者注

港口的因素，不是货物的原产地，而是装运港，如果能进入部分封锁的港口，那就更加能进入所有开放的敌人港口。另一方面，因为期望中立国船只能运载英国工业制品进入北方国家市场，对易北河和威悉河的严密封锁，也通过这道命令部分放宽。简而言之，这道枢密令是一种妥协，尽管没有认可任一方面的全部要求，但对贸易利益集团和美国人都有好处。英国人能否在布雷斯特到易北河之间的海岸建立起有效的封锁，颇为令人怀疑，但美国和拿破仑对此都深信不疑。因此，似乎是命运的一种奇特嘲弄，福克斯这位英国最自由的政治家，美国和拿破仑的朋友，推出的这道枢密令——几乎是他生命中最后的行为，引发了连串后果，导致了《柏林敕令》和《米兰敕令》颁布，导致了1807年枢密令，也导致了6年后的英美战争。

福克斯于1806年9月13日去世，由霍威克勋爵继任外交大臣。同月25日，对易北河和威悉河仍在实行的部分限制也取消了，那样的话，中立国船只即便从英国敌人的港口出发，也可以进入。与此同时，法国和普鲁士之间爆发战争；10月14日，进行了耶拿战役，26日，拿破仑进入柏林。12个月之前的特拉法加海战，已经让他对法国海军的信心崩溃，摧毁了他直接入侵英国的希望。另一方面，1805年的短期战役已经打垮了奥地利势力，1806年的战役又将普鲁士踩在他脚下。通过破坏英国的贸易繁荣来削弱英国的梦想，长期浮现在他的脑海之中，现在变得如此清晰可见，明确阐述为他“要通过陆地征服海洋”。两大君主制军事强国已经拜伏。西班牙、荷兰、意大利和德意志各小邦都是仆从，无论多不情愿，都完全在他控制之下，看似没有理由怀疑他能将他的意志强加于欧洲大陆，迫使它向英国贸易关闭每一个港口。1806年11月21日，法国皇帝颁布了著名的《柏林敕令》；一系列命中注定的行动将导致他的毁灭，这时他已经踏出了第一步，随后他转向东方，率军一头扎进波兰的严冬，去完成他的命数。

第十八章

英法贸易战争，1806年至1812年：1806年和1807年，拿破仑颁布《柏林敕令》和《米兰敕令》，1807年至1809年英国枢密令；交战国双方的措施和政策分析；当时引发的事件概要

拿破仑的《柏林敕令》提出了很多理由，也包含了很多规定，实质性的基本思路是通过让欧洲大陆对英国的每一种商品关上大门，来摧毁英国贸易[①]。拿破仑的借口是英国格伦维尔和福克斯内阁1806年5月16日发布的枢密令，该命令将布雷斯特到易北河的欧洲大陆海岸线置于封锁之下。拿破仑宣称封锁权应仅针对军事设施，不应针对贸易和港口，这一点并不正确；他又称，英国的联合武装力量无力维持如此大范围的一项军事行动，这一点即使并非不正确，也只有一点点可信。为了报复英国滥用权利（如果英国真是滥用的话，他的报复也更加过分），《柏林敕令》首先宣布封锁不列颠群岛，当时法国皇帝在海上没有一艘船，除非是一艘被敌人无处不在的舰队追捕的逃亡舰船。这种“幽灵封锁”的结果是他，所有与不列颠群岛的贸易都被禁止；因此所有从那里出口的商品，都成为禁运物资，成为适合的捕获对象，从英国来的船只无法进入法国港口。此外，由于英国拒绝放弃的一条古老准则——根据这一准则，敌国个人在海上的商品在法律上可被俘获，拿破仑针锋相对地下令，不仅在欧洲大陆上的英国个人财产会被没收，中立国的个人

① 《柏林敕令》文本可在《美国政府公文》第三卷第262页起找到。——作者注

财产只要产自英国，也会被没收。敕令前言的最后一项条款规定了法令持续时间，皇帝在这一款中破釜沉舟，提出英国只有剩下最后一口气才会接受的条件："现行法令应被视为帝国的一项基本原则，直到英国承认海洋战争法律与陆地相同为止，即海上的搜剿范围不能波及任何私人财产，海上武力也不能加诸任何个人身上，封锁权仅限于针对确实被足够兵力占据的军事据点。"

拿破仑向英国掷出《柏林敕令》这支投枪后，立即开始投入对俄国的战役。1807年2月8日，进行了血腥而受到质疑的埃劳之战，在接下来的几个月里，皇帝过度忙于维斯瓦河两岸的战事，无暇监督法令的实施①。敕令在巴黎一经颁布，美国公使便要求法国海军大臣对敕令的几项条款做出解释。海军大臣回答说，他不认为敕令对现行海上搜捕行动进行了任何修改，一艘美国的海上船舶不会仅仅因为它驶向或驶离一个英国港口遭到扣押。他推断这一结论的依据来自敕令第七条，这一条规定这样的船只会被拒绝进入法国港口②。这样推论尽管很自然，也只是说明了拿破仑命令条款的弹性如何难以捉摸。实际上，在法国和俄国的战事决出胜负之前，整个敕令尚是一纸空文。敕令颁布之初，英国商船停止开往欧洲大陆；当情报显示敕令不起作用时，中立国船舶的航行变得前所未有的活跃，这种情况一直持续到1807年8月或9月③。6月14日进行的弗里德兰之战，以俄军完败告终。22日，双方签署停战协议；25日，亚历山大一世和拿破仑在涅曼河的一条木筏上进行初次会晤。7月8日，法俄两国缔结了《提尔西特条约》，该条约引人注目，使欧洲受到了威胁。沙皇承认法国皇帝建立的所有新国家，割让海上要地爱奥尼亚群岛和亚德里亚海的卡塔罗河口。作为回报，拿破仑默许俄国从瑞典获得

① 一件颇为怪异的事情是，《柏林敕令》颁布后，发生在法国陆军身上的一个事实能反映出欧洲大陆对英国工业制品的依赖性。法军在埃劳之战进行的那个严冬，从头到脚的穿戴，都是通过法国驻汉堡公使进口的英国货。见《布里昂回忆录》第七卷，第292页。——作者注

② 《美国政府公文》第二卷，第805页。——作者注

③ 科贝特《议会辩论》第十三卷，附录第34—45页。——作者注

芬兰，在一定条件下，可以获得直到巴尔干半岛的土耳其帝国欧洲各行省。条约包含一项最为隐秘的条款，规定俄国和法国在任何情况下结成攻守同盟；在任何战争中，应当通过陆路和海路进行他们应当完成的兵力会师；如果英国不同意该条约，两国将对其使用武力；然后，拿破仑召集瑞典、丹麦、葡萄牙和奥地利各国，联合起来同意俄法两国的计划，意即对英国关闭它们的港口，对英宣战①。

在《柏林敕令》颁布时，美国代表团与英国内阁在伦敦对两国之间的纠纷进行谈判。1806年12月31日，双方代表签署了一份通商条约。敌对国家与其殖民地之间的贸易争议问题，通过下列条款得到了解决。条款规定，从敌国殖民地进口到美国的货物，在扣除退税金额后，只要向美国财政部缴纳2%的从价税，就可以用于再出口；来自宗主国的货物在获得退税款，缴纳1%的关税后，也可再度装船运往殖民地。由于美国不能接受上述条款及条约的其他部分，这份条约没能得到美国政府批准。

与此同时，英国内阁没有坐视《柏林敕令》的相关条款何时能开始起作用，决心采取报复措施。1807年1月7日，英国辉格党内阁发布了一份枢密令。之后几年，当辉格党沦为在野党，猛烈抨击更为人熟知的11月《米兰敕令》时，这份枢密令往往会反过来折磨他们。1月枢密令在引述拿破仑的《柏林敕令》后，公然声明英王陛下不得已采取极端措施，来行使他无可置疑的报复权利。因此，目前不得不禁止中立国“在同时属于法国及其盟国，或其占领区的两座港口之间进行”贸易。“在其他受到法国及其盟国控制，英国船只不能自由贸易的地方，也照此办理。”②这一措施的直接目的是阻止欧洲的沿海贸易，原则上是在行使对法国大陆封锁政策的报复权利，其做法是《1756年准则》的禁止措施的延伸。后者禁止敌国殖民地及其宗

---

① 梯也尔《执政府与第一帝国》第七卷，第666—669页。——作者注

② 1807年1月10日，霍威克勋爵致门罗先生的信；《美国政府公文》第三卷，第5页。——作者注

主国之间的直接贸易，1807年1月枢密令将禁止延伸到任意两座敌方港口之间的贸易。此举让美国船只饱受其苦，早先它们都习惯在欧洲各地之间来往穿梭，或为寻找最好的市场，或为收集一批货物。在1月枢密令的禁止下，“由于扣押和判罪，美国在地中海的贸易被横扫一空，在其他海域的贸易也受到同种厄运的威胁。”[①]

7月底，拿破仑返回巴黎时，事情就处于这种状态，他对付英国以及对付被视为导致英国繁荣帮凶的中立国的计划，已经成竹在胸。他的目标并不局限于通过贸易压迫打垮英国，还企图在不久的将来，控制欧洲的各国海军，将他们联合起来对英国的海上力量进行直接进攻。7月19日，当他仍在德累斯顿时，葡萄牙便被告知，他必须在对法战争和对英战争中二选其一；在31日，丹麦从巴黎得到一份类似的正式通告[②]。为迫使丹麦就范，贝纳多特的一个军在其边境集结，同时朱诺[③]指挥的另一个军在法国南部集结，准备入侵葡萄牙。拿破仑对这两个国家的行动都被英国料中，英国内阁已经得到《提尔西特和约》秘密条款的部分情报[④]，预见到任由丹麦和葡萄牙两国海军落入皇帝手中的危险。8月初，25艘战列舰护卫装载2.7万陆军部队的运输船队进入波罗的海，哥本哈根所在的岛屿被战舰围住，这座城市被英国陆军包围。英国人劝说丹麦政府交出它的舰队，让英国保管，保证舰队和其他

---

① 1807年10月27日，总统致国会的通信；《美国政府公文》第三卷，第5页。——作者注

② 《拿破仑书信集》。——作者注

③ 朱诺（Jean-Andoche Junot, 1st Duke of Abrantès，1771—1813）：让-安多什·朱诺，初代阿布兰特什公爵，法国军官。法国大革命爆发时，在巴黎学习法律的他加入一个志愿步兵营。1793年围攻土伦之际，他初识拿破仑，成为他的秘书官。意大利战役期间，朱诺表现出色，在洛纳托之战中头部负重伤，远征埃及初期晋升准将，在一次决斗中负伤，返回法国。后来他参与拿破仑夺权的“雾月十八日政变”，1805年随拿破仑征战奥斯特里茨之前，主要出任法国驻葡萄牙大使。1807年11月30日，他率军攻占里斯本，受封阿布兰特什公爵。次年英国远征军在半岛登陆后，他的部队被包围，签署《辛特拉条约》后才免于被俘，获准回到法国。1810年，他率第8军随马塞纳元帅重返半岛战场，很快身负重伤。1812年，他随军参加俄国远征，次年回国后出任伊利里亚总督，健康状况恶化迫使他返回法国，不久死去。——译者注

④ 《英国1807年9月25日宣言》——巧妙充分地说明英国行动正当性的一份文件。见1807年《年鉴》，第735页。——作者注

交付的海事装备仅仅充当一份抵押，达成全面和平后原封奉还。丹麦人拒绝后，哥本哈根城从9月2日到5日连遭炮轰。在英国人提出的条件截止期到达后，他们夺走了丹麦的18艘战列舰和一批快速帆船，掳走了船厂里的物资，返回英国。英国的举动遭受到最为严厉但也有些过分的批评。英国内阁知道拿破仑的意图，侵略丹麦，迫使其陷入战争，丹麦舰队如果没有被英国抢先掳走，会很快转入他的手中。他们避免了小皮特1804年在扣押西班牙快速帆船时犯下的错误，因为他们派往哥本哈根的兵力足够令对手绝望，决定臣服。在固执的丹麦政府面前退让，会使英国内阁显得极端软弱。

在葡萄牙，有别于早已形成敌对成见的丹麦，英国不得不注意和这个友邦的关系。10月17日，朱诺率领的一个将要入侵葡萄牙的法国军已经上路，进入西班牙。在拿破仑的急迫严令下，法军以飞快的速度进行了一场极端艰苦的行军，路上由于物资匮乏、环境恶劣和人员掉队，减员很严重。当少数保持集中的法军在11月30日进入里斯本时，发现葡萄牙舰队已经溜了，葡萄牙王室带着他们的财宝和舰队一起走了。英国政府在过去一段时间就已料到拿破仑的这一图谋，关键时刻，出现在此地的一支英国分舰队，促使踌躇不决的葡萄牙摄政决定撤往巴西。

尽管拿破仑掳获丹麦和葡萄牙舰队的图谋受挫，他仍已成功地向英国商品正式关闭了这两个国家的港口；英军炮轰哥本哈根，成为俄国在10月20日对英国宣战的牵强理由。沙皇提出的调解方案已经被英国内阁拒绝，除非法俄两国首先将《提尔西特条约》的所有条款通知英国[①]，而那些条款不适合大白于天下。9月2日，普鲁士在法俄两个帝国的压力下，宣布对英国关闭它的港口，禁止与英国或其殖民地进行航运或贸易，无论货物在英国船还是中立国船只上[②]。奥地利也加入大陆封锁体系，将英国商品从它的境内排除[③]。

---

① 1807年《年鉴》，政府公文，第771页。——作者注

② 1807年《年鉴》，政府公文，第739页。——作者注

③ 朗弗雷《拿破仑》（法语版）第四卷，第153页。——作者注

在意大利，新成立的伊特鲁里亚王国对执行拿破仑的命令、配合其措施都不热心；英国人在利沃诺，可以像他们在任何本国港口那样，自由地从事贸易。因此，意大利总督奉皇帝的命令，占领了这座城市；法国分遣部队同时也进入教皇国，占领了沿海地区，驱逐英国人。约瑟夫·波拿巴已经成为那不勒斯国王，拿破仑的控制和对敌人的驱逐得以延伸到意大利两岸。土耳其也在这时卷入了与英国的敌对斗争，皇帝能够宣布："英国看到它的商品被整个欧洲排斥，它的船只装载着无用的财物，从厄勒海峡到达达尼尔海峡，试图寻找一个能接纳它的港口，却是徒劳[①]。" 8月6日和13日，拿破仑又颁布了新的敕令，对进入易北河和威悉河的船只采取极端严厉的检查[②]。拿破仑对不来梅和汉堡这两座汉萨城市[③]有一种特殊怨恨，这两座城市依靠商人的商业才能和广泛的海外情报，丰富的河运所提供的独特资源，一直嘲笑他阻止英国商品进入欧洲大陆的努力。尽管这两座城市表面完全顺从拿破仑的敕令，仍阳奉阴违，这会在以后提及。在这之前，为了将一开始的公共管理与私人反抗以及最终结果的整体形势清晰地呈现在读者面前，有必要先给出其他国家当时的措施。

即使如拿破仑这般雄才大略，也像某些巫师那样，遇水便没了法力。拿破仑在陆地上的所到之处，敌国和中立国无不向他超卓的天才和战无不胜的陆军臣服，可是在宽广的海面上，有一个大敌英国，还有一个他无法直接接触的中立国美国。拿破仑对英方针的宗旨及初始行动已经展现，对美行动仍悬而未决。美国还很弱小，其政府迄今为止面对外辱都很软弱，尽管如今的执政党无疑一贯强硬反英，法国的对美政策仍非常重要；皇帝只知推崇武力，没能意识到这一点。他的处境和1797年底的督政府相当，击败了除英国

---

① 《拿破仑书信集》第十五卷，第659页。——作者注

② 1807年《年鉴》，第777页。——作者注

③ 汉萨城市（Hanseatic cities）：即汉萨同盟城市，是自从12世纪以来，中欧神圣罗马帝国与条顿骑士团诸城市之间结成的商业和政治联盟，以德意志北部城市为主。1669年以后，汉萨同盟实际上已名存实亡，不来梅、汉堡和吕贝克三座城市仍保留"汉萨自由城市"的称谓。——译者注

外的所有敌人，却只能眼看着它依然目中无人，繁荣兴旺。督政府不知道，拿破仑却明白的是，根据1798年1月18日法律施行的对中立国限制措施产生的明确结果。法国当时的措施可能造成了灾难性的影响，总体上未能实现预期目标，可以归咎于如下两个完全不同的原因，要么是由于督政官们执行能力弱，影响力相对有限，没能彻底执行这项法律，或者从根本上来说，这些法律与法国的根本利益和政策相悖，使督政府因本身无力的局限性挽救了法国，对这些法律的有力推动反而会带来毁灭性的结局。深入探讨后，问题开始显现：根据《柏林敕令》的发展倾向，中立国船只遭受长时间的抵制将足以使英国毁灭，整个欧洲对这一方案的有效执行是必要条件，那么有可能不仅让法国，也让整个欧洲加入到这一行动中来吗？欧洲摒弃外部贸易能比英国舍弃欧洲市场支撑更长时间吗？欧洲大陆国家之间的交流是否便利，惯用的进出口路线能否改变，这样的改变又是否能够使生产和消费习惯改变，这样的变化能否让各国承受英国对其耐心的考验？如果英国按照1月枢密令的规定，对阻止从其港口出发的中立国船只的意图采取报复性措施，禁止它们与欧洲大陆往来，那么法国和英国的共同限制谁受害更重？会是一个中立国船只实际上是其天敌，拥有大规模商船队的国家？还是航运规模比较小，中立国船只的用处对它来说，即使不是必需也有辅助作用的国家呢？

在一场贸易战中，就像在其他战争中一样，必须要面对一个问题，那就是数量为1万的一方是否可能与数量为2万的一方对抗。事实上，当拿破仑在考虑对已经大量参与运输英国货物的中立国会产生最大杀伤力的措施时，英国商人和政治家的妒忌已经受到中立国承运贸易大幅增长的强烈刺激[①]，他们正在寻找借口和手段来打压这种贸易。《柏林敕令》再度唤起了这些人的诉求，当时他们是在野党，谴责1807年1月枢密令采取的报复措施不够。这

① 实例可见科贝特《议会辩论》第八卷，第636和641—644页；第九卷，第87页，西印度群岛种植园主的请愿书；第100页，“希伯特先生的演讲”及第684页“乔治·罗斯先生的演讲”。——作者注

道命令只针对英国能部分干预的沿海贸易，不是针对英国海军在任何地方都能打击装载殖民地货物的中立国船只，这一点也令他们不满。1807年3月下旬，英国内阁更迭，自从小皮特去世后，在野14个月的这个政党再度掌权。与此同时，由于拿破仑人在波兰，海军大臣对敕令适用范围的规定以及各地地方当局对忽略敕令行为的默许，敕令一直没有实际生效。因此到法国皇帝回到巴黎为止，英国内阁并未采取进一步措施。一开始，拿破仑只是颁布了一些附加性的地方性法规，以确保敕令得到严格遵守，但他很快就应要求做出了一个重大决定。海军大臣对敕令中某些条款含义的观点[①]，被司法大臣递交给拿破仑；拿破仑表示这些条款的本意是，法国武装船只应将所有装载任何英国原产商品的中立国船只都扣留和送入法国港口，哪怕这些货物当时已成为中立国财产。至于它们是否可以因为中立国商船仅仅在不列颠群岛之间往来的简单理由就予以逮捕，皇帝陛下保留了自己的意见。1807年9月18日，皇帝的声明直接越过主管的海军大臣，下达各战利品处置法庭。不久以后，法庭便据此对搁浅在法国海岸的一艘美国船进行了判决，船上原产英国的部分货物被勒令出售，所得上缴法国国库[②]。拿破仑声明的效果在英国立竿见影。驶向大陆港口的中立国船只保险费，特别是驶向荷兰和汉堡两地的船只，从8月的4畿尼上涨到10月的8畿尼和12畿尼，一些保险公司即使保费高达25畿尼和30畿尼，也拒绝冒险。9月和10月的两个月间，英国海关下令将65艘实际已经装船准备运往欧洲大陆的货物重新卸货上岸封存[③]。托利党内阁现在得到了它所寻求的、实施影响深远彻底的报复措施的口实。

12月18日，美国总统将拿破仑的9月18日决议告知国会，同时还传达了一份英国国王的10月16日声明，声明指示将会强征在任何外国商船上服务的

---

① 见本章前文相关部分。——作者注

② 《美国政府公文》第三卷，第245—247页。——作者注

③ 科贝特《议会辩论》第十三卷，附录第34—45页。——作者注

英国海员[1]。鉴于美国船只由于双方交战国的措施所面临的风险，美国国会建议实施禁运，通过将船只保留在本国港口保证它们的安全；禁运的真实意图是为了报复英国，遵循的是前一年7月份生效的、针对英国的《不进口法案》的政策。《禁运法案》立即被国会通过，12月22日得到批准[2]。所有属于美国的注册船只被禁止离开停留的港口，装载的货物保证在本国另一个港口卸货的船只例外。法案在1808年继续生效，直到1809年3月1日被废止，继而代之的是一项《不往来法案》[3]。新法案允许美国商船去海外寻找商机，可以在本国和其他国家之间从事贸易运输，英国和法国以及这两国占据的殖民地除外，这些地方完全禁止对美国船只开放。美国船只不仅不能从本国驶向那些国家，还被要求做出保证，在航行期间，不得进入这些国家的任何港口，直接或间接与其从事任何贸易。法国或英国舰船进入美国港口的话，就会被扣留和判罪。这一法案直到下届国会任期结束都一直有效；因此直到1810年5月，该法律一直都管制美国与英国及法国之间的贸易往来。

1807年11月11日，英国实施了重要的报复性措施，对当时的中立国船只进行了最严格的限制。那一天颁布的枢密令将《柏林敕令》当作证明英国行为正当性的依据[4]，宣称对所有敌国港口，不拘形式，从最广泛的范围内，实行“理论意义上的封锁”。“法国及其盟国，或者其他任何与国王陛下交战的国家的所有港口和土地，以及欧洲所有其他尽管未与国王陛下开战却排斥英国商船的国家的港口或土地，从此以后，在贸易和航运方面将受到一视同仁的限制，实质上将同样采取最严密和苛刻的封锁手段。”中立国如从事敌国殖民地物产的贸易，一概被宣布为非法。

---

① 《美国政府公文》第三卷，第23、24页。——作者注

② 1807年《国会年鉴》，第2814页。——作者注

③ 1808—1809年《国会年鉴》，第1824页。——作者注

④ 11月11日，英国公布了三道枢密令，全部与同一主题有关。11月25日，又接着公布三道枢密令，进一步解释或者修正了之前的枢密令。作者在分析时没有对某一特定枢密令进行参考，而是尝试简要呈现所有枢密令的基本特征，不深究细节。——作者注

真正意义上的封锁，如此处提到的那种，需要在封锁的港口外海保持一支兵力足够的舰队，使外界认为进出该港是危险的；在此情况下，任何试图进出港口的船只，根据各国普遍承认的国际法，可以被名正言顺地捕获。根据一系列枢密令，要对数量如此众多、分布如此广泛的大量分散港口部署这样一支舰队，即使对数量庞大的英国海军来说也明显力不能及。在不能通过公认的合法手段达到目的的情况下，英国内阁决定通过其无可置疑的海上优势，以其海上霸权来实施包围，以此来达到其所期望的效果，即：维护英国海军实力赖以生存的英国贸易和航运，迫使敌国贸易通过英国港口进行，以此提高英国财政收入，直至能将它从这场生死对决中拯救出来的程度①。

无论通过针对中立国船只，还是针对世界所需的进出口商品，通过限制各地海岸来实施对贸易的全方位抑制，对英国内阁的目的没有任何意义。报复敌人是首要目标，以牙还牙，使敌人承受痛苦；同时要以其人之道还治其人之身，所以在敌人陷入窘境后，英国应当努力改善自身的困境。在这段风雨飘摇的严峻时期，英国人本能地认识到，欧洲大陆人民并不与拿破仑同心，而是与他们同心。出于和大陆人民基本相同的原因，美国虽然不是完全意义上和英国作对，但两不相帮，不仅违背了人类的整体利益，也与自身利益不符。在以上任一情况下，直接压迫者都是仇恨对象。在大陆封锁实行的5年或者更长时间里，欧洲大陆各国看到英国试图在各处施救，或多或少成功打破了拿破仑建立的严密贸易封锁。在封锁的大部分时间里，贸易来往依然盛行；各方相互之间的情报工作使彼此清楚地认识到，尽管他们在政治上敌对，共同的利益却将他们联结到一起。英国深信大陆人民随时准备进一步规避拿破仑的封锁措施，这一点在英国外交文书的字里行间再清楚不过地表

① 11月11日的第二道枢密令最为清晰地说明了对维持英国贸易的重视，通过允许任何友邦船只进口敌国物产推翻了《航海条例》，这一许可后来（通过1808年4月14日《议会法案》）范围扩大到“不论对国王陛下是否友好的，属于任何国家”的船只。敌人的商船因此也被许可以英国贸易运输船的身份与受限港口开展业务。——作者注

现出来。

英国始终都在寻求成为世界贸易的中心和货仓，显而易见的是，达成这个目的才是枢密令的主要目的，那样外部世界的贸易规模越大，归于英国的利益或者税收也就越大。因此，除了封锁的基本原则外，枢密令包含了一些例外。这些例外措辞刻板，应用宽泛。根据第一项例外，中立国船只获准在本国和敌国殖民地之间直接进行贸易。它们同样获准直接在敌国殖民地和英属殖民地的自由港之间进行贸易，这些自由港对中立国船只来说，就成为当地的贸易中心，正如英国本身是欧洲和全球贸易中心一样。

第二项例外令中立国特别厌恶，中立国获准可直接从英国的一个港口去受限的敌对港口，但不能从本国直接前往同一目的地或者欧洲其他任何排斥英国商船的地方。相反，只要中立国直接驶向欧洲属于英国的港口[①]，就可以自由地从国王陛下敌人的港口出发（枢密令禁止中立国船只在其他情况下这样做）；它们不能不先经英国港口停留就直接返回本国。

剔除赘述之后，就会发现以上例外正是1807年11月11日枢密令的要旨。中立国船只不能直接与不向英国船只开放的欧洲港口进行贸易，但是可以在先经过一个英国港口，在当地先让货上岸，缴纳一些关税以后[②]，将货重新装船，再从那里去敌港进行贸易。返程遵循相同程序，即中立国船只必须先驶向英国，然后才能回到本国。这样一来，此类欧洲大陆的往来贸易都要向英国支付税款，或者用英国内阁的一句话来说，对敌人而言“没有一种贸易能绕开英国进行”。英国巡航舰船“奉命警告任何在得到枢密令通知之前开始航行的船只，停止继续航行，转向前往英国国内港口，或直布罗陀和马

① 直布罗陀和马耳他被特别点名，这是地中海的两个天然良港，为规避拿破仑的限制，那里进行大量违禁贸易。两地的总督被授权，只要是非武装且载重不超过100吨，甚至连敌人的船只都可以颁发许可证，进行英国贸易，对抗法国皇帝的敕令。——作者注

② 1808年3月28日，英国议会通过一条有助于枢密令条款实施的法案，确定了从英国出口的各项关税。这一法案中包含一项条款，规定对被命令进入英国港口的美国船只不征吨位税，吨位税只对那些自愿进入英国港口的商船征收。——作者注

耳他；任何船只在被如此警告后，仍在禁止航行的航线行动的话，将会被捕获”。听从警告，进入英国港口的船只会被许可在它们的货物上岸后，“重新装船再出口，允许继续前往它们原始的目的地港口，或者在从港口收税员手中领取证书后，前往任何对国王陛下友好的国家。”“砂糖、咖啡、葡萄酒、白兰地、鼻烟和烟草”不在一般的可“重新装船”货物之列。只有在得到“国王陛下颁发在这种情况下允许用于此目的的许可证时，才能直接”再出口到一个限定港口。任何外国物产或工业制品的再出口一般都需要许可证，而原产英国的货物出口到敌国却无须这种许可证。最后，出于削弱外国制造业的目的，棉花对欧洲大陆的出口被完全禁止。不久，随着对许可证的要求，产生了特种许可贸易，这种贸易在枢密令和大陆封锁体系的运作中成为一种非常重要的从属部分。

几乎难以想象能有东西比这些枢密令更让中立国觉得颜面扫地、大伤脑筋了。凭借不受控制的强大权力和强者即公理的法则，枢密令践踏所有先前得到认可的法律，无视人们与生俱来的权利观念。枢密令不仅否认权利，而且直接或间接地造成了伤害和损失。不能忘记的是，枢密令是对拿破仑政府非常真实严厉的报复措施，同时代的一位德意志作者真实地将之比喻为已经拧紧的、几乎可以听到“咔咔”作响的弹簧。同样必须记住的是，英国正在为它的生存而战。到达欧洲大陆的每一批货物经过英国港口产生的额外费用，由于延期、卸货和重装、码头使用、许可证和维修产生的费用，主要都落到大陆消费者身上，即落到拿破仑的臣民和受到他军事束缚的人身上，这还远非枢密令的全部影响。尽管英国无法封锁法国或欧洲大陆的所有港口——海上的危险比港口的数量更加能影响封锁能力——英国仍能使前往法国海岸的通道变得非常危险。危险如此之多，乃至对普通贸易商来说，服从枢密令要比试图规避它更加符合自己的利益，特别是在到达一个拿破仑控制下的港口，发现皇帝已经做好充分部署，如果找到一个似是而非的借口，就要没收他的货物时。英国在英吉利海峡控制了从大西洋前往所有欧洲大陆北部港口的航道，在直布罗陀控制住了所有通往地中海的航道，因此枢密令绝非一纸空头威胁。他们必然会对欧洲大陆的进口产生非常严重的影响，特别是那些外来消费品，如砂糖、咖啡和其他热带作物，这些已经成为和人民生活舒适度息息相关的产品；对某些原材料，诸如棉花、木材和蓝靛的进口，也会产生重要影响。从波罗的海前往英国的海事用品在运输中太靠近法国海岸，幸运的话可以走私到法国去；来自大西洋的中立国船只，如果在法国或西班牙海岸附近被发现，就不得不给出这样做的理由，在这里出现是对它们不利的。直接进口的这些障碍导致供应短缺，促使价格上涨，加上英国对强制进入境内的港口征收关税，提高了整个欧洲大陆的生活成本。欧洲大陆居民的不幸处境，由于自身产品出口的困境雪上加霜；俄国对这种困境的感受最为痛切，该国贵族的收入很大程度上依赖英国对海事用品的需求，因此俄国对法俄同盟和大陆封锁体系的厌恶也与日俱增。

因此，枢密令的目的有二：首先，通过禁止直接进出口使法国和拿破仑陷入困境，法国的所有外部贸易都只能通过中立国船只进行；其次，强行使欧洲大陆输入所需的英国产品和工业制品。许可证制度使贸易委员会能操纵贸易航线，确保英国产品比外国产品获得优先地位。整个枢密令体系自从颁布以来，已经被完全滥用，不再是一种军事手段，而是一种商业贪婪的巨大展示；这种武断的说法回避了一个问题，为了赢得这场战斗，英国不仅要削弱拿破仑，还要增加自己的实力，海洋和陆地之间的战斗需要在贸易中决出胜负。英国没有可以与拿破仑匹敌的陆军；拿破仑也没有可以与敌人对抗的海军。正如围绕一座坚不可摧的堡垒作战那样，对交战双方来说，唯一的选择是通过饥饿削弱对手。在海岸线这条共同的边界，他们进行了一场没有武器的致命对决。帝国的士兵变成了海岸警卫队，要对英国关闭市场；英国舰船变成了缉私船，查禁法国贸易。中立国船只收起自尊心，在二者中选择一方提供有偿服务，另一方就会认为其加入了敌方阵营。英国内阁在激烈的争辩中，暴露出了他们对枢密令应达成的准确目标缺乏明确理念。有时英国内阁会将枢密令正当化为一种军事报复措施，有时又声称是出于支持对英国生存至关重要的贸易和海军实力的需要，任何一种说法，都会让他们的反对者嘲笑自相矛盾[①]强横果决的拿破仑，明确宣布他的意图是通过贸易毁灭英国，他的声明使英国内阁实在无须进行其他争论，因为使国家兴旺就是最高法律。认为双方采取的措施是非军事性的，就和认为在古代修筑城墙是非军事行动一样，是不准确的，因为修筑城墙能使用的唯一武器就是铁锹，进行贸易战的武器也必定包括贸易法令。

拿破仑不是一个会默然接受英国枢密令的人。10月27日，他与西班牙签订了《枫丹白露条约》，安排瓜分葡萄牙，踏出了入侵伊比利亚半岛的第一步。11月16日，他离开枫丹白露，去访问他的意大利王国。1807年12月17日，在王国首都米兰，他颁布了以城市名称命名的《米兰敕令》。出于对抗枢密令的动机，《米兰敕令》宣布，任何接受英国巡航舰船检查的船只将被视为“去国籍化”。在海上，“去国籍化”一词即意味“非法”。这些船只失去了自己的国籍，对法国巡航舰船来说，便可当作流浪船只逮捕。《敕令》进一步宣称所有往来英国的船只，都会被视为应捕获对象——这一点在《柏林敕令》中还未公开声明。法国私掠船依然数量庞大，根据那些规定，足以给海上航行的船只造成巨大的附加风险；《米兰敕令》进一步说明，根据先前的规定，无论这些船只何时进入法国港口，都被会扣押。

如今，交战双方都已经明确了各自打算执行的政策的基本原则。由于美国市场吸纳了大量英国工业制品，对英国非常重要，枢密令因此进行了多

---

① 1812年3月3日，在一次辩论中，主要负责枢密令的几位内阁大臣之一斯宾塞·珀西瓦尔的报告记录如下：“关于枢密令制定的原则，我恳切地声明一直将之视为严格的报复措施；按照我的理解，枢密令是建立在报复原则上的最彻底的正当行为……政府的目的是保护和推动这个国家的贸易，英国贸易已经遭受法国敕令这一前所未有的攻击。如果枢密令没有颁布，法国将会通过中立国自由地进行殖民地贸易，我们会被从欧洲大陆排斥……枢密令的目的不是要摧毁欧洲大陆的贸易，是要迫使欧洲大陆与我们进行贸易。”（科贝特《议会辩论》第二十一卷，第1152页。）

关于报复手段对法国造成的影响，珀西瓦尔称法国海关的收入从1807年的6000万法郎，下降到1808年的1850万法郎，1809年进一步降到1150万法郎。（科贝特《议会辩论》，第1157页。）——作者注

方面修改；这些修改尽管明显减轻了中立国的负担，引入了一些形式上的变化，仍没有背离枢密令的宗旨。1812年7月，英国最终完全撤销了一系列枢密令，却为时太晚，无法避免同月宣战的英美战争。拿破仑从未撤销他的《柏林敕令》和《米兰敕令》，尽管他用了一个圈套，使过于热忱的美国总统以为他已经这么做了。

1808年，法国皇帝推翻西班牙王室，将自己的一位家庭成员推上西班牙王位的时机终于成熟。他4月2日离开巴黎，在波尔多耽搁了很久以后，于14日抵达巴约讷。拿破仑在巴约讷与西班牙国王和亲王进行了会谈，会谈结果是西班牙国王逊位，等候拿破仑予以最恰当的处置。4月17日，皇帝在巴约讷颁布一项命令，命令扣押所有会进入法国、意大利、荷兰和汉萨同盟城市港口的美国船只，因为这些船只都有来自英国之嫌。采取这一措施的正当依据是美国的1807年12月《禁运法案》，拿破仑主张，根据这项法律的效力，这些所谓的美国船只不可能合法离开自己的国家，实际上来自英国，文件都是伪造的①。根据这一规定采取的扣押一直持续到1810年3月23日，根据《朗布依埃敕令》，这些扣押的船只和货物最终都被没收②。1810年5月之后，考虑到英法两国的举动，取代《禁运法案》的《不往来法案》被暂时搁置实施，对法国再没有恢复，以此为由继续扣押和没收美国船只将不再有效。

与此同时，皇帝入侵伊比利亚半岛的计划遇到始料不及的挫折。5月2日，在马德里爆发了起义，随后西班牙全国各地都爆发了民众的自发起义。

① 《拿破仑书信集》第十七卷，第19页。——作者注

② 亨利·亚当斯先生（《1801—1817年美国史》）给出的1809年4月至1810年4月间，被扣押的美国船只数字为134，这些船只和货物估价为1000万美元（第五卷第242页。）借此机会，作者向亚当斯先生为梳理当时错综复杂的外交活动付出的努力和所做的详尽工作致敬。——作者注

7月21日，杜邦将军[①]指挥的一个军在安达卢西亚被起义军截断，随后1.8万人在贝伦投降。29日，西班牙新国王约瑟夫·波拿巴逃离马德里，他20日才刚刚进入这座城市。8月1日，一支英国舰队出现在葡萄牙外海，船上装载着亚瑟·韦尔斯利爵士指挥的、前往半岛作战的第一个陆军师。21日，进行了维米埃罗战役（the battle of Vimiero），结果朱诺失利。根据30日签署的《辛特拉协定》（Convention of Cintra），朱诺被允许撤离葡萄牙，由英国运输船运送他和战败的法军回到法国。与此同时，根据一项单独协定，在从地中海返航时，已在里斯本避难的一个俄国分舰队，落入英国人手中，直到战争结束。俄国舰队司令曾坚决拒绝与朱诺协同作战，他采取的这一态度，可能反映出俄国上层阶级对法俄同盟的强烈不满。

接二连三的惨败后果是使法国完全丢失葡萄牙，西班牙境内的法军退守埃布洛河一线。拿破仑认识到为镇压全面起义，有必要在起义实现组织化和一体化之前采取有力措施，决定亲临西班牙战场。就在他远赴战场前，认识到与沙皇会晤，确认和建立彼此之间的理解是明智之举，因为他在中欧的地位非常仰仗沙皇的支持。1808年9月27日，两位统治者在爱尔福特进行了第二次会晤。在提尔西特结成的同盟得到重申；法国许诺在俄国从瑞典得到芬兰，从土耳其得到摩尔达维亚和瓦拉几亚（Wallachia）之前，不会言和；俄国保证约瑟夫会得到西班牙王位；双方一致同意应当立即向英国递交一份正式和平预案，此举应尽可能公开和明显。之前的2月，沙皇已经与瑞典开战，瑞典以此为由倒向英国，拒绝加入俄国和丹麦阻止英国舰队进入波罗的

① 杜邦将军（Pierre-Antoine, comte Dupont de l'Étang，1765—1840）：皮埃尔-安托瓦内·杜邦·德·埃当伯爵，法国陆军军官。法国大革命时从军，1791年是北方军团的一位参谋，瓦尔密战役中已经知名，1793年迫降奥军的一个团，因功晋升准将，不久得到大革命初期军事领导人卡诺的赏识。1797年，他晋升为少将。随着拿破仑的崛起，他成为这位日后法国皇帝的支持者。1800年战役中，他出任贝尔蒂埃的参谋长。1805年，他在乌尔姆战役中指挥一个师，阻止奥军从乌尔姆出逃。在2年后的弗里德兰战役中，也立下军功。1808年，他率一个新编军参加半岛战争，占领马德里后，被封为伯爵。几个月后，他的部队在安达卢西亚的贝伦被迫投降。后来他被遣返法国，受到军法审判，被革职关押了2年。拿破仑倒台后，他被复辟的波旁王朝重新起用。——译者注

海的行动。丹麦为了继续拥有挪威的统治权，也已对瑞典宣战。当时挪威仍给丹麦提供了诸多它已不再拥有的设施。3月6日，普鲁士应“巴黎和圣彼得堡两国皇家宫廷要求”，停止向瑞典贸易开放港口。

波罗的海对英国至关重要，那里不仅是获得海事用品的来源，也是英国贸易能够远离拿破仑的有效警戒，获得一条进入欧洲大陆路线的渠道，这使它需要鼎力支持瑞典。为此一支拥有62艘帆船，其中包括16艘战列舰的舰队，在英国最卓越的海军将领之一詹姆斯·索玛莱兹爵士率领下，奉命穿过厄勒海峡。索玛莱兹一直以精湛的航海技能、积极果敢、善打硬仗的作风，享有罕见的盛名，再加上在北方出任波罗的海舰队司令的4年，使他性格变得沉稳冷静，特别适合处理这种微妙的政治局势。不久，著名的约翰·穆尔爵士[①]率一支1万人的陆军跟随。俄军的快速进展使这些援助成为徒劳，不久穆尔的军队便被运往半岛战场，他在那里获得不朽之名。

10月12日，法俄同盟的两国皇帝在写给英国国王的信上一同署名，这封信通过两国外交大臣，经常规渠道送至英国。英国在10月28日回复，表示愿意参加信中提议的谈判，要求瑞典国王和以西班牙国王（国王本人当时是拿破仑的阶下囚）名义活动的代理政府，能被允许参加英国参与的任何谈判。英国外交文书中写道：“英王陛下对西班牙没有任何形式的法律义务，但在陛下心目中，在全世界面前，陛下与那个国家之间的约定比任何最正式的条约都要神圣，都更具约束力。”这个答复至少在这一点上，由于其傲慢无礼遭到不必要的严厉批评。法俄两国统治者将欧洲大陆经历的苦难归咎于海上贸易的停滞，这封文书反驳道：“设计出用于毁灭国王陛下臣民贸易封

---

① 约翰·穆尔爵士（Sir John Moore，1761—1809）：英国陆军军官，1776年加入英国陆军，参加过美国独立战争，大部分时间在加拿大驻军度过。战争结束后，他返回英国，次年当选国会议员。法国大革命爆发后，他随部队前往地中海，参加过科西嘉的战斗。1798年，他晋升陆军少将，平定爱尔兰的叛乱。1803年，他开始对自己的部队进行编制和训练改革。英法重启战端后，他最初负责防御多佛沿海，后来组织志愿兵训练。1804年，他被授予爵士头衔，晋升陆军中将。1808年，半岛战争爆发后，他率部前往伊比利亚对抗拿破仑的大军。1809年，他在拉科鲁尼亚战役中击败苏尔特元帅指挥的一个军团，本人在战斗中身负致命伤，于1月16日当天离世。——译者注

锁体系的始作俑者或其帮凶没有后悔的资格，陛下也不愿听到这种后悔的声音。”尽管如此，不能不对英国这个统治海洋的独一无二的大国表达敬意，因为它在控制着欧洲大陆诸势力的强大君主面前，表现出了无所畏惧的态度，也无法否认英国面对巨大逆境时表现出的忠诚，它现在就和小皮特时代一样，拒绝将自己的事业与盟友的事业分开。12月15日，通过一份公开声明，英国宫廷的决议为欧洲所知。这份决议在表达英国一如既往的坚定决心的同时，也清楚坦率地表明英国内阁对被奴役的欧洲大陆人民承受的苦难感同身受。

将西班牙人民引入谈判的提议，遭到法俄两国反对。与此同时，拿破仑已经返回巴黎，10月29日又离开那里去指挥他数量超过30万人，全副武装的大军。法军已进入西班牙境内，或者正在向西班牙迅速集结。11月8日，拿破仑越过法西边境，12月4日，马德里投降。西班牙北部被占领和征服，首都没有经过任何真正的抵抗便陷落，起义军的政治声誉如果没有因此受到令人绝望的打击，也受到了严重伤害。现在，皇帝提出让至今为止由他亲自行使最高指挥权的大军分兵。西班牙人混乱无助，加上临时政府表现出来的软弱无能，在其他形势下不可取的分兵此时变得合情合理。他的各位元帅指挥的陆军各军去占领半岛南部各省，他亲统一支占据压倒优势的大军越过西葡边境，按照他在离开巴黎前扬言的那样，直取里斯本。由于一份突然而至的情报，使他的决议转到了其他方向。情报显示，预计会撤往里斯本、在那里上船的一支小规模英军，在约翰·摩尔爵士率领下，已经切断了法军与里斯本的联系，正在大胆向北运动，威胁法军与法国本土的交通线。12月21日，收到这个消息后，拿破仑立即搁置原先的作战目标，改为必须先将这支兵力不超过2.5万人却胆敢阻挠他计划的英军击退，逐出西班牙。因此，出于紧迫的军事需要，拿破仑根据他改变后的计划率军行动。从海上来的这支小规模英军在关键时刻拯救了西班牙。这支英军要做的仅仅是大胆行动——一次竭尽全力近似铤而走险的行动——敢这么做是因为他们知道，在不可避免地要撤退时，海上没有不可逾越的障碍，只有一个好客的主人——其实就是他们的祖国。半岛获得了喘息的时机，除非万不得已，拿破仑从来不会给敌人这样的机会，对他来说，再也没能重新夺回征服半岛的机会。

时间跨入1809年的大门。拿破仑率军8万，穿过西班牙西北的雪地，以不知疲倦的精力，追击2万多英军，整个行动备受瞩目。在北方，俄国已经彻底征服芬兰，现在正准备入侵波罗的海西岸的瑞典。当时，瑞典国王精神错乱，处于正要被废黜的地步，这个国家的政策在倾向与强敌议和，除非瑞典加入反英同盟，俄国对其他议和条件一口拒绝。对瑞典而言，这是最不愿接受的条件。瑞典人民的生活完全依赖海事用品和粮食生产，依赖海上贸易。因此，失去贸易自由几乎等于让瑞典自戕，英国内阁一开始便认准无论瑞典会被迫采取何种措施，真实愿望肯定是保持与英国的开放性贸易往来。在这些对立的主张之间，这个小国处境微妙，令人焦虑，使英国政府、英国外交人员和指挥舰队的海军司令官都必须非常小心谨慎地应对。当瑞典最终被迫投入正式战争时，任务被移交给舰队司令官；很大程度上由于司令官对形势的可靠判断和自我约束，实际军事冲突并没发生，在1812年的决定性时刻，尽管瑞典有充分的理由对沙皇诸多抱怨，还是站在俄国一边，没有与其对抗。

在中欧，奥地利自从3年前的《普雷斯堡和约》①以来，一直在默默恢复它的军事实力。这一时期德意志发生了诸多变化，莱茵同盟②的建立和成长，普鲁士势力的瓦解，华沙大公国的建立，加上奥地利自身经历的巨大领土损失，使它处于一个不可能接受如此下场的处境。俄法同盟将奥地利置于被孤立的境地，这一点拿破仑在爱尔福特会谈期间就曾仔细强调过。因此奥

---

① 1805年12月26日缔结。——作者注

② 莱茵同盟（Confederation of the Rhine）：奥斯特里茨战役结束，神圣罗马帝国正式解体后，拿破仑在德意志建立的一个政治邦联同盟，内政名义上独立，军事和外交实际由拿破仑控制。1813年10月中旬，拿破仑在莱比锡大会战中败北。当月底，同盟正式宣告解体。——译者注

地利和法国之间的战争再起是自然的事情。唯一悬而未决的问题是决定何时宣战[①]；这是充分了解政治形势的拿破仑，从来都不习惯让敌人决定的一件事。他在着手执行西班牙计划时，便充分认识到他不在法国将会引发的问题，他的大军在伊比利亚半岛必须速战速决。由于没能取得直接的决定性胜利，他已明白大军会延长在西班牙的驻留时间，这将会给予奥地利所需的机会。他对完成自己的任务有着合理的期望，认为能在一段安全时期内率军回到帝国的东部边境。这个期望由于约翰·穆尔爵士的行动受挫。因此，1809年初，法奥两个帝国之间的战争看来已迫在眉睫。梅特涅在信中写道："从奥地利边境到巴黎市中心，我已发现公众只接受一种看法——最迟在春天，奥地利将投入对法战争，这是根据两强的相关处境得出的结论。"[②]

隐藏在其他争斗下面，不引人注意无声地影响这些争斗，始终在发挥作用，体现海权运动一般特征的是贸易战。贸易战使人心继续惶惶不安，各国都为海上和平的缺失叹息。1809年伊始，一方坚持《柏林敕令》和《米兰敕令》，另一方执行枢密令，双方都全力以赴。尤其需要中立国船只合作的法国，甚至连英国巡航舰船放过的中立国船只到达国内港口的一点机会都丢失了，只因它宣称要没收任何服从英国巡航舰船搜查的船只，即使被搜查的船只根本无力反抗这种搜查。另一方面，英国通过禁止中立国船只直接驶向欧洲大陆港口的封锁政策，排除了自身与欧洲大陆贸易的所有竞争，准备利用每一次机会，在任何地点，以任何方式——通过中立国船只或其他方式，将来自本国仓库的所有商品、工业制品或殖民地物产，强行输入欧洲大陆。为此，许可证制度为中立国船只提供了一种迫不及待的可以利用的手段。一份英国许可证允许中立国船只进入任何英国封锁体系的港口；由于许可证只能在一个英国港口合法取得，中立国船只到达那里时，自然会不问原产地，满

① 《梅特涅回忆录》第一卷，第82页。——作者注

② 梅特涅致施塔迪昂的信，1809年1月11日。见《梅特涅回忆录》第二卷，第312页。——作者注

载最有利可图的货物。

1806至1810年间，和法国大革命战争早期那样，荷兰和汉萨同盟城市为了这种间接的、通常违禁的贸易的利润展开了竞争。1806年6月，拿破仑根据将自己家族成员推上欧洲大陆各国王位的政策，将荷兰从共和国变为君主国，使他的弟弟路易①加冕为荷兰国王。路易从即位一开始，就试图使自己得到新臣民的认可，不断为他们的利益抵制拿破仑的命令。违反最严重的一项就是海上贸易，由于荷兰的地理位置和传统习惯，荷兰人特别适合发展这项产业。尽管法国皇帝出于嫉妒，进行严密监视，发出强烈抗议，路易鉴于本国适合海上贸易的条件，频繁违反敕令规定，甚至公然以不同借口无视敕令。这种违抗成功后，整个荷兰社会自然会立即从事这种既符合习惯又极其有利可图的事业。从柏林敕令颁发直到1809年与奥地利的战争结束，拿破仑尽管因为荷兰和自己的命令被忽视经常很恼火，他的注意力仍被太多事情分散，无法采取实施敕令所需的决定性措施。一开始是1807年的对俄战争，随后是1808年间的伊比利亚半岛扩张事务，最后是1809年对奥战争时，他在艾斯林战役和瓦格拉姆（Wagram）战役之间身处的危险境地，伴随着整个这一时期由于帝国在海上贸易停止的困境下引发的财政困境和应急措施，几乎占据了他的整个脑海，使他只能将部分精力用于大陆封锁体系。

因此，荷兰继续公开允许中立国船只入境，皇帝没收中立国船只的要求被设法规避；利用荷兰海岸的特征以及它与英国较近的距离所提供的诸多便利，荷兰人还进行了大量走私活动。尽管拿破仑为惩罚荷兰的任意妄为，两次对它关闭边境，来自荷兰的货物通常不用费多大劲还是能进入法国境内。拿破仑在给路易的信中写道：“荷兰国王陛下乘我在欧洲大陆陷于困境

---

① 路易（Louis Napoléon Bonaparte，1778—1846）：路易·拿破仑·波拿巴，法兰西第一帝国皇帝拿破仑一世的弟弟，法兰西第二帝国皇帝拿破仑三世的父亲。他早年从军，出任过兄长的参谋，25岁即晋升为将军。1806年，拿破仑使他登上荷兰王位，称路德维格一世。他在荷兰并不完全遵从哥哥的意志，4年后被迫退位，从此淡出政治舞台，1846年在意大利利沃诺病逝。——译者注

之便，允许荷英之间的关系得到恢复，违反对英封锁法禁——这是唯一可以使英国实力严重受损的措施。我禁止你进入法国以表达我的不满，让你了解到，即使不用诉诸武力，我可以通过向荷兰关闭莱茵河、威悉河、斯海尔德河和默兹河，使它处于比法国对其宣战还要危急的境地。我只要让荷兰陷入孤立就可以让它灭亡。这一打击会在荷兰引起强烈反响。国王陛下呼吁我宽恕……我撤销了海关禁令，但国王陛下又恢复了你们原先的做法。当时我确实身在维也纳，刚刚进行了一场惨烈的战争。所有被法国港口拒绝的美国船只，都进入荷兰港口，国王陛下接受了他们。我不得不再次对荷兰贸易关闭我的海关……我不想掩饰我将荷兰重新统一进法国的意图，使法国的领土更加完美，以此来实现我对英国最为沉重的打击。”他同意暂缓吞并行动，条件是立即没收现存的殖民地货物和美国船只的货物①。

在上一场战争中，已经提到过汉堡和不来梅扮演了欧洲大陆贸易中心和仓库的角色，发挥了重要作用。尽管条件发生了很大变化，这次它们依然在某种程度上扮演了同样的角色。1806年和1807年战争以后随之发生的政治变迁以及法军在普鲁士各要塞和整个北德意志的驻军，使汉堡、不来梅和普鲁士一样，向皇帝的意志屈服。就像在荷兰那样，大陆封锁体系采取的措施扩展到这一地区的所有地方；来自英国的船只和商品一经发现，在每个地方都会被查禁和没收②。所有帝国控制的北海海岸、丹麦境内的北海海岸，还有在俄国沙皇配合下的波罗的海沿岸，都共同参加全面封锁。法国驻汉堡公使发现他的主要职责是为法国军队的要求征收捐纳——金钱或其他形式都可以，还有在很大程度上违背他的意愿，加强对英国商品输入的严厉打击。即

① 1808年12月20日，拿破仑从特里亚农宫致路易的信；《布里昂回忆录》第八卷，第134页。加尼尔《路易·波拿巴》，第351页。信应当是在1809年写的。1808年12月20日，拿破仑人在马德里，1809年才能在特里亚农宫，1808年底的信中更不可能提及1809年发生的法奥战争。——作者注

② 拿破仑1807年8月颁布的命令起到了这个作用。如装载的是英国提供的产品就应被扣押；海事用品和法国葡萄酒之类不可能产自英国的商品允许放行。所有船只都被禁止离开威悉河。这一行动没有通知任何外国代表。见科贝特《政治纪实报》1907年，第857—859页。——作者注

使拿破仑还有其他当务之急需要处理，这些严厉措施引起的危机依然非常严重；贫困状态由于当地人民的消极抵制，走私活动，还有海关在所难免的、随着关税一起增长的腐败等因素有所减轻。位于埃姆斯河、威悉河和易北河河口，还有丹麦荷尔施泰因（Holstein）的北海海岸水位较浅，大型船只靠岸较困难，因此有利于小艇大量活动，使熟悉当地情况的人投身到贸易中来，滋长了走私活动，参与走私的渔船数量很大，使近海小岛屿的边缘摆脱了普通海关官员管辖。

英国为支持这种违禁贸易，于1807年9月5日占据了黑尔格兰（Heligoland）岛，使其成为一个仓库，供等待输入德意志或荷尔施泰因的货物使用。“一支600人的守备队保卫这个小岛，战舰持续在它的邻近海域巡航。走私船在那里获得供应欧洲大陆的商品，沿海农民得到这些走私货，在夜间便被广泛分发到各处。各地居民都在帮助走私贩，和他们一起对抗税务官员，引诱那些人脱离职守。”[①]在荷尔施泰因和汉堡之间聚集了一大批海关官员，这条他们建造的贸易藩篱漏过了大量违禁货物。“每天超过6000名下层或中产阶层人员会从荷尔施泰因的阿尔托纳（Altona）去20多次汉堡。一旦被判有罪，会予以严惩，财产没收，这并不能阻止人民时而斗智，时而斗勇，无休止地反财政暴政斗争。”[②]汉堡的贸易商人雇佣五六百名妇女，每天运货进城，她们每人能运送14磅咖啡和其他产品，货物都被藏在她们的衣服里[③]。

波罗的海的情况有些差别。那里很大程度上取决于俄国沙皇的热心程度，取决于他在提尔西特和爱尔福特做出的许诺只是纯粹的敷衍，还是决心彻底断绝与英国之间的贸易往来。后一种做法对亚历山大来说是不可能的。亚历山大冲动、野心勃勃，但他缺乏漠视贵族冷漠反对和臣民疾苦的强硬性

---

① 梯也尔：《执政府与第一帝国》（福布斯译），第十二卷，第21页。——作者注

② 《布里昂回忆录》驻汉堡的法国公使，第八卷，第193—198页。——作者注

③ 1809年《年鉴》，政府公文，第747页。——作者注

格。在受到拿破仑亲自接见，及其个人魅力和许诺的影响下，沙皇看来有可能实施使皇室被孤立且无人同情的、令人厌恶的封锁政策；即便拿破仑能信守诺言，要完成这项任务也不会更容易。俄国颁布严酷的敕令后[1]，英国商船确实被排除在外，但快捷的商业情报很快得知没有对船只证件进行不合时宜的检查[2]，也没有在该国产品出口的过程中设立无理的障碍。俄国的出口产品是英国海上霸权不可或缺的物资，更是俄国财富的重要来源。事实上，英国对俄国海事用品的消费和英国资本的对俄投资，已经成为该国繁荣的主要因素；如果像沙皇许诺的那样放弃这些利益，将会承受重大牺牲。

以上就是1806年至1810年间，大陆封锁政策的运作情况。尽管英国国内出现了普遍的不安，无疑极大阻碍了国内繁荣依托的自由出口贸易，人们的信心仍普遍没有被削弱[3]。这种信心很大程度上来自大陆人民对封锁体系的对抗，更多地来自他们对敕令的坚决规避。1806年，正值《柏林敕令》颁布前夕，当时封锁体系已经生效，一份商业杂志写道："法国政府采取的条例只能显示它对商业原则的无知。当易北河的封锁被解除后，他们会发现库存积压过剩，而不是市场枯竭和价格飞涨。"[4]"尽管遭禁（1806年12月1日），英国商品仍继续能找到渠道，源源不绝流入法国。英货是根据法国订单出口的，货物很容易在运往法国城镇的全程得到保障，在那里会被交给买方。法兰西帝国领土的所有地方几乎都在输入英货。他们进入法国商人的仓

---

① 1808年4月1日敕令，见《海军年鉴》第二十一卷，第48页。1809年5月7日敕令，见1809年《年鉴》，第698页。——作者注

② 1809年，拿破仑发现他在提尔西特所做的工作已经都完了，因为俄国能对英国发动的唯一战争就是贸易战，但贸易最近和过去一样受到保护。在美因茨出售的砂糖和咖啡都是从里加运来的。见《罗维格公爵萨瓦里回忆录》（萨瓦里时为帝国首席政治顾问）第三卷，第135页。——作者注

③ 迪威努瓦《大陆封锁的作用》伦敦1810年1月。反对党领导人之一，格伦维尔勋爵1810年2月8日在上议院发言时表达了类似的信心（科贝特《议会辩论》第十五卷，第347页）。1809年1月19日，国王在议会开幕式的演讲中也称："尽管我们几乎被整个欧洲大陆拒之门外，也几乎被整个美国排斥，财政收入仍然增长到了一个连最乐观的人都从未曾预料到的水平。"见《海军年鉴》第二十一卷，第48页。——作者注

④ 伦敦《月刊》第二十一卷，第195页。——作者注

库不久，立即会被证明是法国制造；加盖合适标记后，这些商品就能被用于展示，以证明法国制造完全胜过英国制造。作者已经从参与这项贸易的绅士那里得到了相关信息。”[①]“虽然威尼斯的港口现在已经对英国贸易彻底关闭，可以长期获得意大利丝绸的伊斯特里亚半岛也遭到封锁，通过中立国船只，我们现在仍可获得皮埃蒙特的丝绸，那是意大利丝绸中最出色的上品，可以直接从利沃诺、卢卡和热那亚运来。”[②]“马耳他和意大利港口之间保持着非常活跃的贸易，能快速产生回报。马耳他是贸易中心，是仓库。我们从马耳他向利沃诺和法国势力范围内的其他地方供应商品。英国货甚至在登陆卸货之前，就直接以现款交易方式售罄，在那里，几乎都没有1英镑的英国财产会被法国捕获。”[③]

困难的迹象现在开始累积，1808年1月，我们仍会读到：“最近有几艘荷兰来的船只进入我们的港口，并且带来了大量通常从汉堡进口的商品。这是拿破仑的商业思维无用的证明。”[④]此时俄国已经向英国宣战，导致所有俄国产品大涨；美国的《禁运法案》刚刚开始生效，英国在波罗的海和美国的贸易大幅下滑。1805年，通过厄勒海峡来往的船只超过1.1万艘；1807年已不足6000艘，英国舰船被瑞典港口之外的所有海港排斥。1808年8月，为出口荷兰黄油，荷兰港口开放，有200包丝绸被允许走私出境，为此荷兰当局敲诈了6000畿尼的贿赂[⑤]。1809年，荷兰国王再次发布开港公告；同时，已经沉寂几个月的西印度群岛物产获得更多需求，价格居高不下[⑥]。这一时期，马耳他在进行一项著名的业务，那里已经成为地中海最大的仓储

① 伦敦《月刊》第二十二卷，第514页。——作者注
② 伦敦《月刊》第二十一卷，第539页。——作者注
③ 伦敦《月刊》第二十二卷，第618页。——作者注
④ 伦敦《月刊》第二十四卷，第611页。——作者注
⑤ 伦敦《月刊》第二十六卷，第11页。——作者注
⑥ 伦敦《月刊》第二十七卷，第417、641页。——作者注

中心[①]。

1809年，由于几个因素的影响，世界贸易出现了尽管短暂，但规模巨大的复苏。这一年大部分时间，拿破仑本人被奥地利腹地羁绊，投入到他最不确定的斗争之一——对奥地利帝国的战争中去；在他忙于奥地利战事期间，英国与北海各港口之间的贸易几乎像和平时期那样进行。在美国，一位政治上反对执政党的热情的英国公使，在没有得到正式授权的情况下，向美国政府声称，枢密令将在6月10日被废止。美国总统不等听到进一步消息，便在那一天废除了《不往来法案》的限制；由此，几个月之间，英美两国恢复了自由贸易，商品交易量非常大。在南美，葡萄牙宫廷来到巴西和西班牙的反拿破仑起义，使殖民地港口对英国开放；一股数量巨大的投机商船，满载着大量工业制品涌向那个方向。在波罗的海，俄国沙皇厌倦了他与法国之间的约定，厌倦了法国皇帝的含糊搪塞，也厌倦了朝臣和臣民的反对。事实上，他忠实地遵守了约定，拒绝英国船只入境，但对获得英国许可证从事英国贸易的中立国商船进入他的港口视而不见。他从未许诺会排斥中立国船只，或者禁止所有的进出口贸易；他也不必去捅破这层纸，这层纸掩护了对他的人民至关重要的商品交易。英国主要从波罗的海进口海事用品，进口量从1808年到1809年翻了一倍，下一年的增幅甚至还要大[②]。西班牙的羊毛和意大利的丝绸进口经历了一次类似增长。即使是被欧洲大陆大力排拒的西印度群岛物产，也分享了这一波增长，人民对重现贸易繁荣满怀希望，尽管这是一种狂热不健全的希望。

很明显，拿破仑的封锁措施只取得部分成功，人们愿意相信他必然会失败——他的意图是不可能实现的。他们还认识到贸易迫害不（或者不可能）彻底和无情的话，只能面临失败。由于当时盛行各国的狭隘商业政策观念，

---

① 伦敦《月刊》第二十七卷，第135页。——作者注

② 图克《价格史》第一卷，第300、301页。——作者注

国与国之间的贸易往来存在大量障碍，英国和大多数欧洲大陆国家之间现存的公开海上战争或敌对排斥也增加了这些贸易障碍，拿破仑的大陆封锁政策和英国政府报复性的枢密令使事情更加复杂。以上贸易障碍使“许可证”广泛地被隐蔽使用。许可证以一种完全专断的方式，部分去除了阻碍商品交易的一些困难。按照“许可证”的名目来说，目的是在特定情况下，解除一种贸易限制；拿破仑战争期间的许可证实践大部分却没有形成这样一个体系，是个别许可的一种集合，以允许颁发许可证的当局使根据现行法律应禁止进行的贸易得以进行。英国政府和拿破仑都在颁发许可证；根据许可证在双方递交过程中的不同特性，英方的许可证会由海上警察组织和武装巡航舰船查验，法国会由大陆港口的海关当局处理。英国国内普遍承认贸易委员会行动时只能受正直的动机驱使，在实际颁发许可证时却在多方面饱受激烈责难——这主要是为了抨击枢密令，因为枢密令是颁发许可证的唯一依据；在法国，可以明确断言，许可证的颁发，由于法国宫廷的腐败或偏袒，遭到玷污[①]。

1808年[②]，在枢密令刚刚颁布，拿破仑与俄国结盟后，英国政府便批准“许可证制度”，该制度是指“许可证”的特定和广泛组织形式。许可证并没有在一开始就颁发，因为当时也没有必要在第一时间颁发[③]；随后许可证制度得到发展，颁发的数量从1807年的2606份，到1807年超过了1.5万份，1810年则达1.8万多份。1810年以后，许可证颁发的数量骤降，不是因为制度发生变化，而是由于惨痛经验，一艘携带许可证的船只，可以避免英国巡航舰船搜查，抵达拿破仑控制的港口以后，却无法挽救船只和货物被没收的命运，那时候他终于将他不屈不挠的精力用于执行他的敕令了。在许可证蓬

① 萨尔格《为了法国历史的记忆》第八卷，第350—355页。《拉古萨公爵马尔蒙回忆录》第三卷，第365页。《罗维格公爵萨瓦里回忆录》第五卷，第115页。——作者注

② 《季度评论》1811年5月，第115页。——作者注

③ 例如，一位英国臣民在将一批货装船送往敌国港口，即便用的是中立国商船，也需要一份许可证。原则上，许可证是与敌国贸易必不可少的条件。1805年和1807年枢密令免除了特定情况下对许可证的需要，即使在那个时候，商人们仍然宁可领取一份许可证，因为这可以减少英国巡航舰船，尤其是私掠船的盘问。见科贝特《议会辩论》第十卷，第924页。——作者注

勃发展的几年里，得到许可证的船只主要开往波罗的海港口，尽管它们也会驶向荷兰、法国、西班牙和欧洲大陆其他国家的港口。前往英属东印度和西印度群岛的船只与和平时期一样，仅限于英国船只。

后来许可证贸易发展的真实原因在于英国海军的霸主地位和无处不在，这使悬挂英国敌国旗帜的船只无法在海上航行。敌国船主为使用他们的船只，通常会通过一项虚假交易得到名义上的“中立”，将船变为中立国所有。这样的一艘中立船只仍是敌国商人的财产；通过一个议定价格，一家以此为日常业务的中立国公司，会成为这艘船名义上的所有者，能从中立国当局获得所有必要的文件和证书。这样船只在遇到英国巡航舰船搜查时，就能靠这些文件和证书蒙混过关。这种自始至终都纯属欺诈的行径，最初在1780年的美国独立战争期间，成为一种正规的系统商业行为。当时荷兰成为参战的一方，拥有大量商船吨位却极度缺乏护卫手段。那时一家公司在普鲁士与荷兰界河埃姆斯河普鲁士一侧的埃姆登设立，在战争余下的两年时间内，这家公司有10万吨外国船只（不包括装载的货物）在普鲁士国旗下保持“中立”，在当时价值巨万。在拿破仑的历次战争中，荷兰命中注定地被拖到法国身后，通过假宣誓和假证件的支持，同样的中立化业务再次在普鲁士的东弗里斯兰省（East Friesland）广泛兴起——普鲁士从1795年起一直谨慎地保持中立，直到1806年不幸的耶拿战役为止。

据称，1806年有3000艘以上属于荷兰、法国和西班牙商人的帆船，悬挂普鲁士国旗，这种做法无疑并不仅限于普鲁士。英国外交大臣霍威克勋爵写道：“众所周知，敌人的沿海贸易不仅通过中立国船只进行，还会通过中立国商人可耻的不端行为进行。中立国商人以很少的佣金出借他们的名称，不仅用于掩护货物，而且无数次为敌国船只提供掩护。”[①]这一事实变得人所共知，英国巡航舰船在遇到一艘持普鲁士证件、价值不菲的船只时，会冒险

① 科贝特《议会辩论》第十卷，第406页。——作者注

认定它有罪，押回英国港口；即使在英国港口和海事法庭，都有中立国代表准备好来掩护这项交易。被拘留的船长和船员都被仔细教导过，准备好坚持他们的谎言，这种谎言可以通过送到普鲁士法官面前做证的同属伪造的文件证实。据说，法国在英国封锁它军港的情况下，依然能得到海事用品的能力归功于这种贸易。这种欺诈行为以奇异的方式给普鲁士造成了负面影响；因为在耶拿战役后半阶段，正是中立国船只在波罗的海港口供给法军弹药，在吕贝克（Lubeck）供给法国医院，还为包围但泽的法军提供补给。对这类船只的捕获，及对这些船只证件真实性的怀疑，使指责英国侵犯中立权利的呼声高涨，引起英国海军采取更为严厉的措施，由此直接导致《柏林敕令》和枢密令的颁布[①]。

由此，中立国贸易持续到1805年底。在拿破仑最终放弃入侵英国的所有企图后，奥斯特里茨战役的胜利和《普雷斯堡和约》使帝国占领区的疆界得以扩张。随着这种扩张，从法国领地排除英国商品的已生效的地方法规适用范围也得以延伸。1806年初，通过占领汉诺威，皇帝诱使普鲁士加入英国的敌人行列，还达成了向英国关闭德意志境内各大河流的意图。和平确实很快恢复；紧随而来的耶拿战役，使得普鲁士完全被拿破仑的命令束缚。1807年夏，《提尔西特和约》将东西方的两大帝国联合到一起，共同排斥英国贸易，对此普鲁士不得不同意。英国发现它要面对的不是一个或两个国家的纯地方法规，而是一个通过它赖以生存的贸易致力于将它摧毁的庞大政治联盟。这种联盟也不仅仅是那些谋求通过和平手段达到目的的法规之一，如美国的《不往来法案》。英国内阁完全清楚，在直接的军事力量强迫下，小国家会配合法国和俄国的商贸政策，商贸政策成功的关键所在正是这种配合。

---

① 对中立国贸易值得关注的一份记录，见《海军年鉴》第三十一卷第288—295页及第三十二卷第119页。对许可证制度的陈述，可见《议会辩论》（目录表），1811年5月的《季度评论》也可供参考。——作者注

为了应对这种威胁性的联合，英国有必要采取措施，将可能的预期伤害降低到英国能够承受的程度，直至不可避免的剧变来临。英国发现手头有一个庞大的无原则中立化船只体系可以利用，它提议通过利用它们和真正的中立国船只，来维持与欧洲大陆的贸易。为了在不违反枢密令规定的英国贸易政策基本方针的前提下采取这种措施，有必要给每一艘受雇的中立国船只提供清楚无误的证件，确保英国巡航舰船对这种它们曾经习惯带着怀疑眼光审视的船只，予以足够的尊重。一艘致力维持英国面临巨大灭绝风险的贸易的船只，不应被英国本国巡航舰船阻拦。因此，许可证的措辞应当非常全面，且具有说服力。许可证保护悬挂任何旗帜（法国国旗被单独排除）的船只免受拘留，指示“即便所有伴随船只和货物的证件都同样证明其目的地是任何中立国或敌国港口，也不论这些财产的归属如何，这艘（携带许可证的）船都应被准许继续航行”。[①]比较宽泛的条款是必要的，因为除了美国之外，所有旗帜所代表的国家都自愿或被迫加入大陆封锁体系；船只所携带的文件必须在到达的各个港口接受敌国代表的审查，这些证件不得不伪造，或者说得好听些是“仿造”，以蒙骗热心的海关官员，如果遇上冷漠的官员，就向他提供允许商品进口的有效证据。许可证能保护商船免受英国巡航舰船因其所携带的证件遭到扣留，这些证件会被用于蒙骗港口官员。一份反对该制度的请愿书写道：“许可证制度，使受雇船只有必要伪造，或者按照他们的话来说，‘仿造’多份证件。”[②]他们通常携带两份伪造的证件，文书和封蜡都经过认真仿造，诸如拿破仑、美国总统和国务卿这样的外国统治者的签名，也经过熟练伪造[③]。开展这一业务的公司通过传阅的信件，使它们在商业圈闻名[④]。

① 《季度评论》1811年5月，第461页。林德赛《商船航运史》第二卷，第316页。——作者注
② 1812年《赫尔商人的请愿书》；科贝特《议会辩论》第二十一卷，第979页。——作者注
③ 《美国政府公文》第三卷，第341页。——作者注
④ 科贝特《议会辩论》第二十一卷，第1113页。——作者注

以这种方式，获得许可证的船只在普鲁士、丹麦、梅克伦堡（Mecklenburg）、奥尔登堡（Oldenburg）、克尼普豪森（Kniphausen）和其他几乎不知名的德意志君主国国旗保护下，组成大舰队，和许多美国商船一起，满载英国和英属殖民地物产，每年都前往波罗的海，装载北方出产的木材、大麻、牛油和谷物返航。它们进入圣彼得堡和波罗的海的每个港口，卸货，再装上返航的货物，然后去一个共同的集结地修理；一旦它们的数量达到约500艘时，就在战舰护卫下驶向英国，战舰会保护它们免受在厄勒海峡和北海出没的私掠船袭击①。丹麦的水手们不愿加入英国的许可证贸易，受到英法两国双重打压，断了他们的生计，于是他们便成群转入私掠船业，干起了和海盗几乎没什么分别的营生②；法国私掠船也发现在这一带巡航有利可图。

很可能是为了适应北方国家的部署，同时安抚美国，1809年4月26日，英国颁布了新的枢密令。新枢密令继承了1807年11月枢密令的精神，也可能确保了其所获得的优势，除了新枢密令中明文规定的条款外，正式明确地废除了旧枢密令。旧枢密令规定实行积极的或理论上扩展到英国船只被排除的每一个港口的封锁，现在仅限于对荷兰和法国海岸以及处于拿破仑直接统治下的意大利大部海岸。采取新措施的原因是“自从旧枢密令颁布以来发生的种种事件，影响到了英国和其他列强领土之间的关系”。目前正公然全面起义反抗拿破仑的西班牙半岛当然不在封锁之列；南意大利地近马耳他和西西里，后者一个是英国领地，另一个是英国的盟国，所以南意大利可以更方便地从那两个地方获得商品供应，不用靠远道来的中立国商船。维持对荷兰的封锁尤其对英国贸易有利，通过这些措施，意味着大陆消费的大宗货物能直接抵达荷兰和法国，但只能通过持有英国许可证，这就意味着这些货物来

---

① 罗斯《索玛莱兹将军传》第二卷，第196、241页。——作者注

② 1809年和1810年，仅被丹麦私掠船捕获的美国船只就达160艘，仅有部分被判有罪。见《美国政府公文》第三卷，第521页。——作者注

自英国；同时，如果按照新枢密令允许的那样，从一个中立国运载货物去德意志的河流，去汉萨城镇，或者去往波罗的海，就不得不在货物下船后，用马车运往拿破仑政府直接控制的地区，这会提高它们的价格，无法与英国的许可证贸易竞争。因此，法国所受的压力没有减轻，中立国人民所受的苦难得到了缓解，中立国船只受到的侵害得到了一些减轻。通过对所有中立国开放波罗的海贸易，英国获得了另一项利益；为了海军装备的巨量需求和高价，促使中立国船只将这些物品优先在英国市场和军港出售，让其他国家往后排。

新枢密令颁布时，英国驻华盛顿公使正在向美国政府保证所有枢密令会在随后的6月10日完全撤销[①]。与此同时，法军和奥地利军在德意志的各个战场相互靠近。4月6日，卡尔大公向奥军发表演说，10日，奥军越过因河，向巴伐利亚进军。12日，拿破仑离开巴黎，亲临前线指挥部队。军队先于拿破仑出发，当时分散在不同阵地，迫切需要他直接指挥。17日，他已经与部队会合。同一天，法军的达武军与奥军在雷根斯堡（Ratisbon今作Regensburg）城墙下首次遭遇。经过5天的积极机动和随之而来的苦战，以埃克米尔（Eckmuhl）战役告终。此战卡尔大公技逊一筹，战败退入波西米亚。5月12日，维也纳陷城，13日，拿破仑平生第二次进入这座奥地利都城。

在多事的同一周，就在埃克米尔战役的同一天，亚瑟·韦尔斯利爵士再度在里斯本登陆，开始他在伊比利亚半岛难忘的4年指挥经历。拿破仑尚在西班牙时，放弃追击约翰·穆尔爵士，将任务交给苏尔特；1809年1月16至26日，在英军从拉科鲁尼亚登船，这座城市也落入法军之手后，苏尔特元帅奉命入侵葡萄牙。经过一系列苦战，法军3月29日抵达波尔图，发动猛攻；苏尔特缺乏继续向南推进的手段。韦尔斯利在到达葡萄牙后，立即决定向

---

① 1809年4月19日的厄斯金笔记表达了这一意思。——作者注

苏尔特部进兵，而不是去攻打法军在西班牙塔霍河一线的军队。5月12日，维也纳陷落的同一天，英军渡过杜罗河（Douro），苏尔特被迫匆忙撤离波尔图北退，重新进入西班牙。英军主将随后与他的军队折返塔霍河，在6月27日沿塔霍河一线进入西班牙。7月28日，他进行了塔拉韦拉（Talavera）战役。虽然此战获胜，西班牙军队却未能顺利前来支援他，他们并非可靠的士兵，补给短缺，迫使韦尔斯利8月底重返葡萄牙，在那里占据了一个靠近葡西边境的阵地。

在西班牙的各路法军缺乏统一指挥，行动犹豫不决，这是由于约瑟夫国王在军事上的无能和各位元帅的相互猜忌。同在这年初夏，拿破仑正在维也纳以南的多瑙河两岸进行殊死之战。尽管奥地利首都已经陷落，但军队尚存，虽遭到遏制，却尚未被征服，由一位才华逊于伟大的法国皇帝，仍达到极高水准的将军指挥，在多瑙河北岸与他对峙。面对这样一个劲敌，要从南岸越过宽阔的河流，到达北岸，即使对拿破仑而言也绝非易事。5月20日，法军首次尝试过河；随后两天，由于缺乏适合的渡河器材，法军只得缓缓通过几座破破烂烂，仅能容一人通过的桥梁过河。21至22日，两军持续交战，这就是史上有名的艾斯林（Essling）战役；一天后，约6万法军与奥军作战时，多瑙河洪水肆虐，水位大涨14英尺，连接南岸和中流洛鲍岛（island of Lobau）的大桥终于被冲垮。作战部队的弹药补给就此中断，他们也就不可能维持住已经取得的阵地。22日夜间，北岸各军都撤退到岛上；接下去的6周，拿破仑一直都不懈地努力收集架桥器材，只要大桥畅通，就能保证他不会失利。最后万事俱备，法军再度过河，7月6日，著名的瓦格拉姆战役打响。此战以奥军战败告终，随后在12日达成停战协定；10月15日，在维也纳签署最终和约。奥地利将部分内陆领地和所有在亚德里亚海岸的其余领地割让给法国，再度禁止所有种类的英国商品进入它的领地。

一个月前，1809年9月17日，俄国和瑞典的议和达成。瑞典割让芬兰，同意向所有英国舰船关闭它的港口，“食盐和殖民地产品例外，因为这对瑞典人民的生活习惯来说必不可少，十分重要。”[1]拿破仑没有沙皇那样仁慈，次年1月6日，他在与瑞典的一份协定中只允许食盐入境，明文排除俄国在条约中允许进口的殖民地物产；作为交换，他将波美拉尼亚（Pomerania）归还瑞典。如此一来，通过和瑞典的条约，所有的北方港口便正式对英国关闭。英国还能通过许可证贸易，继续将它的商品经这些港口输入欧洲大陆，但数额大幅下降。

拿破仑由此通过击败大陆的对手取得了贸易限制措施的控制权，现在他的宏图是强化限制措施来支持他的大陆封锁政策。他日益警惕，不断迫切重申这一需求，他在与各海洋国家的条约中已有明文规定，因此这么做有无可辩驳的理由。在欧洲大陆，除了西班牙半岛之外，《维也纳条约》签订后，实现了维持将近3年的彻底和平。皇帝10月26日回到枫丹白露，立即便开始采取他希望能削弱英国的部署，此举不可避免地一步步导致他本人最终被推翻。法军缓缓撤出了南德意志，他们在各个占领区或盟国滞留了足够的时间，通过让这些国家和地区支付军费来缓解帝国的财政压力，这种做法的依据是拿破仑的一贯政策。法军的撤退到1810年6月1日才彻底完毕。10万大军奉命开赴西班牙，主要是新兵，此外还有皇家近卫军，这支部队以皇帝代表的身份出征。法军最优秀的部队，最强悍的达武军和马塞纳军留守北德意志和荷兰边境，以驱使两地人民服从大陆封锁政策。拿破仑没有亲自前往西班牙，那场冗长乏味的战争举步维艰，根据不同指挥官的素质，各地的战事会或多或少掀起波澜。唯有统一指挥才能保证众多平级将领能协同行动，由于目标缺乏一致性，使他们之间相互猜忌，每个人都必须使尽浑身解数。在里斯本周围，威灵顿正在准备托雷斯韦德拉什防线，这样一来他便能在半岛建立一道稳固的阵地，只要英国海军能在他后方确保交通线和退路，法国大军便无法将他撼动。拿破仑对此还一无所知。

① 1809年《年鉴》，第726页。——作者注

拿破仑的当务之急是让西班牙战争有个了断，他对那里已十分厌倦，大陆封锁体系却束缚了他。“迪罗克肯定地对我说，”布里昂写道[①]，“皇帝已经不止一次流露出对发动西班牙战争的悔意；因为他要击败英国就必须在那里战斗，没有任何想法能使他放弃那里，更何况他所做的一切都是为了捍卫大陆封锁体系的荣誉……有一天，他对迪罗克说：‘我不会让约瑟夫继续当西班牙国王了，他自己也不在乎。谁能第一个来向我保证向英国人关闭所有港口，我就让他当这个国王。’”西班牙的军事形势迫切要求他亲自出场，否则这场战争将永无止息。用他自己恰如其分的形象说法就是，“西班牙溃疡”正在消耗人力和财力，麻烦的核心在里斯本，英国海军在那里找到了下口之处，不断吞噬着法国势力。拿破仑在究竟退出半岛战场还是亲自上阵指挥之间踌躇未决。西班牙和葡萄牙当时已处于无政府状态，对英国贸易的消费能力极为有限；欧洲北部，从荷兰到圣彼得堡，尽管名义上同意顺从大陆封锁体系，但在本国政府纵容下，各地都在回避封锁措施。于是，在拿破仑看来，北欧才是能打击英国的重点；伊比利亚半岛对英国来说只是在消耗人力和财力，仅凭北欧和中欧各国对英国商品的消费就足以使它能长期坚持下去。因此皇帝决定双管齐下，半岛战争和北欧的大陆封锁都不放弃；他没有将自己的军事实力合而为一，而是分散在两处使用，他眼下将注意力集中到了北方。英国海权非但无视他的压力，反而迫使他进入英国选定的战场，使这位贯彻集中兵力军事原则的伟大模范，分散了他的兵力，导致他走向一条不归路。他要么狼狈退出，要么走向必然的覆灭。

拿破仑继续走了下去。自从耶拿战役以来，他率法军和波兰军队占领了格洛高（Glogau今波兰格沃古夫）、科斯琴（Custrin）、斯德丁（Stettin今波兰什切青）和但泽的要塞，控制住奥德河和维斯瓦河，能对普鲁士保持长期遏制，让普鲁士清偿拖欠的战争赔款，监视它的任何动向，迫使其满足法

① 《布里昂回忆录》第九卷，第21—24页。——作者注

国的政策要求。法军最严厉能力也最全面的达武元帅负责指挥这些要塞，以及同样有帝国军队驻扎的汉诺威和汉萨城镇。他的部队在埃姆斯河河口与乌迪诺[①]元帅的部队保持联系，乌迪诺的部队从那里沿着荷兰边境，一直延伸到比利时和布洛涅。从而使从布洛涅到波罗的海的整条海岸线都被法军各师控制，这些地方无论有何争议或疑问，都会大力支持皇帝的意见，维护大陆封锁政策，驻军的实际干涉和持续威胁都会对当地构成压力。这些措施“是必要的”，梯也尔先生说道[②]，“这是为了迫使汉萨城镇放弃与英国的贸易往来，能威胁到荷兰，因为荷兰根本没有对英国实施贸易封锁，和当初被一位英国或德意志君主统治时并无分别。甚至在政府愿意遵守协定时，当地居民也很少会受影响，会从事违禁贸易，最为有力的措施也无法禁止。拿破仑便决定亲自指挥这种战争。”

荷兰成为第一个牺牲品。如前所述，路易·波拿巴始终在试图抵制大陆封锁政策的实施。拿破仑现在要求严格执行封锁，为此目的，荷兰海岸和境内河流的河口都应委托法国海关官员守卫[③]，他还要求得到国王许可进入荷兰港口的美国船只应当被没收。路易虽然愿意接受第一个条件，愿意从此以后将美国和其他中立国船只排除在国外，还是不能放弃自己授权进入荷兰港口的船只。1809年11月，他被诱骗去巴黎访问兄长，在威逼利诱之下，只得向兄长的每一项要求屈服。就在这几次会面期间，拿破仑陷入他那随着年岁

---

① 乌迪诺（Nicolas Charles Oudinot, 1st Comte Oudinot, 1st Duc de Reggio，1767—1848）：尼古拉斯·夏尔·乌迪诺，初代乌迪诺伯爵和初代雷焦公爵，法国军官。1784年从军，3年后，因平民出身的他无望晋升为军官退役。大革命改变了他的命运，1792年战争爆发后，他成为一名中校志愿兵营营长。1793年11月，他被调入正规军，历战积功，在次年6月的凯泽斯劳滕之战结束后，晋升准将。此后数年，他先后在奥什、皮什格鲁、莫罗和马塞纳麾下作战。马伦哥战役中得到拿破仑赏识。拿破仑称帝后，他在一系列重要战役中都有过不俗表现，尤以善于指挥掷弹兵闻名。1808年受封帝国伯爵。1809年在瓦格拉姆战役立下大功后，他晋升为元帅，同年受封那不勒斯王国的雷焦公爵。1810至1812年间，他主持荷兰行政事务。侵俄战争之后，拿破仑江河日下，他仍恪尽职守。拿破仑退位后，他一直忠于复辟的波旁王朝。1823年，法军再度入侵西班牙期间，他最后一次披挂上阵，攻占马德里后，一度出任当地总督。1847年逝世。——译者注

② 《执政府与第一帝国》（福布斯译本）第七卷，第15页。——作者注

③ 《拿破仑书信集》第二十卷，第235页。——作者注

增长与日俱增的狂热激情，再度暴露出他在英国压制下的致命控制欲，这些意图已经在他头脑中成形了。他喊叫道："是英国人在强迫我不断扩张[①]。为了英国人，我不会将那不勒斯、西班牙和葡萄牙并入我的帝国。我愿意为扩大我的资源去战斗，来延长我的海岸线。如果英国人继续下去，他们会逼得我将荷兰纳入我的海岸线，然后是汉萨城镇，最后是波美拉尼亚，甚至可能加上但泽。"然后他提议路易应当通过间接途径，向英国内阁传达拿破仑实施这些极端措施带来的迫在眉睫的危险，希望英国内阁由此产生的忧虑会诱导他们为避免荷兰被纳入帝国版图，提出和平议案。

荷兰银行家拉布谢尔（Labouchère）先生在欧洲众多显赫家族有广泛人脉，为此事专程去了英国。尽管他没有任何正式凭据，还是将事情都告知英国内阁。英国内阁对此缺乏兴趣，他们说，无论荷兰名义上是怎样的国家，实际上都仅仅是法国的附庸；至于大陆封锁体系的扩张，他们预计皇帝统治区扩张带来的专制扩张不会使封锁更严重。随后，路易在进一步同意将莱茵河以西的所有省份都割让给法国，其他领土的海岸线由一支法国将军指挥的法荷联军驻守后，被送回荷兰。路易蒙受奇耻大辱，有时便会怀有虚弱的反抗心思，结果无非是侮辱法国官员，给法国占领军和海关官员设置些障碍。1810年6月，一支已经到达哈莱姆城前的法军被拒之门外，几乎与此同时，法国大使馆的一位公务员在海牙遭到围攻。拿破仑立即命令乌迪诺不仅要进驻哈莱姆，还要大张旗鼓进入阿姆斯特丹，同时法军会越过边境进入荷兰北部和南部，支援占领军。7月1日，路易签署退位声明，后于3日发表，当时他已秘密离开这个王国前往未知的目的地。9日，经帝国敕令，荷兰被并入法国。法国垂涎已久的美国商船连同货物一起被扣押，在路易宽松的封锁下积累的大量殖民地物产，应缴纳帝国国库，在支付50%的关税后，被准许进入法国。为了这份直接收益，节俭的荷兰人付出的代价是接受一项不容置疑

---

① 可与《梅特涅回忆录》第二卷第188页对照。——作者注

的贸易排外政策、一批外国驻军，同时自己还要接受陆海军征兵。

现在拿破仑帝国的疆界延伸到了埃姆斯河；走私船和中立国船只以其一贯的狡诈，仍然引进了一部分热带物产和英国工业制品。事实上，由于封锁的限制，那些货物的价格比在伦敦高出50%到100%，仍会来到欧洲大陆；由于英国一开始对法国海岸的封锁，皇帝通过他的法令精心支持封锁敕令，法国人民不得不支付比其他大陆国家高得多的价格[①]。拿破仑原本试图将英国从欧洲其他国家当中孤立，打垮英国，他还想让他权力的基石法国，成为最繁荣的国家，使法国占据它的对手失去的大陆市场，结果却双双受挫[②]。所有外国商品的价格都与同巴黎间的距离成反比。在吞并荷兰之前，法国首都的咖啡和砂糖价格是荷兰的3到4倍。现在，他开始坚持不懈地向北方各国发表威胁性声明。他严厉地压榨普鲁士，使它只剩最后一口气，然后提出可以从债务当中扣除它缴获的所有许可证贸易货物的价值。他威胁瑞典，如果英国许可贸易的大船只获准前往施特拉尔松德（Stralsund），他就会重新占领波美拉尼亚。事实上，持许可证的船只确实有五分之四是前往北方和波罗的海港口的，只有小部分会航向法国和荷兰被封锁的港口[③]。1810年夏，拿破仑通过紧急声明，调动法国军队，设法捕获一支进入波罗的海的600艘帆船船队的大部分船只。这支船队由于顶风航行耽误了行程，没能及时进入港口，避开法军的搜捕行动。北方贸易在1809年已经达到极大规模，当时拿破仑正在维也纳作战，对北方各国政府无暇顾及；到了1810年，他可以让北方各国感觉到他的存在，价值约4000万美元的英国财产在北方港口被收缴[④]。这一打击严重影响已经超负荷运转的英国贸易体系，结果使许可证的颁发数量从1810年的1.8万份锐减到1811年的7500份。

---

① 梯也尔《执政府与第一帝国》第三十八卷，第182页。——作者注

② 《拿破仑书信集》第二十一卷，第70页《致意大利总督的信》："我的原则是，法国勇往直前。"——作者注

③ 《议会辩论》第二十一卷，第1050页；第二十三卷，第540页。——作者注

④ 科贝特《议会辩论》第二十一卷，第1056、1117页。——作者注

皇帝采取了进一步行动。他在经过深思熟虑后认定，殖民地物产比伦敦价格溢价50%的部分都是走私贩的利润，因此他决定允许这些商品在缴纳50%的关税以后流入大陆市场。以拿破仑的性格，不愿表现出这是在让步，于是他仅将这种许可用于非英属殖民地的物产；据了解，正式告知海关当局的说法是，对商品原产地不必严查。用梯也尔先生的话来说，整个程序就是一个花招[①]。由此这些殖民地产品就可以在帝国及其仆从国合法流通，皇帝觉得对数量庞大的没收品进行这样一种自由处置，在物质上对他的军事利益大有好处。他能够获得的货物都会同时被扣押，如果货物没有报过税，就会被没收；如果报税，就得以金钱或实物的形式支付商品价值的一半。“因此这一措施就是希望同时在任何地方能让拿破仑或其盟友的国库获益，在申报的情况下，能得到货值一半的关税，在瞒报的情况下，便能全部充公。可以设想这会让众多英国贸易的同谋者感到何其恐怖。”[②]1810年8月5日，拿破仑颁布敕令落实这一措施，除了俄国之外，所有大陆国家都接受了这道敕令。俄国拒绝的理由是不能承担超出《提尔西特条约》规定的义务，并且抓住机会表达了它对法军沿着北海逐渐扩张的不满，法军甚至于都逼近到距离俄国边境不远的但泽。这样的拒绝清楚地证明大陆封锁体系在要求盟国做出巨大牺牲的同时，要求衷心合作是不可能的；不那么激烈的手段不能达到打击英国的目的，拿破仑也不能收回成命。这道敕令向帝国边界以外延伸，任何在边境4天行程以内，储存殖民地商品的仓库，包括瑞士、德意志、普鲁士、汉萨城镇内的相关仓库都要执行。政府收纳了大量金钱，当用实物支付关税时，政府就变成了一个杂货店的经销商。法国陆军到处扩张施压，法国分舰队沿着北海沿岸巡弋，不管是否在帝国领内，连大河河口和河道都会巡

① 连这项敕令都秘而不宣，《箴言报》否认存在这样的敕令。（科贝特《政务年鉴》，第十八卷，第701页。）1810年8月6日，拿破仑在致意大利总督的信中写道：“你将会收到我刚刚颁布的调整殖民地物产关税的敕令……敕令会在意大利执行；法令要保密，掌握在你手中。因此你只能通过给各地使节发信来下令执行这道敕令。”（《拿破仑书信集》第二十一卷，第28页。）——作者注

② 梯也尔：《执政府与第一帝国》第三十八卷，第181—189页。——作者注

航，进行更为彻底的封锁。

实施8月5日敕令动用了武装力量。拿破仑在致普鲁士的信中写道："无论我的部队在哪里，我都不会允许英国人走私。"根据这一立场，法国当局在普鲁士的斯德丁港口强行执行这一敕令，那里只是被他的部队实施军事占领。同时代的一份杂志写道："一度强大的普鲁士王国，所有港口都充斥法军士兵，只要可能经过英国人之手的任何货物，都被他们扣押和焚烧。普鲁士处于一种可悲的状态，工业几乎全部瓦解，无人就业。"[①]在汉萨诸城镇，法军也不问其他情由，采取了同样的行动。威斯特伐利亚国王得到命令，让他从王国北部撤走他的军队，然后法军会进驻。在瑞士，地方当局被允许自行采取行动，需由一名法国海关官员监督。8月18日，法国皇帝命令对吕贝克、劳恩堡（Lauenburg）、汉堡以及整个易北河西岸到河口约50英里地区实施军事占领；之后，军事占领线从大海又延伸了相同距离，到达不来梅，随后又直达荷兰边境，包括埃伦堡（Arenberg）和奥尔登堡两个小邦国在内。这种军事占领只是前兆，几个月后法兰西帝国就试图吞并这些小国，导致沙皇首次公开表示不满。使这一举动正当化，是一系列疏远亚历山大沙皇，并导致对俄战争的步骤之一。拿破仑称这么做的目的是为了支持大陆封锁政策，该政策是摧毁英国的唯一手段。命令中说道："莫朗将军受命负责采取所有必要措施防范走私。为了这个目的，他将从荷尔施泰因到东弗里西亚设置驻军的第一道防线，在第一道防线背后设置第二道防线。"[②]

10月6日，意大利总督奉命率意军占据瑞士的所有意大利语省份，并且立即查封所有殖民地违禁品和其他违禁商品。命令和拿破仑常说的一句话

① 伦敦《月刊》1811年2月，第三十一卷，第67页。——作者注

② 《拿破仑书信集》第二十一卷，第58页。——作者注

同时下达："这会带来滚滚财源。"拿破仑向欧仁[①]解释说，现在所做的只是类似于北德意志的军事占领，不会侵犯瑞士的中立权；欧仁还被特地叮嘱过不能以皇帝的名义行事，"你和瑞士之间的争端对我不会造成任何影响。"[②]10月19日，普鲁士被告知，如果它没能有效将英国和英属殖民地货物从各邦排除的话，法军将会进驻它的领土，法国驻普鲁士公使也得到指示，如果处理结果无法令人满意，就离开柏林[③]。

巧合的是，实施这些主要措施期间，拿破仑书信集里充斥着各种命令、投诉、抗议、斥责和质问，显示出他一心要达到这个目的。对抗葡萄牙英军的法军指挥权，被转交给他最能干的元帅马塞纳，他本人集中精力用于封锁大业。与此同时，拿破仑忙于使用严格措施保护欧洲市场上的法国产业。没有人比皇帝更彻底地了解保护主义理论，即政府能比群众本身更好地管理他们的业务。他的意大利王国不得使用瑞士或德意志的棉布，这类商品必须只从法国引进[④]。意大利生丝不能运往其他地方，只能去法国[⑤]，只能送往里昂。他使用一整套许可证制度将出口贸易掌握在自己手中[⑥]，这明显是在效法英国，他当时还将许可范围大幅扩大。7月25日，皇帝亲自签署了一道命令，没有许可证，任何船只都不能离开帝国的港口航行。9月15日，他又颁布了另一道敕令[⑦]，允许持许可证船只从汉堡、不来梅和吕贝克出航，前往

---

① 欧仁（Eugène Rose de Beauharnais，1781—1824）：欧仁·罗斯·德·博阿尔内，埃希施塔特亲王，拿破仑的继子。他在镇压旺代叛乱时初次上阵，1796至1797年间，在意大利战场出任继父的副官，后来从征埃及，在阿科围城战中负伤。拿破仑就任第一执政后，他出任执政卫队上尉，率部参加马伦哥战役，1805年起出任意大利总督，直到拿破仑垮台为止。第五次反法同盟战争期间，他出任意大利军团司令，麦克唐纳元帅出任他的军事顾问。1809年，他与奥地利的约翰大公交战，先败后胜，同年又参加了艾斯林和瓦格拉姆战役。侵俄战争期间，他再次指挥意大利军队从征。1813年，吕岑战役结束后，拿破仑将他送回意大利，组织抵御奥军入侵。拿破仑垮台后，他去慕尼黑投靠岳父巴伐利亚国王马克西米利安，从此退出政治舞台。——译者注

② 《拿破仑书信集》第二十一卷，第224页。——作者注

③ 《拿破仑书信集》第二十一卷，第268页。——作者注

④ 《拿破仑书信集》21卷第77页。——作者注

⑤ 《拿破仑书信集》第二十一卷，第70、71页。——作者注

⑥ 《拿破仑书信集》第二十一卷，第61、62页。——作者注

⑦ 科贝特《政务年鉴》第十八卷，第704、722页。——作者注

法国港口。许可证价格按吨位计算，每吨12美元，只对返港船只使用；这些船只在到达法国时不会遇到任何麻烦，即使在航行过程中遭到英国巡航舰船搜查，甚至曾在英国港口卸下所有货物上岸——换言之，持证船只不受《柏林敕令》和《米兰敕令》约束。持证船只在进入法国时，不能携带任何英国货物。在返航时，它可以装载法国葡萄酒，或者除谷物和面粉以外的任何法国物产。针锋相对的许可证制度出台后，各种新奇的规避手段也出现了。持证商船在法国被迫装载在英国并不缺乏的法国货，在英国也被迫装载法国并不缺乏的英国货，于是它们就将大量劣质商品装船，即便这些东西都被扔进海里也不会造成损失。在航程的终点，走私船会在持证商船进港前和它们碰头，将违禁商品先卸下运走。两国的船只都打着别国国旗，携带伪造的文书，在对方的港口里现身[①]。英国人是一个商业民族，自然愿意去扩大这种违禁贸易；皇帝不会允许任何他认为在帮助敌人的贸易存在，即使这会使本国人民获益。他相信，英国确实比法国受到了更大伤害，这也是事实，可他没有意识到，英国以其巨大的财富和贸易才能，能够忍受更长时间的折磨。

8月5日敕令允许输入殖民地商品，但排除英国工业品。10月19日，另一项法令颁布，宣称无论在皇帝的任何领地，即使在他的军队的军事占领区，一旦发现英国工业品，一律应公开烧毁，这项法令被无情地执行。“这个时代生活在法国国内的人们根本无法想象，一种如此野蛮的措施在那些原本依靠贸易生活的国家流毒，造成了怎样的一片荒凉。各国人民贫困不堪，一切物资匮乏，眼看着那些本可以用来救急的商品被焚烧，是何等苦不堪言！……大量销毁这些他们必需的生活物资，加剧他们的贫困，这种手段怎能拉拢被征服地区的人民！”[②]警察总监萨瓦里说道：“信函带来的冲击性消息，使我进行了一些很沮丧的思考，迫使我承认我们没有向平静前进；即

---

① 人所共知，波尔多的持证商船装运葡萄酒和白兰地，供应给葡萄牙的英军。见《罗维格公爵回忆录》第五卷，第60页。——作者注

② 《布里昂回忆录》第八卷，第261页。——作者注

使反对我们的派别还没有形成，至少所有人的反感是相同的，形势一旦逆转便足以毁灭我们……我们越是想要分割欧洲和英国的关系，人们就更加想要与英国拉近关系；所有受到我们那些措施影响的人都会对我们恶言相向。”①“欧洲各国已经达成了共识，各国内阁都迫切希望推翻拿破仑，人民的热情期盼不亚于内阁，这样可以使他们令人窒息的工业和贸易能稍得喘息。除了拿破仑的名字带来的恐惧外，还要解决那神憎鬼厌的大陆封锁体系带来的恐惧；现在需要下定决心，究竟是战斗还是屈服。北方国家人民迫切需要摆脱拿破仑的枷锁，这使海关成为欧洲各国政府的主要代表。”②

俄国已经拒绝采取任何逾越《提尔西特条约》的措施；国内无处不在的不满还是日益高涨，无所不在的反抗更为令人担忧。拿破仑的政策使英国的工业制品贬值，仓库里堆满了滞销的砂糖和咖啡，这无疑会令英国的处境越来越困难，这也在摧毁俄国的农业，使俄国贵族收入锐减。尽管大量持许可证的大船队多少缓解了困境，《提尔西特条约》的协定仍造成了贸易困境，大麻1802年在伦敦每吨价值32英镑，1809年则涨到每吨118镑③；北方出产的其他产品也出现了类似幅度的上涨。与此同时，6000吨咖啡积压在伦敦的仓库里，每磅6便士也无法出售，欧洲大陆的咖啡价格却是每磅4到5先令，有些地方甚至达到7先令④。这种情况证明拿破仑的政策和英国的法令都有效限制了对方，问题在于哪一方的承受力更强。究竟是英国还是法国能坚持更久的消耗？在俄国，情况正快速走向崩溃。沙皇已经感觉到他的立场正在动摇⑤；当他再度严正声明会忠于提尔西特和爱尔福特的条约时，却发现拿破仑通过他颁发的许可证，来规避他同时迫使盟友更严格执行的种种限制。

---

① 《罗维格公爵回忆录》第五卷，第66页。——作者注

② 《布里昂回忆录》第九卷，第60页。——作者注

③ 波特：《国家的发展》第三部分，第205页。1815年，拿破仑垮台后，价格回落到每吨34英镑。——作者注

④ 图克：《价格史》第一卷，第354页。——作者注

⑤ 《维森斯公爵回忆录》。——作者注

无须任何解释，这些许可证只是为了深化限制体制；法国向英国倾销剩余产品，除了硬币之外拒绝带回任何货物，因此这种交易越多，对英国就越发不利。沙皇对此心知肚明；法国皇帝一再来信敦促俄国扣押和没收进入俄国港口的所有中立国船只，按照拿破仑的习惯，写信的语气不再是恳求，而是强制要求，为此沙皇便充耳不闻。亚历山大惧怕战争，但他记得他父亲的命运，更害怕被暗杀。

1810年12月10日，皇帝致函参议院，宣称他已将汉萨同盟城镇并入帝国，此外还有北海沿岸处于汉萨城镇和荷兰之间的区域，之前这些地方都仅仅处于军事占领状态。同一份信函中，他表示他打算在易北河和吕贝克之间开凿一条运河，使法兰西帝国和波罗的海之间的水路交通畅通。这一保证没有算计到要安抚俄国沙皇的忧虑，只是表示法国将向东扩张；这两大绝对专制君主主要依靠私人关系维持一个同盟，拿破仑的做法却带有对沙皇个人的侮辱，对同盟有害。奥尔登堡大公是沙皇的舅舅，拿破仑却唐突地将该国一举吞并；后来尽管拿破仑提议可以用德意志境内的领地来赔偿大公的物质损失，亚历山大仍没有接受这样令人满意的提议，也没有提出任何他认为适当的赔偿要求。亚历山大没有威胁发动战争，拒绝抛开自己受到的委屈，保留了报复这一伤害的权利。

同时，英国和法国贸易疲软，情况异常，拿破仑又突然实施广泛的没收行动，在波罗的海大肆扣留船只，极大地打击了各国信用状况，引发恐慌，所有这些情况都产生了非常严重的后果。法军在大陆沿海列阵驻扎，英国巡航舰船同时在埃姆斯到巴约讷沿海，还有比利牛斯到奥尔贝泰罗（Orbitello）之间的沿海加强巡弋，这样设立的屏障，无论商业智慧还是公众愿望都难以摆脱，也无法提供任何真正的缓解措施。尽管采取了和平手段，美国还是不动声色地采取了反抗措施，使英国的困境雪上加霜。美国的做法虽然不符合法国利益，却在推进拿破仑的封锁政策。1808和1809年间，美国持续实施《禁运法案》和《不往来法案》，关闭北美市场，正值南美市场对外开放，于是英国商人蜂拥进入南美。南美的人口数量、财富数量以及人们的生活习惯，都无法取代在欧洲和北美损失的消费群体。大量商品被不明智地运往南美，严重供过于求；这些商品滞销，大部分都堆放在南美港口的海滩上，无人照管也无处存放。时局萧条混乱，人们的判断似乎也随之错乱起来，人人都疯狂盘算自救，这样又加剧了混乱。宁可漫无目的或者充满危险地向别处转移，也不愿忍受在原地被动等待。

因此1809—1810年出现了广泛的贸易转移，在很大程度上错误导致了一种表面繁荣。在拿破仑抓紧对波罗的海和意大利的封锁时，那里出现了大量进口；同时大量货物也出口到北美和南美洲以及西印度群岛。只在美国出现了一个稳定的交易时期，因为1810年5月，《不往来法案》时限已过。美国很快就颁布了一项限制条款，即规定在1811年3月3日之前，英国和法国都应当撤销它们影响美国的法令，美国的法案会在3个月内废止，不过对继续维持其法令的国家恢复执行。拿破仑设法满足了麦迪逊总统的要求，他在1810年11月3日即撤销了《柏林敕令》和《米兰敕令》；英国拒绝考虑满足美国人的撤销条件，事实上他们也没有撤销有关法令。1809年4月26日枢密令依然有效，美国和英国之间在1811年2月再度不相往来，一直持续到1812年战争爆发。

到1810年底，人们开始深切感受到各种因素导致的麻烦后果。从南美洲运回的货物非常少，运输商无力偿还欠制造商的债务，制造工人能够感受到制造商的困境。西印度群岛运回的是热带物产，价值只能在欧洲大陆变现，那里长时间被局部封锁，现在更有效地几乎全部关闭。连续多个季节的糟糕天气，使英国需要从荷兰和法国进口大量谷物，特别是在1809年，法国和荷兰丰收，英国却出现严重歉收，使拿破仑采用许可证制度，授权进行出口，3年间从敌国手中赚取了1000万英镑的硬币。持证运输船大部分是中立国或敌国船只（至少名义上如此），英国用它们运货也要支付硬币，因此同样造成硬币外流；为了维持派往世界边远地区的舰队和西班牙战争也要消耗大量黄金，现在这两方面的开支取代了过去给盟国的财政补贴，在消耗英国国库，导致硬币匮乏。1810年11月，破产贸易商达273家，去年同期11月的破产数字为130家。停业和协议偿还的贸易商占到全国数量的一半。“贸易的整体不景气极大影响了制造业，制造商和商家之间普遍缺乏信任。”一个月后，“破产贸易商继续增加，信任度几乎完全丧失，金银都不常看到。制造型城镇的贸易原地踏步；破产家庭不是每天出现，而是每小时都在出现。在大型海港，国王的仓库里堆满了滞销的各类殖民地物产。来自欧洲大陆的报告加剧了这种沮丧，大陆的所有海港和内陆贸易仓库都满是法军士兵，他们收缴和焚烧每一件可能经过英国之手的货物。”随着萧条阴影的加深，反对一度受欢迎[①]的枢密令的声音越发响亮，现在人们将所有不幸都归咎于枢密令。舆论一改以往对枢密令的支持态度，废除的呼声日渐高涨，都聚集在反对党领导人周围；反对党自从失去权力的那时起，就从未停止过对内阁采取的报复性制度进行抨击。

当英国的灾难日益加重时，法国的情况更为严峻。诚如皇帝所说，法国人民没有砂糖和咖啡一样能活，很多生活必需品无法进口，法国人也能及时找到方式自己生产；就算能这样扭曲地运用法国人的工业和创造性，即使真能实现替代生产，也无法弥补失去天然供货渠道的损失，同样也没有足够的时间对付英国。英国虽然一时被前所未有的困境撼动，仍然能通过海路和新资源保持接触，重振元气，恢复国力。英国肯定会这样做，它的传统和人民的习惯提供了保证，政府的功勋也能证明所有的一切。1811年初，法国爆发了严重的商贸危机，令拿破仑大为焦虑。他特别希望法兰西帝国兴旺繁荣的基石，即便在数量巨大的人力需求以及征兵带来的苦难之下，依然能屹立不倒。法国出口工农业产品的所有出海口都被封锁，只能销往欧洲大陆市

---

① 前后两位美国驻伦敦公使，都曾告知美国政府，采取那些极端措施颇受欢迎。见《美国政府公文》第三卷，第188、206页。——作者注

场，全球贸易停滞以及为支持大量驻军让人民筋疲力尽的要求，使国内贫困不堪，难以实现繁荣。英国对法国、荷兰和意大利海岸的封锁，除了有限的许可证贸易之外，杜绝了对制造业至关重要的水路原料供应以及法国奢侈品的出口。一位美国旅客写道："据我观察，1807年法国的处境与英国大相径庭。法国对外贸易损失的影响随处可见——商业城市处于半废弃状态，全无活力，实在惨淡得很；内陆城镇民生极为凋敝，我在那里看不到好转迹象，相反有许多建筑物正在沦为废墟；大街上罕见车辆和行人，清楚地显示出国内消费不振，内部贸易萧条。法国居民，尤其是南方居民，不仅要缴纳多如牛毛的苛捐杂税，也无法销售他们的剩余产品，痛苦得无以复加。1807年，内地城镇的乞丐多得几乎不可思议……田地主要都依靠妇女耕作。"[①]

无论拿破仑是怎样的天才，在没有手段能够满足需求时，也无法创造需求。在不利条件下，法国生产出了咖啡和砂糖，还出产了具有法国特色的精美工艺品，如果说没有咖啡和砂糖也能活的话，人们就更不需要这些奢侈品了。由于一种夸张的过度保护主义的刺激，产品一度过剩，然后就开始停滞；即使拿破仑排斥英国工业品，焚毁走私的英国商品，还是不能为法国产品取得欧洲大陆市场，因为海上封锁和长途陆路运输，法国产品的原料价格居高不下。黎凡特的棉花从土耳其用马和骡子运送，经过伊利里亚，到的里雅斯特，再送到法国，耗时长久[②]；即使如此，制成棉纺品后，会发现要和英国棉布竞争。英国棉布在萨洛尼卡上岸，用骡马运送，经过塞尔维亚和匈牙利进入维也纳，从那里分销到整个德意志。[③]英属殖民地的物产也通过相同的方式引入。尽管拿破仑竭力查禁走私，走私贩仍继续与正当贸易商竞

---

① 出自《法国政府的天才与性格》巴尔的摩1810年版第189—192页，作者是一位当时新近从欧洲回国的美国人。在《梅特涅回忆录》第二卷第476页，也可见到关于法国不幸状态的描述。——作者注

② 《拉古萨公爵回忆录》第三卷，第423页。马尔蒙还补充道："在那个苦难和不幸的年代，这对法国工业是一种有力的帮助。——作者注

③ 图克：《价格史》，第一卷。——作者注

争，低价抛货，他自己颁发的许可证被用来规避他亲自颁布的敕令[①]。荷兰的许多公司同时停业，里昂的工厂关门，巴黎的一些家庭落魄；和英国的仓库那样，法国商店里堆满了货物，找不到买主。银行无法收回贷款，国内贸易陷入混乱，全国性灾难接踵而至。

与此同时，法国国内和英国一样，由于农业歉收，处境艰难。这种窘境由于英国巡航舰船对法国沿海贸易的阻挠以及内地道路的糟糕路况雪上加霜。除非是为皇帝的军事计划服务，否则窘迫的财政不会顾及内地道路。政府出台了各种救援和救济措施，却有失偏颇和随意，设计出的这些政策治标不治本。法国仍亟须更有效的救济措施，因为欧洲大陆经济形势越发严峻，大陆是法国唯一的市场，这样法国必然会继续受到波及。在荷兰，几乎所有原先的财富来源都逐一丧失，甚至连唯一幸免于难的信贷业，由于欧洲经济的大面积衰败，也开始亏损[②]。在俄国，尽管沙皇拒绝将拿破仑强加给其他国家的8月5日和10月19日敕令强加给俄国人民和他们的贸易，卢布还是已经贬值到执行大陆封锁体系前的三分之一。随着欧洲的日益贫困，帝国也必定变得日益贫穷，财富的损失也必定会导致财政收入减少。尽管过去一年间，已经用尽了一切非常手段扩充财源，财政收入依然无法满足国家需要，这些手段是不可再用的。不可能再指望有众多美国船只再度进入会被皇帝没收的势力范围以内。去年8月那样突然大举扣押殖民地物产的行动，也不可能再度以类似的规模重复。在封锁较宽松的年份，让军队在所有被占领国家向货主征收50%的关税，确实让法国累积了大量金钱；现在高额关税只是在助长走私。拿破仑独具匠心地设计出的非常手段，已经从臣服的各民族那里榨取了大量金钱，这样的财富供给眼看已逐年减少。拿破仑的政府，尤其是他的

---

① 携英国许可证的船只以类似方式，频繁流进法国港口，船上往往会装载波罗的海运来的海事用品。——作者注

② 梯也尔先生说："因为外国贷款亏损50%的荷兰人并非个别。"见《执政府与第一帝国》（福布斯译本）第十二卷，第47页。——作者注

军队，就像奴隶制或者经营不善的农场那样，需要不断开垦新土地[①]，却无力补充或发展已经消耗的力量；政府也制定了一些有益的计划，颁布了众多命令，除非有助于提高国家的军事效率，很少会付诸实施。

帝国还剩两项经济资源。首先是节俭，这一时期拿破仑和部下的通信之中会不时提出劝诫，不愿支付金钱，要求他们尽可能从被占领土搜刮，尽可能少向他要钱[②]。皇帝握有一笔储备资金，由他亲自管辖，一开始这一大笔军事储备金都靠战争所获资产，后来又注入刚刚提及的非常手段所得。五次战争向这个金库注入80500万法郎，1810年还剩35400万法郎，除非发生重大紧急事件，他不愿再动用这笔钱。对反对他实现王朝更替的西班牙贵族，他准备像扣押“佯装中立”财产那样，没收他们的财产，即使这样不能增收，至少可以作为备用手段。非常明显，这样的财源是不稳定的，也无法与一个贸易大国拥有的财源相提并论。与英国相比，拿破仑的财政策略就像一个中世纪的君主或者东方君主，从应付压力的耐受性，能够维持的时间来说，他的权力架构完全靠人为控制，不得不说是不符合自然规律，根本不可能拖垮他所面对的英国。因为英国的权力架构高度组织化，基本实现现代化，更重要的是英国社会具备可持续发展能力。历史悠久，具有固定传统的国家可以承受糟糕制度的弊端，受到这种制度的负面影响，不会垮掉；当一个崭新的、主要基于个人能力的制度，想要通过一种紧密又广泛的政体树立民众对政府的信心，还要通过这个政体建立的特征保障国家的未来，是根本不可能的。

这一点在两国政府使用另一项经济资源的能力当中得到了清楚体现，

---

① “皇帝渴望发动战争，因为他或多或少需要开拓新的疆土，让军队取得立足之地，牺牲其他国家的利益来满足他们……罗曼佐夫先生多次和我提起他曾与皇帝的一次长谈。‘他需要钱，’他说‘他对此毫不遮掩；他希望对奥地利发动战争来占领它。’”（梅特涅致施塔迪昂的信，1809年2月17日；《梅特涅回忆录》第二卷，第329页。）1809年的奥地利战争给拿破仑的战车提供了3400万美元的收入。（梯也尔《执政府与第一帝国》第三十八卷，第34页。）——作者注

② 在给德意志驻军司令达武的信中提到：“我将会非常需要钱，为此你应当觉得尽你所能为我多捞钱非常重要，要尽可能少向我要钱。”见1811年3月24日的信。——作者注

这种资源即是通过借贷方式来补充国家收入的不足。拿破仑坚决拒绝采取这种方式，声称那是一个从长远来看不合理的手段，只能产生一个结果——破产。他轻率地声称，英国不可能无限期按照目前的利率继续借贷。他个人克制借贷欲望的更充分的理由是他的信用状况，在他统治下的法国公债数额很小，由于他没有增加公债，使他在信贷市场的形象良好①。拿破仑拥有超凡的军事天才，将他的武力广布欧洲大陆，通过战争得到赔款，通过不仅在战争时期，而且在平时都让他的军队驻扎在外国，让外国负担他们的补给来实现他那不公正的霸道计划——通过这种种策略，加上本章已经叙述过的频繁战争和各种形同勒索的苛刻条件，使他能应付所有开支，还积累了前文提到的大量储备基金，与此同时在法国投放了一定数量的硬币，大大改善流通状况。但他的成功没能让人们为之欢呼，每个人都明白，这样的措施本质上都是临时手段，如果要再次实施就意味着重新发动战争，侵略的范围会越来越广泛，成果一直都依赖军事威望，一次战役的失利就能推翻这种威望。与法国的这种不安状态相比，英国通过快速增长的债务获得了相对的稳定，这种稳定性甚至让全世界都绝对相信英国会按时付息。在英国背后支撑的是海上霸主的历史和威望，世人皆知这位霸主多次遇到过严峻挑战，从未失败；屹立在拿破仑面前的这位霸主比以往更为强大。它的实力通过无数海洋和无数陆地扎下深厚根基，扩展到辽阔的远方；在经过伟大的拿破仑皇帝前所未有的考验之后，它也获得了前所未有的荣耀。英国拥有信用，皇帝却没有。

萨瓦里是拿破仑最忠实的追随者之一，曾在1811年向他转述过一位巴黎银行家的一段论断："法国与英国信用状况的差别是一种令人感到耻辱的事实，这一事实还是许多其他相关问题的关键所在。英国债务约为35亿美元，我们的债务仅为2.5亿美元；英国能够借到的所需资金仍远远大于我们

① 这种债务情况部分是由于人为原因造成的，拿破仑通过秘密使用军事储备金干预，将公共基金价格维持在80法郎。（梯也尔《执政府与第一帝国》第四十一卷，第18页。）——作者注

能借到的金额，最重要的是，利率还更加优惠。为什么会出现这种差别？为什么在法国，国家信用会低于商业领袖和银行家，在英国的情况永远相反？一句话就足以解释这种现象：在英国，一个人要恢复信用，他只需要和政府合作；在法国，一个人要失去信用，他只需要不脱离和政府的交易。所以得这么说，整个英国就是一个独立的贸易场所，内阁是这里的管理者，合同依法执行，权力本身无法干涉。在法国，行政委员会篡夺了法庭的权力，我几乎可以说一切都是徒劳，因为一切都没有真正得到保障。"[①]一位本书曾提及的在法国旅居过两年的美国人，足以充当见证人，他在1809年写道："法国的统治者们，无论权力多大，都无法在国内获得补给，除非他们在签约时做出的让步可以抵消相关风险。他们的海外信用可以用我们熟知的事实来评估，在这个国家，没有哪个明智的商人会被任何想法诱导，去按照符合统治者利益的做法行事，或者从他们的最高信用代表那里接受他们的财务凭证。"[②]

国家繁荣的检验标准——国家信用，在英法两国的现状就是如此，同一位见证人如此描述两个民族的相对情况："在法国，一切公众精神和社会舆论的影响都被扼杀，大城镇人口减少，经济衰退，军事警察组织实施严厉统治，一切与自然赋予它的丰富资源形成巨大反差，令人在初见其自然美景的大喜之后，在心中不断反思。苛捐杂税的压力由于征收的极端严苛不断恶化。法国农民的衣食和居住条件，没有一项能与英国同阶层人士的情况相比……在英国，无论因对事实一知半解，对其状况妄加诟病的人代表什么，事实是他们诟病的情况并不存在，英国是一个世界上任何其他地方都无法比拟的、公私繁荣昌盛的出色杰出的模板……我满怀愉悦地给出这恰如其分的钦佩和赞美，在我享受这次个人体验之前，给出这种说法是为了纠正我曾在

---

① 《罗维格公爵回忆录》第五卷，第116页。——作者注

② 《法国政府的天才与部署》，巴尔的摩1810年版，第166页。——作者注

研究这一课题时所犯的错误和一度怀有的偏见。我在法国旅居了将近两年，在此期间几乎走访了这个国家的每一个部分，只是为了能获得正确的信息，我要补充一点，这次经历和以往的研究将很好地修缮我的目标，让我相信我过去被过分误导了。”①

这位作者见到的英国还没有迎来它最为严峻的考验。自1807年以来，尤其是1809年以后，两国的情况都明显变得更加糟糕。部分由于大陆封锁体系，部分由于美国《不往来法案》的影响，英国贸易混乱，市场份额流失，导致商业陷入困境。1808年的疯狂投机行为使情况更加恶化，结果在1811年成为大范围蔓延的灾难——商户破产，制造商关门，工人失业挨饿。同年法国的商业危机蔓延到整个欧洲大陆，不久变成了一种公司连锁破产的混乱局面，一家公司的倒闭会连带另一家跟着也被拖垮②。很快法国所有省份的大量工人都发现自己就像英国的工人兄弟一样失业了。法国皇帝不断召开政务会议，寻求该如何通过政府干预来匡正时弊的办法，一切问题恰恰是政府干预的直接产物。两国的困境表面相似，实质上显然存在差别。最真实的区别在于一国闭关锁国，自我封闭，另一国的交通仍对大部分世界敞开。1811年，英国经济已经开始通过其天然渠道复苏；英国民众在压力下就好像负重的强大弹簧，虽然被压制，仍保持强大的弹性。南美洲的贸易复苏；拉丁美洲的经济起飞需要西印度群岛积累物产，西印度群岛反过来开始需要从本土供给货物；俄国的态度也明显温和；在伊比利亚半岛，马塞纳的推进被挡在托雷斯韦德拉什防线，被迫在3月退回西班牙境内，使解放的葡萄牙成为对英国贸易开放的新市场。对法国来说，在通过自己或中立国的船只能够重新自由航海之前，不可能重获繁荣；如果它的对手不撤销仍在执行的封锁整个法国和荷兰海岸的枢密令，中立国船只就无法安全来到它的港口，在皇帝撤

① 《法国政府的天才与部署》，第181—192页。——作者注

② 梯也尔《执政府与第一帝国》第四十一卷，第22页。——作者注

销他执行大陆封锁体系的敕令之前，英国不会这样做。当英国在他不断增长的债务之上勾画令人震惊的未来蓝图时，法国由于穷兵黩武，正处于任何强权都无法恢复的资源枯竭状态，导致了一场远比英国工人骚乱更为严重的叛乱。6万“顽固不化”的受征对象分布在法国各大区，散处西部、中部和南部的森林，拒绝加入他们所属的各团，反抗政府当局。他们被老兵组成的快速纵队追捕；这些老兵与同胞长期疏远，就像在外国所做的那样，任意抢夺同胞的财产。1811年1月，当年所有应征兵员都已应召，会在仲夏征召用于1812年的兵员；没有法律措施可以使那些还未成年的男孩免于送命①，他们并非死于敌人之手，是在西班牙阴郁的群山和干枯的平原被遗弃丧生的。

这场“独具个性的天才人物对抗一个拥有丰富资源和完备组织结构的大国（这个大国的国力建立在海洋之上）”②的艰苦卓绝的大对决已经接近尾声。海战和陆战将会迎来终结，那将是一场有史以来规模最宏大，令人最难忘的军事惨败。在拿破仑开始对俄国用兵之前，无可避免的结局已昭然若揭，尽管英国人由于长期监视，疲惫的双眼视线蒙眬，无法看到法国人的恐惧，没能发觉法国人正被痛苦和战栗的感觉困扰。法国的信用已经消失，在对英国依然畅通无阻的海洋也能对他们开放之前，法国人民也无法再承受任何额外负担。欧洲大陆人民也已受够了封锁带来的苦难，变得对拿破仑怀有强烈敌意。皇权如今只能靠军队来维持，军队本身也在透支未来；军队的兵源，还有预备力量，都将很快消耗殆尽③。物质上的耐力问题已成定局，唯一的问题是士气还能够维持多久。英国和英国政府有勇气坚持到皇帝筋疲

---

① 梯也尔《执政府与第一帝国》第四十一卷，第11页。——作者注

② 阿诺德《罗马史》第四十三章开篇。——作者注

③ 有趣的是，可以在时任驻巴黎大使的梅特涅的信中发现，他是如何将法军兵源损耗视为奥地利最终隶属阵营问题的最终决定因素的。“拿破仑已经有一段时间在靠透支未来维持，预备力量已经遭到破坏。”（1809年4月11日）与他1813年对皇帝的感慨对比来看更有意思：“您现在的军队已经提前一代人征兵了吗？我已经发现您的士兵都还只是孩子。”（《梅特涅回忆录》第一卷，第189页。）——作者注

力尽的时候吗？[1]关于撤销枢密令的呼吁，已经得到现任内阁确认，正在成为不祥之兆。反对党领导人反对半岛战争；纳皮尔[2]鲜明地表示过内阁对维持这样一场迫使拿破仑如此消耗生命，又如此致命地分散兵力的大战产生过怀疑和犹豫。时间已经不再考验英国的承受极限，最黑暗的时刻很快就会过去，云破天开，曙光已现。

1810年的最后一天，拿破仑吞并汉萨各城镇和奥尔登堡公国三周之后，亚历山大沙皇颁布了一道贸易敕令，在这种情况下颁布敕令看上去更像一种报复行动；至少在他的贸易政策和拿破仑实施的大陆封锁体系之间划清了界线。该敕令明确允许中立国商船运载的殖民地物产入境；法国的许多工业制品几乎被拒绝接纳，因为没有列入可缴纳一定关税后入境的商品名录。沙皇宣称他的目的是通过排斥法国工业制品来保护和发展俄国工业，这纯属白费口舌。拿破仑拒绝这种解释，“最近发布的敕令，”他在致亚历山大的私信中写道，“尽管更多表现在形式上，实质上是特别针对法国的。”[3]在最公开地排斥法国产品的同时，允许装载殖民地物产的中立国船只入境才是该法令最为显著的特征。这才是法国皇帝最厌恶的重点，根据他的判断，这条裂缝会使他的巨舰沉没。他在1810年10月23日[4]的前一封信中写道：“600艘英国商船在波罗的海徘徊，已经被普鲁士各港口和梅克伦堡的港口拒绝入境，正在驶向沙皇陛下的领土。在战争仍持续的时候如果您允许其入境……陛下想必明白如果您没收它们的话，我们将拥有和平。不管这些船的证件以怎样

① 《梅特涅回忆录》第二卷，第477页。——作者注

② 纳皮尔（Sir Charles James Napier，1782—1853）：查尔斯·詹姆斯·纳皮尔爵士，英国军人，12岁从军，半岛战争期间随第50步兵团征战，在拉科鲁尼亚战役中险些丧命，奄奄一息中被一名法国军官发现俘获，救了他一命。1810年，他再度来到半岛战场，在威灵顿指挥下，参加过一系列战役，晋升为102团的一名中校。1842年，60岁的纳皮尔晋升为陆军少将，出任孟买的英国驻印军司令，参加了南亚次大陆的多次殖民战争，1843年受封爵士头衔。1849年至1851年间，他出任英国驻印军总司令，2年后在英国奥克兰逝世。——译者注

③ 《拿破仑书信集》第二十一卷，第497页（1811年2月28日）。——作者注

④ 《拿破仑书信集》第二十一卷，第275页。——作者注

的名义伪装，无论法国、德意志、西班牙、丹麦还是俄国，陛下应当肯定知道它们就是英国船队。”

稍后，1810年11月4日[①]，拿破仑通过常规外交渠道致信写道：“那里没有什么中立国船只。无论那些证件说那是什么地方的船，全都是谎言。任何一艘进入俄国的船只，哪怕证件上称为美国船，实际上都来自英国[②]。战争还是和平，掌握在俄国手中。要维持同法国的和平，就让俄国没收所有英国开来的船只，再和法国一起，要求瑞典扣押英国在多个中立国旗帜掩护下在哥德堡卸货的大量货物。如果俄国是想同英国议和，它就会采取现在的措施。俄国正在遵循和法俄同盟相悖的原则，对此只要一项证据就足以证明：最近出现在莱比锡的殖民地货物都是由俄国来的700辆马拉货车送来的，如今所有这些货的运输都通过俄国完成；最后，那1200艘由20艘战舰护航的英国商船，在瑞典、葡萄牙、西班牙和美国国旗的伪装下，已经让他们的部分货物在俄国上岸。”对这些责难，亚历山大答复道，他已经遵守，会继续遵守和拿破仑的协定，并且会排斥英国船只；但他不会，也不能越过这些协定去禁止中立国船只入境。12月31日敕令的颁布使事态超出了外交交涉的范畴，表面上这种反抗拿破仑吞并奥尔登堡的举动又来得如此直接。拿破仑接受了这一事实。他在上文提及的1811年2月28日的私信中写道：“看来这是一项制度性的改变。整个欧洲都如此关注此事，按照英国和欧洲的看法，我们的同盟已经不复存在……如果沙皇陛下放弃同盟，焚毁《提尔西特条约》，那么显然几个月以内便将有一场战争。对两国彼此而言，战争的结果必定是极大消耗我们的帝国为将来发展准备的资源……如果陛下无意与英国

---

① 《拿破仑书信集》第二十一卷，第296页。——作者注

② 拿破仑的这些观点大都非常正确。罗斯的《索玛莱兹勋爵传》第二卷第九至十三章可以发现一些有趣的事实，能反映波罗的海名义上的中立贸易的真实特征。同样在《美国政府公文》第三卷第329—333页之中能见到一批美国船长所揭露的事例。另一方面，正直严谨的美国驻俄国公使约翰·昆西·亚当斯断言他确实知道有一些美国船是直接从美国来的。事实上，这只能显示当时的世界何其依赖英国海权，使拿破仑的大陆封锁体系不可能成功；从另一方面来说，这是他唯一能影响到敌人的手段。如果他在这条路上前进，就会毁灭；如果退出，他就失败了。——作者注

和解，您就会明白，无论对您自己还是对我来说，都有必要澄清当下漫天的流言蜚语。”从这时起，这两位君主都开始为战争进行准备。

北方的事态便在此时发生了逆转，在随后关键的12个月，波罗的海出现的英国大舰队和舰队司令官极为周全的处置，对事态发展施加了有力影响。拿破仑迫使瑞典跟随法国，瑞典1810年11月17日正式向英国宣战，驱逐英国舰船，英国公使不得不离开斯德哥尔摩。在他离开之后，英国在当地的政治和军事动向都由詹姆斯·索玛莱兹爵士掌握。这位名闻遐迩，广受爱戴的海军军官在波罗的海的这3年间，已经充分领会瑞典统治者和人民的感受；主要由于他以本国政府代理人的身份，稳妥地采取安抚亲善行动，使正式的战争没有真正发生。他有理有节地抵制瑞典当局根据拿破仑的命令实施的没收行动；他从未因瑞典人偶尔屈从拿破仑的命令轻举妄动，实施任何报复行为。围绕他的人格魅力，英瑞两国之间维系了良好关系，还使俄瑞两国之间的和解得到促进，虽然艰巨，这样的和解还是必要的。所有许可贸易都由他的舰队保护，他的舰队还负责镇压私掠船，对敌国海岸实施警戒，切断丹麦和挪威之间的交通[①]。除了冬季舰队被迫离开波罗的海的日子，它的存在几乎成为瑞典对法国和俄国维持独立的保证；这支舰队的数量和性能，给了瑞典政府充足的借口不去执行拿破仑提出的极端要求。1811年夏，索玛莱兹的旗舰成为英瑞两国秘密磋商的中心，俄国也拒绝了拿破仑的条件，很快也成为会谈的一方；夏季将尽，会谈在英国全权代表主持下正式结束，实际上是索玛莱兹司令官完成了这一使命。会谈决定维持表面上的战争状态，达成了瑞典将会加入英俄同盟的谅解。沙皇不必再担心与拿破仑这个伟大征服者的

① 仅1809年一年间，这个英国舰队便捕获了430艘船只，平均吨位为60吨，其中340艘是丹麦船。其中有30到40艘武装独桅纵帆船和双桅纵帆船，丹麦不得不大批使用这种船只来为挪威供应谷物。其余90艘为俄国船。见《海军年鉴》第二十二卷，第517页。——作者注

对决来临之际，瑞典会威胁他的侧背。①

1811年，拿破仑都在为对俄罗斯的大战进行准备。当时他的意图是在西班牙半岛进行激战，同时在德意志北部集结征俄所需的庞大的各兵种兵力。在易北河集结的许多士兵素质并不理想，其中有成千上万难以驾驭的新征兵员和外籍士兵，迫使他1811年下半年从西班牙撤出4万老兵，留下的空额则由素质较差的新兵填补，一开始这种差距还没有立即显现。这一年半岛战争的命运在各地都发生了变化。在东海岸，絮歇将军在1月1日让托尔托萨（Tortosa）城投降。随后他向南推进包围塔拉戈纳，在6月28日攻打该城。这次功勋使他成为法国陆军元帅。根据拿破仑的整体计划和交给他的指示，他继续推进，年底兵临瓦伦西亚城下，这座城市于1812年1月9日投降。当时大量老兵从半岛撤退，为了获得絮歇后来的胜利，不得不从中部和西部抽调几个师的兵力支援他，这样就不得不放弃集合各军攻打里斯本的意图，还要将马尔蒙军从塔霍河流域撤往更靠北的阵地，即萨拉曼卡和巴拉多利德（Valladolid）一线。此时，威灵顿已经占领葡萄牙边境一线，在塔霍河北面，驻扎在阿尔梅达城，与罗德里戈城（Ciudad Rodrigo）对峙。法军利用罗德里戈城和瓜地亚纳河（Guadiana）畔的巴达霍斯（Badajoz）城建立起两个支点组成的坚固防线，拿破仑打算用这道防线阻击敌军对西班牙的任何进攻。

在英国将军与政治上和军事上的无数困境苦斗的情况下，这一年就此过去。马塞纳事实上被迫在1811年4月从葡萄牙撤退，从那时起，威灵顿的任何进攻都受到法军优势兵力和坚固阵地阻击。他现在离得到回报已经很近。1812年1月8日，他突然在罗德里戈城下出现。威灵顿能完成这次机动，得益于马尔蒙先前在占领此地后，便遇到大批部队为备战对俄战争撤离半岛

① “我必须再一次告诉您，”一位瑞典政治家致信索玛莱兹，“您是俄国敢于对法国发动战争的首要原因。当我们对英国宣战时，只要您开一炮，一切就都完了，欧洲将被法国奴役。”见罗斯《索玛莱兹传》第二卷，第294页。——作者注

前线，必须对部队和阵地进行重整，分身乏术，英军阵地表面上的无所作为也麻痹了他。这场围城战以一种无视普通战争准则的积极攻势进行，1月19日，此地便被一阵猛攻拿下。考虑到这个国家的自然条件、季节和其他困难，威灵顿兵贵神速，向南推进，试图进攻巴达霍斯。3月16日，巴达霍斯遭到攻打，尽管当地有一位能力出众的总督进行了卓有成效的保卫战，这座城市还是被同样大胆无畏无视常理的攻势从苏尔特元帅手中夺走，之前马尔蒙就因为这种攻势失去了罗德里戈城。4月6日，巴达霍斯在猛攻中陷落。西班牙边境就此对英军敞开，只等英军兵力足够，或是敌人出现错误，便会跨过这道边境线发动进攻。

决定命运的1812年就此拉开序幕。英国天空中的乌云已经散开了缝隙，尽管缝隙还稀疏，甚至不易察觉，拿破仑头顶的乌云却是越积越厚，时时面临暴风雨的威胁。他的推崇者梯也尔先生描绘了当时帝国国内的一片惨淡景象，一个罕见的旱季使整个欧洲的农作物严重歉收，缺乏食物使英国、法国和其他国家都出现了暴动。这种公愤毕露的游行示威在法国这样一个舆论受到全面严格管制的帝国尤其危险，在首都巴黎，聚集和引导着整个民族的感情。征兵的痛苦加剧了公众的不满情绪，悲愤之情日益痛切，占据了每一个家庭的内心。帝国进行着比过去更大规模的军事冒险，使这种不满情绪日益极端。由于个体兵员质量下降，就形成了数量日益增加的牺牲者，令人民更加难堪重负。60万人被送入西班牙战场，其中30万人埋骨他乡[1]。除了被送往波兰边境和前往半岛的大量兵力，在易北河和莱茵河之间有一支强大的预备军团，在莱茵河西侧的法国本土境内还有另一个预备军团，拿破仑现在还打算再组建一个12万人，称为“国民自卫军”的第三个预备军团，兵员都是过去4年内征集的，都没有法律依据。各大城市弥漫着日渐高涨的不满情绪，在高亢的公众抗议声中，反抗时常会演变成兵变，不服从命令的被征者

① 《执政府与第一帝国》第四十二卷，第383页。——作者注

达到5万人，其中4万人一年前已经被逮捕过，快速纵队再次在全国各大区搜捕他们。一旦被捕，这些人就会被送到远离海岸的小岛上去，在那里他们无法逃亡。在训练之后，他们会在严密看管下被送往欧洲的远方，他们一直在设法开小差。各地痛恨皇帝的人民都会张开怀抱收容他们，辗转将他们送回自己的家乡。因此，就在饥饿、痛苦、哭泣和暴力当中，拿破仑完成他通过陆地征服海洋的宏大军事计划的时间已经临近。

在北方，形势最终按照英国的愿望在发展。1811年达成的秘密协定在1812年1月产生了结果，沙皇颁布的另一道贸易敕令，允许许多英国工业制品流入俄国境内。4月5日，英国和瑞典达成一份密约，规定将芬兰割让给俄国，保证瑞典会得到挪威的统治权，丹麦会失去挪威。现在俄国的北方侧翼已经安全，不久它又在英国的调停下，与土耳其议和成功。俄国能腾出两手，静候拿破仑来犯。

1812年5月9日，法国皇帝离开巴黎去波兰指挥他的大军。6月24日，40万帝国大军跨过涅曼河，进入俄国境内，另有20万大军紧随其后。前一天，即6月23日，英国的1807年和1809年枢密令对美国撤销，为时太晚了。美国国会已经宣战，宣战书也在枢密令撤销的5天前，即1812年6月18日，得到总统批准。

这一系列非凡而无与伦比的事件在《柏林敕令》和《米兰敕令》以及英国枢密令颁行时达到高潮，叙述这些事情旨在将故事压缩得最为紧凑，使脉络清晰可见，同时显示出构成故事整体的各个事件环节之间的相互关系。从法国大革命爆发到拿破仑垮台，一系列事件环环相扣，看似杂乱无序，实则浑然一体，存在着同一特性，这种同一特性并非无迹可寻。为此，在研究这两个对立体系的运作状况时，需要仔细权衡，在大量有趣的细节之间进行取舍。军事因素方面的海权影响以及英国海军的功能，在特拉法加海战后，在沉寂中已经被忽略了。当巨大的惨败摧毁了拿破仑对海军的希望，他确信多年之间都不可能收集足够的战舰和训练有素的水兵与敌人在海洋作战时，以自己一贯的睿智抓住了摧毁英国的唯一方式，为此付出了巨大的精力。1805年后，整个欧洲和文明世界的历史，都在围绕他通过打击英国贸易来摧毁英国的决心运转。英国海军的实力迫使强大的法国皇帝做出这个决定，英国政府明智地决定在特别有利的条件证明可行之前，不会让本国地面部队和法国陆军对决。随着西班牙爆发武装反法起义，英国的机会来了，拜历史上屡见不鲜的巧合之一所赐，英国占据了天时地利人和。西班牙战场三面环水，使法军在突击时凸出在敌人的海上势力范围以内，西班牙的内部特征和人民的政见无法形成凝聚力强的有组织活动，使皇帝的天才面临一场他非常陌生的对决，因为这样的环境使他没有机会施展乐于使用的集中兵力闪电出击的战术。对英国而言，伊比利亚半岛提供了有利条件，它的整条海岸线都是英军的作战基地，所有的友港都进可攻退可守，是英军最可靠的通往海上的退路。

在这场宏大的贸易破袭大战中，英法两国政府采取的路线都可以从两个视角来审视，一个是从政策角度，另一个是从正当性角度。

在政策方面，拿破仑的敕令和英国枢密令都受到猛烈抨击和广泛争论。这个课题过于宏大复杂，只有忽略驳杂的细节和数据统计资料才可能得出结论。争论者往往更注重细节和数据，使问题变得更加模糊不清。要想得出结论还需要寻求引导或者说本该引导两国政府的基本原则。双方都因为对手的措施和自己的方针，不可避免地承担了诸多不便，如果纠结于这些问题，可能会形成一种非常激烈的争论。因为这些事件或者事故造成的印象，使英国议会的辩论和历史学家们的结论五花八门，只看到这两个体系的衍生品，无法看到本质。

两种政策结合起来，全面实行后，产生的趋势是摧毁欧洲的中立贸易，受损更大的肯定是最需要中立国船只运输能力的国家，那毫无疑问就是法国。[1]如前所述，即使在和平时代，法国远超过半数的贸易要通过中立国商船来完成，战争让它完全依赖中立国贸易。法国的进出口贸易都需要让中立国船只自由进出本国港口。在《柏林敕令》以前，英国没有阻止法国与中立国贸易的口实；在1804年恢复《1756年准则》，在1806年又通过福克斯的法令后，英国封锁了布雷斯特到易北河的海岸线，显示出它对法国与中立国贸易后果的顾虑，这应当引起法国皇帝的警惕。英国这样一个商业民族表现出的这种焦虑态度，暴露了他们最直接的弱点，这理应得到最高程度的关注。美国市场对英国人来说是最重要的利益所在，美国商船对他们也会形成一种更重要的威胁。在战争条件下，西印度群岛的物产运输实际上都被美国商船垄断，这些物产的数量和质量都在英伦群岛之上，使英国物产要在欧洲大陆低价抛售。《1756年准则》部分消除了这种不利影响，英国人仍担心美国人会占据他们的贸易份额，会和欧洲大陆贸易融合；美国商船会给欧洲大陆，并且会只给那里运送消费品和工业原料；它还能从欧洲大陆，而且只从那里运走至今为止，都由英国供应给他们的工业制成品，这些工业制品还会通过他们，输往拉丁美洲广阔的市场。

到1804年为止，美国商船的贸易方式是到欧洲大陆港口卸货，收取的报酬大部分是在欧洲大陆可兑换的汇票，然后去英国港口，用这些汇票购买英国工业制品，完成这次货运旅程。另一方面，当美国商船直接从本国前往英国时，运载的货物会超出英国的消费量，到当时为止，英国主要会充当中间人，把这部分超出的货物再出口到欧洲大陆。在小皮特重新上台执政后，对这种贸易方式进行了合理的修改。美国商船逐渐更加频繁地直接驶向欧洲大陆，在那里完成货物交易后，直接驶回本国。大陆的工业制品虽然没有全部，但部分取代了英国制品，因为美国商船发现以大陆工业品为回程货物更

① 可以对照梅特涅和法国外交大臣1807年10月的争论。见《梅特涅回忆录》第二卷，第161页。——作者注

加有利可图；就像通过同样的方式，大陆国家的殖民地物产要比英属殖民地的咖啡、砂糖和其他热带物产便宜一样。英国商人开始警觉，因为不仅他们的航运，连贸易都被夺走了；英国政治家发现，国家贸易的衰退，将导致依赖其生存的英国海军衰落。

这显然是拿破仑政策的进一步转变导致大陆贸易的自然增长，这种增长依然完全依靠中立国商船。后者正是决定英法两国地位的关键；在战争持续时，它基本上是英国的敌人，因为前者对它的需求很小，同时是法国的朋友，因为后者对它需求量很大。英国道出了自己的感受，每一艘中立国商船都或多或少为法国服务，事实也确实如它所言。中立国商船的做法受到国际法和国际公约保护，先前英国本能地推崇这些法律和公约，要违反是需要口实的。法国皇帝，这位本质上倾向于侵略和暴力行动的天才，及时给英国提供了口实。拿破仑无视各种事件的明显趋势，忘了1798年的教训，将1806年5月英国的福克斯法令视为实施封锁的契机，颁布了《柏林敕令》，这道敕令除非中立国船只进入处于他控制下的港口，根本就无力执行。因此他将中立国船只驱逐，失去了它们的服务，给予英国在对法国及其帮凶报复的名义下，进一步限制其活动范围的借口，这在很大程度上确实是一种“报复”。反对者或许会对这个词的定义喋喋不休，对英国打击中立国却不打击敌人的做法吹毛求疵。就像拿破仑一样，他们忽略了这个基本事实，当英国统治海洋的时候，中立就是敌人的盟友。

英国政府的政策遵循同样简单的原则。许多争论和演讲的对开文本已经出版，显示出英国在这场贸易战中受到的伤害。它承受的伤害无可置疑，也许说它奄奄一息都不夸张；当两名战士进入战场，就不存在骑士风度，只有你死我活，决定最终结局的不在于非致命损伤，而在于能造成伤害的力量优势和相应的耐力。当针对英国内阁在细节上的失误进行指责时，也应当参考相同的原则。军事作者们说，当选择了正确的战略方针时，细节的失误损害相对较小，甚至一场战役的失利也不致命。当法国事实上决定抑制中立国船只的合作时，它犯了一个战略性错误；英国利用了这个错误带来的优势，取得了战略上的成功，取得了战争的完胜。

至于双方行动的正当性，分别从他们的政策看的话，观点可能会完全不同，这取决于个人对国际法原则权威性的认识。如果将拿破仑的敕令或英国的枢密令诉诸法庭的话，人们可能立即会发现，两者都不符合国际法，如果是出于自保的简单要求，那么就合理了——自保对国家甚至是比对个人更为重要的首要法则，因为个人可能会出于最高尚的动机放弃这一权利，却没有任何政府会被准许同意做出这种终极牺牲。大量国际公约构成的国际法的有益影响无可争议，其权威性也不应轻易破坏；当国际法无法避免交战国利益和中立国利益发生冲突时，也不可能对冲突发生的所有案例都进行最清晰明了的解说。在当时，《1756年准则》为此提供了一个最为鲜明的案例。交战国声称中立国以旗帜掩护从事原先敌国垄断的贸易，不仅通过抢夺交战国合法的捕获对象造成严重伤害，而且应被判定违反了中立原则；中立国则主张敌国在战争时期与平时一样，有权修改它的贸易法规。本书作者尽管是个美国人，却觉得交战国的论点似乎有更强的说服力；对于真正相信自己是为国家生死存亡而战的人来说，与其为了更为高尚的宗旨获得中立国的赞许，不如关心他们国家的资源更为可取。奥地利和普鲁士的遭遇是对英国的一种不祥启示，如果它失去自己的实力，可能会面临同样的命运。不论我们更老派温和的文明对这个特定问题的价值如何决断，毫无疑问，当时的冲突双方都是热情真挚的，任一方主张的权利都无法说服对方。在这种两难境地下，国际法的最终答案也只能是任一方都有决定自己是否应当开战的最终决定权，只有每一方自己能为采取战争行动的正当性负责。如果由于中立国贸易方针蒙受的损害情况能够使战争正当化，那么所有程度较轻的约束手段也能使其正当化。于是正当性的问题就此烟消云散，仅存的就是政策性问题。

中立国如果已经做好战备，那么即便失策，也可以称交战国的主张是错的。如果中立国没有做好战备，在危机来临之前都让港口疏于防范，海军弱小无助，便会像美国在本世纪（19世纪）初那样，有一个绝佳的机会改写自己的政府公文。

第十九章

总结：法国大革命和拿破仑战争期间，英国海权和政策的作用

法国大革命爆发时期，可以发现英国并未进行战备。过去将近10年间，英国的发展方向一直由小皮特主导。小皮特虽然继承了其父的高傲性格和百折不挠的坚强精神，但他热爱和平，不愿看见战争，一心通过发展贸易和制造业以及高明的金融财政管理，来寻求英国的繁荣富强。他还一贯努力缩减开支，包括军费开支，甚至海军建设的开销也不能幸免。直到1792年2月17日，在革命已经进行了将近3年，法国行将对普鲁士和奥地利宣战时，他仍承认自己希望大英帝国能获得多年和平，海军预算仅能供给1.6万名海军水兵和陆战队员。他说："毫无疑问，现在是这个国家历史上从未有过的时期，从欧洲形势来看，我们将可以期待得到超过以往任何时候的，长达15年的和平。"法国与德意志各国的战争开始时，英国宣布和坚决保持中立态度；小皮特首相还一再向法国及其敌国保证，英国无意干涉法国内政。随后的夏天和秋天，法国频繁发生重大事件，6月20日和8月10日，杜伊勒里宫两次遭到袭击，9月10日以后，国王的权力被架空，然后又是9月份血腥的大屠杀，最终国王被废黜，法兰西共和国宣告成立，英国自始至终都没有改变谋求和平的意图。这些事件无疑对英国公众的看法产生了一系列冲击，法国大革命的朋友被疏远，革命的敌人被暴行激怒。毫无疑问，不论英国内阁多么同情法国追求自由的运动，对这一进程中的过激和无政府状态都感到厌恶和心寒；无论内阁大臣们的个人感觉如何，直到1792年底，他们都没有在公开

行动或者迄今披露的私人信件当中，表达出任何偏离冷酷严格的中立立场的意图。

当时的法国革命派领袖，对大革命运动发挥着至高无上的影响。他们一直长期倾向对外战争，认为这是摧毁君主制，凝聚人心支持共和国和大革命的最可靠手段。事态的发展正如他们所料，普鲁士和奥地利都受到挑衅；尽管奥地利至少并不愿意采取极端措施，还是对法宣战，法国的君主制便随之垮台。在这些革命者心目中，他们对一个民族抱有同情，认为这个民族整体上也会同情他们，这个民族就是英吉利民族。在革命者看来，英国和法国之间应该成为友邦，团结一致为一个共同的目标努力。在这里，法国领导人对英国式自由的性质，不安于现状、不断谋求进步的天性，并且借此谋求更大的发展等方面，都产生了致命误解。英国人虔诚尊崇过去，尊崇大部分现行秩序；他们非常推崇法律，主张以有序方式进行必要的改变；忠实地继承英国人民的传统权利和风俗；尊重既有协定和条约所赋予的权利——这些限制因素调整和控制着英国人的行为，即使在最深受感动时也如此，而主宰法国大革命的精神是要将这一切破坏殆尽。所有人用于判断是非的标准，是这些革命领导者起草的《人权宣言》。宣言确实包含了许多高尚、正确，并且极为重要的原则；但是，如果任何现行事物不能立即适应这些原则，革命的力量就会打击它，将它彻底铲除。过去的传统、既有的权利和现行条约看来都与天赋人权对立，只有天赋人权才能控制革命者的行动。他们要做的就是根据自己对正义要求的理解，去摧毁，去从基础开始重建。

因此，英法两国对过程和目标的理解大相径庭，由于这影响着双方的民族情绪，法国希望得到英国同情和合作的愿望纯属妄想，而这种妄想必然会产生。英国国内许多爱好自由的热心朋友，还有有限数量的革命团体更激烈的言辞，使这种妄想在乐观的法国人心中不断成长。由于暴行玷污了法国大革命的进程，使英国热心人士很快就与之疏远；英国革命团体的言论，在法国领导人看来代表英吉利民族的感情，应当与英国政府区分开来，这些言论驱使他们在鲁莽敌视现行体制的道路上渐行渐远，最终与英国开战。

即使如此，只要法国公众的引导者能将他们的暴力和无视规则的行为限定在自己境内，对其他国家政府和体制的抨击也不要超过言辞的界限，英国内阁尽管会警惕，仍会保持沉默。根据现存的小皮特首相和他的亲戚，外交大臣格伦维尔勋爵1792年11月初的私人信件中可以看出，他们因英国能一直保持中立都很高兴，尽管心存焦虑，还是希望这种中立能够延续下去。当月19日，当时兼具法国政府立法和行政职能的法国国民公会，通过了一则宣言，声称法国将给予所有希望重获自由的人博爱和援助①；国民公会要求行政官员向共和国将领下达强制性命令，让他们去帮助那些人，并且对那些因献身于自由事业而遭受侵害和可能会受到侵害的公民们提供保护。也许是为了进一步突出这项业已生效的法令的广泛适用性，该法令被译成多国语言印制成文。

通过这一官方行为，法国政府实行了一项重大举措，从根本上改变了法国和所有其他国家之间的关系。这项法令采用的术语并未专指那些正与法国交战国家的政府，也没有将适用范围限定在这些国家的人民上。相反，一个月后，当一位国民公会议员建议添加将行动限定在“那些法国反对的暴君，或以后可能与法国交战的国家”的人民之类的词汇，并且如他所陈述的理由，以此来消除英国的不安时，这项动议却未获得支持。这项提案被绕过，国民公会转去处理其他事务。②

当时法国的掌权者就此脱离了对他国政府进行纯粹语言抨击的范围，仅仅使用言辞已经不适合煽动其他国家人民的不满情绪，于是法国政府宣布了自己的观点，只要某国公民被剥夺他们的正当自由或者因为试图恢复自由受到侵扰，法国就会试图强行干涉这个国家的内政。我们这个时代也有亲身致

---

① 1792年《年鉴》；《政府公文》，第355页。——作者注

② 《箴言报》1792年12月25日；“巴莱隆提案”。——作者注

力于攻击现行法律和制度的无政府主义者，无论这种人的态度多么激烈，只要他将自己限定在观点的表达和辩论上，就会一直无人干涉；但当他为实施自己的想法去煽动其他人时，他就要对他言辞产生的影响负责，当他采取的手段引发暴力事件后，他就会被逮捕和惩罚。在政府层面上也是一样，1792年11月的法国采取了类似的措施。法国不仅煽动他国公民叛乱，宣布它会支援他们，并且为此向它的将领们发出了将这一意图付诸实施的强制性命令。

与此同时，奥属尼德兰被法兰西共和国迅速占领和吞并，法国就此放弃了之前无私的高姿态，革命领导人在国民公会讲坛上宣称的无意征服别国的宣言也被弃之不顾。不久以后，法国的一项法令宣布，法国有权直接通过大海，进入斯海尔德河航行。斯海尔德河是比利时的大动脉，尼德兰前宗主国签订的条约规定，从大海直接驶入斯海尔德河航行的权利只对河口在其境内的荷兰开放。该协定在以后更新的各项条约中都被奉为神圣，被长期承认，已经成为欧洲公法的一部分。法国的单方面主张没有经过任何谈判。该法令令人侧目地显示出法国领导人无视任何与其人类天赋人权理念相悖的条约的决心，因为当时法国与荷兰处于和平状态，却没有试图通过谈判来达到这一目的。

现在英国的利益与和平受到了严重威胁。一个多世纪以来，英国政治家坚持，正确地坚持一点，让法国取得比利时的统治权与英国的安全利益不符。荷兰对斯海尔德河航行的专属航行权虽不公平，但是合法，也得到了英国的支持；最重要的是，英国与荷兰签订了盟约，当荷兰通过条约规定享有的权利被法国粗暴践踏后，英国应负起保卫荷兰的责任。更有甚者，11月28日，法国国民公会在议会所在地接见了英国革命团体代表团，国民公会议长发表了对英国政府怀有强烈敌意的演讲，还故作姿态地将英国政府和他治下的人民分开。一年后，法国驻美国公使又故伎重施，胆敢公然号召美国人民反对政府的政策。

12月1日，英国政府发布公告，召集民兵对抗危及国家的叛乱和暴动，与此同时，公告依法召集议会于15日开会。小皮特的希望和耐心都已耗尽，他仍在继续聆听法国人包含和平承诺的任何表示，决心要求明确的保证，这种保证不能仅流于字面意义，还应当确保英国及其盟国荷兰的安全。与此同时，英国武装力量应当组织起来，随时准备出动。法国政府已经宣布，根据它的判断，当任何国家的公民在为自由奋斗时受到侵袭，法国将干涉该国内政，推翻该国的制度。消极等候法国先发制人是愚蠢的决策，出于英国不信任法国政府的传统，也不可能一味被动。法国政府看似寻求公正，实则藐视法律，公然否定现行协定和条约的约束，一定程度上在进行名为“人权”的投机行动，按照自己的情绪来判断是否合乎人权，就好像自己可以得到先知赐予的无数启示一样。

小皮特拥有其种族和血统赋予的不屈不挠的韧性，他在1792年之前和之后采用了不同的行动方针。这是一种突如其来的变化，一如“圣保罗事件”一般，是史无前例的奇迹。对此，人们只有假设在小皮特身上存在截然不同的双重性格来解释。如果我们进一步考虑到他处于两种截然不同的情势之下，后一种情势事先根本无法预料，就能更为准确地理解事态的本质。小皮特没有伯克能解读法国大革命未来的先见之明，他不能先知先觉，但拥有处理事态的天赋；这在他最后被迫认识到外部形势已经发生彻底改变后，进行非常迅速的应变当中明显看得出来。小皮特本质上是爱好和平的首相，财政金融专家，贸易发展的推手，倡导有序稳健的改革；在他开始担心和平会在这个时代结束之前，他在一次伟大的演讲中说服听众接受他本人坚守的信念，即英国当时所享有的一切福祉，都依赖自由与法律的结合。在一一列举保持英国现有兴旺局面的物质条件以后，他继续说道：“这些条件与其他更为重要的因素联系在一起。它们显然且必然与持久的和平联系在一起，在一个安全持久的基础上延续和平，必须永远成为这个国家外交政策的首要目的。它们与国内安定以及一个自由而井然有序的政府的自然效应关系也更大……这是重要的主导性因素，也会赋予我已经列举过的所有其他条件发生作用的空间。自由与法律的结合，形成了一道藩篱，足以对抗权力的侵蚀与大众骚乱的野蛮破坏。这种结合使财产获得恰当的安全，促进了天赋和劳动的发挥，使信用扩散和坚挺，资本得以循环和增长。这种结合构成和支撑起民族性格，通过对这种结合的种种描述，构成了激发社区广大群众斗志的源泉……因此，让我们将主要注意力集中在这一点上，让我们坚持这个处于优先地位并且至关重要的目的，这样一来所有其他因素都会成为我们的动力。”①

小皮特的这一立场是始终如一的。当小皮特看到邻国因少数动乱分子为建立无法无天的自由陷入动乱时如此；当这个国家不仅宣布这是它的目标，且采取措施在其他国家扩散类似状况时如此；在英国国内代表少数激进分子的少量团体与法国公然勾结时如此；当英国强大的反对党领袖，从议会的座位上起身，赞扬法国士兵加入暴动行列时依然如此。正是出于对自由与法律结合的一贯坚持，小皮特才会不遗余力地反对法国的行动方针。这种方针不仅危及英国繁荣所依赖的国内和平，而且将同样的混乱无序原则带入国际关系领域，同样漠视法律、条约和既有权利，使法国陷入了一种可悲局面。不仅英国，整个欧洲世界都在面临被颠覆的威胁。希望破灭，政治生涯受挫，要从他最为钟爱的道路上转移精力，都不曾让小皮特失声痛哭，这显示了他的坚强，并非性情无常。他将已经规划完的改革丢在一边，叫停所有的国内改革运动，这虽然使民意分化，可能削弱了他们对外行动的动力，但证明了只有这样牺牲眼前利益来图谋长远佳境，专注于一个目标，才能得到最伟大的成果。海军小说家库珀已经由衷赞赏过，当一位训练有素的水兵，在面对意想不到的危险时，能够将自己的全部精力从他之前孜孜以求的航线上转移，去面对新危险时，会显得前所未有的伟大。朗弗雷在艾斯林和瓦格拉姆两场战役之间的关键时期写道：“丢车保帅这条军事原则从未能像在拿破仑

① 《小皮特演讲录》第二卷，第46、47页。——作者注

的构想当中那样得到过如此之多令人钦佩的实例，这项原则被他以更大的积极性和适用性应用，在各方面都实实在在达到了艺术的境界……虽然他非常害怕出现复杂的情况，当时却好像它们根本不存在一样。他已经完全将自己投入到一项伟大的任务当中去，没有任何次要事件能使他分散精力。”[①]如果水兵和士兵在面临如此危险时采取这种对策，人们都会理所当然地认为这是智慧和勇气的体现；那怎么能否定一位政治家在面临同样迫切，时常会更加严重的危机时如此处置是正确的呢？公平地来说，如果可以说欧洲多亏了英国的海上力量，才幸免受制于一场颠覆性的革命，如果一场对广大人民的自由和福祉有益的、伟大不可抗拒的运动，能从一场会对它产生毁灭性威胁的大动乱中幸存也得益于英国海上力量的话，那么小皮特，这位主导英吉利民族行动的灵魂人物，也应当得到欧洲的感激之情。

12月15日，英国议会召开，国王在演讲中提到这个国家已经发生的动荡和欧洲事务的危险状态，并且建议扩充王国的地面和海上武装力量。这些措施招致法国更多的不满，认为是英国政府对它不友好的表现；有人曾合理地指出，法国除保留大量可随时服役的其他舰船之外，已经组织了一支规模大于英国现役舰队的舰队，除了英国海军之外，这支法国舰队不可能与其他对手为敌。简单地以两国根据自己的判断采取预防和必要措施的角度来看，很难去批评任何一方的政府；事实上，法国已经首先武装了自己的舰队，英国直到山雨欲来才不得已采取了同样的措施。

非常巧合的是，就在英国议会召开的同一天，法国国民公会颁布了第二道著名法令。该法令比11月19日法令的态度更为坚决，显然是对前一法令的强调和补充，共和国的将领得到指令“在法兰西共和国军队将会占领的任何国家，宣布废除全部现有政权、贵族制、农奴制、封建权利和垄断特权，并且宣布主权在民，召集当地居民组建一个临时政府，任何前政府官员、贵

---

① 朗弗雷：《拿破仑》（英语译本）第四卷，1886版，第112页。——作者注

族以及前特权阶层，都没有资格进入新政府”。同时，这道法令还补充了一项极为重要醒目的声明：“法兰西民族将视任何拒绝自由平等，希望保留封建君主和特权阶级，或是与他们和解的人为敌人。”这道法令已经再清楚不过地说明这不再是一场单纯的观念之争，相反是一场会引发严峻现实后果的政治原则之争，这种否认一个民族选择自己政府组织形式权利的言论比任何暴君都更为过分。这种革命精神，使法国政府行事变幻无常，也说明了它的目标就是无视其他国家的习惯和情感，强行改变其制度，不顾其人民的愿望和反抗，将带有法国中央集权烙印的制度强加于弱小邻国，让邻国成为俎上鱼肉。因此，欧洲发现自己不得不去和一场近似宗教狂热的激进运动短兵相接。

对这种狂热却崇高——被法国群众视为无私奉献的精神，欧洲大陆并无实力与之匹敌。18世纪的一个普遍现象是，确实出现了一些着迷于新兴经院哲学提倡的自由观念的统治者，他们也真心希望能让人民得到发展和提高，消除他们的不满，减轻他们的负担，提高基本福利，但这些君主的才智和实力不足以承担这一任务。不公平的不平等现象，滥用权力的严重弊端，下层阶级的不满以及上级社会的停滞不前依然存在，似乎成为阻碍社会进步不可逾越的障碍，也使群众不能从几乎无法带给他们幸福的政府身上感受到现实的国家利益。当时的统治者之间存在这种良好的愿望，确实是一个令人鼓舞的征兆。这使人们可以不必用暴力手段和过去决裂，就能进行必要的改变，推动进步，即可以不用革命来进行改革和实现社会发展，但要达到这些目的超出了君主的个人能力，需要国家所有阶级的进言与合作。路易十六尝试去获得这种进言与合作；对法国甚至欧洲来说不幸的是，法国三级会议虽然通过了众多极其重要的法令，对几个世纪以来所产生的现实困境，不是以坚定的态度去解决，而是表现得很不耐烦。三级会议代表们从一开始就表现出与过去决裂的决心，希望能一蹴而就，实现期望目标。必须面对人民对于这种剧变的适应能力以及既有保守势力的巨大阻力，他们都没有考虑；对于一个民族生活连贯性的价值，他们也丝毫不顾。法律和习俗都被轻蔑地抛在一边。首届大会就抛开了既有制度的约束，攫取了并未赋予它的权力。通过这些篡夺权力的手段，制宪会议从根本上改变了法国的制度。

这种改变对法国人民及其国内形势的即时效应已众所周知。这场运动影响深远，明显缺乏自我约束的有效机制，使其他国家的保守派人士，无论他们多么希望能稳步推进人类的自由事业，都不得不对此忧心忡忡。众所周知，早在1792年之前，法国政府的新组织框架就已失衡，立法议会由一些狂热的激进成员主导，议会的决议受到各团体和巴黎民意挟制，政府实际上落入暴徒手中，由各团体和激进的巴黎市政当局运作。6月20日与8月10日荒诞可怕的场面，9月骇人听闻的大屠杀，不仅仅说明了法国暴徒能够做出多么疯狂过分的举动，更加严重的是说明了整个法国政府已经完全陷入了混乱的无政府状态。所有这些事情依然是法国内部事务，或许可以期望在法国人民能够找到解决自身问题的办法之前，不会向外蔓延。11月19日和12月15日法令正式宣布法国的信仰及行为方式将被强行扩散到整个欧洲，人们的希望就此破灭，应该怎样应对这种冲击呢?

当时很少有政治家会预料到法国大革命如此强大激烈的动乱情绪，将会这么快就俯首听命于一个不受约束、充满活力的专制政府。一些有识之士已经隐约预料到会有一个人——拿破仑走上前台，因为他们知道无政府状态会为绝对权力铺平道路；却没有人料到公安委员会及其陪衬革命法庭竟会迅速成立、高效发挥专制作用。政治家们在1793年看到了法国大革命的力量，对这种公众暴动过程中表现出的混乱景象印象更为深刻。他们希望通过众多老兵组成的组织完善的军队，一个紧密有序的财政体制，运用丰富的资源平息这场大乱，将它限制在法国境内，确保欧洲的安全。总之，他们认为可以通过一个强大完善的组织，来对抗这种强大的革命精神。但事与愿违，生气勃勃的精神力量催生了鲁莽有力的组织，这个组织指引着大革命的力量所向，与革命的目标一致；精密的军队和财政组织因为那些运用它的统治者的国家没能跟上时代变化，缺乏活力，终于失败。

对欧洲和人类自由来说，幸运的是，另一种不那么外露，但同样强大的精神已经显现，在激励另一个伟大民族，这个民族由于其立场及实力特征，特别适合挫败法国大革命邪恶的、具有破坏性的狂热精神。如前所述，英国人自由的伟大特征在于对法律、既有政权和现有权利的尊重；它保守渐进的特点，与法国人充满颠覆性的原则针锋相对。英国人的性情一旦被人挑起，也明显会执着于一个目标，坚韧不拔，有力地支持着这场对决中的保守势力，同时与法国人的性格格格不入。在拥有强烈民族特性的领袖领导下，英国一旦介入这场斗争，明确承诺会维护当时的社会现状，不是去推动社会进步，对敌人原则的憎恨表面上就会比对自由的热爱更为突出，尽管这种热爱依然会保留在英国统治者和人民的内心深处。战争可能受到仁慈感情的激发，但不会依赖这种感情。英国的立场和海权实力是重要的两大因素，也是决定法国大革命战争最终结局的重要决定性因素，而这些仅仅是英国实力的外在机制。在人类历史上，当秩序和法律精神体现在凭借它建立起来的伟大国家身上，起来反对多年都习惯于俯首受制于外在权威的民众身上所体现的无法无天的无政府精神时，能稳定社会的因素就可以获得伟大成就。两支充满活力的力量在一场激烈斗争中狭路相逢，这的确不是你死我活的斗争，因为双方都会幸存下来；经过这场斗争，结果会是顺应合理自由要求的一方将会取得优势，在无政府状态和对专制的奴性顺从之间别无他法的另一方将会臣服。前者虽不是那样热情外溢，却更为坚定，根基更为深厚，所以能战胜后者；它迫使后者经过臣服于绝对权力的阶段，最终回归它的出发点，当它不再给全世界带来危险的条件下，重新走上发展的旅程。

这就是这场冲突的深层本质，其过程并非必然对立，可以从互补的角度来讨论。首先，也是显而易见的一点是，双方领袖各有政策、预期目标、到达目标的步骤以及各种可能行动达到的后果。其次，存在一个更为费解，也更为宽泛的问题，即以不易察觉的方式进入这场冲突的各种重要实力要素——比如由政治家，或者说由那些掌舵人使用或控制的强大力量起到的相对作用。海上力量是其中的要素之一，也是最重要的要素之一。

当时的情况是，海上力量完全掌握在英国手中，英国也是运用海上力量的绝对霸主。海上力量的行动和这场冲突中的其他力量一样，部分取决于英国领导人为了达到战争目标给予它的指示。从这个角度来看，海上力量的结构看来简单不成熟；一些主要部分的相关举动都处于检查之下，容易受到批评。从另一个角度来看，在方针和影响方面，这种奇妙神秘的力量应被视为一个复杂的有机组织，有它自己的生命，充满活力，运用方式千变万化，需要非常灵活的手腕，难以驾驭，令人望而却步，这种力量会受到多种利益影响和推动。它过去有过一段伟大的历史，当下正在创造更为辉煌的伟大历史。它已经发展成一个巨无霸，世上无人能掠其锋，除非在西半球会出现一个新对手，现在它正遭遇前所未有的猛烈毒辣的进犯。这种进犯无所不包，采取一切手段，试图切断其资源，剥夺它的气势，它本能式地准备好对应各种变化。它有得有失，有进有退，肩负重任，会受到重击，最终坚持下来并且更为壮大。它在战争中成长，并非因为战争壮大。战争会阻碍和抑制它，还是无法让他停止前进。由于水手大量进入作战舰队服役，它修改了实行几代的限制，将它的港口向中立国船只开放，让中立国水手到它的船上工作，以此确保水手的适当比例，直到它的敌人宣布一条中立国船只哪怕装载一小包英国货，即便前往本国，都会失去中立地位，成为法国的敌人。这一宣告只能导致法国贸易的毁灭，而对它的对手却并无明显伤害。

英国的海上力量和贸易繁荣，主要源于英国人民的天赋和能力，也受到不列颠群岛特殊环境的青睐。对这些天然的有利条件，政府的政策不时也会设置一些愚蠢的障碍；政治家的行为无论有益有害，都只是调整，而不是创造出英国人民开始和维持海上活动的动力。旨在促进海上活动的克伦威尔《航海条例》已经实施了125年；尽管表面上它促进英国人坚持海上活动，赢得外国的羡慕，但精明的经济学家，甚至在一个世纪以前，都已将它视为一种对该国贸易繁荣的伤害。他们认同它的理由仅仅是因为促进了航运业的发展，培育了保证英国安全必需的海军力量。无论英国海上活动的命运经历过几多沉浮，政府过去犯过多少错误，当法国大革命开始时，英国海上力量已经占据了相当大的比例，表现出顽强的生命力。这种生命力也会给我们这个时代海上力量的大幅扩张给予指点。在美国独立战争期间经历过痛苦骚扰，受到法国、西班牙和荷兰海军的联合攻击，当时还看着大部分贸易运输落入中立国手中，经过这场战争失去了最强有力的殖民地，但英国海上力量不仅在这一切痛苦之中存活了下来，通过和平时期迅速持续的复苏，还在1793年取得了比以往更为优越的地位。它再度严阵以待，不仅要保卫自己的国家，还要以它的充沛活力去维系欧洲大陆战争的要求。大陆盟国军队的战场长时间并未受到英法交火波及，只是通过英国海上力量供给能量的军事体系的一部分。

我们有必要对当时英国内阁对海上力量如何理解，又如何明智运用这个问题进行专门讨论。这是一个军事政策问题——一个战争中的战略问题。我们首先来讨论海上力量对其本身的影响，还有英国通过这个独一无二的重要资源发挥的作用。海上力量的存在、威力和这种能力的潜在影响提出了一个显然有别于如何巧妙运用这种能力的课题，正确欣赏前者有助于对后者做出一种准确的评价。

由于法国海军在战争早年的衰落，共和国在1795年以后，几乎放弃了所有争夺制海权的努力。随之而来的结果是商船航运的消失，这种结果由于大部分法属殖民地的丢失以及黑人暴动使它的殖民体系被加剧摧毁。与其说是英国内阁的任何具体决策，不如说是由于英国海军优势的必然作用，造成的这种损失如此之大——1799年1月13日，法国督政府在给五百人院的信中，毫不夸张地称："没有一艘航行的商船悬挂法国国旗，这是个不幸的却千真万确的事实。"2年后，内政部长向执政府报告，法国与亚洲、非洲和美洲的贸易几乎可以忽略，从所有这些地区的进口总额仅为150万法郎，对其出口额不过30万法郎。随着法国征服脚步的推进，很多国家都被纳入共和国的领土，或者成为盟友，这些新友邦的贸易也落得同样的悲惨下场。西班牙和荷兰的航运也因此几乎从海上消失，它们的大部分殖民地也一样落入英国之手，这些殖民地进一步促进了英国贸易，航运也由英国承办。这些国家的海军，除了偶尔还能吸引英国分舰队的注意力之外，对争夺制海权无法发挥任何作用，这是英国海军无论在数量上还是士气上开始明显占据优势的标志。

当然，法国、荷兰和西班牙的庞大商船航运就此消失，并不意味着它们的贸易和先前与这个世界建立的交通线完全丧失。这三个国家也不可能完全放弃他们在和平时期主要依靠海洋获得的供给。正相反，由于欧洲大陆的全面战争，对通过大海进口诸多货物的需要增加了。战争创造了一条漫长的敌对边境，使大陆两侧的来往禁绝，由于交战各国的大量工人被从平时的岗位上征召入伍，劳动力减少，造成了整个欧洲生产的极度萎缩。在法国，陆路和海路交通都被封锁，百万人民被武装起来，同时又要面临英国用饥饿拖垮他们的严酷决心，面临的危险和痛苦尤其巨大，若非1794年罕见又早来的大丰收，敌人可能当时就在很大程度上达到了目的。

这样的形势当然会给予中立海洋国家绝佳的可乘之机。这些国家——包括美国在内，赶紧牢牢抓住时机，贸易航运在这一时期迅猛发展；同样在这一时期，英国的海军实力拥有压倒性优势，意图坚决，只要它认为非常有必要，就能对中立国和敌人成功实施严厉限制。瑞典和丹麦坚决抵制英国禁止向法国出口粮食和海事用品的要求；由于女沙皇对法国的敌视态度，这种抵制无法像1780年那样得到俄国的有力支持，迫使它们向海上霸主低头。美国也一样对此表示抗议，在同一个霸主面前，也只得屈服。根据求同存异的原则，各中立国在操作中承认海事用品是违禁品，同时对粮食这一项目采取了一个保护本国公民，也不会严重伤害法国的妥协方案。根据当时的现行国际法准则，中立国船只上的敌国财产应被收缴，对此没有谁想做出激进的改变。实施捕获时会将船只押入捕获国港口，在可疑货物裁定期间可能被扣押，整个过程造成的不便形成了强大的威慑力。英国法院同时主张敌国殖民地物产如果在中立国商船上被发现，也是合法战利品；因为和平时期这些殖民地宗主国禁止殖民地与外国人进行贸易，在战争中允许贸易纯属诡计，只是为让其他交战国合法的捕获权落空。很多美国作者对此存有争议，却无济于事。所有这些因素都导致敌国和中立国贸易的损伤，至少在表面上能使英国得到相同幅度的利益，它们只是英国强大海权实力自然作用的例证。这些结果并非海军实力运用或者配置的技能，应归结为现有基本实力绝对优势的体现。

通过摧毁敌国本身的航运以及剥夺中立国向它们运送最重要的许多急需物资的权利，英国将敌国置于一个相对孤立的状态，使敌国境内对禁运货物的需求居高不下，导致价格飞涨，使得向敌国供应这些物资极为有利可图。当贸易往来因此无法通过正常的直接渠道进行时，人们出于自然力量的持续驱使，就会寻求一条新的距离最近的迂回途径。尽管量不多，这些商品仍会绕过所有人为障碍，传递到需求方手中。即使一座被团团围住的城市，也会被逐利的贸易商设法突破重围；当封锁线变得非常漫长时，要完全排除渗透就变得不可能。在这样的情况下，这种高风险贸易就会在将要突破的封锁线附近寻找一个枢纽，在那里囤积货物，再越过封锁线送到交战国那边。这个枢纽通常会在一个实行自由贸易的中立国海港，通行时不会赋予敌对交战国查封或者扣押的口实。美国独立战争期间，中立的荷属圣厄斯塔岛（St. Eustatius）成为商人的聚集地和仓库，这些商人试图将他们的货物，甚至包括战争违禁品送入西印度群岛的交战双方手中；据说1781年，在英国的对荷战争开始后，英国占据了这座岛屿，在岛上发现了大量属于英国商人，却试图运给法国客户的货物。1861年至1865年，美国内战时期，英属巴哈马群岛的拿骚也成为一个枢纽，聚集了试图越过南方沿海封锁线的各种货物。

同样，在法国大革命战争期间，当荷兰还是英国盟友时，这个国家就会成为外国货物进入法国和欧洲大陆的枢纽。当联合省被法军攻占，政府内部经过更迭，亲附法国政策后，贸易便从被封锁的海岸继续向东寻求另一座港口，于是来到不莱梅、汉堡和其他一些德意志港口，其中汉堡最受欢迎也最为繁荣。西印度群岛的咖啡和砂糖、英国的工业制品、美国的食物，还有东方的奢侈品，都通过汉堡涌入德意志，同样也由此进入法国。尽管法国政府采取了禁止措施也无济于事。贸易方式的改变可由以下事实看出：英国对德意志的出口额，在1792年仅为200万镑，1796年，当荷兰成为法国盟友后，尽管德意志的购买力在当时已经下降，英国对德出口额上升为800万镑。与此同时，英国对德意志的年度结关量从12万吨上升到26.6万吨。虽然规模较小，当西班牙试图阻止英国货物进入本国港口时，直布罗陀也出现了类似结果；当英国占据马耳他时，这个岛也成为英国贸易进入中地中海地区的立足点。锡兰群岛和特立尼达的情况多少有相似之处，它们对印度大陆和南美大陆的地利优势，使它们具备特殊的战略和贸易价值，也推动英国在《亚眠和约》中同意接受它们作为补偿。

在这样的情况下，这种临时贸易中心不仅能使中介商获益，也会通过增加就业、资金周转和人员流动，使社会各阶层都能受益。与这些事例性质非常类似的是，英国的地理位置以及对海洋无可匹敌的控制，使它在法国大革命波及整个欧洲世界期间，能够独善其身。他的海洋实力和贸易精神，在经历过去几代人的快速稳步增长后，使它能立即成为聚集所有国家产品的仓库，能和所有海域进行贸易，可以将这些产品转运到饱受战火蹂躏的欧洲大陆。同样，由它强大的海军贯通各个方向建立起的这座水上堡垒，保障了它的国内和平，使之成为欧洲的大制造工厂，促进了英国工业的巨大发展，这对于整个世界的福祉比以往任何时候都更为重要，因为荷兰和法国工业或是由于原料短缺瘫痪，或是由于丧失海上优势被孤立。英国阻止热带产品直接输送到欧洲大陆，这些产品可以从英国港口再出口，再加上英国工业制品的出口，成为英国一枝独秀的两项主要源泉，文明世界如此大量的贸易集中到英国境内所产生的良性反应显而易见。各种活动在各个方面蓬勃发展，就业和资本流动显著增长；主张战争促进国家繁荣虽不可取，但必须承认这样一种情况，即我们已经描述的各种事实为国家关心的问题提供了很多补偿。与它不幸的敌国相比，甚至可以说在一定比例上促进了这个国家的繁荣，这里引用一段朗弗雷的文字："1801年，当小皮特在战争进行8年后下台时，英吉利民族对本国资源前所未有地依赖。人民负担战争强加的重税毫无困难，更为令人吃惊的是，皮特任内的最后一份预算案在议会没有遇到任何反对意见。英国工业突飞猛进的巨大增长，有力驳斥了敌人的负面预测，警钟式的抱怨也销声匿迹。在欧洲大陆，每当有一个国家对英宣战，它在世界大市场便少了一个对手，敌国的海军和殖民地也落入其手中。英国已经开始将数以百万计的贷款和财政补贴视作维护自身资源发展支付的保费了。"①

因此，英国海权不能仅仅被当作内阁手中的战争利器，也不能仅仅被视为财政补贴的乳汁丰沛的母亲，筋疲力尽苦斗不休的欧洲大陆国家都在依靠这位母亲乳汁丰沛的乳房苦撑。英国海权在这两方面的价值极为重要，它还有一项更为崇高也更为关键的作用，即：它是这个伟大国家蓬勃生命力赖以存在的基础，也只有这种生命力才能与当时支配法兰西精神的魔力匹敌。英国尽管还无法预知自己的未来，就像一个人一样，正责无旁贷地承受长期磨难、煎熬和困扰，肉体和精神的承受力都在遭受严峻考验。无论组织结构多么健全，在经受外部敌对势力影响时，所有重要环节都应得到保护、培育，甚至激励，否则机体的能量就会疲软、衰竭，直至崩溃。海上力量为整个国家提供了周全的保护和培养。尽管广大各阶层人民所承受的苦难无可否认，整个国家年复一年的普遍繁荣，贸易发达，海军逐步增长的优势地位和对制海权的控制以及一系列前所未有的、激发全国炽热情怀的辉煌海战胜利，都足以令内阁引以为傲。这种鼓舞人心的形势结合在一起，在充满紧张的氛围中保持了民众的自信和精神动力，这些精神因素是物质力量或资源能有效运

① 朗弗雷：《拿破仑》（英语译本）第二卷第三章，第二版，第122页。——作者注

作的必不可少的前提。

凭借自身天然且几乎独立的内在机能的运作，英国海上力量维持着这个国家的物质力量和人民的精神状态。我们从此可以转而讨论一个影响虽然并不更深刻却更引人注目的问题，即英国内阁运用它的海上力量，通过战争政策和海军战略，遏制敌人的资源，削弱敌人的实力，并且迫使敌人采取不可避免、筋疲力尽、徒劳无功的努力所产生的作用。在进行这项研究时，我们首先需要确定英国内阁将这个国家投入这场战争时，预定要达成的目的是什么。如果这些目的与所应坚持的宗旨整体上保持一致，认识到了这场大战的性质，确保了英国在战争中扮演的合适角色，那么战争政策就是合理的。然后就只需要考虑海军和军事行动的整体决策是如何推动预期目的实现的，即何种战略能有效使战争政策走向成功的问题。

前文已经提及，1792年11月19日和12月15日法令让英国内阁对法国大革命顿生厌恶之情。当时，内阁已经意识到，不仅英国的国内安定濒临危险，整个欧洲的政治稳定也受到法国威胁，法国大革命那火山般的能量不容忽视。当时令人担心的不仅仅是极端民主原则会从一个国家的群众当中传播给另一个并未准备好迎接它的国家。有人会说英国政府投入战争，纯粹是为了将下层人民的注意力从国内问题转向外交关系问题，这并非一个公正的评价。威胁英国和欧洲的是法国对其军队所到的之家内政的暴力干涉。这一意图已由法国国民议会公然宣布，之后几年多个邻国的历史进行了有力佐证。虽然法国大革命最严重的暴行尚未发生，其所作所为仍足以说明它的发展趋势，大革命所到之处，生命和财产安全以及社会秩序荡然无存。

因此，安全就成为英国首相——无可争议的政府代表，也是当时事实上的英国领袖的首要战争目的。在他1793年2月12日的演讲中，针对法国的宣战，他反复提及这个词，使之成为英国政策的基调：“不仅国王陛下没有涉及任何协议，甚至我国政府也未曾采取过措施，不曾达成任何约定去干涉法国内政，或试图规定其采取任何制度。我声明，英国进行的所有干涉旨在寻求是否可能经我一国之努力或与任何他国合作，能抑制法国的侵略扩张体制，旨在确定我们能否重建和平之福祉，能否单独依靠我国之力或与他国联合，保障我国之安全及欧洲之整体安全。”

只有将1793年2月12日的这次演讲与已经引述过的1792年2月17日演讲的指导思想进行对照，才能公正地认识到，在如此多变的的条件下，影响小皮特决策的原则和信念的统一性。他持续坚持这一立场经年未变，即使受到对这场战争缺乏明确目的的反对党首领奚落时，他也不曾因此倒向其他政策。不断有人反复嘲笑说内阁不知道何去何从，他也不为所动。当英国海军尚未取得最为辉煌的成就之前，欧洲大陆的盟国迭遭惨败，法国节节胜利时，反对党洋洋得意的嘲讽更为尖刻，小皮特依然以与父亲一样引以为傲的坚韧性格，拒绝妥协，坚持他的一贯方针，一心追求安全——也可以说是和平。是的，就是和平，仅仅是有保障的和平。要准确定义英国要取得何种胜利，或者反过来说法国要遭受何种挫败，才能实现所要求的安全，就像要预言战争的不确定命运，还有正在驱使法国的这种奇异的疯狂行径能够持续多久一样不可能做到。当一个人发现自己的利益或者生命受到一个强敌的持久恶意威胁时，他不能回答会反抗多久或者反抗到什么程度，只能说：当敌人进行伤害的能力被有效削弱，或者当自身抵抗能力耗尽时，他才会停止战斗。在这场战争中的一个时期，小皮特也受到很大压力，要去面对另一种选择；法国政府——无论督政府还是拿破仑政权的路线方针，都充分证明了英国政府1793年的预感是正确的，即在法国的侵略性力量被有效遏制之前，欧洲不会得到持久和平，不能指望法国统治者的性情能带来和平。

因此，无论应采取何种类型的军事行动，这位英国首相对战争目的的理解都是严格的守势。法国入侵奥属尼德兰时，尽管英国采取了军事攻势，在其初期，仍是严格的守势战争的一部分。对英国来说，除了保证本国和欧洲的安全这样一个更大也更为全局性的动机来说，还要承担一份特殊条约规定的帮助荷兰进行防御战的义务——这个义务因法国对联合省宣战生效。指出引发战争的两种原因是必要的，因为英国与更广泛的冲突之间的关系与参与保卫荷兰有区别，决定了采取的作战方针不同。英荷条约要求它提供一定数量的地面部队，英国在尼德兰和荷兰都拥有特殊利益，使英国陆军进入保卫这两国是正当的权宜之计。1794年灾难性的战事使荷兰被法国征服，其政权更迭使英荷关系改变后，英国陆军便撤出荷兰，在1799年以前再未在欧洲大陆出现，直到那一年条件有利时，英国陆军才二次出兵试图将联合省从法国统治下解救出来，这次尝试徒劳无功。

所以，英国陆军在早期的大陆战事中承担的部分仅仅是一个插曲，取决于它和荷兰的特殊关系，随着荷兰对法国的臣服告终。英国与这场从一开始就几乎使欧洲大陆所有国家参与其中的更广泛的斗争有何关系？它对于削弱法国实力，由此恢复欧洲和平所赖以生存的安全发挥的作用到底怎样呢？这些问题的答案会有助于我们理解英国内阁使用国家力量的争议。不首先考虑一个宏大方案的指导性纲领，而去究其细节，既不牢靠也不公平；因为本身站不住脚的措施可能会由于整体政策的迫切需要变得合理。对于范围如此巨大、涉及条件都前所未有的一场战争，不能指望不犯任何严重的细节错误；如果采取的有力措施与拥有的实力相符，与最终目的一致，那么政府就已经完成了人们所提出的要求。

构成英国主要实力的海权为其提供了两件主要武器：海军优势——在战争中很快发展成海上霸权，还有金钱。当时英国国内主要以各统治阶级为代表的强势一派秉持传统政策，坚决反对维持一支常备陆军；由于大英帝国的领地分散在世界各地，使现有的陆军需要分散而不是集中行动，在很大程度上让陆军的兵力捉襟见肘。当时爱尔兰形势危急，需要在当地维持一支长期驻军，有可能不得不再度增兵，使英国陆军兵力分散的困境雪上加霜。当时英国蓬勃发展的制造业和贸易，未受欧洲大陆肆虐的战火冲击，且对欧洲的整体经济发展至关重要，使英国在其他国家的工人阶级为满足军队需要耗尽人力时，不适宜从工人队伍当中抽调人力。

出于以上种种原因，大规模地面军事行动，或者在大陆战争中发挥较大作用，对英国来说即便不是绝对不可能，也至少明显是不可取的。为实现反法同盟的目标，在经济上更为明智的做法是控制海洋来支撑世界贸易，赚取金钱并且管理好财政金融，其他国家的工业由于遭受战火摧残，也没有相同的贸易能力，便应在陆地作战。这基本上就界定了当时英国内阁所能采取的方针，为此小皮特却经受了最严厉的批评。也许不可能找到任何著名历史学家来为小皮特内阁的整体军事行动辩护。他父亲老皮特在七年战争中取得的辉煌成就，为他同时代的政敌福克斯到时至今日的众多毁谤者提供了现成的素材，并对他们父子俩进行了一番令人恶心的对比。其实著名的七年战争的军事策略和成就到底是什么呢？七年战争采取的军事策略与法国大革命战争期间采取的策略的性质一模一样，需要补叙一笔的是，这种性质无论在欧洲和平时期还是战争时期，都成为英国历史的一贯特色，使我们可以合理地去怀疑，大英帝国存在某些使类似战争一再出现的不变原因。就像英国人在我们这一代每隔几年都会发生的小规模战争一样，是混合了陆海军的军事行动，以舰队和制海权为基础，散布世界各地，和大陆国家的陆军规模相比，需要配备的陆军部队规模较小，因此陆军无论为战争的伟大胜利贡献有多大，本身大部分扮演的是辅助性角色。

这可能是一种无礼的比较，如果想得到公正的结论，我们必须对一个事例的各种真实情况详细分析。老皮特不曾面对他儿子在法国大革命爆发时所要面对的那样一支海军。法国历史学家都承认，法国海军在整个路易十六统治时期都得到了极大的精心照顾；它在1778年战争中的表现让这个国家享受到了自豪和自信；1793年它已拥有一大批出色的舰船；尽管它的战斗力由于国民议会法令和原海军军官移民受到了致命影响，仍是一支非常强大的力量。直到它遭到忽视多年，经历了致命的尼罗河战役后，才会沦落到老皮特在七年战争中遇到的法国海军同样相对渺小的地步。和小皮特一样，老皮特将他的战争策略建立在制海权、夺取殖民地、为欧洲大陆的盟友提供财政补贴支援上，这些策略来充当政策的主要框架无疑是正确的；老皮特当时还有两个重要的有利条件，当时的法国海军很弱，而那个时代最伟大的军事天才站在他一边。腓特烈大王站在老皮特一边，一同和一个同盟作战。盟军数量上确实占据压倒优势，但三心二意，各怀鬼胎，经常由最腐败的宫廷任意任命水平低下的将领指挥他们与伟大的对手对决。小皮特就在行将大获全胜的时刻，当英国海上力量、奥地利的大军和督政府的无能使法国大革命——用一位著名的法国海军军官和学者的话[①]来说——“陷入山穷水尽”之时，出现了一个比腓特烈大王更为伟大的敌人。1796年和1799年，正是拿破仑凭一己之力，从行将覆灭之中，挽救了——不是法国，小皮特致力的目的并不是法国，是法国当时所执行的——“扩张和侵略政策”。

老皮特尽管最后身心俱疲，已大功告成，但小皮特在一次又一次失望之中苦苦挣扎，为了国家面临的危难耗尽心神，最后在奥斯特里茨之战的阴影中死去。时人和后人，英国人和外国人，都已经认同他是对抗法国大革命的反法同盟领袖；他们没有承认他的辛劳面临的具体困难以及他距离成功是何等接近。沉迷于对细节品头论足，对两人的事业进行比较都很容易；指出七年战争中登陆法国海岸的远征失败；指出1759年沃尔夫征服加拿大，虽使北美殖民地不必再惧怕法国，却也促使它们对英国造反，纳尔逊在1798年，阿波克隆比在1801年，挽救了埃及，可能还为英国挽救了印度；还能说老皮特没能用武力收复梅诺卡岛，小皮特却守住了该岛和马耳他。两人都用武力攻下了马提尼克岛，后者在战争中取得的好望角、锡兰和特立尼达这些战利品，足以与前者取得的哈瓦那和马尼拉媲美。在印度，老皮特有英国最初也最伟大的征服印度的英雄克莱武为他服务；小皮特的军队攻下了迈索尔王国——英国在印度半岛遇到的最可怕的对手海德·阿里和蒂普·塞波父子的领地。这样的对比和争论无穷无尽，部分是因为争论双方都有很多例子可

---

① 瑞里安·德·拉·格拉维耶：《波丹将军传》。——作者注

用，主要却是因为他们仅关注细节，没有触及问题的根源。

两个皮特的目的是不同的，因为两个时代的环境存在根本性的差异。老皮特的任务是扩展和建立由几代人打下基础的庞大殖民体系，并且在欧洲维持各国政府间有序竞争的势力平衡；小皮特的任务是稳定英国自身的社会秩序和政治制度，以及在欧洲对抗可能将社会秩序和政治制度都连根拔起的革命飓风。为了加强自己的国家和削弱敌国，两人都在自己身处的时代，奉行同样适应自身时代和英国形势的伟大政策方针。两个皮特的政策都是在扩大和巩固英国的海权；使世界对英国贸易有所贡献；用一支实力强大的海军控制海洋；通过征服来扩张自己的殖民帝国，以此扩充英国资源，增设海军基地，使敌人失去相应的财政收入和可能骚扰英国航运的据点；通过财政贴补大陆盟国，使强敌法国陷入困境。实施这些政策，无论在法国大革命还是在七年战争期间，都不仅是出于英国自身的特殊力量，还在于它的地位与整体斗争的关系。七年战争中的腓特烈和法国大革命战争中的奥地利都需要金钱，这大笔金钱仅有英国的繁荣贸易能够提供。两位政治家在实际工作中的分别是小皮特不得不面对远比父亲严峻的障碍，也在于就英国本身扮演的角色而言，他如果没有取得比父亲更伟大的成功，至少也不遑多让。父亲无须面对法国大革命的狂风暴雨，只需要面对路易十五和他那几位情妇的弄臣将军和纯粹的职业军人；北美殖民地和他同一阵线；他没有遇到英国舰队内部的哗变；没有受到波罗的海国家同盟的威胁；没有与拿破仑狭路相逢。英国商人吹嘘在他治下“贸易和战争联为一体，由于战争得到发展”。在法国大革命期间，英国贸易甚至比在早前的战争中增幅更大，在儿子小皮特治下，英国海军的物质实力和军事辉煌都超过了父亲治下的业绩。

在历史上，老政治家的人格形象比儿子更为高大。一个个性突出，飞扬跋扈，性如烈火；另一个却深沉内敛。老皮特从一位执政能力低下、胆小怕事、外表猥琐的前任手中接任首相；他和纽卡斯尔公爵形成了强烈对比，他冲动的性情，坚强独立和鲜明个性，至死都在他周围闪耀着戏剧性的夺目光辉，在同时代人心中留下了鲜明生动的印象，并且传承为我们这个时代的传统。除了寥寥可数的几位知己，小皮特在其他同胞心目中只不过是下议院的一位议员。他有着和父亲一样不屈不挠的脾性，使他能够默默承担最为艰苦曲折的一场斗争，带给他超越其父所承受的更为持久沉重的压力，只有少数人了解他在应对压力时表现出的乐观、冷静和充满智慧的心态，这些品质证明了他是一位天生的领袖。在最黑暗的时刻，最后的盟友奥地利抛弃了英国，同意与法国议和；英国舰队的水兵哗变，用暴力从军官手中夺取战舰，封锁了前往伦敦的通道。小皮特在当晚就被一名阁员叫醒，得知这些噩耗。他平静地聆听完毕，镇定清晰地给出了指示，派出信使传令。信使离开他家后，认为有必要回去寻求一些进一步的指示，结果发现首相再次安然入睡，这一事件本身就充满了戏剧性。

在思量小皮特政府如何运用英国军事力量时，不能当作一个简单的军事问题——如一位将领在一场战役中如何调配自己的军事力量那样，更应关注他如何以自己卓越的政治才能指导武装力量去满足政治局势当中最为决定性的要求。根据军事力量必须服从政治要求的原则，政治家的职责是向军事领导人确定和指明需要保卫的国家利益的最关键部分，确定会对敌人造成最沉重打击及应当征服和摧毁的目标。军事力量按照政治家的指示采取的达到目的手段——需要动用的兵力数量、性能和装备以及在战役当中的组织调配——属于应由政治家委托陆海军专业人士完成的技术性问题。如果政治家们插手军事技术问题，就会超越他们的能力界限，往往会造成不幸结果。在政治家、陆军军人和海军军人之间进行泾渭分明的正式分工是不可能的。只要有影响力的军事首脑在实践当中认识到这一点，将自己的行动限制在决定作战细节和积极执行他所服务的政府的观点上就够了。除非另有特例，我们完全可以在评判结果时认为，政府应负责战争大方向的整体指导，具体军事行动的调度管理应听从专业军事人员的建议。英国海峡舰队行动模式的战略变化可以为这种观点提供鲜明的实例，当时政府虽然没有任何更迭，圣文森特勋爵的积极观念和严厉做法在1800年取代了豪勋爵和布里德波特勋爵的传统做法。

英国政府宣布战争的目的是通过“抑制法国的扩张和侵略体制”来保障自身安全，那么它对军事行动的整体指导是什么呢？

法国错综复杂的形势使其成为欧洲动荡的中心舞台，一开始大家都对舞台上你方唱罢我登场的种种运动抱有不同看法，不可能做出正确判断。这些运动包括旺代和布列塔尼的暴动，里昂的暴乱，还有土伦对同盟军舰队的投降等。经验证明，对这样只涉及一个国家一部的反叛运动，最好的办法是仅仅给予金钱和物资援助，任其自行发展。如果叛乱者在得到援助后，仍然无力使自己的事业好转，那么即便外国军队出现，往往都只会招致当地人的嫉恨，也无法保证成功。法国大革命本身为这一真理提供了最为可靠的明证，足以让小皮特并不费力地觉察到这一点。法国政府所处的这种种困境，自然会让人觉得是实施有力干涉的机会，对法国政府的不满被尤其夸大，此前的战争中对法国海岸实施局部袭击的做法从未受到质疑，更加让人觉得有机可乘。

同战争中出现的其他错误一样，这一误判，加上条约规定援助荷兰的义务，造成英国陆军在战争的最初两年受到误导。当幻梦破灭，荷兰被法国征服后，英国的军事斗争立即集中到了正确的目的上，即统治海洋，并且夺取能确保海军控制和贸易发展的战略要点。早在1793年，英国即向西印度群岛派遣了一支相当规模的部队，1794年便夺取了整个向风群岛。尽管战线拉得太长会造成负面效应，1795年，一支强大的舰队仍搭载着战争初期最优秀的陆军将官拉尔夫·阿波克隆比爵士指挥的1.6万陆军部队前往西印度群岛。从一开始，小皮特就已经了解控制西印度群岛的双重必要性。首先，这里占据了英国贸易的最大份额，超过全部贸易的四分之一依靠此地；其二，敌占岛屿的价值不仅在于物产，还是敌军巡航舰船的母港，威胁着中立国和英国的所有贸易。在英国政府战略视野的所有目标当中，控制整个加勒比海地区是整体战争胜利的重中之重。仅仅表现出对这个“砂糖群岛”的向往，却对控制它的企图不屑嘲讽，根本就是在无视西印度群岛对稳定英国财政金融的重要作用。英国财政金融的坚挺，不仅支撑着海上战争，就连反法同盟也需要它来遏制“法国的侵略体制”。

除瓜德罗普岛之外，阿波克隆比恢复了英国对整个小安地列斯群岛的控制，还占领了特立尼达和南美大陆的荷兰殖民地。英国海军一度占领了海地的各港口，尽管没能保住它们，但保证法国会失去海地以及黑人起义的最终成功；英国和海地新政府建立了贸易关系。同一时期，英国通过类似的远征拿下好望角、锡兰和印度的其他荷属和法属领地。取得这些殖民地不仅拓宽了英国的贸易领域，还将许多敌港变成友港，减少了敌人巡航舰船的基地，扩大了自己的安全范围。

麦考莱激烈地弹劾小皮特的战争政策，斥之为“胡扯”，他既没有提到上述胜利确保的非凡贸易繁荣，也没有提及小皮特当政时期海军的大发展，未免莫名其妙。麦考莱提及海军管理，是为了将荣誉归功于另一个人，对贸易扩张和海军扩充则只字未提。战争中没有比贸易和海军更加重要的因素了。前者让英国岿然不动，使之能负担支持整个欧洲抵抗法国的责任；后者则通过稳扎稳打的步步进逼摧毁法国，如果不是拿破仑出现，英国海军在战争早期就能征服法国。为了让法国摆脱英国的海上封锁，拿破仑被迫采取了自我毁灭的种种措施。这些重要成就正是通过延长英国贸易路线，巩固英国贸易的支柱、殖民地扩张和海上安全维护，还有海军的成长实现的。所有的一切没有首相的衷心支持，都不会成为现实。这些因素的协同作用以及对中立国贸易的限制，使英国贸易在1792年到1800年间增长了65%[①]，同期由于被敌人俘获造成的损失还不到年贸易量的2.5%。

---

① 即年均增长约8%。七年战争期间，在老皮特掌权的1757—1761年间，总增长为29%，年均约增长7%。——作者注

为了抑制法国的侵略体制，英国内阁使用英国海上力量向两方面同时直接进攻，在遏制法国势力扩张的同时，切断它的物资来源。欧洲大陆各国军队得到英国财政补贴支持，在陆地上包围法国；一旦时机可行，就像在地中海那样，英国海军舰队就会配合盟国陆军作战。在1796年的意大利战事中，拿破仑不断提及英国海军的影响。在海上，英国海军摧毁了法国殖民体系，使它的工业原料来源被切断，它的商业航运被逐出大海。1797年，法国贸易局长写道："我国繁荣的原有源泉现在不是沦丧就是干涸，我们的农业、制造业和工业实力已经几乎灭绝。"[①]与此同时，虽然英国没有禁止中立国与未封锁港口之间的贸易，仍可以通过对国际法严格甚至是强迫式地解读，依靠无可匹敌的海军实力对这类贸易采取各种严厉限制。甚至连粮食（在当时英国不应忽略这一事实）也被宣称为战时禁运品，理由是以法国当时的情况，可以合理地期望通过饥饿迫使他们求和，向法国供应粮食会使敌人延长抵抗时间。

英国的严密封锁令法国如此痛苦，极端贫困。这使拿破仑在获得他最伟大的胜利，即1797年10月签署了使英国再没有一个盟友的《坎波福尔米奥和约》后不久，便立即写道："要么我们的政府必须摧毁英国君主制，要么期待那些跃跃欲试的岛民通过腐败和阴谋摧毁它。让我们集中所有精力建设海军，摧毁英国。"督政府清楚地认识到法国海军已经瘫痪，从1795年起对英国贸易实施的"商船劫掠战"，尽管在1797年登峰造极，也未能对英国造成沉重打击，可以发现除了攻击为英国服务的中立国商船外，再没有可以伤害英国的进一步措施了。法国蓄意将中立国船只视为英国反人类罪行的共犯，依据是1798年1月法国议会颁布的法令："在海上航行的所有船只，只要船舱里发现全部或部分装载的货物是英国商品，无论商品物主是谁，只要来自英国或其领地，都被视为违禁品，被宣布为合法的战利品。"法国还同时颁

① 阿尔努：《18世纪海洋体系与欧洲政治》，巴黎，1797年。——作者注

布了各种命令，在岸上发现英国原产的财产一律没收，因此授权可以搜查住宅。拿破仑因此在日后几年宣布，他的大陆封锁政策的框架，就是督政府提出的，这一说法恰如其分，大陆封锁政策具体体现在1806年和1807年他在柏林和米兰颁布的敕令当中。

督政府摧毁英国繁荣的尝试以惨败告终。尽管拿破仑在他的能力范围之内投入了更多活力，实施的范围更为广泛，持续时间更长，同样以毁灭告终。《柏林敕令》和《米兰敕令》的目的和督政府一样，是为了通过让中立国船只远离英国贸易对英国造成伤害。仅此不足以打垮英国，他决定为支持敕令将英国从它的主要市场排斥出去，即对所有来自英国或英属殖民地，甚至是经过英国港口的商品，关闭欧洲大陆市场。为了这个目的，拿破仑执行了一项宏大的计划，法令一份接一份向法国及其盟国颁布；一个又一个国家被帝国兼并；法国军队在法国到波罗的海之间的大陆海岸列成两道防线；在拿破仑治下，英国货被收缴，被公开焚毁；所有中立国被要求排斥英国工业制品及其殖民地物产；多灾多难的西班牙战争爆发[①]；最终，为了这个目的一再向沙皇重申和专横地斥责其未能在俄国境内排斥英国商品，在沙皇坚持己见的情况下，随后侵略俄国，犯下致命错误。

我们不用在这里讨论这种做法是否正义或理智。指出大陆封锁几乎摧毁英国，但彻底打垮了拿破仑就足够了。对小皮特军事政策的智慧，需要注意的一点是，拿破仑是被迫实施大陆封锁政策的，因为英国正在摧毁他，他除此之外别无他法可以伤害英国，而英国的胜利在于始终坚定地遵循小皮特政策的要点。军事学者常说，如果选择错误的军事战略方针，战场上的成功作用就微乎其微，如果根据战略形势取得了战略制高点，即使是一场大败也无关大局。如果用非军事术语来说，即如果没有击中要害，再沉重的打击

① 拿破仑本人对西班牙战争的看法见“法国外交部备忘录”，《拿破仑书信集》1810年10月7日。也可见前文第十八章相关内容。——作者注

也是无用。虽然英国自身的挫折不多，反法同盟却经历过无数逆境；正是由于小皮特始创，由他的继任者继续履行的基本政策，使这些逆境都不足以致命。这一战略性政策目的明确——“遏制法国的侵略体制”。国民公会一手炮制，督政府采用，由拿破仑继承发扬的侵略性，正是法国大革命的精神实质。

福克斯是小皮特最大的政敌，他的政治继承人总是乐于对《亚眠和约》之前和之后的战争进行对比。他们认为，《亚眠和约》之前，英国对法国大革命疯狂仇恨，惊慌失措，成为肆意妄为的侵略者，将一场尽管有些过激行为、整体上有益的政治运动，变得让整个欧洲血流成河。在《亚眠和约》后的一场战争中，拿破仑是罪魁祸首，是侵略、暴力、不讲信义和傲慢不逊精神的化身，与他和谈是不可能的。即使连法国学者都承认，早在1791年和1792年法国领导人就企图对欧洲大陆发动恶名昭著的战争[①]；英国在战争爆发前6个月召回驻法大使时，即便法国政府承认英国内阁的行为不失公正[②]；前文已经向读者详述了11月19日和12月15日法令，国民公会甚至拒绝给英国哪怕一个安抚性的解释。在法国的高压之下，荷兰的条约权利未经谈判就被搁置一旁，法国行将入侵荷兰领土的意图几乎昭然若揭。即便在这种情况下，宣战的都不是英国，是法兰西共和国。国民公会和督政府对屈服于法国势力的弱小国家的做法[③]，还有对英国的态度，乃至侵略性、傲慢无礼和不讲信义与拿破仑最为恶名昭著的说法在精神实质上并无分别；唯一的区别在于一个软弱无力、多头领导的政府被一个不世出的天才的铁腕统治所取代。

---

① 马丁：《1789年以来的法国史》第一卷，第396页。——作者注

② 1793年《年鉴》，第163页。有关该事件的信件可见1792年《年鉴》；《政府公文》第326、327页。也可见法国外交部部长勒布朗的信件，《箴言报》1792年8月26日。——作者注

③ 督政府倾向将共和国的制度强加给与法国为邻或者结盟的小国，这种制度的形式采取了和法国相同的中央集权，就像拿破仑曾经在山南共和国和热那亚所做的那样。督政府在荷兰发动的反对联合省政府的行动也类似于法国的1797年“果月18日政变”。现在（1798年）输出革命的目标是瑞士。拿破仑迫不及待地想把瑞士变成共和国。他已经在当时瑞士的邻国即盟国格劳宾登掀起了一场革命。见马丁《1789年以来的法国史》第三卷，第7页。——作者注

众所周知，这三者都一样肆无忌惮。《柏林敕令》和《米兰敕令》体现了最终导致拿破仑覆灭的大陆封锁政策，正如他自己所言，这是与督政府1798年1月法令一脉相承的结果[①]，美国在长期忍受后者之后也终于奋起反抗。督政府和拿破仑对英国采取的措施都是通过打击其盟国和中立国实现的，一旦这些中立国的权益和福祉与法国的意图发生冲突时，它们都同样漠视。这种态度的指导思想正是法国首届国民议会（制宪议会）确立的精神，即将与它认同的权利冲突的制度和国际公约一概抛诸脑后，可以通过践踏法律来寻求正义。

我们应当更加清楚地理解的远为重要的一点是，法国统治者之所以都采取这种措施全是迫于英国小皮特内阁制定的政策战略方针。1797年，小皮特发起的里尔和谈破裂不久，法国便紧跟着出台1798年1月法令；督政府表现出的傲慢自大是谈判无果而终的原因，他们同一时期也向美国表现出类似的态度，只要通过阅读当时的信件就能了解这一点[②]，现在已经为人所知的是，督政府这样做至少有部分是希望从英国内阁索取贿赂[③]。正式宣告大陆封锁政策开始的《柏林敕令》在1806年11月颁布，距离小皮特落葬不到一年。因为英国的战争政策在严重伤害法国的同时，维持住了自己的实力，法国领导人别无他法能伤及英国，只得绝望地被迫采取大陆封锁政策。换言之，英国通过对军事行动的战略指导，迫使法国的侵略精神踏上除了覆灭别无他途的绝路。[④]因为拿破仑的存在，1795年和1799年，法国的侵略精神两度在行将覆灭时被挽救，即使是他这样的天才也无法改变最终结果。

---

① 拿破仑关于督政府在大陆没收一切英国商品的法令的评价，也同样适用于1798年1月法令，后者将前者的适用范围扩大到了海洋：“督政府初步奠定了大陆封锁政策，它下令没收法国及其仆从国内发现的一切英国商品。”见《拿破仑一世评论集》第三卷，1867年巴黎版，第413页。——作者注

② 至今为止，公开出版的这封信件可在1797年《年鉴》中找到，见《政府公文》第181—223页。——作者注

③ 斯坦霍普：《小皮特传》第二卷，1879年版，第224页。——作者注

④ 在费福的《现代欧洲史》第一卷第328页，可见到一幅描绘《柏林敕令》对欧洲大陆影响的图解。——作者注

据说在古代，一位领袖有一次对他的对手高喊：“如果你是一位你所声称的伟大将领，为何不下来与我一战？”结果他得到了最为贴切的答复：“如果你是你所说的伟大将领，那你为何不能让我下来与你一战呢？”这个故事恰如其分的可用来描述英国的作为。英国通过掌握海洋，摧毁法国的殖民体系和贸易，顽强地同法国大革命体现的侵略精神及其人格化代表拿破仑战斗，依靠自己无法撼动的持久实力，将敌人引入最终注定会覆灭的战场——大陆封锁政策。督政府的软弱统治很快招致覆灭；一年之内，人们就明白唯一能通过封锁体系获益的赢家就是这个体系试图打倒的敌人，法国和它的盟国，还有中立国都会被弄垮，只会使英国白捡便宜。尽管第一次封锁失败就在眼前，拿破仑还是被这种似乎可行的措施吸引，他凭借对自身实力和天才的信心，再度以其统治下所特有的无情性和彻底性实行这一政策。由于执行政策的活力以及英国在被激怒后采取的报复措施，大陆封锁政策曾一度奏效。为了报复，英国禁止在所有对英国贸易关闭的港口之间进行中立国贸易，在源头堵住了试图避开拿破仑封锁，让英国商品出口到欧洲大陆的违禁贸易。

法国皇帝希望通过他所建立的庞大混合政治体系将敌人从欧洲大陆市场每一部分驱逐出去，由此产生的巨大压力却是这个体系难以承受之重。所有社会阶层的每个人都日益感受到大陆封锁造成的窘困，穷苦百姓承受的苦难最为深重，使他们和这位外国统治者离心离德。他们无法同情也不能理解他要追求的目标，对于因此造成的日常生活的种种疾苦却深有体会。一旦庞大的帝国出现动摇迹象，他们就准备好揭竿而起，摆脱这位皇帝的统治。欧洲西南端的西班牙人民，1808年发动起义；欧洲另一端的俄国沙皇，也在1810年毅然宣布向所有运送殖民地物产的中立国船只开放港口，投下战书，成为拿破仑切齿痛恨的目标。前一种情况是一个民族对将大陆封锁强加在他们头上，并且要确保积极推行该政策的统治者发动的起义；后一种情况是一位绝对专制君主拒绝继续让他的臣民承担正在为了同一个封锁目的令他们毁灭的痛苦。西班牙战争的爆发让英国在欧洲大陆有了一个最适合海上力量支援的桥头堡，也对法国皇帝造成了最大伤害。这不仅是因为西班牙这个国家和人民的特点，还迫使拿破仑将他的兵力分散在两条相距遥远的战线。沙皇背盟，打开了一条英国货物流入欧洲大陆各地的迂回通道，等于给拿破仑的大陆封锁线撕开了一道致命的裂口。目标一旦成形，拿破仑便不能容忍退让，更不能容忍可以预料的失败，于是他决意与俄国开战。他本是集中兵力作战的大师，却将他的兵力分散在欧洲的两个端点之间。至于两场战争的结果，则人尽皆知。

老皮特和小皮特都不曾试图在陆地进行大规模军事行动，而是通过控制海洋，并且通过海洋控制欧洲以外的世界，来确保他们的国家在这两场战争当中取得完胜，他们两人都是这个国家的代表人物。两个皮特也都犯过错误，老皮特向西班牙提出用直布罗陀交换梅诺卡岛，小皮特后来用武力收复了梅诺卡岛。对小皮特的战争行为也能找到很多错误充当攻击口实；这些错误纯属军事指挥方面的细节失误，却无法否定小皮特选择和遵循了正确的基本军事方针这一事实。借用军事术语来比喻的话，那些错误是战术性的，非战略性的；无须补充说明的是，这种错误更没有到达政府方针错误的高度。

可能例外的错误发生在战争初期的1793年春夏之交。如很多人所说，如果当时反法同盟军直接进军巴黎的话，可能粉碎一切抵抗，通过镇压首都的暴民，就可以保证让这个国家投降。可能确实会如此；在批评英国内阁的行动时，必须要记得，到当时为止，不仅欧洲军事声望最高的人反对这一行动，当时首屈一指的卓越陆军将领不伦瑞克公爵，已经在几个月前尝试过此举，结果失利。对非专业人士来说，不顾军队指挥官最为专业的意见，固执己见，这样做是否妥当，只能由事实来证明。我们现在事后大谈进军巴黎不能作为检验方案的依据。通常人们都会忽略一个考虑因素，可能在这个例子当中就有所体现。那就是尝试如此重大和危险的一种军事行动，当执行命令的军事领导人自己都认为这是不明智时，很可能会造成一场惨败。甚至连拿破仑在1800年，莫罗坚持己见时，都没有强迫他采纳自己的计划。要让同盟军的将领们向巴黎进军，政治家们就必须下令迫使他们这么做。

即使进军巴黎曾是一个机会，时机也是稍纵即逝，无法保证。它完全取决于是否能在法国组织起来之前就摧毁它的抵抗。一旦法国组织起抵抗，盟军可不像在宫廷策论，能够在战棋棋盘上用各类棋子悠闲地厮杀，遭遇的将是一个武装起来、满怀斗志、士气高涨的国家，只有耗尽它的实力才能抑制住它。为了消耗法国，英国在陆地的军事行动只能通过盟国进行，它就是这样做的。在海上，英国自己的战场，它需要做的有两件事：首先是通过培养、拓展和保卫它贸易体系的运作，来维持住自身实力；其次是切断法国实力和赖以生存的相同来源。这两者英国都以最高效率完成了，依靠的并非如麦考莱宣称的斯宾塞伯爵得力的管理才能（作者这样说并非否认他的功勋），而是内阁的基本政策，即扩充殖民体系，在所有细节方面明智地为支持英国贸易努力以及对海军非凡地发展壮大。1754到1760年这一时期，老皮特取得了最辉煌的胜利，英国海军同期扩充33%。1792年到1800年之间，在他儿子治下，英国海军扩充了82%。英国海峡舰队由斯宾塞伯爵直接管辖时，松松垮垮，在1796年爱尔兰面临入侵威胁的危急时刻，部署凌乱。当时在杰维斯治下的地中海表现出的活力，或者后来由他指挥海峡舰队时采取的令人钦佩的各种作战行动，都与之形成了鲜明对比。任何一位对这段历史有所研究的人都会明显地发现，在文官主掌海军部时，理当依靠海军军官，而不是政治家来管理和指挥这支强大的海上军事力量。

事实上，极少有政治家能不去依靠在自身领域更为专业的部下，小皮特也不例外。他不是陆军将领也不是海军将领，也没有迹象表明他自认为是军事内行；他出色地了解英国的实力所在以及这种实力的用武之地在何方。根据这种了解，他引导英国的行动，在英国民族精神最终压倒法国大革命精神、取得最终胜利时，绝不能抹杀这位领袖的巨大贡献。在与狂风巨浪的长期斗争中，尽管航道周围经常会出现不可预知的危险，经常迫使他放弃直接航线，在未知的海域迂回前进，但他从未忘记目的地是“安全”，从一开始他就将“安全”视为优先考虑的因素。当特拉法加海战获得大胜，奥斯特里茨战役失败时，他倒在了自己的岗位上，这个结局对他确实很合适。一场实质性的甚至是决定意义的海上胜利和一场令人困惑却倏忽而过的大败形成了鲜明对比，恰如其分地象征着他跌宕起伏的政治生涯。表面上看，舵轮从他垂死的手中滑落，一切似乎都完了，事实上最糟糕的时刻已经过去了，“领航员已经指引航船挺过了风暴。”

小皮特死后的继任内阁以他的亲戚和前同僚格伦维尔勋爵和他毕生的政敌福克斯为核心，在一定程度上带有混组性质。这届内阁仅维持了14个月；时间长到足以让拿破仑得到发布《柏林敕令》的借口，却不够对小皮特制定的政策的主要方针采取任何激进的改变。1807年3月，随着这届内阁倒台，小皮特的忠实朋友和政治追随者上台执政，他们几乎立即面临欧洲大陆东西方两个帝国结成的同盟的威胁。同盟的目的昭然若揭，就是法俄两国瓜分欧洲大陆的控制权，并且通过排斥英国贸易，迫使英国屈服。内阁同时出于形势的必然和传统，采用他们伟大的领袖小皮特为他们制定好的政策来对抗这个同盟。英国的海外殖民点急速膨胀，最终发展为新殖民地，就像法国督政府过去悲叹着承认的那样，海上找不到一艘挂着英国敌国旗帜的船只。1808年，英国海军扩充到了数量上的顶峰，在对决结束之前，即使在数量上有所减少，仍然维持着同样强大的实力。法国海军在各地港口大举建造船只，使自己的物质实力猛增。英国虽无力直接阻止法国造舰，通过对法国沿海的严密监视，迫使法国舰队龟缩港内，无法进入海洋这个大训练场，最后还挫败了拿破仑强占欧洲大陆小国的船只扩充自身海军实力的计划，严重阻挠法国海军的发展，切断了各种物资供应。

如此一来，英国确保了广大的公有交通线和贸易公路——海洋能为自己所用。敌人的海军已被消灭或无力化，海军基地和外界断绝了联系，它的领地成为英国贸易的市场和原料来源。对贸易来说，相对安全的运输并不够。交易行为同时需要原料和市场，生产者和消费者。众所周知，出于这些原因，拿破仑试图以大陆封锁体系将英国排挤出大陆市场，他认为通过与俄国的合作，这样做是能够生效的。珀西瓦尔①和坎宁②内阁对此再度针锋相对，颁布一系列枢密令，推行严格的许可证制度，目的有二：首先是延长英国的抵抗时间，其次是削弱敌人的实力。这些措施大体上是在更广阔的范围复制《1756年准则》，同时对小皮特在1798年为同一目标采取的措施进行了相应修改。

正如前文时常提及的那样，这场斗争现在开始成为耐力的较量——就看哪个国家能在这场生死对决中支持更久。这再次让我们回来面对一个大问题：这场始于1793年的对决究竟是通过卓越的统帅技能来粉碎敌人的有组织军事力量，粉碎一个国家的抵抗能力解决呢？还是别无他法，只能采取耗尽敌人的所有战争潜力，才能从根本上让一个狂暴的国家屈服？当时法国人民的革命目标、倾向和激情正居高不下，提出的革命要求可以无视任何政权或组织的镇压，无论它们的组织和指挥如何精妙。当一个国家的革命运动取决

---

① 珀西瓦尔（Spencer Perceval，1762—1812）：斯宾塞·珀西瓦尔，英国政治家，1786年成为律师，1796年当选英国下院议员，同年成为英王御用大律师。在下院，珀西瓦尔坚决反对福克斯的政策，受到小皮特青睐。小皮特内阁在1801年下野后，珀西瓦尔在阿丁顿内阁先后出任法律职务。1804年，小皮特二次上台组阁，他在新内阁留任。小皮特逝世后，他成为格伦维尔内阁的坚决反对派。1807年3月起，他出任波特兰公爵内阁的财政大臣及下议院领袖，实际主持政府事务。他对外坚决执行小皮特生前制定的政策，对内成功废除了奴隶贸易。1809年8月，波特兰公爵中风后，他出任英国首相，尽管波谲云诡，他仍然克服了一系列危机，一直到1812年依然在位。当年5月11日，他在出席听证会途中，被一名商人开枪伏击，当场身亡。他是历史上唯一遇刺身亡的英国首相。——译者注

② 坎宁（George Canning，1770—1827）：乔治·坎宁，英国政治家。1793年，在小皮特帮助下成为下议院议员，在英国议会以富有文采，擅长演说闻名。1795年，他出任小皮特内阁外交部官员，任内忠实支持小皮特的政策，时常与外交大臣格伦维尔勋爵发生争执，因此于1799年4月辞职。他一直忠于小皮特，在政坛与小皮特共同进退。1804年，小皮特二度组阁时，出任海军财政总监。小皮特逝世后，他一度离开政府。次年波特兰公爵组阁，他被任命为外交大臣，任内坚定执行小皮特生前奉行的对外政策。1809年，他与陆军及殖民地事务大臣卡苏里勋爵因政策上的尖锐分歧决斗，轰动一时。波特兰公爵中风后，他求任首相未果，离开内阁。1814年，坎宁重返公职，出任英国驻葡萄牙大使。1822年，由于时任外交大臣卡苏里自杀身亡，坎宁再度出任外交大臣，同时兼任下议院领袖。1827年，利物浦勋爵退任首相后，指定坎宁接任，他没能得到托利党内的一致支持，只有和辉格党联合组阁。尽管他终于成功出任首相，身体状况却每况愈下，当年8月8日便逝世，创下首相任期仅119天的史上最短纪录。——译者注

于——不，是纯粹体现在——渗透到群众每个人内心深处的感情时，它爆发出的强大冲击力一旦扩散，就不存在任何重要的实力中枢，想通过摧毁实力中枢使运动整体瘫痪是不可能的。这种激情高涨的周期尽管一时不可抗拒，必然会很短暂，然后就会同所有社会运动一样，让位于有组织形态，只有到此时，一个民族才会像古代独裁者希望发现的那样，存在一个一击致命的要害。

当拿破仑出现在政治舞台上时，法兰西民族的狂热已经过去，有组织的时代到来；当大众的革命激情不断冷却时，却发现试图取代它的组织并不完善，无力承担国家的重责大任。法国再也不能指望千百万民众的自发运动，因此只得寄希望于远谈不上发展成熟的民选政府和军队能有效发挥作用。于是法国就将这些至关重要的中枢暴露给它的敌人，只要摧毁军队和政府，法国的抵抗就会停止。由于政府无能造成的军事失利和资源枯竭，使法国在1795和1799年两度面临生死关头，拿破仑两度拯救了它。

这位伟大的统帅和组织者不仅带来了战场上的胜利，还恢复了政府的机能，成为让民众热情和信心再度聚集的核心。他不仅成为国家统一的标志，而且成为真正意义上的法兰西人民意愿和扩张倾向的象征。这种意愿和倾向在法国大革命初期曾将整个法兰西民族上下团结如一人，后来由于缺乏明确的目标和睿智的领导逐渐消失无踪。唯有伟大的领袖才能给民众指示目标，给予英明的领导。在拿破仑的娴熟操控下，早期革命者的情操成为确保他掌握人民想象力和热情的口号。法国人民再度团结一致，追随他一个人的侵略扩张事业。梅特涅恰如其分地说道，对他来说，拿破仑·波拿巴就是法国大革命的化身。[①]

欧洲在1793年到1814年间被迫面对的就是同一种情况的两个阶段。在第一阶段，人民被一种共同的激情和目标团结在一起，下一阶段，人民向一位

① 《梅特涅回忆录》第一卷，第65页。——作者注

无敌于战场和政坛的统治者意志臣服，聚集起来向一个共同目标行动。事实上，拿破仑的臣民很快就不再追随他，他始终掌握着他的统治工具——军队的忠心，所以结果还是一样。整个国家的全部能量都被投入到唯一压倒一切的一个目标中去——最初这是人民的自发行为，后来是皇帝的人为意愿。为此，拿破仑将其前半生生涯无与伦比的能量和智慧投入其中。

拿破仑治下团结一致的法国一时间无人能敌，欧洲大陆度过的漫长艰辛岁月可资证明。拿破仑掌握着绝对权力，以非凡的睿智和能量在中心阵地集中他的兵力，取得了一系列具有历史意义的辉煌胜利。拿破仑令人震惊的政治生涯持续的时间及辉煌成果都取决于法国的持久能力和敌人抵抗的坚韧程度。欧洲大陆的抵抗实际上已经停止。尽管在专制统治下不堪忍受暴政的人民心中暗流涌动，却只能在伟大征服者的实力和天才面前望而却步。欧洲各国彼此之间不敢互相信任，也就无法共同行动，如此一来人们也只有在精神上的痛苦当中默默忍受。

在那位行将成为世界统治者的卧榻之侧还有那么几个岛屿，它们的人口稍稍超过他直辖领地的一半。这些岛民虽然无力直接解救他治下的人民，对他们遭受的苦难和压迫却给予深切同情。从前他们曾经对抗过侵略性的大革命狂潮，现在继续对抗他的继承者和代表人物；他们不是通过在战场上的直接行动，而是通过旨在断绝法国资源和耐力的行动进行，只有这样他们才能期待成功的可能。这场悄然进行的决战持续了7个年头，它的大致情形已经在本书的前一章中讲述过。在这场斗争持续的岁月，英国自身尽管远离欧洲大陆人民蒙受的政治压迫和民族耻辱，却也饱尝艰辛。英国国力的消耗显而易见，它凭借自己的耐力和韧性迫使敌人承受了更多的消耗，硬逼着敌人采取饮鸩止渴的措施。尽管英国因此承受了更大的压力，拿破仑恢复国力的所有资源中最重要的一项——海洋被它切断了。

通常的军事胜利就是直接摧毁有组织的武力抵抗，这样的胜利无法平息一场法国大革命这种真正的宏大民族运动，也不可能让拿破仑治下的帝国这样由举世无双的将领指挥的真正伟大的军事力量俯首听命。除非能够清晰领会这一事实，否则无法理解英国在这场漫长斗争当中发挥的真正作用。

俄国在蒙受巨大灾难后，在1813年和1814年取得了胜利。这个从未失去希望、长期坚持抵抗的国家，称得上前文所说的通常军事胜利的典范。如果不付出俄国承受的巨大代价，想要颠覆拿破仑这等奇才统治的强国，根本就不可能。世上毕竟不会同时存在两个拿破仑。从另一方面来看，从俄国的例子当中可以看出，实质性的目标，即通过军事手段能够直接打击的决定性要点是不存在的。美国内战中南北双方之间的对决提供了一个鲜活的例子。在内战的第一年，南方人民的战斗热情高涨，他们的作战实力也没有被削弱，他们的希望还没有被4年的痛苦鏖战带来的失望取代，现在可能已经没有人会坚持认为一开始就攻克里士满会对士气高涨的南方人产生决定性的影响。事实上，更为重要的阵地失陷都没有产生这种结果。没有人在当时会用他的手指来指去说："这是抵抗的要点。"在当时南方士气高涨的时刻，抵抗并非只在这里或那里的某个地点存在，而是处处皆兵。

法国大革命狂潮初起时的情形就是如此。1793年"进军巴黎"即使成功，很可能不会比1861年"进军里士满"获得更具决定意义的战果。只有当革命的热情在战争伤痛面前消退，战争的消耗使国力衰退，民众的冲动才会普遍消沉，默默接受战争的逻辑。在拿破仑掌权时，法国已经到了山穷水尽的地步。拿破仑运用天才的组织能力，还有这个国家残存的物力，恢复了法国的军事实力。他俭省地运用前政府在挥霍无度后遗留下的资源，通过榨取周边国家的生命力，保障了法国继续坚持下去的实力，法国获得了喘息的时间；如果拿破仑从法国大革命继承的侵略性继续下去，那么所需要的就不仅是欧洲大陆的资源，而是整个世界的资源。法国必须用积蓄已久的侵略力量去彻底压倒抵抗力量；否则，无论如何拖延时间，法国必定会等到失败的一天。

英国在这些方面都抵挡住了拿破仑。它切断了拿破仑与外部世界的联系，通过同样的行动加强了自身实力的韧性，超出了拿破仑的侵略实力。回顾历史，可以发现英国在法国大革命和拿破仑时代起到了这种作用；小皮特和他继任者的历届内阁奉行了最为恰当的政策。总体而言，英国起到这一作用是他们对后代最负责的行为。小皮特天才的闪光点在于他发现了英国的终极目的是“安全”，同样预见到达到这一目的的手段是“消耗”，只有通过消耗才能迫使法国停止宣传自己的侵略性。他预言通过削弱法国经济、消耗法国资源、冷却法国的热情，就能战胜法国。很多人嗤之以鼻，当事实摆在眼前时，笑声便戛然而止。他明确无误地认识到了英国的行动方针，预见了各种事件的发展方向，预言了最终结果。他无法预言这条战争之路有多漫长，各种事件的发生会将时间拖延多久，最终解决问题又需要拖到什么时候，因为拿破仑·波拿巴的绝顶天才让人无法去预测这一切。